斯德哥尔摩国际和平研究所

SIPRI 年鉴 2011

军备·裁军和国际安全

中国军控与裁军协会 译

时事出版社

1987年以前出版的各年鉴书名为：
《世界军备与裁军：斯德哥尔摩国际和平研究所【出版年号】》

《SIPRI年鉴2011：军备、裁军和国际安全》（英文版）
牛津大学出版社，牛津，2011，564页
（斯德哥尔摩国际和平研究所）
ISSN 0953-0282
ISBN 978-0-19-969552-2

图书在版编目（CIP）数据

SIPRI年鉴2011：军备·裁军和国际安全/斯德哥尔摩国际和平研究所编著；中国军控与裁军协会译.—北京：时事出版社，2012.4

ISBN 978-7-80232-229-5

Ⅰ.①S… Ⅱ.①斯… ②中… Ⅲ.①军备控制－世界－2011－年鉴 ②裁军问题－世界－2011－年鉴 ③国家安全－世界－2011－年鉴 Ⅳ.①D815-54

中国版本图书馆CIP数据核字（2012）第033018号

图字：01-2012-2080

责任编辑：协　力

出版发行：时事出版社
地　　址：北京市海淀区巨山村375号
邮　　编：100093
发行热线：（010）82546061　82546062
读者服务部：（010）61157595
传　　真：（010）82546050
电子邮箱：shishichubanshe@sina.com
网　　址：www.shishishe.com
印　　刷：北京百善印刷厂

开本：880×1230　1/32　印张：22.5　字数：660千字
2012年4月第1版　2012年4月第1次印刷
定价：98.00元

中国军控与裁军协会

《SIPRI 年鉴》项目

主　任　黎　弘

参与本卷翻译的单位

中国国际战略学会

中国国际问题研究所

中国国防科技信息中心

北京应用物理与计算数学研究所

中国军控与裁军协会秘书处

本卷翻译人员（以姓氏笔划为序）

孔　君　叶如安　田景梅　朱肖晶　许　巍　庄茂成

李长和　陈　戎　谷景书　余小玲　何毅丹　张　钰

陆建新　苏晓晖　吴　翔　吴成迈　沈　桦　孟　君

周爱群　唐寅初　费肖俊　徐家雄　黄　琳　曹　靖

蒋振西　琦　灵　翟玉成　颜　俊

译　审　庄茂成　龚显福

斯德哥尔摩国际和平研究所（SIPRI）

SIPRI 是一家独立的国际性研究机构，致力于研究冲突、军备、军备控制与裁军问题。它建于 1966 年，利用公开资料为各国决策者、研究人员、媒体及有兴趣的公众提供上述领域的数据、分析和建议。

董事会对研究所的出版物中表述的观点不负责任。

董事会

所　长

年鉴主编和出版人：季北慈（Bates Gill）所长
执行编辑：伊恩·安东尼（Ian Anthony）
责任编辑：D. A. 克鲁克香克（D. A. Cruickshank）
编　　辑：D. A. 克鲁克香克（D. A. Cruickshank）、乔伊·福克斯（Joey Fox）、耶塔·吉利根·博格（Jetta Gilligan Borg）、安吉拉·赫尔（Angela M. Hur）、卡斯珀·蒂默（Caspar Timmer）

斯德哥尔摩国际和平研究所（SIPRI）

地　　址：Signalistgatan 9，SE—169 70 Solna，Sweden

电　　话：+46 8 655 97 00

传　　真：+46 8 655 97 33

电子信箱：sipri@sipri. org

网　　址：http：//www. sipri. org

目录

第一部分 2010 年的安全与冲突

第二部分　2010 年的军费开支和军备

第三部分　2010年的不扩散、军控与裁军

附　　件

序言

我怀着非常自豪而愉快的心情为《SIPRI 年鉴》第 42 卷撰写序言。我有幸从 2010 年 9 月起担任 SIPRI 董事会主席。我继罗尔夫·埃克尤斯大使任此职。他任满两个五年任期后离职，成绩卓著。我仅代表 SIPRI 董事会和 SIPRI 全体人员感谢罗尔夫对 SIPRI 所做的奉献，期待今后继续与他共事。

我是在本所历史上的一个不寻常的时刻来 SIPRI 工作的。当前是国际形势大变动、难以预测的一个时期。SIPRI 在很多方面都在扩展：人员在增加，预算不断增加，制定了许多新的研究计划，筹资面扩大了，在世界各地新设立了许多办事处和联络点，如中国、非洲、中东和北美。随着国际安全和地区安全挑战变得越来越复杂，SIPRI 需要在专业知识和真知灼见两个方面满足不断增长的需求。虽然近年来 SIPRI 发生了很多变化，但它仍然致力于帮助政策制定者、民意领袖、专家学者、媒体和关注国际事务的公众了解国际安全、军备和裁军中的重大问题，为建立一个更加稳定、和平和安全的世界提出种种解决办法。

《SIPRI 年鉴》只是本所为实现这一目标而做的其中一项工作。《SIPRI 年鉴》是利用公开资料对 SIPRI 研究的核心问题进行深入的权威性分析并提供相关信息的世界最好工具书之一。在这个意义上，《SIPRI 年鉴》如同 SIPRI 从事的大部分工作一样，应被视为一项全球公共产品：它为各国政策制定、形成政策思想、进行学术研究和发表公众舆论提供信息，有助于澄清当今国际形势中的许许多多复杂问题，并为应对我们面临的种种挑战提出妥善解决办法。2011 年的版本同过去一样，仍是一本不可或缺之作。

展望未来，我期待与 SIPRI 董事会的各位杰出同事、SIPRI 各位敬业的负责人和工作人员以及本所在全球的许多合作伙伴和支持者一道，为使 SIPRI 保持并进一步提高其作为从事外交政策和国际安全研究的世界顶级研究机构之一的地位而共同努力工作。

约兰·伦马尔克

SIPRI 董事会主席

2011 年 5 月

致谢

《SIPRI 年鉴 2011》是我主持下出版的第 4 卷年鉴。年复一年，我越来越对年鉴的众多撰搞人怀有钦佩和敬意。他们的研究成果使这部优秀著作在业内始终独树一帜、倍受推崇。

我要感谢所有为 2011 年版年鉴贡献其世界一流专业知识和深刻见解的来自 SIPRI 和世界各国的作者和研究人员。我还要感谢许多审稿人抽出时间审核年鉴的各个章节并提出宝贵意见。一如既往，我要特别感谢由戴维·克鲁克香克、乔伊·福克斯、耶塔·吉利根·博格、安吉拉·赫尔和卡斯珀·蒂默五位组成的编辑团队高水平的编辑能力和辛勤工作。

我们全体同仁有幸得到其他许多为本年鉴和 SIPRI 全面业绩作出重要贡献的优秀人士。他们是副所长丹尼尔·诺德、研究协调员伊恩·安东尼、SIPRI 首席财会师埃里斯贝·伦德特、图书资料部主任南尼·博德尔、信息技术部主任格尔德·哈格米尔—加弗鲁斯、通讯联络部主任斯坦弗尼·布伦克奈尔、所长和董事会主席的高级行政助理辛西亚·洛以及 SIPRI 全体卓越的行政和研究人员。我还要感谢 SIPRI 董事会以及 SIPRI 在世界各地的支持者和合作伙伴对我们的帮助和支持。

这里，我还要欢迎约兰·伦马尔克担任 SIPRI 董事会的新主席，我非常高兴与他共事。我们 SIPRI 全体人员要感谢他对 SIPRI 过去、目前和今后工作的一贯支持。

最后，我要说，我们为失去了一位在 SIPRI 长期工作的人员而感到悲痛。谁也想不到史蒂夫·沃德竟然在 2010 年去世了。八年来，他一直负责我所的电脑系统和服务器的维护工作。我们怀念史蒂夫为

SIPRI 所做的许多重要而默默无闻的工作。在此，我们向他的家人和朋友致以最深切的悼念。

季北慈

SIPRI 研究所所长

2011 年 5 月

本书摘要

腐败与军贸：佣金之罪恶（《SIPRI 年鉴 2011》中文版第13—39页）

安德鲁·费因斯坦，保尔·霍尔登，巴比纳·佩斯

迄今的研究表明，军火贸易在很大程度上造成了全球的腐败案件。从财政和民主角度来说，这有损于军火购买国和销售国，因为腐败侵蚀着民主实践。有许多因素促成了这一病症，比如以涉及国家安全的“秘密”为挡箭牌或是由于国际军火购销网的不透明，这种网络可以无视当地调查。类似在南非的一些主要交易，引起了这种关注。尽管这一问题解决起来很难，但如果能缔结一项含有反腐败和反贿赂条款的多边武器贸易条约，可能会向前迈出一大步。

第一部分　2010 年的安全与冲突

资源与武装冲突（《SIPRI 年鉴 2011》中文版第 43—101 页）

尼尔·梅文，吕本·德科宁

自然资源再一次成为构成冲突危险的主要因素。对于在冲突的开端、中间和终结过程中资源所起作用的分析，构成了关于暴力、环境因素（尤其是气候变化）和资源地缘政治的现代经济理论。在人们越来越清楚地认识到自然资源与冲突之间的联系之后，国际社会提出了各种不同的方案，明显地加强了国际资源贸易规则。尽管有难度，但

还是有必要建立各种综合性的全球资源管理的框架，用以消弱并最终割断资源与冲突之间的这种联系。

和平行动：脆弱的共识（《SIPRI 年鉴 2011》中文版第 102—194 页）

蒂埃里·塔迪

对于当代和平行动原则、目的和方法的广泛共识，现在变得比以往更加脆弱。联合国和平行动的主要特征在不断改变，对于这些行动应实现什么目标的共识正在慢慢消失。而且，新兴地区大国，特别是巴西、中国、印度和南非在和平行动中越来越大的作用，使原来的共识面临着潜在的挑战，并随之有可能使各种现行准则出现相互冲突的危险。尽管目前尚未形成冲突，但新兴大国在达成和平行动的一种新共识中究竟发挥何种作用现在还不清楚。

第二部分 2010 年的军费开支和军备

军费（《SIPRI 年鉴 2011》中文版第 197—294 页）

萨姆·珀洛-弗里曼，朱利安·库珀，奥拉瓦莱·伊斯梅尔，伊丽莎白·申斯，卡丽娜·索尔米拉诺

2010 年全球军费开支达 1.63 亿美元，实际增长 1.3%，较最近几年的增幅有所减缓。但那些经济强劲增长使之全球政治地位不断提升的主要地区大国，例如巴西、中国、印度、俄罗斯、南非和土耳其正寻求发展其军事能力，它们常常显现其快速增加军费。驱使这些国家增加军费的动因各不相同，有的是为了对付当前和潜在的国内冲突，有的是处于对美国军事优势的担心，有的或者是出于确保其地位的欲望。在有些国家，这种做法造成了军费开支同其社会、经济发展目标之间的冲突。

军火生产（《SIPRI 年鉴 2011》中文版第 295—346 页）

苏珊·T·杰克逊

尽管出现了经济萧条，军工生产公司表现出它的恢复能力，甚至

还在2009年增加了总体的军火销售。以军火销售主导全球军工产业的北美和西欧军火公司都是这种情况，有些拥有先进军火工业的较小经济体，如以色列、韩国和土耳其，其军火公司也同样属于这种情况。“SIPRI 100强”军火生产公司2009年的军火销售额达到4010亿美元，比前一年增加了148亿美元。军工行业的大宗交易的并购在2010年又开始出现了。

国际武器转让（《SIPRI年鉴2011》中文版第347—416页）

保尔·霍尔托姆，马克·布罗姆利，皮埃特·D·魏泽曼，西蒙·T·魏泽曼

2006—2010年主要常规武器五大供应国是美国、俄罗斯、德国、法国和英国。印度取代中国成为最大的常规武器接受国，接着就是韩国、巴基斯坦和希腊。印度和巴基斯坦为对付外部威胁而最多进口常规武器的国家，而现在国内安全挑战成为巴基斯坦重点所要应对的重点，同时这也是印度的重大关切。欧盟成员国在向以色列、格鲁吉亚和俄罗斯决定颁发武器出口许可证时对于关于防止冲突的共同标准作出了不同解释，这些标准的制定旨在协调各国的武器出口决定。

世界核力量（《SIPRI年鉴2011》中文版第417—468页）

香农·N·基尔，维达利·费琴科，巴拉特·高伯拉斯瓦米，汉斯·M·克里斯滕森

至2011年初，8个核武器国家共拥有2.05万多件核武器，其中战备部署的有5000多件。俄罗斯和美国已根据军控条约中的义务裁减了它们的战略核力量，但许多拆下来的核弹头被存放入库，仍可用来重新部署。2010年，五个被法律承认的核武器国家都决心继续保留其核武库，并或者正在进行现代化改进或者已宣布打算这样做。两个事实上的核武器国家印度和巴基斯坦在继续发展其新的、能带核弹头的导弹系统，并在扩展其军用裂变材料的能力。

第三部分 2010 年的不扩散、军控和裁军

核军备控制与不扩散（《SIPRI 年鉴 2011》中文版第 471—498 页）

香农·N·基尔

2010 年出现了推动核裁军和不扩散的新的全球势头。俄罗斯和美国缔结了新的 START 条约，确定进一步进行可核查的削减双方的战略核力量。第八次《核不扩散条约》审议大会通过了一个最后文件，其中包含有实现条约原则和目标的一些建议。伊朗和朝鲜的核计划继续引起关注。朝鲜透露其建成了一个先前未申报的铀浓缩工厂。在伊朗，国际原子能机构依然未能解决伊可能进行着含有军事成分的核活动的问题。

降低生化材料带来的安全威胁（《SIPRI 年鉴 2011》中文版第 499—520 页）

约翰·哈特，彼得·克莱夫斯蒂格

2010 年，各国在继续制定战略，防止和应对可能出于敌对目的的误用有毒生化材料所产生的影响。《生物武器公约》缔约国为第七次缔约国大会的召开作准备。化学武器公约组织主席设立了一个专家咨询小组，研究在所有化学武器销毁之后该组织的活动如何安排。各国必须解决的一个反复出现的问题是如何确定违约行为。科学技术的发展，尤其是化学和生命科学的日益重叠，将对这一问题构成相关挑战。

常规军备控制与建立军事信任措施（《SIPRI 年鉴 2011》中文版第 521—543 页）

兹希洛·拉霍夫斯基

2010 年，俄美关系的改善、新 START 条约的签署以及对克服欧洲安全议程障碍的努力，使之在常规军备控制和建立信任、安全措施方面的工作得以重新启动。欧洲常规力量条约和欧洲建立信任安全

措施的维也纳文件这两个欧洲军控轨道的对话，在2010年提出的各种建议将对今后工作产生影响。欧洲的军备控制取决于欧洲各主要国家的战略利益。在其他方面，《开放天空条约》的相关性在其第二次审议大会上得到了再次肯定。

战略性贸易控制：打击大规模杀伤性武器扩散（《SIPRI年鉴2011》中文版第544—573页）

西比勒·鲍尔，阿伦·邓恩，伊万娜·米契奇

关于防止大规模杀伤性武器扩散的国际讨论和相关活动，已由原先集中于控制出口发展为涉及到反映军购性质的变化和采取新的法律概念及执法手段之需要的更广泛活动。为履行联合国安理会有关决议和更广泛的贸易控制规则，各国开始增强和加大对国内和国际能力建设的努力。为改变对国际安全构成威胁的国家和非国家实体之行为的强制措施也已形成。这些措施包括查封扩散用的金融账户和阻断相关扩散性物品的运输等。

（庄茂成　译）

缩略语

ABM **Anti-ballistic missile**
反弹道导弹

ACV **Armoured combat vehicle**
装甲战车

AG **Australia Group**
澳大利亚集团

ALCM **Air-launched cruise missle**
空中发射巡航导弹

APC **Armoured personnel carrier**
装甲运兵车

APEC **Asia-Pacific Economic Cooperation**
亚太经合组织

APM **Anti-personnel mine**
杀伤人员地雷

APT **ASEAN Plus Three**
“东南亚国家联盟＋3”

ARF **ASEAN Regional Forum**
东盟地区论坛

ASAT **Anti-satellite**
反卫星

ASEAN **Association of South-East Asian Nations**
东南亚国家联盟

ATT **Arms trade treaty**
武器贸易条约

ATTU **Atlantic-to-the Urals (zone)**
大西洋到乌拉尔（地区）

AU **African Union**
非洲联盟

BMD **Ballistic missile defence**
弹道导弹防御

BSEC **Organization ofBlack Sea Economic Cooperation**
黑海经济合作组织

BTWC **Biological and Toxin Weapons Convention**
禁止生物武器公约

BW **Biological weapon/warfare**
生物武器/战

CADSP **Common African Defence and Security Policy**
非洲共同防务与安全政策

CAR **Central African Republic**
中非共和国

CBM **Confidence-building measure**
建立信任措施

CBRN **Chemical, biological, radiological and nuclear**
化学、生物、放射性和核材料

CBSS **Council of the Baltic Sea States**
波罗的海国家委员会

CBW **Chemical and biological weapon/warfare**
化学和生物武器/战

CCM **Convention on Cluster Munitions**
集束弹药公约

CCW **Certain Conventional Weapons (Convention)**
特定常规武器（公约）

CD **Conference on Disarmament**
裁军谈判会议（裁谈会）

CDS **Consejo de Defensa Suramericano（South American Defence Council）**
南美防务理事会

CEEAC **Communauté Economique des Etats de l'Afrique Centrale（Economic Community of Central African States, ECCAS）**
中非国家经济共同体

CFE **Conventional Armed Forces in Europe（Treaty）**
欧洲常规武装力量（条约）

CFSP **Common Foreign and Security Policy**
共同外交和安全政策

CICA **Conference on Interaction and Confidence-Building Measures inAsia**
亚洲相互协作与建立信任措施会议（亚信会议）

CIS **Commonwealth of Independent States**
独立国家联合体（独联体）

COPAX **Conseil de Pais et de Securite de l'Afrique Centrale（Central Africa Peace and Security Coucil）**
中部非洲和平安全理事会

CSBM **Confidence-and security-building measure**
建立信任与安全措施

CSCAP **Council for Security Cooperation in theAsia Pacific**
亚太安全合作理事会

CSDP **Common Security and Defence Policy**
共同安全和防务政策

CSTO **Collective Security Treaty Organization**
集体安全条约组织

CTBT **Comprehensive Nuclear Test-Ban Treaty**
全面禁止核试验条约

CTBTO **Comprehensive Nuclear Test-Ban Treaty Organization**
全面禁止核试验条约组织

CTR **Co-operative Threat Reduction**
合作减少威胁

CW **Chemical weapon/warfare**
化学武器/战

CWC **Chemical Weapons Convention**
禁止化学武器公约

DDR **Demobilization, disarmament and reintegration**
复员遣散、解除武装和重新安置

DPKO **Department of Peacekeeping Operations**
（联合国）维和行动部

DPRK **Democratic People's Republic of Korea (North Korea)**
朝鲜民主共和国（朝鲜）

DRC **Democratic Republic of the Congo**
刚果民主共和国

EAEC **European Atomic Energy Community (*also* Euratom)**
欧洲原子能联营

EAPC **Euro-Atlantic Partnership Council**
欧洲—大西洋伙伴关系委员会

ECOWAS **Economic Community of West African States**
西非国家经济共同体

EDA **European Defence Agency**
欧洲防务局

ENP **European Neighbourhood Policy**
欧洲睦邻政策

ERW **Explosive remnants of war**
战争遗留爆炸物

EU **European Union**
欧洲联盟

FATF **Financial Action Task Force**
反金融洗钱特别工作小组

FMCT **Fissile material cut-off treaty**
禁止生产核武器裂变材料条约（禁产条约）

FSC **Forum for Security Co-operation**
安全合作论坛

FY **Fiscal year**
财政年度

FYROM **Former Yugoslav Republic of Macedonia**
前南斯拉夫马其顿共和国

G8 **Group of Eight**
八国集团

GCC **Gulf Cooperation Council**
海湾国家合作委员会

GDP **Gross domestic product**
国内生产总值

GLCM **Ground-launched cruise missile**
地面发射巡航导弹

GNEP **Global Nuclear Energy Partnership**
全球核能伙伴计划

GNI **Gross national income**
国民总收入

GNP **Gross national product**
国民生产总值

GTRI **Global Threat Reduce Initiative**
全球减少威胁倡议

GUAM **Georgia，Ukraine，Azerbaijan and Moldova**
古阿姆集团

HCOC **Hague Code of Conduct**
海牙行为准则

HEU **Highly enriched uranium**
高浓缩铀

IAEA **International Atomic Energy Agency**
国际原子能机构

ICBM **Intercontinental ballistic missile**
洲际弹道导弹

ICC **International Criminal Court**
国际刑事法院

ICJ **International Court of Justice**
国际法院

ICTR **International Criminal Tribunal for Rwanda**
卢旺达国际刑事法庭

ICTY **International Criminal Tribunal for former Yugoslavia**
前南斯拉夫国际刑事法庭

IED **Improvised explosive device**
简易爆炸装置

IFS **Instrument for Stability**
稳定工具

IGAD **Intergovernmental Authority on Development**
政府间发展组织

IGC **Intergovernmental Conference**
政府间会议

IMF **International Monetary Fund**
国际货币基金组织

INDA **International non-proliferation and disarmament assistance**
国际防扩散和裁军援助

INF **Intermediate-range Nuclear Forces (Treaty)**
中程核力量（条约）

IRBM **Intermediate-range ballistic missile**
中远程弹道导弹

ISAF **International Security Assistance Force**
国际安全支援部队

JCG **Joint Consultative Group**
联合协商小组

JCIC **Joint Compliance and Inspection Commission**
联合履约和视察委员会

JHA **Justice and home affairs**
司法和内政

LEU **Low-enriched uranium**
低浓缩铀

MANPADS **Man-portable air defence system**
便携式防空系统

MDGs **Millennium Development Goals**
千年发展目标

MER **Market exchange rate**
市场汇率

MIRV **Multiple independently targetable re-entry vehicle**
多个、可独立命中目标的再入飞行器

MOTAPM **Mines other than antipersonnel mines**
非杀伤人员地雷

MTCR **Missile Technology Control Regime**
导弹及其技术控制制度

NAM **Non-Aligned Movement**
不结盟运动

NATO **North Atlantic Treaty Organization**
北大西洋公约组织（北约）

NBC **Nuclear, biological and chemical (weapons)**
核、生物和化学（武器）

NGO **Non-governmental organization**
非政府组织

NNWS **Non-nuclear weapon state**
无核武器国家

NPT **Non-Proliferation Treaty**
不扩散核武器条约

NRF **NATO Response Force**
北约快速反应部队

NSG **Nuclear Suppliers Group**
核供应国集团

NWFZ **Nuclear weapon-free zone**
无核武器区

NWS Nuclear weapon state
核武器国家
OAS Organization of American States
美洲国家组织
OCCAR Organisation Conjointe de Cooperation en Matiere d'Armement (Organisation for Joint Armament Cooperation)
军备合作联合组织
ODA Official Development Assistance
官方发展援助
OECD Organisation for Economic Co-operation and Development
经济合作与发展组织
OIC Organization of the Islamic Conference
伊斯兰会议组织
OPANAL Agency for the Prohibition of Nuclear Weapons in Latin America and the Caribbean
拉丁美洲和加勒比地区禁止核武器组织
OPCW Organisation for the Prohibition of Chemical Weapons
禁止化学武器组织
OPEC Organization of the Petroleum Exporting Countries
石油输出国组织
OSCC Open Skies Consultative Commission
开放天空协商委员会
OSCE Organization for Security and Co-operation inEurope
欧洲安全与合作组织
P5 5 permanent members of the UN Security Council
安理会五个常任理事国（五常）
PFP Partnership for Peace
和平伙伴关系
PPP Purchasing power parity
购买力平价
PRT Provincial reconstruction team
（阿富汗）省重建工作队

PSC **Private security company**
私人安保公司

PSI **Proliferation Security Initiative**
防扩散安全倡议

R&D **Research and development**
研究与开发

SAARC **South Asian Association for Regional Co-operation**
南亚区域合作联盟

SADC **Southern African Development Community**
南部非洲发展共同体

SALW **Small arms and light weapons**
小武器轻武器

SAM **Surface-to-air missile**
地对空导弹

SCO **Shanghai Cooperation Organization**
上海合作组织

SCSL **Special Court for Sierra Leone**
塞拉利昂特别法庭

SECI **Southeast European Cooperation Initiative**
东南欧合作倡议

SLBM **Submarine-launched ballistic missile**
潜射弹道导弹

SLCM **Sea-launched cruise missile**
海上发射巡航导弹

SORT **Strategic Offensive Reductions Treaty**
削减进攻性战略武器条约

SRBM **Short-range ballistic missile**
短程弹道导弹

SRCC **Sub-Regional Consultative Commission**
次地区磋商委员会

SSM **Surface-to surface missile**
地对地导弹

SSR **Security sector reform**
安全部门改革

START **Strategic Arms Reduction Treaty**
削减战略武器条约

TLE **Treaty-limited equipment**
受条约限制的装备

UAE **United Arab Emirates**
阿拉伯联合酋长国

UAV **Unmanned air/aerial vehicle**
无人驾驶飞行器（无人机）

UCAV **Unmanned combat air vehicle**
无人驾驶作战飞行器

UN **United Nations**
联合国

UNASUR **Union de Naciones Suramericanas（Union of South American Nations）**
南美国家联盟

UNDP **UN Development Programme**
联合国开发计划署

UNHCR **UN High Commissioner for Refugees**
联合国难民事务高级专员公署

UNODA **UN Office for Disarmament Affairs**
联合国裁军事务办公室

UNROCA **UN Register of Conventional Arms**
联合国常规武器登记制度

USAID **US Agency for International Development**
美国国际开发署

WA **Wassenaar Arrangement**
瓦森纳安排

WEU **Western European Union**
西欧联盟

WMD **Weapon of mass destruction**
大规模杀伤性武器

常用符号

..	未掌握或不适合使用的数据
—	零或可以忽略的数字
()	不确定的数据
b.	十亿（一千个百万）
Kg	公斤
km	公里（一千米）
m	百万
th.	千
tr.	万亿（一百万个百万）
$	美元（除非另有注明）
€	欧元

地理区域和次区域

非洲 包括**北非**（阿尔及利亚、利比亚、摩洛哥和突尼斯，埃及除外）和**撒哈拉以南非洲**。

美洲 包括**北美**（加拿大和美国）、**中美洲**、**加勒比地区**（包括墨西哥）和**南美**。

亚洲和大洋洲 包括**中亚**、**东亚**、**大洋洲**、**南亚**（包括阿富汗）和**东南亚**。

欧洲 包括**东欧**（亚美尼亚、阿塞拜疆、白俄罗斯、格鲁吉亚、摩尔多瓦、俄罗斯和乌克兰）、**中西欧**（含东南欧）；在论述军费开支时，土耳其包括在中西欧地区。

中东 包括埃及、伊朗、伊拉克、以色列、约旦、科威特、黎巴嫩、叙利亚、土耳其和阿拉伯半岛的国家。

（琦　灵　译）

引　言　2011 年国际安全、军备和裁军形势

第一章　腐败与军贸：佣金之罪恶

引言 2011 年国际安全、军备和裁军形势

季北慈

第一节 对过去一年形势的评估

2010 年，在世界一些地区出现了对和平与稳定的新挑战，例如在朝鲜半岛、北美洲、中东和中亚。为减少全球和各地区局势不稳定和其他威胁，各国际机构和组织继续艰难地调整其使命，并为此寻找必要的资源。欧洲债务危机日益严重，美国的经济与金融困境挥之不去，制约了一些最富有国家应对全球挑战的能力。尤其是非国家行为体对国际安全形势的影响越来越大。

2010 年 8 月，美国总统奥巴马宣布结束美军在伊拉克的作战行动，从而正式停止了七年前小布什政府发动的“伊拉克自由作战行动”(虽然有五万美军将留驻，担负支援、训练和其他非作战任务)。在阿富汗，尽管美国增加了兵力，发动了自 2001 年开战以来最大规模的剿匪攻势，美国及其盟国也调整了剿匪战略，并在阿富汗和巴基斯坦抓获或击毙了多名塔利班和“基地”组织的头目，但是阿富汗的总体形势仍很不稳定，远期前景难以预测。根据 2010 年 11 月北约首脑会议制定的阿富汗问题“过渡战略”，到 2014 年年底国际安全支援部队（ISAF）结束在阿富汗的作战使命时，该部队的安全责任将移交给阿富汗安全部队。

在世界其他地方，2010 年 3 月韩国“天安号”军舰被击沉，同年 11 月朝鲜炮击韩国的延坪岛。这两件事加剧了东北亚的紧张局势。5 月，以色列突击部队拦截了为打破以色列对巴勒斯坦领土封锁而开

往加沙地带的一个船队，9 人丧生。2010 年开始的以色列与巴勒斯坦当局的西岸和平谈判未取得任何进展。到 2010 年接近年底时，12 月又发生了一个名叫穆罕默德·布阿齐齐的负债年轻街头小贩在突尼斯当众自焚事件，在中东、北非的许多地方引发了一波动乱浪潮，持续到 2011 年。

2010 年，全世界有 15 起活跃的重大武装冲突分布在非洲、美洲、亚洲和中东地区，其中在阿富汗、伊拉克、巴基斯坦和索马里四国的武装冲突尤为激烈。在世界各地，极端分子出于政治动机屠杀无辜：在阿富汗、刚果民主共和国（DRC）、伊拉克、吉尔吉斯斯坦、尼泊尔、巴基斯坦、俄罗斯和乌干达等国发生的袭击事件触目惊心。这一年在军控和裁军领域既有长期未决的问题，也出现了一些新问题。朝鲜仍然无视联合国的明确意志和邻国的关切，继续研制核武器和导弹。2010 年里最令人关注的是一座过去从未披露过的朝鲜铀浓缩设施被曝光。人们还继续关注伊朗的核计划。联合国在 2010 年对伊朗采取了新一轮制裁措施。日内瓦裁军谈判会议虽然在 2009 年就工作计划草案达成了协议，包括要启动禁产条约谈判，但仍未能在 2010 年采取必要的程序性措施而真正启动实质性谈判。过去一年里，全球的军费开支、武器生产和常规武器转让都继续呈现上升趋势。

2010 年在核裁军、安全和防扩散领域出现了一些积极进展，这表现在两个方面：一是俄罗斯与西方邻国的关系；二是常规武器控制。2010 年 3 月，俄美缔结了一项新的核裁军条约，即新 START 条约，两国在 2011 年 2 月交换了批约书。美国政府在 2010 年 4 月公布的《核态势审议报告》中收紧了使用核武器的条件，并保证不研制新的核弹头，也不提高现有核弹头的使命和能力。此后，在美国首都华盛顿举行了首次核安全峰会，包括 38 位国家元首或政府首脑在内的与会者一致同意要减小核恐怖主义的威胁，改进全世界的核材料和核设施的安全保护。2010 年 5 月，在 1968 年的《不扩散核武器条约》审议大会上，缔约国一致同意就核裁军和防扩散采取具体措施，共同努力建立中东无核武器区。北约—俄罗斯理事会在 2008 年格鲁吉亚—俄罗斯战争之后首次召开会议，就在导弹防御、反恐和打击毒品走私等方面进行合作达成了若干协议。此外，还出现了其他一些令人鼓舞的事态发展，包括 2008 年签署的《集束弹药公约》于 8 月生效，以及于2010年7月在纽约首次召开了联合国《武器贸易条约》筹委会会议。

第二节　《SIPRI年鉴2011》的概述、主要内容和研究成果

概述

本卷，即《SIPRI年鉴》第42卷，由来自19个国家的37位专家撰写而成。

这些专家综述、分析了过去一年在国际安全、军备和裁军领域中最重要的动向和发展趋势，其中包括武装冲突、多边和平行动、军费开支、武器生产、常规武器转让、防扩散、军控以及建立互信和安全措施等方方面面的问题。如同最近几年出版的各卷《SIPRI年鉴》一样，本卷开篇章节是一篇专题报告，作者是安德鲁·范因斯坦、保罗·霍尔登和巴纳比·佩斯三人。该章分析了国际武器贸易中的种种腐败现象。范因斯坦是一位研究武器贸易中腐败问题的专家，过去是南非议会的议员。他与他的同事一起分析了国际武器贸易中“腐败行为的特征及严重性”，提出这种腐败行为对开放性社会、法制及国家安全的负面影响，并提出了制约武器贸易腐败及其腐蚀作用的建议。

本卷其他内容主要分三个部分。第一部分综述与武器冲突和应对冲突相关的影响国际安全的若干关键问题。第二部分重点论述军备领域全球、地区和各国的重要趋势，包括军费开支、武器生产、武器转让和核力量。第三部分论述近期裁军领域的主要动向，包括对核不扩散、军控、生化武器相关威胁的评估、控制常规武器的努力以及控制会引起潜在安全关切的其他敏感物项与技术的转让。

这些章节材料翔实，各附录和附件提供了各方面的详细数据和分析，内容包括重大武装冲突、多边和平行动、军费开支、军火生产公司、主要常规武器的国际转让、核武库、裂变材料库存、国际武器禁运、国际军控与防扩散协定、多边安全机构以及“国际军控、军备、冲突与安全2010年大事记”。和过去几年一样，《SIPRI年鉴2011》为发表澳大利亚经济及和平学会协同经济学家信息小组（*EIU*）联合

编制的《全球和平指数》(GPI) 提供了一个重要平台。

《SIPRI 年鉴 2011》各章节汇合在一起对本年度的国际安全、军备和裁军动向作出了最全面、深入的评估。

主要内容和研究成果

本年度及最近几年的《SIPRI 年鉴》的编制工作突出若干重要选题和研究成果。2011 年的选题和相关研究有三方面重点:

非国家行为体的影响力日益增强

不管是好是坏，国家现在仍然是国际形势的最主要安全事务行为体。即便如此，《SIPRI 年鉴 2011》发表的各项研究分析报告表明，非国家行为体和准国家行为体对全球和地区安全形势的影响起着越来越重要的作用。正如下文所述，一方面非国家行为体能够对缓和局势发挥更加积极的作用；另一方面，有些非国家行为体和准国家行为体则对和平与安全问题起了极其不好的作用。、

从第一章和第二章中读者可以看到，这个问题及其影响极其严重。这两章分别论述武器贸易中的腐败现象和各种资源与冲突之间的关联性。在第一章里，作者指出：参与武器贸易的非国家行为体——企业家、中间商、“流氓国家”的政府官员——中饱私囊，对像南非这样的脆弱国家的政治公开、经济活力和安全形势起了有害的作用。第二章描述并分析了各种行为体出于政治和经济动机，有时在政府支持下，通过暴力和恐吓手段掠夺资源财富。这些军阀集团、叛乱组织、犯罪团伙、民兵武装以及武装匪徒，对那些复杂棘手的冲突，例如在阿富汗、民主刚果、几内亚比绍和尼日尔，起了煽风点火的作用并为其提供资金，从而使局势更加不稳定。本章还描述了各种自然灾害造成的影响，包括气候变化、环境恶化、资源匮乏、洪涝、干旱和饥荒。这种天灾往往由于人的行为（或不为）变得更加严重，会加剧动乱和冲突。

在第二章及其附录中对重大武装冲突进行了分析，为这一专题提供了各种数据和更多文献：2010 年仍在持续的 15 起重大武装冲突全部是国内冲突，有武装的非国家组织卷入。正如作者分析指出，在 2001—2010 这十年间发生的 29 起重大武装冲突中只有两起是国与国之间的冲突，其他 27 起都是国内冲突，是由一个国家行为体至少与

一个武装的非国家行为体发生冲突。2011 年初在北非和中东某些地方发生的社会动荡、恶斗、公开冲突和政局变动，也是主要由于无视国民的和平诉求而引起的，虽然利比亚的情况是这种诉求转而触发了非正规武装与国家政府的冲突。

在本卷其他各章节中也可以看到非国家行为体的作用和影响愈益重要。例如，关于军火生产的第五章中详细列出了世界最大 100 家军火公司，仅这一百家公司 2009 年的武器销售就达到约 4010 亿美元，自 2002 年来实际增加了 58%。从这一数字就可知道这些公司对各国经济和安全形势会产生多大影响，尤其是在这些公司集中经营的国家。第九章重点论述生化武器的潜在威胁以及为尽量减小这种威胁所做的努力。该章还提到各国在 1972 年的《禁止生物武器公约》和 1993 年的《禁止化学武器公约》框架内为应对非国家行为体正反两方面的作用和影响正在进行的工作。尤其是随着科学技术的进步，包括化学与生命科学之间的交叉日增，防扩散努力面临新的潜在挑战。本卷以及《SIPRI 年鉴》往年各卷关于常规武器转让和控制战略物资贸易的研究分析指出，非国家行为体继续能得到各种军事装备和武器，包括反舰导弹、直升机和地雷。第十一章在论述控制战略物资贸易时指出，为了防止大规模杀伤性武器扩散，国际社会仍需在武器采购供应链中把重点放在非国家行为体和国家两个方面。科学家、中间商、航运公司和金融机构往往有意无意地助长了大规模杀伤性武器计划所需的两用物项的扩散和采购。

全球与地区新兴强国的崛起

《SIPRI 年鉴 2011》贯串全卷的第二个重大选题是全球和地区“新兴强国”的作用和影响继续扩大。虽然国际安全形势评论家经常谈到这一动向，本卷如同历年各卷一样为丰富这方面内涵提供了翔实而有独到分析的依据，并对其意义作出前瞻性的探讨。例如，第二章论述了中国和印度在对资源的地缘政治争夺中起着越来越重要的作用；对中国稀土金属出口的担忧成为 2010 年一个突出的政治经济问题。第三章论述多边和平行动，其分析的重点大部分放在诸如巴西、中国、印度和南非等这些国家派出的维和人员不断有所增加，并分析了这种情况的利弊。截至 2010 年年底，这四国的维和人员占联合国维和人员总数的 15%以上，它们对确定维和行动的原则和具体做法起着越来越大的影响，即便是在对这类维和行动的需求更大、审核更严，并出现种种要求改革的呼声的情况之下。

第四章关于军费开支的分析研究也说明，新兴强国在全球安全问题和地区事务中的重要性日益上升。该章着重论述了巴西、中国、印度、俄罗斯、土耳其和南非的作用。2010 年，美国的军费在全球军费开支总额中占近 43%，远远超过任何国家的最高军费开支。但是 2009 年已成为世界第二大军费开支国的中国在 2010 年不仅保持其排位，而且扩大了它与排位靠后国家之间的差距，缩小了与美国的差距。据 SIPRI 估算，2010 年中国的军费开支为 1190 亿美元，约为下列四国中任一国家军费开支的两倍：英国（596 亿美元）、法国（593 亿美元）、俄罗斯（587 亿美元）和日本（545 亿美元）。2010 年，在世界军费开支最高的 15 个国家中，2001 到 2010 年这十年间军事预算增长幅度最大的五个国家分别为：中国（189%）、俄罗斯（82%）、美国（81%）、沙特阿拉伯（63%）和印度（54%）。北约欧洲国家的军费开支在这十年中大体持平，有的年份甚至有所下降；上海合作组织成员国的军费开支，主要是中国和俄罗斯，同比增加近 145%。

第五章论述军火生产，该章特别关注以色列、韩国和土耳其三个非西方国家国内军工生产增长的情况，三国的军火公司已跻身《SIPRI100 强》军工企业。该章还分析了这些小军火生产国的崛起对全球军火生产的影响和挑战。第六章分析了全球范围常规武器转让的情况，重点是已成为世界主要武器进口国的印度和巴基斯坦。印度在 2006—2010 年这五年里超过了中国，上升为世界最大的武器进口国。中国现在位居第二，韩国第三。这三个国家在此期间的常规武器转让加在一起，略超过世界转让总额的 20%。新兴强国实力的增强一定程度上归结于其核武库的现代化。第七章详述并分析了美国、俄罗斯、英国、法国、中国、印度、巴基斯坦和以色列八国的核武器计划，以及朝鲜的军事核计划。中国是世界第四大核武器国家，目前正在通过增加其弹道导弹力量的数量和种类、部署新核潜艇增强其核威慑能力。印度也在采取重要举措进行核力量现代化，包括增加和改进“大地”导弹和研制将于 21 世纪第二个十年中期部署的潜射弹道导弹。第八章关于核军控和防扩散的论述中介绍了 2010 年某些西方国家政府，特别是美国、巴西和土耳其三国，试图与伊朗达成一个交易：只要伊朗同意将其低浓铀储备的一半运到土耳其，就可以换取民用反应堆燃料。

国际机制的不确定性和脆弱性增强

本卷许多章节论述的第三个重要议题是国际机制效率低下、前景难测、软弱无力。许多肩负促进和平与安全的组织感到越来越难以得到为实现其使命所必需的政治意志和财力，或者说根本不具备在必要的地方建立治理机制的政治意愿。第二章在论述资源与冲突的关联时强调指出，国际机制联手治理资源匮乏和对资源依赖的各种问题在今后几年可能会变得更加困难，其原因是相互竞争意识加强，机制自身的能力削弱。第三章指出，各主要国际组织，如联合国、北约和欧盟，都在重新评估其和平行动，但均还缺乏为取得新的共识的战略考虑。联合国的各项和平行动可能面临南北矛盾上升：派出大量维和人员的发展中国家会要求有更大权限决定这些行动的原则和目标。

尽管很多人把2010年称之为“军控之春”，但是目前关于军控、裁军和防扩散的各机制的规范合法性仍处于不可预测、多变甚至受质疑的阶段。正如第八章所论述，“传统军控”，即俄美只为削减其核力量的双边条约，可能随着2010年双方签订《进一步削减和限制进攻性战略武器条约》（《新START条约》）而告一段落。今后如要继续裁减俄美双方的核武器，谈判的难度将大得多，因为将涉及一系列复杂问题，包括导弹防御、外空武器和远程精确打击武器，也可能需要从双边谈判变为多边谈判。这一章还指出，尽管公开宣称2010年的《不扩散核武器条约》审议大会取得了成功，但是各国继续对该条约前景的关注并不能从实质上弥合核武器国家与无核国家之间在条约三大支柱重要性的分歧。这三个支柱是：防扩散、裁军、和平利用核能。第九章在展望未来时指出，《禁止生物武器公约》和《禁止化学武器公约》在2011年都面临重要转折点，这两个增强安全的机制不管是受到削弱还是得到加强，其结果都会产生重要影响。为重振和改进唯一最重要、最周密的常规军控条约，即1990年签署的《欧洲常规力量条约》（CFE条约），虽然在2010年比较活跃，但仍进展甚慢，前景不明朗，某些缔约国的行为甚至使条约有所削弱。第十章重点论述该条约及欧洲采取的其他常规军控措施。该章的结论是：虽然有一些取得进展的迹象，但是战略上和技术上仍存在诸多障碍，难以使各方对未来限制常规武器及相关信任措施采取一种更加合作并为全欧洲普遍接受的方针。

当今世界全球化进程加速，相互依赖程度加深，国际形势日益复杂。这种特点迫使各国重新思考如何最有效地应对扩散威胁。第十一章指出，科学技术的突飞猛进、两用物项的进一步扩散、全球武器贸易和采购网的日益复杂化——诸如此类的这些因素迫切要求在传统的战略物资贸易控制机制、行动计划以及能力建设活动等方面采取新的执法手段、法律机制和合作协调，以打击大规模杀伤性武器的扩散和应对使用这种武器的危险。

第三节 影响和前景展望

鉴于上述这些主要形势动向，显然目前着眼于应对全球与地区安全、军备和裁军挑战的种种机制、协定和进程的安排——可通称为“安全治理体系”，面临越来越大的压力。这种压力来自现有体系内外两个方面。

来自内部的压力是，安全治理体系受到多种因素的制约。最重要的因素之一是，世界主要国家之间的硬实力和软实力消长在继续发生变化。随着国际体系中的“新兴”强国的崛起，由于各国相对的力量和影响趋于均衡化，早期确立并反映早期状况的全球与地区机制、协定和进程必须现实地面对并适应这一新的实际。越来越明显的是，为了应对和缓解共同面临的安全问题，即使是强国也必须同其他国家合作和妥协。随着巴西、中国、印度和其他一些国家国力和影响的增强，各国利益的对立和差异意味着，为在现有的全球和地区安全机制中采取行动要取得共识变得更加困难。最明显的是，世界上最重要的多边全球安全机制联合国安全理事会及其常任理事国的组成已不能充分反映全球安全体系不断变化的现实。近年来活跃的二十国集团（G20）主要经济体可以比较准确地反应现实情况，但是该集团尚未开始把安全治理作为其主要任务，在近期内也不大会这样做。

与此相关的是，过去经常带头力挺全球和各地区安全治理的那些大国已力不从心，无法像当年那样得心应手。这些国家（主要是美国及其欧洲盟国）的作用受到了上述国际力量消长的影响。它们为安全提供全球公共产品的能力还受到全球金融危机和自身经济长期低迷的削弱。美国及其全球各地主要盟国的国民可能要求其领导人集中力量使国内经济复苏，收紧对外援助和安全相关援助，避免积极卷入国外的安全事务。

现行安全治理体系还受到外部压力的影响。随着信息、人员、资本和商品的流动日益增加和发展，国际安全的性质更加趋于动态化、复杂化和跨国化。世界变化之快超过了现有安全相关机制和进程的变化，后者疲于应付当代可能产生不稳定后果的种种问题，如网络攻击、气候变化、资源短缺、人口迁移失控、暴力极端主义、跨国犯罪活动、敏感技术扩散、武器的非法转让、贩毒、洗钱等。此外，现有安全治理体系之外的挑战大都来自非国家行为体。非国家行为体影响、左右甚至形成各国以及国际安全机制安全议程的能力继续增强，可能产生正面或负面后果。但结果却是各国及国际机制未能及时应对非国家行为体的挑战和机遇。

展望未来，当今国际安全体系必须进行大刀阔斧的改革。主要国际和地区安全治理机制还需要采取措施，加快使新兴国家公正合理地参与其中，从而得到更加积极有力的支持去应对当今和未来的复杂安全挑战。这种举措包括增加联合国安理会常任理事国，发挥二十国集团在安全问题上更积极的作用。处理安全问题的各区域机制，如非洲联盟、东盟、阿盟和上合组织，还有很多工作要做。它们应加强其政治和运作能力以减少在其各自区域的跨国安全挑战，进一步加强维和和人道主义救援的能力，深化与其他区域和全球安全机制的合作。

为加强这种能力，现有的国际组织和其他安全机制必须尽量摆脱以国家为核心、协商一致为基础、最低共同标准的规制所经常带来的许许多多制约因素。一个重要举措是，要深化和扩大伙伴关系，拓展同参与安全问题、对外政策和发展援助的广大非国家行为体的其他形式合作。共同开展构筑和平和人道主义救援行动至关重要。这样做既可以在开展这种行动的关键阶段加强协调，也可以推动向更长期的建设和平与重建工作的平衡过渡。建设和平的工作还应更多地致力于在教育、司法、保健和政府财会系统等领域，更好地发挥民间专家（即所谓“民间团队）的宝贵作用。

政府间组织与非政府组织（NGO）、企业界、宗教界和族群领导人以及其他民间组织共同参与的伙伴计划能够更有效地应对各种棘手的安全挑战。第二章介绍了“金伯利进程”和“采掘业透明计划”。企业界和非政府组织应参与建立更有力的机制，以确保核安全、控制生化武器材料带来的威胁以及控制战略物资贸易。今后，在这些方面将越来越需要作出努力。只要有可能，以国家为成员的国际组织还必须考虑通过新的有效方式在某些局势不稳定或发生冲突的地区与各种各样日益强大而有影响力的非国家行为体沟通互动，使局势朝着平稳的方向发展。这种非国家行为体包括当地的议事机构、不同政治派别、受军阀控制的组织、民兵、非正规武装以及犯罪团伙。

虽然这种举措施很重要，但是实现起来很难，尤其是国际安全受到的挑战仍在继续增多。国际社会今后可能会面临一段越来越难以预测、十分脆弱、风险和威胁频仍的困难时期。鉴于这些挑战，SIPRI 研究所和《SIPRI 年鉴》今后将继续密切跟踪和分析这些挑战以及国际安全、军备和裁军领域的其他动向。SIPRI 研究所这样做的目的是为包括世界各国的决策者、分析家、关注国际事务的公民在内的所有读者提供权威性的详实资料。

（叶如安　译）

第一章 腐败与军贸：佣金之罪恶

安德鲁·费恩斯坦 保尔·霍尔登
巴纳比·佩斯

第一节 导 言

军贸中存在的腐败行为是无与伦比和不成比例的。虽然武器生意在世界贸易总额中仅占一小部分，但是一种估计认为，该行当腐败的比例的却达到令人瞠目结舌的40%。[1] 对武器生意中行贿受贿情况的若干长期调查于2010年宣告完成，其中包括对法国国有船舶制造企业（DCNS）对台湾地区的武器交易以及英国航空电子系统公司（BAE）在英国和美国的武器交易的调查。[2] 然而，完成对这些案件的调查所需时间之长、调查结果常常不能尽如人意的现象以及对所涉及公司所给与的惩罚之轻，便可雄辩地说明处理武器交易中行贿受贿问题时的困难程度以及各国当局不情愿这么做的程度有多大——更不

〔1〕 此数字是由乔·罗伯于2003年为《透明国际》承担的一项工作中估算出来的。参见乔·罗伯"密切相关的腐败：军贸与腐败"，刊登在第113期的《展望》上（2005年8月28日）。

〔2〕 法国国家防务公司DCNS连同Thales公司在1991年向台湾地区出售价值28亿美元的护卫艇军售案中犯有行贿罪，目的在于抬高护卫舰的价格，因此被判向台湾政府付罚金8亿美元。参见"台湾打赢了军售诉讼案"一文，《台海时报》2010年5月5日。有关BAE公司的案件详情请参阅美国状告BAE公司一案，美国哥伦比亚特区的地方法院，法院判决书目录序列号：10-CR-035-JDB，华盛顿哥伦比亚特区，2010年2月4日，网址：〈http：//www. justices. gov. /criminal/fraud/fcpa/cases/bae-systems. html〉；和A·范斯坦的"影子世界：全球军贸之内幕"，（Hamish Hamilton/Farrar，Strause&Giroux：伦敦/纽约，已于2011年出版）。

要说有不胜枚举的案件从未被调查过。

本章旨在揭示军贸何以变成腐败的代名词。文章以无可辩驳的事实证明腐败对武器销售国和购买国均会造成严重损害，会破坏民主作法，危及法治和全球安全。第二节对腐败的概念进行了界定并就军贸的特点及军贸何以如此容易产生腐败的原因进行了简明扼要的探讨。第三节对南非一起备受争议的武器交易案例进行了全面研究。这是一起全面反应军贸腐败现象的典型案例。第四节以南非和其他几起武器交易为例，阐述了军贸中的腐败现象所造成的更大范围的影响。第五节为结束语，提出了采取多边、国际及国家行动方案的建议，这些行动可限制武器交易中行贿受贿的程度并顾及饱受腐败交易之苦的那些国家的权利。

第二节 认识武器交易中的腐败现象

何谓腐败?

腐败乃是一个感染力极强的词汇，广为使用但又未赋予其一个确切定义。即使在重要的国际协议中也常常含糊其辞。例如，2003 年的联合国反腐败公约（UNCAC）就未能确切界定该词汇的含义，“因为在谈判过程中，各国未能就如何界定腐败达成一致意见”。[3]不过，UNCAC 力图在不对腐败下一个包罗万象的框架性定义的情况下，处理具体的腐败问题。尽管如此，UNCAC 是有法律约束力的并且规定成员国必须设立法律机制限制腐败行为。犹如 UNCAC，经济合作与发展组织（OECD）尽管在实施一项反贿赂和反腐败计划并且在监督贿赂和腐败行为，但是它也避免为腐败下个定义。OECD1997 年的“反对外国公务员在国际商业交易中行贿受贿的公约”重点是针

〔3〕 联合国，“联合国反腐败公约”，新闻简报，2003 年 10 月 31 日。网址：〈http://www.un.org/News/briefings/docs/2003/costatouq.doc.htm〉。“联合国反腐败公约”于 2003 年 10 月 31 日通过，于 2005 年 12 月 14 日生效，联合国协议辑录，第 2349 辑（2007）。

对贿赂外国公务员的具体问题。[4] 不过，该公约不具法律约束力，而是要求其成员国各自制定一项辅助性法律。

透明国际（TI）为腐败下了一个严格的定义，即“为一己私利滥用手中权力的做法”。[5] 它还进一步区分“合乎规则”的腐败和“不合乎规则”的腐败。“行方便钱，目的在于想通过行贿从中受到某种优待，而这种优待是受贿者可以依法给予的”——这类贿赂是合乎规则的腐败；而不合乎规则的腐败是指“想通过行贿获取不允许受贿者给予的服务”。本章采用了 TI 的定义，但将其扩展到了涵括贿赂具体行为的范畴，这种贿赂行为被界定为提供或给予任何可能带来或者确实带来不应有好处的诱惑。这突出表明，一次成功的贿赂图谋需要涉及两个或者更多心甘情愿涉足其中的参与者，而且各方——不论是诱惑的制造者还是接受者——均应被视为是营私舞弊。

武器交易中行贿受贿的方法和手段

在武器交易中，收买或获取不正当影响的方法和手段不一而足。本节集中探讨如下最常用的四种：（1）贿赂；（2）有意不提利益矛盾；（3）承诺今后在其退出公务员时为其安排工作；（4）答应优先与之做生意。

贿赂乃是最广为人知的方法，常见于各种武器交易。在下面列举的实例中，支付或索取款项的方式不外乎现金或实物两种（实物有钻石或其他可移动商品），目的在于影响采购决策。当代的武器商最经常的是使用国际银行互联网来加快或掩盖付款并进而达到加深交情的目的。此外，供应商直接将贿赂款或引诱物交给政府官员或机构的做法则极为罕见，更常见的做法倒是将此事交给第三者去办理，并由其打通关系，使武器交易更为顺利。这种做法在供应商和贿赂行为之间

---

〔4〕 OECD“反对外国公务员在国际商业交易中行贿受贿的公约”是于 1997 年 12 月 17 日签署的，于 1999 年 2 月 15 日生效。网址：〈http：//www. oecd. org/department/0，3355，en _ 1 _ 1 _ 1 _ 1 _ 1，00. hrml〉。关于 OECD 反对在国际商业交易中进行行贿受贿的工作小组的情况，请参阅网址：〈http：//www. oecd. org/document/5/0，3746，en _ 2649 _ 34859 _ 35430021 _ 1 _ 1 _ 1 _ 1，00. html〉。

〔5〕 透明国际，“常问道的问题”，［无日期］，〈http：//www. transparency. org/news _ room/faq/corruption _ faq〉。

形成一个法律间距。在英国和沙特阿拉伯之间进行的“野鸽”武器交易中——世界上最大的一笔武器交易——以及下面谈到的与南非的武器交易中，据称 BAE 系统公司建立了一个复杂的办理国际银行业务和第三者的网络，其目的是保证付给交易决策者的款项在最为保密的情况下进行，并给予最好的掩饰。[6]

第二种方法在涉及政府的正规武器交易中最为常见，即有意不提利益矛盾，不论是在可能达成交易之前，还是在积极从事预期可能达成交易的努力中出现的矛盾。在有利益矛盾的案例中，某一特定武器供应商是否能成功拿下该交易，所涉政府官员或机构有一种金钱利益—不论是直接经手还是通过第三者，而这第三者又往往是一位亲戚或者密友。政府官员或许会因预期个人能得到一笔酬金，使合同最终花落该供应商，有时候通过与一家公司的金钱利益关系来实现，即预期在选定某一特定武器供应商后，该公司会得到一笔可观收入。

第三种方法是承诺在政府官员退出公职后为其安排工作。它比前两种方法占有更多法律的灰色地带，也被称之为“旋转门式”，即在政府官员离开公职后不久或者在离职后直接被该公司雇佣。在诸多实例中，当某人仍为公务员并有权决定将交易判给未来雇主时，公司便主动向其表示了录用的意愿。[7] 有些国家如美国的法律要求政府官员在进入一家与其仍为公务员时的工作有联系的公司之前，要履行一段所谓的“冷却期”。然而，这一阶段通常很短，有时甚至干脆被置于脑后，或者通过例如由录用公司向其发放奖金的办法减少“冷却期”带来的损失。

政府、军队和武器制造商之间的“旋转门”效应把国家和军事工

---

〔6〕 关于“野鸽”交易的详情，参见 D. 利和 R. 埃文斯的“BAE 档案：‘野鸽’交易”，《卫报》，2007 年 6 月 7 日。关于与南非的武器交易案例，请参看下面第三节；范斯坦的文章（同注释〔2〕）；和英国重大诈骗案办公室的 G. 墨菲的书面陈述，已作为附录 JDP-SW12 提交给南非高级法院（德兰士瓦省省级法院）并作为国家检察长单方面材料入档（申请方）：关于按照经（2008 年）修订后的 1998 年第 32 号国家检察授权法第 29（5）节和 29（6）节申请发给搜查证。

〔7〕 参见 K. 西尔弗斯坦的“无官职的斗士”（Verso：伦敦，2000 年）；和 K. 西尔弗斯坦的“国防工业如何武装自己抗拒裁减预算？与五角大楼高官的谈话”，《马瑟·琼斯》，1998 年 11 月/12 月。

业之间的界限弄得模糊不清。[8] 在美国，2004 年至 2008 年之间，所有退役的三星和四星将军都摇身一变成为军火工业的雇员或者顾问。[9] 令人担忧的是，他们之中不乏在退役之前就已经得到被录用的承诺之辈，也有不少人退役后仍在美国政府中保留着颇具影响力的军事顾问的角色。在这种"旋转门"效应下出现的最令人难以置信的例子非美国空军前主管采购和管理的助理部长首席帮办达利恩·德鲁扬莫属。当时德鲁杨负责空中加油机承租事宜的谈判。由于她事先将波音公司竞争对手的报价机密信息泄露给了波音，并按照波音公司的飞机制造能力和预算要求为其量身草拟了一份合同，致使这一价值 200 亿美元巨资的合同最终花落波音。[10] 作为报答，波音公司雇佣了她的女儿和女婿，并聘请德鲁杨为该公司导弹防空系统部门的副总经理。在后来的诉讼中，由于德鲁杨与起诉方达成了一项协议，她仅在监管措施最低的监狱里服了 9 个月刑期。此外，还被判接受相对宽松的非看管处罚。[11]

文中涵括的最后一种常见的贿赂方法是赋予生意优先权，其中最受关注的是涉及与许多大武器交易有关的抵偿贸易计划。按照这种颇有争议的计划，供应商答应向武器购买国的工业投资，以抵偿购置军备的开支给该国带来的经济影响。[12] 抵偿贸易的做法倍受争议，因为在履行相关义务方面充其量不过是点缀性的，很多公司采取的办法

〔8〕 参见 W. D. 哈通的"战争的鼓吹者：洛克希德·马丁和军事工业综合企业的形成"(Nation Books：纽约，2011 年)；和 C. 约翰逊的"帝国之悲哀：军国主义、秘密和合众国的终结（大都会：纽约，2004 年)。

〔9〕 见 B. 本德的"从五角大楼到私营部门"，(《波士顿环球报》2010 年 12 月 26 日。

〔10〕 见 L. 韦恩的"显示波音公司游说工作之广的文件"，《纽约时报》2003 年 9 月 3 日。

〔11〕 见 G. 卡林克的"前五角大楼采购主管被判刑"，Government Executive. com，2004 年 10 月 1 日：网址：〈http：//www. govexec. com/dailyfed/1004/100104gl. htm〉；K. 帕尔默的"前空军采购官员被释放出狱"，Government Executive. com，2005 年 10 月 3 日，网址：〈http：//www. govexec. com/dailyfed/1005/100305k2. htm〉；以及 R. 梁的"利用职权捞钱：是谁让纳税人为五角大楼近年来最大的丑闻付出了数十亿美元"，哥伦比亚广播公司 60 分钟节目，2005 年 1 月 5 日，网址：〈http：//www. cbsnews. com/stories/2005/01/04/6011/main664652. shtml〉。

〔12〕 见 J. 布劳尔和 J. P. 邓恩（编辑）的"军贸与经济发展：武器贸易补偿的理论、政策和案例"(Routledge：伦敦，2004 年)。

是将因未完全履约而受的惩罚的罚金打进对方购买武器的费用内。抵偿的做法通常始终被神秘所笼罩着，因为供应商或供应国政府为遵守“商业秘密”而拒绝对其实施监督。这种秘密还为掩盖扩散影响的行为提供了一个途径。受到关注的是，为推动抵偿计划的实施，会建立起来若干公司，而涉足的政府官员可能会获得这些公司的低价或者无偿股份，亦或他们会要求负责商业投资的武器供应公司直接使某公司受益，而这些官员或者一个政党则在该公司有利益所在。

军贸何以容易产生腐败

乔·罗伯坚定地认为军贸与腐败紧密相关：贸易体系的结构本身就足以说明贸易的特点之一，即具有腐败的特性，并且腐败广为存在。〔13〕武器交易的下列内在特点为产生腐败现象创造了方便条件：(1) 与国家安全和商业机密相关的保密要求；(2) 买方、供应商以及他们的经纪人之间存在的如影随形的亲密关系；(3) 全球产品的先进和复杂性、情况的不完整性和在诸多交易中产品、运输以及金融网络和手段的不透明性；(4) 产品的技术特性；(5) 采购压力；(6) 对后果可忽略不计的高财政回报。

上述 6 种结构性特点的第一条——即武器交易与对国家安全和商业机密的关切之间的摸不透和持久不变的联系——往往会赋予武器交易不透明性和高度保密性。参加武器交易的人员可免除对任何责任的承担，而且在交易中不受严密检查。这样一来，行贿受贿行为、利益冲突、决策不力和对国家安全不适当的选择常常会被掩盖起来。结果，武器交易成为国家和私营活动中受审计或者说问责最少的领域之一。〔14〕

武器交易在国家安全中的中心地位引出了其第二个特点：在产品制造公司、代理商、中间人和经纪人以及政治机关之间存在的异乎寻常的密切关系。特别是负责防务、情报及安全的政府部门和涉足武器交易的公司之间的界限变得模糊不清。鉴此，武器交易在政治舞台上占据着独特的地位，它既可以影响政府决定政务轻重缓急的工作，也

---

〔13〕 见罗伯的文章（同注释〔1〕）。

〔14〕 见范斯坦的文章（同注释〔2〕）。

可以获取有关政府的想法和打算采取的行动方面的内部信息。这一所谓的军工综合企业为寻求经济利益、机会主义和腐败创造了无穷的机会，而这一切又都是靠打着国家安全的幌子来掩盖的。

可悲的是，这一层面的腐败是一个自我长存不息的周期：一旦一个政治阶层开始涉足与武器交易有关的腐败，它会施加相当大的政治压力，以确保只对腐败行为进行点到为止的调查和起诉。保密能使腐败变本加厉，反过来，更严重的腐败又进一步强化了保密的需要，其结果是损害了预算的制定和采购的正常进行，甚至干扰了法治。这一情况突出地反映在诸多武器生产国和购买国缺乏解决腐败问题的政治意志方面。

武器交易的第三个特点是其全球性以及与之联系在一起的、错综复杂的订货、交货和供应行当。交易通常是以一种经纬万方和不透明的方式达成的，其中要涉及若干经纪人、运输代理行、采购人和生产商，而这些个人和单位又频繁地活跃于不同的国家。在一些情况下，武器交易是在政府间达成的、然后再交给制造商具体执行已达成的交易。还有一些交易是由政府直接与商业供应商签订合同，之后，由商业供应商之间相互或者与第三方进行交易。其中有些商行甚至并非合法实体。后者包括从武装分子到反叛团体和非正规且松散地分散在各地的恐怖分子等非国家行为体。向这种群体销售和供应武器（主要为小型武器）的工作往往是由中间人或代理商完成的，而他们也被称之为武器经纪人或者经销商。〔15〕在众多武器交易中离不开某种形式的中间人——或大或小、或合法或不合法、或国家或非国家行为体——而这又常常是产生贿赂行为或腐败的关键所在。

实际上，颇多武器交易含有所有这些交易形式和方式的某些成分，从官方或正规贸易到黑市交易都不同程度地涉及合法性和道德观念的问题。黑市交易不论从观念还是从实施的角度讲均为非法，但是“灰色市场”交易既有合法行为也有不合法行为，其目的是达到外交政策所要达到的目的，所以是由政府秘密运作的。因此，两者之间的

---

〔15〕 经销商通常被界定为中间人，他们先购买武器，然后再将武器卖掉，以赚取利润；而经纪人则不拥有武器，但是他们为获取现金或者如钻石、石油或木材等的商品而充当销售的经纪人。关于政府有关经纪人情况的报告可参阅本卷的附录 6C。

界限并不明显，故而用“影子世界”一词来形容包含着非法成分的武器交易。[16] 众多武器商人在正规和影子两个世界之间脚踩两只船，既卖大型军事装备，也卖小武器和轻武器；既卖给政府，也卖给非政府实体。据称，维克托·鲍特就不仅同“基地”组织和哥伦比亚革命武装力量做交易以及为其提供后勤支援，而且还同样与美国政府乃至联合国做武器交易和提供后勤支援。[17] 海因里希·托梅特是一位瑞士公民，受雇于设在巴尔干和塞浦路斯的公司，具体承担美国国防部合同经纪人的工作，但是具有讽刺意味的是，他的名字还出现在受美国政府监视人员的名单上，因为他涉嫌在世界上发生的若干武装冲突中，从事非法武器交易。[18]

这样一来，实施行贿受贿者均学会了采用在国家、代理商、公司和空壳公司之间做出各种复杂安排的办法来掩盖他们行使贿赂的行为，以回扣、咨询费、转包、补偿金和易货交易的方式瞒天过海。一方面，贸易的全球性使腐败有了更多的掩饰手段，而另一方面，国界和国内法却往往会制约反腐败立法和执法。各种诉讼必须超越司法权的障碍和依靠错综复杂的多国调查，而这样做可能会涉及资源使用不当、僵化或者腐败的法律制度。

武器交易的第四个特点是其技术特征。武器贸易往往是做高科技装备交易（尽管并非唯一方式），只有少数专家可以对这种装备有自信的发言权。这就意味着在诸多武器交易中，只有少数专家可以影响最后决策。加之参与这些交易决策的政客和官员也是少数人，其结果是，任何可能出现的行贿者只需说动为数不多的几个人，便能对决策施加不应有的重大影响，并最终赢得合同。

第五个武器交易固有的腐败特点是，因迫于武装冲突或迫在眉睫或已经狼烟滚滚的压力，需要尽快购置武器装备，从而常常会导致在

---

〔16〕 见范斯坦的文章（同注释〔2〕）。

〔17〕 参见 D. 法拉赫和 S. 布朗的“死亡商人：金钱、枪支、飞机和使战争成为可能的人”（John Wiley & Sons：新泽西州霍博肯，2007 年）。

〔18〕 参见大赦国际的“致命的行当：武器运输、经纪业和对人权的威胁”（大赦国际：伦敦，2006 年 5 月 9 日）；和美国众议院监督和政府改革委员会的“AEY 的调查”，多数人员的分析，2008 年 6 月 24 日，网址：〈http：//oversight-archive. waxman. house. gov/documents/20080624102358. pdf〉，第 9 页。

监督不足的情况下匆忙做出购买决定。此外，尤其是在发生内战或自相残杀的武装冲突时，法治通常会被抛到脑后，而强权政治会强行要求采用一切必要的手段购买武器。在这个法律的黑洞中，寻求经济利益和广为泛滥的腐败会大行其道。

第六个特点是其中一些合同巨大的经济价值和激烈的竞争性，因为每年只有为数不多的高额交易。这一特点会导致出现这种情况，即给予做出关键决定的一小撮决策者数额相当可观的贿赂。最后一个特点是在武器交易中涉足行贿受贿的个人和公司通常不会承担多大后果，因此会鼓励那些已经身处此行业的人继续从事非法行当，并吸引更多的人加入此行列。

固然这里所列举的特点也存在于其他形式的腐败现象之中，但武器交易独一无二的方面是，这些特点往往存在于所有腐败案例中，而且这种违法行为可以在国家安全的幌子下发生并被掩盖起来。不仅历次调查和法律诉讼常常以威胁国家安全为由而被迫半途而废（假如启动了调查或诉讼程序的话），而且大部分有关交易的信息永远也不会公诸于众。在大多数国家，不论其政治组成如何，积极调查和起诉非法武器交易活动的政治意愿几乎等于零。〔19〕

第三节　南非的武器交易：对一个新生的民主国家造成损害

南非 1999 年签署的战略防务军购协议（以下简称“武器交易”）是该国摆脱了种族隔离制度后的民主政府从事的最具争议的交易之一，而该政府在掌握政权后承诺的却是减少军费，以便推动社会经济发展。〔20〕批评人士一针见血地指出了该武器交易的过高花费、所购军备令人质疑的实用性以及一大堆腐败的指控。之后，一起偶然和受

〔19〕 参见范斯坦的文章（同注释〔2〕）。

〔20〕 有关南非军费开支情况，请参见本卷第 4 章第八节。

到怀疑的军购程序引发了一系列刑事审讯。[21] 由于这些和更多的原因，该军售案成了极能反映武器交易中腐败问题的一个典型。

该笔武器交易最终涉及价值约 700 亿兰特（南非货币，相当于 111 亿美元）的现代武器装备。[22] 其中包括：（1）26 架喷气式战斗机——一种由英国 BAE 和瑞典 Saab 公司联合制造的取名“鹰狮”的战斗机，其中 9 架为双座机型，其余则为单座机型；（2）24 架喷气式教练机——一种由 BAE 生产的“隼式”教练机；（3）30 架轻型直升机——由意大利阿古斯塔供应商提供的 A109Ms 型；（4）4 艘轻型护卫舰——由蒂森克虏伯牵头的德国护卫舰联合企业提供的 AK200 MEKOs 型轻型护卫舰，其中有法国的 Thomson-CSF/Thales 公司以及南非当地的非洲防务设备公司提供的战斗系列；（5）3 艘潜艇——209 级 1400MODs 型，由德国富乐斯多公司牵头的潜艇联合企业提供。[23] 上述每一笔采购生意都无一例外地损害了南非在 1994 年举行第一次全民选举后定下来的预算编制和军购程序，并且招致了对行贿受贿和管理不善等不当行为的指控。[24] 其中两宗生意尤其引起了强烈负面反响：它们是喷气式战机（占所有武器交易全部费用的 50% 以上）和轻型护卫舰生意。

---

〔21〕 参见 P. 霍尔登的“口袋里的武器交易”（Jonathan Ball：开普敦，2008 年）；T. 克劳福德—布朗的“盯着钱”（Umuzi：开普敦，2007 年）；和 A. 范斯坦的“欢庆之后：腐败、非洲人国民大会和南非的前途未卜”，第二版，（Verso：伦敦，2010 年）。

〔22〕 这一数字是作者根据已公布的截至 2008 年该交易所花费的兰特数额、已列入预算的到 2011 年尚待支付的金额、应付利息（需要支付到 2018 年）、按照南非财政部可支付报告所列举的数据计算出来的大约“隐藏的”花费以及南非审计长所提供的数据计算出来的。根据 2011 年 1 月份的一份预告，到 2010 年 10 月该交易已经花掉了 423.62 亿兰特，到 2011 年中还要花费 49 亿兰特。然而，这些新数据与 2008 年提供的数据不同，因为新数据没有包括分类费用一项，也没有按逐年细分。因此不可能准确地计算出数据的真实性。故而，2008 年的计算还是最靠得住的。南非国防和老兵部长 L. 西卢鲁的“提问 2768”—对南非非洲人国民大会 P.J. 格鲁内瓦尔德所提问题的书面答复，2011 年 1 月 25 日，南非议会监督小组，网址：〈http：//www.pmg.org.za/node/22744〉。

〔23〕 参见 L. 恩格尔布雷西特的“重温南非价值数百亿的武器计划（第一部分）”，武器交易虚拟新闻办公室，2001 年 10 月 15 日，网址：〈http：//www.armsdeal-vpo.co.za/articles03/revisited_one.html〉；和霍尔登的文章（同注释〔21〕），第 20 页。

〔24〕 参见范斯坦的文章（同注释〔21〕）。

选择“隼式”、“鹰狮”和轻型护卫舰令人莫名其妙

购买战机的决定可以追溯到1994年，当时在国际上解除了针对南非的武器禁运后，该国空军随即开始规划更换战机的事宜。1996年年中，遵照1995年确定的购买既能满足先进战机训练又能从事作战任务的军机采购原则，“隼式”和“鹰狮”战斗机均因（1）买不起、（2）要价太高和（3）不能满足南非空军作战要求而双双落马，未能被列入经过筛选之后的采购单。[25] 1997年夏，南非空军指挥委员会宣布军购需求发生了变化。按照新的采购原则，“鹰狮”战斗机被列入经过筛选后的名单，而“隼式”则仍然榜上无名。数月之后，即1997年11月，南非空军遵照国防部长乔·莫迪斯严格的指示，又重新启用经过修改的老的采购原则，其结果是“隼式”和“鹰狮”战斗机均被选中。[26]

陡然回头启用老的采购原则修订版的做法广受南非空军军官的批评。他们指出，这样做增加了经费开支，但对改善军事装备所起的作用却微乎其微。[27] 按照这一最新原则修改后的军购名单，“鹰狮”战机被列为经筛选后的采购单的最后一项，其中德国Daimler-Benz航空航天公司生产的“AT2000”作战飞机名列前茅，法国达索公司的“幻影2000”则紧随其后，被列在第二位。[28] “鹰狮”战斗机之所以能最后被列入南非军购单，据称是因为Saab公司是唯一一家提供了有关资金筹措信息的竞标者，而这又是南非用以评估各竞标公司的三

---

〔25〕 参见J. 迈伯格的“BAE与武器交易”，Moneyweb，2007年8月14日，网址：〈http：//www.moneyweb.co.za/mw/view/mw/en/page292686? oid = 153753&sn = 2009%20Detail〉；J. 迈伯格的“BAE与武器交易（II）”，Moneyweb，2007年8月15日，网址：〈http：//www.moneyweb.co.za/mw/view/mw/en/pge292686? oid=154018&sn=2009%20Detail〉；和战略防务一揽子交易：审计长的报告初稿”〔未注明日期〕，第5章，承蒙理查德·扬的允许，才得以引用；以及霍尔登的文章（同注释〔21〕），第5章。

〔26〕 参见南非审计长、国家检察当局和公诉人的“对战略防务采购一揽子计划的联合调查报告”（政府通信和信息服务部：比勒陀利亚，2001年11月14日），第4.3.1.4段。

〔27〕 参见“战略防务一揽子计划”一文（同注释〔25〕），第8章。

〔28〕 参见“战略防务一揽子计划”一文（同注释〔25〕），第5章，第5.6.1.6段。

大同等重要的标准之一，[29] 可是德国的 Baimler-Benz 和索公司将不能按照他们的建议提供这些关键要素。但事有蹊跷，南非审计长和财政部的任何官员均令人难以置信地找不到有关向这两家公司提出过这些要求的记录。[30]

选择“隼式”战机同样令人感到好奇和困惑不解。1998 年，“隼式”被列入经过筛选后四家有可能供应商名单之中。在经过初步评审后，“隼式”位居第三位。意大利的 Aermacchi MB339FD 为最热门的选择，其价格大约只等于“隼式”的一半。在计算各竞标战机的得分时，MB339FD 得了指数化的 100 分——即可得到的最好分数，而“隼式”只获得了很低的 44.2 分。[31] 然而，1998 年 4 月 30 日，莫迪斯告诉筛选委员会要采取一种“有前瞻性的态度”，因此，价格不应作为挑选战机的一个重要标准。[32] 鉴于该国国防经费的紧张程度以及该军购计划乃该国民主制度诞生以来一项最庞大的单项军购合同，此举颇受质疑。之后不久，国防部长皮埃尔·斯特恩上将挂冠而去，以表抗议，并声明说“我不得不违心地就费用问题向国会作出解释，而我不能这么做”。[33]

即使排除价格因素，“隼式”仍无法击败 MB339FD。[34] 随后又提出了个庞大的经济补偿建议，其规模大约比其他任何竞争者都大 10 倍，这样一来，“隼式”便赢得了竞争优势。不过，南非贸易和工业部在审核补偿建议时，发现补偿方案被评估委员会严重地夸大了，由 15 亿兰德（2.45 亿美元）夸大为 100 亿兰德（16 亿美元）。[35] 在审核此建议中的两大主要项目时，重大问题暴露无遗，致使其难以实现。除它们之外，BAE 公司几乎没有（补偿）一揽子计划。[36] 斯特恩将军后来谈及此事时解释说，“选择‘隼式’之意图，从一开始就

〔29〕 参见“战略防务一揽子计划”一文（同注释〔25〕），第五章，第 5.6.6.2 段。

〔30〕 参见“战略防务一揽子计划”一文（同注释〔25〕），第 5 章，第 5.9.7.1 段。

〔31〕 参见“战略防务一揽子计划”一文（同注释〔25〕），第 5 章，第 5.8.3.6 段。

〔32〕 参见南非审计长等人的文章（同注释〔26〕），第 4.5.1.10 段。

〔33〕 参见 S. 索尔和 E. 格罗宁克的“皮埃尔·斯特恩终于就武器交易问题开口说话了”，《每日邮报》和《卫报》，2007 年 2 月 2 日。

〔34〕 参见南非审计长等人的文章（同注释〔26〕），第 4.5.3.6 段和第 4.5.3.7 段。

〔35〕 参见南非审计长等人的文章（同注释〔26〕），第 4.5.3.6. 段和第 4.5.5.3 段。

〔36〕 参见南非审计长等人的文章（同注释〔26〕），第 4.5.5.2 段和第 4.5.5.3 段。

显而易见”，而南非空军司令则说，“只有当从政治角度考虑不得不接受‘鹰狮’和‘隼式’战斗机时，他们只好这么做”。[37]

选择 GFC'S MEKO 轻型护卫舰的过程同样存在诸多疑点。一个由多个机构组成的联合小组对该项交易进行的有限调查发现，尽管 GFC 的投标方案中存在一系列问题，包括令人啼笑皆非地未能提供支持其投标申请的各种必要文件，但是 GFC 仍然被选上了。[38] 高层防务官员，包括南非国防军负责军购的主管沙明，人称“坏脾气”的谢克均坚持认为，军购计划不应把 GFC 排除在外。后来的审计报告初稿透露出的情况表明，只有在对军购筛选过程煞费苦心地进行了巧妙处理后，才确保 GFC 胜过了对其形成最大威胁的竞标公司——西班牙的 Bazan 造船厂，而后者显然提交了极具竞争力的报价。[39]

对行贿受贿行为的指控

围绕着“隼式”和“鹰狮”战机以及轻型护卫舰的交易有诸多腐败指控。具体到“隼式”和“鹰狮”战机的军购案，涉及双重指控：利害冲突和直接收受贿赂费。前者部分源自国防部长莫迪斯的商业利益，正是由于他的关键作用才确保了 BAE-Saab 联合企业的中标。上述武器交易协议签署后不久，莫迪斯于 1997 年通过一笔复杂的交易在一家名叫 Conlog 的公司里获取了股份一事便浮出水面，而这些股份是他在未交任何费用的情况下获得的。[40] 早在竞标阶段，BAE 就确定 Conlog 为其重大补偿合同的潜在受益者。[41] 通过内线消息，莫迪斯购进了 Conlog 公司的股份，预计该公司的股票会在完成武器交易后增值，因为届时 BAE 会兑现其补偿的承诺。[42] 这一巨大诱惑

---

〔37〕 范斯坦的文章中引用过的（同注释〔21〕），第 191 页。

〔38〕 参见南非审计长等人的文章（同注释〔26〕），第 7.3.5.4（i）段。

〔39〕 参见“战略防务一揽子计划”一文（同注释〔25〕）。

〔40〕 参见“MK 的老板被收买了”一文，《诺斯周刊》，第 52 期（2003 年 12 月）。也可参见 P. 柯克的“三名有远见的设计师”，《公民》，2003 年 12 月 16 日；和 E. 格罗宁克和 S. 索尔的“买下喷气式战机的三剑客”，《每日邮报》和《卫报》，2007 年 2 月 2 日。

〔41〕 参见南非政府新闻服务部的“国家产业参与—防务一览：项目说明”，1999 年 9 月，网址：〈http://www.info.gov.za/issues/procurement/background/nip.htm〉。

〔42〕 参见“MK 的老板被收买了”一文，（同注释〔40〕）；柯克的文章（同注释〔40〕）；及格罗宁克和索尔的文章（同注释〔40〕）。

使莫迪斯无法不去确保 BAE 公司的中标。1999 年初，莫迪斯从政府退休后便被指定为 Conlog 公司的董事长。[43]

除此之外，更为重要的是，新浮出水面的相当多的证据表明 BAE 和 Saab 公司向参与武器交易的关键人物支付了数目可观的款项。2008 年，英国重大诈骗案办公室向南非法院提交了一份书面证词，以获取南非同意发出针对两个南非商人的搜查令。[44] 书面证词概述了前台公司和中间人编织成的一个布局广泛的网络，将钱转给有影响的个人。为了便于在绝对保密的情况下处理费用支付问题，BAE 公司专门在英属维京群岛成立了一个名叫“红钻石”的贸易公司，而公司反过来又受 BAE 公司内部一个名为“销售总部”的单位控制（后来该单位重新命名为国际商业辅助公司）。费用从“红钻石”流向由 BAE 公司代理商控制的公司。英国重大诈骗案办公室总共追查到了 1.15 亿英镑（2.07 亿美元）的佣金，均由 BAE 的空壳公司转给与武器交易有关的各种各样的人。

除了乔·莫迪斯之外，最引人注意的另一位受益者莫过于费纳·朗韦恩。自早年流亡海外的日子起，朗韦恩与莫迪斯之间的个人关系就甚为密切。莫迪斯在 20 世纪 90 年代中叶一手提拔朗韦恩为南非国有公司——德内尔（Denel）——的董事会成员，并于 1994 年任命朗韦恩为其本人的政治顾问。这一职位极其重要，使朗韦恩对莫迪斯有相当大的影响力，并且使他起到部长“门卫”的作用。那是个带薪职位，由国防部向其支付薪水。这样一来，朗韦恩摇身一变成了一位政府官员。根据英国重大诈骗案办公室的书面证词和其他消息来源的信息，朗韦恩从 BAE 公司收到了巨额好处费，包括从 2003 年 9 月至 2007 年 1 月由 BAE 的空壳公司以分期付款方式直接支付给他的 1000 万英镑（1950 万美元），此外，还有 915 万英镑（1650 万美元）由 BAE 的其他空壳公司待付的好处费，或用奖金的形式支付。[45]

---

〔43〕 参见“在商业界披挂上阵”，《周六之星》，1999 年 11 月 6 日；和 P·柯克的文章“莫迪斯是如何影响南非的喷气式战机交易的”，《每日邮报》和《卫报》，2001 年 11 月 3 日。

〔44〕 参见墨菲的文章（同注释〔6〕）。

〔45〕 参见墨菲的文章（同注释〔6〕）。

英国重大诈骗案办公室怀疑有大笔金钱经由朗韦恩之手流入了南非与该武器交易有关的重要政客和官员手中。2010 年下半年有报道称，朗韦恩给了西菲维·尼昂达一笔巨额房贷，而后者在所说武器交易期间任南非国防军司令。据称，当尼昂达在 2009 年被任命为交通部长时，他只偿还了微不足道的一点点贷款，该贷款便被免除了。这不由得使人想到，他们可能在幕后做了一笔只留下些微纸面痕迹便把资金转交给尼昂达的交易。〔46〕 2005 年从南非国防军退下来后，尼昂达担任了朗韦恩的名为恩格瓦尼防务公司集团的首席执行官。〔47〕 在选择所说武器交易的竞标者时和在交易的谈判期间以及在 2004 年审核军购案并最终导致额外采购 BAE-Saab 几种武器的关键时刻，尼昂达均为南非国防军的司令。2004 年付给朗韦恩的奖金是有条件的，即南非同意另外购买 BAE-Saab 公司的武器。〔48〕

购买轻型护卫舰的合同同样被类似的利益矛盾和被指控有贿赂行为的劣迹所玷污。据报道，尼昂达也从与轻型护卫舰交易有关的承包商那里获得了购买豪华车时享受了折扣优惠。〔49〕 另一名叫托尼·延盖尼的政客原来担任议会国防委员会主席，后来又担任非国大的首席组织秘书。正是这样一位政客妄图阻止对武器交易的任何调查，事后被成功告发在其本人享受类似巨额折扣的问题上向议会撒谎。〔50〕 或许涉及利益矛盾的最为臭名昭著的典型案例当属涉及“坏脾气”谢客的弟弟沙比尔·谢客的案件。前者当时为时任南非副总统的雅各布·祖马——2009 年当选为该国总统 —的财政顾问。

沙比尔·谢客是法国制造商 Thomson-CSF（后来被更名为 Thales）的共同合伙人，而该公司在武器交易中负责为轻型护卫舰

〔46〕 参见 S. 布伦黙和 S. 索尔的“武器交易买下的房舍”，《每日邮报》和《卫报》，2010 年 12 月 3 日。

〔47〕 参见 S. 布伦黙和 S. 索尔的文章（同注释〔46〕）。

〔48〕 参见霍尔登的文章（同注释〔21〕）。

〔49〕 参见“由 EADS 供应车辆的全部名单”一文，《Cape Times》，2001 年 7 月 2 日；和 J. 贝朱伊登豪特和 A. 朱尔金斯的“南非国防军司令也贪财”，《星期日时报》，（约翰内斯堡），2001 年 6 月 24 日。

〔50〕 在国家对托尼·延盖尼（一号被告）以及迈克尔·约瑟夫·沃尔费尔（二号被告）的诉讼中，比勒陀利亚北外瓦尔地区的地方法院受理的一号被告认罪，第 14/09193/01 案件（未注明日期），网址：〈http：//www. armsdeal-vpo. co. za/court _ diary/〉。

供应作战系列部分，因此与 GFC 同为主要承包商。Thomson-CSF 公司曾经有一度想把沙比尔·谢客排除在交易之外，因为公司担心南非的一些政府要员如南非当时的总统姆贝基不喜欢沙比尔·谢客。[51] 然而，在沙比尔·谢客的怂恿之下，“坏脾气”谢客和祖马双双与 Thomson-CSF 的代表见了面。之后，沙比尔·谢客便确定了他是武器交易中一员的地位。[52] 据称，“坏脾气”谢客告诉 Thomson-CSF 公司，假如沙比尔·谢客被排除在外，他将“使该公司的事情非常难办”。[53] 事后，沙比尔·谢客因代表祖马向 Thomson-CSF 公司索取贿赂以及与政客们普遍保持了一种贿赂关系而被判定有罪。沙比尔·谢客被判 15 年监禁，但是他服刑还不到 2 年，就因未经证实的健康原因获释。祖马也因涉足贿赂受到指控，但是他在总统大选中获胜的 10 天前，就撤回了对他的指控，尽管此举颇有争议。[54]

根据一套由蒂森克虏伯公司的业务主管们整理的秘密会议记录，假如 GFC 公司能赢得该项合同，GFC 公司的主要合伙人“坏脾气”谢客便向该公司索要——并最终得到了——300 万美元的酬金。[55] 而此项由蒂森克虏伯公司支付的酬金并不包括在据称被转移到设在利比亚的一家公司的 2200 万美元之内，而这家公司是当蒂森克虏伯公司试图宣布上述这笔经费作为税金减免处理后，由德国的公诉人发现的。[56] 最终，该公司因违反税法而被罚了款，但是真正的腐败行为

〔51〕 在南非国家对沙比尔·谢客等人的诉讼案中，审判，CC27/04 号案、南非高等法院（德班和沿海地方法院），2005 年 3 月 31 日，网址：〈http://www.armsdeal-vpo.co.za/court_diary/sshaik_judgement_guilty.html〉。

〔52〕 在南非国家对沙比尔·谢客等人的诉讼案中，（同注释〔51〕）。

〔53〕 在国对沙比尔·谢客等人的诉讼案中（同注释〔51〕）。

〔54〕 参见范斯坦的文章（同注释〔21〕），第 282—283 页。

〔55〕 参见“蒂森克虏伯董事会证实向南非国防军采购主管‘坏脾气’谢客行贿的备忘录”，1998 年 8 月 3 日；参见范斯坦文章（同注释〔21〕），第 200、263 页；以及见范斯坦文章（同注释〔2〕）。

〔56〕 参见 S. 布伦默和 S. 索尔的文章“姆贝基、“坏脾气”和希腊说客”，《每日邮报》和《卫报》，2007 年 2 月 9 日。

却从未受到认真、像样的调查。[57]

第四节 腐败对军贸的影响

腐败的代价并不止于钱财：由于腐败而流失的钱财就不能用于医疗、教育或回馈纳税人；对腐败查处不力则会破坏一个国家的法律和监管体系；军贸中由腐败导致的采购决策失误反过来又导致削弱一国的防卫能力。用近年来涉及世界范围内富国或穷国（包括武器生产国和进口国）的例子，能充分说明腐败给武器贸易造成的各种影响。

南非军售案给南非带来了社会经济代价，并影响到南非的实际安全需求、民主和法治，国家因此不断受到削弱。同样，英国作为武器出口方，其法治也因腐败遭到破坏，为此付出高昂代价，牺牲了亟需的社会经济发展。尽管这笔交易在 1999 年时估价不足 300 亿兰特（约 50 亿美元），但受汇率浮动影响，再加上筹措资金产生的费用，根据合同结论所得实际数额更接近 700 亿兰特（110 亿美元）这个区间，[58] 远高于在其他更紧要项目上的花费。

就在 1999 年达成这宗交易时，姆贝基总统宣称，国家无法负担为 500 多万艾滋病患者和艾滋病毒感染者提供抗逆转录病毒治疗。接下来的 5 年半中，有超过 355000 南非人因无法获得能够延长生命的抗艾滋病毒治疗而死亡。[59] 尽管政府后来开始资助与艾滋病毒感染相关的医疗项目，其花费截至 2008 年也仅有微不足道的 87 亿兰特（14 亿美元），这就意味着在南非每花 1 兰特抗击这种疾病，相应就有 7.63 兰特花费在武器贸易上。在同一时期，为给几百万因种族隔

〔57〕 参见“‘隼式’放弃了 SDP 的调查”一文，防务网，2010 年 10 月 15 日，网址：〈http：//www.defenceweb.co.za/index.php? option＝com _ content&view＝article&id＝10060〉。

〔58〕 P. 霍尔登和 H. 范维伦的《魔鬼在细节中》，（乔纳森·鲍尔出版社：开普敦，2011 年出版）；另见注释〔22〕。

〔59〕 P. 奇圭德雷等人的《评估南非抗逆转录药物使用的利益丧失》，《艾滋病杂志》，第 49 卷第 4 期（2008 年 12 月 1 日）。

离政策而无家可归的人提供住房花费 410 亿兰特（66 亿美元），比武器贸易支出少了 300 亿兰特（48 亿美元）。南非本可以用这笔钱建造近 200 万套房子。[60]

这笔军售同时也挤压了南非国防军的预算。2010 年 10 月有报道称，运行与维护“鹰狮”与“隼式”战斗机已过于昂贵，结果导致“鹰狮”战斗机群将被长期封存，南非空军的空中进攻能力严重受限。[61] 24 架“隼式”战斗机中仅有 11 架曾被启用，受经费制约，这些战斗机每年仅配给 2500 个飞行小时，[62] 南非空军证实，“隼式”战斗机的飞行小时不足，这就意味着飞行员的飞行小时不足以达到升级操作“鹰狮”战斗机的标准。[63] 如果南非空军依照莫迪斯进行干预前的原定计划，购买单一型号的战斗机，浪费就可以避免。据估计，腐败使这桩交易的总开支提高了近 1/3。[64] 这样的大肆挥霍，如果说造成了什么后果，那就是破坏了南非的安全并削弱了其在非洲维和任务中发挥重要作用的能力。南非空军无奈被迫承认因购进“鹰狮”与“隼式”战斗机，已无力再添置所需的运输机。[65]

撤销对南非总统雅各布·祖马的诈骗和腐败指控引发了争议，人们由此感到南非非洲人国民大会及南非政府内部对腐败问题缺乏监管。该军售案后又发生了一系列的重大腐败丑闻，被武器采购扰乱的采购与金融管理制度变得形同虚设。[66] 人们普遍认为，正是这桩军火交易使南非非洲人国民大会政府失去道德准绳，进而直接导致破坏了南非的法治、政府问责制度及后种族隔离时代尚脆弱的民主体制的关键性机制，包括议会、检察机关和两个反腐领导机构，造成的代价

---

〔60〕 P. 霍尔登和 H. 范维伦的文章（同注释〔58〕）。

〔61〕 W. 哈特利的《资金问题可能使南非停飞价值 100 亿兰特的‘鹰狮’战斗机》，《商报》（约翰内斯堡），2010 年 10 月 26 日。

〔62〕 B. 乔丹的《空军司令批评当前面临的窘境》，《泰晤士报》（约翰内斯堡），2010 年 4 月 4 日。

〔63〕 乔丹（同注释〔62〕）。

〔64〕 基于作者的粗略计算，参见注释〔22〕。

〔65〕 L. 恩索尔的《南非购买价值 137 亿兰特的战斗机成为昂贵的蠢行》，《商报》（约翰内斯堡），2007 年 3 月 12 日。

〔66〕 范斯坦（同注释〔21〕），第 15 章。

迄今难以充分估量。[67]

英国重大诈骗案办公室接受3000万英镑（5400万美元）解决金，撤消了对南非武器贸易及对英国BAE系统公司的其他所有调查，这种做法损害了英国的民主与法治。[68] 英国前国际发展部大臣克莱尔·肖特认为前首相托尼·布莱尔对此负有全部责任，她说“托尼毫无保留地支持所有武器贸易提案。英国宇航公司无论何时提出任何需求，他都百分百支持”。[69] 事实上，当布莱尔政府于2006年底中止对“野鸽”武器交易案的调查时，甚至连一些英国本国的商业界人士都对其后果表示担忧。英国最大的退休金基金管理公司赫尔墨斯公司致信布莱尔，指出这一决定危及英国作为世界主要金融中心的声誉，并将使商业和市场为此付出长期高昂代价。[70]

武器贸易中的腐败问题对发展、民主、法治及全球安全等造成的负面影响，无论在武器进口国还是出口国都有明显表现。美国军方2007年将价值2.98亿美元的军事采购合同交给AEY公司即为一例，此合同旨在奖励AEY公司为阿富汗安全部队提供弹药。[71] AEY公

〔67〕 参见F. 哈法吉的《难以摆脱的困境》，《每日邮报》和《卫报》，2007年1月12日；霍尔登（同注释〔21〕）；范斯坦（同注释〔21〕），第15章。

〔68〕 这一数字包括针对与坦桑尼亚一项军售案中的“违规审计”操作而处以的50万英镑（90万美元）的罚金，该军售案涉及以虚高价格采购不适合的防空雷达系统并有高层官员受到腐败指控，另有22.5万英镑（40.5万美元）用于诉讼费用，剩余的2927.5万英镑（5269.5万美元）用于赔偿坦桑尼亚。R. 伊文斯和P. 刘易斯的《BAE系统公司与坦桑尼亚军售：军用空中管制系统——为了一个没有空军的国家》，《卫报》，2010年2月6日；《军用雷达军售调查：关键嫌疑人……以及针对他们的案件》，《今日报》（达累斯萨拉姆），2010年2月15日；D. 利和R. 伊文斯的“坦桑尼亚”，《卫报》2007年6月7日；《判决评论》，案件第S2010565号，萨瑟克王冠刑事法院Bean法官宣判，R与BAE系统公开有限公司案，2010年12月21日，网址：〈http://www.judiciary.gov.uk/Resources/JCO/Documents/Judgments/r-v-bae-sentencing-remarks.pdf〉。

〔69〕 A·霍斯肯《BAE系统公司：与坦桑尼亚的关系》，《今日》，BBC广播4台，2009年10月1日。网址：〈http://news.bbc.co.uk/today/hi/today/newsid_8284510.stm〉。

〔70〕 K. 伯吉斯和J. 伊格尔沙姆的《赫尔墨斯公司涉入BAE系统公司调查争论中》，《金融时报》，2006年12月22日。

〔71〕 A. 蒂尔曼的《国家将AEY公司列入走私观察名单，后与军火商签署合同》，《揭露者谈话要点备忘录》，2008年6月26日，网址：〈http://tpmmuckraker.talkingpointsmemo.com/2008/06/state_put_aey_on_watchlist_the.php〉。

司由 21 岁的埃夫拉伊姆·戴夫罗里执掌，该公司和其年轻总裁都在美国防部贸易管制观察名单上，但美军方从未咨询过该名单，[72] 却要求拉尔夫·梅里尔进行私人独立评估，他对 AEY 公司和戴夫罗里本人大加赞赏。后来有消息透露，梅里尔正是 AEY 公司的副主席和资助人之一。[73] AEY 合同不仅说明美方的采购行为缺乏透明度和严格管理，而且这种做法将阿富汗安全部队的生命置于危险之中，因为 AEY 公司向他们提供的是从阿尔巴尼亚购置的 40 年前的中国弹药。总部位于塞浦路斯、属于海里因希·托梅特的公司以每千发子弹 22 美元的价格从阿尔巴尼亚政府购入这些弹药，再以每千发 40 美元的价格转手卖给 AEY 公司。据传阿尔巴尼亚的政府官员和国防部长也从中分得好处。[74] 2008 年 3 月，一个由当事公司和阿尔巴尼亚政府在阿尔巴尼亚盖尔代茨村建造的不符合安全标准的预置装配工厂爆炸，致 27 人死亡，几百人受伤。这笔交易及后果使美阿两国纳税人付出多达几千万美元的代价，两国声誉因此受损，而阿安全部队和盖尔代茨村的村民们更是伤亡惨重。

法国国有船舶制造企业（DCNS）除在台湾卷入丑闻外，因被指控为马来西亚总理的一位朋友提供回扣，在法国同样面临调查。[75] 2002 年 6 月该公司（时称法国海军舰艇建造局）就与马来西亚达成一项价值 12 亿欧元（18 亿美元）的交易，向其提供 2 艘“鲉鱼”级潜艇和一艘退役“阿格斯坦”级潜艇。[76] 马来西亚一位反对党人士

〔72〕 C. J. 奇弗斯的“在严密监视下的为阿富汗供应武器的军火商”，《纽约时报》，2008 年 3 月 27 日。

〔73〕 A. 蒂尔曼的《陆军在公司金融支持者的‘推荐’下将合同给予 AEY 公司》，《揭露者谈话要点备忘录》，2008 年 6 月 24 日，网址：〈http://tpmmuckraker.talkingpointsmemo.com/2008/06/aey_contract_after_recomendation_from_financial_backer.php〉。

〔74〕 奇弗斯（同注释〔72〕）；A. 克洛西的《盖尔代茨灾难：原因、罪魁祸首和受害者》（K&B：地拉那，2010 年）；《Meico 超市》，《马波》（地拉那），2008 年 9 月 6 日。

〔75〕 《防务丑闻：台湾赢了，马来西亚在等待》，《马来西亚镜报》，2010 年 5 月 6 日。

〔76〕 法国 DCNS 集团，《第二艘‘鲉鱼’潜艇抵达马来西亚》，《防务对话》，2010 年 7 月 13 日，网址：〈http://www.defencetalk.com/second-scorpene-ssk-arrives-in-malaysia-27458/〉；S. M. 卡迈勒的《政府声称采购‘鲉鱼’级潜艇耗资 67 亿林吉特》，《马来西亚局内人》，2010 年 6 月 22 日，网址：〈http://www.themalaysianinsider.com/malaysia/article/goverment-says-spent-rm6.7b-on-scorpene-submarines/〉。

的话反映了这笔交易的高昂花费和效用在当时引发的普遍忧虑，他说，“当我们面临金融问题时……政府还在买进两头需要不断花大价钱供养的‘白象’”。[77] 后来真相浮出水面，1.14 亿欧元（1.7 亿美元）的巨款以咨询费的名义付给了一家公司，而这家公司的主要持股人正是马来西亚总理（时任国防部长）一个亲信的妻子。[78] 尽管法国检察官最终于 2010 年开始就此立案调查，但马来西亚迄今没有针对相关腐败指控进行任何调查。[79] 此外，谈这笔生意的马来西亚代表团的一名翻译，因威胁要将相关细节公之于众惨遭一个特别保卫小组杀害，这更凸显了腐败的武器贸易对法治的破坏作用。[80] 马来西亚政府至今未摆脱该丑闻的困扰。

德国富乐斯多公司在南非潜艇合同上因涉嫌腐败受到指控（参见前面第 3 节），该公司近期又被曝卷入一系列丑闻。据德国公诉人掌握的文件，据称 2010 年 3 月富乐斯多公司为赢得潜艇合同向希腊政界关键人士行贿近 8300 万欧元（1.24 亿美元）。[81] 有评论认为，潜艇交易腐败案不仅损害了希腊在国际投资者中的名誉，还是其债务危机的一个诱因。[82]

同样臭名昭著、受腐败指控的还有富乐斯多公司与葡萄牙海军的潜艇交易，该公司以约 10 亿美元的价格向葡海军出售 2 艘潜艇。案

---

〔77〕 卡迈勒（同注释〔76〕）。

〔78〕 J. 曼托珀的《总理、私家侦探、蒙古模特之死和 1.14 亿欧元》，《温哥华太阳报》，2010 年 11 月 15 日；J. 曼托珀的《蒙古模特的鬼魂依然纠缠马来西亚政府》，《温哥华太阳报》，2010 年 11 月 5 日；A. 米勒的《战争伤亡》，《东南亚环球》杂志，2010 年 7 月 7 日。

〔79〕《马来西亚潜艇军售案在法国浮出水面》，《亚洲哨兵报》，2010 年 4 月 16 日，网址：〈http：//www. asiasentinel. com/index. php? option＝com _ content&task＝view&id＝2406〉。

〔80〕 曼托珀的《总理》（同注释〔78〕）；曼托珀的《蒙古模特的鬼魂》（同注释〔78〕）；米勒（同注释〔78〕）

〔81〕《潜艇交易贿金显现》，《日报》，2010 年 4 月 12 日；C. 罗兹的《潜艇交易搞垮希腊》，《华尔街日报》，2010 年 7 月 10 日；N. 埃米斯的《德国和希腊军售案调查揭露防务交易中的黑暗面》，《德国之声》，2008 年 8 月 12 日，网址：〈http：//www. dw-world. de/dw/article/0，，5890375，00. html〉；J. 施密特的《德国公司如何通过贿赂获得希腊的军售合同》，《明镜》周刊，2010 年 5 月 11 日。

〔82〕 罗兹（同注释〔81〔）。

子最严重的情节集中在葡萄牙驻慕尼黑名誉领事尤尔根·阿道夫身上。[83] 据报道，富乐斯多公司于 2003 年 1 月与阿道夫签订了一项咨询协议，依据该协议，阿道夫将向富乐斯多公司收取合同总金额的 0.3%，共 160 万欧元（240 万美元），作为提供咨询的酬金。[84] 阿道夫以双重身份（葡萄牙政府外交官和富乐斯多公司顾问）同时为双方工作，为此招致严厉批评。2010 年 3 月 26 日，德国政府知会葡萄牙驻德使馆称，德方将以涉嫌权钱交易罪及腐败罪控告阿道夫，阿道夫于 6 天后被解职，[85] 但他拒不承认有任何违法行为。其他多个牵涉富乐斯多公司的腐败指控也正在调查中。[86] 上述违法活动削弱了德国工业的地位，破坏了武器生产国与进口国的法治，抬高了售出武器的价格，从而抑制了经济的增长和发展。

第五节 结语：前进之路

"透明国际"的《2010 年全球腐败趋势报告》指出，2008 年以来人们对整体性腐败成见加深，在西欧和北美地区表现尤为明显，[87] 这表明反腐斗争正在推进。但在武器贸易上的反腐力度却不及其他领域。[88]

针对南非武器贸易的抗议活动持续了近十年，英国法律界对 BAE 系统公司及其一系列腐败丑闻从轻发落则引发了公众极大的愤慨。这表明人们在经济困难时期对军工企业及代理商的忍耐度下

〔83〕《阿尔加维商人卷入国际丑闻》，《阿尔加维居民报》，2010 年 4 月 9 日。

〔84〕J. 施密特的《德国富乐斯多公司涉嫌向其他公司行贿》，《明镜》周刊，2010 年 3 月 30 日。

〔85〕A. 格拉西奥—平托的《慕尼黑名誉领事因贪污和受贿指控被停职》，《世界报》，葡萄牙，2010 年 4 月 5 日；《慕尼黑名誉领事因可疑潜艇交易指控被停职》，《葡萄牙新闻在线》，2010 年 4 月 10 日，网址：〈http：//www.theportugalnews.com/cgi-bin/google.pl?id=1056-12〉。

〔86〕施密特（同注释〔84〕）。

〔87〕透明国际，《2010 年全球腐败趋势报告》（透明国际：柏林，2010 年）。

〔88〕范斯坦（同注释〔2〕）。

降。[89] 武器贸易中的腐败不仅给穷国带来毁灭性打击，对相对发达的国家而言，民主的性质和品质也为此遭受负面影响。对于认识到这种情况的人来说，挑战是巨大的。这个行业涉及数以亿计的巨额利润并以人的生命为代价，理所当然应对其严加规范，并使其尽可能透明。

然而军火买卖往往在有着相同的狭隘私利的一小撮人中以不透明的方式达成，使得公众无从判断他们大笔的钱财是否以尽可能好的方式花了出去。政府与军火合同商的密切关系再加上国家安全之“必需”，妨碍了有实质内容的司法监管。虽然对国家安全的考虑有时正当合理，但这一点往往被当成幌子，以掩盖与安全毫无干系的不法交易的相关线索。此外，这一行业监管法律设置不充分，甚至在许多国家完全缺失。所有以上因素都削弱了民主国家的透明度、问责制度和诚信度。

军工企业及军工行业的从业人员很少受到法律制裁，即便他们的不法勾当与为国家作战略性贡献毫不沾边。政治干预往往以维护国家安全为正当理由，以用来确保武器交易在独立王国中进行，基本上可以不受其他公司所经历的那种法律和经济因素变化的制约。即使检察官鼓足勇气尝试对涉及军工企业和交易商的指控进行立案调查，最终也会以少量公开或不公开的方式结案，并且其中很少有人承认错误行为。[90]

下文讨论的国际、多边和国家干预倡议，为武器贸易业提升透明度、严格问责制并减少腐败发生提供了一系列选择。武器贸易腐败案件中受害人的权益也将在下文提及。

国际与多边倡议

毫无疑问，我们有理由对现行的多边协议进行扩展与强化，制定强大的、能严格执行的《国际武器贸易条约》（ATT）。欧盟针对武器出口的《共同立场》被认为是最好的多边协议之一，但其并不涵盖政府间的贸易合同，所以当至少五个欧盟成员国在与南非武器交易案

---

〔89〕 参见范斯坦（同注释〔21〕）。

〔90〕 要了解案件未被调查或已撤销的腐败案件，参见范斯坦（同注释〔2〕）。

上违反其标准时，发挥不了任何效力。[91] 同样，尽管英国因终止调查与沙特阿拉伯的“野鸽”武器交易案，受到经合组织国际商务交易活动反行贿工作组的严厉批评，但仅仅过了几年，在 BAE 系统公司与包括南非在内的另外五国的有争议的交易调查结案时，英国执法部门几乎同样为其大开方便之门。[92]

虽然现有的多边努力存在缺陷，一个强大的《国际武器贸易条约》将有助于对武器贸易行业实行更严格的管控，但前提是《条约》的覆盖面足够广，包含严格的透明度条款，并具备有足够资源支撑的、强有力的执行机制。除此之外还需要：(a) 包括强大的、可执行的反腐措施；(b) 禁止向可能引发冲突，或对人权、社会与经济发展造成负面影响的那些地方出口武器；(c) 加强对武器运输的管控；(d) 大力加强透明度。最后，为取得实效，还应建立一个协调的国际监控和执法机构。

此外，无论作为《国际武器贸易条约》的部分内容或在世贸组织框架内，都应妥善处理武器贸易中的抵偿贸易使用问题。南非的例子说明不仅先前关于经济投资和创造就业的承诺基本上属于空头支票，而且抵偿贸易还常被当作掩盖收受贿金的手段。[93] 鉴于抵偿贸易的性质受到争议，世贸组织已经禁止其在武器贸易之外的所有其它市场作为合同评估的标准。必须大力加强对该做法的控制，将其置于公众监督下或者完全抛弃。

即使国际和多边协议有所改进，讨诸实施仍面临窘境，因为现实中犯罪行为可以跨越任何边境——这一点在武器贸易行业尤为明显，

---

〔91〕 2008 年 12 月欧盟通过了《欧盟共同立场》政治协议，取代了 1998 年 6 月通过的具有政治约束力的《欧盟武器出口行为准则》。《欧盟武器出口行为准则》和《欧盟共同立场》包括一系列与信息交换和磋商有关的可操作性条款，旨在协调欧盟各成员国对标准的解释。2008 年 12 月 8 日，欧盟理事会通过的《共同立场 2008/944/CFSP》定义了军事技术和装备出口管制的统一规则，《欧盟官方公报》，L335，2008 年 12 月 13 日，第 99 至 103 页；欧盟理事会，《欧盟武器出口行为准则》，8675/2/98 Rev. 2，布鲁塞尔，1998 年 6 月 5 日。参见本卷第 6 章第 4 节。

〔92〕《经合组织对 BAE 系统公司军售案调查表示忧虑》，路透社，2007 年 3 月 14 日，网址：〈http://uk.reuters.com/article/2007/03/14/uk-oecd-bae-idUKROB46643020070314〉。

〔93〕 P. 霍尔登和 H. 范维伦（同注释〔58〕）。

所以对犯罪行为的监管却受到国家司法权限和执法合作不力的制约。正如南非的例子表明的，本应提供合作的政府人员，往往因牵涉自身重大既得利益阻挠国外调查，而并非予以协助。〔94〕

当务之急是要重新审视跨境调查和检察官的权限以及政府严格履行协助国际调查的义务。从国际法庭对种族灭绝及其他反人类罪的起诉审判中，我们一定能够得到一些或好或坏的教训。

国家干预

各国政府可以制定或改进相关措施，以更好地打击武器贸易中滋生的腐败。上面讨论的各宗武器交易表明，武器代理商及中间人使用的透明化至关重要。除非迫使公司和政府公布付给代理商和中间人的酬金用途及数额——哪怕仅向购买国和生产国中合适的独立机构而非向公众公布，损害武器工业的腐败问题就永远不能根除。

鉴于政府、军工企业和军火商的紧密联系，以及政府在授予及赢得武器合同方面的作用，军工企业或其相关方为政党或政界人士提供的献金都应被定为非法。武器工业与政府间的独特的交接面，特别是“旋转门”现象，有待制定更强有力和有约束力的法律和规章制度。国家部门的雇员到私营军工企业就业时，应设置国际上认可的、长时间的“冷却期”，反之亦然。

军工企业和军火商在很少的几种情况下才会受到处罚，且罚金数额与军火生意的利润相比微不足道，这大大助长了有关企业和神通广大的富翁们采取花小钱的做法轻易脱身，以对抗法律制裁。与调查和检察部门相比，他们的资源远远要好得多。BAE 系统公司和蒂森克虏伯公司在南非的案子就是明证。

在这方面至少有三点创新值得考虑。第一，对认定犯有腐败罪的公司实行分级吊销其缔结公共合同资格的制度。资格吊销的时间长度与罪行严重程度挂钩。第二，建议在涉案企业内部更大范围内对涉嫌腐败行为的个人进行立案调查。为起到应有的效果，该范围应包括负有监管责任的经理人和具体实施者。还应把众多通常不属于任何组织、独自经营的代理商和中间人也列为调查对象。军工企业和军火商

〔94〕 参见范斯坦（同注释〔21〕）；范斯坦（同注释〔2〕）。

个人与国家情报部门有联系，这是常有的事，仅凭这一点不足以成为其在武器贸易腐败案件中免于被起诉的理由。

最后，应进一步严格执行审计和金融监管控——特别在提供准确报告的责任、反洗钱要求和避税措施方面，这将对打击武器交易中的腐败现象起到重要的积极作用。令人欣慰的是，英国会计及精算纪律委员会于 2010 年末开始针对在 BAE 系统公司多起有争议的武器贸易中负责审计工作的毕马威会计公司展开调查。[95] 对离岸公司采取更有力的措施，如在武器交易中限制甚至立法禁止使用离岸公司，使企业或个人难以秘密地将行贿金转移给未经授权的中间人或关键的决策者。

受害者的权利[96]

武器贸易腐败案的受害者往往不是政府或企业，而是被不当或腐败的武器贸易支出剥夺社会经济利益的普通公民，甚至是那些如阿尔巴尼亚盖尔代茨案中涉及的无辜旁观者，他们因腐败或正当程序的缺失付出了生命。应考虑这些受害者的权利和赔偿问题。

原则上确保所有针对犯有行贿罪的企业或拥有巨额财富的个人的制裁方案中都包含对受害人进行赔偿的部分。这种做法很值得赞许，它将公众的注意力集中到这样一个事实上，即行贿是偷窃的一种表现行式，尽管像在南非和阿尔巴尼亚的案子中表明的那样，在某些情况下人们显然会对被偷窃的对象是国家还是公民持不同意见。由此得以明确一个基本道理——那些对涉案企业处以罚金的发达国家没有理由成为经济上唯一的受益方，因为这些犯罪行为的受害人往往在贫困国家。但是，如果有关当局继续对涉案企业处以仅占其腐败交易利润额极小份额的罚金，那么赔偿措施或许只能进一步加重受害国人民的痛苦。

这种做法还牵涉更重要的原则问题。当有关外国政府成为腐败案

---

〔95〕 会计及精算纪律委员会，《会计及精算纪律委员会调查与 BAE 系统公司有关的审计方行为》，新闻公告第 26 条，2010 年 10 月 25 日，网址：〈http://www.frc.org.uk/aadb/press/pub2407.html〉。

〔96〕 这部分的许多想法来自“苏·霍利腐败观察”，网址：〈http://corruption-watch-uk.org/〉。

的共犯，涉案官员仍在位时，罚金应该交给谁？在案件牵涉政府行为的情况下，这些钱应该花在哪些方面？是否应该设定相关条件及如何监控这些条件的采用？赔偿措施的法律基础是什么，应采取什么结构才能确保获得法庭许可？当多个国家中都有受贿行为发生时该怎么办，这种情况下又如何分配赔偿金？

显然，受害者的权利及赔偿问题需要在合适的国际性和机制性架框下得以有效解决。但是，尽管国际和国家层面上机制、法律结构和体系的改进必然有利于减少全球武器贸易中的腐败现象，问题的解决最终有赖于政治家服务于人民需要而非个人权力和赞助人利益的意愿，及大大小小的军工企业能够认识到对社会负有至少与利益同等重要的责任。

（谷景书　孟君　颜俊译）

第一部分

2010 年的安全与冲突

第二章　资源与武装冲突

尼尔·梅文　吕本·德科宁

第一节　导　　言

2010 年末和 2011 年初，粮价高涨。这是引发整个北非和中东地区示威抗议和起义浪潮的重要因素之一，使得几十年的旧政权被推翻，并发生严重的针对平民的国家暴力以及国际势力的干涉。〔1〕2011 年 2 月，利比亚爆发起义，结果使石油和天然气出口受阻。类似的情况正在中东其他产油国出现，使得欧洲以及其他地区对能源安全的关切重新上升。〔2〕粮价上涨对所谓的“阿拉伯之春”起到了重大的催化作用，使该地区国家更加深刻、更加持久的愤愤不平之情绪得以发泄。而粮食安全问题加上由全球能源市场引发的不稳定使得全世界更加明白，自然资源与安全有着多么复杂的联系。

有若干国家政府已提出倡议，目的是要对资源获取、开发模式、资源稀缺和贸易流动情况的趋向和挑战增加了解。有的政府还为重要资源设立专门机构。〔3〕在国际和国家层面上，最重要的问题之一是，资源问题是怎样与冲突和冲突风险相联系的。

---

〔1〕 参见 A. Eunjung Cha：“推动全球粮食价格上涨使突尼斯暴力加剧”，《华盛顿邮报》2011 年 1 月 14 日。

〔2〕 参见 M. T. Klare：“旧石油秩序的崩溃”，《欧洲能源评论》2011 年 3 月 7 日，网址：〈http：//www. europeanenergyreview. eu/index. php? id=2796〉。

〔3〕 J. 乔伊特：“政府重新考查对世界资源短缺威胁的研究”，《卫报》2010 年 5 月 31 日；C. Fages：“法国设立战略金属委员会”，RFI，2011 年 2 月 2 日。网址：〈http：//www. rfi. fr/emission/20110202-france-dote-comite-metaux-strategiques〉。

本章旨在考察两大主题，即提供关于自然资源与冲突之间联系的辩论和应对的情况。第二节涉及当前对这些联系的思考。第三至第五节更加详细地分析此种思考的三大重要组成部分。其中，第三节阐述经济暴力理论的贡献。第四节展望环境问题，重点是气候变化的影响。第五节涉及资源地缘政治如何影响冲突风险。第六节为结论并对资源合作治理挑战进行评估。资源合作治理既是一种确保获取资源的途径，同时又会弱化资源与冲突之间的联系。

第二节　关于资源与冲突相互关联的当今思考

历史上，争夺自然资源一直被视为一种开战的合法理由。与此同时，有利于胜利者的重新分配资源，特别是领土，经常是解决冲突的组成部分。然而，随着“政治战争”——由不同政治意识形态（如法西斯主义、共产主义和自由民主等）之间竞争构成的冲突的兴起，明显地变成了战争的主要动因，这在第二次世界大战和冷战中有着最为生动的写照。于是，人们在谈论冲突原因时，资源成了一个次要的考虑因素。

冷战结束后，包括国家间冲突在内的大规模武装冲突的数量有所下降。20 世纪 90 年代，最主要的冲突形式变成了复杂的不拘一格的国家内部斗争，使政府与反叛集团之间发生互斗，甚至压根儿忽视了有国家也卷入其中。在寻求解释这些“新型战争”时，一些评论家倾向于强调，这些“新型战争”与民族和宗教仇恨或者社会不平等有关联。但资源，至少在最初阶段，仍被视为是第二位的问题。

然而，在冲突和冲突风险方面，资源逐步成了一种广为认同的关注。最近复活的物质主义思想认为暴力源于多种因素。过去 10 年中，由三个相互关联的部分组成的一种探讨思潮赫然兴起。这种探讨思潮认为，在现代冲突中，资源是暴力和安全的核心问题。上述三个相互关联的部分可以大致分为经济、环境和资源地缘政治三种探讨方式。

理论探讨方法

用经济探讨方式来理解冲突已是重新聚焦于资源作用的主要理由。从 20 世纪 80 年代底开始，苏联和西方阵营对反叛者的援助大量减少，反叛集团只好开始越来越多地依赖另辟收入来源，包括通过开发和交易自然资源来获得财政收入，以保证作战之需。由于财政的重要性变得日益清晰，许多冲突的经济特性开始引人注目。例如，利比亚和塞拉利昂的情况就是如此。[4] 这种认识对早些时候的冲突亦带来新的看法，而早些时候的冲突曾经被固定视为主要是意识形态的冲突，而且与冷战对抗相关联。

当前的研究强调资源经济以多种方式影响冲突。第一种方式是武装运动引发暴力，目的是获取自然资源和他们能够带走的财富；第二种方式是获取资源收入，以支付进行武装斗争必需的费用。实际上，为了使冲突能够持久，保持对资源收入的控制既是一种方法，也是一种主要理由；还可以看到一种不太直接的影响方式，那就是国家依赖自然资源的负面作用，这种负面作用为冲突风险创造了条件。这仰仗于一批证据，说明依赖自然资源的倾向对贫穷政府的政策选择会产生导向作用，主要是关于投资，对出口收入和进口重要消费品（以影响发展为代价）的过分依赖导致它们的经济易遭国际市场震荡的影响。[5] 因此，依赖资源可以成为一种导致出现弱国乃至失败国家的因素，而且这种因素与发生暴力冲突的高风险有关。

环境探讨方法已证实了若干机制。由于这些机制，环境因素增加了潜在的冲突风险。[6] 其中，对诸如水等重要资源的争夺加剧，原因是人口增长和饥荒等，后者是由可耕田和牧场退化、丢失或管理不

---

〔4〕 D. Collier 和 A. Hoeffler：“论内战的经济原因”，《牛津经济文献》，第 50 卷，第 4 期（1998 年 10 月）。

〔5〕 M. 贝斯杜和 J. 莱：“资源祸根还是和平收益？石油财富和和石油依赖暴力冲突的暧昧影响“，《和平研究》季刊，第 46 卷第 6 期（2009 年 11 月）；P. Le Billion：“钻石战争？冲突钻石和资源战争地志”，《美国地理学家协会史册》，第 98 卷，第 2 期（2008 年 6 月）。

〔6〕 M. 汉弗莱斯“自然资源，冲突与解决冲突：揭露机制”，《解决冲突》季刊，第 49 卷，第 4 期（2005 年 8 月）。

善引起的。就从环境的角度看待冲突问题而言，当前对气候变化的思考或许提供了一种最为全面的探讨方法。有一组相互关联性的看法受到了广泛支持，那就是：气候变化引起资源稀缺；资源稀缺引起竞争、不稳定和社会混乱；反过来，在脆弱的国家，竞争、不稳定和社会混乱导致局势紧张，在有的情况下还会导致冲突。

资源稀缺问题，或者说至少是潜在的资源稀缺问题，居当代关于资源与冲突关联思考第三个组成部分的核心：资源地缘政治。据此认为，冲突风险增加的主要驱动力是对资源的史无前例的需求。究其原因，主要是新的消费和生产大国，尤其是中国和印度，对资源的需求增加。与此同时，亚洲、欧洲和北美的现有工业化国家的资源消费水平已经处在高位。可以看出，这两种原因加在一起说明，这些需求加剧了在获取自然资源方面的全球性竞争。

在资源地缘政治文献中探索的有关国家间的紧张关系至少到目前为止尚未涉及武装冲突。相反，政治和商业纠纷却被看作为国家之间关系恶化的原因，具有潜在的安全后果。然而，强大地缘政治角色之间围绕资源问题的竞争可以波及到第三国，从而造成不稳定和弱国的出现，使它们更容易受到崛起武装团伙的伤害。

这些不同的方法说明，资源和冲突之间存在广泛联系，而这种联系业已得到证实。然而，很少有专家断言，资源问题往往是（如果有的话）当代冲突的直接原因。相反，冲突的风险和现有冲突的动态受多种相互作用的因素的影响，只有其中的一些因素与资源有关。因此，在资源获取、定价和资源财产的可用性等方面的竞争最能被看作为一种推动因素，往往是看作风险的倍增器。它在一个更大的因素基体中助长、延长冲突，或相反，帮助结束冲突。

应对

资源对冲突和安全议程十分重要，此种意识的不断增强已经使政府、民间和国际机构做出了快速反应。核心问题在于，市场机制在什么地方，以什么方式来改善资源治理，来预防和管理冲突。据许多观察家认为，全球化和新水平的资源需求为军阀、武装集团乃至国家行为体非法出售资源增加了机会，从而激化了冲突。所以，最初的应对之策是强化贸易法规，同时打压非法贸易，特别是敏感商品交易。

由于全球资源竞争加剧，许多国家开始认识到，确保获取资源系国家安全大事，而资源竞争又是潜在的冲突根源。结果，国家安全战略越来越多地包含提及自然资源问题，安全部队在其未来冲突想定中也已开始包含资源问题。〔7〕

另外，还有这样的指责，即投机者加剧了全球市场资源价格波动，尤其是突然的大涨价，从而危及社会稳定并增加冲突风险。在优惠获取资源方面，还有对保护主义的批评，可见人们对资源的关切。例如，2010 年底，中国因据称对稀土金属出口实施禁运而受到批评。〔8〕此种行动提出了一些问题，就是资源稀缺问题能否在现有国际自由贸易机构内，如世贸组织，得到有效处理？或者新的解决方法是否需要？这就引起了有关在地区和国际层面资源合作治理作用的辩论。

第三节 对冲突的经济探讨方法

20 世纪 90 年代末，有关当时正在发生的国家间冲突的结构性原因和参战人员动机的研究，已经越来越多地探讨经济的作用。1998 年，有一本尚未完稿的书对当时有关内战的盛行的看法提供了另一种观点。前者认为内战是简单的双边对抗，或者是无知的暴力冲突，动因是民族矛盾，或宗教分歧，或其他怨恨。相反，此书认为，武装冲突亦可创造“新的利益和权力体制”。〔9〕这些看法主要是基于对冲突成因的个案研究。其中：安哥拉、利比利亚和塞拉里昂的冲突是因为

---

〔7〕 俄罗斯在 2009 年通过的国家安全战略将俄罗斯边界、北极和中东的能源资源竞争视为军事冲突的潜在根源，并将能源确定为俄罗斯国家安全的中心问题。俄罗斯联邦政府的“至 2020 年的俄罗斯联邦的国家安全战略”，第 537 号总统令，2009 年 5 月 12 日。网址：〈http：//www. scrf. gov. ru/documents/1/99. html〉。

〔8〕 K. Bradsher：“中国稀土禁运之后，一个新的计算”，《纽约时报》，2010 年 10 月 29 日。

〔9〕 D. Keen：“内战暴力的经济功能”（牛津大学出版社：牛津，1998 年），第 14 页。亦可参见 W. Reno：“非洲的经济秘密，暴力和国家”，《国际事务杂志》第 53 第 2 期 (2000 年 3 月)；《全球见证》：“关于 1995 年以来在柬埔寨非法伐木的报告”。网址：〈http：//www. globalwitness. org/news-and-reports〉。

金刚石；阿富汗和哥伦比亚的冲突是为了毒品；刚果民主共和国的冲突是为了争夺各种矿产。

有人试图用统计分析法来解释流行的假设性内战经济议程。此举表明，与怨恨相比，贪婪与冲突风险的关联要清晰得多。[10] 另外，当国家对重要商品依赖程度占国内生产总值比例从零上升到 25%时，冲突风险就稳步上升。超过该比例，冲突风险则下降。究其原因，作者的设想是政府的财政得到了加强，所以有了遏止冲突风险的能力。[11] 相信重要商品会增加冲突风险的渠道已被归纳如下：

> 一种渠道是，重要商品出口为反叛者在冲突中进行掠夺提供机会，为此可以为叛乱的升级和持续能力提供财政支撑……第二种渠道是，实际上，因为在冲突期间或冲突后有俘获财产的欲望，叛乱有可能被诱发，而不是仅仅使冲突被认为是可行的。第三种渠道是，资源丰富国家的政府有更加脱离群众的倾向，因为他们不需要向群众征税，从而在统治者与被统治者之间产生鸿沟，引起不满。[12]

为冲突提供经费的重要资源

2010 年，刚果民主共和国东部省份的情况可能最能说明重要资源收入被用来为冲突提供经费。解放卢旺达民主部队的核心由前卢旺达陆军人员和帮派民兵组成，他们曾卷入 1994 年的卢旺达大屠杀，从事资源贸易，掠夺他们基地周边地区的开矿人员和矿商。2009 年和 2010 年，虽然解放卢旺达民主部队在由政府领导的一系列军事行动中受到打击，被分割和驱散，但 2010 年位于遥远林区数量众多的能赚钱的备用阵地仍然掌握在他们手中。从这些阵地出发，他们向村庄、城镇和矿区中心发动掠夺性攻击，而这些地方名义上受政府军控制和保护。

---

〔10〕 P. 科利尔和 A. 赫夫勒："内战中的贪婪和不满"，《牛津经济文献》，第 56 卷，第 4 期（2004 年 10 月）。

〔11〕 科利尔和赫夫勒：（同注释〔10〕），第 34 页。

〔12〕 P. 科利尔，A. 赫夫勒和 D. Rohner："超越贪婪和不满：可行性与内战"，《牛津经济文献》，第 61 卷，第 1 期（2009 年 1 月），第 13 页。

刚果民主共和国的东部地区形势表明，重要资源在为冲突提供经费并使长期化方面所发挥的作用的复杂程度。与解放卢旺达民主部队一样，许多政府军也一直在忙于干坏事。他们通过非法征税，敲诈勒索保护费和制订投资计划等手段从矿区人民和矿产交易链中获取好处，使他们从保护平民和瓦解解放卢旺达民主部队以及其他非国家暴力行为体的任务中分心。为了得到经济好处，有些政府部队甚至开小差，或者与解放卢旺达民主部队串通一气。2010 年 7 月，解放卢旺达民主部队和刚果民兵在瓦利卡莱地区和北基伍省实施集体强奸和掠夺性攻击，成了国际头条新闻。许多村庄受到袭击后不再受到保护，因为政府军部队指挥官把部署在那里的军队调到了附近的锡矿和金矿区，以便进行非法收税和看守他们的投资。〔13〕

为重要资源而冲突

可以掠夺的现成资源为武装部队进行掠夺提供了机会。同时，越难开采的资源越可能通过前述第二和第三种渠道增加冲突风险。例如，当乍得和赤道几内亚开始出口石油的时候，叛乱分子正试图通过暴力手段夺取国家政权，以获取石油财富。在叛乱分子的试图前面，乍得和赤道几内亚显得特别脆弱。然而，随着时间的推移，巩固的石油收入看起来加强了这两个政府的军事安全。除了石油，争取获得非法贩毒看起来与因争夺政府权力而发生的冲突密切相关。2008 年在西非的几内亚和毛里塔尼亚以及 2010 年在几内亚比绍和尼日尔发生了轰动一时的一系列军事政变。据说，发生这些军事政变的原因是不同派别的犯罪团伙争夺拉美、西非和欧洲之间的日趋活跃的毒品交易控制权。〔14〕

重要资源与政府

要描述重要商品会增加冲突风险的第三种渠道的影响更加困难，

〔13〕 联合国安理会：专家组关于刚果民主共和国的最后报告，第 S/2010/596 号，第 54 页，2010 年 11 月 29 日。

〔14〕 J. Cokayne 和 P. Williams："无形潮流：迈向处理通过西非贩运毒品的国际战略（国际和平研究所：纽约，2009 年 10 月）。

通常表现为能够直接获取资源财富的政府缺乏问责制，从而促成虚弱的，甚至是失败的国家。但是，尼日利亚可以作为一个例子。20 世纪 90 年代，由于腐败，收入分配不公和开采石油引起污染，尼日尔河三角洲地区爆发大规模抗议活动。但国家和石油公司未能对出现的不满做出成功应对，从而导致武装叛乱集团的出现，其中最重要的有尼日尔河三角洲解放运动。随着时间的推移，叛乱集团的要员开始卷入犯罪活动，包括在输油管上开孔偷油，绑架石油工人以索取赎金和从事毒品交易，而收了钱的高级政府官员与政客，执法官员，甚至石油工业的员工对此视而不见。〔15〕

石油走私贩子也向地方社区交钱，以获准自由通行。尽管这些活动和酬金属于犯罪性质，但地方社区的此种支持已被视为是对自身长期恶化的经济形势不满的表露，因为这是一个拥有巨大石油财富的地区。即使尼日尔河三角洲解放运动将自身的形象描述为当今的罗宾汉，但人们对此并非十分当真。〔16〕在尼日利亚，串通犯罪以一种抗议的形式出现说明，在武装冲突的驱动力中，贪婪和不满是不容易被分离出去的。

近几年来，不满与低水平冲突在资源区周围有所发展，在加剧广泛的不稳定和暴力方面起到了关键性作用。于是，有人提出了处理这个问题的重要倡议。值得关注的有 2000 年提出的关于安全与人权的志愿原则。〔17〕联合国环境计划署也与驻美国的环境法研究所和东京大学合作，提出了可以通过资源管理加强冲突后重建和平的途径。〔18〕

冲突与犯罪；反叛与国家

上述案例说明，资源收入是怎样、何时变得随时可用。武装集团

---

〔15〕 J. B. Asuni：“在尼日尔河三角洲地区的血腥石油”，美国和平研究所（USIP）的特别报告第 229 号（USIP：华盛顿哥伦比亚特区，2009 年 8 月）。

〔16〕 W. Connors：“收你汽油税的尼日利亚叛乱者”，《时代》杂志，2008 年 5 月 28 日。

〔17〕 美国国务院、英国外交和联邦事务部、民间社会组织（民间组织）和工业界提出的“安全和人权自愿原则”。它们的目的是公司在采掘业安全安排中确保尊重人权和基本自由。网址：〈http：//www. voluntaryprinciples. org/〉。

〔18〕 参见“通过自然资源管理项目加强冲突后的和平建设”，网址：〈http：//www. eli. org/Program _ Areas/PCNRM/〉。

是怎样、何时容易变异成犯罪组织。这些犯罪组织埋藏到了政治结构中，反过来，统治集团的精英和安全部队为了分得一杯羹而默许犯罪活动。[19] 犯罪组织的政治埋藏完全可以最终导致出现这样一种局势，即国家本身变成了敌对的有组织犯罪集团竞争的场所，如同最近在西非发生的与毒品交易有关的政变那样。[20] 还有一种不同的模式是，在刚果民主共和国正规军的犯罪分子在多种场合设立了相应的机构，以对当地矿资源区进行控制。

结果，在若干受冲突影响、资源丰富的国家，冲突与犯罪之间的界线以及反叛者与国家之间对资源掠夺的界线似乎正在变得难以分清楚。在一些非洲国家，国家犯罪化在政治上而且延伸到经济上已经是一种常态性特征。国家犯罪化是指出现了国家的功能和机构主要用于营私和犯罪目的的局面。[21] 一些亚洲国家，尤其是阿富汗、吉尔吉斯斯坦和缅甸，也有沿着此路走下去的危险。

应对与重要资源相关的冲突风险

贸易与透明计划

在过去几十年，对与重要资源贸易有关的冲突风险有了广泛共识，致使联合国大大增加了商品制裁措施和若干种资源交易与透明度倡议。制裁措施是指禁止第三国进口受特定冲突方控制的重要资源。在若干种资源交易与透明度倡议中，最重要的是金伯利进程证书制度及石油、天然气和采矿等领域的采掘业透明度倡议。前者旨在打击所谓的冲突金刚石交易。[22]

贸易与透明度倡议有多种形式，其目标都是为了切断资源交易与

〔19〕 J. Cockayne：《犯罪，腐败和暴力经济》，M. Berdal 和 A. Wennmann 主编的：《结束战争，巩固和平：经济展望》（Routledge 出版社：纽约，2010 年），第 190 页。

〔20〕 Cockayne：（同注释〔19〕），第 190 页。

〔21〕 J-F. Bayart，S. Ellis 和 B. Hibou："非洲国家的犯罪化"（詹姆斯 Currey：牛津，1998 年）。

〔22〕 金伯利进程是一个政府、行业和民间社会组织的联合倡议，旨在阻止"反叛运动用来资助反对合法政府战争的毛坯钻石贸易"。它包括一个严格的"无冲突"钻石认证计划。网址：〈http：//www.kimberleyprocess.com/〉。"采掘行业透明度行动计划"也是一个政府、行业和民间组织的联合倡议，旨在通过提高石油、天然气、采矿等行业的透明度和问责制加强资源治理。网址：〈http：//eiti.org/〉。

冲突、违反人权和国家治理无方等方面的联系。贸易倡议的目的在于权利合法，无冲突生产以及有计划贸易，如通过开具重要矿物来源证明和志愿抵止无证矿物等。在诸如采掘业透明度倡议等倡议方面，政府和企业界同意公布所有给政府的资金以及资源收入，以改善问责制。

此类倡议面临许多挑战。在生产国，由于机构能力不足，往往难以建立供应链担保和透明收入机制。不少国家，包括有些最不稳定的国家，就是难以达到最低资源有效治理水平，从而使它们无法参与此类倡议。另外，在刚果民主共和国以及他一些地方，国家高级人员合伙给暴力资源拨款并谋取非法利益。他们自然要反对任何会减少他们赢利或暴露他们行为的举措。

生产国对那些有可能限制它们出口能力的计划或许也不热情，特别是在国际价格走高的时候。消费国存在一种危险，就是政府与企业界会试图让它们自己供应链的安全凌驾于有关生产国治理质量和矿物来源的道德考虑之上，使获得强大系统支持变得越来越困难。

在消费国，有些道德贸易倡议也有恶化生产国局势的风险。突出的有，美国于 2010 年 7 月通过了一项法规，目的是想通过施加严格的进口矿物无冲突的认证规则停止从刚果民主共和国进口冲突矿物的贸易。[23]

这种模式完全有可能被欧盟仿效，成了事实上的对东刚果生产的矿物实施禁运。看起来，美国公司不可能提供必要的无冲进口矿物来源的证明文件，主要原因是刚果资源管理机构的行政能力低下。[24]这将会剥夺刚果政府的财政收入并使其在个体采矿社区业已糟糕的经济条件进一步恶化。

与此同时，国际上和地方上对腐败十分关注，从而为努力加强对

---

〔23〕 多德-弗兰克华尔街改革和消费者权益保护法（也称为刚果冲突矿产法），系美国公法 111—203，于 2010 年 7 月 21 日获得同意。网址：〈http：//www.gpo.gov/fdsys/pkg/PLAW—111publ203/content-detail.html〉，第 1502 节。

〔24〕 R. de Koning："在刚果民主共和国的冲突矿产：瞄准贸易和安全干预"，《斯德哥尔摩国际和平研究所政策文件》第 27 号，（斯德哥尔摩国际和平研究所：斯德哥尔摩，2011 年 6 月）。

资源收入问责制提供了强有力基础。从中、长期看，资源丰富国家统治精英的自治能力有可能会因此受到财政方面的严重限制。同时，还有可能采取其他措施。2010 年 12 月，在没有对刚果民主共和国实施商品制裁的情况下，联合国安理会通过了一项决议，针对刚果民主共和国矿物产品的加工业和消费者批准了一系列应注意的方针。当联合国刚果民主共和国制裁委员会决定是否对指定的个人或商业实体因为支持刚果民主共和国东部非法武装集团作为实施制裁的对象（冻结资产和禁上旅行）时，就得考虑未能遵循这些方针的情况。[25]

打击犯罪网络

在脆弱国家的国际有组织犯罪问题上，欧盟、联合国和国际刑警组织在过去几年都显示出十分警觉。2000 年批准的“联合国打击跨国有组织犯罪公约”使得处理这个问题更加方便。[26] 2009 年 7 月，联合国提出了西非海岸倡议。该倡议将重要的联合国和地区机构以及国际刑警组织整合在一起，以协调打击西非有组织犯罪和贩毒的努力。[27]

于 2006 年提出的国际刑警组织亚洲有组织犯罪项目进一步证明，打击围绕贩毒有组织犯罪的地区性协调已有所加強。[28]

关键问题是，怎样处理后冲突时期附属于冲突各方的犯罪网络。在后冲突国家建筑物中恩赐一块地盘给这样的网络及它们的政治代表可能是灾难性的，因为这样做是在奖励暴力，从而会引起新一轮暴力活动，参与者会是那些感到在新的政治和军事安排中不被接纳的人。[29] 然而，有些人争辩说，犯罪——政治网络可以使用的通用法

〔25〕 联合国安理会第 1952 号决议，2010 年 11 月 29 日。

〔26〕 “联合国打击跨国有组织犯罪公约”，2000 年 12 月 12 日开放供签署，2003 年 9 月 29 日生放，联合国《条约汇编》，第 2225 卷。第 209 页。

〔27〕 联合国驻西非办事处：“西非海岸倡议”，网址：〈http://unowa.un missions.org/Default.aspx 的？tabid=841〉。

〔28〕 国际刑警组织：“国际刑警组织打击亚洲有组织犯罪的新平台新加坡会议的焦点”，《媒体新闻稿》，2008 年 1 月 23 日，网址：〈http://www.interpol.int/Public/ICPO/PressReleases/PR2008/PR200802.asp〉。

〔29〕 D. M. Tull 和 A. Mehler：“分享权力的隐性成本：在非洲重新产生叛乱暴力”，《非洲事务》，第 104 卷，第 416 期（2005 年 7 月）。

律措施有可能为后冲突国家建设提供机会。[30] 虽然个案证据有可能证实存在这种或那种情况，但可以有把握地说，如果受经济动机驱使的暴力者的施暴能力与刺激因素得不到实质性的削弱，接纳与融合他们无助于持久和平。

国际贸易干预和警务机制正面临着从未有过的全球化重要资源合法与非法的贸易。控制跨国贸易的犯罪与叛乱网络频繁出现并扎根于贫穷、受冲突影响或脆弱的后冲突国家。[31] 因此，需要平衡、综合的做法对它们实施有效打击。有的资源贸易可以激化冲突并吸引犯罪，但同时有可为当地社区提供民生和得以发展经济。使非正式的资源贸易正式化并使经济活动多元化可以改善地方与国家层面上的经济条件，也能减少对非法收益的渴求、贩毒、犯罪和腐败。[32]

第四节　对冲突的环境探讨方法

20 世纪 70 年代，越来越多的人们意识到环境因素对社会稳定和经济发展产生的影响——显然是国际智库“罗马俱乐部”[33] 的研究成果——为以后研究环境因素与冲突危险之间可能存在的关联性奠定了基础。20 世纪 80 年代和 90 年代，第二代研究课题最初主要集中在人口增长、流行疾病、饥荒和环境变化对武装冲突

〔30〕 W. Reno：“理解西非背景下的犯罪”，《国际维和行动》，第 16 卷，第 1 期（2009 年）。

〔31〕 联合国毒品和犯罪问题办公室（UNODC）：“犯罪全球化：跨国有组织犯罪威胁评估”（禁毒办：维也纳，2010 年），第 2—3 页。

〔32〕 Cockayne：（同注释〔19〕）。

〔33〕《对增长的限制》，是受“罗马俱乐部”委托完成的一部影响深远的著作，它向支撑自由经济派理论的关键假设直接发出挑战，尤其是提出了自然资源的有限性将限制未来发展的观点，并对现行社会经济发展模式的可持续性提出质疑。德内拉·梅多斯等著，《对增长的限制：罗马俱乐部关于人类困境项目的报告》，第二版（宇宙图书出版社：纽约，1972 年）。

的影响。〔34〕第三代研究工作则力求更准确地弄清楚环境因素与不断增长的冲突危险之间的联系，但这项工作很大程度集中在研究对人类安全和冲突有影响的气候变化因素。

气候变化与冲突危险

21世纪初期，关于气候变化在冲突危险中的作用的研究明显增多——特别是由于联合国政府间气候变化专门委员会的工作引发了国际社会对气候问题的关注。尽管政府间气候变化专门委员会本身从未重点研究过气候变化和冲突之间的联系问题，但它有关气候变化可能产生哪些影响的结论已成为研究气候变化与安全和冲突问题的关联性的基础。〔35〕重点关注那些看来特别易受气候变化影响的地区：北极、非洲、小型岛屿以及亚洲和非洲人口密集的沿海大型三角洲地带。

无论是从国家还是国际的层面上看，气候变化及有关资源问题已被认为潜在的安全危险因素。〔36〕2003年，提供给美国国防部的一份报告描述了未来受剧烈气候变化影响，国家间战事不断、社会动荡不安的场景。〔37〕2007年，在当月轮值主席国英国的推动下，联合国安理会召开了历时一天的会议，就气候变化对安全的影响展开辩论，这也为以后开展长时间、高级别的讨论奠定了基础。〔38〕同样在2007年，联合国秘书长潘基文指出，"我们环境的变化和造成的动荡——

〔34〕见苏黎世联邦理工学院安全研究中心环境和冲突项目小组1992年至1995年撰写的不定期论文集。网址：〈http：//www.isn.ethz.ch/isn/Digital-Library/Publications/Detail/？id=235&lng=en〉；T.F.霍默-迪克森，"站在门槛上：环境变化引发尖锐冲突"，《国际安全》第16卷第2期（1991年秋天）；N.迈尔斯，"将环境与安全联系起来"，《原子科学家公报》第43卷第5期（1987年6月）。

〔35〕见R.努尔达斯和P.格莱迪奇，《政治地理》，关于气候变化与冲突的特刊第26卷第6期（2007年8月）。

〔36〕见J.W.巴斯比，"气候变化和国家安全：行动议程"，理事会特别报告32（外交关系理事会，纽约，2007年11月）。

〔37〕P.施瓦茨和D.兰德尔，"一幅气候突变的场景及其对美国国家安全的影响"，2003年10月，网址：〈http：//www.gbn.com/consulting/article_details.php？id=53〉。

〔38〕联合国，"大会，表示深为关切，请联合固主要部门加紧努力应对气候变化带来的安全影响"，新闻稿GA/10830，2009年6月3日，网址：〈http：//www.un.org/News/Press/docs/2009/ga10830.doc.htm〉。

从干旱到被淹没的沿海地区再到耕地的消失——都有可能成为引发战争和冲突的重要动因”。[39]

2009 年 9 月，联合国发布了一份报告，明确指出环境变化可以从五个方面对国际安全产生影响：造成脆弱性，比如威胁到粮食安全；减缓或逆转发展进程；提升因资源和移民问题发生国内冲突的危险性；增加因领土消失而成为无国籍人口的数量；对共有或未划界自然资源的国际合作产生负面影响。[40]

2008 年，欧盟就环境变化带来的安全危险这一问题作出了自己的评估。[41] 报告同时提出了因为资源问题发生冲突的可能性以及与气候变化有关的冲突危险。

联合国环境规划署也着力加深对冲突危险和气候变化之间相互关系的理解认识。[42] 2007 年，它重点结合苏丹问题编写了研究报告，是首批对该潜在关联性作出全面分析的报告之一。报告称：

> 在苏丹，冲突和环境之间的联系有两个方面。一方面，该国冲突由来已久，已对其环境造成了重大的影响。……另一方面，环境问题已成为并将继续成为冲突发生的重要成因。对油气资源、尼罗河水资源、木材以及农业用地土地使用权的竞争，是挑起苏丹冲突常年不断的重要原因。[43]

迄今，在研究环境变化和冲突危险之间的联系时，出现的主要问

---

〔39〕 潘基文，联合国秘书长，在联合国国际学校上的讲话—联合国关于“全球警告：面对危机”的会议，2007 年 3 月 1 日，网址：〈http://www.un.org/apps/news/infocus/sgspeeches/search_full.asp?statID=70〉。

〔40〕 联合国，大会，“气候变化和它可能对安全带来的影响”，秘书长报告，A/64/350，2009 年 9 月 11 日。

〔41〕 高级代表和欧盟委员会，“气候变化和国际安全”，呈欧洲理事会的报告，第 S113/08 号，2008 年 3 月 14 日，网址：〈http://www.consilium.europa.eu/uedocs/cms_data/docs/pressdata/en/reports/99387.pdf〉。

〔42〕 见联合国环境规划署，“理解环境、冲突和合作”（联合国环境规划署，早期预警和评估局：内罗毕，2004 年）。

〔43〕 联合国环境规划署，“苏丹：后冲突环境评估”，综合报告（联合国环境规划署：内罗毕，2007 年），第 8 页。另见和平大学，“环境恶化引发达尔富尔冲突”，喀土穆，2004 年，会议报告（和平大学：亚的斯亚贝巴，2006 年）。

题是资源紧缺，具有一些明显特征。长期来看，主要因气候变化引起的环境恶化问题有可能激化人们对淡水资源或肥沃土地的竞争，从而有可能导致暴力。洪水、泥石流、干旱、饥荒以及因气候变化而产生或恶化的其他灾害，可能直接导致对经济的冲击，比如就业机会骤减会削弱国家力量而促使武装集团的出现。[44] 或者，受气候变化影响而出现的物质匮乏、社会不稳定和暴力活动有可能催生大规模无人管理的人口移动，这会为接收国带来潜在的安全影响。

然而，环境预测这个领域正处在发展中，对气候变化产生的影响的预估也处在初步阶段。一些作者担忧，用于分析气候变化以及其他环境现象所产生的社会和政治影响的方法常常过于简单化，从而导致了“激烈的新马尔萨斯主义现象”的出现。[45] 的确，大多数气候变化与发生冲突的机率或激烈程度的增长并无直接因果联系。[46] 而所谓的气候难民问题则最好说明对于气候变化如何加剧冲突危险有着截然不同的观点。

气候难民

自 20 世纪 90 年代以来，很多人都注意到，受气候变化影响，有些人失去了至关重要的生活资源，特别是耕地、森林和淡水资源，他们因此被迫开始大规模迁移，给安全方面造成了影响。一位专家对此的预测广受引用，“有多达 2 亿人口遭受雨季和其他强降雨、前所未有和旷日持久的严重干旱、海平面上升和沿海洪涝等袭击”。[47] 富有国家，特别是西方国家内部，则定期发出警报说，它们将不得不应对从贫穷国家涌来的一波波的难民潮。

“气候难民”这一用语隐含的意思是，与气候变化有关的移民是

〔44〕 国际危机组织，“气候变化和冲突”［未注明日期］，网址：〈http://www.crisisgroup.org/en/key-issue/climate-change-conflict.aspx〉。

〔45〕 R. 努尔达斯和 P. 格莱迪奇，“环境变化和冲突”，《政治地理》第 26 卷第 6 期（2007 年 8 月）。

〔46〕 海军分析中心，《国家安全与环境变化威胁》（海军分析中心：弗吉尼亚州亚历山德里亚，2007 年）。

〔47〕 N. 迈尔斯，“环境难民：一个迫切的安全问题”，欧洲安全与合作组织第十三届经济论坛上的论文，布拉格，EF. 非政府组织/4/05，2005 年 5 月 22 日，网址：〈http://www.osce.org/eea/14851〉，第 1 页。

突然产生、没有计划性的，并且受影响的人群需要得到紧急救援，就像那些因政治暴力而流离失所的人（气候移民在法律上还不能被认为是难民）。难民和国内流离失所者的流动已被证实对所移至地区带来了紧张和压力，并促使冲突扩散。而且，武装集团利用难民和国内流离失所者所在营地作为其袭击邻国的基地。〔48〕因此有人预测，由于气候变化而产生的大量人口迁移有可能对现有的和新起的几场冲突产生重大的负面影响。

然而，这一观点受到了挑战。尽管很少有专家否认一定数量的与气候变化有关的的被迫移民是不可避免的，但很难预测其突发性和无计划性的程度。许多与气候变化有关的土地退化现象是渐变的，或许在现有农村流动人口基础上仅增加了一点数量。而且，脆弱性、适应性和贫困都会影响受灾人口是否以及如何迁移。〔49〕同样，人口迁移和冲突之间的关系也尚不明朗，与气候变化有关的迁移甚至有可能导致增加合作。在缺少有效缓解气候变化移民措施的情况下，通过采取国家规划和战略调整的方法建立适应能力，对减少迁移流动和与之相关的冲突危险大有好处。

适应环境变化

相对发达国家而言，贫困的社会和脆弱的国家更易受气候变化的消极影响，主要归咎于其薄弱的体制。这促使人们呼吁制定措施以提高适应能力，特别是生活上的适应能力，并将其作为针对最易受气候变化影响的人口的一种冲突预防和管理战略。〔50〕生活适应能力包括发展技术干预能力以改进农作方法和水资源管理等，以及丰富生活技能手段从而降低脆弱性，提高受灾害威胁社区的适应能力。

---

〔48〕 I. 萨利赫雅安和K. S. 格莱迪奇，“难民和内战的传播”，《国际组织》第60卷第2期（2006年4月）。

〔49〕 见V. O. 科尔曼司考格，“未来难民潮：评气候变化、冲突和被迫迁移”（挪威难民理事会：奥斯陆，2008年）；O. 布朗，“迁移与气候变化”，国际移民组织研究31期（国际移民组织：日内瓦，2008年）。

〔50〕 D. 史密斯和J. 维韦卡南达，“气候变化、冲突和脆弱性：认识关联性，塑造有效应对”（国际警报：伦敦，2009年11月），第15—21页。

在许多国家，适应性也以一种高度政治化进程的形式出现，因为较贫穷的社会阶层要求正式承认和澄清他们获得土地、水、森林资源的权利。[51] 政府是否有能力满足这些要求并和平调解他们之间的不同权利主张，对于提供稀缺的可再生资源的安全获取以使人们不必进行大规模迁移也可应对环境变化是至关重要的。

全球环境基金和《联合国气候变化框架公约》等旨在提高适应性的国际机制，有可能面对越来越多的挑战来确保用于兴建缓解工程和提高国家适应性的资金，不会促成以牺牲先前用户利益为代价的资源占用现象的发生。鉴此，有人提出，获得国际适应基金应以资源管理政策改革为条件，以提高民生适应能力、预防冲突以及弱势人群的边缘化。[52]

资源和外交

人们常说，在环境问题上开展国际合作可成为国家间增进外交关系的一个工具。在这方面，经常提到的是跨界水资源管理和自然保护问题。然而，明显起到有助于增进外交关系作用的主动行动的例子是凤毛麟角，而导致恶化的潜力却很大，特别是气候变化很有可能加剧对水资源的竞争。2010 年最值得注意的事件是，继尼罗河流域有关国家欲制定新协议取代 1929 年至 1959 年形成的原协议失败后，“尼罗河流域倡议”破裂的可能性越来越大。[53] 实际上，迄今为止，跨界环境合作通常是和平的产物而非和平的驱动力。不管怎样，它有助于巩固睦邻友好关系。

---

〔51〕 权利和资源研究所，“通过树木看人类：努力提高权利，解决贫困、冲突和气候变化问题”（权利和资源研究所：华盛顿哥伦比亚特区，2008 年）。

〔52〕 T. 斯宾塞莱，“气候变化和军事：辩论的状态”，草稿第 2 版（环境安全研究所：布鲁塞尔，2009 年 12 月），第 7 页。

〔53〕 A. 阿里·阿卜杜拉，“2010 年 5 月 14 日以后“尼罗河流域倡议”的命运”，《苏丹论坛报》，2010 年 5 月 15 日。“尼罗河流域倡议”是一份由尼罗河沿岸国家发起并领导的伙伴协议，旨在通过协调使用以及平等分配尼罗河流域水资源利益促进社会经济的可持续发展。见网址：〈http：//www. nilebasion. org/〉。

第五节　资源地缘政治探讨方法

新能源消耗大国和生产大国的崛起加重了人们对争夺有限自然资源获取权如何影响国际关系的忧虑。[54] 有些作者认为，由于全球化和有可能引发“资源战争”的对石油、天然气以及其他矿物质和水的竞争不断加剧，世界秩序正在进行根本性重组。[55] 那些坚持认为存在新资源地缘政治的人预见的一个世界是：确保获取重要资源成为国家军队的主要目标，对资源获取权的竞争导致出现普遍的不稳定局面，特别在那些与长期存在的领土和宗教纠纷相交织的地区。

资源地缘政治探讨方法与传统左派观点不同。传统左派观点力求从新帝国主义和资本主义利益引发军事行动的角度，解释西方国家，特别是美国针对资源丰富的关键地区、主要是中东地区采取的政策。与此相反，资源地缘政治探讨方法认为冲突来源于崛起中的全球大国和原工业大国之间针对日益稀缺的资源的竞争。[56] 因此，冲突是由于多极化世界的出现，而非西方努力征服全球南方的产物。

资源地缘政治探讨方法与资源—冲突关联性的环境探讨方法有重合之处，主要体现在他们都认为受全球气候变暖影响，北极冰盖融化有可能因为获取该地区预测有丰富的油气资源储量而引发冲突。[57] 非洲被认为是另一个关键地区，那里的资源地缘政治有可能引发暴力。全球大国对获取该地区资源的角逐愈演愈烈，可能引发它们之间更多的冲突事件。

不过，资源地缘政治探讨方法的重点是能源问题，特别是油气储

---

〔54〕 见比如 J·布拉斯，“全球资源消耗飚涨”，《金融时报》，2010 年 12 月 14 日。

〔55〕 M. T. 克莱尔，《资源战争：全球冲突的新景观》（大都会图书公司：纽约，2001 年）。

〔56〕 N. 乔姆斯基，《干预》（城市之光：旧金山，2007 年）。

〔57〕 R. 萨尔和 E. 波塔波夫，《北极之争：所有权、开发和远北冲突》（弗朗西斯·林肯出版社：伦敦，2010 年）；J. R. 本内特，“北极气候冲突”，《信息系统网络安全观察》，2010 年 3 月 29 日，网址：〈http：//www.isn.ethz.ch/Current-Affairs/Security-Watch/Detail/? lng=en&id=114256〉。

备。自20世纪70年代初期以来，油气消费国和生产国之间的关系已在发展中得到重新界定。1973年，石油生产国通过石油输出国组织进行协调，采取石油禁运行动，引发了一场石油危机，显示出石油生产国日益增长的市场能量。

自20世纪70年代以来，许多生产国采取国有化政策，造成像分布在利比亚、沙特阿拉伯和委内瑞拉的世界主要油气储备，都受控于国有能源公司而不是有西方支持的跨国公司。因此，消费国担忧在油气的获取和定价方面，政治因素可能多于市场因素。新石油消费大国——中国和印度的崛起为油气资源带来更大压力，促使石油价格冲向历史新高，在2008年7月达到超过147美元/桶。这些事态发展，伴随着对世界已达到或濒临石油产量峰值和油气储备或许最早在2050年就将消耗殆尽的担心，对工业化国家能否确保能源供给提出了疑问。[58] 面对这些挑战，许多国家和国际安全组织已寻求制定相关政策，以确保能源安全。

一些能源消费国和生产国之间紧张的关系，引发人们预测与能源有关的冲突，甚至可能爆发能源战争。[59] 欧亚大陆油气资源的获取问题是这场讨论的中心，尤其是天然气。[60] 例如，近年来爆发了一系列双边争端，导致2006年1月和2008年1月切断对中欧和东南欧消费国的天然气供应。在很多分析家看来，这些事态发展表明欧洲安全受到欧亚大陆现有能源关系的威胁，特别是与俄罗斯的关系。[61]

声称有必要发展市场准入的替代路径，俄罗斯宣布计划修建两个大型天然气管道——穿越波罗的海的“北溪”管道和穿越黑海的“南

〔58〕 关于未来石油生产的辩论，见网址：〈http：//www. oilscenarios. info/〉。

〔59〕 M. T. 克莱尔，《崛起的大国，萎缩的星球：新能源地缘政治》（大都会图书公司：纽约，2008年），第210—237页；M. 卡尔多，T. L. 卡尔，Y. 赛义德（编辑者），《石油战争》（普卢托出版社：伦敦，2007年）；R. 福鲁哈儿，“即将到来的能源战争”，《新闻周刊》，2008年5月31日。

〔60〕 A. 科雷切，C. 范德林代，“能源供应安全和地缘政治：欧洲视角”，《能源政策》，第34卷第5期（2006年3月）。

〔61〕 Z. 巴兰，“欧盟能源安全：是结束俄罗斯影响的时候了”，《华盛顿季刊》，第30卷第4期（2007年秋）；M. 比尔金，“欧洲天然气需求的地缘政治：来自俄罗斯、里海和中东的供应”，《能源政策》，第37卷第11期（2009年11月）。

溪”管道——将绕过位于中欧的过境国，特别是乌克兰。与此同时，欧盟为摆脱当前对俄罗斯的高度依赖，努力使天然气供应渠道多样化，主要是修建旨在开辟新油气供应来源和输送渠道的“南部走廊”。[62]“管道地缘政治”得以发展，并对已沦为武装冲突地区，特别是对南高加索安全产生影响。[63]

一门复杂的欧亚大陆资源地缘政治学说就这样在争议中形成了，其中包括为获取里海地区天然气储备，中国、欧盟、伊朗、俄罗斯、土耳其和美国之间的相互竞争。也有人担心，有些国家出于政治和安全目的操控能源获取途径和供应来源。许多人认为，特别是俄罗斯，正在利用自身丰富的能源推进其政治和外交目的，包括控制邻国。[64]

现今，能源成为众多国家安全政策和对外关系中的一个明确元素。然而，即使一些冲突的发生被认为与能源有关，比如美国 2003 年入侵伊拉克以及俄罗斯 1994 年开始对车臣采取军事干涉，资源地缘政治也尚不是引发武装冲突唯一甚至是首要的原因。[65]实际上，有些观察者提出，主要能源消费国在避免油气或其他大宗商品市场不稳定和价格冲击问题上是有其利益所在的。[66] 关于北极自然资源的获取问题，除了最初的好战言论和挑衅性动作——比如 2007 年俄罗斯科考队在北冰洋海底插上俄国旗——国际上已明确显示了愿意展开和平形式的竞争，甚至在国际法，包括《联合国海

---

〔62〕 南部走廊是欧盟支持的一项倡议，强调进行能源网络建设——主要是天然气管道——在里海地区、中亚、中东等生产中心与欧盟市场之间建立联系。

〔63〕 一些观察家和专家认识到，欧盟与俄罗斯因能源问题而出现地缘政治竞争，这是促使 2008 年俄罗斯在格鲁吉亚南奥塞梯地区进行军事干预的一个因素。路透社，“波兰将格鲁吉亚战争与能源联系起来”，《莫斯科时报》，2008 年 9 月 15 日；“格鲁吉亚冲突被视为威胁欧盟能源供应”，《石油和能源趋势》第 33 卷第 9 期，2008 年 9 月。

〔64〕 巴兰（同注释〔61〕）。

〔65〕 见 Y. 赛义德，“在车臣的贪婪和不满”，编辑者卡尔多、卡尔和赛义德（同注释〔59〕）。

〔66〕 I. 德索伊萨，E. 加尔茨克和 T. G. 利，“鲜血、石油和战略：关于石油与国家间争端的关系”，2009 年 2 月 20 日，网址：〈http://www.svt.ntnu.no/iss/Indra. de. Soysa/POL2003H05/oilandwar_02232009.pdf〉。

洋法公约》基础上进行合作。〔67〕也可在相当大的范围内发展新形式的区域合作管理模式。〔68〕政府间的北极理事会可以成为处理复杂资源问题的典范。〔69〕

同样，日益上涨的对非洲资源的国际需求也不一定就会增加冲突风险。中国对非洲资源的兴趣不断增长，但同时中国也在非洲大陆进行投资，促进了非洲的发展，并帮助非洲国家克服一部分可能引起冲突的社会经济先决因素。有些人称，中国越来越对在非洲建立冲突防御和管理机制感兴趣，并努力通过外交途径，推动解决非洲大陆上一些历时最长、最激烈的冲突。〔70〕

尽管如此，中国致力于资源合作管理的做法在2010年受到质疑。据报道，同年10月，中国故意中止向日本——继而欧盟和美国——出口对一系列高端产品的生产至关重要的稀土金属。分析家推测，该中止行动是对与进口国家各种无关纠纷的回应。〔71〕尽管中国否认该报道，但这一事件掀起了世界范围对资源民族主义的兴起和采用非市场方法确保资源特许获取问题的讨论。

第六节 结语：资源合作管理面临的挑战

2011年初，全球大宗商品价格创历史新高，恢复了2009—2010

〔67〕见O.R.扬，“北极的未来：布满冲突还是和平地带”，《国际事务》，第87卷第1期（2011年1月）。《联合国海洋法公约》，于1982年12月10日开放签字，1994年11月16日正式生效，《联合国条约集》，第1833卷。

〔68〕北极治理项目，“变革时代下的北极治理：关键问题、管治原则、前进的道路”，2010年4月14日，网址：〈http：//www.arcticgovernance.org/agp-report-and-action-agenda.156784.en.html〉。

〔69〕北极理事会是1996年9月19日在加拿大渥太华签订的成立北极理事会宣言中产生的。北极理事会成员包括加拿大、丹麦、芬兰、冰岛、挪威、俄罗斯、瑞典、美国和6个北极土著人组织。其主要职能是促进各成员国在有关北极共同的问题上加强合作、协调和互动。

〔70〕更安全世界协会，《中国在非洲和平与安全中不断增长的作用》（更安全世界协会：伦敦，2011年1月）。

〔71〕K.布拉德舍，“中国据称扩大矿物质禁运”，《纽约时报》，2010年10月19日。

年全球衰退前的上升势头，凸显出全球资源市场的波动，包括价格上涨的风险。尽管这一问题在中东和北非地区的安全影响表现得最为明显，与粮食价格有关的骚乱激起了一波反对长期专制政权的起义浪潮，但资源价格波动在许多国家也加剧了紧张局势，确实有理由引起广泛关注。在人们越来越意识到资源、不稳定和冲突之间存在紧密联系的背景下，资源的价格、稀缺和获取在全球范围内出现了新的不确定性，引发人们对安全概念的重新思考。

通过全球和区域安全机构，国际社会已开始着手应对与资源有关的各种挑战。联合国安理会在解决资源流动不稳定问题上起着主导作用。自 1990 年起，它对十几个国家实行过部分或全部商品制裁，而在冷战时期只有两次这么做过。

气候变化和粮食不安全问题对安全的影响在国际论坛上广为讨论，并逐步纳入欧盟、北大西洋公约组织和联合国的战略。例如，2010 年 11 月 19 日通过的北约新战略概念指出："制约环境和资源的关键因素，包括卫生风险、气候变化、水资源匮乏和日益增长的能源需求，将进一步塑造北约所关注地区未来的安全环境，并有可能对北约规划和作战产生重大影响。"〔72〕

欧盟内部一直有人呼吁制订政策应对越来越大的自然资源需求压力。〔73〕 2010 年，欧盟进行了一项关于原材料和商品市场的研究，以能更好地认清其在该领域面临的挑战，并制订出可在不触发冲突的情况下确保获得关键矿物质的政策。欧盟在其新出台的关于原材料的战略中，承诺处理好如"血矿"这样的资源和冲突关系问题。该承诺显示了欧盟正为寻求全面解决办法而努力，但特别在各国为确保获取有价值稀缺资源而竞争越来越激烈的情况下，如何使欧盟的贸易和发展政策优先与欧盟和生产国之间的关系这两者一致起

---

〔72〕 北大西洋公约组织（北约），"积极参与和现代防御：北大西洋公约组织成员国的国防和安全战略概念"，里斯本，2010 年 11 月 19 日，网址：〈http：//www. nato. int/lisbon2010/strategic-concept-2010eng. pdf〉，第 15 段。

〔73〕 见例：欧洲议会于 2011 年 2 月 17 日通过一项旨在控制粮食价格上涨的决议，P7 _ TA—PROV（2011）0071。

来，仍需拭目以待。[74]

应对大量与资源有关的多元安全挑战的经验表明，务实的应对措施是最有效的，如果这些措施建立在合作的基础上，比如把消费者和生产者、富有国和贫困国、工业、政府、发展部门、执法机构以及民间社会都结合起来的合作。然而，这样的合作总是不得不需要战胜巨大的挑战，尤其是涉及犯罪网络等在内的有关各方利己谋私行为和机构能力有限等问题。这些在社区、国家以及国际层面上都有所体现。

一个已取得一些成效的方法是建立在制定更全面的资源管理框架和提供方法手段更有效处理资源稀缺和竞争问题、平衡资源获取需求、社会公正和环境保护之间关系以解决冲突的基础上。这样的例子包括一些当地和中级资源管理方式，通常集中在某些特定领域——如《采掘业透明度行动计划》，或某一地理区域——比如与刚果民主共和国有关的一些倡议。

然而，强大的新经济主体的崛起和满足需求增长的全球有活力的自然资源市场的出现，意味着用这些方法来应对影响自然资源的各方面因素将变得越来越艰难。这合乎逻辑地需要建立各成员国广泛参与的资源管理框架，并确保在他们内部解决冲突问题。

有关探讨应对这类问题的论坛至今的成就记录还是一般。自 20 世纪 60 年代初起，许多主要能源生产国家通过石油输出国组织欧佩克运作，而消费国则从 1974 年起由的国际能源署组织在一起。为努力找到一种减少石油价格波动的合作方式并吸纳一些像俄罗斯这样的非欧佩克石油生产国和像中国、印度这样非国际能源署成员的新消费大国参加，一个生产国——消费国对话机制——国际能源论坛于 1991 年应运而生。尽管近些年通过国际能源论坛开展的对话得到加强，但应对能源领域遇到的挑战所取得的成效目前看不甚明显。

在能源领域的实践经验表明，建立全球资源管理体制将是一个缓

---

〔74〕“欧盟发誓解决原材料计划中的‘血矿’问题”，欧洲动态网站，2011 年 1 月 25 日，网址：〈http：//www.euractiv.com/en/sustainability/eu-vows-tackle-blood-minerals-plan-news-501117〉。

慢而艰难的过程。然而，近年为管理全球秩序中不断变化的政治经济平衡而形成的新体制可能会有所帮助。二十国集团（G20）就是这样的体制之一，法国作为 G20 轮值主席国，表示其在 2011 任期的工作重点就是增强世界大宗商品市场的稳定性，主要应对因粮食引发的暴动威胁。[75] 这些倡议可以为在全球开展此类研讨和制订旨在解决与资源相联系的各种挑战的行动框架铺平道路，并以此开始削弱自然资源与冲突危险之间的联系。

（唐寅初　黄琳 译）

〔75〕 A. 威利斯，“法国领导 G20 关注大宗商品价格”，《欧盟观察家》，2011 年 1 月 24 日，网址：〈http：//euobserver. com/9/21693〉。

附录 2A　2001—2010 年重大武装冲突的模式

洛塔·特姆纳　彼得·瓦伦斯腾*

一、重大武装冲突的全球模式

2010 年，全世界 15 个地点有 15 起活跃的重大武装冲突（见表 2A. 1 和表 2A. 2）。2001—2010 年的十年里，28 个地点有 29 起活跃的重大武装冲突（见图 2A. 1）。[1] 在此期间，2001 年有 19 起活跃的重大武装冲突，随后该数字逐年减少。然而，这种变化并不是一条直线，2004 年和 2007 年达到了最低点，均为 14 起（见图 2A. 2）。[2]

2010 年是连续第 7 年未发生国家间冲突。2001—2010 年期间，仅发生过 2 起国家间的交战，即印度与巴基斯坦（克什米尔）（1997—2003 年），以及伊拉克与美国及其盟友（2003 年）之间的冲

* 乌普萨拉大学和平与冲突研究部“乌普萨拉冲突数据项目”。表 2A. 3 中各人负责的冲突地点如下：玛丽·阿伦森负责伊拉克，克里斯琴·奥特皮特负责巴基斯坦和美国，乔翰·布罗什负责苏丹，米海·克罗库负责土耳其，玛丽亚·格里科负责印度，海伦娜·格鲁塞尔负责哥伦比亚和秘鲁，斯迪纳·霍格布拉德负责卢旺达，乔基姆·克鲁兹负责缅甸，马库斯·尼尔森负责索马里，特里西·佩特森负责阿富汗、菲律宾和美国，拉尔夫·桑德伯格负责以色列，罗塔·特姆内尔负责乌干达。

〔1〕“乌普萨拉冲突数据项目”（UCDP）将“重大武装冲突”定义为涉及政府和/或领土的对抗性争端，当事双方（至少其中一方是国家政府）的军队使用武力，在一个公历年度至少造成 1000 人与作战有关的死亡。某次冲突在达到这个阈值后，即可视为“活跃”，如其一年内至少造成 25 人与作战有关的死亡，则再次被列入该数据集。UCDP 在其他出版物中使用“战争”而非“重大武装冲突”的提法。欲了解更多信息，请参阅本文第五节。

〔2〕整个重大武装冲突数据集需每年修正，将可获取的最新数据收录其中。本文提供的信息与此前出版的《SIPRI 年鉴》可能有出入。亦请参阅表 2A. 3 和第五节。

突。前者涉及领土问题，后者涉及政府权力。[3] 在此期间的其余 27 起冲突均为内战，其中 8 起涉及领土，19 起涉及政权。除 2007 年外，每年发生涉及政权的冲突数量多于涉及领土的冲突。

2010 年，有 6 起重大武装冲突呈国际化特征，即在冲突过程中，某国虽非主要当事方，但却派遣部队援助冲突当事一方。2001—2010 年期间，合计有 10 起国际化冲突，其中在一年内的最高记录为 6 起，2003 年为最低记录，仅 2 起。在 2010 年发生的所有国际化冲突中，当事国政府一方得到了外国出兵援助。[4]

在 2010 年发生的重大武装冲突中，有 4 起造成了全年 1000 人或 1000 人以上与作战有关的死亡。上述高烈度冲突在这十年间的发生次数时有变化，介于 7 起（2001 年和 2004 年）与 3 起（2006 年）之间。

表 2A. 1　2001—2010 年重大武装冲突的数量（按地区和类型分类）

地区	2001		2002		2003		2004		2005		2006		2007		2008		2009		2010	
	G	T	G	T	G	T	G	T	G	T	G	T	G	T	G	T	G	T	G	T
非洲	7	0	7	0	5	0	3	0	3	0	3	0	1	0	4	0	4	0	4	0
美洲	2	0	2	0	1	0	2	0	2	0	2	0	3	0	3	0	3	0	3	0
亚洲	1	5	2	4	3	5	3	2	3	4	3	3	2	4	3	4	3	4	3	2
欧洲	0	1	0	1	0	1	0	1	0	2	0	1	0	1	0	0	0	0	0	0
中东	1	2	0	2	1	2	1	2	1	2	1	2	1	2	1	2	1	2	1	2
小计	**11**	**8**	**11**	**7**	**10**	**8**	**9**	**5**	**9**	**8**	**9**	**6**	**7**	**7**	**11**	**6**	**11**	**6**	**11**	**4**
总计	**19**		**18**		**18**		**14**		**17**		**15**		**14**		**17**		**17**		**15**	

注： 两种冲突类型为政权之争（G）和领土之争（T）。

〔3〕 参阅第五节有关政府与领土两类争端的定义。

〔4〕 欲了解上述冲突期间的出兵国情况，请参阅表 2A. 3。

表 2A. 2　2001—2010 年重大武装冲突的地点数量（按地区分类）

地区	2001	2002	2003	2004	2005	2006	2007	2008	2009	2010
非洲	7	7	5	3	3	3	1	4	4	4
美洲	2	2	1	2	2	2	3	3	3	3
亚洲	5	5	7	4	6	6	5	6	6	5
欧洲	1	1	1	1	2	1	1	0	0	0
中东	3	2	3	3	3	3	3	3	3	3
合计	**18**	**17**	**17**	**13**	**16**	**15**	**13**	**16**	**16**	**15**

注：表中数字表示至少爆发一场重大武装冲突的地点数量。

二、重大武装冲突的地区模式

2010 年，亚洲发生了 5 起重大武装冲突，从而使该地区连续第 8 年成为活跃的重大武装冲突数量最多的地区。在此期间，非洲有 4 起重大武装冲突，美洲和中东地区各有 3 起。欧洲已连续两年未发生重大武装冲突。

2001—2010 年，非洲有 10 起活跃的重大武装冲突，使之成为在此期间冲突数量最多的地区。2001—2007 年，非洲发生冲突的数量曾明显减少，从 7 起降至 1 起。然而，相关数字于 2008 年增至 4 起，直到 2010 年依然保持这一水平。在此十年间，除苏丹和乌干达这 2 起冲突绵延至今，仅平息过一年（2007 年）外，上述非洲冲突并没有长期保持活跃。记录在案的非洲冲突虽均发生在本国境内，但其中的半数在某种程度上被国际化，这是非洲不同于其他地区的独特之处。2001—2010 年，非洲的所有 10 起重大武装冲突都属于政权之争。

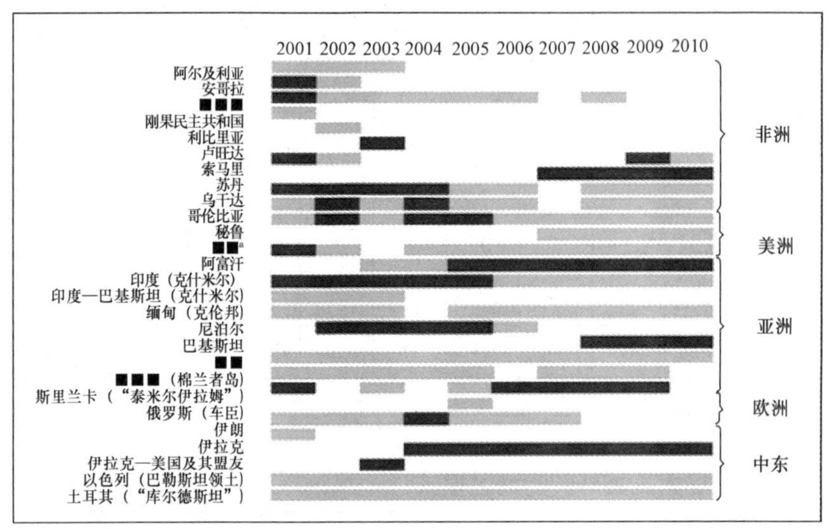

图 2A.1　2001—2010 年重大武装冲突时间表

浅黑阴影表示该冲突在该年保持活跃（即至少造成 25 人与作战有关的死亡）。深黑阴影则表示该冲突在该年至少造成 1000 人与作战有关的死亡。如仅列出国名，表示该冲突涉及政权。如某冲突涉及领土，则在括号内注明有争议的领土名称。其中很多冲突在 2001 年之前即已发生，并可能在 2010 年之后继续保持活跃。

a 此为美国政府与“基地”组织之间的冲突。

2001—2010 年，美洲有 3 起重大武装冲突。其每年发生冲突的数量介于 1 起（2003 年）和 3 起（2007—2010 年）之间。发生在哥伦比亚、秘鲁和美国（指美国政府与“基地”组织间的冲突）[5] 的这些冲突均为国内冲突并涉及政权之争。

2001—2010 年，亚洲有 9 起重大武装冲突。该地区每年发生冲突的数量介于 5 起（2004、2010 年）和 8 起（2003 年）之间。在此十年间，发生在印度（克什米尔）和菲律宾的这 2 起冲突始终保持活跃。印度—巴基斯坦（克什米尔）之争还是该地区唯一的 1 起国家间

〔5〕 有关美国与“基地”组织间的冲突及影响其数据库编码的复杂问题，可参阅 M. 埃里克松、M. 索伦伯格和 P. 瓦伦斯丁合著的“1990—2001 年重大武装冲突的模式”（《SIPRI 年鉴 2002》，第 67—68 页）。

冲突。其余 8 起均为国内冲突，其中的 4 起涉及政权，另 4 起涉及领土。

2001—2010 年，记录在案的 29 起重大武装冲突中只有 2 起发生在欧洲，即俄罗斯政府与所谓的“伊奇克里亚车臣共和国”，以及阿塞拜疆政府与所谓的“纳戈尔诺—卡拉巴赫共和国”之间的冲突。车臣冲突在 2001—2007 年间连年不断，而纳—卡冲突仅爆发于 2005 年。[6] 自 2008 年以来，欧洲再未发生重大武装冲突。

2001—2010 年，中东地区发生了 5 起重大武装冲突。除 2002 年降为 2 起冲突外，该地区每年均有 3 起冲突。2004—2010 年，这 3 起冲突分别发生在伊拉克、以色列（巴勒斯坦领土）和土耳其（“库尔德斯坦”）。期间，后 2 起冲突长年保持活跃。由于伊拉克与美国及其盟友之间的冲突，中东也是除亚洲外唯一在此十年间发生国家间重大武装冲突的地区。其余 4 起均为国内冲突，涉及政权与领土问题的冲突各半。

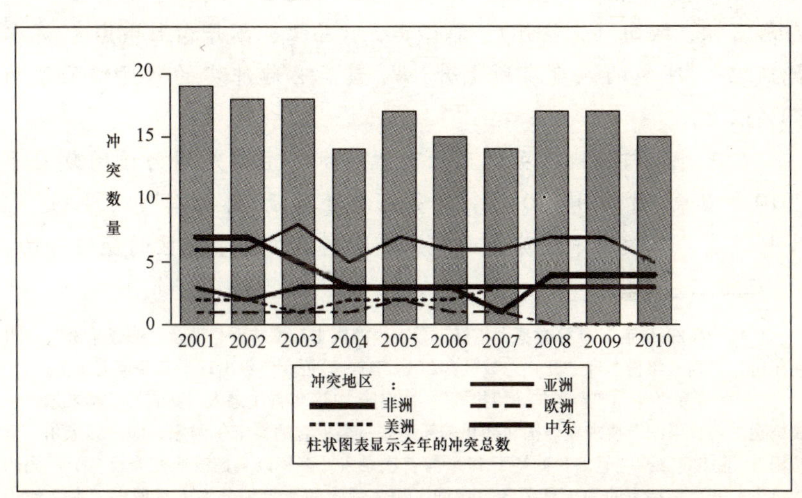

图 2A. 2　2001—2010 年重大武装冲突的地区分布及总数

---

〔6〕 发生在阿塞拜疆的冲突于 2005 年前并未被记录为“活跃”。新数据显示，此次冲突造成了全年超过 25 人与作战有关的死亡。该冲突于 1992 年首次被列入重大武装冲突表。

三、重大武装冲突情况表中 2010 年的变化[7]

2010 年情况表中删除的冲突

该表内未列入新的冲突事件。曾被列入 2009 年情况表的 2 起冲突，即斯里兰卡（“泰米尔—伊拉姆”）和菲律宾（棉兰老岛）冲突也没有延续至 2010 年。[8] 以斯里兰卡冲突为例，反叛的“泰米尔—伊拉姆猛虎解放组织”（“泰米尔猛虎组织”或 LTTE）于 2009 年底遭到毁灭性军事打击，2010 年亦无迹象显示其死灰复燃。

菲律宾政府与反叛的分离主义组织“摩洛伊斯兰解放阵线”（MILF）之间的冲突于 2010 年偃旗息鼓。双方在马来西亚举行了数轮谈判，宣布均对 2003 年正式声明并于 2009 年 7 月再次重申的停火协议表示尊重。[9]

冲突烈度的变化

与 2009 年相比，发生在 2010 年的 15 起重大武装冲突中有 6 起，即阿富汗、缅甸（克伦邦）、菲律宾、索马里、苏丹和土耳其（“库尔德斯坦”）冲突的烈度有所上升。[10] 最后 2 起冲突的烈度增强了约 50％以上。

在苏丹，与作战有关的死亡大幅增加，主要是因为该国政府于 2010 年 2—3 月和 9—10 月对“苏丹解放运动/解放军”（SLM/A）发起进攻。苏政府军攻势大增，意在削弱达尔富尔地区的反叛势力，

---

〔7〕 因 2010 年 UCDP 数据大幅修正，表内的历史数据特别是涉及“形成年份”、“申明年份”、“列入年份”和“死亡总数（含 2010 年）”等可变参数出现了某些重大变化。

〔8〕 斯里兰卡（“泰米尔—伊拉姆”）冲突于 1987 年首次录入（此表）。“泰米尔—伊拉姆猛虎解放组织”要求在该国北部和东部建立一个独立的泰米尔国家，即“泰米尔—伊拉姆”。菲律宾（棉兰老岛）冲突于 1990 年首次录入。多年以来，该冲突涉及多个不同的当事方，其声称拥有的领土称谓各不相同。相关领土的边界划分亦未经明确。本文使用“棉兰老岛”一词，是因为涉及该冲突的首个组织——“棉兰老岛独立运动”曾谋求“解放”棉兰老岛，且棉兰老岛是不同组织有关领土要求的一个“公分母”。

〔9〕 N. E. 拉克森，“菲律宾共和国政府与摩洛伊斯兰解放阵线签署声明”，《马尼拉简报》，2010 年 6 月 4 日，网址：〈http：//www. mb. com. ph/node/260573/grp—milf—〉。

〔10〕 克伦民族联盟（KNU）对其宣称的克伦族故国有着不同的领土称谓，如“克伦尼斯坦”和“考苏莱伊”等。多年来，该组织从谋求完全独立，直至在缅甸民主联邦境内争取克伦族人的自决权，其目标几经更改。

以防 2011 年 1 月南苏丹独立公投后发生暴力事件，有可能迫使其政府军两线作战。由于苏丹与乍得先前均支持对方的反叛势力，两国关系的改善亦有助于削弱“苏丹解放运动/解放军”。〔11〕

在土耳其（“库尔德斯坦”）冲突中，土耳其政府与反叛组织“库尔德工人党”（PKK）之间的战斗于 2010 年明显升级。〔12〕战事主要集中在夏季月份，当时在“库尔德工人党”炸弹袭击了位于哈塔伊省伊斯肯德伦市的一处海军基地后，土政府加大了针对叛乱势力的武装打击力度。〔13〕然而，年底又出现了某些缓和迹象：尽管正式谈判尚未启动，但“库尔德工人党”提出在每年斋月期间的停火倡议得到了土政府认同，因而减少了军事行动。〔14〕

在 2009 年和 2010 年之间，发生在伊拉克、巴基斯坦、秘鲁、美国、以色列（巴勒斯坦领土）、卢旺达和乌干达的 7 起重大武装冲突的烈度有所降低——最后 3 起冲突的烈度降幅超过 50%。

在以色列（巴勒斯坦领土），即以色列政府与巴勒斯坦组织之间的冲突中，交战激烈程度明显低于 2009 年，在 1 月爆发的这场战事通常被称为“加沙战争”，造成了 600 余人与作战有关的死亡。2010 年期间，从加沙地带向以色列境内发射导弹事件保持在一个最低水平，而以色列发动的报复性打击亦同样如此。由法塔赫组织领导的巴勒斯坦民族权利机构与以色列政府同年开始了面对面的谈判，但谈判旋即破裂。〔15〕

卢旺达政府在刚果民主共和国政府援助之下与“卢旺达民主解放

〔11〕 国际危机组织（ICG），“乍得：风雨飘摇的动荡之国”，第 162 期《非洲报告》（ICG：内罗毕，2010 年 8 月 17 日）。

〔12〕“库尔德工人党”如今要求对其所谓的“库尔德斯坦”实行领土自治，该地区位于土耳其东南部，毗邻土与伊拉克、叙利亚、伊朗接壤的边境线。此前，“库尔德工人党”曾要求该地区独立，其最终目标是将目前由伊朗、伊拉克和土耳其管辖的不同领土统一后建立一个库尔德斯坦国。近年来，上述主张几经更改，尤其是土耳其政府于 1999 年逮捕该党领导人阿卜杜勒·奥卡兰之后更甚。

〔13〕 S. U. 比拉，“库尔德叛军火箭弹袭击土耳其海军基地 6 人致死”，法新社，2010 年 5 月 30 日。

〔14〕 S. U. 比拉，“土耳其称在库尔德人停火后减少了军事行动”，法新社，2010 年 11 月 3 日。

〔15〕 S. A. 拉马丹和 E. 德里姆利，“巴勒斯坦暂停与以色列直接和平对话，同时与美国保持接触”，新华社，2010 年 10 月 3 日。

军”（FDLR）的冲突明显减弱，其部分原因在于 2009 年的高烈度战斗，极大削弱了反叛势力。“卢旺达民主解放军”自组建以来一直以刚果民主共和国东部地区作为根据地，向卢旺达境内实施跨界袭击。2009 年 1 月和 2 月，卢旺达政府军获准进入了刚果民主共和国，与刚果军队联合实施了“我们的团结”行动。3 月，刚果军队即在联合国驻刚果民主共和国特派团（MONUC）协助下对“卢旺达民主解放军”展开了另一次大规模攻势——“基米亚Ⅱ”行动。〔16〕在“基米亚Ⅱ”行动结束后，2010 年 1 月再次发起了“今日和平”行动，但并未如前几次行动那样爆发激烈战斗。〔17〕

2010 年，乌干达政府在中非共和国、刚果民主共和国和南苏丹政府支持下与“真主抵抗军”（LRA）之间的冲突亦明显减弱。在此前两年，反叛组织已土崩瓦解，分散为机动性较强的多个小股势力，使政府军难以循其踪迹。然而，“真主抵抗军”武装人员似乎避免与正规军直接对抗，而在 2010 年针对民众的袭击明显增多并有大量关于屠杀事件的报道。〔18〕

烈度最大的冲突

在 2010 年活跃的重大武装冲突中，有 4 起造成了 1000 人以上与作战有关的死亡：阿富汗（约 6300 人）、巴基斯坦（约 4600 人）、索马里（约 2100 人）和伊拉克（约 1500 人）。

在阿富汗冲突中，阿政府及其盟友“国际安全支援部队”（ISAF）在北大西洋公约组织（NATO）的主导下与“塔利班”和“伊斯兰党”展开政权之争，已连续第 6 年造成 1000 人以上与作战有关的死亡，其烈度较 2009 年有所上升。全年增派了 4.5 万人的国际部队，用以支援阿政府。阿政府军与“国际安全支援部队”于 2010

---

〔16〕 联合国驻民主刚果特派团（MONUC）于 2010 年 7 月更名为联合国驻民主刚果稳定特派团（MONUSCO）。参阅本卷附录 3A。

〔17〕 联合国安理会，有关联合国驻刚果民主共和国特派团的第 31 次秘书长报告，S/2010/164，2010 年 3 月 30 日，第 2 页。

〔18〕 例如，国际危机组织（ICG），“真主抵抗军”：远不止于猎兔的一种地区战略”，第 157 期非洲报告（国际危机组织：内罗毕，2010 年 4 月 28 日）；L. 凯卡吉，“‘如今这是我们的地盘’：真主抵抗军在刚果北部下韦莱发起攻击”（充足项目：华盛顿特区，2010 年 8 月）。

年共同发起了数轮攻势，其中最关键的两次是 2 月在赫尔曼德省和 9 月在坎大哈省。[19] 然而，目前实力最强的反政府组织“塔利班”似乎在 2010 年颇有斩获，除其在阿南部和东部的据点外，还在阿北部站稳了脚跟。本年度，该组织以埋设路边炸弹、刺杀政治人物及发动自杀式炸弹袭击为重点，加强了使用暴力手段。此外，“塔利班”在 2010 年使用“简易爆炸装置”（IEDs）的案例明显增多。

2010 年，巴基斯坦政府与“巴基斯坦塔利班运动”（TTP）之间的冲突烈度虽较 2009 年有所减缓，但依旧保持在一个较高水平。与 2009 年一样，主要战事发生在联邦直辖部落地区（FATA）和开伯尔山口（曾为西北边疆省）。然而，由于“巴基斯坦塔利班运动”的打击目标包括政府官员、警察和普通民众，因而发生在市区的袭击事件亦有增多。巴政府于同年 2 月针对该组织发起了一次重大攻势，即“春季清剿行动”。此后，暴力事件的烈度仍居高不下，直到 9 月上述军事行动才有所减弱，其主要原因是该国在 8 月遭受了严重的洪涝灾害。

在索马里，“过渡联邦政府”（TFG）与“阿尔—沙布伯”民兵组织之间的战斗仍在 2010 年延续，并造成重大人员伤亡。年初，叛军发动了两次充满血腥的攻势。7 月，“阿尔—沙布伯”在乌干达首都坎帕拉制造了数次自杀式炸弹袭击，以报复乌政府出兵增援“非洲联盟驻索马里特派团”（AMISOM）。[20] “过渡联邦政府”和“非洲联盟驻索马里特派团”随后发起了一次攻势，从 7 月底直至 8 月结束。同年，“过渡联邦政府”还与温和的苏菲派武装组织签署了一项权力分享协议。后者分属于名为“先知的信徒”（ASWJ）的伊斯兰教派，曾一度成为索马里中部地区遏止“阿尔—沙布伯”向北扩张的最强劲旅，上述协议亦被视为有助于增强“过渡联邦政府”。但该协议 7 月初即告破裂，“过渡联邦政府”的影响力再次仅限于摩加迪沙

〔19〕“莫希塔拉克行动：在赫尔曼德省发起的攻势”，英国广播公司新闻，2010 年 2 月 18 日，网址：〈http: //news. bbc. co. uk/2/hi/8500903. stm〉；以及 R. 诺得兰德，“美国与阿富汗军队发起了坎大哈之战”，《纽约时报》2010 年 9 月 26 日。

〔20〕“索马里的‘阿尔—沙布伯’称在乌干达制造了袭击事件”，路透社，2010 年 7 月 12 日。

的某些地区。[21]

伊拉克战事已连续第 7 年造成 1000 人以上与作战有关的死亡。然而，尽管其冲突烈度依旧保持较高水平，但自 2007 年以来与作战有关的死亡人数已明显回落。2010 年冲突行为的水平仍与 2009 年基本相似。全年的战事主要发生在巴格达、迪亚拉和摩苏尔等省，大规模袭击事件多发于 3 月国会选举期间。2010 年的暴力事件有一个新的特点，即反叛势力针对所谓的“觉醒”组织（Sahwa）的袭击日益增多，该组织属于逊尼派民兵组织，自 2006 年后期以来已转而支持美军。[22] 美已于 8 月结束战斗任务，但却在该国留下了一支约 5 万人的过渡部队。美计划于 2011 年底前从伊拉克撤出所有部队。[23]

四、更大范围的重大武装冲突

本附录着重涉及重大武装冲突，即包括在世界范围内某些最具致命性的有组织暴力事件。与此同时，其他类型的武装冲突亦不断发生。重大武装冲突系“乌普萨拉冲突数据项目”（UCDP）有关武装冲突类型的一个子类，其定义类似于但未必需要达到某个阈值，即冲突记录在案的任何一年造成 1000 人与作战有关的死亡。“乌普萨拉冲突数据项目”再由武装冲突划分出小型武装冲突（当年发生 25—999 人与作战有关的死亡）与战争（当年发生 1000 人或 1000 人以上与作战有关的死亡）。因此，列入本文的重大武装冲突可能在其他“乌普萨拉冲突数据项目”出版物中成为小型武装冲突或战争，取决于相关年份的死亡人数。武装冲突的次数大幅高于重大武装冲突：自 1990 年以来，记录在案的武装冲突总计有 124 起，而相应的重大武装冲突

〔21〕“Ahlu. 逊奈：苏菲派与过渡联邦政府间的协议已破裂”，加洛威在线，2010 年 7 月 1 日，网址：〈http：//www. garoweonline. com/artman2/publish/Somalia _ 27/〉。

〔22〕H. 纳什拉，“‘基地’组织在伊拉克推行新战略及具体行动方案”，《恐怖主义监控》，第 18 卷，第 16 期（2010 年 4 月 23 日）。

〔23〕国际危机组织（ICG），“漏洞：处于美军裁撤空隙期的伊拉克安全部队”，《中东报告》，第 99 期（国际危机组织：巴格达，2010 年 10 月 26 日）。

为 52 起。[24]

尽管这些数字有所差别，但自 1990 年以来上述两类冲突的发展情况大致相似，20 世纪 90 年代初记录的数字达到了顶点：1990 年发生重大武装冲突的次数最多，为 27 起；武装冲突的峰值则出现在 1992 年，为 53 起。这两类冲突随后有所减少——武装冲突的变化更不均衡：2003 年发生武装冲突的次数最少，记录数字为 29 起；2004 年和 2007 年的重大武装冲突次数最少，均为 14 起。

“乌普萨拉冲突数据项目”记录在案的另一类有组织暴力事件为非国家冲突，其中包括诸如两个或两个以上反叛组织或种族之间的暴力事件。[25] 与涉及某个国家的冲突相比，这些冲突通常表现为烈度较低、持续时间较短。然而，其发生的次数远大于武装冲突；“乌普萨拉冲突数据项目”记录的 1990—2008 年期间非国家冲突有 356 起，几乎三倍于武装冲突。每年发生非国家冲突的次数似乎变化不定，且难以归纳其总体特点。2000 年发生非国家冲突的次数最多，记录数字为 39 起；而 1990 年的次数最少，为 16 起。

五、重大武装冲突表

定义

“乌普萨拉冲突数据项目”将重大武装冲突定义为涉及政府或领土而引起争端的相互对立，当事双方的军队使用武力，其中至少有一方系某国政府，造成了在至少一个公历年不少于 1000 人与作战有关

[24] 自 1990 年以来有关重大武装冲突的数据可公开获取。“乌普萨拉冲突数据项目”有关武装冲突的数据可追溯至 1946 年。

[25] 更确切地说，“乌普萨拉冲突数据项目”将“非国家冲突”定义为在两个有组织的团体（均非某国政府）之间使用武力，并在一个公历年度造成至少 25 人与作战有关的死亡。这些数据过去仅涵盖 2001 年以后的时期，而“乌普萨拉冲突数据项目”近期公布了新的数据集，其时间跨度更长，可追溯至 1989 年。2010 年 2 月 17—20 日，第 51 届国际关系研究协会年会在路易斯安那州新奥尔良市举行。期间，R. 森德伯格、K. 埃克和 J. 克鲁兹提交了《非国家作战：“乌普萨拉冲突数据项目”非国家冲突数据集介绍》报告，对该数据集进行了说明。相关情况亦可参阅 T. 佩特森著，“1989—2008 年的非国家冲突：全球及地区模式”，T. 佩特森和 L. 塞姆内合编，《2009 年武装冲突概况》（“乌普萨拉冲突数据项目”：乌普萨拉，2010 年），第 183—201 页。

的死亡。各要素说明如下：

1. 涉及政府或领土的相互对立。这是指冲突双方公开对立的总体立场。**涉及政府的相互对立**是指冲突双方对于当事国政体类型或政府组成的立场相左，亦可包括试图取代现政府。**涉及领土的相互对立是指对于领土地位的立场相左，可包括要求脱离或自治**（国内冲突）以及试图改变某一领土的管控状态（国家间冲突）。

2. 使用武力。这是指冲突双方的军队使用武力，旨在增强当事方在冲突中的总体地位。武器的定义系指用于作战的任何物质手段，包括特制的武器乃至棍棒、石块、火、水等。

3. 当事方。这是指当事国政府及其盟友、敌对组织或敌对组织联盟。**当事国政府**系指被普遍认为掌握中央控制权的当事方，即使那些谋求夺权的对立组织亦对此不持异议。假如这一标准并不适用，则控制该国首都的一方被视为当事国政府。**敌对组织**系指已宣布其组织名称，表明其政治目标，并使用武力来实现其目标的任何非政府团体。提供正规部队来支持某个主要当事方或支持其立场的国家或多国组织也可能被列为当事方。传统的维持和平行动并不被视为冲突一方，而是作为在符合各方意愿的和平进程中的中立方。

4. 国家。这是指管控某特定领土并得到国际承认的主权政府，或管控某特定领土但未得到国际承认的政府，而此前曾管控该领土且经国际承认的主权国家对此主权不持异议。

5. 与作战有关的死亡。这是指在引起争端的相互对立中与作战直接有关，且由交战各方造成的死亡。一旦某次冲突在一个公历年内与作战有关的死亡人数达到了1000人的阈值，它就会重复出现在历年因相同的当事方之间交战以及相同的相互对立而导致至少25人死于作战的年度重大武装冲突表中。[26] 其重点不在于政治暴力本身，而是使用武力争端的相互对立。因此，记录在案的只是一大类政治暴力，即与作战有关的死亡，以衡量冲突大小。针对平民的单方面暴

〔26〕 自《SIPRI 年鉴 2008》出版以来，该阈值一直就是与作战有关的死亡人数达到25人，使之与“乌普萨拉冲突数据项目”的其他数据集保持一致，并确保仅将当年确曾发生激战的重大武装冲突列入其中。而在此前出版的《SIPRI 年鉴》中，该阈值为与作战有关的死亡人数达到1人。

力、无组织或自发的公众暴力等其他类型的政治暴力以及不针对国家的暴力（如反叛组织之间的争斗）均不包括在内。[27]

本附录的分析期为 2001—2010 年，而列入年度表 2A.3 的冲突事件满足了自 1946 年以来任何一个公历年内与作战有关的死亡人数为 1000 人的阈值要求，故在上述分析期内无需另作说明。

资料来源

本附录的数据来自对印刷品和电子读物这两类可公开获取的原始资料进行广泛的信息筛选。上述资料来源包括通讯社、报纸、学术期刊、研究报告以及国际和多国组织及非政府组织的文件等。为收集有关冲突当事方的宗旨和目标等信息，通常需要查阅交战各方（政府、盟友和敌对组织）的文件以及诸如反叛组织等的互联网站。

多年来一直被精心选取的独立新闻来源构成了数据收集的基础。Factiva 新闻数据库（前称“路透社业务简报”）对于一般性新闻报道的收集工作必不可少。它拥有来自 159 个国家、22 种语言的 2.5 万个信息来源，因而得以充分利用国际性（如法新社和路透社）、区域性和当地媒体这三个重要层次的新闻媒体所提供资料信息。尽管如此，仍有必要指出，欲获取不同地区及国家的新闻来源，其难易程度各不相同。这就是说，对于某些国家，可参考若干来源；而对于另一些国家和地区，只有极少数高质量的特定地区或国家信息来源可供使用。

“乌普萨拉冲突数据项目”定期对资料来源的选取与整合进行审核及更正，旨在保持各地区及国家间相关信息的高可靠性和高可比性。首要工作是在整合过程中平衡处理不同来源的资料信息，以免失之偏颇。资料来源的可靠性可利用“乌普萨拉冲突数据项目”的专业鉴定及遍布全球的专家（学者和决策者）意见做出评估。资料来源的独立性及其原始出处的透明度至关重要。后者的重要性在于，大多数资料来源系第二手获得，这意味着为确保某报告的可靠性，还需对第一手资料来源进行分析，并对各资料来源与其公布背景之间的关系做

〔27〕“乌普萨拉冲突数据项目”收集了非国家冲突和单方面暴力这两类政治暴力的相关信息。至于其他类型暴力的数据信息可登录“乌普萨拉冲突数据项目”的网址：〈http://www.ucdp.uu.se/〉。

出判断。第一手或第二手资料来源在某事件失实报道中的潜在利害关系，以及媒体审查的总体形势及适用范围，均被列为考虑因素。非政府组织和国际组织的报告可与媒体报道互为补充，且便于多方查证，因而在此方面的作用尤为突出。资料来源应具有独立性，但这一标准当然不适用于那些恰恰因为有倾向才要查询的来源，例如政府文件或反叛组织网站等。“乌普萨拉冲突数据项目”深知高水平审核的必要性，并努力确保所用材料的真实性。

统计方法

重大武装冲突数据按公历年编纂。这些数据包括冲突地点、对立类型、武装冲突起因、交战各方、与作战有关的死亡人员总数、历年来与作战有关的死亡人数及其变化情况。[28]

与作战有关的死亡人员数据在冲突数据库编纂过程中最受关注。例如，历次事件均记录下日期、新闻来源、初始来源、地点和死亡人数等信息。在理想状态下，上述个案及数字经过两个或两个以上独立资料来源的佐证。然后，再对全年各次冲突的相关数字加以合计。其总数与官方文件、专门报告和新闻媒体公布的总数进行比对。在数据采集期间，研究人员、外交官和新闻记者等地区问题专家经常受到咨询。这些人的作用主要是澄清事件发生的相关背景，以便对公开资料来源做出合理的解释。

鉴于可公开获取有关武装冲突死亡人数的精确信息极其匮乏，因而最好将“乌普萨拉冲突数据项目”所提供的数字视为估算结果。其中，确切数字难得一见，有时仅为值域。“乌普萨拉冲突数据项目”通常对与作战有关的死亡人数采取保守的估算。随着可获取有关武装冲突的详尽信息日益增多，基于事件的保守估算总是证明其较之新闻媒体广泛引用的其他数字更准确。假如无法获取相关数字或所获数字不可靠，“乌普萨拉冲突数据项目”则不提供任何数字。这些数字因得到信息更新，每年均相应地有所更正。

---

〔28〕 另见附表 2A.3 的注释。

表 2A. 3　2010 年重大武装冲突

关于采用定义、统计方法和资料来源情况，请参阅本附录第五节及本表注解。

地　点[a]	对立因素[b]	形成/申明/交战/列入年份[c]	交战方[d]	死亡总数（含 2010 年）[e]	2010 年死亡人数[f]	相对 2009 年的变化[g]
非　洲						
卢旺达*	政府	1990/1996/1997/1998	卢旺达，刚果民主共和国政府与 FDLRL	>7900	<200	- -
FDLR = “卢旺达民主解放军”						
*战斗发生在刚果民主共和国						
索马里	政府	1981/2008/2008/2008	索马里，埃塞俄比亚政府与“阿尔—沙布伯”(青年党)	. .	<2100	+
苏丹	政府	1983/2003/2003/2003	苏丹政府与“苏丹解放运动/解放军”	>41900	<200	+ +
乌干达*	政府	1980/1987/1988/1988	乌干达，中非共和国，刚果民主共和国，苏丹政府与“真主抵抗军”	>18300	25—100	- -
*战斗发生在中非共和国、刚果民主共和国和苏丹。						

地　点[a]	对立因素[b]	形成/申明/交战/列入年份[c]	交战方[d]	死亡总数（含 2010 年）[e]	2010 年死亡人数[f]	相对 2009 年的变化[g]
美　洲						
哥伦比亚	政府	1964/1964/1964/1994	哥伦比亚政府与 FARC	>16300	<400	0
FARC = “哥伦比亚革命武装力量”						
秘　鲁	政府	1980/1980/1980/1983	秘鲁政府与“光辉道路”	<15100	25—100	
美　国*	政府	2001/2001/2001/2001	美国政府，多国联盟**与“基地”组织	>3900	<300	—
*战斗发生在巴基斯坦。						
**2010 年，美国领导的多国联盟包括加拿大、法国、荷兰和罗马尼亚的军队。有关出兵国的可靠信息敏感且难于获得，故本表可视为初步的信息。						
亚　洲						
阿富汗	政府	1974/1977/	阿富汗政府，ISAF*			
		1980/1980	与“伊斯兰党”	..	25—100	+ +
		1974/1995/1995/1995	与“塔利班”	..	<6300	+

地　点[a]	对立因素[b]	形成/申明/交战/列入年份[c]	交战方[d]	死亡总数（含 2010 年）[e]	2010 年死亡人数[f]	相对 2009 年的变化[g]
*2010 年，下述国家向北约领导的“国际安全援助部队”（ISAF）派出了部队：阿尔巴尼亚、亚美尼亚、澳大利亚、奥地利、阿塞拜疆、比利时、波黑、保加利亚、加拿大、克罗地亚、捷克、丹麦、爱沙尼亚、芬兰、法国、格鲁吉亚、德国、希腊、匈牙利、冰岛、爱尔兰、意大利、韩国、拉脱维亚、立陶宛、卢森堡、马其顿（前南斯拉夫）、马来西亚、蒙古、黑山、荷兰、新西兰、挪威、波兰、葡萄牙、罗马尼亚、新加坡、斯洛伐克、斯洛文尼亚、西班牙、瑞典、土耳其、乌克兰、阿联酋、英国和美国。						
印　度	领土	1977/1977/	印度政府			
	（克什米尔）	1984/1990	与克什米尔反叛势力	＞19000	＜400	0
缅　甸	领土	1948/1966	缅甸政府			
	（克伦邦）	1966/1983	与“克伦民族联盟”(KNU)	＞13600	25—100	+
巴基斯坦*	政府	2007/2007/	巴基斯坦政府			
		2007/2008	与 TTP	＜13700	＜4600	—
TTP＝“巴基斯坦塔利班运动” *战斗发生在阿富汗和巴基斯坦。						
菲律宾	政府	1946/1968/	菲律宾政府	＞28100	＞200	+
		1969/1982	与“菲律宾共产党”（CPP）			

地　点[a]	对立因素[b]	形成/申明/交战/列入年份[c]	交战方[d]	死亡总数（含 2010 年）[e]	2010 年死亡人数[f]	相对 2009 年的变化[g]
中　东						
伊拉克	政府	1963/2003/	伊拉克政府，美国*			
		2003/2004	与伊拉克反叛势力**	>32200	>1500	–
*美国虽已于 2010 年 8 月结束其作战任务，但仍在伊保留了一支约 5 万人的过渡部队。						
**2010 年，这些反叛势力主要以“伊拉克伊斯兰共和国”（ISI）为骨干。						
以色列	领土	1959/1964/	以色列政府	>15900	25—100	–
	（巴勒斯坦领土）	1965/1982	与巴勒斯坦相关组织*			
*2010 年，这些组织主要是“巴勒斯坦伊斯兰圣战”组织（PIJ）和“哈马斯”（“伊斯兰抵抗运动”）。						
土耳其*	领土	1974/1974/	土耳其政府	<26100	>300	+ +
	（“库尔德斯坦”）	1983/1992	与“库尔德工人党”（PKK）			
*战斗发生在伊拉克和土耳其。						

注：虽然有些国家境内也曾爆发小型武装冲突，但此表仅列入发生在这些国家的重大武装冲突。

列入本附表的所有冲突是在 5 个地理分区内按地名的英文首字母顺序排列：非洲（埃及除外）；美洲（包括北美、中美、南美及加勒比海各国）；亚洲（包括南太平洋列岛、澳大利亚和新西兰）；欧洲（包括高加索国家）；以及中东（涵盖埃及、伊朗、伊拉克、以色列、约旦、科威特、黎巴嫩、叙利亚、土耳其和阿拉伯半岛国家）。

[a]“地点”系指其政府正面临反对组织挑战的某个国家。如果战事还在其他地点发生，则由注释标明。

[b]表中说明的总体性对立立场，即“政府”与“领土”，指与政府权力与领土有关的对抗性争端。前者包括政体类型、中央政府更替或其

结构变化。后者包括领土管辖（国家间冲突）、脱离或自治。某个地点可能对多个不同领土存在着对立因素，但涉及政府的对立因素只有一个。

[c]“形成年份”系指冲突一方首次申明其对立立场的年份。表中提供的是在各方因同一对立因素而战的冲突中首次申明对立立场的年份，即使最初申明该立场的冲突一方已不再参与冲突。“申明年份”系指目前依然活跃的敌对派别（见注[d]）中的一方首次申明其对立立场的年份。“交战年份”系指参与冲突的敌对派别中至少有一方在冲突中首次使用武力的年份。“列入年份”系指政府与一个或一个以上的敌对派别交战过程中，首次在一个公历年度内造成1000人或1000人以上与作战有关的死亡，因而被归类为重大武装冲突的年份。因此，“形成年份”系指冲突本身的肇始之年，而“申明年份”、“交战年份”和“列入年份”则涉及至少一个依然活跃的敌对方。

[d]表中先列入政府方及其盟友，再列入反对方，后者可能是某组织或其他国家。敌对方只有在其与政府之间就所宣布的对立因素而展开作战时达到了一个公历年度内与作战有关的死亡人数为1000人的阈值标准，方可列入本附表。敌对组织系指任何一个已公开其名称和政治目标，并使用武力以达成其目标的非政府团体。本栏仅列入了2010年期间参与冲突的各方及联盟。交战双方之间以逗号表示联盟关系。

[e]与作战有关的死亡总数，系指交战各方自冲突开始以来所造成的人员死亡，并与其对立因素直接相关。该数字因而与“形成年份”互有关联。应当指出，在国内冲突中，这些数字仅包括列入本表属于政府与敌对各派交战中与作战有关的死亡人数。就全年信息而言，最后数月的情况并不完整。经验还表明，时间有助于提高数据的可靠性；因而每年将更新数据。

[f]超过100的数字以其最接近的百位数来表示。因此，101—150的数字表示为“>100”，151—199的数字为“<200”。25—100的数字则用“25—100”来表示。

[g]“相对2009年的变化”指将2009年和2010年与作战有关的死亡人数做一比较，以衡量其增减变化。尽管下述符号所依据的数据并非完全可靠，但其所示变化如下：

++　与作战有关的死亡人数增幅大于50%；

+　与作战有关的死亡人数增幅为10%—50%；

0　与作战有关的死亡人数变化稳定（增幅或减幅不超过10%）；

-　与作战有关的死亡人数减幅为10%—50%；

--　与作战有关的死亡人数减幅大于50%；

（费肖俊　译）

附录 2B 2011 年全球和平指数

卡米拉·斯基帕 丹尼尔·希斯洛普*

一、导言

2011 年是经济及和平学会创立全球和平指数的第 5 年。全球和平指数旨在建立起一个评分模型，用 23 个指标衡量 153 个国家或地区的和平状况，并将它们排序。选取的指标是可获取的、可反映和平的存在或缺失状态的最优数据集。它们包括来自于一系列可靠来源的定量数据和定性得分。

全球和平指数的主要目标是研究“积极和平”。其主要手段是确立该指数同衡量社会、经济、教育、健康、统治方式和政治因素的其他指数和数据库的相关性。研究这些因素的统计学相关性可找出一系列可能影响和平社会建立或发展的潜在决定因素或“驱动因素”。

全球和平指数由澳大利亚籍技术企业家和慈善家史蒂夫·基勒里创立，由经济及和平学会（IEP）出版。经济及和平学会是一个智库，致力于研究经济发展、商业及和平之间的关系。[1] 全球和平指数由经济及和平学会开发，受国际咨询团队指导，并由经济学家信息小组（EIU）提供计算数据和排名。[2]

---

* 经济及和平学会。

〔1〕 经济及和平学会更多信息参见网址：〈http：//www.economicsandpeace.org/〉。

〔2〕 指标的选取及分值的分配在同全球和平指数咨询团队进行广泛磋商后取得了一致。2010 年至 2011 年度咨询团队包括以下专家：凯文·克莱门特（OTAGO 大学）、伊恩·安东尼（SIPRI）、苏丹·巴拉卡特（约克大学）、尼克·格罗诺（国际危机团体）、罗恩·霍瓦特（悉尼大学）、星野俊也（大阪大学）、琳达·贾米森（国际战略研究中心，华盛顿）、曼努埃拉·梅萨（和平研究与教育中心，马德里），以及丹·史密斯和叶卡捷琳娜·斯捷潘诺娃（IMEMO，莫斯科）。

自 2011 年起，经济及和平学会将建立国家和平指数系列。其目的是深化对和平相关环境的理解，并对和平所带来的经济收益进行量化。国家和平指数将对不同国家使用相同的方法和指标，以确立与和平相关的模型。经济及和平学会于 2011 年 4 月发布了第 1 份国家和平指数——“美国和平指数”（USPI）。美国和平指数进一步说明了全球和平指数所反映出的一般国家的和平状况与其教育、健康及经济机会之间的相关性。

2011 年全球和平指数见表 2B.1。本文第二部分讨论得分结果。第三部分将解释统计方法。第四部分简要介绍国家和平指数及美国和平指数中的重要发现。

表 2B.1　2011 年全球和平指数

排　名	国家和地区	得　分
1	冰岛	1.148
2	新西兰	1.279
3	日本	1.287
4	丹麦	1.289
5	捷克共和国	1.320
6	奥地利	1.337
7	芬兰	1.352
8	加拿大	1.355
9	挪威	1.356
10	斯洛文尼亚	1.358
11	爱尔兰	1.370
12	卡塔尔	1.398
13	瑞典	1.401
14	比利时	1.413
15	德国	1.416
16	瑞士	1.421
17	葡萄牙	1.453
18	澳大利亚	1.455

排　名	国家和地区	得　分
19	马来西亚	1.467
20	匈牙利	1.495
21	乌拉圭	1.521
22	波兰	1.545
23	斯洛伐克	1.576
24	新加坡	1.585
25	荷兰	1.628
26	联合王国	1.631
27	台湾（地区）	1.638
28	西班牙	1.641
29	科威特	1.667
30	越南	1.670
31	哥斯达黎加	1.681
32	老挝	1.687
33	阿联酋	1.690
34	不丹	1.693
35	博茨瓦纳	1.695
36	法国	1.697
37	克罗地亚	1.699
38	智利	1.710
39	马拉维	1.740
40	罗马尼亚	1.742
41	阿曼	1.743
42	加纳	1.752
43	立陶宛	1.760
44	突尼斯	1.765
45	意大利	1.775
46	拉脱维亚	1.793
47	爱沙尼亚	1.798
48	莫桑比克	1.809

排　名	国家和地区	得　分
49	巴拿马	1.812
50	韩国	1.829
51	布基纳法索	1.832
52	赞比亚	1.833
53	保加利亚	1.845
54	纳米比亚	1.850
55	阿根廷	1.852
56	坦桑尼亚	1.858
57	蒙古	1.880
58	摩洛哥	1.887
59	摩尔多瓦	1.892
60	波黑	1.893
61	塞拉利昂	1.904
62	冈比亚	1.910
63	阿尔巴尼亚	1.912
64	约旦	1.918
65	希腊	1.947
66	巴拉圭	1.954
67	古巴	1.964
68	印度尼西亚	1.979
69	斯威士兰	1.995
69	乌克兰	1.995
71	塞浦路斯	2.013
72	尼加拉瓜	2.021
73	埃及	2.023
74	巴西	2.040
75	赤道几内亚	2.041
76	玻利维亚	2.045
77	塞内加尔	2.047
78	马其顿	2.048

排　名	国家和地区	得　分
79	特立尼达和多巴哥	2.051
80	中国	2.054
81	加蓬	2.059
82	美国	2.063
83	孟加拉国	2.070
84	塞尔维亚	2.071
85	秘鲁	2.077
86	喀麦隆	2.104
87	安哥拉	2.109
88	圭亚那	2.112
89	黑山	2.113
90	厄瓜多尔	2.116
91	多米尼加共和国	2.125
92	几内亚	2.126
93	哈萨克斯坦	2.137
94	巴布亚新几内亚	2.139
95	尼泊尔	2.152
96	利比里亚	2.159
96	乌干达	2.159
98	刚果共和国	2.165
99	卢旺达	2.185
100	马里	2.188
101	沙特	2.192
102	萨尔瓦多	2.215
103	塔吉克斯坦	2.225
104	厄立特利亚	2.227
105	马达加斯加	2.239
106	牙买加	2.244
107	泰国	2.247
108	土库曼斯坦	2.248

排 名	国家和地区	得 分
109	亚美尼亚	2.260
109	乌兹别克斯坦	2.260
111	肯尼亚	2.276
112	白俄罗斯	2.283
113	海地	2.288
114	吉尔吉斯斯坦	2.296
115	柬埔寨	2.301
116	叙利亚	2.322
117	洪都拉斯	2.327
118	南非	2.353
119	伊朗	2.356
119	尼日尔	2.356
121	墨西哥	2.362
122	阿塞拜疆	2.379
123	巴林	2.398
124	委内瑞拉	2.403
125	危地马拉	2.405
126	斯里兰卡	2.407
127	土耳其	2.411
128	科特迪瓦	2.417
129	阿尔及利亚	2.423
130	毛里塔尼亚	2.425
131	埃塞俄比亚	2.468
132	布隆迪	2.532
133	缅甸	2.538
134	格鲁吉亚	2.558
135	印度	2.570
136	菲律宾	2.574
137	黎巴嫩	2.597
138	也门	2.670

排　名	国家和地区	得　分
139	哥伦比亚	2.700
140	津巴布韦	2.722
141	乍得	2.740
142	尼日利亚	2.743
143	利比亚	2.816
144	中非共和国	2.869
145	以色列	2.901
146	巴基斯坦	2.905
147	俄罗斯	2.966
148	刚果民主共和国	3.016
149	朝鲜	3.092
150	阿富汗	3.212
151	苏丹	3.223
152	伊拉克	3.296
153	索马里	3.379

二、亮点和变化

2011 年，冰岛取代新西兰位列全球和平指数榜首。冰岛曾于 2008 年位列全球和平指数首位。2009 年，冰岛遭受了史无前例的经济衰退和政治危机，警察和安全人员数量增多，人员监禁率有所上升，全球和平指数排名落至第四位。2011 年，冰岛政治安全环境重趋稳定，军备能力和水平降低，原本较小的军费开支额进一步削减紧缩，全球和平指数重回全球首位。领土面积小、政局稳定的民主国家排名一直靠前。前 20 名中的 14 个为西欧或中欧国家。但较上一年度 15 国有所减少。这是由于斯洛伐克排名下降，马来西亚排名首次跻身前 20 名。

卡塔尔排名第 12 位，较 2010 年上升 2 位，仍是中东地区排名最靠前的国家，且与其他中东地区国家的差距较大（科威特在中东地区排名第 2，位列第 29 名）。中东地区政局动荡，几乎地区所有国家的全球和平指数排名都有明显下降，特别是巴林、埃及和利比亚三国。

岛国排名总体较为靠前，基本都在前 75 位。斯里兰卡是个例外，但 2009 年 5 月反政府的泰米尔猛虎组织被击败后，其排名上升了 11 位。马达加斯加（位列第 105 名）和牙买加（位列第 106 名）仍排名较差。马达加斯加更是由于政治、经济危机，连续第 2 年排名显著下降。

与 2010 年度相比，全球和平指数排名变化最大国家见表 2B.2。[3] 索马里武装冲突久拖不决，排名下降 1 位（分值有所进步），取代伊拉克位列全球和平指数排名倒数第一。主要原因是，与 2010 年相比，伊拉克的全球和平指数有实质性提升。这是伊拉克自 2007 年以来，首次摆脱倒数第一的排名。倒数第三、四名分别为苏丹和阿富汗。

153 个国家或地区 2011 年全球和平指数的平均分为 2.05（按 1—5 分制衡量），比 2010 年的 2.02（2009 年为 1.96）略有上升（表明和平环境略有恶化）。2008 年，粮食和石油价格快速上涨，随后爆发严重的全球经济衰退，引发多个国家出现暴力事件。因此，2009 至 2010 年全球和平指数分值变化更大。

排名前 20 位的国家得分差异很小（第一名冰岛得分为 1.148 分，第二十名匈牙利得分为 1.495 分，相差 0.347 分），尽管分数差距比 2011 年略有增加。排名后 20 位的国家分数差距较大（倒数第二十名格鲁吉亚得分为 2.558 分，倒数第一名索马里得分为 3.379 分，相差 0.821 分），但该分数差距比 2011 年的 0.832 分有所减小。

---

〔3〕 这些国家的排名为何会发生变化，参见 2011 年全球和平指数统计方法、结果和结论（经济及和平学会：悉尼，2011）。

表 2B.2 2010—2011 年全球和平指数排名变化最大的国家

国　家	2011 年得分	2010—2011 年得分变化	2011 年排名	2010—2011 年排名变化[α]
排名上升前 5 名				
格鲁吉亚	2.558	−0.412	134	+12
乍得	2.740	−0.224	141	+4
蒙古	1.880	−0.221	57	+36
斯里兰卡	2.407	−0.215	126	+11
泰国	2.247	−0.147	107	+19
排名下降前 5 名				
利比亚	2.816	+0.977	143	−83
巴林	2.398	+0.429	123	−47
埃及	2.023	+0.239	73	−25
朝鲜	3.092	+0.236	149	−6
马达加斯加	2.239	+0.220	105	−26

α 2010 年全球和平指数仅涵盖 149 个国家或地区，而 2011 年全球和平指数涵盖 153 个国家或地区。这影响了 2010—2011 年排名变化。

三、统计方法和数据来源

指标

全球和平指数咨询团队选取了 23 个指标来衡量和平的存在或缺失状态。这些指标可分为三类[4]。

1. 衡量仍未结束的国内和国际冲突的指标。尽管很多指标都基于过去两年的可用数据，但全球和平指数主要是回顾过去一年中各国的和平状态。专家团队决定不将反映一个国家国内和国际冲突的历史状况考虑在内，这是由于全球和平指数使用的权威性数据主要是反映正进行的国内或国际冲突。这些指标加上由经济学家信息小组分析专家打分的 2 个指标，构成了 23 个指标中的 5 个（见表 B.3）。

〔4〕 每个指标的确切定义参见全球和平指数（同注释〔3〕）。

2. 衡量社会安全的指标。有 10 个指标是用来评估一个国家的安全水平。这些指标涵盖社会犯罪认知感、对人权的尊重程度及谋杀和暴力犯罪率等（见表 2B.4）。咨询团队意识到，对国际犯罪统计数据进行比较难度较大。10 个指标中的 5 个由经济学家信息小组国别分析专家团队打分。

3. 衡量军事化的指标。7 个指标同国家的军备建设相关。这反映出一个判断——国家的军事化程度和获取武器的难易程度同该国和平与否的国际评价直接相关（见表 2B.5）。对联合国维和行动的资金投入被视为对增进和平有所贡献。

所有的指标都按 1—5 分制（分级）衡量。经济学家信息小组国别分析专家为定性指标打分，定量数据中的不连贯部分由估算弥补。

表 2B.3 衡量正进行的国内和国际冲突的指标

指　标	分　值	来　源
对外冲突和内部冲突的次数	5	UCDP/PRIO 武装冲突数据表
有组织冲突中死亡人数估计（对外战争）	5	UCDP
有组织冲突中死亡人数（内战）	5	IISS，武装冲突数据库
有组织冲突程度（内战）	5	经济学家信息小组
与周边国家关系状况	5	经济学家信息小组

IISS：国际战略研究所

PRIO：国际和平研究所，奥斯陆

UCDP：乌普萨拉冲突数据项目

表 2B.4 衡量社会安全的指标

指　标	分　值	来　源
社会犯罪认知	4	经济学家信息小组
难民人数占总人口的比例	4	UNHCR 统计年鉴，IDMC
政局动荡	4	经济学家信息小组
对人权的尊重程度	4	马克·吉布尼和马修·多乐顿，北卡罗来纳大学/“特赦国际”
发生恐怖行为的可能性	1	经济学家信息小组

指　标	分　值	来　源
杀人犯数量/10 万人	4	CTS
暴力犯罪情况	4	经济学家信息小组
暴力示威的可能性	3	经济学家信息小组
罪犯数量/10 万人	3	国际监狱研究中心，伦敦国王学院，世界入狱人数名单
国内安全人员和警察数量/10 万人	3	CTS

CTS：联合国毒品和犯罪、联合国犯罪趋势和刑事司法系统运作调查办公室

IDMC：国际难民监测中心

UNHCR：联合国难民事务高级专员办事处

表 2B.5　衡量军事化的指标

指　标	分　值	来　源
军事开支占国内生产总值的比例	2	国际战略研究所《军力对比》
军人数量/10 万人	2	国际战略研究所《军力对比》
进口主要常规武器数量/10 万人	2	SIPRI 武器转让数据库
出口主要常规武器数量/10 万人	3	SIPRI 武器转让数据库
为联合国维和行动所提供的资金	2	经济及和平学会
重型武器加权总量/10 万人	3	经济及和平学会
获取小武器和轻武器的难易程度	3	经济学家信息小组
军事能力/精密程度	2	经济学家信息小组

指数加权

负责编辑全球和平指数的专家团队，根据每个指标的相对价值分配分值，分值范围在 1—5 之间。表 2B.3 至表 2B.5 列出了每一指标的分值。两个二级加权指数由此计算出来：一个衡量国家内部和平情况，另一个衡量国家外部和平的情况（边界之外的和平情况）。总体分值和指数计算中，国内和平的权重为 60%，国外和平的权重为 40%。专家团队认可国内和平的权重所占比例较大是基于以下假设：国内和平程度高可能导致对外冲突的可能性较小。

2011 年统计方法变化情况

2011 年版全球和平指数增加了 5 个国家，分别为厄立特里亚、

几内亚、吉尔吉斯斯坦、尼日尔和塔吉克斯坦。今后，全球和平指数还将涵盖更多国家，但不包括微型国家。专家团队制定了可列入全球和平指数排名的国家条件——人口数量超过 100 万人或领土面积超过 2 万平方公里。因此，卢森堡今后将不再列入全球和平指数排名。根据上述条件，2011 年全球和平指数涵盖 153 个国家或地区。这些国家的总人口占世界总人口的 99%，领土面积占全世界领土面积的 87%。

中东地区国家形势剧烈动荡，引发了对 8 个定性评分指标时间节点确定的讨论。有观点认为，经济学家信息小组对 8 个指标的评分可略晚一些。过去各版的评分在 1 月进行，时间跨度为 1 个公历年。本年度，专家小组出于实际考虑，决定将评分时间节点定为 3 月中旬。因此，2011 年全球和平指数中 8 个定性指标的评分时间段为 2010 年 3 月 16 日至 2011 年 3 月 15 日。

四、国家以下层面和平状况研究

随着全球和平指数积累的经验不断增多，经济及和平学会研究发现，许多大国内部的和平状况有着显著差别。特别是社会、文化多样与经济条件差距明显相结合的国家。对国家和平指数进行分析将有助于更好理解和平的基础。如能找出不同国家不同程度国内和平间的趋势及统计学关联，则可发现营造和平的新途径。

为了进行可比的国家和平状况研究，经济及和平学会采用了最少的指标，并采取了可用于未来研究的方法。

美国和平指数

美国和平指数是经济及和平学会建立的首个国家和平指数。同全球和平指数的概念类似，美国和平指数使用“没有冲突”来定义和平。选取了 5 项用来反映和平缺失状况的指标。这是因为在其他很多国家都可利用这些指标进行评分（见表 2B.6）。为了保持一致性，为每一指标分配分值的方法与全球和平指数指标分配分值的方法一致。[5] 由于使用的全为定量的衡量方法，经济及和平学会搜集了自

〔5〕 由于可用数据受限，小武器数量指标为例外。

1991 年以来的所有数据，可得到连续 20 年的美国和平指数。

表 2B.6 国家和平指数使用的指标

指 标	分 值	来 源
杀人犯人数/10 万人	4	FBI 统一犯罪报告，1991 年至 2009 年
暴力犯罪人数/10 万人	4	FBI 统一犯罪报告，1991 年至 2009 年
囚犯人数/10 万人	3	美国司法部统计数据，1991 年至 2009 年
警察人数/10 万人	3	FBI 统一犯罪报告，1991 年至 2009 年
获取小武器的难易度	1	疾病防控中心，1991 年至 2007 年

FBI：美国联邦调查局。

美国和平指数显示，从 1991 年至 2009 年，美国和平状况不断提升，暴力犯罪和凶杀率降低，获取小武器的容易程度下降。虽然美国暴力犯罪率已降至 20 世纪 60 年代末至 70 年代初水平，但国际对比显示，几乎所有指标的衡量结果都表明美国落后于大多数其他发达国家。值得注意的是，暴力犯罪和凶杀率降低推动了和平状况的提升，但监禁率的提高严重抵消了这一趋势。

2011 年全美最和平的 5 个州为缅因州、新罕布什尔州、佛蒙特州、明尼苏达州和北达科他州。这些州都在美国北部地区。和平状况最差的 5 个州为路易斯安那州、田纳西州、内华达州、佛罗里达州和阿拉巴马州。自 1991 年起排名相对集中，只有 16 个州在前 10 名的名单中出现过，18 个州出现在后 10 名的名单中。自 1991 年起，名列榜首的只有缅因州和北达科他州。

各州得分差距很大反映出不同地区间和平状况的差距很大。例如，凶杀率最高的路易斯安那州，每 10 万人有杀人罪 11.8 起，而凶杀率最低的新罕布什尔州，每 10 万人中的杀人罪只有 0.75 起，比路易斯安那州少 14 倍。暴力犯罪率的差距也类似。内华达州每 10 万人的暴力犯罪为 696 起，是暴力犯罪率最低的缅因州的 6 倍。缅因州的犯罪率为每 10 万人有 117 起。暴力犯罪和凶杀率的显著差异反映在各地社会经济情况的显著差异中。

为进一步理解影响和平的潜在因素，美国和平指数研究了每个州在 37 个关键社会经济指标方面的表现。研究结果表明，医疗健康、教育和经济水平与社会的和平状况密切相关。〔6〕教育和健康状况越好，贫困和收入不均的情况就越少。一个州的基础服务越好，其和平状况也就越好。在州一级中，政治联系与暴力犯罪水平无相关性。

表 2B.7 2011 年美国和平指数

排 名	州 名	得 分
1	缅因州	1.34
2	新罕布什尔州	1.50
3	佛蒙特州	1.54
4	明尼苏达州	1.62
5	北达科他州	1.71
6	犹他州	1.75
7	马萨诸塞州	1.80
7	罗得岛州	1.83
9	爱荷华州	1.85
10	华盛顿州	1.87
11	内布拉斯加州	1.88
12	夏威夷州	1.91
13	俄勒冈州	2.08
14	南达科他州	2.17
15	康涅狄格州	2.21
16	爱达荷州	2.24
17	蒙大拿州	2.28
18	西弗吉尼亚州	2.28

〔6〕 经济及和平学会，2011 年美国和平指数（经济及和平学会：悉尼，2011）

排　名	州　名	得　分
19	威斯康辛州	2.30
20	肯塔基州	2.39
21	宾夕法尼亚州	2.42
22	俄亥俄州	2.43
23	怀俄明州	2.49
24	印地安那州	2.50
25	弗吉尼亚州	2.52
26	新泽西州	2.61
27	堪萨斯州	2.63
28	科罗拉多州	2.66
29	纽约州	2.69
30	阿拉斯加州	2.70
31	密歇根州	2.79
32	北卡罗来纳州	2.79
33	加利福尼亚州	2.89
34	密西西比州	2.97
35	伊利诺斯州	2.98
36	特拉华州	3.14
37	亚利桑那州	3.14
38	新墨西哥州	3.16
39	佐治亚州	3.18
40	密苏里州	3.21
41	马里兰州	3.24
42	南卡罗来纳州	3.26
43	俄克拉荷马州	3.27

排 名	州 名	得 分
44	阿肯色州	3.30
45	得克萨斯州	3.30
46	阿拉巴马州	3.42
47	佛罗里达州	3.50
48	内华达州	3.50
49	田纳西州	3.61
50	路易斯安那州	3.97

（陈戎 译）

第三章 和平行动：脆弱的共识

蒂埃里·塔迪

第一节 导言

自冷战结束以来，各国以及各国际组织对开展和平行动的目的与方法取得了广泛共识。[1] 在此基础上，和平行动不断发生演变。根据这一共识，建立和平行动的目的是，通过安全、政治和经济等综合性活动的开展，为刚刚结束冲突的主权国家提供支援，帮助其实现社会稳定。东道国应借此机会进行结构性改革，坚持政治民主和经济自由的原则，从而实现积极和平的最终目标。

虽然这一共识依然是当代和平行动的基础，但有迹象表明，其基础正在遭受两种趋势的侵蚀。第一，越来越多的人质疑：和平行动究竟能够达到什么目标？应该达到什么目标？达到目标应遵循什么样的原则？公正、东道国同意以及除自卫外不使用武力等传统维和原则的局限性，已经在当代和平行动中暴露无遗。和平行动的概念、业务活动以及政治等方面都面临着困境，和平行动的合法性和有效性因此而遭到破坏。第二，和平行动的出兵国格局已经发生了变化，这对和平行动的政治方面产生了影响。联合国和平行动所部署的人员，绝大多数由南方国家所提供。不仅如此，在过去几年中，一些主要的地区性和全球性大国明显加大了对和平行动的参与力度，由此产生了这样一个问题：这些所谓的新兴大国与北方国家可能在和平行动的准则和目

〔1〕 在本章中，“和平行动”指的是维持和平与建设和平行动，包括集两者于一身的多方位行动。

标问题上产生潜在冲突。

本章第二节将就目前影响联合国维和行动的战略性模糊状态提供一些背景情况。第三节将以当前北南分歧为背景，对围绕和平行动之目的、原则及意义所进行的辩论进行考察，并在此基础上探讨和平行动共识日益削弱的问题。第四节具体讨论四个新兴大国——巴西、中国、印度和南非——在维持和平和建设和平中日益变化的作用及其对国际维和共识所产生的影响。第五节是本章结论。附录3A为斯德哥尔摩国际和平研究所关于多边和平行动的最新资料。

第二节　背景

战略性的不确定

自20世纪90年代以来，和平行动在诸多方面发生了急剧变化，包括和平行动的理论基础、和平行动的实施主体类型、和平行动使命的性质以及为和平行动提供人员的国家。尽管这些变化在许多方面对维持和平与建设和平实践的合理化和有效性不无助益，但它们也给和平行动造成了新的困难，使和平行动面临新的困境。

《卜拉希米报告》重申了维和行动的基本原则，但报告出台10年后，和平行动的真正含义却越来越模糊了。[2]之所以如此，一是因为人们对维和行动三项关键原则进行了宽泛的阐释，二是因为和平行动与其他类型的军事行动（如阿富汗战争和伊拉克战争）混在了一起。

作为和平行动的主要实施主体，联合国对这些挑战尤为关注。联合国在全球各地参与了一系列广泛的维持和平与建设和平活动，截至2010年12月，联合国在20项行动中共计部署了12.477万人。此外，联合国还通过其专门机构显示其在世界各地的存在，其活动远远超出了维和行动的范畴。与此同时，联合国正经历着一段“战略性的

〔2〕 联合国大会及安理会：《联合国和平行动专家小组报告》（《卜拉希米报告》，A/55/305—S/2000/809，2000年8月21日。

不确定”时期。〔3〕联合国和平行动部署数量长期持续高涨的时期看来已经结束，现在的重点是巩固。〔4〕和平行动正在再次接受审查。2009 年，联合国提出了“新地平线”计划，其目的是“对当今及今后联合国维和行动所面临的重大政策困境与战略困境进行评估；就可能解决困境的办法与利益攸关方进行新的对话，以便更好地调整联合国维和行动的方向，满足当前及未来的要求”。〔5〕到目前为止，“新地平线”计划的主要成果是一份非正式文件及一份进展报告。〔6〕联合国还在同时进行另外两项工作：一是对联合国建设和平机构进行重新评估；二是对国际民事能力进行重新评估。〔7〕然而，尽管和平行动正受到东道国越来越多的质疑（最近的例子包括乍得、苏丹和刚果民主共和国），其有效性也因为战线拉得过长和政治支持不足而受到挑战，但对和平行动的需求依然很高。

决策者与执行者

同时，和平行动的设计国、出资国和管理国格局已经发生了变化，这对和平行动的政治层面和执行层面都产生了影响。自 20 世纪 90 年代中期以来，给人留下的广泛印象是，联合国和平行动由南方国家负责运作，但和平行动的设计者和出资者在很大程度上依然是北

---

〔3〕参见 B. 琼斯等人向联合国维和行动部和战地保障部“新地平线”计划所提交的报告：《“卜拉希米报告”之后：战略模糊时代的维和行动》，（国际合作中心，纽约，2009 年 4 月）。

〔4〕参见主管维和行动的联合国副秘书长 A. 勒罗伊在联合国安理会第 6370 次会议上发表的声明，S/PV. 6370，2010 年 8 月 6 日，第 3 页；及联合国维和行动部和战地保障部：《“新地平线”计划：进展报告第 1 号》（联合国，纽约，2010 年 10 月），第 7—8 页。

〔5〕联合国维和行动部：《“新地平线”进程》，网址：〈http: //www. un. org/en/peacekeeping/operations/newhorizon. shtml〉。

〔6〕联合国维和行动部与战地保障部：《新型伙伴关系的议程：开辟联合国维和行动新视野》，非正式文件，（联合国，纽约，2009 年 7 月）；及联合国（同注释〔4〕）。

〔7〕联合国大会和安理会：《联合国建设和平机构评估》，A/64/868—S/2010/393，2010 年 7 月 21 日；及联合国大会和安理会：《冲突后的民事能力》，高级顾问小组独立报告，A/65/747—S/2011/85，2011 年 2 月 22 日。对国际民事能力进行重新评估的目的，是确定如何“拓宽和深化民事专家队伍，以满足刚刚结束冲突的国家对能力建设的直接需求”。联合国大会和安理会：《秘书长关于冲突结束后立即开展建设和平工作的报告》，A/63/881—S/2009/304，2009 年 6 月 11 日，第 20 页。

方国家。与此同时，北方国家主动选择将其人员——尤其是部队和民事警察——主要部署在欧盟（EU）和北约（NATO）负责管理的行动。

在此背景下，巴西、中国、印度和南非等国家在和平行动中越来越多的参与，已经成为联合国冲突管理政策演变的一个主要特点。从历史上来看，这些国家都是南方国家，但其地缘政治力量正在不断增强。截至2010年12月，这四个国家向联合国和平行动派出的军警数量占总数的15.4%（在9.8638万名军警人员中，来自这四个国家的达1.5184万人）。与此相比，所有34个欧盟和北约国家派遣的军警人员总数仅占7.9%，即7766人。[8] 在过去10年里，新兴大国在联合国和平行动中的参与及其所发挥的作用显著扩大（参见附录3A），只有印度是例外，因为印度长期以来一直是联合国和平行动的主要出兵国。中国的出兵数量在联合国安理会常任理事国中居领先地位，它为联合国和平行动提供的经费数量在全球排名第七。巴西则同时在地区和全球性事务中展示其抱负，它向联合国海地稳定特派团（“联海稳定团”，MINUSTAH）提供的人员数量最多，在联合国诸多机构中也确立了其政治角色的地位。南非的主要精力虽然集中于非洲事务，但它在促进和平活动与维持和平活动中采取了同样积极主动的立场。同时，这四个新兴大国都在一定程度上并以各自不同的方式，向现有的国际安全治理机制和政策发起挑战。它们在联合国（尤其是和平行动中）所发挥的前所未有的作用，不仅反映了国际舞台上一种正在发生变化的总体态势，也对维和行动的共识构成了潜在挑战。

第三节　寻求共识

“过于宽泛的概念”

关于和平行动定义的辩论并不新鲜。20世纪90年代初的几项行动——主要是波黑、卢旺达和索马里的行动——向人们表明，要想准

〔8〕 联合国维和行动部：“各国向联合国行动出兵和出警人数排名”，2010年12月31日。网址：〈http://www.un.org/en/peacekeeping/contributors/〉。

确定义和平行动在危机管理活动中所处的地位是困难的，上述行动同时也突出地表明了准确区别和平行动与战争的必要性。尽管《卜拉希米报告》拓展了“同意”原则的含义，也放宽了使用武力的标准，但报告再次确认了和平行动的传统三原则。这三项原则一直被视为和平行动区别于其他行动的主要特征。〔9〕 2008 年出台的《原则与指针》再次对传统三原则进行了规范，〔10〕 但上述原则的含义还是再次被放大。对基本原则宽泛且有争议的理解（和平行动的使命以及一些特派团所从事的活动可以证明这一点），也遭到了强烈的抵制。这不仅破坏了和平行动的可信度，也使东道国利益攸关方对和平行动的支持度受到损害，甚至连“和平行动”的真正含义也遭到了质疑。

在对第三国进行干预时保持公正从来就只是一种愿望，而不是现实。随着和平行动越来越朝着多方位方向演变，其本质已经在许多本来就不公正的方面变得越来越具有干涉性、政治化和强制性。有些特派团被赋予支持政府机构的明确使命，如联海稳定团、联合国刚果民主共和国稳定特派团（“联刚稳定团”，MONUSCO），甚至联合国阿富汗援助团（“联阿团”，UNAMA）；有的特派团则不知不觉地成为东道国政府政策的障碍，如非盟—联合国达尔富尔混合行动（“联非达团”，UNAMID）。〔11〕 被当地派别视为不公正是它们必然要面临的风险。和平行动使命在原则上的公正与实际执行的现实之间也存在着区别。〔12〕 在刚果民主共和国，联刚稳定团的使命包括保护平民，这是该特派团的首要任务。但由于政府军是侵犯人权事件的主要祸首之一，因此，特派团对政府军的军事支援越来越难以与特派团“必须既不偏袒也不歧视地履行使命”以及“必须十分谨慎地避免从事可能损害其公正形象的活动”的思想保持一致。〔13〕

---

〔9〕 联合国（同注释〔2〕），第 9—10 页。

〔10〕 联合国维和行动部：《联合国维和行动：原则与指针》（联合国：纽约，2008 年），第 31—35 页。这一所谓的《最高纲领》试图“对和平行动的性质、范畴和核心职能”进行定义。

〔11〕 联非达团的使命包括防止对平民的袭击。一般来说，这些袭击是由与政府结盟的民兵武装所为。关于联非达团及其它特派团的使命，参见附录 3A，表 3A. 2。

〔12〕 J. 波尔登：“使命非小事：探讨联合国行动中的公正性”，《全球治理》，第 11 卷，第 2 期（2005 年 4—6 月），第 153—54 页。

〔13〕 联合国（同注释〔10〕），第 33 页。

"同意"原则同样经受着考验。尊重国家主权就必然意味着，没有东道国的正式同意，和平行动就不得部署；即使在和平行动部署后，如果东道国收回先前表示的同意，和平行动就必须撤离。在布隆迪政府（2005 年—2006 年）以及埃塞俄比亚和厄立特里亚政府（2007 年—2008 年）的施压下，联合国部队被迫相继撤离。2010 年，乍得、刚果民主共和国和苏丹等国政府也都尝试以不同的方式来维护其主权，要么收回其对在本国领土上部署联合国部队的许可，要么阻挠其开展工作。结果，"同意"原则的价值遭到严重削弱。[14] 对于所有有关方来说，东道国的同意如果得不到保证，和平行动的合法性和性质问题就会由此产生，因为"同意"原则不仅是第三方进行合法干预的主要依据，也是维持和平与强制和平的关键区别所在。[15] 因此，在根据《宪章》第七章授权的日益雄心勃勃且富有干涉性的多方位和平行动中，取得东道国的同意并加以妥善处理已成为日益严重的关切。[16]

还有一个问题是，需要取得谁的同意，为什么要取得同意？尽管东道国的同意仍然被普遍认为具有至关重要性，但《卜拉希米报告》以及《原则与指针》将这一原则的内涵拓展为主要派别的同意。[17] 同意不仅是指主要派别接受和平行动的部署，也包括他们"对政治进程的承诺"。和平行动的部署必须取得多个当地冲突派别的同意，这不仅使同意更加难以保持，同意的不确定性也随之增加。

最后，除自卫外不使用武力的原则受到了两组事态的直接挑战，第一组事态源于"强力维和"的概念，而第二组事态则与保护平民的

〔14〕 关于 2010 年联合国和平行动在乍得和刚果民主共和国的事态发展，参见附录 3A。

〔15〕 参见 S. 韦哈塔："和平行动的正当性"，《SIPRI 年鉴 2009》，第 95—116 页。

〔16〕 参见 I. 约翰斯通："妥善处理同意问题：同意是新的变量吗?"，C. H. 德科宁、A. Ø. 斯登斯兰和 T. 塔迪合编：《超越"新地平线"：联合国维和行动未来挑战研讨会论文汇编》（2010 年 6 月 23—24 日）（挪威国际事务研究所，奥斯陆，2010 年），第 25—39 页。根据《联合国宪章》第 7 章授权的和平行动有权迫使冲突各方接受维和使命的有关内容，但和平行动仍有别于强制和平，因为后者的实施无需取得东道国的同意。《联合国宪章》，1945 年 6 月 24 日。网址：〈http：//www. un. org/en/docuents/charter/〉，第 7 章。

〔17〕 联合国（同注释〔2〕），第 9 页；及联合国（同注释〔10〕），第 31—32 页。

作战含义有关。[18]

目前进行的和平行动多数是根据《宪章》第七章建立的，或者说，它们的部分使命属于《宪章》第七章的范畴。这往往是为了使和平行动能够在其力所能及的范围内，采取包括武力在内的一切必要手段，使平民的人身安全免遭暴力的直接威胁，尽管维和人员自身并没有受到威胁。强力维和问题也显然与武力的使用有关，尽管《新地平线》这一非正式文件也强调了强力维和的政治层面。[19]《卜拉希米报告》呼吁“扩大部队规模，改善部队装备……能够成为一支可信的威慑力量”，而且，交战规则应“足够强硬”，以使联合国维和人员不“放弃对袭击者的主动权”。[20] 然而，辩论的政治化以及联合国行动大多数主要出兵国对强力维和逻辑所持的消极态度，破坏了这一问题的政治与作战意义。[21] 此外，已经实施强力维和的和平行动（尤其是在刚果民主共和国和海地），已经显示出概念的模糊性与局限性，面临着以保护平民为名滑入强制和平轨道的风险。[22]

薄弱的战略思维

联合国和平行动的特点之一是，和平行动的决策国与和平行动的参加国为和平行动承担义务的程度都相对较低。多数情况下，和平行动是对冲突所做出的反应，而这些冲突并不直接危及上述任何一类国家。自然，这就会使“国际社会”的参与受到限制。这一事实很大程度上说明了为什么在和平行动的概念设计与组织计划中会出现战略思维薄弱的倾向，这一倾向不仅表现在安理会，也表现在作战行动层

---

〔18〕 V. 霍尔特和 G. 泰勒：《联合国维和行动中的平民保护：成功、挫折与现有挑战》(联合国：纽约，2009 年)；及 T. 塔迪：“联合国与武力的使用：违反自然的联姻”，《安全对话》，第 38 卷，第 1 期（2007 年 3 月)。

〔19〕 联合国（同注释〔6〕)，第 21 页。

〔20〕 联合国（同注释〔2〕)，第 10—11 页。

〔21〕 T. 塔迪：“对当代和平行动中强力维和的批评”，《国际维和》，第 18 卷，第 2 期，(2011 年 4 月)。

〔22〕 D. 图尔：“在刚果民主共和国的维和行动：维持和平与进行战争”，《国际维和》，第 16 卷，第 2 期（2009 年 4 月)；及 M. 贝达尔：“战争结束后的建设和平”，国际战略研究所《阿德尔菲论丛》第 407 号（鲁特律治出版公司：伦敦，2009 年)，第 100—121 页。

面。近期围绕和平行动的战略失察、过渡战略与退出战略以及过渡与退出的衡量标准、维持和平与建设和平的关系以及建设和平委员会（PBC）的工作所展开的辩论，证明了改进战略思维的必要性。[23] 然而，与和平行动所取得的任何显著进展（如在和平行动与政治进程更紧密地融合方面）相比，问题的政治性——而不是技术性或组织性——相对较弱。

《原则与指针》将“团结一致的安理会的全力支持”视为和平行动取得成功的必然要求。[24] 但是，在大多数情况下，这样的支持既不强大，也不持久。尽管安理会常任理事国和地区主要大国在 20 世纪 90 年代相对团结一致地支持和平行动，但正在出现的地缘政治格局的特征却是分裂。这严重削弱了找到危机解决办法所必需的国际共识。所以，和平行动的部署不仅缺少明确的和平协议，使之“无和平可维持”，而且“在和平行动的实施阶段，手中也没有打破政治僵局所需的必要政治杠杆”。[25]

北南分歧

北南分歧还表现在北方与南方在和平行动有关的许多问题上所持的不同意见。尽管北方国家为联合国和平行动提供了大量资金，安理会关于和平行动的关键决策也由这些国家做出，但在派兵问题上，它们往往置身其外。相反，它们却更热衷于将其人员派往他们看来效率更高的机构，尤其是欧盟与北约。与此形成对照的是，联合国和平行动最重要的出兵国主要是南方国家，但它们在决策与政策制定过程中却始终处于边缘地位。

北南分歧不仅使联合国和平行动的有效性与合法性受到影响，也引发了北南双方关于联合国冲突管理模式的辩论。这些辩论有的涉及

---

〔23〕 参见：联合国（同注释〔4〕）；联合国（同注释〔6〕）；S. 韦哈塔：“和平行动的计划与部署”，《SIPRI 年鉴 2008》，第 100—103 页；S. 韦哈塔（同注释〔15〕）；及 S. 韦哈塔与 S. 布莱尔：“和平行动中的民事作用”，《SIPRI 年鉴 2010》，第 87—106 页。

〔24〕 联合国（同注释〔10〕），第 50—51 页。

〔25〕 L. 卜拉希米和 S. 阿赫迈德：《追求可持续和平：调解的七宗致命罪恶》（纽约大学国际合作中心：纽约，2008 年），第 3—4 页。参见 R. 戈万：“战略背景：危机中的维和行动，2006—2008”，《国际维和》第 15 卷，第 4 期（2008 年 8 月）。

定义的模糊性，有的涉及备受质疑的建设和平模式。更为重要的是，这种分歧使人们清楚地认识到：一方面，和平行动必须进行改革；另一方面，和平行动具有与生俱来的局限性。两者之间存在着矛盾。一些改革建议的意义无论多么重大，它们可能难以与以下现实相吻合：改革建议必须由那些在多数情况下缺乏能力的成员国来实施，更不要说它们会有这样做的意愿了。另外，那些对有关维和行动准则的辩论影响力极小的出兵国，对于不符合其维和观念的事态，或者超出其自身能力的事态也有忧虑。这是因为，它们知道，它们有可能因为由此引起的困境或失败而遭到指责。要使各利益攸关方对“联合国维和行动的目标和各方在实现这一目标过程中所发挥的作用”（正如《新地平线》这一非正式文件所述〔26〕），以及对和平行动究竟能够实现什么现实的目标形成共识，确实是一件极具风险的事情。

联合国维和行动特委会（也称“34 国委员会”）2010 年年会为我们提供了北南分歧的极好例证。委员会中的欧盟国家极力推销强力维和的概念，而包括几乎所有联合国和平行动主要出兵国在内的不结盟国家（NAM）对此表达了强烈的抵制，理由是缺少实施强力维和使命的资源，尤其是缺少装备良好的北方国家的派兵参与。不结盟国家还争辩说，这样的使命会损害维和原则的可信性。〔27〕不结盟国家怀疑，在和平行动越来越具有干涉性的背后隐藏着新殖民主义的议程。除此之外，不结盟国家所提出的观点反映了人们对维和行动不切实际的发展所表现出的真正关切。

和平行动的理想目标与可行目标之间的矛盾也由此产生，保护平民问题说明了这一点。毫无疑问，在几乎所有和平行动的使命中包含保护平民的内容具有道义上的合理性，这样做是难以抗拒的。然而，作战方面的考虑（如和平行动需要具备的能力和部署国家的领土面

---

〔26〕 联合国（同注释〔6〕），第 iii 页。

〔27〕 参见联合国：“特委会 34 国年度辩论会开幕，维和行动主管介绍秘书长关于冲突后建设和平的‘宏伟议程’，新闻简报 GA/PK/203，2010 年 2 月 22 日，网址：〈http：//www. un. org/News/Press/docs/2010/gapk203. do. htm〉；及联合国：“特委会成员国赞扬面临复杂使命而又缺少关键能力的联合国维和人员的表现”，新闻简报 GA/PK/204，2010 年 2 月 23 日，网址：〈http：//www. un. org/News/Press/docs/2010/gapk204. doc. htm〉。关于不结盟国家列表，参见本卷附件 B。

积）以及政治方面的考虑（如安理会对可能采取的强制性措施的支持力度以及出兵国与“破坏分子”发生冲突或者承受暴力升级风险的意愿），都使人们对维和人员保护平民的可行性产生怀疑。[28]

更宏观地说，尽管所有的政策性文件都坚持认为和平行动的使命必须切实可行，但当代和平行动的性质决定了它难以将自己的使命局限于可行的范畴。《新地平线》报告对维和任务的多样化提出了警告。报告举例说，联刚团的使命包含了45项任务，认为“众多详细的任务可能妨碍维和人员实现安理会希望其实现的目标”。[29] 其结果是，国际社会和东道国有关方都对和平行动产生了难以实现的期待，因而不可避免地损害和平行动的可信度。

对自由化建设和平的批评

最后，正是建设和平工作者所提倡的工作模式的性质本身，对和平行动的现有共识造成了破坏。建设和平工作当前所遵循的政治、经济和哲学原则构成了人们经常所说的“自由化和平”模式，即民主化与市场化的结合。[30] 近年来，自由化和平的有效性与合法性备受质疑。[31] 批评者们认为，自由化的速度过快，对加强机构建设（也即国家重建）的重视也不够，其所带来的负面作用（如干涉性、缺乏东道国自主、夸大政治与社会经济之间的矛盾等），使自由化和平的整体有效性和可持续性遭到破坏。自由化建设和平还意味着复制北方模式，而北方模式在非北方国家的适应性和合法性都是个问题。

自由化建设和平问题虽然有别于北南辩论，但与北南辩论不无关系。之所以这样说，是因为两者都提出了这样一个问题：国际社会在

---

〔28〕 破坏者是指那些试图阻碍或破坏（包括通过暴力手段）过渡进程或建设和平进程的冲突派别。

〔29〕 联合国（同注释〔6〕），第10页。

〔30〕 R. 帕里斯：《在战争的尽头：内战之后的建设和平》（剑桥大学出版社：剑桥，2004年），第5—6页。

〔31〕 参见：R. 帕里斯（同注释〔30〕）；M. 皮尤：“建设和平的政治经济学：以批判理论的视角”，《国际和平研究学刊》，第10卷，第2期（2005年秋/冬季），第23—42页；O. 李奇满：“和平的难题：理解‘自由化和平’”，《冲突、安全与发展》，第6卷，第3期（2006年10月）；及R. 帕里斯和T. D. 西斯克合编：《国家重建的困境：直面战后和平行动的矛盾》（鲁特律治出版公司：伦敦，2009年）。

试图建立和平并使之持久时究竟能走多远？两者的相关性还在于，它们向人们表明正确之道是不要把和平行动的使命定得那么雄心勃勃。无论是哪一种情况，问题都在于：和平行动的根本性质是什么？应采取什么样的策略？东道国的接受程度有多大？对自由化建设和平越来越多的批评，更使人们对维和共识的持久性以及维和行动所要遵行的准则产生了怀疑。维持和平与建设和平的根本柱石与对维和原则的理解一道，正在慢慢地受到破坏。

第四节　新兴大国与维和共识

对于所谓新兴大国的崛起将对国际体系的演变、全球力量的平衡以及安全治理的规则与机制带来什么影响，人们的辩论很多。这些辩论有一个有趣的方面，那就是新兴大国对现有原则与做法的挑战到底有多大，对现有的体系结构（多极化和相互依赖等）、美国的主导地位以及欧盟的地位会造成什么影响。[32] 在过去几年里，巴西、中国、印度和南非等国抵制或者反对欧盟或其他北方国家或集团在联合国各机构中的地位，从联大到安理会和人权理事会都是如此。它们对现有国际安全格局的合法性也提出质疑。[33] 这就产生了这样一个问题：随着这些国家在目前北方占主导地位的领域成为真正的利益攸关方，它们会对维持和平与建设和平的现有做法及基本哲学产生何种影响。

本节将分析巴西、中国、印度和南非对多边维持和平与建设和平的潜在影响。这四个国家都是所在地区最大的经济体。传统上，这些国家都属于南方国家，但它们都在谋求确立更高的国际地位以及地区政治领导权，尤其是巴西、印度和南非。在此背景下，问题是这些国

〔32〕 参见 A. 哈瑞尔："霸权、自由主义和全球秩序：未来大国的空间有多大？《国际事务》，第 82 卷，第 1 期（2006 年 1 月）；J. G. 依肯贝里："中国的崛起与西方的未来：自由主义体系能幸存吗？"，《外交事务》，第 87 卷，第 1 期（2008 年 1/2 月）；及 C. 雷恩："美国霸权的逐步衰落：假象还是现实？"《国际安全》，第 34 卷，第 1 期（2009 年夏季）。

〔33〕 参见 R. 戈万和 F. 勃兰德纳："联合国舞台的欧盟与人权：2010 年回顾"，政策简报，欧盟外交关系理事会，2010 年 9 月。网址：〈http：//www.ecfr.eu/content/entry/the_eus_approach_to_human_rights_in_a_post_western_world〉。

家会不会试图改变维持和平与建设和平的现有规则？如果会，怎样改变？它们将成为接受现有规则与做法的规则遵守者、试图通过传统决策渠道明显改变规则的规则制定者、还是挑战现有规则的“规则破坏者”？更确切地说，如果北方国家与新兴大国关系的特征是对规则越来越多的分歧的话，这会对冲突管理领域及维和共识产生怎样的影响？

新兴大国在和平行动中日益扩大的作用

印度长期以来就一直是联合国和平行动的最重要出兵国之一(2010 年 12 月，印度在出兵国中排名第三)，而巴西、中国和南非只在最近才成为主要角色。[34] 就连印度也自 2001 年以来将向联合国和平行动派遣的军警人员增强了近四倍。[35] 中国现在已经成为联合国安理会五个常任理事国中最大的军警派遣国，2010 年 12 月的部署人员数量达 2040 人。中国派员参加了全球各地的 9 项联合国和平行动，这与世纪之交时的几乎完全缺席形成了鲜明的对比。中国参与的联合国和平行动主要在非洲，不仅如此，中国还参与了联海稳定团和联合国黎巴嫩临时部队（“联黎部队”，UNIFIL）。[36] 在过去 10 年中，巴西向联合国和平行动中派遣的人员也显著增加，派兵重点尤其集中在本国所在地区：巴西是联海稳定团维和部队的主导国，共部署了 2187 名军事人员，其中，除 3 人外全部为部队人员。在拉丁美洲国家中，只有乌拉圭向联合国和平行动派遣的人员数量超过巴西。同样，近年来，南非在非洲的存在愈加明显。它不仅参加非盟的和平行动，也参加联合国的和平行动。在 2010 年底，南非共向联刚稳定团和联非达团派遣了 2187 名人员。

出兵动机

各国参与维持国际和平与安全的全球性活动具有不同的意义和动

〔34〕 参见附录 3A，表 3A.5，3A.6 及 3A.8。

〔35〕 参见附录 3A，表 3A.7。

〔36〕 关于各国部署的四类维和人员数量，以及各国向各单项和平行动的派遣人员数量，可到 SIPRI 多边和平行动数据库查阅。网址：〈http://www.sipri.org/databases/pko/〉。

机，这主要取决于各国的政治与经济实力、外交政策取向、国家政治制度以及国内问题在外交决策中的作用。[37] 参与和平行动的动机有的是理想主义的，有的则是纯为物质利益。除此之外，各国参与当代和平行动的动机主要是为了扩大自身的实力影响，不管是硬实力影响，还是软实力影响。通过维持和平与建设和平，各国可以支撑其狭义的国家利益，也可以以较低的代价推行其标准议程。巴西、中国、印度和南非对此尤为感兴趣，它们都渴望在展示其政治、经济和军事实力的同时提高其国际和地区地位。对于这些国家来说，大国或地区强国的责任就意味着为更广泛的安全治理活动承担义务，包括参与维持和平与建设和平活动。

中国希望通过参与维和行动使其他国家确信其和平意图并被看作是一个负责任的国家，这就使出兵参与国际维和成为有价值的外交政策工具。[38] 对于巴西、印度和南非来说，参与和平行动不仅有助于确立其地区领导地位，还有助于实现国际目标，其中包括成为联合国安理会常任理事国。[39] 巴西政府在国内反对的情况下仍然愿意在几个拉美国家同样出兵参与的联海稳定团中发挥中心作用，充分证明了

---

〔37〕 关于各国参与和平行动的动机分析，参见 A. C. 索托马约尔：“为什么有的国家参加联合国和平行动，而有的国家则不参加：民事—军事关系及其对拉美国家参与维和行动的影响分析”，《安全研究》，第 19 卷，第 1 期（2010 年 1 月）；K. 马登·席斯克：“出借部队：加拿大、印度与联合国维和行动”，在国际安全研究协会第 41 届年会上宣读的论文，洛杉矶，加利福尼亚，2000 年 3 月；及 D. C. F. 丹尼尔：“为什么这么多国家派出的部队却那么少？” D. C. F. 丹尼尔、P. 塔夫特和 S. 韦哈塔合编：《和平行动：趋势、进展与前景》（乔治城大学出版社，华盛顿特区，2008 年）。

〔38〕 季北慈和黄志豪：“中国在维和行动中不断扩大的作用：前景及政策影响”，SIPRI 政策文件第 25 号（斯德哥尔摩国际和平研究所：斯德哥尔摩，2009 年 11 月），第 12 页。另见国际危机小组（ICG）：“中国在联合国维和行动中不断扩大的作用”，《亚洲报告》第 166 期（国际危机小组：北京、纽约和布鲁塞尔，2009 年 4 月 17 日）。

〔39〕 关于巴西，参见 M. R. 绍勒斯·德利马：“作为中游国家和地区大国的巴西：行动、选择与责任”，《国际事务》，第 82 卷，第 1 期（2006 年 1 月），A. C. 索托马约尔：《来自南方的和平战士：从军人专制到维持和平》，未出版的博士学位论文，哥伦比亚大学，2004 年，第 5 章。关于印度，参见 U. 萨尔马·巴瓦：“印度在世界新秩序中的作用”，《弗里德里希·艾伯特基金会情况报告》第 4 期（弗里德里希·艾伯特基金会：新德里，2007 年 3 月）。关于南非，参见 C. 兰斯伯格：“南非的全球战略与地位”，《弗里德里希·艾伯特基金会情况报告》第 16 期，（弗里德里希·艾伯特基金会：柏林，2006 年 11 月）。

实现地区和国际目标的重要性。[40] 南非对维和行动的参与——正如其在促进和平中的地位那样——同样受到两层考虑的驱使：一是通过其在非洲地区和平行动中的参与，种族隔离政策结束后的南非要确立其在非洲和非盟的权威性和合法性，从而将自己定位于一个能够并且愿意影响非洲安全环境的地区大国；二是显示其在大国间活动的能力。同样，对于印度来说，参与联合国和平行动可以同时为地区大国（相对于巴基斯坦）的政治利益与全球抱负这两个目标服务。[41]

现实影响与潜在影响

新兴大国在和平行动中越来越大的参与，给维持和平与建设和平带来的影响是多方面的：

第一，它证实了冲突管理北南互动模式（即冲突发生于南方但对冲突作出的反应却来自北方）的退化。新兴大国在维和行动中的作用至少证明了冲突管理的南南互动模式。虽然在联合国背景下，至少自20世纪90年代中期北方国家很大程度上停止向联合国行动出兵以来，维和行动的特点就一直是南南合作，但新兴大国的到来标志着南南合作出现了质的变化。

第二，从联合国秘书处的角度来看，拥有强大军警能力的国家向联合国和平行动输送更多的人员、装备和专业技能，是一件大受欢迎的好事，因为这可能为近年来一直困扰联合国和平行动的能力严重不足问题提供解决办法。[42] 在主要北方国家参与有限的情况下，新兴大国的参与还增强了和平行动的合法性，因为它强化了联合国领导下的国际社会这一观念，而不是让二流国家分摊大部分负担。对于北方国家来说，非北方国家向和平行动输送更多的资源，可以减轻它们因有限参与联合国和平行动而面临的压力。在北方国家依然主要参与其

〔40〕 参见A. 高德尔和S. J. 德索萨："巴西在海地：关于维和特派团的辩论"，《普莱特评论》，2006年11月15日，网址：〈http://www.fride.org/download/COM_BraHaiti_ENG_nov06.pdf〉。

〔41〕 参见萨尔马·巴瓦（同注释〔39〕）。这四个国家在军事预算决策方面有着类似的动机，有关这方面的情况，参见本卷第4章。

〔42〕 参见新华社："联合国官员赞扬中国的维和努力"，《中国日报》2010年7月30日；及季北慈和黄志豪（同注释〔38〕），第1页。

他类型冲突管理行动（尤其是欧盟和北约的行动）的情况下，新兴大国在联合国和平行动中所发挥的作用，可以被视为是全球负担共享的例证。

新兴大国与维和辩论

第三，随着新兴大国提出自己的主张以替代目前的主流观点和政策选择，新兴大国扩大对和平行动的参与还可能对维和政策产生影响。虽然巴西、中国、印度和南非的经济与外交地位正在日益提高，但它们仍将自己看作是南方国家，并且是发展中国家的捍卫者。[43] 尽管现在已经是世界第二大经济体，并且已经担任安理会常任理事国很长时间，中国仍被视为是南方国家，并明显将自己区别于西方国家。[44] 此外，印度和南非都是不结盟运动中的主要国家。总体来说，这可能会促使这些国家与现有的政策保持距离。

在维和辩论中，巴西、中国、印度和南非在某些指导原则上的意见一致。尤其是，它们都强烈地坚持国家主权的概念，在维和行动的三大原则问题上均采取相当严谨和狭隘的立场，总体上都反对将以上所讨论的维和概念宽泛化。它们对国家主权的坚持是由对国际关系的某种观念所驱使的，这就决定了这些新兴大国会如何看待和平行动应有的抱负。因此，它们都主张和平行动应采取留“浅脚印”而不是深脚印的办法，因为后者有可能使东道国产生依赖性。[45] 它们还强调东道国的自主以及东道国应承担的责任，[46] 反对将一个地区的模式

---

〔43〕 参见：印度—巴西—南非（IBSA）：“巴西利亚宣言”，印度—巴西—南非对话论坛，第 4 届国家元首/政府首脑会议，巴西利亚，2010 年 4 月 15 日。有关印度—巴西—南非对话论坛的情况与文件，参见网址：〈http：//www. ibsa-trilateral. org/〉。

〔44〕 “中国超过日本成为世界第二大经济体”，英国广播公司新闻，2011 年 2 月 14 日，网址：URL〈http：//www. bbc. co. uk/news/business—12427321〉。

〔45〕 参见巴西常驻联合国副代表 R. M. 科德罗·邓禄普在联合国大会特别政治与非殖民委员会一般性辩论会上的声明：“对联合国维和行动问题的所有方面进行全面检讨”，2010 年 10 月 25 日，网址：〈http：//www. un. int/brazil/speech/10d—dunlop—descolonixation. html〉.

〔46〕 中国常驻联合国副代表刘振民在安理会关于冲突后建设和平辩论会上的声明，2009 年 7 月 22 日，网址：〈http：//www. china-un-org/eng/hyyfy/157581. htm〉。

移植到另一个地区。[47]

尽管批评意见并不相同，但都反映出对维持和平与建设和平现有做法所持的经常性分歧及一种共同的不安。更有甚者，它们都含蓄地质疑将自由和平视为灵丹妙药的观点。例如，印度就认为自己自独立以来所取得的国家建设经验可以在联合国建设和平中得到更好的借鉴；中国则反对“在建设和平问题上采取统一的标准”，并且强调发展才是建设和平工作的长期中心目标。[48]

当巴西、印度和南非成为安理会成员国或建设和平委员会成员国时（作为安理会常任理事国，中国是建设和平委员会的常任成员国；作为五大军警人员派遣国之一，印度也是建设和平委员会的常任成员国），或者当这三个国家设法借助其他国家的力量在上述两个场所捍卫其立场时，这种经常性分歧可能影响维持和平或建设和平行动使命的讨论。从长远来看，无论是在有关建设和平的讨论还是实施过程中，这种经常性分歧都可能渗透到他们对建设和平的思维之中。为了照顾中国的立场，安理会已经在很大程度上软化了和平行动的使命。[49] 2011 年，巴西、中国、印度和南非都将成为安理会成员国，观察他们的行为与策略将如何影响和平行动的使命，将是一件十分有趣的事情。

更明确地说，尽管保护的责任这一概念被联合国大会普遍接受，但巴西、中国、印度和南非对此都表现出不安，因为它们都把它看作是北方国家对国家主权的潜在威胁。[50] 在这场辩论中，就像在其他

---

〔47〕 印度常驻联合国代表 H. S. 普力在建设和平委员会 2010 年年度审议非正式会议上的声明，纽约，2010 年 5 月 10 日，网址：〈http: //www. betterpeace. org/files/PBCReview _ Consultation2 _ Stmt _ India _ 10May2010. pdf〉；及联合国：GA/PK/203 和 GA/PK/204（同注释〔27〕）。

〔48〕 H. S. 普力（同注释〔47〕）；赵磊：《中国对联合国维和行动未来的影响》，C. H. 德科宁、A. Ø. 斯登斯兰和 T. 塔迪合编（同注释〔16〕），第 92—93 页；刘振民（同注释〔46〕）；及 T. 刘：“向更开放、更自信、更负责任的大国迈进：中国参与联合国维和行动分析”，《国际维和学刊》，第 13 卷，第 1—2 期（2009 年 1 月）。

〔49〕 参见国际危机小组（同注释〔38〕），第 17 页。

〔50〕 参见 R. J. 汉密尔顿：“保护的责任：从文件到纲领——但其实施又会怎样呢?”，《哈佛人权学刊》，第 19 期（2006 年）；及 A. J. 贝拉米：“保护的责任：终结大规模暴政的全球努力”（政策出版社：剑桥，2009 年）。

辩论中那样，新兴大国和其他南方国家已经对北方国家的标准议程发起了明确的挑战。不过，这些国家至今还未能拿出令人信服的替代性建议来。

冲突还是合作?

尽管新兴大国在未来可能代表一种可以潜在地对维持和平与建设和平活动产生影响的力量，但到今天为止，由于种种原因，要想具体估量这种影响到底有多大是困难的，也是复杂的。不管它们从长远来看会发挥何种作用，多个因素表明，它们与传统的维持和平与建设和平议程的制定者还不太可能发生经常性冲突。以下是对其中一些因素的讨论。

一支不确定的政治力量

首先，从经验主义的角度看，将新兴大国描述为一个敢说敢为的实体是有问题的。一些人之所以担心新兴大国与北方国家马上就会围绕和平行动的准则问题发生对抗，是因为他们首先就预想，新兴大国已经是一支能将有相似想法的国家召集在一起并维护共同利益的政治力量。总的来说，新兴大国之间的这种结合还没有成为现实，而且，它们之间的不一致比比皆是。[51] 正如有人对“金砖四国”（巴西、俄罗斯、印度和中国）所评述的那样，这四个新兴大国不仅国家政治制度、经济发展与结构、地理位置与各自利益迥异，“文化与历史轨迹也各不相同”。因此，它们更可能采取一种谋求相对利益的做法，而不会抱有“绝对集体利益的愿望”。[52] 中国的政治制度与“印度—巴西—南非论坛”（IBSA）所组成的“民主同盟”并不相同。[53] 中国与印度之间的长期对立以及中国在印度“入常”问题上的冷谈立场，

---

〔51〕 参见约瑟夫·奈：“什么是‘金砖四国’? 并非许多观察家所想象那样”，《每日星报》（贝鲁特），2010 年 5 月 14 日。

〔52〕 G. P. 赫德：《全球性难题：至高地位、权力转移与相互依存时期的秩序》，日内瓦文件，研究系列第 1 号（日内瓦安全政策中心：日内瓦，2011 年），第 26 页。

〔53〕 参见：C. R. 马汉：“从印度—巴西—南非轴心到金砖五国：中国搅动新的字母汤”，《印度快报》，2010 年 4 月 16 日。

也会减少两国在维和领域结为政治同盟的可能性。[54] 在联合国，中国在安理会的地位使它处于一种与印度、巴西、南非明显不同的地位，从某种程度上来说，这三个国家的外交政策都是由其想成为安理会常任理事国的渴望所决定的。

正因为如此，无论是在主权和干涉程度问题上，还是在和平行动应该提倡的政治经济模式概念上，四个新兴地区大国之间的联手更可能是一种具体问题具体分析的做法，而不是因为它们结成了“南方利益集团”。同样，当其中的一个国家与北方国家在维持和平或建设和平问题上产生政治分歧时，这四个国家似乎也不可能结成统一战线。尽管在近几年中，巴西已经在北方国家面前表现出了独立性，但如果说它和中国或印度的共同利益已经与它和欧盟或美国的共同利益相当，这种说法还是值得商榷的。同样，当北南出现分歧时，印度与美国的关系完全可能胜过它与中国的关系。

就对自由化和平模式的批评而言，统一战线的出现同样是不可能的。非常有意思的是，巴西、中国、印度和南非对现行维持和平与建设和平做法的许多批评意见，与对自由化和平模式的一般性批评意见是相似的。不过，由于巴西和印度都是实行自由经济制度的民主国家，因此虽然它们对国家主权及和平行动的干涉性提出了一些告诫，但它们对自由化和平模式估计不会有太大的问题。实际上，作为建设和平委员会几内亚比绍分委会主席国，巴西的政策与传统的建设和平议程并没有多少距离。只要东道国自己愿意，并且享有充分的自主性，即使是中国，也只会对自由化建设和平的政治方面表示质疑，而对经济自由化则很可能采取容忍的态度。最后，对自由化建设和平的批评意见仅仅来自于学术圈，而且在一定程度上仅限于对联合国等机构的批评。[55] 到目前为止，我们还没有发现在学术批评与巴西或中国等国的政策取向之间有什么联系，而这正是日益趋同的怀疑论者所担心的事情。

---

〔54〕 W. 埃默特：“对手：中国、印度与日本之间的权力斗争将如何影响下一个十年”（霍顿·米夫林·哈考特出版公司：纽约，2008 年）。

〔55〕 R. 帕里斯：“拯救自由化建设和平”，《国际研究评论》，第 36 卷，第 2 期，（2010 年 4 月），第 339 页。

在维持和平与建设和平参与问题上的差异

在维和领域，新兴大国所表现出的姿态迥然不同，很难找出普遍一致的方面，因此要组成同质化国家集团的想法也就进一步减弱，因为这样的国家集团必然会以相同的方法看待其在维和行动中的作用。只是到了最近，巴西、中国和南非才开始将和平行动视为外交政策的工具。截至 2010 年 12 月，印度、巴西、南非和中国均位居联合国行动民事和军事人员派遣国的前 15 位，分别是第 3 位（8691 人）、第 13 位（2267 人）、第 14 位（2187 人）和第 15 位（2039 人）。[56] 然而，在十年前，虽然印度已经位于出兵国的第 3 位（总共 3.7733 万名维和军警人员中有 2738 人来自印度），中国仅位居第 43 位（98 人），巴西第 44 位（95 人），南非第 80 位（只有 4 人）。[57] 尽管关于巴西、中国和南非三国扩大参与维和行动的动机与目标现已开始在不少的文章、文件中有所论述，但对其参与所带来的影响却还没有人研究。同样值得注意的是，尽管它们的重要性日益扩大，但这三支新生力量为维和行动所贡献人员数量，却少于那些领土面积和政治经济地位都远不如它们的约旦、尼泊尔和塞内加尔等国。[58]

再者，除印度外，这里所讨论的四个国家中只有中国向各大洲的几项行动都派遣了相当数量的维和人员。巴西派遣的维和人员主要集中在海地，而南非只向非洲地区的两项行动派遣了军警人员，即联合国刚果稳定特派团和联非达团。只有印度向联合国维和行动、和平行动总部或政治特派团实质性地派遣了民事人员。[59] 虽然南非参加了非盟到目前为止领导的四项行动中的三项，但其他三个国家的冲突管

〔56〕 联合国（同注释〔8〕）。

〔57〕 联合国维和行动部：“联合国行动出兵情况月度汇总”，2000 年 12 月 31 日，网址：〈http：//www.un.org/en/peacekeeping/contributors/〉。另见：附录 3A，表 3A.5—8。

〔58〕 参见附录 3A，表 3A.3，及联合国（同注释〔8〕）。

〔59〕 参见：纽约大学国际合作中心：《2010 年全球和平行动年度回顾》（林恩·瑞纳出版公司，博尔德，科罗拉多，2010 年），第 155—156 页；R. 戈万编辑：《2010 年政治特派团回顾》（纽约大学国际合作中心：纽约，2010 年），第 129—130 页；及 SIPRI 多边和平行动数据库（同注释〔36〕）。

理政策还没有超出联合国的框架。[60] 中国和印度只参加了联合国领导的行动。2003 年，巴西向欧盟刚果（金）行动（“阿耳特弥斯行动”）派遣了部队，但除此之外，巴西参加的全都是联合国的行动，并且拒绝参加 2003 年部署于海地的临时联盟部队。

四个新兴大国向和平行动派兵的方式也各不相同。长期以来，印度既向和平行动提供部队，也提供直升机等“保障力量”，并在联合国行动中获得了许多高级岗位；印度还经常参与强制性行动，尽管它对强力维和的概念表示了自己的不安。南非在提高了自己作为和平调解者的地位之后才大幅度地参与维和行动。与此形成对照的是，尽管中国的合作（或者叫不阻碍）对于世界各地的冲突解决越来越重要，但中国的和平调解记录却是有好有坏的。[61] 在与苏丹政府的谈判中，中国的确利用自己的政治影响力，使联合国获得了苏丹政府对部署联非达团的认可，在与刚果和卢旺达各方关于在刚果民主共和国部署维和行动的谈判中，中国也发挥了调解作用。[62] 但是，在西方眼里，对于冲突的解决来说，中国不仅是问题的化解者，也是问题的一部分。[63] 以达尔富尔为例，中国（在劝说苏丹政府同意部署维和特派团）之前曾利用其在安理会的地位，以尊重苏丹主权以及必须取得苏丹政府同意为由，使苏丹政府免受制裁，并拖延和平行动的部署。在维和领域，中国的贡献到目前为止仅限于派遣工兵营、野战医院以及警务人员。尽管中国已经认真考虑了作战部队的部署问题，但中国也许不会像印度那样考虑参加强制性特派团。[64]

此外，新兴大国在和平行动的财政贡献方面依然落后，只有中国是个例外。中国现在已是联合国维和预算的第 7 大贡献国（占 2010—2012 年度维和总预算的 3.94%），仅落后于美国、日本、英

---

〔60〕 南非参加了联非达团的前身——非盟苏丹特派团（AMIS），非盟布隆迪特派团（AMIB），以及非盟/联合国达尔富尔混合行动。其中，非盟布隆迪行动的维和部队主体由南非提供。南非没有参加非盟索马里特派团（AMISOM）。

〔61〕 参见：C. 里查逊：“中国维和政策不一致的原因分析：国际形象与目标听众的关切”，在国际研究学会第 50 届年会上宣读的论文，纽约，2009 年 2 月 18 日。

〔62〕 季北慈和黄志豪（同注释〔38〕），第 14 页，及国际危机小组（同注释〔38〕），第 16 页。

〔63〕 国际危机小组（同注释〔38〕），第 16 页。

〔64〕 季北慈和黄志豪（同注释〔38〕），第 28 页。

国、德国、法国和意大利。但维和经费的摊派比例使巴西、印度和南非处于次要角色地位，巴西占维和经费的 0.322%（与新加坡和阿拉伯联合酋长国相当），印度占 0.107%（与斯洛文尼亚和匈牙利相当），南非占 0.077%（与委内瑞拉和卢森堡相当）。[65]

更重要的是，到目前为止，新兴大国对维和行动越来越大的贡献，与在建设和平领域正在进行的努力相比，还不尽一致。无论是在冲突后的人道主义援助还是在发展援助领域，巴西、中国、印度和南非都落后于北方国家。中国虽然已经明显增加了对非洲国家的双边援助，但在建设和平的辩论当中却保持低姿态。印度经常呼吁人们注意其独特的国家建设经验以及在安全机构改革及冲突后过渡等建设和平领域的比较性优势。[66] 然而，印度在建设和平方面远远没有它在维持和平方面积极。部分原因是出于政策方面的考虑，另一部分原因是缺少财政资源。[67] 在建设和平委员会内，尽管所有四个新兴大国在 2010 年都是该委员会的成员，但只有巴西担任了几内亚比绍分委会的主席国，从而扮演了积极主动的角色。南非是建设和平委员会审议工作的三个协助国之一，从而确保了其在建设和平委员会内一定的曝光度，但它并不是讨论的驱动力量。

建设和平是可以向自由化建设和平的准则发起公开挑战的领域。然而，巴西、中国、印度和南非总体上对建设和平委员会的目标与政策持认同态度。原因之一可能是，东道国的完全同意是建设和平委员会在国家层面开展活动的先决条件。另一个是财政方面的原因。不仅在维持和平领域是这样，捐助国在建设和平工作中也扮演着关键的角色。我们很难获得巴西、中国、印度以及南非给建设和平项目提供的财政捐助数据。在给建设和平基金提供的款项中，中国在 47 个捐助

---

〔65〕 联合国大会：“联大 55/235 和 55/236 号决议的执行情况”，秘书长报告，A/64/220，2009 年 9 月 23 日。

〔66〕 参见：联合国：“联大介入联合国建设和平工作并通过文本，承认建设和平委员会的中心地位”，新闻简报，GA/11017，纽约，2010 年 10 月 29 日。网址：〈http://www.un.org/News/Press/docs/2010/ga11017.doc.htm〉。

〔67〕 关于这四个国家对联合国建设和平基金的自愿捐款情况，参见“捐款意向、捐款承诺与实际捐款”，2010 年 2 月 28 日。网址：〈http://www.unpbf.org/pledges.shtml〉。

国中居第16位，印度排名第19，巴西排名第23。（南非没有提供任何款项）。它们的捐款总数明显少于大多数经济合作与发展组织（OECD）成员国。[68]

国际交往与务实主义

认为经常性冲突并非近在眼前的另一个原因是，扩大参与和平行动可能会影响这些国家对维持和平与建设和平的认识。这是因为，无论是通过国际交往还是出于实用主义的考虑，扩大参与都将使它们更加接近现有的维和哲学与做法。向和平行动派遣人员以及由此而引起的对国际体系的参与和与国际社会的互动（这是多边决策的特点），可能会影响这几个新兴大国的立场与政策。比如，“有相当多的证据（哪怕是微妙的证据）表明，随着中国对（国际）体系的参与，中国外交官、战略家以及分析家融入了某些反现实政治的准则与做法”。[69]

还有证据表明，新兴大国在维持和平与建设和平问题的处理上，比其公开声明所宣称的更加务实。现行行动已经表明，这些国家能够将国家主权、东道国同意以及保护平民等问题上的原则立场，与具体国家的具体情况区分开来。中国的情况就是如此。虽然中国奉行“一个中国”的政策，对国际关系采取以国家为中心的处理方法，并且狭义地理解主权概念，但中国还是显示出了务实性与灵活性。例如，尽管海地正式承认台湾，中国还是向联海稳定团派遣了维和人员，中国还默许安理会通过干涉性的维和使命并且对维持和平的原则进行广义的理解。[70]

同样，巴西和印度的政策也在某种程度上受到其所参与行动的影

---

〔68〕 参见：联合国建设和平基金：“建设和平基金累计捐款意向、捐款承诺与实际捐款”，2010年2月28日。网址：〈http：//www. unpbf. org/pledges. shtml〉。关于中国的捐款情况，参见T. 拉姆等：“中国在非洲、拉美以及南亚的对外捐助活动”，向国会提交的国会研究服务（CRS）报告R40361（美国国会：华盛顿特区，2009年2月25日）。

〔69〕 A. I. 约翰斯顿：“社会国家：国际体系中的中国”，1980—2000（普林斯顿大学出版社，普林斯顿，新泽西，2008年），第xiv页。

〔70〕 参见：季北慈和黄志豪（同注释〔38〕），第13—14页，及国际危机小组（同注释〔38〕），第17—22页。

响。即使国家主权与东道国的同意对于它们对和平行动的观念来说十分重要，它们向和平行动的派兵情况表明，与意识形态相比，务实主义往往占据上风。在海地，巴西部队深度参与了与犯罪团伙的对抗；在刚果（金），印度维和人员参加了针对叛军与民兵武装的军事行动。巴西的情况更说明了这一点。巴西在维和辩论中对国家主权所采取的立场，与其在联海稳定团所奉行的政策之间的差距，就是务实主义的明证。巴西起初不愿意让联海稳定团包含《宪章》第七章使命，[71]但后来则坚持要求联海稳定团应更具干涉性。

同样有可能的是，新兴大国将经历西方国家在 20 世纪 90 年代初所经历的幻灭与收缩。困难与失败很可能将这些国家对联合国多边主义的热情浇灭，尤其是像巴西这样的民主国家，因为其国内对参与联合国行动的支持是摇摆不定的。

最后，也不能过高地估计和平行动在更为广泛的国际政治领域的重要性。如果对抗可能损害其谋求安理会常任理事国席位的前景，或者损害其与美国的关系，那么，在和平行动准则问题上搞重大对抗根本就不值得，尤其是对于印度、巴西和南非来说。尽管印度在维和问题上正在与外界进行很好的沟通，对安理会的工作方式也持批评态度，但印度还没有获得与其向任务区大规模派兵相一致的政治影响力，也没有表示这样做的任何意图。[72] 由于前文所提到的原因，印度想要发挥某种作用，也经常提出自己的观点，但它未必将维和看作是打破现有规则的领域。同样，虽然中国的贡献越来越大，在一些关键问题上也坚持自己的观点，但中国所提供的政治主张仍然是有限的。赵磊强调，中国的战略文化已经从“被动满足国际准则向积极塑

〔71〕 关于巴西反对联海稳定团包含第 7 章使命的情况，参见经济与政策研究中心：“维基泄密文件使人更加看清美国与巴西在联海稳定团背后的动机”，2010 年 12 月 23 日，网址：〈http：//ww. cepr. net/index. php/blogs/relief-and-reconstruction-watch/wikeleaked-documents-shed-more-light-on-us-brazilian-motives-behind-minustah〉。

〔72〕 参见：“维持和平：与出兵国和出警国的关系”，安理会报告，最新报告第 4 期，2009 年 6 月 25 日；印度对外关系事务部部长 S. M. 克里希纳：向第 65 届联大发表的声明，2010 年 9 月 29 日，网址：〈http：//www. indianembassy. org/prdetail1594/statement-by-external-affairs-minister-s. m. -krishna-at-65th-session-of-unga，-ny〉；及印度常驻联合国副特别代表 M. S. 普里：向安理会关于维和行动的辩论发表的声明，纽约，2010 年 8 月 6 日，网址：〈http：//www. un. int/india/2010/ind1715. pdf〉。

造国际准则”方向发生了“明显的转变”。他认为，中国是反对自由化和平模式的。[73] 然而，在维和使命的设计以及对和平行动（包括其出兵的行动）的战略监督问题上，中国保持了低姿态。此外，为了在“新地平线”磋商进程中反映“南方的视角”，2010 年 6 月，在巴西的倡议下，一些发展中国家在里约热内卢集会。会议文件所反映的观点与主流政策惊人地接近。[74] 这又回到了前面所说的和平行动的战略重要性相对较低，以及打破或遵循现有准则的相对成本与收益问题。如果挑战维和共识的政治成本很高，而且，正如罗兰·帕里斯关于自由化建设和平的言论所说，“如果替代性战略所制造的问题比解决的问题还要多”，那么变化更可能来自于对现行做法的改革，而不是因为就现有准则发生了重大冲突。[75]

第五节　结语：走向新的共识？

随着和平行动的实施，其模糊性与局限性随之而来。正因为如此，和平行动不仅是国际社会对极其复杂的情势所做出的制度性反应，也是各国对外政策与对外互动的一面镜子。它们既是国际组织所奉行的各种政策的产物，也反映了各国所承担的义务及其国际视野。这两个特点对于理解和平行动究竟能够取得多大成就以及成功、失败和进展的程度有多大，都十分关键。上述特点也可以说明为什么和平行动几乎永远都处于一种危机状态，无论是就其正当性还是有效性而言。自冷战结束以来，政策界和学术界对和平行动面临的政治困境与业务困境，都进行了广泛的讨论，它们还深入探讨了对以下问题进行反思和改进的必要性：即在试图建立冲突后持久和平时，国际组织的维和实践与各国所采取的政策应该怎样进行互动。

这场辩论的核心是就和平行动的原则、目的和方法取得广泛的国

---

〔73〕 赵磊（同注释〔48〕），第 93 页。

〔74〕 联合国大会：“联合国维和行动新视野：南方的视角”，2010 年 6 月 16—18 日，A/64/907，2010 年 9 月 13 日。

〔75〕 帕里斯（同注释〔55〕），第 357 页。

际共识。这一共识并没有受到公开的威胁，而且从理论上来说联合国行动依然是根据广为接受的原则与准则而得以建立。然而，这种共识是脆弱的，而且各国在维和政策和出兵方面出现的最新事态很可能已经使这种共识受到了进一步破坏。不仅当代和平行动的主要特征正在受到严重挑战，对和平行动究竟应该实现什么目标也没有形成共识。不同类型的国家为和平行动所承担的义务存在着差距，对外部干预的一些关键因素各国也存在分歧，和平行动因此而受到连累。

在此背景下，新兴大国在和平行动中日益扩大的作用也给维和共识增添了新的因素，因为这些国家可能对现状发起挑战。巴西、中国、印度和南非等国家可以——实际上已经——在能力、专业技术和政治主张方面给维持和平与建设和平活动带来许多益处。它们的参与既可以被看作给和平行动带来量与质的变化，也可以被看作对北方国家主导的维持和平与建设和平议程的一种威胁。这四个国家对辩论中的和平行动采取原则性的态度，强调主权、不干涉和东道国自主。这可能对和平行动的实际使命产生影响。然而，在多数情况下，它们在过去几年里还只是刚刚开始明显参与和平行动，因此对这些国家的长期政策取向下一个肯定的结论为时尚早。

单凭直觉而言，认为对冲突管理持不同观点的两派之间可能就维和准则问题发生冲突可能有一定的道理，但是，如果对近期所发生的事态以及这四个国家各自的特点与政策进行一番分析，我们就可以发现，并无多少证据表明这种冲突已经近在眼前。维持和平与建设和平的现行准则、原则及做法完全可能——实际上已经——在组织、国家及学术层面受到挑战。不过，在今后的任何辩论中，界线并不一定依照北南之轴划分。另外，巴西、中国、印度和南非已经展示了高度的务实性。务实主义似乎是这些国家依照现行做法制定政策的依据，而不是采取完全不同的做法。最后，还有一个问题是，对于大多数国家来说，维持和平是一种重要性相对较低的活动，就维和准则发生冲突是不是值得由此而可能付出的代价？对于新兴大国来说，它们所追求的大国地位与因此而需要承担的责任密切相关，如何看待这种责任也会影响其维和政策。

不过，和平行动正经历着一段不确定的时期，而且，如果说联合国及其他角色当前的工作重点是巩固现有做法的话，它们也应该致力于恢复成员国、国际组织以及当地角色之间的共识。这是因为，如果没有这种共识，正当而有效的和平行动就不可能存在。新兴国家将在多大程度上以及以何种方式影响这种共识将十分关键。如果它们在维持和平以及建设和平领域的地位变得更为突出，它们是继续采取至今所遵循的相对温和的做法，还是变得更加过于自信并且制定出真正与众不同的议程？如果是后者，它们离组成一支政治力量的距离有多远？

联合国安理会常任理事国的作用将是这场辩论的关键。不管一个国家的决心有多大，只有通过五个常任理事国，它才可能给联合国维持和平以及建设和平议程带来明显影响。常任理事国的作用可能会使某种程度的稳定性得到保证，除非中国不愿意这样做。然而，如果情况向别的方向发展，权力与责任就可能从联合国转移到临时机制。果真如此的话，广泛的共识可能再次遭到破坏。因此，北方国家吸纳新兴国家并确保其在现有体制的框架内而不是框架外行事，是符合北方国家利益的。在维持和平与建设和平之外，不断演变着的国际政治框架，以及新兴国家在现有体制内拓展其地位的方式，才是真正生死攸关的大问题。应该负起责任的不仅是现有大国，也包括新兴大国。联合国和平行动只是这一演变进程得到展现的诸多舞台之一。

（陆建新　译）

附录 3A 2010 年的多边和平行动

西格伦·安德烈斯多梯尔

一、导言

本附录介绍 2010 年和平行动的发展情况，并运用斯德哥尔摩国际和平研究所（SIPRI）多边和平行动数据库的数据，对 2001 年至 2010 年十年间的和平行动进行趋势分析。[1] 此处引用的数据为 2010 年正在进行的和平行动的年终概述，将其作为与以前年份进行比较分析的参考。[2] 第二部分介绍的是和平行动的全球发展趋势，其区域发展趋势在第三部分中论述。第四部分介绍数据来源以及收集数据时所使用的方法，随后是 2010 年所实施的所有多边和平行动的细节。

二、全球发展情况

2010 年总共在 33 个不同的地区实施了 52 项和平行动。2010 年，有 1 项新的和平行动开始启动，即“欧盟索马里训练团”（EUTM）；有 2 项行动结束，即“欧盟几内亚比绍安全部门改革支援团”（EU SSR Guinea-Bissau）及“联合国中非和乍得特派团”（MINURCAT）。这使 2010 年成为行动总数连续第二年出现下降，也是 2001—2010 年十年间第三个行动数量下降的年份（见图 3A. 1）。然而，投入和平行动的人员总数继续呈上升趋势：总数比 2009 年增加

〔1〕 斯德哥尔摩国际和平研究所多边和平行动数据库，网址：〈http：//www. sipri. org/databases/pko/〉。

〔2〕 本附录所载的部署人员数字一般为截至 2010 年 12 月 31 日或和平行动终止日期的估计数，并不表示部署人数最多时的数字或在这一年里投入人员的总数。

了 20%，达到 26.2842 万人（见图 3A.2），其中军事人员占 91%，民事警察占 6%，文职人员占 3%。[3] 已知的和平行动费用为 89 亿美元，比 2009 年创纪录的 91 亿美元下降 2%。[4]

在 2001—2010 年间，和平行动的年度数量有开始时的 51 项减至 2002 年的 49 项，2007 年和 2008 年上升为 60 项，然后再次下降，到这个十年的最后一年，比开始时多 1 项。投入和平行动的人员数量，初期也出现过与上述相似的趋势，从 2001 年的 12.3783 万人降至 2002 年的 10.2525 万人，是这十年间人数最少的一年。但在 2003—2010 年间，投入的人员数量每年都有增加，到 2010 年人员总数达 26.2842 万人，比 2002 年增长了 150%。

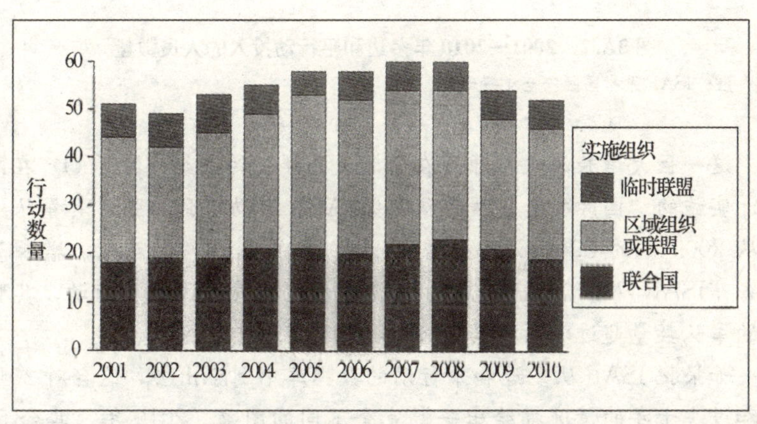

图 3A.1　2001—2010 年多边和平行动数量（按实施组织分类）

〔3〕 驻伊拉克的多国部队（MNF-I）曾在 2003 至 2005 年被认定为和平行动。但是，这项行动并不在统计范围内，其部署的 15.4 万—18.3 万名人员并没有计算在和平行动的人员总数内。MNF-I 从 2003 直到 2008 年联合国对其授权结束，有关信息可以在斯德哥尔摩国际和平研究所多边和平行动数据库（同注释〔1〕）里找到。

〔4〕 SIPRI 对于不同类别的和平行动的花费是如何计算出来的，请见下面的第四部分。

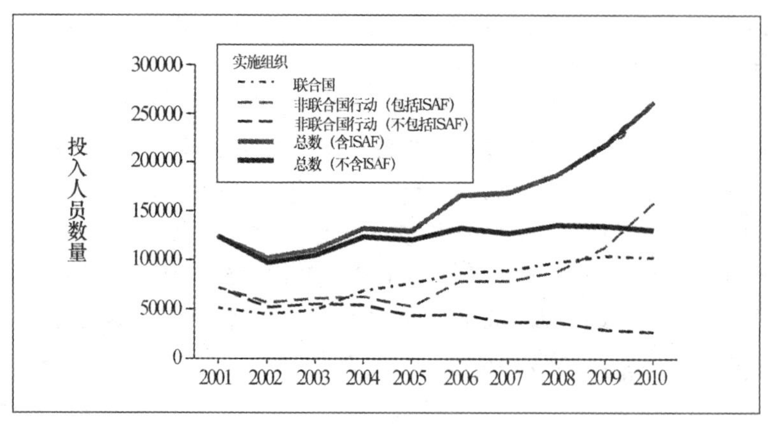

图 3A.2　2001—2010 年多边和平行动投入的人员数量

注： ISAF 系指国际安全支援部队。

这一巨大增长的主要原因在于北大西洋公约组织（NATO）在阿富汗实施的“国际安全支援部队”（ISAF）行动得到加强，其军队人数从 2009 年的 8.4146 万人增至 2010 年的 13.1730 万人，增长了 57%。ISAF 以连续第五年成为一项最大规模的多边和平行动，其投入的军队数量超过了所有其他各项行动加在一起的总数。

如果把 ISAF 从多边和平行动的数据库中剔除出去，这会对 2010 年和过去十年的情况描绘出一幅完全不同的图画。2010 年，其余 51 项和平行动所投入的人员总数为 13.1112 万人。2008—2010 年间的投入人数情况出现了略有下降的趋势（见图 3A.2）。此外，在 2010 年，有些维和及建和行动或者开始缩减或者正在安排缩减其人员数量（见本附录第三部分），这表明无论是人员数量还是行动数量都将要进一步减少，并意味着近来看到的联合国维和行动的“巩固”——即从建立新的、大规模的行动朝着“过渡”甚至“减少”行动中军事成分的方向转变——也发生在由其他组织实施的和平行动中。[5]

---

〔5〕 例如，联合国维和部和地勤部合编的《新地平线倡议：进展报告第一期》（联合国，纽约，2010 年 10 月），第 7—8 页。

实施的组织

联合国依然是2010年和平行动的主要实施者，总共实施了20项行动，投入人员的总数为10.3404万人，占ISAF以外的所有多边和平行动投入人员的79%（如果包括ISAF，则占39%）。[6] 联合国行动的人员数量自2002年开始连续增长之后，2010年出现小幅下降。

北约实施了3项行动，投入了14.0354万人或占总数的61%。[7] 这些行动中，国际安全支援部队的人数占94%。与之不同的是，北约科索沃部队（KFOR）继续在不断地撤走，从2009年的1.2662万人减至2010年的8454人。北约伊拉克训练团（NTM—I）继续保持170人，与2009年的水平几乎相同。

欧盟（EU）和欧洲安全与合作组织（OSEC）主导的行动，其发展情况同当前的“巩固”潮流相一致。欧盟2010年实施了12项行动（结束1项，新启动1项），但其投入的人员总数削减了10%，由2009年的5000人减至略多于4500人。欧安组织2010年实施了7项行动，比2009年少1项，其所投入的人数也略有下降，从369人减至363人。

非洲联盟（AU）是北约以外的唯一一个组织大大增加了行动人员，用以加强它当前仅有的一项行动——“非盟索马里特派团”，人数从2009年的5271人增至2010年的7999人。[8]

中非国家经济共同体（CEEAC）、独立国家联合体（CIS）和美洲国家组织（OAS）各实施1项行动。另有6项行动由临时联盟实施（见表3A.1和表3A.2）。

部署情况

国际安全支援部队的部署，极大地影响了截至2010年12月军事

---

〔6〕 这里的统计数中仅包括国际人员。关于每项行动雇佣当地协助人员的数字，见表3A.2。

〔7〕 北约阿富汗训练团的人员包含在国际安全支援部队的人数中。人员数量及派员国的具体情况可从SIPRI多边和平行动数据库（同注释〔1〕）里找到。

〔8〕 联合国维和部领导的阿盟/联合国达尔富尔混合行动团在本附录中被列为一项联合国行动。

人员（部队和军事观察员）提供国的排序（见图 3A.3）。[9] 把 ISAF 列入后，美国就是提供军事人员远多于其他国家的最大出兵国，在总共提供 23.8291 万人的 111 个国家中，美国派出了 9.0013 万人。接下来就是巴基斯坦、英国、孟加拉国和印度。如果不包括 ISAF 的人员，截至 2010 年 12 月，则有 105 个国家总共投入了 10.6561 万名军事人员。最大的出兵国就是巴基斯坦，共提供了 9594 人。在 8 个最大的出兵国中，4 个是亚洲国家，4 个是非洲国家。所有这些国家只向联合国行动提供兵员；在前 10 位出兵国中，只有意大利和法国参加过非联合国的行动。

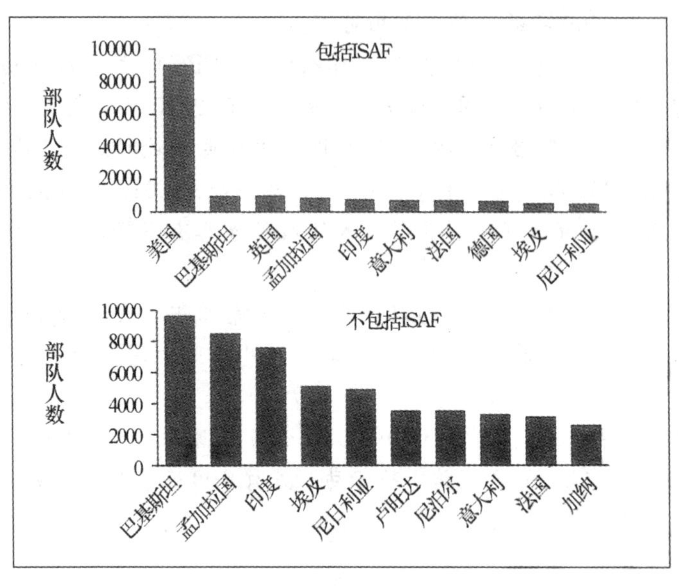

图 3A.3　2010 年向多边和平行动派遣部队最多的 10 个国家
（包括和不包括驻阿富汗的国际安全支援部队）

截至 2010 年 12 月，108 个国家向和平行动提供了总共 1.6385 万名民事警察（比 2009 年增长了 13%），其中联合国行动所投入的

---

〔9〕这些数字还包括在年内终止的行动所投入的人员以及那些 12 月份得不到而采用所能获得的最新数字。也可参见注释〔2〕。

警察占总数的88%，与2009年的比例大致相同。最大的派员国是约旦（见图3A.4）。10个最大的派员国中的其余国家在亚洲和非洲，这两个地区提供的人数占警察投入总数的56%。

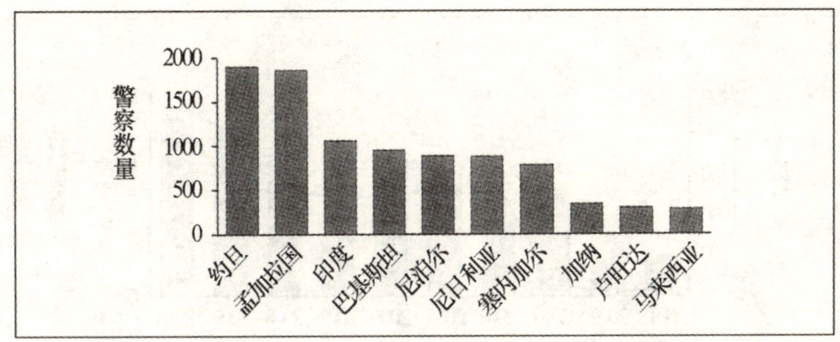

图 3A.4 2010年向多边和平行动派遣民事警察最多的10个国家

新兴国家的派员情况

过去十年，有些经济快速增长的非西方国家，尤其是巴西、中国、印度和南非，以加大对和平行动的参与来呼应其对地区和国际事务日益增强的自信心。[10] 这四个国家

增大了它们在人员投入总数中的比例，由2001年的5.1%增至2010年的14.5%（印度是这四个国家中远大于其他国家的派员国）。它们还较大地增加了参与的行动数量。

印度是联合国行动军事人员和民事警察的第三大派员国，巴西排位第13，南非第14，中国第15。巴西在2003年出现了一次大的增加之后，其派员规模一直保持较稳定，直到2009年随着“联合国海地稳定特派团”（MINUSTAH，联海团）的加强而出现另一次大幅增派（见图3A.5），并由其领导该团的军事部分。中国派员的明显增加始于2002年，但与联合国的总体部署相一致，2008年以来其派员情况基本上保持不变（见图3A.6）。印度虽然已经是一个主要的出兵国，但在2002年至2005年期间，它的派员数量又增加了两倍。2006年以来，它每年都在逐步减少派员，但仍保持着高于2005年的水平

〔10〕 见本书第三章。

(见图 3A.7)。南非在 2002 年开始大幅增加派员。它的派员情况有起伏，2004 年至 2006 年间出现下降，2007 年明显增多，此后每年又有少量增加（见图 3A.8)。

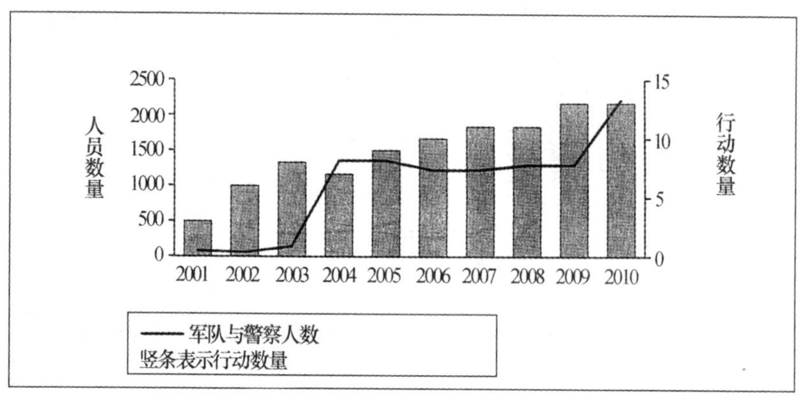

图 3A.5 2001—2010 年巴西向多边和平行动派员情况

注：由于现有资料方面的原因，人员数量仅包括部队和民事警察。行动数量则包括所有行动，即使是巴西仅派了观察员和文职人员的行动。

巴西于 2003 年曾向 1 项欧盟行动派出了 44 名军人。图中显示的所有其他派员均对联合国行动，而且绝大部分为部队。

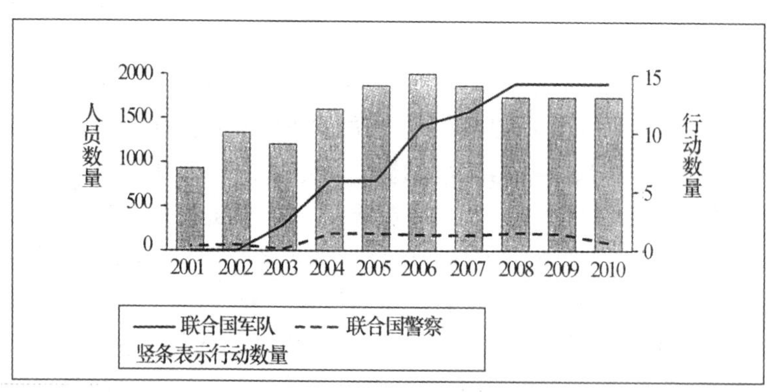

图 3A.6 2001—2010 年中国向多边和平行动派员情况

注：由于现有资料方面的原因，人员数量仅包括部队和民事警察。行动数量则包括所有行动，即使是中国仅派了观察员和文职人员的行动。

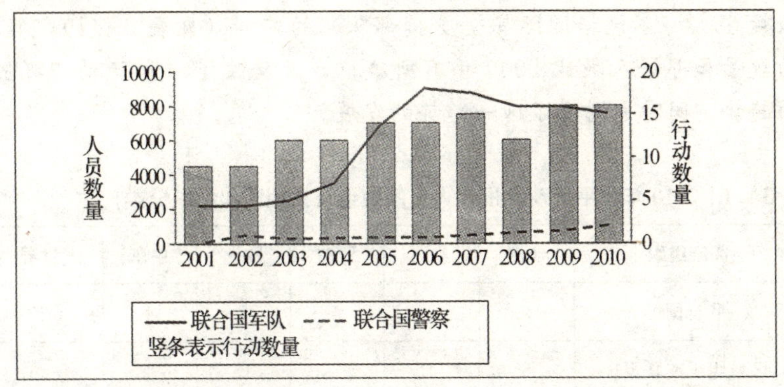

图 3A.7　2001—2010 年印度向多边和平行动派员情况

注：由于现有资料方面的原因，人员数量仅包括部队和民事警察。行动数量则包括所有行动，即使是印度仅派了观察员和文职人员的行动。

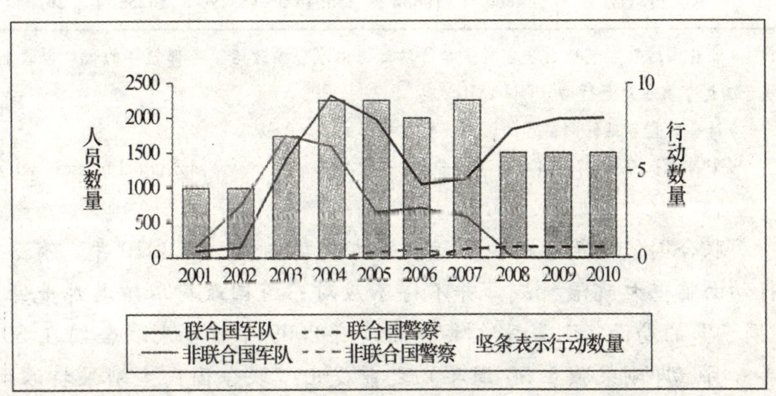

图 3A.8　2001—2010 年南非向多边和平行动派员情况

注：由于现有资料方面的原因，人员数量仅包括部队和民事警察。行动数量则包括所有行动，即使是南非仅派了观察员和文职人员的行动。

南非曾于 2001—2003 年间向 1 项临时联盟行动提供了部队，2003 年向 1 项欧盟行动提供了部队。它向其他非联合国行动的派员是对非盟行动。

三、地区发展情况

非洲

2010 年，在非洲部署的人数比 2009 年减少了 1%，实施的行动数量从 10 项降到了 9 项。作为 2010 年和平行动数量最多、占投入总人数 65%（不包括国际安全支援部队）的非洲（见表 3A.1），其行动数量和部署人数比 2009 年有所减少，既反映了维和行动“巩固”的趋势，同时也增强了这一趋势的发展。

表 3A.1　2010 年和平行动及投入人员的数量（按地区和组织分类）

实施组织	非洲	美洲	亚洲	欧洲	中东	世界
联合国[a]	9	1	4	2	4	20
区域组织或联盟[b]	6	1	2	13	4	26
临时联盟	1	0	3	0	2	6
行动总数	**16**	**2**	**9**	**15**	**10**	**52**
投入人员总数	**84806**	**10884**	**135548**	**15349**	**16255**	**262842**

a 联合国的数字包括由联合国维和行动部、由联合国政治事务部领导的行动以及非盟联合国达尔富尔混合行动（UNAMID）。

b 这些数据包括驻阿富汗的国际安全支援部队（ISAF）。

资料来源： SIPRI 多边和平行动数据库，网址：〈http://www.sipri.org/databases/pko/〉。

联合国依然是非洲和平行动的主要实施者。在 2010 年，有 3 项行动面临重大政治挑战，并不得不应对东道国政府取消其原先正式“同意”的局面。刚果民主共和国政府 2009 年曾要求联合国在 2010 年 6 月（即刚果独立 50 周年）之前提出“联合国民主刚果特派团”（MONUC）的缩减计划。2010 年，联合国与东道国达成了一个折衷方案，将该项行动更名为“联合国民主刚果稳定特派团”（MONUSCO，联刚团），并撤走了部分部队分队。[11]

对派驻“联合国科特迪瓦行动团”（UNOCI，联科团）的“同意”，在该团团长公开宣布东道国反对派总统候选人阿拉萨内·瓦塔拉赢得 2010 年 11 月举行的有争议的总统选举之后即提出异议。在任总统洛朗·巴博拒绝下台，而且两位候选人均宣称自己赢得了选举。

〔11〕 2010 年 5 月 28 日联合国安理会第 1925 号决议。

12 月，巴博正式要求“联科团”以及由联合国授权、法国领导的一项支援该团的“‘独角兽’行动”撤离。联合国安理会未予理睬，反而延伸了“联科团”的使命，临时从“联合国利比里亚特派团”（UNMIL，联利团）调来几个分队增援它。在乍得政府 1 月份要求“联合国中非乍得特派团”（MINURCAT，联中乍团）从其领土上撤走部队后，该团使命于 2010 年 12 月终止。乍得政府接管了为该国东部地区平民（包括苏丹达尔富尔地区的难民、乍国内流离失所人员以及人道主义救援人员）提供安全保护的责任。〔12〕

伴随着“联刚团”的缩编和“联中乍团”的终止，联合国在非洲的存在还有进一步减少的迹象。“联利团”已完成其第三阶段的缩减计划。在利比里亚 2011 年总统和议会选举之后，联合国将会对“联利团”的下一步部署水平作出决定。

在布隆迪出现一段时间的稳定和成功举行选举之后，“联合国布隆迪综合办事处”（BINUB）计划于 2011 年缩小其人员规模，目前正在研究用以确定未来配置的基数。〔13〕“欧盟几内亚比绍安全部门改革特派团”在完成了对当地当局实施全国安全部门改革计划提供援助的任务后已于 2010 年 9 月结束使命。最后，2010 年启动的一个小型的“欧盟索马里训练特派团”（AMISOM）将于 2011 年结束任务。该团受权加强和支持索马里安全部队，其训练活动是在乌干达进行的。

非洲的一项行动，即“非盟索马里特派团”（AMISOM），在人员数量上有较大增长。随着索马里局势的不断恶化，该团部队的人数增长了 50%，由 2009 年 12 月的 5221 人增至 2010 年 12 月的 7902 人。但这个数字依然比原先 8000 名军人的授权数量和 2010 年 12 月

〔12〕联合国、安理会、秘书长关于“联合国中非共和国与乍得特派团”的报告，S/2010/217，2010 年 4 月 29 日，以及联合国、安理会、秘书长关于“联合国中非共和国与乍得特派团”的报告，S/2010/611，2010 年 12 月 1 日。

〔13〕“联合国布隆迪综合办事处”更名为“联合国布隆迪办事处”，于 2010 年 1 月 1 日生效。2010 年 12 月 16 日联合国安理会第 1959 号决议。

新确定的 1.2 万名军人的数字要少得多。[14] 既然该特派团 2007 年启动以来一直明显地小于授权规模，现在看来，要让非盟成员国实现新的授权人数水平似乎不大可能。

亚洲

亚洲是连续两年和平行动投入人数最多的地区，国际安全支援部队占投入该地区人数的 97%。如果不算国际安全支援部队，该地区的维和人员数量和行动数量在 2001 年至 2010 年期间则出现了缓慢和平稳的下降。

在亚洲，有 2 项行动，即“欧盟阿富汗警察特派团”（EUPOL Afghanistan）和“所罗门群岛地区援助团”（RAMSI），其人数保持了与 2009 年相同的规模。在东帝汶，由于局势的进一步稳定以及当地安全机构所取得的进展，驻该国的“国际安全部队”（ISF）的人数在 2009 年至 2010 年期间减了一半。随着当地警察队伍承担起越来越多的责任，“联合国东帝汶综合特派团”（UNMIT）于 2010 年初开始重新配置其警察力量，并将在今后两年内继续逐步减员。[15]

2010 年，有关方面达成了在 2011 年终止“联合国尼泊尔特派团”（UNMIN）的协议。该团的职责是协助监督《全面和平协定》（CPA）的安排以及为准备选举提供技术支持。在经历了数月的政治危机之后，尼泊尔冲突各方达成了在 2011 年 1 月之前完成该协定规定的剩余任务的协议。[16]

欧洲

欧洲的和平行动数量尽管与 2009 年相同，但其投入的人数以连续两年出现明显减少，2009—2010 年间下降了 22%。这主要是由于“北约科索沃部队”（KFOR）的重组和缩编以及“联合国科索沃临时

---

〔14〕 2010 年 1 月 28 日联合国安理会第 1910 号决议以及 2010 年 12 月 22 日联合国安理会第 1964 号决议。2010 年 10 月，非盟作出了更大增长的授权，将该团增至 20000 名军人和 1680 名警察。非盟和平与安全理事会第 245 次会议公报，PSC/MIN/1（CCXXXXV），2010 年 10 月 15 日。

〔15〕 联合国、安理会、秘书长关于“联合国东帝汶综合特派团”的报告，S/2010/522，2010 年 10 月 13 日。

〔16〕 2010 年 9 月 15 日联合国安理会第 1939 号决议。

行政机构”（UNMIK）在 2010 年不断撤离其军队人员所致。[17]

美洲

2010 年，美洲有 2 项行动在继续实施着。海地 2010 年 1 月的地震破坏了该国脆弱的基础设施并使 100 多万人流离失所。联合国安理会增加了“联合国海地稳定特派团”（MINUSTAH）的军队和警察人数，[18] 以帮助该国维持稳定。这一增援的短期目的是为了维持法律和秩序以及为年内举行的地方和总统选举做准备。该特派团的长期任务将是帮助该国重建国家警察力量，加强该国法治机构的能力。

中东

2010 年，中东的和平行动没有大的变化。行动数量依然是 10 项，维和人数为 16255 人，基本上与 2009 年相同。“联合国黎巴嫩临时部队”（UNIFIL）仍然是该地区的最大行动，所投入的人数占该地区维和人员总数的 76%。

四、多边和平行动表

表 3A. 2 列出了 2010 年还在进行的 52 项多边和平行动的数据，其中包括在年内启动或结束的行动。表中所列的这些行动既有联合国授权实施的行动，也有由联合国安理会决议认可或授权、由区域组织和联盟实施或由非固定（临时）国家联盟实施的行动。行动所明示的意图是：1. 作为推动履行已签署的和平协议的一种手段；2. 支持一项和平进程；3. 协助预防冲突或建设和平的努力。

斯德哥尔摩国际和平研究所遵循联合国维和部对“维持和平”的定义，即它是协助冲突国家为实现可持续和平创造条件的一种机制。维和任务可以是：监督和观察停火协议的履行；作为建立信任措施；保护人道主义救援物资的运送；协助战斗人员复员遣返和重新安置的进程；加强司法、法治（包括刑事机构）、治安和人权等领域的机制性能力；选举保障支持；以及促进经济和社会发展。本表因而涵盖的和平行动范围广泛，反映了和平行动职能的日益复杂性以及在履行这

〔17〕 北约科索沃部队的人数从 2009 年 10 月的 12662 人降至 2010 年 11 月的 8454 人。

〔18〕 2010 年 1 月 19 日联合国安理会第 1908 号决议。决议授权将部队人数从 6940 人增至 8940 人，民事警察人数从 2211 人增至 3711 人。

些职能过程中任务发生变化的潜在可能性。表中未列入斡旋、实地调查和协助选举等活动，也未列入由非常驻人员或谈判小组组成的和平行动以及未经联合国认可的行动。[19]

这些行动系按实施实体分类，在同一组中则按起始日期先后排列。联合国行动分成三组：14 项是由联合国维和部实施的观察团和多职能和平行动；5 项特别政治行动和建设和平行动；以及“非盟/联合国达尔富尔混合行动”（UNAMID）。后面七组为区域组织或联盟实施或领导的行动：非洲联盟 1 项；中非国家经济共同体 1 项；独联体 1 项；欧洲联盟 12 项；北约组织 3 项；美洲国家组织 1 项；以及欧洲安全与合作组织 7 项。最后一组列出了 6 项经联合国认可、由临时国家联盟实施的行动。

2010 年现有行动中新参加的国家用黑体字标出。2010 年停止参与的国家用斜体字显示。国家名称有下划线的，则是在有警察或军事人员参加的行动团中被指定为牵头的国家（它们或者是有行动控制权的国家，或者是派出人员最多的国家）。组建一项行动所依据的法律文书——联合国安理会决议或区域组织的正式决定——以及该项行动的最初部署日期列在表的第一栏中。2010 年新启动的行动，其所依据的法律文书用黑体字表示。2010 年结束的行动，其所依据的法律文书用斜体字显示。

批准人数是指最近一次所授权的 2010 年人员数量。聘用的当地支援人员和志愿者的数量未列入本表，但只要有，就在注释中注明。欧盟行动中，文职人员的批准人数列在“民事警察”一行中。各国为各项行动提供人员的全面信息可在“SIPRI 多边和平行动数据库”中找到。[20] 表中的“观察员”类别，既包括军事观察员，也包括民事观察员。[21]

各项行动中的死亡人数列出了一项行动从开始以来的总数和 2010 年一年的数字。在 2010 年的死亡数中录入了已知的死亡原因

〔19〕 对于定义、方法和来源的全面说明可在 SIPRI 多边和平行动数据库里找，网址：〈http：//www. sipri. org/databases/pko/methods/〉。

〔20〕 SIPRI 多边和平行动数据（同注释〔1〕）。数据库还全面列出了各行动团的职责任务、负责人及相关文件的细节等。

〔21〕 联合国维和部现在将该类别称为“特派团专家”。

(死于意外事故，或敌对行动，或伤病)。由于对死者之死因并非均有报告，故该年的这三个数字相加并不一定与全年死亡总人数相符。联合国提供了行动中当地雇员的死亡数据，但其他组织或联盟则未这么做。

经费开支的金额单位为百万美元（按 2010 年美元价计算）。预算金额是以日历年度而不是财政年度列出的。日历年度的开支数据是按整个财政年度的平均支出率折算出来的。以美元之外的其他货币计算的预算开支，系按国际货币基金组织 2010 年合计市场汇率折算。[22]所标示的联合国行动和欧安组织行动的开支金额是指该年度的预算金额，其他行动的金额数字则指实际开支金额。

所标示的联合国行动开支金额指行动的核心运作费用，包括人员部署费、部署人员的津贴费、后方的直接支持费用（例如维和行动的支持活动账目和联合国在意大利布林迪西后勤基地所需的费用）。联合国维和行动的费用由所有联合国会员国分摊，按具体核定比例缴纳摊款，不管其是否参与维和行动。政治和建设和平行动的经费系来自联合国的正常预算拨款。联合国维和预算并不涵盖某些项目性的经费，例如解除武装、复员遣返和重新安置的经费，它来自各种志愿捐助。北约实施的行动，其预算数字仅指通用性开支，主要包括北约总部的日常费用（如文职人员经费及运作和维持费用）以及用于支援这些行动所需的基础设施方面的投入。人员部署费系由各派兵国自行承担，未列入此表的预算数字中。欧盟的大多数行动是以两种方式中的一种得到经费的：民事行动由共同体预算拨款；军事行动或带有军事成分的行动的经费则由参加行动的欧盟成员国通过“雅典娜”机制[23]提供。独联体国家实施的维和行动未提供经费数额，因为独联体没有特定的通用预算，而由行动参加国自行承担部队部署费。其他

〔22〕 关于和平行动预算的具体情况，可从 SIPRI 多边和平行动数据库中找到（同注释〔1〕）。

〔23〕 “雅典娜”机制是管理具有军事或防务含义的欧盟行动中通用性开支的一种机制。2007 年 5 月 14 日，欧盟理事会的 2007/384/CFSP 决定批准了建立这一机制（见《欧盟议事录》第 L152 号，2007 年 6 月 13 日）。2008 年 12 月 18 日，欧盟理事会的 2008/975/CFSP 决定则进一步确定，建立一个对带有军事或防务含义（雅典娜）的欧盟行动的通用性开支筹资管理机制（见《欧盟议事录》第 L345 号，2008 年 12 月 23 日）。

组织实施或领导的行动，例如由美洲国家组织或由临时联盟实施的行动，其预算金额中可能还包括落实相关项目的费用。

由于所有这些原因，表 3A. 2 所列的各项经费数字应看作是估计数，不同行动团的经费预算不能进行相互比较。

除非另有注明，表中所有数字均为截至 2010 年 12 月 31 日的数字，或者，若是在 2010 年结束的行动，则为结束之日的数字。

各项多边和平行动的数据是从以下几类公开来源得到的：1. 相关组织的秘书处提供的官方信息；2. 维和行动团团部提供的信息，或是其官方出版物，或是它们对 SIPRI 年度调查问卷的答复；3. 来自有关维和团的派员国政府的信息。在有些情况下，SIPRI 研究人员还通过电话采访或电子邮件来往的方式从实施行动的组织或派员国政府了解到某项行动的补充情况。除了这些主要来源之外，还用了大量公开的二手资料来源作为补充，包括专业期刊、研究报告、新闻机构以及国际、地区和当地报刊等。

表 3A.2　2010 年多边和平行动

法律依据/开始时间/地点	2010 年派出部队、观察员、民事警察或文职人员的国家（**黑体字**为新参加国、*斜体字*为年内结束使命国、<u>下划线</u>表示指定的牵头国）	部队/观察员/民事警察/文职人员		死亡人数：迄今数/2010 年数/（死于敌对行动、事故、伤病）	开支（百万美元）全年开支额/未付额
		批准数	实际数		
联合国实施的行动（14 项）（共有 115 个 * 国家参加）		**73291** **2032** **11160** **5217**	**62860** **1945** **9441** **4388**	**1270** **150**	**5117.9** **1405.0**
* 由于无法得到参与行动的文职人员的具体国籍情况，这个数字仅包括 2010 年期间向联合国维和部提供穿军服、警服人员的国家。					

联合国停战监督组织（UNTSO）

该组织系根据 1948 年 5 月 29 日安理会第 50 号决议建立，其职责是协助"调解员"和"停战委员会"监督 1948 年阿以战争后在巴勒斯坦的停火执行情况，后来还协助监督 1949 年的《停战总协议》和 1967 年"阿以六天战争"后的停火执行情况。该组织在开展活动时同"联合国脱离接触观察部队"（UNDOF）和"联合国黎巴嫩临时部队"（UNIFIL）进行合作。该组织使命的终止需由安理会作出明确决定。

法律依据/开始时间/地点	国家	批准数	实际数	死亡人数	开支
安理会 50 号决议 1948.6 埃及、以色列、黎巴嫩、叙利亚	观察员：阿根廷、<u>澳大利亚</u>、奥地利、比利时、加拿大、智利、中国、丹麦、爱沙尼亚、<u>芬兰</u>、法国、爱尔兰、意大利、**马拉维**、尼泊尔、荷兰、新西兰、挪威、俄罗斯、斯洛伐克、斯洛文尼亚、瑞典、瑞士、美国	- - 150 - - 120	- - 149 - - 91 *	50 - -	30.3 - -

* 该组织另有 124 名当地雇员协助。

法律依据/开始时间/地点	2010 年派出部队、观察员、民事警察或文职人员的国家（**黑体字**为新参加国、*斜体字*为年内结束使命国、下划线表示指定的牵头国）	部队/观察员/民事警察/文职人员 批准数	实际数	死亡人数：迄今数/2010 年数/（死于敌对行动、事故、伤病）	开支（百万美元）全年开支额/未付额
联合国印巴军事观察小组（UNMOGIP）					
该小组系根据 1951 年 3 月 30 日安理会第 91 号决议建立，其职责是监督 1949 年 7 月《卡拉奇协议》规定的克什米尔停火。该小组使命的终止需由安理会作出明确决定。					
安理会 91 号决议		--	--	11	8.0
1951.3	观察员：智利、克罗地亚、芬兰、意大利、韩国、	48	44	--	--
印度、巴基斯坦	菲律宾、瑞典、乌拉圭	--	--		
（克什米尔查谟）		26	23 *		
* 该小组另有 47 名当地雇员协助。					
联合国塞浦路斯维和部队（UNFICYP）					
该维和部队系根据 1964 年 3 月 4 日安理会第 186 号决议建立，其职责是防止塞浦路斯的希腊族和土耳其族两方居民发生战事，并协助维护和恢复法律与秩序。自 1974 年敌对行动结束以来，该部队的职责还包括监督（1974 年 8 月开始）事实上的停火和维护两方之间的缓冲区。2010 年 12 月 14 日安理会第 1953 号决议将此授权延长至 2011 年 6 月 15 日。					
安理会 186 号决议	部　队：阿根廷、奥地利、巴西、加拿大、智利、克罗地亚、匈牙利、巴拉圭、*秘鲁*、**塞尔维亚**、斯洛伐克、英国	860	854	180	58.1
1964.3		--	--	--	13.4
塞浦路斯	民事警察：澳大利亚、波黑、克罗地亚、萨尔瓦多、印度、爱尔兰、意大利、黑山、荷兰、乌克兰	69	68		
		39	37 *		
* 该部队另有 113 名当地雇员协助。					

法律依据/ 开始时间/ 地点	2010 年派出部队、观察员、 民事警察或文职人员的国家 （黑体字为新参加国、*斜体字*为年内结束使命国、下划线表示指定的牵头国）	部队/ 观察员/ 民事警察/ 文职人员		死亡人数： 迄今数/ 2010 年数/ （死于敌对行动、事故、伤病）	开支 （百万美元） 全年开支额/ 未付额
		批准数	实际数		
联合国脱离接触观察部队（UNDOF）					
该观察部队系根据 1974 年 5 月 31 日安理会第 350 号决议建立，其职责是观察以色列和叙利亚部队之间的停火和脱离接触，以及维持一个由 1973 年《脱离接触协议》规定的限制和隔离区。2010 年 12 月 22 日安理会第 1965 号决议将此授权延长至 2011 年 6 月 30 日。					
安理会 350 号决议 1974.6 叙利亚	部　队：奥地利、加拿大、克罗地亚、印度、日本、波兰	1047 -- -- 47	1045 -- -- 40*	43 --	45.0 15.5
*该部队另有 103 名当地雇员协助。					
联合国黎巴嫩临时部队（UNIFIL）					
该临时部队系根据 1978 年 3 月 19 日安理会第 425 号决议和第 426 号决议建立，其职责是确认以色列军队从黎巴嫩南部撤离，并协助黎巴嫩政府对该区域重新行使行政权力。在 2006 年以色列与真主党的冲突后，联合国安理会于 2006 年 8 月 11 日通过的第 1701 号决议使该行动的职责改变为包括有关建立和监督永久性停火的多项任务。2010 年 8 月 30 日安理会第 1937 号决议将该部队使命延长至 2011 年 8 月 31 日。					

法律依据/ 开始时间/ 地点	2010 年派出部队、观察员、 民事警察或文职人员的国家 (**黑体字**为新参加国、*斜体字*为年内结束使命国、下划线表示指定的牵头国)	部队/ 观察员/ 民事警察/ 文职人员		死亡人数: 迄今数/ 2010 年数/ (死于敌对行动、事故、伤病)	开支 (百万美元) 全年开支额/ 未付额
		批准数	实际数		
安理会 425 和 426 号决议 1978.3 黎巴嫩	部　队：**孟加拉国**、比利时、**巴西**、文莱、**哥伦比亚**、中国、克罗地亚、塞浦路斯、丹麦、萨尔瓦多、法国、德国、加纳、希腊、危地马拉、匈牙利、印度、印度尼西亚、爱尔兰、意大利、韩国、马其顿、马来西亚、尼泊尔、*尼日尔*、葡萄牙、卡塔尔、**塞尔维亚**、塞拉利昂、斯洛文尼亚、西班牙、**斯里兰卡**、坦桑尼亚、土耳其	15000 - - - - 407	11961 - - - - 328 *	290 8 (-, 6, 2, -)	518.7 ..

* 该部队另有 659 名当地雇员协助。

联合国西撒哈拉公民投票特派团（MINURSO）

该特派团系根据 1991 年 4 月 29 日安理会第 690 号决议建立，负责监督西撒人民阵线同摩洛哥政府之间的停火，观察驻军裁减情况，以及为举行一次关于西撒哈拉是否并入摩洛哥的最终公民投票做准备工作。2010 年 4 月 30 日安理会第 1920 号决议将此授权延长至 2011 年 4 月 30 日。

法律依据/开始时间/地点	国家	批准数	实际数	死亡人数	开支
安理会 690 号决议 1991.9 西撒哈拉	部　队：**孟加拉国**、加纳、*马来西亚* 观察员：阿根廷、奥地利、孟加拉国、巴西、中国、克罗地亚、吉布提、埃及、萨尔瓦多、法国、加纳、希腊、几内亚、洪都拉斯、匈牙利、爱尔兰、意大利、约旦、韩国、马来西亚、蒙古、**尼泊尔**、尼日利亚、巴基斯坦、巴拉圭、波兰、俄罗斯、斯里兰卡、乌拉圭、也门 民事警察：埃及、萨尔瓦多、约旦	27 203 6 108	29 207 6 100 *	15 - -	60.0 58.4

法律依据/开始时间/地点	2010 年派出部队、观察员、民事警察或文职人员的国家（**黑体字**为新参加国、*斜体字*为年内结束使命国、下划线表示指定的牵头国）	部队/观察员/民事警察/文职人员		死亡人数：迄今数/2010 年数/（死于敌对行动、事故、伤病）	开支（百万美元）全年开支额/未付额
		批准数	实际数		
＊该特派团另有 163 名当地雇员和 19 名联合国志愿者协助。					
联合国科索沃临时行政机构（UNMIK）					
该机构系根据 1999 年 6 月 10 日的安理会第 1244 号决议建立，其职责是：促进科索沃建立实质性的自治和自己的政府，行使民事管理职能，维护法律和秩序，促进人权，保证难民和离散人员的安全返回。在科索沃宣布独立以及在“欧盟科索沃法制团”（EULEX Kosovo）部署到位之后，该临时行政管理机构的职责改变为监督和协助当地机构。终止该管理机构的任务需由安理会作出明确决定。					
安理会 1244 号决议 1999.6 科索沃		--	--	54	47.8
	观察员：**捷克**、丹麦、挪威、**波兰**、罗马尼亚、俄罗斯、西班牙、*土耳其*、乌克兰	8	8	--	..
	民事警察：中国、德国、加纳、意大利、巴基斯坦、罗马尼亚、俄罗斯、*斯洛文尼亚*、土耳其、乌克兰	8	8		
		173	141＊		
＊该观察团另有 236 名当地雇员和 28 名联合国志愿者协助。					
联合国刚果民主共和国组织稳定行动团（MONUSCO）					
该行动团的前身—“联合国刚果民主共和国行动团（MONUC）系根据 1999 年 11 月 30 日安理会第 1279 号决议建立，并由 2000 年 2 月 24 日的安理会第 1291 号决议授权监督民主刚果、安哥拉、纳米比亚、卢旺达、乌干达及津巴布韦六国间停火协议的执行情况，监督和核查各方部队脱离接触，监视违反人权的情况，以及为人道主义援助提供便利。2003 年 7 月 28 日安理会第 1493 号决议授予该团《联合国宪章》第七章所赋予的权力。2008 年 12 月 22 日，安理会第 1856 号决议授权该行动团的职责是：保护平民、人道主义援助人员、联合国人员及设施的安全；协助对外国及刚果的武装集团解除武装、复员遣返和重新安置；协助安全部门改革；培训和指导刚果武装部队；协助维护民主刚果的领土安全；以及帮助加强民主机构和法治建设。2010 年 5 月 28 日安理会第 1925 号决议将该团的使命转为稳定行动，并改用现名，延长至 2011 年 6 月 30 日。安理会第 1925 号决议还赋予该团为 2011 年选举的准备工作提供技术和后勤支持的职责。该行动团在开展活动时同“欧盟驻民主刚果警察特派团”（EUPOL RD Congo）和“欧盟驻民主刚果安全改革咨询与支援团”（EUSEC RD Congo）进行合作。					

法律依据/ 开始时间/ 地点	2010 年派出部队、观察员、 民事警察或文职人员的国家 (**黑体字**为新参加国、*斜体字*为年内结束使命国、下划线表示指定的牵头国)	部队/ 观察员/ 民事警察/ 文职人员		死亡人数： 迄今数/ 2010 年数/ (死于敌对行动、事故、伤病)	开支 (百万美元) 全年开支额/ 未付额
		批准数	实际数		
安理会 1279 号决议 1999.11 刚果民主共和国	部　队：孟加拉国、比利时、贝宁、*玻利维亚*、中国、埃及、加纳、危地马拉、印度、印度尼西亚、约旦、*马拉维*、摩洛哥、尼泊尔、巴基斯坦、*塞内加尔*、塞尔维亚、南非、*突尼斯*、乌拉圭 观察员：阿尔及利亚、孟加拉国、比利时、贝宁、玻利维亚、波黑、布基纳法索、喀麦隆、加拿大、中国、捷克、丹麦、埃及、法国、加纳、危地马拉、印度、印度尼西亚、爱尔兰、约旦、肯尼亚、马拉维、马来西亚、马里、蒙古、摩洛哥、莫桑比克、尼泊尔、尼日尔、尼日利亚、挪威、巴基斯坦、巴拉圭、秘鲁、波兰、罗马尼亚、俄罗斯、塞内加尔、**塞尔维亚**、南非、西班牙、斯里兰卡、瑞典、瑞士、**坦桑尼亚**、突尼斯、英国、乌克兰、乌拉圭、**美国**、也门、赞比亚 民事警察：孟加拉国、贝宁、布基纳法索、喀麦隆、**加拿大**、中非共和国、乍得、科特迪瓦、埃及、法国、几内亚、印度、约旦、马达加斯加、马里、尼日尔、**尼日利亚**、罗马尼亚、俄罗斯、塞内加尔、瑞典、多哥、土耳其、乌克兰、也门	19815 760 1441 1180	17129 714 1262 1106 *	171 16 (5，1，10，-)	1369.0 663.4

法律依据/ 开始时间/ 地点	2010 年派出部队、观察员、 民事警察或文职人员的国家 （黑体字为新参加国、*斜体*字为年内结束使命国、下划线表示指定的牵头国）	部队/ 观察员/ 民事警察/ 文职人员 批准数	 实际数	死亡人数： 迄今数/ 2010 年数/ （死于敌对行动、事故、伤病）	开支 （百万美元） 全年开支额/ 未付额
* 该特派团另有 2673 名当地雇员和 471 名联合国志愿者协助。					
联合国利比里亚特派团（UNMIL） 该特派团系根据 2003 年 9 月 19 日安理会第 1509 号决议建立，拥有《联合国宪章》第七章规定的权力。其职责是支持 2003 年《全面和平协议》的执行，为人道主义和人权活动提供支援，协助东道国的安全部门改革以及保护平民。该团在开展活动时同“联合国科特迪瓦特派团”（UNOCI）和“联合国塞拉利昂特派团”（UNAMSIL）进行合作。2009 年 9 月 15 日安理会第 1938 号决议把定于 2011 年 10 月举行的总统和议会选举是否自由、公正作为该特派团将来能否削减规模的基本条件，决议还赋予该团为选举提供后勤支持的职责。安理会第 1938 号决议将该团的使命延长至 2011 年 9 月 30 日。					
安理会 1509 号决议 2003. 10 利比里亚	部　队：孟加拉国、贝宁、玻利维亚、巴西、中国、克罗地亚、丹麦、厄瓜多尔、埃塞俄比亚、芬兰、法国、加纳、约旦、韩国、蒙古、纳米比亚、尼泊尔、尼日利亚、巴基斯坦、巴拉圭、秘鲁、菲律宾、塞内加尔、多哥、乌克兰、美国、也门 观察员：孟加拉国、贝宁、玻利维亚、**巴西**、保加利亚、中国、丹麦、厄瓜多尔、埃及、萨尔瓦多、埃塞俄比亚、冈比亚、加纳、印度尼西亚、约旦、韩国、吉尔吉斯斯坦、马来西亚、*马里*、摩尔多瓦、黑	8202 133 1375 544	7938 131 1323 434 *	152 9 （1，4，4，—）	525.0 36.5

法律依据/开始时间/地点	2010年派出部队、观察员、民事警察或文职人员的国家（**黑体字**为新参加国、*斜体字*为年内结束使命国、下划线表示指定的牵头国）	部队/观察员/民事警察/文职人员 批准数	实际数	死亡人数：迄今数/2010年数/（死于敌对行动、事故、伤病）	开支（百万美元）全年开支额/未付额
	山、*纳米比亚*、尼泊尔、尼日尔、尼日利亚、巴基斯坦、巴拉圭、秘鲁、菲律宾、波兰、罗马尼亚、俄罗斯、塞内加尔、塞尔维亚、多哥、乌克兰、美国、赞比亚、津巴布韦 民事警察：阿根廷、孟加拉国、波黑、中国、捷克、埃及、萨尔瓦多、斐济、冈比亚、德国、加纳、*冰岛*、印度、*牙买加*、约旦、肯尼亚、吉尔吉斯斯坦、*马拉维*、纳米比亚、尼泊尔、尼日利亚、挪威、巴基斯坦、菲律宾、波兰、俄罗斯、卢旺达、塞尔维亚、斯里兰卡、**瑞典**、瑞士、土耳其、乌干达、乌克兰、乌拉圭、美国、也门、赞比亚、津巴布韦				

* 该特派团另有982名当地雇员和223名联合国志愿者协助。

联合国科特迪瓦行动团（UNOCI）

该行动团系根据2004年2月27日安理会第1528号决议建立，拥有《联合国宪章》第七章规定的权力。其职责是监督停止敌对行动和武装集团的调动，监督武器禁运；支持解除武装、复员遣返、重新安置和安全部门改革；在建立法律和秩序、人权和公共信息领域提供协助；为提供人道主义援助和重新建立国家行政机构创造条件；以及协助举行自由选举。2007年，该团的职责扩大为支持2007年3月4日《瓦加杜古政治协议》和2007年11月28日《补充协议》的全面执行。2010年6月30日安理会第1933号决议为该团增加了保护平民的职责。该团在开展活动时同“联合国利比里亚特派团”（UNMIL）和（法国的）“独角兽（Licorne）行动”进行合作。在2010年11月总统选举后出现政治危机之后，安理会第1951号决议（2010年11月24日）授权“联合国利比里亚特派团”临时调来一些部队增援该行动团。2010年12月20日安理会第1962号决议将该团的使命延长至2011年6月30日。

法律依据/ 开始时间/ 地点	2010 年派出部队、观察员、民事警察或文职人员的国家 (**黑体字**为新参加国、*斜体字*为年内结束使命国、下划线表示指定的牵头国)	部队/观察员/民事警察/文职人员 批准数	 实际数	死亡人数：迄今数/2010 年数/(死于敌对行动、事故、伤病)	开支(百万美元)全年开支额/未付额
安理会 1528 号决议 2004.4 科特迪瓦	部　队：孟加拉国、贝宁、巴西、乍得、埃及、法国、加纳、约旦、摩洛哥、尼泊尔、尼日尔、巴基斯坦、巴拉圭、菲律宾、塞内加尔、坦桑尼亚、多哥、突尼斯、乌干达、也门 观察员：孟加拉国、贝宁、玻利维亚、巴西、乍得、中国、厄瓜多尔、萨尔瓦多、埃塞俄比亚、*法国*、冈比亚、加纳、危地马拉、几内亚、印度、爱尔兰、约旦、韩国、摩尔多瓦、纳米比亚、尼泊尔、尼日尔、尼日利亚、巴基斯坦、巴拉圭、秘鲁、菲律宾、波兰、罗马尼亚、俄罗斯、塞内加尔、塞尔维亚、坦桑尼亚、多哥、突尼斯、乌干达、乌拉圭、也门、赞比亚、津巴布韦 民事警察：阿根廷、孟加拉国、贝宁、布隆迪、喀麦隆、加拿大、中非共和国、乍得、刚果民主共和国、吉布提、**埃及**、*法国*、加纳、约旦、尼日尔、巴基斯坦、卢旺达、塞内加尔、瑞士、多哥、土耳其、乌克兰、乌拉圭、也门	7200 * 192 1250 500	7569 186 1316 380 * *	71 7 (-，1，6，-)	485.0 73.6

<table>
<tr><th rowspan="2">法律依据/
开始时间/
地点</th><th rowspan="2">2010 年派出部队、观察员、
民事警察或文职人员的国家
(黑体字为新参加国、斜体字为年内结束使命国、<u>下划线</u>表示指定的牵头国)</th><th colspan="2">部队/
观察员/
民事警察/
文职人员</th><th rowspan="2">死亡人数:
迄今数/
2010 年数/
(死于敌对行动、事故、伤病)</th><th rowspan="2">开支
(百万美元)
全年开支额/
未付额</th></tr>
<tr><th>批准数</th><th>实际数</th></tr>
<tr><td colspan="6">* 2010 年 9 月 29 日安理会第 1942 号决议授权该行动团临时增加军、警力量,其人数从 8650 人增至 9150 人。安理会第 1951 号决议授权从“联合国利比里亚特派团”抽调 3 个步兵连和 1 支航空部队临时增派给该行动团。该团目前的人数是安理会第 1962 号决议确定的。
* * 该行动团另有 737 名当地雇员和 267 名联合国志愿者协助。</td></tr>
<tr><td colspan="6">联合国海地稳定特派团(MINUSTAH)
该特派团系根据 2004 年 4 月 30 日安理会第 1542 号决议建立,拥有《联合国宪章》第七章的权力。其职责是,为保证和平进程的推进而维护可靠和稳定的环境;协助东道国的安全部门改革,包括实施一项解除武装、复员遣返和重新安置的全面计划,增强国家警察的能力并重新建立法治;协助举行自由选举;支持人道主义援助和人权活动;以及保护平民。2010 年 6 月 4 日安理会第 1927 号决议要求该团协助海地政府进行定于 2010 年举行的地方和总统选举的准备工作。2010 年 10 月 14 日安理会第 1944 号决议将该团的使命延长至 2011 年 10 月 15 日。</td></tr>
<tr><td>安理会 1542 号决议
2004.6
海 地</td><td>部 队:阿根廷、玻利维亚、<u>巴西</u>、加拿大、智利、厄瓜多尔、法国、危地马拉、日本、约旦、韩国、尼泊尔、巴拉圭、秘鲁、菲律宾、斯里兰卡、乌拉圭、美国</td><td>8940 *
- -
4391
534</td><td>7032
- -
3340
482 * *</td><td>160
101
(-, 100, 1, -)</td><td>611.7
312.7</td></tr>
</table>

法律依据/开始时间/地点	2010 年派出部队、观察员、民事警察或文职人员的国家（**黑体字**为新参加国、*斜体字*为年内结束使命国、下划线表示指定的牵头国）	部队/观察员/民事警察/文职人员 批准数	实际数	死亡人数：迄今数/2010 年数/（死于敌对行动、事故、伤病）	开支（百万美元）全年开支额/未付额
	民事警察：阿根廷、孟加拉国、贝宁、巴西、布基纳法索、**布隆迪**、喀麦隆、加拿大、中非共和国、乍得、智利、中国、哥伦比亚、科特迪瓦、克罗地亚、埃及、萨尔瓦多、法国、格林纳达、几内亚、**几内亚比绍**、印度、**印度尼西亚**、**意大利**、牙买加、约旦、**吉尔吉斯斯坦**、**立陶宛**、马达加斯加、马里、尼泊尔、尼日尔、尼日利亚、**挪威**、巴基斯坦、菲律宾、罗马尼亚、俄罗斯、卢旺达、塞内加尔、塞尔维亚、西班牙、斯里兰卡、**瑞典**、**泰国**、多哥、土耳其、乌拉圭、美国、也门				

*2010 年 1 月 19 日安理会第 1908 号决议把军队人数增至 8940 人，民事警察人数增至 3711 人。2010 年 6 月 4 日安理会第 1927 号决议把警察人数又增至 4391 人，以便协助海地 2010 年 1 月地震后的恢复和重建工作。

**该特派团另有 1228 名当地雇员和 215 名联合国志愿者协助。

法律依据/开始时间/地点	2010 年派出部队、观察员、民事警察或文职人员的国家（**黑体字**为新参加国、*斜体字*为年内结束使命国、下划线表示指定的牵头国）	部队/观察员/民事警察/文职人员		死亡人数：迄今数/2010 年数/（死于敌对行动、事故、伤病）	开支（百万美元）全年开支额/未付额
		批准数	实际数		
联合国苏丹特派团（UNMIS）					
该特派团是在 2005 年的《全面和平协议》达成之后根据联合国安理会 2005 年 3 月 24 日通过的第 1590 号决议建立的，被赋予《联合国宪章》第七章的权力。其职责是监督和平协议的执行，保护和促进人权，推动解除武装、复员遣返和重新安置的进程，以及保护平民和联合国人员。2010 年，该团的任务集中于为定于 2011 年 1 月举行的关于南部苏丹独立和白尼罗河地区地位的公决进行准备期间提供稳定环境，尤其是在白尼罗河地区、科尔多凡省以及上尼罗省与白尼罗省之间的边界地区的稳定环境。2010 年 4 月 29 日安理会第 1919 号决议将该团的使命延长至 2011 年 4 月 30 日。					
安理会 1590 号决议 2005.3 苏　丹	部　队：澳大利亚、孟加拉国、巴西、柬埔寨、加拿大、中国、克罗地亚、丹麦、埃及、芬兰、德国、*希腊*、危地马拉、<u>印度</u>、日本、约旦、肯尼亚、韩国、马来西亚、尼泊尔、荷兰、新西兰、尼日利亚、挪威、巴基斯坦、*罗马尼亚*、俄罗斯、卢旺达、塞拉利昂、瑞典、土耳其、英国、也门、赞比亚 观察员：澳大利亚、孟加拉国、比利时、贝宁、玻利维亚、巴西、布基纳法索、柬埔寨、加拿大、中国、丹麦、厄瓜多尔、埃及、萨尔瓦多、斐济、**芬兰**、<u>德国</u>、**加纳**、希腊、危地马拉、几内亚、印度、印度	10000 525 715 1098	9300 480 636 867 *	56 4 （-，3，-，1）	938.0 122.9

法律依据/开始时间/地点	2010 年派出部队、观察员、民事警察或文职人员的国家（**黑体字**为新参加国、*斜体字*为年内结束使命国、下划线表示指定的牵头国）	部队/观察员/民事警察/文职人员		死亡人数：迄今数/2010 年数/（死于敌对行动、事故、伤病）	开支（百万美元）全年开支额/未付额
		批准数	实际数		
	尼西亚、伊朗、约旦、*肯尼亚*、韩国、吉尔吉斯斯坦、马来西亚、马里、摩尔多瓦、蒙古、*莫桑比克*、纳米比亚、尼泊尔、荷兰、新西兰、尼日利亚、挪威、巴基斯坦、巴拉圭、秘鲁、菲律宾、波兰、罗马尼亚、俄罗斯、卢旺达、塞拉利昂、斯里兰卡、瑞典、**瑞士**、坦桑尼亚、泰国、乌干达、**英国**、乌克兰、也门、赞比亚、津巴布韦 民事警察：阿根廷、澳大利亚、孟加拉国、波黑、巴西、*加拿大*、中国、埃及、萨尔瓦多、埃塞俄比亚、斐济、冈比亚、德国、加纳、印度、印度尼西亚、牙买加、约旦、肯尼亚、吉尔吉斯斯坦、马来西亚、*马里*、纳米比亚、尼泊尔、荷兰、尼日利亚、挪威、巴基斯坦、菲律宾、俄罗斯、卢旺达、萨摩亚、斯里兰卡、瑞典、土耳其、乌干达、乌克兰、*乌拉圭*、美国、也门、赞比亚、津巴布韦				

* 该特派团另有 2814 名当地雇员和 463 名联合国志愿者协助。

<table>
<tr><th rowspan="2">法律依据/
开始时间/
地点</th><th rowspan="2">2010 年派出部队、观察员、
民事警察或文职人员的国家
(黑体字为新参加国、斜体字为年内结束使命国、<u>下划线</u>表示指定的牵头国)</th><th colspan="2">部队/
观察员/
民事警察/
文职人员</th><th rowspan="2">死亡人数：
迄今数/
2010 年数/
(死于敌对行动、事故、伤病)</th><th rowspan="2">开支
(百万美元)
全年开支额/
未付额</th></tr>
<tr><th>批准数</th><th>实际数</th></tr>
<tr><td colspan="6">联合国东帝汶综合特派团（UNMIT）
该特派团系根据 2006 年 8 月 25 日安理会第 1704 号决议建立，其职责是支持东帝汶政府在冲突后和平建设和能力建设方面的努力，并培训东帝汶的国家警察。2010 年 2 月 26 日安理会第 1912 号决议认可了联合国秘书长关于在东道国 2012 年全国和地方选举之后重新配置该特派团的警察部分的建议，并将该团的使命延长至 2011 年 2 月 26 日。</td></tr>
<tr><td>安理会 1704 号决议
2006. 8
东帝汶</td><td>观察员：澳大利亚、孟加拉国、巴西、中国、斐济、印度、日本、马来西亚、尼泊尔、新西兰、巴基斯坦、菲律宾、葡萄牙、塞拉利昂、新加坡
民事警察：澳大利亚、奥地利、孟加拉国、巴西、加拿大、中国、克罗地亚、埃及、萨尔瓦多、冈比亚、印度、牙买加、约旦、韩国、吉尔吉斯斯坦、<u>马来西亚</u>、纳米比亚、尼泊尔、新西兰、尼日利亚、巴基斯坦、菲律宾、葡萄牙、罗马尼亚、俄罗斯、萨摩亚、塞内加尔、新加坡、西班牙、斯里兰卡、瑞典、泰国、土耳其、乌干达、乌克兰、乌拉圭、瓦努阿图、也门、赞比亚、津巴布韦</td><td>- -
34
1605
441</td><td>- -
35
1482
359 *</td><td>9
2
(-, 1, 1, -)</td><td>206.3
109.0</td></tr>
</table>

法律依据/开始时间/地点	2010 年派出部队、观察员、民事警察或文职人员的国家（黑体字为新参加国、斜体字为年内结束使命国、下划线表示指定的牵头国）	部队/观察员/民事警察/文职人员 批准数	实际数	死亡人数：迄今数/2010 年数/（死于敌对行动、事故、伤病）	开支（百万美元）全年开支额/未付额
＊该特派团另有 896 名当地雇员和 169 名联合国志愿者协助。					
联合国中非和乍得特派团（MINURCAT）					
该特派团系根据 2007 年 9 月 25 日安理会第 1778 号决议建立，其职责是提供安全和保护，监督和促进人权和法治。2009 年，依据《联合国宪章》第七章，将该团的职责扩大为：部署一支部队接替“欧盟乍得/中非共和国军事行动团”（EUFOR Tchad/RCA）；为平民、联合国人员和设施提供安全保护；以及促进地区和平。2010 年 3 月，乍得要求撤走该特派团。2010 年 5 月 25 日安理会第 1923 号决议将该团使命延长至 2010 年 12 月 31 日，届时该特派团使命即停止。					
安理会 1778 号决议 2007.9 中非共和国/乍得	部　队：阿尔巴尼亚、奥地利、孟加拉国、布基纳法索、柬埔寨、刚果共和国、克罗地亚、埃及、埃塞俄比亚、芬兰、法国、加纳、爱尔兰、肯尼亚、马拉维、蒙古、纳米比亚、尼泊尔、尼日利亚、挪威、巴基斯坦、波兰、俄罗斯、塞内加尔、塞尔维亚、多哥、突尼斯、美国 观察员：孟加拉国、巴西、埃及、加蓬、加纳、尼泊尔、尼日利亚、巴基斯坦、卢旺达、塞内加尔、突尼斯、也门	2200 25 300 --	3 -- -- --	8 3 (-，-，3，-)	215.0 ..

法律依据/ 开始时间/ 地点	2010 年派出部队、观察员、 民事警察或文职人员的国家 （**黑体字**为新参加国、*斜体字*为年内结束使命国、下划线表示指定的牵头国）	部队/ 观察员/ 民事警察/ 文职人员 批准数	实际数	死亡人数： 迄今数/ 2010 年数/ （死于敌对行动、事故、伤病）	开支 （百万美元） 全年开支额/ 未付额
	民事警察：*贝宁、布基纳法索、布隆迪、喀麦隆、科特迪瓦、埃及、芬兰、法国、几内亚、约旦、利比亚、马达加斯加、马里、尼日尔、葡萄牙、卢旺达、塞内加尔、瑞典、多哥、土耳其、也门*				
联合国特别政治行动及和平建设行动（5 项行动）（共有 126 个国家参加）		**298** **106** **8** **1125**	**222** **101** **4** **893**	**34** --	**473.1** --

联合国阿富汗支援团（UNAMA）

该支援团系根据 2002 年 3 月 28 日安理会第 1401 号决议建立，其职责是：协助保护人权；协助建立法治和解决性别问题；支持民族调和与和解；协助安排人道主义救济、恢复和重建活动。2008 年 3 月 20 日安理会第 1806 号决议将该团的职责扩大为：协调各种国际援助；加强与“国际安全支援部队”（ISAF）的合作；安排所有在阿富汗的联合国人道主义救济、恢复和重建等活动；支持改善管理与法治和打击腐败的努力；促进人权；以及为选举进程提供技术支持。该支援团设有 18 个地区办事处以及在科威特的一个支援办事处。2010 年 3 月 22 日安理会第 1917 号决议将该团使命延长至 2011 年 3 月 23 日。

法律依据/开始时间/地点	2010 年派出部队、观察员、民事警察或文职人员的国家（**黑体字**为新参加国、*斜体字*为年内结束使命国、下划线表示指定的牵头国）	部队/观察员/民事警察/文职人员		死亡人数：迄今数/2010 年数/（死于敌对行动、事故、伤病）	开支（百万美元）全年开支额/未付额
		批准数	实际数		
安理会 1401 号决议 2002.3 阿富汗	观察员：澳大利亚、*孟加拉国*、*玻利维亚*、加拿大、*捷克*、丹麦、德国、**意大利**、*韩国*、新西兰、挪威、*巴拉圭*、**波兰**、葡萄牙、*罗马尼亚*、瑞典、*英国*、乌拉圭 民事警察：*孟加拉国*、*加拿大*、**约旦**、**尼泊尔**、*挪威*、**土耳其** 文职人员：阿尔巴尼亚、安哥拉、阿根廷、亚美尼亚、澳大利亚、奥地利、阿塞拜疆、孟加拉国、巴巴多斯、白俄罗斯、比利时、不丹、玻利维亚、波黑、巴西、保加利亚、**布基纳法索**、布隆迪、喀麦隆、加拿大、中国、*哥伦比亚*、刚果民主共和国、**科特迪瓦**、克罗地亚、古巴、捷克、*丹麦*、埃及、爱沙尼亚、埃塞俄比亚、斐济、芬兰、法国、冈比亚、德国、加纳、希腊、危地马拉、海地、冰岛、印度、*印度尼西亚*、伊朗、伊拉克、爱尔兰、意大利、牙买加、日本、约旦、肯尼亚、韩国、吉尔吉斯斯坦、老挝、黎巴嫩、利比里亚、立陶宛、马来西亚、墨西哥、摩洛哥、缅	-- 20 8 425	-- 12 4 370 *	16 --	238.6 --

法律依据/开始时间/地点	2010 年派出部队、观察员、民事警察或文职人员的国家（**黑体字**为新参加国、*斜体字*为年内结束使命国、下划线表示指定的牵头国）	部队/观察员/民事警察/文职人员		死亡人数：迄今数/**2010 年数**/（死于敌对行动、事故、伤病）	开支（百万美元）全年开支额/未付额
		批准数	实际数		
	甸、尼泊尔、荷兰、新西兰、尼日利亚、**尼日尔**、*挪威*、巴基斯坦、菲律宾、波兰、葡萄牙、罗马尼亚、俄罗斯、卢旺达、塞内加尔、塞尔维亚、塞拉利昂、南非、西班牙、斯里兰卡、苏丹、瑞典、叙利亚、塔吉克斯坦、坦桑尼亚、泰国、特立尼达和多巴哥、土耳其、乌干达、英国、乌克兰、美国、乌兹别克斯坦、委内瑞拉、津巴布韦				

* 该支援团另有 1603 名当地雇员和 56 名联合国志愿者协助。

联合国伊拉克支援团（UNAMI）

该支援团系根据 2003 年 8 月 14 日安理会第 1500 号决议建立，其职责是支持该国的对话和民族和解，为人道主义援助和难民及离散人员的安全返回提供便利，协调重建和援助项目，协助能力建设和可持续发展，以及促进人权保护、司法改革和加强法治。该团在履行其职责时同美国驻伊部队（先前的“驻伊拉克多国部队”）、“北约驻伊拉克训练团”（NTM-I）和“欧盟驻伊拉克法制整合团”（EUJUST LEX）进行合作。2010 年 8 月 5 日，安理会第 1936 号决议将该团当前使命延长至 2011 年 7 月 31 日。

法律依据/ 开始时间/ 地点	**2010 年派出部队、观察员、 民事警察或文职人员的国家** (**黑体字**为新参加国、*斜体字*为年内结束使命国、下划线表示指定的牵头国)	部队/ 观察员/ 民事警察/ 文职人员		死亡人数： 迄今数/ 2010 年数/ (死于敌对行动、事故、伤病)	开支 (百万美元) 全年开支额/ 未付额
		批准数	实际数		
安理会 1500 号决议 2003.8 *伊拉克*	部　队：斐济 观察员：澳大利亚、丹麦、约旦、尼泊尔、新西兰、英国、美国 文职人员：阿尔及利亚、安哥拉、安提瓜和巴布达、阿根廷、澳大利亚、奥地利、孟加拉国、巴巴多斯、比利时、波黑、巴西、保加利亚、*哥伦比亚*、加拿大、刚果民主共和国、克罗地亚、捷克、丹麦、厄瓜多尔、埃及、爱沙尼亚、**厄立特里亚**、埃塞俄比亚、斐济、芬兰、法国、格鲁吉亚、德国、加纳、希腊、匈牙利、**冰岛**、印度、印度尼西亚、爱尔兰、以色列、意大利、牙买加、日本、约旦、肯尼亚、韩国、**吉尔吉斯斯坦**、黎巴嫩、利比里亚、*立陶宛*、马其顿、*马来西亚*、摩洛哥、缅甸、尼泊尔、荷兰、新西兰、尼日利亚、挪威、巴基斯坦、巴勒斯坦、菲律宾、波兰、罗马尼亚、俄罗斯、卢旺达、塞尔维亚、塞拉利昂、**西班牙**、南非、**斯里兰卡**、苏丹、瑞典、瑞士、叙利亚、塔吉克斯坦、坦桑尼亚、泰国、特立尼达和多巴哥、**突尼斯**、乌干达、英国、**乌克兰**、美国、乌兹别克斯坦	298 13 -- 459	222 13 -- 351 *	11 --	153.3 --

法律依据/开始时间/地点	2010 年派出部队、观察员、民事警察或文职人员的国家（**黑体字**为新参加国、*斜体字*为年内结束使命国、下划线表示指定的牵头国）	部队/观察员/民事警察/文职人员 批准数	实际数	死亡人数：迄今数/2010 年数/（死于敌对行动、事故、伤病）	开支（百万美元）全年开支额/未付额
＊该援助团另有 551 名当地雇员协助。					
联合国布隆迪综合办事处（BINUB）					
该办事处系根据 2006 年 10 月 25 日安理会第 1719 号决议建立，其职责是协助布隆迪政府巩固和平与民主治理，支持该国实施解除武装，复员遣返和重新安置计划，促进和保护人权，以及负责同各捐助方及联合国各个机构进行协调。2009 年 12 月 17 日安理会第 1902 号决议要求该办事处与布隆迪政府密切配合，支持选举进程、民主治理，加强和平、可持续融合以及解决性别问题。该办事处在开展工作时同“联合国刚果民主共和国组织稳定特派团”（MONUSCO）进行合作。2010 年 12 月 16 日安理会第 1959 号决议将该办事处更名为“联合国布隆迪办事处”（BNUB）。截至 2011 年 1 月 1 日，该办事处规模大为缩小，其职责包括协助布隆迪政府加强其主要国家机构，推动和促进政治对话和过渡期司法，并将其使命延长至 2011 年 12 月 31 日。					
安理会 1719 号决议 2007.1 布隆迪	观察员：加纳、尼日尔、巴基斯坦、塞内加尔、瑞士 文职人员：*安哥拉*、巴巴多斯、*比利时*、贝宁、波黑、布基纳法索、喀麦隆、加拿大、*刚果共和国*、**哥伦比亚**、科特迪瓦、克罗地亚、吉布提、多米尼加、厄瓜多尔、埃及、*萨尔瓦多*、**厄立特里亚**、埃塞俄比亚、斐济、*芬兰*、**法国**、德国、加纳、几内亚、海地、洪都拉斯、印度、*意大利*、**约旦**、肯尼亚、*韩国*、黎	-- -- -- 144	-- 4 -- 101＊	-- --	43.7 --

法律依据/开始时间/地点	2010 年派出部队、观察员、民事警察或文职人员的国家（**黑体字**为新参加国、*斜体字*为年内结束使命国、下划线表示指定的牵头国）	部队/观察员/民事警察/文职人员 批准数	实际数	死亡人数：迄今数/2010 年数/（死于敌对行动、事故、伤病）	开支（百万美元）全年开支额/未付额
	巴嫩、利比里亚、马其顿、马里、*毛里塔尼亚*、蒙古、摩洛哥、尼日尔、尼日利亚、巴基斯坦、*菲律宾*、俄罗斯、卢旺达、*圣多美和普林西比*、塞内加尔、塞拉利昂、南非、西班牙、*瑞士*、坦桑尼亚、多哥、*突尼斯*、英国、乌克兰、美国、赞比亚、津巴布韦				
* 该办事处另有 246 名当地雇员和 43 名联合国志愿者协助。					
联合国尼泊尔特派团（UNMIN）					
该特派团系根据 2007 年 1 月 23 日安理会第 1740 号决议建立，其任务是协助监督停火安排，监督关于武器和武装人员处置协议的实施，以及支持选举进程。2008 年 7 月 23 日安理会第 1825 号决议要求该特派团监视武器和武装人员，并协助冲突双方履行协议。2010 年 9 月 15 日安理会第 1939 号决议将该团的使命延长至 2011 年 1 月 15 日。其后，应尼泊尔政府要求，该团使命结束。					
安理会 1740 号决议 2007. 1 尼泊尔	观察员：奥地利、巴西、埃及、危地马拉、印度尼西亚、日本、约旦、韩国、马来西亚、尼日利亚、巴拉圭、罗马尼亚、塞拉利昂、瑞典、瑞士、乌拉圭、赞比亚、津巴布韦 文职人员：*阿富汗*、阿根廷、*澳大利亚*、*不丹*、	- - 73 - - 56	- - 72 - - 38 *	6 - -	20.7 - -

法律依据/开始时间/地点	2010 年派出部队、观察员、民事警察或文职人员的国家（**黑体字**为新参加国、*斜体字*为年内结束使命国、下划线表示指定的牵头国）	部队/观察员/民事警察/文职人员 批准数	实际数	死亡人数：迄今数/2010 年数/（死于敌对行动、事故、伤病）	开支（百万美元）全年开支额/未付额
	波黑、柬埔寨、*中国*、丹麦、萨尔瓦多、埃塞俄比亚、斐济、加纳、危地马拉、圭亚那、冰岛、印度、伊拉克、*爱尔兰*、牙买加、肯尼亚、**新西兰**、巴勒斯坦、菲律宾、**巴拉圭**、**秘鲁**、俄罗斯、塞尔维亚、塞拉利昂、*南非*、苏丹、瑞典、叙利亚、泰国、乌干达、英国、*乌拉圭*、美国				

* 该团另有 121 名当地雇员和 19 名联合国志愿者协助。

联合国塞拉利昂和平建设综合办事处（UNIPSIL）

该办事处系根据 2008 年 8 月 4 日安理会第 1829 号决议建立，其任务是监视和促进人权、民主机制和法治建设，支持各种识别和解决潜在冲突威胁的努力。2010 年 9 月 29 日安理会第 1941 号决议将该办事处的使命扩大为促进良治和协助东道国政府准备 2012 年的总统选举，并将其使命延长至 2011 年 9 月 15 日。

法律依据/开始时间/地点	国家	批准数	实际数	死亡人数	开支
安理会 1829 号决议 2008. 10 塞拉利昂	文职人员：安哥拉、**孟加拉国**、**贝宁**、喀麦隆、**加拿大**、**中国**、**克罗地亚**、**厄立特里亚**、埃塞俄比亚、*法国*、德国、加纳、**冰岛**、*印度*、肯尼亚、**利比里亚**、尼泊尔、尼日利亚、菲律宾、波兰、卢旺达、**西班牙**、**坦桑尼亚**、特立尼达和多巴哥、乌干达、**英国**、美国	- - - - - - 41	- - - - - - 33 *	1 - -	16. 8 - -

法律依据/开始时间/地点	**2010 年派出部队、观察员、民事警察或文职人员的国家**（**黑体字**为新参加国、*斜体字*为年内结束使命国、下划线表示指定的牵头国）	部队/观察员/民事警察/文职人员 批准数	实际数	死亡人数：迄今数/2010 年数/（死于敌对行动、事故、伤病）	开支（百万美元）全年开支额/未付额
＊该办事处另有 33 名当地雇员和 6 名志愿者协助。					
非洲联盟—联合国联合实施的行动（1 项）（共有 56 个国家＊参加） ＊这个数字仅包括 2010 年期间向“非盟/联合国达尔富尔混合行动”提供穿军服、警服人员的国家。		**19555** **240** **6432** **1524**	**17220** **247** **4977** **1106**	**79** **23**	**1808.1** **93.2**
非盟/联合国达尔富尔混合行动团（UNAMID） 该混合行动团系根据 2007 年 6 月 22 日非盟和平与安全理事会关于达尔富尔形势的第 79 号公报和根据 2007 年 7 月 31 日联合国安理会第 1769 号决议而建立，并赋以《联合国宪章》第七章的权力。其职责是帮助恢复安全环境，保护平民百姓，为人道主义援助提供便利，监督相关停火协议的执行，以及促进法治和人权等。2010 年 10 月 14 日安理会第 1945 号决议将该团使命延长至 2011 年 10 月 19 日。					
安理会 1769 号决议 2007.10 苏 丹	部 队：孟加拉国、*玻利维亚*、布基纳法索、布隆迪、加拿大、中国、埃及、埃塞俄比亚、冈比亚、德国、加纳、*危地马拉*、*印度尼西亚*、意大利、约旦、肯尼亚、韩国、马拉维、马来西亚、马里、**蒙古**、纳米比亚、尼泊尔、荷兰、尼日利亚、巴基斯坦、卢旺达、塞内加尔、塞拉利昂、南非、坦桑尼亚、泰国、*土耳其*、也门、赞比亚、津巴布韦	19555 240 6432 1524	17220 247 4977 1106＊	79 23 （5，9，9，-）	1808.1 93.2

法律依据/开始时间/地点	2010 年派出部队、观察员、民事警察或文职人员的国家（**黑体字**为新参加国、*斜体字*为年内结束使命国、下划线表示指定的牵头国）	部队/观察员/民事警察/文职人员		死亡人数：迄今数/2010 年数/（死于敌对行动、事故、伤病）	开支（百万美元）全年开支额/未付额
		批准数	实际数		
	观察员：孟加拉国、布基纳法索、布隆迪、喀麦隆、中国、埃及、埃塞俄比亚、冈比亚、加纳、危地马拉、印度尼西亚、约旦、肯尼亚、**莱索托**、马拉维、马来西亚、马里、纳米比亚、尼泊尔、尼日利亚、巴基斯坦、卢旺达、塞内加尔、塞拉利昂、南非、坦桑尼亚、泰国、多哥、乌干达、也门、赞比亚、津巴布韦 民事警察：孟加拉国、**布基纳法索**、布隆迪、喀麦隆、**加拿大**、科特迪瓦、埃及、萨尔瓦多、斐济、芬兰、冈比亚、德国、加纳、印度尼西亚、牙买加、约旦、**哈萨克斯坦**、*吉尔吉斯斯坦*、马达加斯加、马拉维、马来西亚、纳米比亚、尼泊尔、尼日尔、尼日利亚、挪威、巴基斯坦、帕劳、菲律宾、卢旺达、*萨摩亚*、塞内加尔、塞拉利昂、南非、瑞典、塔吉克斯坦、坦桑尼亚、多哥、土耳其、乌干达、*瓦努阿图*、也门、赞比亚、**津巴布韦**				

* 该行动团另有 2673 名当地雇员和 471 名联合国志愿者协助。

<table>
<tr><th rowspan="2">法律依据/
开始时间/
地点</th><th rowspan="2">2010 年派出部队、观察员、
民事警察或文职人员的国家
（黑体字为新参加国、斜体字为年内结束使命国、<u>下划线</u>表示指定的牵头国）</th><th colspan="2">部队/
观察员/
民事警察/
文职人员</th><th rowspan="2">死亡人数：
迄今数/
2010 年数/
（死于敌对行动、
事故、伤病）</th><th rowspan="2">开支
（百万美元）
全年开支额/
未付额</th></tr>
<tr><th>批准数</th><th>实际数</th></tr>
<tr><td colspan="2">非洲联盟行动（1 项）（共有 16 个国家参加）</td><td>12000
--
1680
--</td><td>7902
--
44
53</td><td>300
100
（74，10，16，-）</td><td>160.0
--</td></tr>
<tr><td colspan="6">非盟索马里特派团（AMISOM）
该特派团系根据非盟和平与安全理事会（和安会）2007 年 1 月 19 日的第 69 号公报建立，得到 2007 年 2 月 21 日安理会第 1744 号决议的认可，并赋以《联合国宪章》第七章的权力。其职责是支持该国的和平进程，为人道主义援助提供便利，帮助实现索马里的总体安全。2008 年 10 月，安理会第 1838 号决议将该特派团的职责扩大为协助执行 2008 年 8 月 19 日的《吉布提协议》，包括训练索马里安全部队，以促进摩加迪沙的安全。2010 年 12 月 22 日安理会第 1964 号决议认可非盟欲将此特派团兵力增至 12000 人的建议。此前，在 2010 年 10 月 15 日，非盟和安会第 245 号公报决定将该团兵力增至 20000 名军人和 1680 名警察，并进一步增加文职人员，以使该团的覆盖面能够逐渐扩展到摩加迪沙以外的区域。2010 年 1 月 8 日非盟和安会第 214 号公报将该团使命延长至 2011 年 1 月 17 日。2010 年 12 月 22 日安理会第 1964 号决议继续认可该团使命延长至 2011 年 9 月 30 日。</td></tr>
<tr><td>和安会 69 号公报
和安理会 1744
号决议 2007.3
索马里*</td><td>部　队：布隆迪、加纳、塞拉利昂、乌干达
民事警察：加纳、肯尼亚、尼日利亚、塞拉利昂、乌干达</td><td>12000*
--
1680
--</td><td>7902
--
44**
53</td><td>300
100
（74，10，16，-）</td><td>160.0***
--</td></tr>
</table>

法律依据/ 开始时间/ 地点	2010 年派出部队、观察员、 民事警察或文职人员的国家 （**黑体字**为新参加国、*斜体字*为年内结束使命国、下划线表示指定的牵头国）	部队/ 观察员/ 民事警察/ 文职人员 批准数	 实际数	死亡人数： 迄今数/ 2010 年数/ （死于敌对行动、事故、伤病）	开支 （百万美元） 全年开支额/ 未付额
	文职人员：**阿尔及利亚、贝宁、布隆迪、科特迪瓦、埃塞俄比亚、加纳、肯尼亚、利比里亚、马拉维、马里、尼日利亚、卢旺达、塞内加尔、塞拉利昂、坦桑尼亚、乌干达**				
* 该特派团司令部设在肯尼亚首都内罗毕。 * * 该特派团另有 53 名当地雇员协助。 * * * 联合国设立了一个信托基金来援助该特派团的计划和部署进程。欧盟、“政府间发展组织”（IGAD）、阿拉伯联盟以及不少个体国家为该团提供后勤、技术、财政和人员支持。					
中非国家经济共同体行动（1 项）（共有 6 个国家参加）		- - - - - - - -	**700** **30** **150** ..	.. ..	**41.0** - -

法律依据/ 开始时间/ 地点	**2010 年派出部队、观察员、 民事警察或文职人员的国家** （**黑体字**为新参加国、*斜体字*为年内结束使命国、下划线表示指定的牵头国）	部队/观察员/民事警察/文职人员 批准数	 实际数	死亡人数： 迄今数/ 2010 年数/ （死于敌对行动、事故、伤病）	开支 （百万美元） 全年开支额/ 未付额
驻中非共和国巩固和平特派团（MICOPAX） 该特派团系根据“中非国家经济与货币共同体”（CEMAC）2002 年 10 月 2 日利伯维尔首脑会议的决定建立，其任务是保障乍得与中非共和国之间的边境安全。2003 年 6 月 3 日，在利伯维尔首脑会议上决定扩大该团职责，要其帮助维护该国的总体安全环境，协助重组中非共和国的武装部队，支持过渡进程。2008 年 7 月 12 日在 CEMAC 向“中非国家经济共同体”（CEEAC）转变的同时，该特派团的任务进一步扩大为包括促进政治对话和人权。该团使命为 6 个月一期，可视情延长至 2013 年。					
利伯维尔首脑会议决定（2002.10.2） 2002.12 中非共和国	部　队：喀麦隆、乍得、刚果民三共和国、加蓬 观察员：布隆迪、喀麦隆、乍得、刚果共和国、赤道几内亚、加蓬 民事警察：赤道几内亚	-- -- -- --	700 * 30 150 ..	.. ..	41.0 --
* 该团得到一支与其并肩部署、约有 240 名士兵的法国特遣分队（Boali 行动）的支持。					
独立国家联合体行动（1 项）（共有 3 个国家参加）		**1500** -- -- --	**1402** **10** **40** --	.. ..	.. ..

法律依据/开始时间/地点	2010 年派出部队、观察员、民事警察或文职人员的国家（**黑体字**为新参加国、*斜体字*为年内结束使命国、<u>下划线</u>表示指定的牵头国）	部队/观察员/民事警察/文职人员 批准数	实际数	死亡人数：迄今数/2010 年数/（死于敌对行动、事故、伤病）	开支（百万美元）全年开支额/未付额
联合控制委员会维和部队（JCC）					
该维和部队系根据 1992 年 7 月 21 日摩尔多瓦和俄罗斯两国总统在莫斯科签署的《关于和平解决德涅斯特河沿岸地区武装冲突的指导原则协议》建立。联合控制委员会——一个由摩尔多瓦、俄罗斯和“德涅斯特河沿岸”代表参加的监督委员会——负责协调联合维和部队的活动。					
双边协议 （1992.7.21） 1992.7 摩尔多瓦（德涅斯特河沿岸）	部　队：摩尔多瓦、俄罗斯、（德涅斯特河沿岸） 观察员：摩尔多瓦、俄罗斯、乌克兰 民事警察：……	1500 - - - - - -	1402 10 40 - -	.. ..	.. ..
欧洲联盟行动（12 项）（共有 39 个国家参加） ＊此数仅为“欧盟格鲁吉亚监督团”（EUMM）观察员的批准总数，其中包括该团的民事警察和文职人员。 ＊＊此数为民事警察的批准总数，其中包括文职观察员和文职人员。		**2500** **323＊** **2763＊＊** **72**	**2073** **165** **1424** **944**	**29** **1**	**388.9** - -

法律依据/开始时间/地点	2010 年派出部队、观察员、民事警察或文职人员的国家（黑体字为新参加国、*斜体*字为年内结束使命国、下划线表示指定的牵头国）	部队/观察员/民事警察/文职人员 批准数	实际数	死亡人数：迄今数/2010 年数/（死于敌对行动、事故、伤病）	开支（百万美元）全年开支额/未付额
欧盟波黑警察特派团（EUPM）					
该特派团系根据 2002 年 3 月 11 日欧盟理事会的 CJA 2002/210/CFSP 决定建立，其任务是通过监督、指导和视察，建立属于波斯尼亚控制的一支可持续、专业和多民族的波黑警察队伍。根据波斯尼亚当局的要求，该特派团的职责调整为重点促进警务改革进程、加强警察责任和打击有组织犯罪。欧盟理事会 2009 年 12 月 8 日的 CJA 2009/906/CFSP 决定将该特派团的职责进一步扩大为在更广泛的法治范围内协助打击波黑的有组织犯罪和腐败，并将其使命延长至 2011 年 12 月 31 日。					
欧盟 CJA 2002/210/CFSP 决定 2003.1 波　黑	民事警察：奥地利、比利时、塞浦路斯、捷克、爱沙尼亚、芬兰、法国、德国、匈牙利、爱尔兰、意大利、马耳他、荷兰、波兰、葡萄牙、罗马尼亚、斯洛伐克、斯洛文尼亚、西班牙、瑞典、瑞士、土耳其、英国、乌克兰 文职人员：保加利亚、芬兰、法国、德国、爱尔兰、意大利、**荷兰**、葡萄牙、**罗马尼亚**、西班牙、瑞士、土耳其、英国、乌克兰	-- -- 205 --	-- -- 83 34*	3 --	18.6 --

* 该特派团另有 161 名当地雇员协助。

法律依据/ 开始时间/ 地点	2010 年派出部队、观察员、 民事警察或文职人员的国家 (**黑体字**为新参加国、*斜体字*为年内结束使命国、<u>下划线</u>表示指定的牵头国)	部队/观察员/民事警察/文职人员 批准数	部队/观察员/民事警察/文职人员 实际数	死亡人数： 迄今数/ 2010 年数/ (死于敌对行动、事故、伤病)	开支 (百万美元) 全年开支额/ 未付额
欧盟波黑军事行动团（EUFOR ALTHEA） 该行动团系根据 2004 年 7 月 12 日欧盟理事会的 CJA 2004/570/CFSP 决定建立，2004 年 11 月 22 日联合国安理会第 1575 号决议予以认可并赋予《联合国宪章》第七章的权力。该行动团的职责是维护为执行 1995 年《代顿协议》所需要的安全环境，协助增强当地的治安能力，以及支持波黑逐步加入欧盟的进程。2010 年 11 月 18 日安理会第 1948 号决议将该行动团的使命延长至 2011 年 11 月 18 日。					
欧盟 CJA2004/570 /CFSP 决定和安理会 1575 号决议 2004. 12 波　黑＊	部　队：阿尔巴尼亚、奥地利、保加利亚、智利、**捷克**、爱沙尼亚、芬兰、法国、德国、希腊、匈牙利、爱尔兰、意大利、立陶宛、卢森堡、马其顿、荷兰、波兰、葡萄牙、罗马尼亚、斯洛伐克、斯洛文尼亚、<u>西班牙</u>、**瑞典**、瑞士、土耳其、英国	2500 - - - - - -	1932＊＊ - - - - - -	21 - -	22.6 - -

＊一个多国机动营（由奥地利、匈牙利和土耳其部队组成）驻扎于萨拉热窝。该行动团的其他成分包括一个综合型警察单位以及分别设在各个地区协调中心的联络员与观察员小组。

＊＊该行动团另有 455 名当地雇员协助。

法律依据/开始时间/地点	2010 年派出部队、观察员、民事警察或文职人员的国家（**黑体字**为新参加国、*斜体字*为年内结束使命国、下划线表示指定的牵头国）	部队/观察员/民事警察/文职人员		死亡人数：迄今数/2010 年数/（死于敌对行动、事故、伤病）	开支（百万美元）全年开支额/未付额
		批准数	实际数		
欧盟刚果民主共和国安全改革咨询与支援团（EUSEC RD Congo）					
该咨询与支援团系根据 2005 年 5 月 2 日欧盟理事会的 CJA 2005/355/CFSP 决定建立，其初始职责是：对民主刚果政府部门，特别是国防部，在安全问题上提供咨询和协助，确保其政策与国际人道主义法、民主治理原则和法治相符。2009 年，该团的职责扩大为包括推动实施民主刚果政府采取的武装部改革修正计划中的指导原则。该团在开展工作时还同“联合国刚果民主共和国组织稳定行动团”（MONUSCO）和“欧盟民主刚果警察特派团”（EUPOL RD Congo）密切合作。欧盟理事会 2010 年 9 月 23 日的 CJA 2010/576/CFSP 决定将该团使命将延长至 2011 年 9 月 30 日。					
欧盟 CJA2005/355/CFSP 决定 2005.6 刚果民主共和国	文职人员：奥地利、比利时、**芬兰**、法国、德国、匈牙利、意大利、卢森堡、荷兰、葡萄牙、西班牙、**瑞典**、英国	-- -- -- --	-- -- -- 46 *	2 --	14.6 --
* 已部署的人员中多数为军事顾问。该团另有 34 名当地雇员协助。					
欧盟伊拉克法治整合团（EUJUST LEX）					
该法治整合团系根据 2004 年 6 月 8 日联合国安理会第 1546 号决议由欧盟理事会 2005 年 3 月 7 日的 CJA 2005/190/CFSP 决定建立，旨在通过训练伊拉克地方官员、高级警官和高级狱警来增强该国的刑事司法体制。该整合团开展工作时同“北约伊拉克训练团”（NTM—I）和“联合国伊拉克援助团”（UNAMI）进行合作。2010 年 6 月 [illegible] 日，欧盟理事会的 CJA 2010/330/CFSP 决定将该整合团的使命延长至 2011 年 6 月 30 日。					

法律依据/开始时间/地点	2010 年派出部队、观察员、民事警察或文职人员的国家（**黑体字**为新参加国、*斜体字*为年内结束使命国、<u>下划线</u>表示指定的牵头国）	部队/观察员/民事警察/文职人员		死亡人数：迄今数/2010 年数/（死于敌对行动、事故、伤病）	开支（百万美元）全年开支额/未付额
		批准数	实际数		
欧盟 CJA2005/190/CFSP 决定和安理会 1546 号决议 2005.7 伊拉克/欧洲	文职人员：比利时、捷克、丹麦、芬兰、法国、德国、**匈牙利**、**爱尔兰**、**意大利**、荷兰、*波兰*、葡萄牙、罗马尼亚、西班牙、瑞典、英国	-- -- -- 50	-- -- -- 42 *	-- --	18.6 --
* 该团有 7 名当地雇员协助工作。					

欧盟拉法过境站边界援助团（EU BAM Rafah）

该援助团是在以色列与巴勒斯坦权力机构 2005 年 11 月 15 日达成的《人员出入境协议》基础上根据欧盟理事会 2005 年 12 月 12 日的 CJA 2005/889/CFSP 决定而建立。该团的职责是监督、核查和评估在拉法过境站的巴权力机构边境控制、安全及海关官员执行 2005 年《拉法过境站原则协议》的情况，支持巴权力机构在边境控制方面的能力建设。在 2007 年发生骚乱后，拉法过境站关闭，只在特殊情况下开放。但该团仍保留着全面运作的能力。2010 年 5 月 12 日欧盟理事会的 CJA 2010/274/CFSP 决定将该援助团的使命延长至 2011 年 5 月 24 日。

法律依据/开始时间/地点	国家	批准数	实际数	死亡人数	开支
欧盟 CJA 2005/889/CFSP 决定 2005.11 埃及/巴勒斯坦（拉法过境站）	民事警察：*芬兰*、<u>法国</u>、德国、匈牙利、意大利、*瑞典* 文职人员：**芬兰**、法国、*匈牙利*、意大利、**罗马尼亚**、西班牙、*瑞典*、英国	-- -- 96 --	-- -- 4 9 *	-- --	1.3 --

法律依据/开始时间/地点	2010 年派出部队、观察员、民事警察或文职人员的国家（**黑体字**为新参加国、*斜体字*为年内结束使命国、下划线表示指定的牵头国）	部队/观察员/民事警察/文职人员		死亡人数：迄今数/2010 年数/（死于敌对行动、事故、伤病）	开支（百万美元）全年开支额/未付额
		批准数	实际数		
* 该援助团另有 4 名当地雇员协助。					
欧盟巴勒斯坦警察特派团（EUPOL COPPS） *					
该特派团系根据 2005 年 11 月 14 日欧盟理事会的 CJA 2005/797/CFSP 决定建立，其职责是为巴勒斯坦刑事司法和警察部门官员提供一个框架并予以指导，协调欧盟对巴权力机构的援助。2010 年 12 月 17 日欧盟理事会的 CJA 2010/784/CFSP 决定将该团称作“欧盟支援巴勒斯坦警察协调处”，并将其使命延长至 2011 年 12 月 31 日。					
欧盟 CJA 2005/797/CFSP 决定 2006.1 巴勒斯坦	民事警察：奥地利、比利时、加拿大、捷克、丹麦、芬兰、法国、德国、意大利、**立陶宛**、荷兰、*挪威*、**西班牙**、瑞典、英国	-- --	-- --	-- --	10.6 --
	文职人员：*奥地利*、**保加利亚**、爱沙尼亚、芬兰、德国、*匈牙利*、**爱尔兰**、意大利、**立陶宛**、荷兰、**罗马尼亚**、西班牙、瑞典、英国	52 --	25 28**		
* 该特派团也被正式称作“欧盟支援巴勒斯坦警察协调处”。					
** 该特派团另有 33 名当地雇员协助。					

法律依据/ 开始时间/ 地点	2010 年派出部队、观察员、 民事警察或文职人员的国家 (**黑体字**为新参加国、*斜体字*为年内结束使命国、下划线表示指定的牵头国)	部队/ 观察员/ 民事警察/ 文职人员		死亡人数： 迄今数/ 2010 年数/ (死于敌对行动、事故、伤病)	开支 (百万美元) 全年开支额/ 未付额
		批准数	实际数		
欧盟阿富汗警察特派团 (EUPOL Afghanistan) 该特派团系应阿富汗政府邀请，根据欧盟理事会 2007 年 5 月 30 日的 CJA 2007/369/CFSP 决定而建立。该团的任务是帮助建立属于阿富汗的民事治安安排和执法机制，以加强法治。2010 年 5 月 18 日欧盟理事会的 CJA2010/279/CFSP 决定将该团使命延长至 2013 年 5 月 31 日。					
欧盟 CJA 2007/369/CFSP 决定 2007. 6 阿富汗	民事警察：加拿大、*克罗地亚*、*捷克*、丹麦、*爱沙尼亚*、芬兰、法国、德国、*匈牙利*、**爱尔兰**、意大利、*拉脱维亚*、*立陶宛*、荷兰、*新西兰*、挪威、*波兰*、*罗马尼亚*、西班牙、瑞典、英国 文职人员：*奥地利*、*比利时*、加拿大、*捷克*、丹麦、*爱沙尼亚*、芬兰、法国、德国、*希腊*、*匈牙利*、爱尔兰、意大利、荷兰、*挪威*、*葡萄牙*、*罗马尼亚*、*西班牙*、瑞典、英国	- - - - 400 - -	- - - - 168 134 *	- - - -	71.7 - -

* 该团另有 175 名当地雇员协助。

法律依据/开始时间/地点	2010 年派出部队、观察员、民事警察或文职人员的国家（**黑体字**为新参加国、*斜体字*为年内结束使命国、下划线表示指定的牵头国）	部队/观察员/民事警察/文职人员		死亡人数：迄今数/2010 年数/（死于敌对行动、事故、伤病）	开支（百万美元）全年开支额/未付额
		批准数	实际数		
欧盟刚果民主共和国警察特派团（EUPOL RD Congo）					
该特派团系根据 2007 年 6 月 12 日欧盟理事会的 CJA 2007/405/CFSP 决定建立。欧盟理事会 2009 年 10 月 19 日的 CJA 2009/769/CFSP 决定赋予该团的任务是：协助东道国当局改革和重组刚果警察系统，改善警察与刑法系统之间的互动关系，支持反对性暴力的努力，促进和平进程中的性别、人权和儿童问题的改善。该团在开展工作时同“欧盟民主刚果安全改革咨询与援助团”（EUSEC RD Congo）和“联合国刚果民主共和国组织稳定特派团”（MONUSCO）进行配合。2C10 年 6 月 23 日欧盟理事会的 CJA 2010/576/CFSP 决定将该特派团的使命延长至 2011 年 9 月 30 日。					
欧盟 CJA 2007/405/CFSP 决定 2007.7 刚果民主共和国*	民事警察：*安哥拉*、比利时、芬兰、法国、意大利、*葡萄牙*、*罗马尼亚*、*西班牙*、**瑞典**	--	--	-- / --	6.6 / --
	文职人员：芬兰、法国、德国、*意大利*、**波兰**、葡萄牙、瑞典	59 / --	19 / 16**		

*该团司令部设在金沙萨，它在民主刚果东部，尤其在戈马和布卡瓦也开展活动。

**该团另有 14 名当地雇员协助。

法律依据/开始时间/地点	2010 年派出部队、观察员、民事警察或文职人员的国家（**黑体字**为新参加国、*斜体*字为年内结束使命国、下划线表示指定的牵头国）	部队/观察员/民事警察/文职人员：批准数	部队/观察员/民事警察/文职人员：实际数	死亡人数：迄今数/2010 年数/（死于敌对行动、事故、伤病）	开支（百万美元）全年开支额/未付额
欧盟科索沃法治团（EULEX Kosovo）					
该法制团系根据 2008 年 2 月 4 日欧盟理事会的 CJA 2008/124/CFSP 决定建立。除赋予某些行政责任外，该团的任务是在广泛的法治方面对科索沃各种机构进行监督、指导和提供咨询。该团在执行任务时，与“联合国科索沃临时行政机构”（UNMIK）和“欧安组织科索沃观察团”（OMIK）进行合作。欧盟理事会 2010 年 10 月 15 日的 CJA2010/619/CFSP 决定将该团使命延长至 2012 年 6 月 14 日。					
欧盟 CJA 2008/124/CFSP 决定 2008. 2 科索沃	民事警察：奥地利、比利时、保加利亚、加拿大、克罗地亚、捷克、丹麦、爱沙尼亚、芬兰、法国、德国、希腊、匈牙利、爱尔兰、意大利、拉脱维亚、立陶宛、卢森堡、马耳他、荷兰、挪威、波兰、葡萄牙、罗马尼亚、斯洛伐克、斯洛文尼亚、西班牙、瑞典、瑞士、土耳其、英国、美国	-- --	-- --	2 1	184.5 --
	文职人员：奥地利、比利时、保加利亚、加拿大、克罗地亚、捷克、丹麦、爱沙尼亚、芬兰、法国、德国、希腊、匈牙利、爱尔兰、意大利、拉脱维亚、立陶宛、荷兰、挪威、波兰、葡萄牙、罗马尼亚、斯洛伐克、斯洛文尼亚、西班牙、瑞典、瑞士、土耳其、英国、美国	1951 --	1125 525 *	(-，1，-，-)	

* 该团另有 1172 名当地雇员协助。

法律依据/ 开始时间/ 地点	2010 年派出部队、观察员、 民事警察或文职人员的国家 （黑体字为新参加国、*斜体字*为年内结束使命国、下划线表示指定的牵头国）	部队/ 观察员/ 民事警察/ 文职人员		死亡人数： 迄今数/ 2010 年数/ （死于敌对行动、事故、伤病）	开支 （百万美元） 全年开支额/ 未付额
		批准数	实际数		
欧盟几内亚比绍安全部门咨询团（EU SSR Guine-Bissau）					
该咨询团系根据 2008 年 2 月 12 日欧盟理事会的 CJA 2008/112/CFSP 决定建立，其职责是在计划重组国家安全与武装部队方面向东道国政府提供协助，并在训练和装备采购方面提供咨询。该团在完成任务后于 2010 年 9 月 30 日结束使命。					
欧盟 CJA 2008/112/CFSP 决定 *2008. 6* *几内亚比绍*	文职人员：*法国*、*德国*、*意大利*、*葡萄牙*、*西班牙*、*瑞典*	-- -- -- 22	-- -- -- 8*	-- --	1.3 --
* 该团配置的人员均为军事顾问，另有 16 名当地雇员协助。					
欧盟格鲁吉亚监督团（EUMM）					
该监督团是在 2008 年 8 月南奥塞梯冲突之后按照 2008 年 9 月 8 日欧盟与俄罗斯的协议，根据 2008 年 9 月 15 日欧盟理事会的 CJA 2008/736/CFSP 决定建立。该团的任务是监视和分析稳定进程中的进展，着重注视对 2008 年 8 月 12 日“六点和平计划”的遵守情况，以及监视和分析文官治理正常化的进展情况；监视基础设施的安全以及国内离散人员和难民返回家园过程中的政治与安全方面的情况；支持建立信任措施。2010 年 8 月 12 日欧盟理事会的 CJA 2010/452/CFSP 决定将该团使命延长到 2011 年 9 月 14 日。					

法律依据/ 开始时间/ 地点	**2010 年派出部队、观察员、民事警察或文职人员的国家** （**黑体字**为新参加国、*斜体字*为年内结束使命国、下划线表示指定的牵头国）	部队/观察员/民事警察/文职人员		死亡人数： 迄今数/ 2010 年数/ （死于敌对行动、事故、伤病）	开支 （百万美元） 全年开支额/ 未付额
		批准数	实际数		
欧盟 CJA2008/ 736/CFSP 决定 2008.10 格鲁吉亚	观察员：奥地利、*比利时*、保加利亚、捷克、丹麦、爱沙尼亚、芬兰、法国、德国、希腊、匈牙利、*爱尔兰*、意大利、拉脱维亚、立陶宛、卢森堡、马耳他、**荷兰**、波兰、葡萄牙、罗马尼亚、斯洛伐克、斯洛文尼亚、西班牙、瑞典、英国 文职人员：*奥地利*、**比利时**、*保加利亚*、捷克、丹麦、*爱沙尼亚*、芬兰、*法国*、德国、*希腊*、爱尔兰、意大利、立陶宛、荷兰、波兰、*葡萄牙*、罗马尼亚、*斯洛伐克*、*西班牙*、瑞典、英国	-- 323 -- --	-- 165 -- 100 *	-- --	33.2 --

* 该监督团另有 105 名当地雇员协助。

欧盟索马里训练团（EUTM）

该训练团系根据 2010 年 3 月 31 日欧盟理事会的 CJA 2010/197/CFSP 决定建立，其任务是通过对索马里警察部队进行两期（每期 6 个月）训练和支援，加强索马里联邦过渡政府。该团使命于 2011 年 3 月结束。

法律依据/ 开始时间/ 地点	国家	批准数	实际数	死亡人数	开支
欧盟 CJA 2010/ 197/CFSP 决定 2010.3 乌干达 *	部　队：**比利时**、**塞浦路斯**、**芬兰**、**法国**、**德国**、**希腊**、**匈牙利**、**爱尔兰**、**意大利**、**卢森堡**、**马耳他**、**葡萄牙**、**西班牙**、**瑞典**、**英国** 文职人员：**比利时**、**法国**	-- -- -- --	141 -- -- 2 * *	-- --	5.3 --

法律依据/ 开始时间/ 地点	2010 年派出部队、观察员、民事警察或文职人员的国家 （黑体字为新参加国、*斜体字*为年内结束使命国、下划线表示指定的牵头国）	部队/观察员/民事警察/文职人员		死亡人数： 迄今数/ 2010 年数/ （死于敌对行动、事故、伤病）	开支 （百万美元） 全年开支额/ 未付额
		批准数	实际数		
* 训练任务主要在乌干达实施。 * * 该团另有 16 名当地雇员协助。					
北约实施和北约主导的行动（3 项）（共有 48 个国家参加）		**10000** -- -- **300**	**140184** -- -- **170**	**1683** **712**	**518.9** --
北约科索沃部队（KFOR） 该部队系根据 1999 年 6 月 10 日安理会第 1244 号决议建立，其使命包括阻止敌对行动再次发生，建立安全稳定的环境，支持“联合国驻科索沃临时管理机构”（UNMIK）的工作，以及监视边境地区。2008 年，北约将该部队的使命扩大为要在科索沃建立一种规范的、民主和多民族的安全结构。随着局势的不断稳定，该部队继续逐步削减规模。该部队使命的终止需有联合国安理会的明确决定。					
安理会 1244 号决议 1999.6 科索沃 *	部　队：**阿尔巴尼亚**、亚美尼亚、奥地利、*比利时*、保加利亚、加拿大、克罗地亚、捷克、丹麦、爱沙尼亚、芬兰、法国、德国、希腊、匈牙利、爱尔兰、意大利、*立陶宛*、卢森堡、摩洛哥、荷兰、挪威、波兰、葡萄牙、罗马尼亚、斯洛伐克、斯洛文尼亚、西班牙、瑞典、瑞士、土耳其、英国、乌克兰、美国	10000 * * -- -- --	8454 * * * -- -- --	129 1 (-, -, -, 1)	38.0 --

法律依据/开始时间/地点	2010 年派出部队、观察员、民事警察或文职人员的国家（**黑体字**为新参加国、*斜体字*为年内结束使命国、下划线表示指定的牵头国）	部队/观察员/民事警察/文职人员 批准数	实际数	死亡人数：迄今数/2010 年数/（死于敌对行动、事故、伤病）	开支（百万美元）全年开支额/未付额
＊该部队除了在普里什蒂纳的总部外，分成若干个多国特遣分队：由美国领导的东区多国分队（驻 Urosevac），由法国领导的北区多国分队（驻 Mitrovica），由德国领导的南区多国分队（驻 Prizren），由意大利领导的西区多国分队（驻 Pec），以及由意大利领导的多国专业分队（驻普里什蒂纳）。一个战术预备机动营（KTM）也驻扎于普里什蒂纳。 ＊＊该部队计划于 2011 年春季将其军队人数减至 5000 人。 ＊＊＊此数为截至 2010 年 11 月的人数。					
国际安全支援部队（ISAF） 该部队系根据 2001 年 12 月 20 日安理会第 1386 号决议建立，拥有《联合国宪章》第七章所赋予的权力。作为一支多国部队，其使命是根据 2001 年《波恩协定》附件一的设想，协助阿富汗政府维护安全。2003 年 8 月，北约接手对该多国部队的指挥和控制。自 2006 年起，该部队还控制了在阿的所有 26 个“省重建队”（PRT）。2010 年 10 月 13 日安理会第 1943 号决议将该部队使命延长至 2011 年 10 月 13 日。					
安理会 1386 号决议 2001.12 阿富汗＊	部　队：阿尔巴尼亚、**亚美尼亚**、澳大利亚、奥地利、**阿塞拜疆**、比利时、波黑、保加利亚、加拿大、克罗地亚、捷克、丹麦、爱沙尼亚、芬兰、法国、格鲁吉亚、德国、希腊、匈牙利、冰岛、爱尔兰、意大利、**韩国**、拉脱维亚、立陶宛、卢森堡、马其顿、**马来西亚**、**蒙古**、**黑山**、荷兰、新西兰、挪威、波兰、葡萄牙、罗马尼亚、新加坡、斯洛伐克、斯洛文尼亚、西班牙、瑞典、土耳其、英国、乌克兰、**阿联酋**、美国	- - - - - - - -	131730＊＊ - - - - - -	2201 711 （630，-，-，-）	459.6 - -

法律依据/开始时间/地点	2010 年派出部队、观察员、民事警察或文职人员的国家（黑体字为新参加国、*斜体字*为年内结束使命国、下划线表示指定的牵头国）	部队/观察员/民事警察/文职人员		死亡人数：迄今数/2010 年数/（死于敌对行动、事故、伤病）	开支（百万美元）全年开支额/未付额
		批准数	实际数		

＊该部队把阿富汗分成 6 个责任区：目前由土耳其领导的中部地区司令部（喀布尔），由德国领导的北部地区司令部（马扎里沙里夫），由意大利领导的西部地区司令部（赫拉特），由英国领导的南部地区司令部（坎大哈），有英国领导的西南地区司令部（拉什卡尔加），以及由美国领导的东部地区司令部（巴格拉姆）。

＊＊北约驻阿训练团（NTM—A）包含在国际安全支援部队的人员数字中，因为它接受后者的指挥。该训练团的任务是指导和训练阿富汗警察和军队人员。该团拥有 2700 名军队和警察的授权人数，至 2010 年 12 月，已有 1296 人部署到位。这些人员来自阿尔巴尼亚、澳大利亚、比利时、保加利亚、加拿大、克罗地亚、捷克、爱沙尼亚、芬兰、法国、德国、希腊、匈牙利、立陶宛、拉脱维亚、意大利、约旦、蒙古、荷兰、挪威、波兰、葡萄牙、罗马尼亚、新加坡、西班牙、瑞典、土耳其、英国和美国。

北约伊拉克训练团（NTM—I）

该训练团系遵照 2004 年 6 月 8 日安理会第 1546 号决议，并于 2004 年 11 月 17 日获得北大西洋理事会批准而建立。其职责是通过对伊拉克安全部队人员（特别是中高层人员）培训和提供装备，协助组建伊安全机构。2007 年，其职责修改为集中于对伊拉克主导的机制性训练项目进行指导和咨询。

法律依据/开始时间/地点	国家	批准数	实际数	死亡人数	开支
安理会 1546 号决议 2004.8 *伊拉克*	文职人员：**阿尔巴尼亚**、保加利亚、丹麦、爱沙尼亚、匈牙利、意大利、立陶宛、荷兰、波兰、罗马尼亚、土耳其、英国、乌克兰、美国	- - - - - - 300	 - - - - 170	- - - -	21.3 - -

法律依据/ 开始时间/ 地点	2010 年派出部队、观察员、民事警察或文职人员的国家 （**黑体字**为新参加国、*斜体字*为年内结束使命国、下划线表示指定的牵头国）	部队/观察员/民事警察/文职人员 批准数	部队/观察员/民事警察/文职人员 实际数	死亡人数： 迄今数/ 2010 年数/ （死于敌对行动、事故、伤病）	开支 （百万美元） 全年开支额/ 未付额
美洲国家组织行动（1 项）（共有 17 个国家参加）		-- -- -- --	-- -- -- **30**	-- --	**7.5** --
驻哥伦比亚支持和平进程特派团（MAPP/OEA） 该特派团系根据 2004 年 2 月 6 日美洲国家组织常设理事会 CP/RES. 859（1397/04）号决议建立，目的是支持哥伦比亚政府同民族解放军（ELN）进行政治对话。该团的另一项任务是推动解除武装、复员遣返和重新安置进程。					
常设理事会 CP/ RES. 859 号决议 2004. 2 哥伦比亚	文职人员：阿根廷、比利时、玻利维亚、*巴西*、智利、厄瓜多尔、危地马拉、*意大利*、墨西哥、荷兰、尼加拉瓜、秘鲁、西班牙、瑞典、美国、委内瑞拉	-- -- -- --	-- -- -- 30 *	-- --	7.5 --
* 该特派团另有 64 名当地雇员协助。					
欧洲安全与合作组织行动（7 项）（共有 46 个国家参加）		-- -- -- **243**	-- -- -- **363**	**10** --	**63.9** --

法律依据/开始时间/地点	2010 年派出部队、观察员、民事警察或文职人员的国家（黑体字为新参加国、*斜体字*为年内结束使命国、下划线表示指定的牵头国）	部队/观察员/民事警察/文职人员：批准数	部队/观察员/民事警察/文职人员：实际数	死亡人数：迄今数/2010 年数/（死于敌对行动、事故、伤病）	开支（百万美元）全年开支额/未付额
欧安组织斯科普里防蔓延监督团					
该监督团系根据 1992 年 9 月 18 日欧安组织高官委员会第 16 次会议的决定建立，并通过同前南斯拉夫马其顿共和国政府 1992 年 11 月 7 日换文达成的谅解条款得到后者的授权。该团的任务包括监视马其顿局势，训练警察，支持发展以及其他与 2001 年《奥赫里德框架协议》相关的活动。2010 年 12 月 16 日欧安组织常设理事会 PC.DEC/977 号决定将该团使命延长至 2011 年 12 月 31 日。					
高官委员会 1992.9.18 决定 1992.9 前南斯拉夫 马其顿共和国	文职人员：奥地利、白俄罗斯、黑、克罗地亚、捷克、爱沙尼亚、法国、*格鲁吉亚*、德国、**希腊**、匈牙利、冰岛、爱尔兰、意大利、**荷兰**、*挪威*、葡萄牙、罗马尼亚、俄罗斯、塞尔维亚、斯洛文尼亚、西班牙、瑞典、土耳其、英国、美国	-- -- -- --	-- -- -- 53 *	1 --	11.1 --
* 该监督团另有 140 名当地雇员协助。					
欧安组织摩尔多瓦观察团					
该观察团系根据 1993 年 2 月 4 日欧安组织高官委员会第 19 次会议的决定建立，并通过 1993 年 5 月 7 日的谅解备忘录获得摩尔多瓦政府的授权。其任务包括协助冲突双方就冲突的永久性政治解决进行谈判，以及收集和提供该国的形势情况。2010 年 12 月 16 日欧安组织常设理事会 PC.DEC/970 号决定将该团使命延长至 2011 年 12 月 31 日。					

法律依据/ 开始时间/ 地点	**2010 年派出部队、观察员、民事警察或文职人员的国家** (**黑体字**为新参加国、*斜体字*为年内结束使命国、下划线表示指定的牵头国)	部队/观察员/民事警察/文职人员		死亡人数：迄今数/2010 年数/(死于敌对行动、事故、伤病)	开支(百万美元)全年开支额/未付额
		批准数	实际数		
高官委员会 1993. 2. 4 决定 1993. 4 *摩尔多瓦*	文职人员：保加利亚、*爱沙尼亚*、*芬兰*、法国、*德国*、意大利、拉脱维亚、波兰、**俄罗斯**、**瑞典**、*塔吉克斯坦*、英国、美国	- - - - - - 13	- - - - - - 13 *	- - - -	2.0 - -
* 该观察团另有 42 名当地雇员协助。					
欧安组织明斯克会议冲突处理轮值主席私人代表					
1995 年 8 月 10 日，欧安组织轮值主席（CIO）任命一名负责处理欧安组织明斯克会议讨论过的冲突问题的私人代表。该私人代表的职责是协助轮值主席对可能采取的维和行动制定计划，协助有关各方建立信任措施和处理人道主义事务，以及监督冲突各方的停火。作为欧安组织整体预算批准案中的一个部分，该代表的使命每年延长一次。2010 年，其使命系根据欧安组织常设理事会 2010 年 12 月 23 日的 PC. DEC/981 号决定得以延长。					
欧安组织轮值主席 1995. 8. 10 任命 1995. 8 *阿塞拜疆（纳卡）*	文职人员：保加利亚、*捷克*、**法国**、**德国**、*匈牙利*、哈萨克斯坦、*波兰*、*英国*、**美国**	- - - - - - 6	- - - - - - 6 *	- - - -	1.1 - -
* 该私人代表另有 11 名当地雇员协助。					

法律依据/开始时间/地点	2010 年派出部队、观察员、民事警察或文职人员的国家（**黑体字**为新参加国、*斜体字*为年内结束使命国、下划线表示指定的牵头国）	部队/观察员/民事警察/文职人员		死亡人数：迄今数/2010 年数/（死于敌对行动、事故、伤病）	开支（百万美元）全年开支额/未付额
		批准数	实际数		
欧安组织波黑观察团					
该观察团系根据 1995 年《代顿协议》附件六的规定由 1995 年 12 月 8 日欧安组织部长理事会第 5 次会议作出的 MC（5）.DEC/1 号决定建立。其使命是协助有关各方建立地区稳定措施和进行民主建设。2010 年 12 月 6 日欧安组织常设理事会 PC. DEC/974 号决定将该团使命延长至 2011 年 12 月 31 日。					
部长理事会 MC（5）.DEC/1 决定 1995. 12 波黑	文职人员：亚美尼亚、奥地利、白俄罗斯、比利时、加拿大、*克罗地亚*、捷克、芬兰、法国、德国、希腊、匈牙利、爱尔兰、意大利、吉尔吉斯斯坦、荷兰、**挪威**、**葡萄牙**、罗马尼亚、俄罗斯、斯洛伐克、斯洛文尼亚、西班牙、瑞典、塔吉克斯坦、土耳其、英国、**乌克兰**、美国	-- -- -- --	-- -- -- 65*	-- --	15.0 --
* 该观察团另有 441 名当地雇员协助					
欧安组织阿尔巴尼亚观察团					
该观察团系根据 1997 年 3 月 27 日欧安组织常设理事会 PC. DEC/160 号决定建立。其职责在 2003 年修改为包括协助立法、司法和选举制度的改革，以及协助能力建设、打击走私和反腐败活动、警务援助和实施良政等。2010 年 12 月 16 日欧安组织常设理事会 PC. DEC/973 号决定将该团使命延长至 2011 年 12 月 31 日。					

法律依据/开始时间/地点	2010 年派出部队、观察员、民事警察或文职人员的国家（**黑体字**为新参加国、*斜体字*为年内结束使命国、下划线表示指定的牵头国）	部队/观察员/民事警察/文职人员 批准数	实际数	死亡人数：迄今数/2010 年数/（死于敌对行动、事故、伤病）	开支（百万美元）全年开支额/未付额
常设理事会 PC/DEC160 号决定 1997.4 阿尔巴尼亚	文职人员：奥地利、保加利亚、捷克、德国、拉脱维亚、立陶宛、黑山、荷兰、**挪威**、*罗马尼亚*、斯洛文尼亚、西班牙、英国、美国	-- -- -- --	-- -- -- 21 *	-- --	3.3 --

* 该观察团另有 77 名当地雇员协助。

欧安组织科索沃观察团（OMIK）

该观察团系根据 1999 年 7 月 1 日欧安组织常设理事会 PC. DEC/305 号决定建立，其使命包括训练警察、司法人员和民事行政管理人员，以及监督和促进人权。该观察团是“联合国科索沃临时行政机构”（UNMIK）的一个组成部分。2007 年 12 月 21 日欧安组织常设理事会 PC. DEC/835 号决定将该团使命延长至 2008 年 1 月 31 日，此后其使命每月延长一次，除非该团的参加国中有一国反对。

法律依据/开始时间/地点	国家	批准数	实际数	死亡人数	开支
常设理事会 PC/DEC305 号决定 1999.7 科索沃	文职人员：亚美尼亚、奥地利、阿塞拜疆、白俄罗斯、**比利时**、波黑、*保加利亚*、加拿大、克罗地亚、芬兰、法国、格鲁吉亚、德国、希腊、匈牙利、爱尔兰、意大利、马其顿、马耳他、摩尔多瓦、黑山、荷兰、波兰、葡萄牙、罗马尼亚、俄罗斯、斯洛伐克、西班牙、瑞典、土耳其、英国、乌克兰、美国、乌兹别克斯坦	-- -- -- 224	-- -- -- 167 *	9 --	23.5 --

法律依据/开始时间/地点	2010 年派出部队、观察员、民事警察或文职人员的国家（**黑体字**为新参加国、*斜体字*为年内结束使命国、下划线表示指定的牵头国）	部队/观察员/民事警察/文职人员 批准数	部队/观察员/民事警察/文职人员 实际数	死亡人数：迄今数/2010 年数/（死于敌对行动、事故、伤病）	开支（百万美元）全年开支额/未付额
* 该观察团另有 499 名当地雇员协助。					
欧安组织塞尔维亚观察团					
该观察团系根据 2001 年 1 月 11 日欧安组织常设理事会 PC. DEC/401 号决定建立，其使命是在塞尔维亚指导实施法律，监督民主机制和民主进程的正常运转和完善，帮助训练和重组执法机构和司法部门。2010 年 12 月 16 日欧安组织常设理事会 PC. DEC/976 号决定将该团使命延长至 2011 年 12 月 31 日。					
常设理事会 PC/DEC401 号决定 2001. 3 塞尔维亚	文职人员：**奥地利**、波黑、**保加利亚**、**加拿大**、克罗地亚、*爱沙尼亚*、法国、格鲁吉亚、德国、希腊、匈牙利、爱尔兰、意大利、摩尔多瓦、荷兰、挪威、**俄罗斯**、*斯洛伐克*、斯洛文尼亚、**西班牙**、瑞典、土耳其、英国、乌克兰、美国	- - - - - - - -	- - - - - - 38 *	- - - -	7. 9 - -
* 该观察团另有 139 名当地雇员协助。					
临时联盟行动（6 项）（共 29 个国家参加）		**900** **2100** - - - -	**1526** **1704** **305** **219**	**101** **2**	**351. 0** - -

<table>
<tr><th rowspan="2">法律依据/
开始时间/
地点</th><th rowspan="2">2010 年派出部队、观察员、
民事警察或文职人员的国家
（黑体字为新参加国、斜体字为年内结束使命国、<u>下划线</u>表示指定的牵头国）</th><th colspan="2">部队/
观察员/
民事警察/
文职人员</th><th rowspan="2">死亡人数：
迄今数/
2010 年数/
（死于敌对行动、事故、伤病）</th><th rowspan="2">开支
（百万美元）
全年开支额/
未付额</th></tr>
<tr><th>批准数</th><th>实际数</th></tr>
<tr><td colspan="6">中立国监督委员会（NNSC）
该委员会系根据 1953 年 7 月 27 日在板门店签署的关于在朝鲜实行军事停战的协定而建立。其职责是监督、观察、视察和调查《停战协定》的执行情况。</td></tr>
<tr><td>停战协定
1953.7
朝鲜、韩国</td><td>观察员：瑞典、瑞士</td><td>--
--
--</td><td>--
10
--
--</td><td>--
--</td><td>2.3 *
--</td></tr>
<tr><td colspan="6">* 年度开支额中未包括数额不详的波兰和美国的捐款。</td></tr>
<tr><td colspan="6">驻西奈多国部队及观察团（MFO）
该部队及观察团系根据 1979 年 3 月 26 日埃及与以色列签署的《和平条约》议定书的规定于 1981 年 8 月 3 日建立。该部队是在 1982 年 3 月 20 日以色列军队撤离西奈后开始部署的，但直到 1982 年 4 月 25 日以色列将西奈归还埃及的当天才真正开始运作。该团的职责是观察《和平条约》的实施，并帮助营造一种安全环境。</td></tr>
<tr><td>和平条约议定书
1982.4
埃及（西奈）</td><td>观察员：澳大利亚、加拿大、哥伦比亚、捷克、斐济、法国、匈牙利、意大利、新西兰、挪威、乌拉圭、<u>美国</u>
文职人员：澳大利亚、加拿大、法国、新西兰、挪威、英国、美国</td><td>--
2000
--
--</td><td>--
1672
--
39 *</td><td>67
1
(-, -, 1, -)</td><td>78.0
--</td></tr>
</table>

法律依据/ 开始时间/ 地点	2010 年派出部队、观察员、 民事警察或文职人员的国家 (黑体字为新参加国、*斜体字*为年内结束使命国、下划线表示指定的牵头国)	部队/ 观察员/ 民事警察/ 文职人员		死亡人数： 迄今数/ 2010 年数/ (死于敌对行动、事故、伤病)	开支 (百万美元) 全年开支额/ 未付额
		批准数	实际数		
* 该团另有 634 名当地雇员协助。					
第二期希伯伦临时国际部队（TIPH 2）					
该部队系根据 1997 年 1 月 17 日《关于在希伯伦重新部署的议定书》和 1997 年 1 月 21 日《关于在希伯伦临时派驻国际部队的协议》两个文件建立。该部队的职责是帮助构建安全和稳定的环境，监督并报告违反国际人道主义法的事件。该部队的职责需经以色列和巴勒斯坦双方同意每六个月延长一次。					
希伯伦议定书 1997.2 巴勒斯坦 (希伯伦)	观察员：丹麦、意大利、挪威、土耳其 文职人员：丹麦、*意大利*、挪威、瑞典、瑞士、*土耳其*	-- 180 -- --	-- 22 -- 44 *	2 --	3.2 --
* 该部队另有 10 名当地雇员协助。					
独角兽行动（Licorne 行动）					
该行动系由 2003 年 2 月 4 日安理会第 1464 号决议授权部署，并赋以《联合国宪章》第七章的权力，以配合根据《联合国宪章》第八章规定建立的“西非国家经济共同体驻科特迪瓦特派团”（2003—2004 年），帮助建立稳定环境，尤其是为 2003 年《利纳—马尔库西协定》的实施创造条件。2004 年 2 月 27 日安理会第 1528 号决议将该项行动的职责修改为配合“联合国科特迪瓦行动团”（UNOCI）行动。2008 年 1 月 15 日安理会第 1795 号决议扩大了该行动的职责，要其支持 2007 年 3 月 4 日《瓦加杜古政治协议》和 2007 年 11 月 28 日《补充协议》的实施，尤其要为准备举行自由选举提供协助。2010 年 1 月 28 日安理会第 1911 号决议将其使命延长至 2011 年 5 月 31 日。					

法律依据/ 开始时间/ 地点	2010 年派出部队、观察员、 民事警察或文职人员的国家 (**黑体字**为新参加国、*斜体字*为年内结束使命国、<u>下划线</u>表示指定的牵头国)	部队/观察员/民事警察/文职人员 批准数	 实际数	死亡人数： 迄今数/ 2010 年数/ (死于敌对行动、事故、伤病)	开支 (百万美元) 全年开支额/ 未付额
安理会 1464 号决议 2003.2 科特迪瓦	部　队：法国	900 -- -- --	900 * -- -- --	24 --	95.6 --

* 该团得到驻于几内亚湾的一支海军特遣队（Corymbe 行动，300 人）的支持。

所罗门群岛地区援助团（RAMSI）

该援助团系根据 2000 年 10 月 28 日《比克塔瓦宣言》的框架建立。该援助团的职责是协助所罗门群岛政府恢复法律和秩序以及加强警察队伍的能力。

比克塔瓦宣言 2003.7 所罗门群岛	部　队：<u>澳大利亚</u>、新西兰、巴布亚新几内亚、汤加 民事警察：<u>澳大利亚</u>、库克群岛、斐济、基里巴斯、密克罗尼西亚、瑙鲁、新西兰、纽埃、帕劳、巴布亚新几内亚、*萨摩亚*、汤加、图瓦卢、瓦努阿图 文职人员：澳大利亚、加拿大、斐济、印度、新西兰、尼日利亚、巴布亚新几内亚、*萨摩亚*、*斯里兰卡*、汤加、英国	-- -- -- --	150 -- 305 134 *	7 1 (-，-，1，-)	.. --

法律依据/开始时间/地点	2010 年派出部队、观察员、民事警察或文职人员的国家（**黑体字**为新参加国、*斜体字*为年内结束使命国、下划线表示指定的牵头国）	部队/观察员/民事警察/文职人员 批准数	实际数	死亡人数：迄今数/2010 年数/（死于敌对行动、事故、伤病）	开支（百万美元）全年开支额/未付额
*该援助团另有 84 名当地专业人员协助。					
国际安全部队（ISF） 该部队系应东帝汶政府请求而部署，目的是帮助稳定该国安全环境。此项行动获得联合国安理会 2006 年 6 月 20 日第 1690 号决议的认可。该部队的地位系由澳大利亚与东帝汶之间 2006 年 5 月 26 日的“部队地位协定”以及澳大利亚、东帝汶与联合国之间 2007 年 1 月 26 日的谅解备忘录确定。该部队的行动同“联合国东帝汶综合特派团”（UNMIT）进行合作。					
2006.5.25 双边协定和安理会 1690 号决议		--	476	1	171.9**
2006.5	部　队：澳大利亚、新西兰	--	--	..	--
东帝汶	文职人员：澳大利亚	--	--		
		--	2*		
*该行动另有约 350 名当地人员的协助。 **这一开支数额仅反映澳大利亚为该团提供的经费。					

注：“--”表示无该项内容；“..”表示尚无有关数据；CJA 指欧盟理事会联合行动；CP/RES 指美洲国家组织常设理事会决议；CSO 指欧安组织高级理事会（原先的高官委员会）；DDR 指解除武装、复员遣返和重新安置；ECOWAS 指西非国家经济共同体；MC 指欧安组织部长理

事会；MOU 指谅解备忘录；PC. DEC 指欧安组织常设理事会决定；PSC 指（非盟）和平与安全理事会；SCR 指联合国安理会决议；SSR 指安全部门改革。

* 凡能搞清死亡原因的，括号内的四个数字分别代表 2010 年死于敌对行动、事故、伤病和其他原因的人数。由于当年的死亡报告中并非都能说明死亡原因，这些数字的相加之和与全年死亡人员总数不一定相符。

资料来源： SIPRI 多边和平行动数据库，URL〈http：//www. sipri. org/databases/pko/〉。

（庄茂成　译）

第二部分

2010年的军费开支和军备

第四章　军费

萨姆·珀洛-弗里曼　朱利安·库珀　奥拉瓦莱·伊斯梅尔
伊丽莎白·申斯　卡丽娜·索尔米拉诺

第一节　导言

2010年世界军费达1.63万亿美元，占全球国内生产总值的2.6%，相当于人均236美元。开支比2009年和2001年分别实际增长1.3%和50%。[1] 2010年的增长几乎完全可归因于美国；世界其他地区的军事开支仅增长了0.1%。2001年至2010年期间，美国的军事开支增长了81%，而世界其他地区的增幅为32%。

然而，区域模式有很大差别。2010年，南美洲和非洲的军事开支继续显著增长，增幅分别达5.8%和5.2%。相比之下，北美洲和亚洲及大洋洲的增幅均低于近年来的水平，分别为2.8%和1.4%，而欧洲的开支自1998年以来首次下降了2.8%。这反映了对全球经济危机的延迟反应，因为欧洲各国政府开始削减预算赤字，而亚洲的军事开支增长放缓则符合2009年经济增长率降低的情况。

本章重点探讨六个主要地区大国的军事开支趋势：中国、俄罗斯、印度、巴西、土耳其和南非。这些国家的强劲经济增长使其在地区和全球事务中的地位日益突出。随着经济实力增强，这些国家各以不同的方式寻求发挥其政治和外交影响以及作为军事大国的作用。大

〔1〕除另有注明外，2010年的所有美元数据均按照2010年的当前价格和汇率计算，而所有实际百分比增减则采用2009年的不变价格和汇率计算。详情参见附录4A。

部分国家的军事开支近年来迅速增加，而且所有国家都在着手进行重大的军事现代化计划，这些计划并非全都与意识到的军事威胁或明确的军事任务有明显联系。本章第三至七节依据这些国家的整体防务和安全政策分别探讨了各国的军事开支趋势。

表 4.1 美国 2001 年和 2008—2012 财年的国防部开支和国防总开支

单位：10 亿美元，按当前价格和汇率计算。年份为财年（从上年 10 月 1 日开始）。

	2001	2008	2009	2010	2011[a]	2012[a]	2001—2010 年变动（%）
国防部，军事	290.2	594.6	636.7	666.7	739.7	707.5	130
军事人员	74.0	138.9	147.3	155.7	157.0	159.3	110
作战和维持	112.0	244.8	259.3	276.0	311.9	301.7	146
采购	55.0	117.4	129.2	133.6	151.9	134.4	143
研制试验和评估	40.5	75.1	79.0	77.0	80.7	78.2	90.1
其他国防部军事开支[b]	8.8	18.3	21.8	24.4	38.2	33.9	177
能源部，军事	12.9	17.1	17.6	19.3	21.2	21.8	49.6
其他，军事	1.6	4.3	6.8	7.6	7.3	8.2	375
国防总开支	**304.8**	**616.1**	**661.0**	**693.6**	**768.2**	**737.5**	**128**

a 2011 年和 2012 年的数字系估计数。

b 其他开支包括行政管理和预算局分类的军事建筑、家庭住房和其他类支出。

资料来源：美国行政管理和预算局：《美国政府 2012 财年预算：按年代顺序编列的表格》（政府印刷局：华盛顿特区，2010 年），第 71、74 页。

在此之前，第二节简要介绍了美国以往和计划的军事开支，而本章的第八节为总结。附录 4A 提供了 SIPRI 编制的完整的 2001 年至 2010 年间世界、地区和国家军费表以及 2010 年军事开支地区走势的相关信息、军费开支排名前 15 位国家的有关数据和 SIPRI 的数据来源及统计方法。附录 4B 提供了各国向 SIPRI 和联合国报告军费的有关数据，表明报告率有所下降。

第二节　美国

2010年，美国的军费实际增长了2.8%，达到6980亿美元。这一增长规模小于近年来的水平而且大大小于美国政府的预测，几乎完全可归因于在阿富汗和伊拉克的海外应急行动开支增加。〔2〕然而，美国政府的未来开支预测表明，2011财年的支出将出现较大增长，特别是在作战和维持方面以及采购开支。〔3〕这表明部分2010年的计划开支已被推迟至2011年。

2012财年的预算显示当局要求的预算额度和预测支出均有所下降，这表明美国的军事开支在长达十年之久的飙升后终于见顶回落（参见表4.1）。2012年开支下降是由于海外应急行动所需开支减少了410亿美元，这主要是因为美国计划在2011年年底从伊拉克撤军。〔4〕然而，尽管已经将此前计划的五年期采购方案开支削减了780亿美元，2012年的基本军事预算需求额度（不包括海外应急行动，但包括国防部以外的军事开支）预计仍将比2011年高0.8%。〔5〕

---

〔2〕美国行政管理和预算局：《美国政府2010财年预算：按年代顺序编列的表格》（政府印刷局：华盛顿特区，2009年）。SIPRI在2007年之前一直使用北大西洋公约组织提供的美国军事开支数据，从2008年开始采用美国行政管理和预算局的国防开支数据（参见表4.1）以及国务院外国军事财政援助项目和国际军事装备和训练项目开支的总和。美国行政管理和预算局的数据不含这两个项目的开支。

〔3〕这些预测与美国政府的2012财年预算申请一并发布。美国行政管理和预算局：《美国政府2012财年预算：按年代顺序编列的表格》（政府印刷局：华盛顿特区，2010年），第74页。SIPRI的数据涉及支出（实际开支），不同于预算主管机构的数据，后者是批准政府开支的。这种授权批准可能会导致开支在当前和以后的财政年度发生。

〔4〕美国行政管理和预算局：《美国政府2012财年预算》（政府印刷局：华盛顿特区，2010年），第137—140页。

〔5〕美国行政管理和预算局（同注释〔4〕），第59页。

第三节　中国

中国官方 2010 年的国防预算为 5320 亿元人民币（约合 780 亿美元），但 SIPRI 估计中国的军费总额为 8090 亿元人民币（约合 1190 亿美元）。[6] 从 2001 年至 2010 年，军事开支实际增长了 189%，平均每年增长 12.5%。因此，2010 年 3.8%的增幅意味着增长速度显著放缓，反映出全球经济衰退造成 2009 年经济增长减速。[7] 20 世纪 80 年代和 90 年代，国防现代化在“四个现代化”中的优先程度最低，排在农业、工业和科学技术之后。与这一时期相比，2000 年之后增长速度急剧加快。然而，2001 年至 2010 年期间，中国的军费占国内生产总值的比重一直处于 2.0%至 2.2%的范围内。

中国的军事现代化和迅速增长的军事开支反映了该国近年来同样快速的经济增长，这种经济增长推动中国成为世界第二大经济体并确立其全球大国地位。[8] 根据官方政策，中国的军事现代化取决于并服从于国家经济建设。[9]

SIPRI 估算的中国军事开支包括人民解放军的官方预算和若干其他军事开支项目的官方数据或估算。中国政府从 1998 年开始提供解放军的预算分类，分为三类：人员、训练维持和装备（包括采购、维修以及研究和开发）。[10] 这些信息一直显示三类费用的比例大致相

---

〔6〕 SIPRI 修订了其对中国军费的估算。参见附录 4A 第三部分。

〔7〕 例如，参见寇立研和梁辉：“中国 2010 国防预算案出台的幕后情况”，《国际先驱导报》，2010 年 3 月 12 日，中译英，开源中心。

〔8〕 世界银行：《2010 年世界发展指标》（世界银行：华盛顿特区，2010 年），第 89 页。

〔9〕 中国国务院新闻办公室：《2008 年中国的国防》（外文出版社：北京，2009 年 1 月）。

〔10〕 中国国防白皮书，1998—2008 年，网址：〈http://eng.mod.gov.cn/Database/WhitePapers/〉；中国提交的联合国军费报告书，1998—2010 年，网址：〈http://www.un.org/disarmament/convarms/Milex/html/Milex_SGReports.shtml〉。

等。[11] 目前无法获得按军种划分的开支明细。[12] SIPRI 估算的军费总额中的主要不确定性在于估算研究、开发、测试和评估方面的预算外开支。[13]

据官方声明，大量增加开支的两个主要用途是改善官兵工资待遇和生活条件以及军队的现代化和“信息化”。[14] 鉴于中国经济的快速增长，第一个用途是很自然的发展趋势；第二个用途反映了缩小与西方，特别是美国，在军事技术和军事能力方面的差距的决心。中国和西方的分析都表明解放军已经在其系统和装备的信息化方面取得了长足进步，但将此扩展到整个多达 220 万人的武装力量将需要很长时间。特别是不同军种开展联合行动的能力仍然值得商榷。[15] 此外，2008 年的国防白皮书首次强调把“非战争军事行动”作为解放军的主要任务，包括救灾、维和和反海盗行动。尽管解放军近年来确实较多地参与了这类活动，这些不可能成为很大一部分军事开支增长的原因。[16]

直到最近，中国的军事现代化大部分依赖从俄罗斯进口，不过进口已经大幅下降，中国越来越多地采购国产装备。[17] 中国的军工业在开发现代化武器的能力上取得了重大进展，特别是在其有能力将中

〔11〕 各国在报告预算时对“人员”和“装备”等类别的定义有很大的不同，因此难以进行这些部分的国际比较。

〔12〕 2011 年，中国军控与裁军协会的徐光裕提供了陆海空三军之间比例为 60：20：20 的粗略明细。林怡舟：“中国侧重于‘远海防御’”，《亚洲时报在线》，2010 年 7 月 8 日，网址：〈http：//www.atimes.com/atimes/China/LG09Ad02.html〉。

〔13〕 有关 SIPRI 估算中国军事开支的方法，具体参见附录 4A 第三部分。

〔14〕 中国国务院（同注释〔9〕），第十二章。“信息化”是指将现代信息和通信技术纳入军事系统和军事行动，相当于西方的“网络中心战”。

〔15〕 K. 波尔彼得：“建立综合性 C4ISR 系统：人民解放军的信息化和联合作战”，甘浩森、来永庆和施道安编辑：《解放军的国内外行动：评估中国军队的作战能力》（美国陆军战争学院战略问题研究所：宾夕法尼亚州卡莱尔，2010 年 6 月）。

〔16〕 另请参见季北慈和黄劲豪：《中国日益扩大的维和作用：展望与政策影响》，SIPRI 政策文件第 25 号（SIPRI：斯德哥尔摩，2009 年 11 月）。

〔17〕 参见本卷年鉴第六章第二节；S. T. 魏泽曼、M. 布罗姆利和 P. D. 魏泽曼：“国际武器转让”，《SIPRI 年鉴 2009》，第 308—313 页。

国民用技术优势转为军用的领域。[18] 然而，其他领域的发展，如军用飞机，一直在较大程度上依靠仿制进口的俄罗斯系统。中国仍然依赖从俄罗斯进口某些子系统，尤其是军用飞机发动机，以及从西欧进口某些高科技产品。[19]

包括空间技术、导弹系统和网络战在内的若干领域能力受到了特别的重视，旨在推动实现“打赢信息化条件下局部战争”的目标。[20] 有些导弹系统直接针对台湾，而另一些则构成“反介入”和“区域拒止”的不对称战略的一部分，以使美国海军在任何台湾海峡的潜在冲突中置身事外。[21] 中国也正在迅速发展水面和水下海军力量。这是在南海甚至有可能在印度洋投放中国军力的关键，而现代化的潜艇也可以构成“反介入”战略的一部分。[22] 此外，信息化也要求在部队的训练和教育上取得重大发展。[23]

中国将其经济、政治和安全战略形容为“和平发展”，认为在可预见的未来只有极小的可能性出现大的国家间冲突。[24] 特别是中国认为不断加深的国际经济相互依存度可以为防范重大冲突提供一个“看不见的盾”。[25] 中国坚称永远不称霸，其军事建设完全是为了自卫。作为军队现代化建设的正当理由，官方声明中经常提及分裂主义、恐怖主义和极端主义这“三股恶势力”和其他新的安全挑战以及

---

〔18〕 麦艾文等：《中国国防工业的新方向》（兰德公司：加利福尼亚州圣莫尼卡，2005 年）；毛文杰和 R. S. 蒂罗尔—库珀：“中国的国防工业走上改革之路”，美中经济与安全评估委员会，2009 年 10 月，网址：〈http：//www. uscc. gov/researchpapers/research_archive. php〉。

〔19〕 魏泽曼等（同注释〔17〕）。

〔20〕 中国国务院（同注释〔9〕），第二章。有关空间技术，参见 R. D. 费希尔：“中国的太空雄心令人生畏”，《华尔街日报》，2010 年 1 月 20 日。

〔21〕 美国国防部：《2010 年与中华人民共和国有关的军事与安全发展》，致国会的年度报告（国防部：华盛顿特区，2010 年），第 29—33 页。

〔22〕 P. 特兰：“中国延伸军事触角”，《防务新闻》，2010 年 5 月 24 日；波尔彼得（同注释〔15〕）；林（同注释〔11〕）。

〔23〕 “中国军队将为信息化战争做好训练”，新华社，2009 年 3 月 5 日。

〔24〕 中国国务院（同注释〔9〕）。

〔25〕 谢适汀和赵俊兰：“借拉动内需契机促进国防建设上台阶”，《军事经济研究》，2009 年 12 月，中译英，开源中心，2010 年 2 月 9 日。

维和和反海盗行动。[26]

“打赢信息化条件下局部战争”这一现代化的既定目标最有可能涉及的是与美国就台湾问题可能发生的潜在冲突，因为中国将台湾视为其领土不可分割的一部分。美国已承诺保卫台湾并向其供应武器，更于2010年宣布了一项价值64亿美元的军售。[27] 虽然中国大陆和台湾之间的关系近年来有所改善而且中国目前认为持续和平的前景良好，其军事现代化在某种程度上是在为最坏的情况做准备。

除了台湾问题，随着军力增长，中国似乎在主权要求上更加坚定而自信，这既包括与马来西亚、菲律宾、中国台湾地区和越南有争议的南海地区，也包括与日本有关钓鱼岛（日本称尖阁列岛）的争端。[28] 除此之外，作为一个实力日益增强的经济大国，中国对其自身利益及其哪些东西构成安全的观念有所扩大。特别是随着经济增长带来了迅速增长的能源需求，中国正寻求获得并投资于从非洲到拉美地区的能源资源。海军力量的发展因此也旨在保障中国至关重要的海上交通线。

中国对其和平意图的保证并没有停止美国和包括印度及日本在内的邻国对其不断增强的军事力量表示关切并作出反应。[29] 然而，中国增加军事开支在部分程度上反映了其自身对具有压倒性优势的美国军事实力的担忧。中国将领已明确表示，中国继续在军事科技领域远远落后于西方会使其易受攻击。[30]

中国经济的快速增长已使数亿人口摆脱了贫困，而这种增长一直伴随着环境问题、经济上的不平等以及广大内陆地区的持续贫困。然

〔26〕 中国国务院（同注释〔9〕）。

〔27〕 美国在台协会：“美国对台湾军售概要说明”，新闻稿，2010年2月11日，网址：〈http://www.ait.org.tw/en/pressrelease—pr1012.html〉。

〔28〕 例如R. 萨特和黄劲豪：“中国—东南亚关系：高级官员访问；南海紧张局势”，《比较关系》，第12卷，第2号（2010年7月），第71—72页。

〔29〕 例如，参见V. 京格尔：“五角大楼两面下注，盖茨寻求更稳定的对华关系”，《彭博商业周刊》，2011年1月9日；日本防卫省：“2011财年及以后年度国防计划指导方针”，2010年12月17日，网址：〈http://www.mod.go.jp/e/d_act/d_policy/national.html〉。

〔30〕 例如解放军副总参谋长马晓天（将军），参见艾阳、李潇堃和王晨燕：“中国需要在国防上‘开拓进取’”，《中国日报》，2010年10月22日。

而，就目前而言，经济增长缓和了军事开支和社会支出之间的紧张关系，允许两者均有所增加。[31]

第四节 俄罗斯

2010 年，俄罗斯的军费为 1.782 万亿卢布（约合 587 亿美元），比 2009 年实际降低 1.4%，但比 2001 年高出 82%。

作为地区大国的俄罗斯只有放在作为苏联最大的继承国的背景下才能理解其情况，而苏联是一个实行中央计划经济、军事能力可与美国相媲美的共产主义国家。20 世纪 80 年代，苏联的军事开支被认为至少已达到国民收入的 18%。[32] 规模庞大的苏联军工业有大约 1000 万从业人员，到 1990 年，仅是国防部下属的武装部队就有 339.3 万军人。[33] 苏联的军费削减始于 1989 年，但 1992 年新独立的俄罗斯仍保留了过于庞大的军事力量。

俄罗斯在许多方面仍然带有过去共产主义的标记。其市场经济运作良好，但国家在其中起到了显著作用。经济以资源开采和出口为导向的色彩浓重，而武器装备占据了主导地位的制造业则相对薄弱，缺乏竞争力。俄罗斯的民主依然脆弱，腐败是一个严重的问题。

20 世纪 90 年代，由于经历了混乱的市场转型，俄罗斯经济急剧萎缩。因此，军费到 1998 年迅速下降至其 1992 年水平的 32%，占国内生产总值比重从 5.5%跌至 3.3%。军工业也迅速萎缩。但 1998 年经济危机后，俄罗斯经济开始复苏，自此经历了一段稳定增长期，这在某种程度上得益于石油、天然气和金属这些俄罗斯的主要出口货物的价格上涨。这使得扩大军事开支成为可能，其增长幅度大致与国内生产总值同步（参见表 4.2）。

---

〔31〕 例如“中国预算增加社会支出”，美联社，2011 年 3 月 5 日，网址：〈http：//www.cbc.ca/news/world/story/2011/03/05/china—budget.html〉。

〔32〕 S.F. 维库洛夫：“理论与实践的综合”，《军事经济学学报》，第 3 期，1993 年，第 4—5 页。

〔33〕 A.V. 米纳耶夫（编辑）：《从斯大林到戈尔巴乔夫时代的苏联军事实力》（大阅兵出版社：莫斯科，1999 年），第 121 页。

表 4.2　俄罗斯 2001 年、2005 年和 2008—2011 年的军费开支

所有数据均按当前价格计算。

年度[a]	"国防"开支（10 亿卢布）	"国防"开支占国内生产总值比重（%）[b]	SIPRI 估算的军事开支（10 亿卢布）[c]	SIPRI 估算的军事开支占国内生产总值比重（%）[b]
2011	1517	3.0	..	..
2010	1277	2.8	1782	4.0
2009	1188	3.0	1693	4.3
2008	1041	2.5	1448	3.5
2005	581	2.7	806	3.7
2001	248	2.8	365	4.1

a 2001—2010 年的数据为实际开支；2011 年的数据为预算数据。

b 2001—2009 年的数据基于来自国际货币基金组织的国际金融统计数据库的国内生产总值统计数据；2010—2011 年的数据基于国际货币基金组织的《世界经济展望》报告预测。

c SIPRI 的俄罗斯军事总开支数据除了"国防"开支外，还包括军人养老金和各种准军事部队的开支、估算的额外军事研发开支以及某些与军事有关的补贴。

资料来源：附录 4A；2000—2009 年"国防"开支：有关预算执行情况的年度法律，网址：〈http：//www.kremlin.ru/acts〉；2010 年（临时数据）：俄罗斯联邦财政部，"联邦预算执行情况报告"，2011 年 1 月 1 日，网址：〈http：//www.roskazna.ru/reports/oi.html〉；2011 年：提交国家杜马的联邦预算草案，法律草案第 433091—5 号，2010 年 10 月，网址：〈http：//asozd2.duma.gov.ru/〉；2000—2009 年国内生产总值：俄罗斯联邦国家统计局，网址：〈http：//www.gks.ru/wps/wcm/connect/rosstat/rosstatsite/main/account/〉。

在弗拉基米尔·普京总统的第一任期内（2000—2004 年），包括国防部武装力量、核武器和某些其他类别直接军事支持相关支出在内的"国防"开支实际增长了 60%左右，增幅基本与国内生产总值增长保持一致。[34] 然而，在他的第二任期内（2004—2008 年），增长

〔34〕 实际增幅的计算基于年度国内生产总值通货紧缩指数。在俄罗斯的武器和其他物资的采购成本迅速上升的情况下，这种方法能比用于计算附录 4A 中 SIPRI 的不变美元价格数据的消费物价指数更好地反映政府机构购买商品的相关价格趋势。如果采用消费物价指数，俄罗斯的军事开支在 1999 年至 2004 年间实际增长了 86%。

落后于国内生产总值增长，比重降至 2.5%。2008 年 8 月的格鲁吉亚冲突促使改变政策。军事改革和现代化成为国家的优先事项，尽管全球金融危机对俄罗斯产生严重影响，“国防”开支 2009 年实际增长至占国内生产总值的 3%以上。[35] 在 2011—2013 年规划中，“国防”预算增速将高于国内生产总值增长率，尽管 2010 年这一预算比 2009 年实际减少了 5%。[36]

虽然俄军主要实行征兵制，其庞大的规模意味着军事开支一直以人员及作战和维持支出为主。然而，国防部武装力量的规模已逐渐缩小，自 2007 年阿纳托里·谢尔久科夫被任命为国防部长以来，俄罗斯武装部队经历了根本性的结构调整和现代化进程。人员数量已经从 120 万减少到 100 万，主要是通过军官退役的方式。与此同时，许多支持性的工作现由文职雇员承担或外包给外部供应商。[37] 根据提交给联合国的数据，2008 年国防部的开支中有 36%用于人员支出、23%用于作战和维持、23%用于武器采购、各有 9%用于研发和建筑。[38] 随着时间的推移，采购所占的比重逐步上升，而且可能会在未来几年内保持这种趋势。

2006 年 10 月批准的最新国家军备计划预计到 2015 年的 10 年间开支达 5 万亿卢布（约合 1650 亿美元）。[39] 自格鲁吉亚冲突以来，俄罗斯已经起草了一个至 2020 年期间的新计划。截至 2010 年底，该计划尚未获得批准，但看来国防部的总开支将达到 20 万亿卢布（约合 6590 亿美元），这反映了在未来十年间彻底重新装备俄罗斯武装部

---

〔35〕 例如 G. 考恩和 V. 彼得罗夫：“虽然遭遇危机，俄罗斯国防现代化‘将坚持不变’”，《简氏防务周刊》，2009 年 3 月 25 日，第 13 页。

〔36〕 J. 库珀：“2010—2013 年俄罗斯联邦预算中的军费”，研究纪要（无出版年份），网址：〈http：//www. sipri. org/research/armaments/milex/publications/unpubl _ milex/〉。

〔37〕 M. 加莱奥蒂：“俄罗斯改革法”，《简氏防务周刊》，2010 年 9 月 29 日，第 26—31 页。

〔38〕 联合国裁军事务办公室：军费报告书数据库，网址：〈http：//disarmament. un. org/Milex. nsf〉。

〔39〕 M. 谢尔盖耶夫：“谢尔盖·伊万诺夫有了一个新组织”，《新闻报》，2006 年 7 月 31 日，第 9 页。在每 5 年更新一次的 10 年期国家军备计划框架内拟定每年的新武器采购、维修、现代化和军事研发国家订货任务。自 1996 年以来已经执行了 3 个计划。

队的新承诺。[40] 这将不可避免地涉及从 2012 年（可能实施的第一年）开始提高军事开支所占的国内生产总值比重，可能高达 3.5%。

按军种划分，陆军一直占开支的比重最大。2005—2008 年期间，陆军平均获得了开支总额的 33%，海军为 18%，空军和防空部队为 13%，其他部队（主要是负责陆基洲际弹道导弹能力的战略火箭部队）为 17%，中央支持和行政管理为 19%。[41]

在对整体武器采购系统进行重大重组的同时，一个可能的重大动态是如果国内军工业无法提供所需的现代化装备，俄罗斯有新的意愿进口武器。[42] 最突出的例子就是决定从法国购买两艘“西北风”级搭载直升机的两栖攻击舰并可选择在圣彼得堡的船厂再建造两艘。[43] 其他进口装备包括以色列的无人驾驶飞行器和意大利的装甲车辆。然而，这样做的意图不是依靠进口，而是以合资或许可方式发展俄罗斯制造外国公司所产装备的能力。

为发展俄罗斯的武装力量提供背景的俄罗斯军事学说在 2010 年 2 月进行了更新。[44] 新的理论把北大西洋公约组织确定为“军事危险”，即潜在威胁，但不是现实威胁。核武器仍然是俄罗斯军事能力的重要组成部分，但只有在反击大规模杀伤性武器攻击或“国家生存受到威胁”时才会使用。2010 年《俄美关于进一步削减和限制进攻性战略武器措施的条约》反映了一个事实，即俄罗斯的战略核能力在未来几年将不可避免地收缩，因为撤除苏联时代导弹的速度比它们可以被新系统替换的速度快。[45] 2008 年的格鲁吉亚冲突让政治和军事

---

〔40〕“国家军备计划”，《红星报》，2010 年 12 月 30 日。

〔41〕联合国（同注释〔38〕）。有关与苏联后期和 20 世纪 90 年代前半期的比较，参见 J. 库珀：“1987 年至 1997 年苏联和俄罗斯联邦的军费”，《SIPRI 年鉴 1998》。

〔42〕参见 J. 库珀：“俄罗斯的军事采购”，B. 尼格伦、C. 凡蒂尔·帕林和 R. 麦克德莫特（编辑）：《俄罗斯的军事发展》（劳特利奇出版社：阿宾登，2011 年即将出版）。

〔43〕参见本卷年鉴第六章第四节。

〔44〕《俄罗斯联邦军事学说》，经总统令批准，2010 年 2 月 5 日，网址：〈http://news.kremlin.ru/ref_notes/461〉（俄语版）。有关精辟的分析，参见 K. 贾尔斯：“2010 年俄罗斯联邦军事学说”，研究述评，北约国防学院，罗马，2010 年 2 月，网址：〈http://www.ndc.nato.int/research/series.php?icode=9〉。

〔45〕有关俄罗斯的核力量，参见本卷年鉴第七章第三节。有关新的削减战略武器条约，参见本卷年鉴第八章第二节和附件 A。

领导人认识到军队需要大幅提升。新的学说确认在局部冲突、边界和内部安全以及反恐行动中最有可能部署常规部队。在新武器装备的采购方面，现在的重点是情报、通信、指挥和控制系统；空天防御系统；作战飞机和直升机；以及提高部队机动性的装备。这些重点很可能反映在至 2020 年的新军备计划和开支优先项目中。

第五节　印度

2010 年，印度的军费据估计为 18880 亿卢比（约合 413 亿美元），比 2009 年实际降低 2.8%，但比 2001 年高出 54%。[46] 2010 年军费下降是印度的军事开支自 2002 年以来的首次下降，这似乎反映了与经济增长速度有关的“再平衡”。在 21 世纪头 10 年中期，8%—9%的国内生产总值年均增长率意味着军事负担从 2001 年占国内生产总值的 3.0%下降到 2007 年占 2.3%，但 2008—2009 年经济增长放缓已经使这种负担上升到 2009 年占 2.8%，而 2010 年据估计占 2.7%。

和中国一样，强劲的经济表现推动了印度成为地位不断上升的地区大国，其全球抱负也日益增强。虽然传统上与俄罗斯关系密切，印度近年来发展了与美国的强有力战略伙伴关系，包括达成了广泛的民用核能和军事合作协议。这种关系在某种程度上是印度和美国试图平衡中国的力量，但印度还认为与全球超级大国的这种伙伴关系确认了其自身在世界事务中不断增强的重要性。[47]

对印度军事开支的大部分讨论仅指“防务部队”预算，其中包括陆军、海军和空军的经常项目和资本支出以及研发开支。2010/2011 财年，这项预算总额达 14730 亿卢比（约合 322 亿美元）。SIPRI 的印度军事开支总额数据还包括另外两个部分：“防务民事估算”和准

〔46〕 这些数据为 2010 日历年度的估算。2010/2011 财年的预算军事开支为 19110 亿卢比（约合 417 亿美元）。SIPRI 估算日历年度开支是假设全年开支均匀。

〔47〕 例如，参见印度驻华盛顿大使馆：“印美防务关系”，（无出版年份），网址：〈http://www.indianembassy.org/india-us-defense-relations.php〉；“印度非常重要的战略伙伴：美国”，《印度教徒报》，2009 年 2 月 13 日。

军事部队支出。“防务民事估算”包括中央国防部支出和军人养老金，2010/11 财年总额达 2840 亿卢比（约合 62 亿美元）。准军事部队的支出自 2001 年以来增长尤其迅猛，2010/11 财年达 1530 亿卢比（约合 33 亿美元），也许部分原因是由于这些部队在打击毛派纳萨尔派反政府武装中的作用。

正规军预算（防务部队和防务民事估算）中有三个值得注意的趋势。首先，（装备和基础设施的）资本支出从 2003/2004 财年占正规军总开支的 23%跃升至 2004/2005 财年占 37%，而且自那时起一直保持在 34%左右。这项开支用于实现印度军队的现代化，其装备过去以苏联时代的技术为主。此外，该资金预算计划每年增加 10%，直至 2015/16 财年。[48] 其次，用于研发的专项资金占总开支的比重与此同时翻了两番，从 2001/2002 财年占 1.3%上升到 2010/2011 财年占 5.6%。这反映了一直以来希望改善僵硬的印度军工业表现的长期愿望，伴随研发工作同时进行的是尝试通过允许更多的私营部门参与来改革这个行业并通过抵销安排的方式获得国外技术。[49] 第三，印度空军占资金预算的比重大幅增加。虽然这主要是以陆军为代价，但还是影响到了海军，尽管海军的发展是政策强烈关注的重点。不过，海军装备开支的绝对水平已经迅速提高。

印度是 2006 年至 2010 年期间世界上最大的主要常规武器接收国，这既反映了印度军事现代化的快速步伐，也反映出国内行业没有能力供货的情况。[50] 印度国防部长 A. K. 安东尼曾在 2009 年表示，印度的军事装备有 70%是进口的。[51] 自 2003 年以来，飞机已经占到印度的大部分进口量，这在某种程度上反映出分配给空军的资本支出

---

〔48〕 T. 马修：“外国直接投资国防领域不设上限”，《新印度快报》，2010 年 4 月 8 日；“印度可以提供巨大的防务市场”，《印度民用和军用航空》，2010 年 5 月/6 月号，第 13—22 页。

〔49〕 例如，参见印度国防部：《2009—2010 年年度报告》（国防部：新德里，[2010 年]）；印度国防部国防生产司：《2011 年国防生产政策》（国防部：新德里，2011 年 1 月）；印度国防部：《2011 年国防采购程序》（国防部：新德里，2010 年 12 月）。另请参见马修文章（同注释〔48〕）。

〔50〕 参见本卷年鉴第六章第三节。

〔51〕 J. 格莱维特：“印度国防部长敦促国防研发组织保持将高科技重点放在力求自力更生上”，《简氏防务工业》，2009 年 6 月 23 日。

占比越来越大。[52] 通过配备新的主要作战飞机和传感器、雷达、卫星及无人机，空军现代化建设的目标是在空中力量和信息方面取得对中国和巴基斯坦的优势。[53] 在海军方面，印度多年来一直寻求扩大其远洋海军能力以使其能够在印度洋投送军力。印度专门采购了一些装备用于预防或应对像 2008 年 11 月孟买袭击事件那样的恐怖主义行为，其中包括海岸警卫队和运输机使用的传感器以加快反应速度。[54]

尽管在国防部的年度报告中提供了其国防政策的总结而且陆海空三军各有其军事理论，印度还没有公布过任何全面的国防或安全战略文件，也不发布国防白皮书。[55] 在实践中，一些紧迫的安全问题在很大程度上决定了印度的安全政策走向，从而决定其军事开支。首先，克什米尔地区的叛乱活动以及与巴基斯坦的有关冲突仍未解决。印度还怀疑巴基斯坦情报部门涉嫌参与了 2008 年的孟买恐怖袭击事件。虽然现在印度的军费大大超过巴基斯坦，但叛乱活动本身以及爆发更广泛冲突的潜在可能性都意味着巴基斯坦和克什米尔仍是印度军队主要关注的焦点。1999 年短暂发生的不分胜负的“卡吉尔战争”是推动印度军用飞机现代化和寻求发展网络中心系统的一个因素。[56] 在两国都拥有核武器的情况下，印度认为为了应对巴基斯坦的行动而对其发动全面军事进攻不是一个可行的选择。相反，印度已决定发展实现有限度快速“巧”打击的能力，正如其 2004 年为在 72 小时内完

〔52〕 SIPRI 武器转让数据库，网址：〈http：//www. sipri. org/databases/armstransfers/〉。SIPRI 衡量的是武器进口量，这不能直接与军费挂钩，因为这通常并不反映所支付的价格而且进口交货并不一定与所支付的款项相符。

〔53〕 参见本卷年鉴第六章；“印度空军建军 77 周年”，《印度民用和军用航空》，2009 年 9 月/10 月号，第 18、20—21 页；P. 索赫尼和 G. 瓦哈卜：“建设能力”，《力量》（新德里），2010 年 10 月。

〔54〕 R. 贝迪：“孟买袭击事件刺激印度安全开支”，《简氏防务周刊》，2009 年 1 月 28 日，第 14 页；“印度提高反恐怖防范”，《国防科技国际》，2009 年 1 月，第 10 页。请注意，海岸警卫队的开支未包含在 SIPRI 的印度军事开支数据中。

〔55〕 例如，参见 R. 达塔：“迫切需要国防政策”，《政治和防务周刊》（新德里），2010 年 11 月 9—15 日，第 17—18 页。

〔56〕 “印度可以提供巨大的防务市场”（同注释〔48〕）。有关 1999 年印巴在克什米尔问题上的冲突“卡吉尔战争”，参见 T. B. 西博尔特：“重大武装冲突”，《SIPRI 年鉴 2000》，第 20—21 页。

成有限战争军事动员而提出的“冷启动”军队计划中所明确表示的那样。[57]

其次，蓬勃发展的毛派纳萨尔派反政府武装反映了各种边缘化群体在经济和环境方面的不满，已被印度总理曼莫汉·辛格形容为印度最大的内部安全威胁。2009 年，这一国家内部的冲突首次超越克什米尔冲突成为印度伤亡最严重的冲突。[58]

第三，尽管与巴基斯坦存在长期冲突，印度在许多方面仍将中国视为其主要对手；“中国威胁论”是印度国防和外交政策界以及媒体经久不衰的主题。[59] 两国有几处领土争端，最值得注意的是中国宣称对印度所谓的“阿鲁纳恰尔邦”的大部分地区拥有主权，由此产生的紧张局势在 2010 年激化，双方都在边境附近集结了军队。[60] 中国的军事现代化步伐如此之快，印度军方现在承认在大部分武器装备种类上都远远落后。[61] 印度还把中国视为在印度洋发挥影响力的潜在对手。尤其引起印度猜疑的是中国对孟加拉国、缅甸、巴基斯坦和斯里兰卡的主要港口设施进行投资，而这些国家是所谓的“珍珠链”上的一环。虽然这些投资项目都是纯粹的民用港口设施，印度还是担心中国未来可能利用这些项目投送海军力量。[62] 尽管存在这些问题，印度政府迫切希望淡化紧张局势，两国之间的贸易关系正日益

---

〔57〕 例如，参见 W. C. 拉德维希：“热战冷启动？印度军队的新有限战争理论”，《国际安全》，第 32 卷，第 3 号（2007/2008 年冬季），第 158—190 页。

〔58〕 乌普萨拉冲突数据项目数据库，网址：〈http://www.ucdp.uu.se/〉。纳萨尔冲突（乌普萨拉冲突数据项目标为“印度（政府）”）被列为轻微武装冲突，因为从未超越一年中战斗相关死亡人数 1000 人的门槛。参见本卷年鉴附录 2A。

〔59〕 对于中国和印度关系的概述，参见 D. 马隆和 R. 慕克吉：“印度和中国：冲突与合作”，《生存》，第 52 卷，第 1 号（2010 年 2 月/3 月）。

〔60〕 S. 包米克：“印度将在中国边境部署 3.6 万人的部队”，英国广播公司新闻，2010 年 11 月 23 日，网址：〈http://www.bbc.co.uk/news/world-south-asia-11818840〉；A. 舒克拉：“现在中国边境又建一个空军基地”，《商业标准》（新德里），2010 年 10 月 2 日。

〔61〕 S. 古普塔：“开支受困，印度火力落后中国”，《印度快报》，2010 年 9 月 30 日。

〔62〕 J. 拉蒙特和 A. 卡兹明：“对影响力的恐惧”，《金融时报》，2009 年 7 月 13 日，第 5 页。

增强。[63]

印度相对较高且不断上升的军事开支水平在一个仍然普遍极端贫困的国家是颇受争议的。2005 年，印度每天生活开支不到 1.25 美元的人数多于撒哈拉以南非洲地区。[64] 印度的非政府组织、联合国驻印度官员以及其他人都表示赞成将在军事上花费的资金转而用于发展。[65] 与此同时，2010 年进行的印度民意调查显示，受访者认为巴基斯坦和伊斯兰恐怖组织构成威胁，担心中国的军事实力并对印度军队作为一个机构持正面看法。[66] 因此，高水平的军费开支并不一定与印度民意背道而驰。

第六节　巴西

2010 年巴西的军事开支为 590 亿雷亚尔（约合 335 亿美元），比 2009 年实际增长 9.3%。在 2001 年至 2010 年之间，军事开支上升 30%，年均仅 2.9%。在此 10 年内的缓慢增长，从路易斯·伊纳西奥·卢拉·达席尔瓦总统在 2003 年时作为“零饥饿”计划[67]的一部分而削减 20%的军事预算即可得到说明。这一削减改变了自上世纪九十年代中期开始一直上升的势头，但从 2004 年起军事开支再次增长，在 2004 年至 2010 年之间年均增长 6.9%。在 2003 至 2010 年之

〔63〕例如，参见“印度和中国确定到 2015 年实现 1000 亿美元的贸易额目标”，英国广播公司新闻，2010 年 12 月 16 日，网址：〈http://www.bbc.co.uk/news/world-south-asia-12006092〉。

〔64〕世界银行（同注释〔8〕），第 92 页。

〔65〕例如 S. 梅农：“印度的问题在于实施”，《商业标准》（新德里），2009 年 10 月 19 日；印度武器控制基金会：“印度民间团体在 2010 年国防博览会上质疑国际军火制造商”，新闻公报，2010 年 2 月 12 日，网址：〈http://www.cafi-online.org/press-detail.php?pr_id=27〉。

〔66〕皮尤研究中心全球态度项目：“印度人认为威胁来自巴基斯坦、极端组织”，2010 年 10 月 20 日，网址：〈http://pewglobal.org/2010/10/20/〉；皮尤研究中心全球态度项目：“奥巴马在国外比在国内更受欢迎，美国在全球的形象继续受益”，2010 年 6 月 17 日，网址：〈http://pewglobal.org/2010/06/17/〉，第 51—55 页。

〔67〕关于这一计划及巴西军事开支的削减，参见 E. 斯康斯等人：“军事开支”《SIPRI 年鉴 2004》，第 335—337 页。

间，巴西的军事开支一直占国内生产总值的 1.5%—1.6%，这说明军事开支的增长大体与经济的增长同步。但是，迪尔玛·罗塞夫总统在 2011 年年初提出的旨在放慢国内生产总值增长速度的经济调整计划，包含有削减 2011 年计划军事预算 27%的内容。[68]

一连串因素使巴西在南美洲起到了领导作用。由于国内生产总值在 2001 年至 2010 年的十年中增长了 41%，巴西在过去十年中的经济表现使得这个国家成为了世界第八大经济体。[69] 它是南美洲最大的国家，是世界第五大国。[70] 它是该地区最稳定的民主国家之一。它一直在地区一体化和多边主义这两大目标的基础上，对邻国和其他地区推行积极的外交政策。[71] 巴西长久以来一直想取得联合国安理会常任理事国席位，这一要求反映了它要发挥更大的地区和国际作用的愿望。巴西是 20 个主要的发达经济和发展中经济集团（G20）的一个创立国这一事实，也给它在新兴大国中找到一个特殊的位置。[72]

SIPRI 关于巴西军事开支的数字，是在每年由国民大会批准的预算法的基础上确定的。2010 年，73%的预算花在人事费上（薪水和退休金），余下的 27%则分配给“当前和其他类型的消费”上，包括武器的采购。[73] 除了 2010 年的例行军事预算外，还从投资预算中拨给国防部 15 亿雷亚尔（合 8.53 亿美元），以改善空中管制系统和发

〔68〕 M. S. 利马：“政府正式在 2011 年的预算中削减 500 亿美元”，《页报》，2011 年 2 月 9 日。

〔69〕 国际货币基金组织，《世界经济前景数据库》，2010 年 10 月，网址：〈http://www.imf.org/external/ns/cs.aspx?id=28〉。

〔70〕 联合国人口基金（UNFPA）：《2010 年世界人口状况：从冲突和危机到重建——变化的一代（联合国人口基金：纽约，2010 年）》。

〔71〕 R. 罗特：“巴西：一个新兴大国”，在《有抱负的主要大国的世界观点：探索民族特性》会议上提交的报告，乔治·华盛顿大学，西格尔亚洲研究中心，2007 年 9 月 14 日，网址：〈http://www.gwu.edu/~sigur/research/worldviews.cfm〉，第 2 页。

〔72〕 参见 A. 赫利尔：“卢拉的巴西：一个正在兴起的大国，但走向何方?”，《现代史料》月刊，第 107 卷第 706 期（2008 年 2 月号），第 51 页。

〔73〕 人事费用远远超过其他费用，这是整个拉美的典型模式。关于其他国家的军事开支分配情况，参见《拉丁美洲和加勒比地区防务比较图》，2010 年版（RESDAL：布宜诺斯艾利斯，2010 年）。

展机场基础设施。[74]

与该地区其他许多国家一起，近年来巴西也开始了一项使其武装力量现代化和加强武装力量的计划。2008 年的“国防战略”宣布通过一系列采购，包括可观容量的技术转让来提升巴西的军事能力和恢复国内的军火工业。[75] 十分重要的是 2009 年 9 月与法国签署的关于生产 4 艘鲉鱼级柴油动力潜艇和巴西第一艘核动力潜艇以及 50 架超级美洲狮 EC725 直升机的协议，这些都将在巴西建造。[76] 第一艘潜艇将于 2017 年交付给巴西。[77] 据说这项潜艇交易耗资 67 亿欧元（合 95 亿美元），将由一个银行财团出资。[78]

巴西空军也同样在推行一个使其战斗机联队现代化的计划，这个计划被称为 FX—2 计划。虽然此计划是在 2002 年首先提出来的，但到 2007 年才重新启动，2008 年才宣布公开招标竞争。[79] 这是一个 20 亿美元的交易，它包括（通过技术转让）在巴西进行某些飞机的联合生产，可望在 2011 年宣布中标者。然而，2011 年国防部预算的削减计划，可能会导致该交易的进一步延误。这一削减可能造成其他采购计划的取消或延误，比如，一个耗资 60 亿美元的采购护卫舰和巡逻艇的交易以及一个拟议的综合边界监控系统，后者还将包括雷达、装甲运输车和无人机的采购。[80]

---

〔74〕 预算法，巴西第 12.214 号法令，2010 年 1 月 26 日，《联盟官方日报》（巴西利亚），2010 年 1 月 27 日，第 1598—1653 页。

〔75〕 巴西国防部（MOD）：“国防战略：巴西的和平与安全”（国防部：巴西利亚，2008 年 12 月 17 日）。也参见 S. 珀洛·弗里曼等人：“军事开支”，《SIPRI 年鉴 2009》，第 202—204 页；以及 P. 霍尔托姆等人：“国际武器转让”，《SIPRI 年鉴 2008》，第 309 页。

〔76〕 G. 安德森和 G. 詹宁斯：“巴西与法国签署价值 60 亿欧元的交易”，《简氏防务周刊》，2009 年 1 月 14 日，第 8 页。

〔77〕 T. 菲什：“巴西的第一艘鲉鱼级柴油动力潜艇开始动工”，《简氏防务周刊》，2010 年 6 月 2 日，第 6 页。

〔78〕 V. 巴雷利亚：“巴西为其新的潜艇舰队打上价格标签”，《简氏防务周刊》，2009 年 8 月 26 日，第 12 页。

〔79〕 R. 杜阿尔特·维拉：“南美洲的军备竞赛或军备现代化：军费的比较研究”，《研究和方案》（南美政治观察哨：里约热内卢，2008 年 12 月），第 18 页。

〔80〕 利马（同注释〔68〕）；“巴西重估 60 亿美元的军舰采购计划”，《Infolatam》，2011 年 1 月 24 日。网址：〈http://www.infolatam.com/2011/01/24/brasil-revaluara-plan-compra-barcos-de-guerra-por-us6-000-millones/〉；以及“军队将不得不向边境大量投资”，《页报》，2011 年 1 月 9 日。

巴西的防务政策可以用巴西更为广阔的外交政策目标即在全球事务中起重要作用的新兴地区大国来理解。2008 年的“国防战略”审视了必须在 21 世纪、在关键的战略地区所面临的安全挑战，比如：太空、网络、核能，以及保卫亚马孙地区和最近发现的沿海油田。[81] 该战略认为，尽管巴西地处和平区域，但国家需要对潜在的冲突有备无患，并在世界上占住它的位置。[82] 看来上面讨论过的采购计划就是巴西提高自身力量投送能力的一种方式。巴西也通过参加联合国维和行动来寻求扩大它在全球的存在。举例来说，巴西领导了在联合国海地稳定特派团（MINUSTAH）的军事部分，截至 2010 年 12 月部署了一支 2187 人的部队。[83]

由于巴西寻求通过改组武装力量、重组军事工业和建议实施义务兵役制的途径而使其国防结构现代化，这一国防战略的贯彻实施可能会引起军事开支的进一步增加。[84] 另一个拟议中的改革是对一个强制性的多年的军事投资预算的动议，这个动议将允许国防部和三军能更好地计划和评估执行国防战略所需的资源。[85]

2010 年，作为贯彻“国防战略”的一部分，国民大会批准了改组武装力量的方案，其中包括在国防部下组建联合总参谋部以及起草巴西第一份国防白皮书的建议。[86] 从 2012 年开始，政府将必须就其国防政策和战略、武装力量现代化和军事领域的经济资源，向国民大

〔81〕 参见 S. 珀洛・弗里曼等人（同注释〔75〕）；以及巴西国防部（同注释〔75〕）。

〔82〕 巴西国防部（同注释〔75〕），第 8 页。

〔83〕 联合国维和：“联合国特派团的分国贡献”，2010 年 12 月 31 日，网址：〈http://www.un.org/en/peacekeeping/resources/statistics/〉。还参看本卷第 3 章以及附录 3A。

〔84〕 巴西国防部（同注释〔75〕），第 5 页。

〔85〕 巴西国防部：“国防部长纳尔逊・乔宾对战略事务秘书处的讲话：‘卢拉政府的国防政策’”，2010 年 12 月 15 日，网址：〈http://www.defesa.gov.br/index.php/noticias-do-md.html〉。

〔86〕 I. 里查德：“卢拉批准成立国防总参谋部并授予国防部更多权力的法案”，《巴西新闻社》，2010 年 8 月 25 日，网址：〈http://agenciabrasil.ebc.com.br/noticia/2010—08—25/lula-sanciona-lei-que-cria-estado-maior-da-defesa-e-da-mais-poderes-ministro-da-pasta〉。

会每四年提交一次信息。[87] 此外，预计将成立一个国防产品秘书处来处理军事采购问题。

怀抱着既在经济方面、又在军事方面成为一个地区大国的雄心壮志，巴西正在前进。在对巴西不存在现实军事威胁的情况下，巴西的军事开支选择极有可能是出于追求尊严或地位的动机，而不是国防的需要。与此同时，2003 年和 2010 年的预算，在保障诸如卫生和教育领域的同时，削减了已经计划好的军事开支，这就表明，政府认识到在一个仍然为极端的不平等所困扰的国家更为迫切的社会需求。

第七节　土耳其

2010 年，土耳其的军事开支总额估计为 263 亿里拉（合 175 亿美元），比 2009 年实际减少 3.0%，比 2001 年实际减少 11.2%。军事开支占国内生产总值的比重也在下降，从 2001 年的 3.7%降至 2010 年的大致 2.4%。尽管有这种下降，在 2010 年，土耳其仍然是世界第 15 大军事开支国。[88]

近年来，土耳其重新成为国际政治舞台上的一个重要的玩家。它是欧洲的第八大、世界的第十七大经济体。[89] 在第一次世界大战结束时奥斯曼帝国解体以后，穆斯塔法·凯默尔总统把土耳其建成为一个世俗的现代国家。军方被赋予了国家卫士的作用，并且在它认为土耳其的世俗民主受到威胁时，曾几度实施干预。[90] 虽然军方仍然是土耳其政治生活中的一个关键角色，但它现在已经没有那么大的影响力了。部分地由于应对关于土耳其加入欧盟的谈判时的建议，2001 年以来，土耳其对军队治理进行了改革，军方现在

---

〔87〕 2010 年 8 月 25 日巴西第 136 号补充法，《联盟官方日报》（巴西利亚），2010 年 8 月 26 日。2011 年 2 月已开始起草第一份防务白皮书，有关其起草的过程，参见巴西国防部："国防白皮书"，网址：〈http://livrobranco.defesa.gov.br/〉。

〔88〕 参见第二节附录 4A。

〔89〕 国际货币基金组织，（同注释〔69〕）。

〔90〕 O. 塔斯皮纳尔："土耳其的中东政策：在新奥斯曼主义和凯默尔主义之间"，《第 10 号卡内基文件》（卡内基国际和平基金会：华盛顿哥伦比亚特区，2008 年 9 月）。

对大国民会议（土耳其议会）负责，大国民会议全权掌控军事预算，包括额外预算拨款；而国家安全委员会则从一个具有执行权力的协调单位，改组成为一个包括有文职人员参与的咨询机构。〔91〕这些改革与2010年的宪法修订以及正在进行之中的对所谓军事政变阴谋的调查一起，继续在军方与执政的正义和发展党（AKP）之间制造紧张气氛，因为执政的正义与发展党正在寻求降低军方在政治舞台上的作用。〔92〕

从传统上来说，土耳其的外交政策是朝向欧洲和美国的，但已经慢慢地、然而是坚定地转向其在中东和高加索地区的邻国，尤其是2002年正义和发展党上台执政以来更是如此。〔93〕这一新架构的主要支柱之一是“与邻国的零问题”政策，根据这一政策，土耳其寻求在其附近地区加强政治、经济和安全问题上的合作。〔94〕

SIPRI对土耳其军事开支的估计，既包括了土耳其武装力量（TSK）的费用，也包括了准军事力量即宪兵和海岸警备队的费用。土耳其武装力量有大约51.1万现役部队和37.87万预备役人员，是北约的第二大军事力量（仅次于美国的武装力量）。〔95〕2010年，通过国防部分配的预算为159亿里拉（合106亿美元）。虽然准军事部队的宪兵和海岸警备队在行政上隶属内务部，但它们履行军事职能。2010年，它们的预算分别为37.7亿里拉（合25亿美元）和1.92亿

---

〔91〕 A. N. 纳尔利：“土耳其调整军民关系：国防领域的透明度建设和欧盟的改革”，E. M. 费尔伯鲍尔，P. 朱里科维奇和P. 潘杰夫编辑的：“东南欧改革国防武装力量：从社会到军事的挑战”（国防学院和安全政策局：维也纳，2004年10月），第164、166页。也参见G. 奥兹坎：“国家安全委员会”，日内瓦武装力量民主控制中心，U. 西兹里编辑：“土耳其安全领域的民主监督和改革”（LIT：苏黎世，2007年），第41—58页。

〔92〕 比如，D. 巴特勒：“对土耳其军队阴谋的审讯造成新的紧张局势”，路透社，2010年12月15日，网址：〈http://www.reuters.com/article/2010/12/15/us-turkey-sledgehammer-preview-idUSTRE6BE3AU20101215〉。

〔93〕 M. 伊尔马兹：“土耳其正义和发展党执政时期的外交政策概念框架”，《土耳其评论》，2010年春季号，第106页。

〔94〕 A. 达乌托格鲁：“土耳其的零问题外交政策”，《外交政策》，2010年5月号。

〔95〕 国际战略研究所：《军事力量对比2010》（Routledge：伦敦，2010年），第164页。

里拉（合 1.28 亿美元）。[96] 军事采购的资金来自于土耳其武装力量的预算和国防工业支持基金（DISF）。国防工业支持基金是一笔特殊资金，创建于 1986 年，取自汽油、烟、酒和合法赌博的税收。据报道，在 1986 年至 2008 年间已经收取了 220 亿美元，包括 2008 年的 15 亿美元。[97] 2010 年，国防工业支持基金的预算为 23 亿里拉（合 15 亿美元）。[98]

除了国防工业支持基金外，土耳其军事预算还包括来自土耳其武装力量基金会（TSKGV）的资源，由财政部偿还的信贷，分配给宪兵和海岸警备队司令部的费用，从总理办公室来的秘密资金以及为“村庄卫士”提供的资金；所谓“村庄卫士”指的是原先为打击库尔德工人党（PKK）而组建的地方准军事部队。[99] 一般说来，这些额外的预算资源并不接受公众审查。土耳其的非政府组织已经对土耳其军事开支缺乏透明度提出批评，并要求提供更多的数据，包括预算外资金。[100]

正在进行之中的土耳其武装力量现代化的计划包括提高国内武器生产能力以及已在计划之中的增加未来研发和采购的预算，这表明土耳其的军事开支自 2001 年以来一直下降的趋势不会再继续下去。[101] 确实，大国民会议在 2010 年 12 月批准增加国防部 2011 年的预算，

---

〔96〕 公共支出的监控平台：“土耳其非政府组织联盟致土耳其大国民会议的信”，2010 年 3 月，网址：〈http://www.kamuharcamalariniizlemeplatformu.org/index_en.html〉，第 17 页。

〔97〕 U. 恩金素伊和 B. E. 贝克迪尔：“土耳其需要充实采购基金”，《防务新闻》，2010 年 9 月 6 日，第 13 页；以及 I. 阿克查：“土耳其的军事—经济结构：目前形势，存在问题和解决办法”，（TESEV：伊斯坦布尔，2010 年），第 17 页。

〔98〕 公共支出的监控平台（同注释〔96〕），第 17 页。

〔99〕 L. 萨里布拉西莫格鲁：“土耳其武装力量”，西兹里编辑，（同注释〔91〕），第 82 页；以及公共支出的监控平台（同注释〔96〕），第 10—12 页。

〔100〕 公共支出的监控平台（同注释〔96〕）。

〔101〕 L. 萨里布拉西莫格鲁：“未受金融危机的干扰，土耳其的国防工业公司计划增加国内武器生产”，《欧亚每日箴言报》2009 年 2 月 27 日。关于现代化计划，参见 E. 亨—托夫：“土耳其军事现代化的政治经济”，《中东国际事务评论》，第 8 卷第 4 期（2004 年 12 月）。关于土耳其的军火工业，参见本卷第 5 章第 6 节。

包括更多的采购费用。[102] 随着土耳其开始为正在进行和未来将要进行的武器采购付款，这一趋势在随后的年份中还将持续下去；采购的武器包括远程飞机和运输机，大型舰艇（其中有一艘航母），无人机以及用于国内安全的抗地雷、抗伏击的车辆。[103]

土耳其的防务和安全政策是由两个主要政策文件指导的，即2000年的《国防白皮书》和《国家安全政策文件》（NSPD）。白皮书以阿塔图尔克的“国内和平，世界和平”这一原则为基础，规定了土耳其的官方防务政策。[104]《国家安全政策文件》（NSPD）有时候被称为“秘密宪法”；它“确定了土耳其所面临的国内外威胁，并勾画出为了避免这些威胁而已经确立了的政策”。[105] 该文件每五年修订一次，2010年首次由一个文职人员小组审查。虽然公众得不到这份文件，但据说这次审查根据正义与发展党的零问题政策，把希腊、伊朗、伊拉克和俄罗斯从对土耳其的国防安全构成严重威胁的名单中剔除了。[106] 在国内层面上，对国家安全的主要威胁依然是与库尔德工人党之间的国内冲突，虽然自1999年以来这种冲突的强度总体上已经降低，尤其是土耳其加强了与伊拉克政府的合作以后，更是如此。[107]

用以使军队民主化的改革、零问题政策实施以来土耳其安全威胁概念发生的变化以及与库尔德工人党冲突的强度减弱，可以用来说明近来土耳其军事开支下降趋势的原因。不错，土耳其总理在2010年5月访问希腊时，与希腊总理明确地讨论了双方共同削减军事开支的

---

〔102〕 U. 恩金素伊：“土耳其增加2011年的武器费用”，《自由每日新闻》，2011年1月10日。

〔103〕 SIPRI武器转让数据库，（同注释〔52〕）；以及恩金素伊（同注释〔102〕）。

〔104〕 土耳其国防部（MND）：《国防白皮书2000》，（国防部：安卡拉，2000年）。

〔105〕 L. 萨里布拉西莫格鲁（同注释〔99〕），第74页。

〔106〕 “俄罗斯、伊朗、伊拉克和希腊不再对土耳其构成‘国家威胁’”，《自由每日新闻》，2010年8月23日。

〔107〕 参见本卷附录2A；以及C. 米格达洛维奇：“土耳其：身份和权力的政治”，美国国会研究部（CRS）第R41368号给国会的报告，（美国国会，美国国会研究部：华盛顿哥伦比亚特区，2010年8月13日），第14—18页。

问题。[108] 有鉴于此，土耳其军事现代化的主要计划的根本原因也就不是马上能显而易见的。除开国内安全任务需要的军事装备外，采购先进的力量投送装备是否符合土耳其的国防和外交政策，这是大有疑问的。土耳其的军事开支可能更多地是受其地区地位考虑、而不是其实际的国防需要所驱动。

第八节　南非

尽管南非的军事开支远比这里谈到的其他国家情况要低，但它在撒哈拉南部非洲是最高的。2010 年，其总额为 329 亿兰德（合 45 亿美元），占国内生产总值大约 1.2%。虽然 2010 年的开支比 2009 年低 2.0%，但比 2001 年时高 22%。

自从 1994 年结束种族隔离以来，南非已经成为非洲的一个经济、政治、安全和外交的主要角色。这一点与三个因素有关。第一是其作为南部非洲贸易、制造业和投资枢纽的经济形象。2008 年，该国的国民总收入（GNI）占整个撒哈拉南部非洲国民总收入的 29.8%。[109] 第二是其军事实力，既就军事开支而言，同时它也有非洲最发达的军火工业。[110] 第三是南非在多边机构、尤其是在南部非洲发展共同体（SADC）和非盟（AU）中越来越自信的作用。南非在发展和通过 2000 年的非盟组织法和 2001 年的非洲发展新伙伴关系（NEPAD）时起过重要的作用。[111] 此外，南非声称在非洲推进人权、良政和

〔108〕 M. 坎巴斯和 D. 基里亚吉多："希腊、土耳其总理会晤，讨论国防费用的削减"，路透社，2010 年 5 月 14 日，网址：〈http://www.reuters.com/article/2010/05/14/us-turkey-greece-idUSTRE64D5BN20100514〉。

〔109〕 世界银行（同注释〔8〕），第 34 页。

〔110〕 关于南非的军火工业，参见比如 J. P. 邓恩："南非的武器制造"，《和平与安全的经济学杂志》，第 1 卷第 1 期（2006 年 1 月）；以及 P. D. 魏泽曼："南非对撒哈拉南部非洲的军火供应"，《SIPRI 背景材料》，2011 年 1 月，网址：〈http://books.sipri.org/product_info?c_product_id=419〉。

〔111〕 非盟组织法于 2000 年 7 月 11 日通过，2001 年 5 月 26 日生效，网址：〈http://www.au.int/en/about/constitutive_act〉。关于非洲发展新伙伴关系，参见非洲发展新伙伴关系计划与协调局网站，网址：〈http://www.nepad.org/〉。

“非洲复兴”方面充当领导，这在它举办 2010 年足球世界杯中得到了更好的显现。[112]

自 2002 年以来，南非军事开支的大部分分配给了特别国防账户(SDA)，以专门用于武器采购。特别国防账户从 2002 年占总额的 40％逐步下降到 2009 年的 27％，而 2010 年的预算仅为 18％。[113] 在过去十年中高水平的采购费用，是由于 472 亿兰德（合 64 亿美元）的战略防务采购（SDP）计划而造成的，那是一个从 1999 年开始、旨在改造种族歧视时代的军事能力的多年武器采购计划。[114] 战略防务采购最初包括 4 艘小型护卫舰、3 艘潜艇、24 架教练机、26 架战斗机和 30 架直升机。[115] 2006 年的国防更新计划更加强调灵活、机动和可部署的地面部队，并具备随之而来的空运和海运能力。[116] 战略防务采购最重要的后续变化是 2007 年的一份价值 15 亿美元的 264 辆步战车的订单—也称为霍伊菲斯特计划。[117] 这种国防更新也要求 2011/2012 财年的军事开支有显著增长。[118]

国内重大的变化和决策过程决定了南非的军事开支及其新兴的地缘政治地位。首先，1996 年产生的基于平等、尊重人权和社会福利的新宪法，重新规定了武装力量的组成、任务和国防学说，尤其是把邻国关系由敌对改变为合作关系。[119]

---

〔112〕 参见比如南非副总统 T. 姆贝基：“非洲的复兴，南非和世界”，演说，联合国大学，东京，1998 年 4 月 9 日，网址：〈http://www.info.gov.za/speeches/1998/98b17_5559811376.htm〉。

〔113〕 南非财政部：“2002—2010 年国防开支估计”，网址：〈http://www.treasury.gov.za/documents/national budget/〉。

〔114〕 “战略防御采购将花费 472.25 亿兰德”，防务网，2011 年 1 月 25 日，网址：〈http://www.defenceweb.co.za/index.php?option=com_content&id=13207/〉。关于战略防务采购总费用的另一种估算，参见本卷第 1 章第 3 节。

〔115〕 有关全部细节，参见本卷第 1 章第 3 节。

〔116〕 南非国防部（DOD）：“2007—2008 财年年度报告”（国防部：比勒陀利亚，2008 年），第 2—3 页。

〔117〕 SIPRI 武器转让数据库，(同注释〔52〕)；以及 E. 吉卜逊：“丹尼尔的一个幸运的‘马蹄形’?”《防务新闻》，2007 年 5 月 21 日。

〔118〕 南非国防部（同注释〔116〕)，第 4 页。

〔119〕 南非国防部：“南非共和国国防白皮书：一个民主国家的国防”（国防部：比勒陀利亚，1996 年 5 月），第 1 章第 4 段。

第二是 20 世纪 90 年代中期以来一系列与军事有关的政策倡议，包括 1996 年的国防白皮书、1998 年的防务评论、2002 年的国防法、2006 年的防务更新以及 2009 年的未来南非军队 2020 年战略（2020 年战略）。[120] 白皮书和防务评论从事部队的学说和设计、装备、设备和资金的全面规划。这份评论得出结论说，尽管在中期之内不存在对南非的重大外部军事威胁，仍然需要获得常规的军事威慑能力。这一点成为了战略防务采购的基础，虽然这份评论的结论与实际上已经采购的武器之间的联系已经受到质疑。[121] 2006 年的防务更新重新界定和调整了南非的国防能力并与政府积极参与非盟和联合国维和行动的外交政策目标一致起来，而 2020 年战略与 2006 年防务更新紧密相连，它包括在国外部署 3 个步兵营和 3 个工程兵中队，在国内部署 3 个步兵连和一个混合工程兵中队。[122]

确定南非军事开支的第三个因素是 2007 年开始的一项使军事能力与国家的外交政策目标一致起来的政策，这些目标是：开展地区军事合作，参加维和行动和派驻国防武官。[123] 到 2007 年，南非已在 31 个国家设立国防代表处。[124] 它已经参与了非盟领导的 4 场维和行动中的 3 场，2010 年 12 月时有 2005 名军人部署在联合国维和行动中。[125] 这一国防外交政策凸显了南非争当联合国安理会常任理事国

---

〔120〕 南非国防部（同注释〔119〕）；南非国防部（DOD）：“南非防务评论”（DOD：比勒陀利亚，1998 年）；《国防法》，南非 2002 年第 42 号法令，2003 年 2 月 12 日通过，《政府杂志》（比勒陀利亚），2003 年 2 月 20 日；以及南非国防部：“南非军队的未来战略”，第 1 版（国防部：比勒陀利亚，2009 年 1 月）。

〔121〕 南非国防部：“南非国防评论”（同注释〔120〕），第 8 章第 73 段；A. 范斯坦：“在党的后面：腐败，非洲国民大会和南非不确定的前景”（Verso：伦敦，2009 年）；以及本卷第 1 章。

〔122〕 G. P. H. 克鲁伊斯：“21 世纪初期南非军队的优先地位和作用”，比勒陀利亚大学，战略研究所（ISSUP），2009 年第 3 号简报（战略研究所：比勒陀利亚，2009 年 4 月），第 4 页；以及南非国防部（同注释〔116〕），第 11—13 页。

〔123〕 南非国防部（同注释〔116〕），第 1—2 页。

〔124〕 国防部长 M. 莱科塔，国防预算讲话，南非国民大会，2007 年 3 月 27 日，网址：〈http：//www.info.gov.za/speeches/2007/07032717151001.htm〉。

〔125〕 SIPRI 多边维和行动数据库，网址：〈http：//www.sipri.org/database/pko/〉。关于南非参加维和，参见本卷第 3 章和附录 3A。

的愿望。[126]

鉴于国内有许多竞争优先的事情，尤其是需要解决贫困、失业和极端的不平等、艾滋病毒感染/艾滋病，以及住房简陋等问题，南非军事开支的规模和委点被证明是有争议的。[127] 争议最大的是战略防务采购（SDP）的采购物品，它主要涉及到外部威慑和力量投放，同时它也给军事预算增加了沉重负担，阻碍了满足南非国防力量（SANDF）迫在眉睫的作战需要的努力。这些主要是用于维和与内部安全，因为暴力犯罪的极端程度已经导致南非国防力量与警察部队一起，介入了国内安全的行动。[128] 与此同时，伴随着战略防务采购而来的腐败已经使多位高级军官、部长和执政的非洲国民大会党丑闻缠身。这表明，南非并非与蹩脚的军事预算方法、采购和监督方面的做法以及资源的不良管理毫不相干的，而这些也是许多非洲国家的通病。[129]

第九节 结语

2010 年，世界军事开支继续增长，虽然比近年来增长得缓慢了许多。全球经济衰退的持续影响使亚洲和欧洲放慢或停止了增长，但非洲和南美洲继续大的增长，而美国再一次占有世界军费总额大部分的实际增长。

在过去十年中，美国的军事开支增长在全球首屈一指，接下来是许多新兴的（或者是重新兴起的）地区大国，比如巴西、中国、印度、南非和土耳其。在这六国中，除土耳其外的所有国家在 2001—

---

〔126〕 T. 尼斯林："军事开支、社会经济挑战和外交政策要求：评估南非的困境"，《非洲安全评论》，第 15 卷第 4 期（2006 年），第 69 页。

〔127〕 世界银行（同注释〔8〕），第 80—142 页。

〔128〕 C. 埃洛逊："地平线上的乌云？南非后过渡时期的安全挑战"，《用户报告》（瑞典国防研究署，政府信息公开：斯德哥尔摩，2009 年 3 月）。关于犯罪和冲突，参见 E. 斯捷潘诺娃："武装冲突，犯罪和犯罪暴力"，《SIPRI 年鉴 2010》。

〔129〕 W. 奥米图根和 E. 哈奇富尔（编辑）：《SIPRI》，"非洲军事部门的预算编制：控制的过程与机制"（牛津大学出版社：牛津，2006 年），第 6 页。

2010 年的十年中，都相当程度地增加了军事开支。

这些国家增加军事开支的原因各不相同。经济一直是一个关键的制约因素，军事开支的增长与经济增长率同步或者慢于经济增长率。因此，中国的经济增长允许它显然以最快的速度增加其军事开支，而许多国家已经在实施军队现代化，以适应其增长的经济和政治作用。不断上涨的军事开支带来了有损潜在的替代使用的机会，比如，有关社会和发展的需求，而这种开支是可以使用到那些方面的。这一问题在巴西、印度和南非尤其紧迫和颇有争议，因为所有这些国家都是有高度贫困和不平等现象的民主国家。

另一个关键的影响军事开支水平的变数一直是持续不断地冲突的强度、迫在眉睫的安全威胁以及与邻国的关系，比如印度在克什米尔的冲突和土耳其与希腊的关系。

这些大国中的多数在经济上、政治上和外交上追求全球或地区的地位，为此，把建设一支强大的、现代化的、能够施加影响力的军事力量作为关键性的措施。巴西、中国、印度、南非和土耳其都正在发展海上和空中的力量投送能力，而俄罗斯正寻求在前苏联地区重新建立占统治地位的军事力量。与此相关的是，国内军火工业的发展就成为所有六国的优先选择，因为发展国内军火工业能够减少现代化对进口的依赖。[130]

对于某些国家来说，这种追求军事大国的愿望反映了对安全的后果和军事技术落后状态的担忧。中国和俄罗斯两国都对美国压倒性的军事优势和技术优越感到担心，而中国的快速现代化却又是印度的一大忧虑。但是，就巴西、南非和土耳其的情况而言，它们缺乏任何明确的、实际的或看得见的威胁或者是明显的可能使用先进武器系统，因而，军事力量似乎只是作为一种尊严的标志而拥有。

尤其是亚洲军事的快速现代化虽然尚未显示成为敌对的军备竞赛的迹象，但在某些方面，反映了一种古典式的安全困境。[131] 中国发

---

〔130〕 参见本卷第 5 章第 3 节。

〔131〕 关于亚洲的现代化，比如参见《亚洲观察》，第 33 卷第 4 期，东北亚军备竞赛专刊（2009 年）。除中国和印度外，正在大力进行军队现代化的亚洲国家还包括日本、韩国、菲律宾、泰国和越南。

展军事力量部分地是由于它感觉到在美国的实力面前自身的脆弱，但它也在其邻国，尤其是在印度引起了同样的感觉。在每一种情形中，和平意图的宣示并未提供什么保证，而危险在于关于军备竞赛和不可避免的对抗的预言本身，可能会变成现实。

附录 4A 2001—2010 年的军费数据

萨姆·珀洛—弗里曼　奥拉瓦莱·伊斯梅尔　埃诺尔·凯利　伊丽莎白·申斯　卡丽娜·索尔米拉诺*

一、导言

本附录介绍 SIPRI 最新统计的 2001—2010 年军费数据。第二部分介绍各地区及主要军费大国的军费走势。第三部分讨论如何对中国的军费开支予以最佳估算。第四部分说明 SIPRI 的数据来源及统计方法，以表格形式列出了 2001—2010 年的完整数据序列。

二、地区军费走势及主要军费大国

方框 4A. 1—4A. 6 分别介绍了世界、美洲、非洲、亚洲和大洋洲、欧洲，以及中东地区军费开支主要的趋势。数据表明，爆发于 2008 年的全球金融和经济危机对军费开支的影响已开始显现，但各地区受影响程度存在不小差异。2010 年，军费开支升幅最为显著的地区和次地区包括南美洲（5.8%）、非洲（5.2%）和大洋洲

* 感谢以下人员提供军费数据、估算及相关建议：朱利安·库帕（俄罗斯远东及东欧研究中心，伯明翰大学）、戴维·达契亚施维利（军民关系和安全研究中心，第比利斯）、迪米塔尔·迪米特罗夫（国家与世界经济大学，索非亚）、保罗·邓恩（西英格兰大学，布里斯托尔）、伊尼戈·格瓦拉·莫亚诺（民主安全分析协会，克雷塔罗）、伊图维娜·埃尔南德斯（民主安全研究会，危地马拉城）、纳齐尔·卡迈勒（联合国，纽约）、帕万·奈尔（Jagruti Seva Sanstha，浦那）、埃利娜·努尔（马来西亚战略与国际研究所，吉隆坡）、佩雷·奥尔特加（J. M. D 和平教育中心，巴塞罗那）、塔玛拉·帕塔拉亚（高加索和平、民主和发展学会，第比利斯）、托马斯·希兹（林肯大学学院，布宜诺斯艾利斯）、罗恩·史密斯（伯克贝尔学院，伦敦）和奥兹伦·祖内契（萨格勒布大学）。

(4.1%)。如果将亚洲和大洋洲整体看待，其军费开支增幅仅达 1.4%，为近年来最低年份之一，欧洲军费开支则下降了 2.8%。欧洲和亚洲发生的变化反映了经济危机的延迟效应：欧洲各国政府忙于应对财政赤字，而亚洲国家在经济危机年份中遭遇了低经济增长率，其军费开支增幅亦相应下调。

2010 年，军费开支排名前 15 位国家的军费开支总额占世界的 82%；其中前 5 位国家的军费占世界军费总额的 61%（表 4A.1）。美国军费占世界军费总额的 43%，为全球第一军费大国，远高于第二位的中国，而中国军费开支又是第三军费大国英国的两倍。土耳其跻身全球军费开支前 15 位国家行列，致使该名单从 2007 年来首次发生变化：土耳其取代西班牙成为全球军费开支第 15 位国家，部分缘于土耳其里拉对美元升值，尽管该国实际军费开支在 2010 年略有下降，但并不足以抵消货币升值影响。军费开支大国的排序变化不大，欧洲国家排位次序继续呈下滑趋势，这与发展中国家的趋势相反。

方框 4A.1　2010 年世界军费开支趋势

- 2010 年世界军费开支总计约 16300 亿美元（以美元时价计）。
- 2010 年世界军费开支相对 2009 年实际增加了 1.3%，相对 2001 年增加了 50%。
- 美国军费开支实际增额为 185 亿美元，实际增幅为 2.8%，而全球军费开支实际增额为 196 亿美元（以 2009 年美元不变价格计）。
- 2010 年全球其余国家（即除美国外的所有国家）军费开支总额实际增幅为 0.1%。
- 2010 年军费开支实际增长最快的地区或次地区是南美洲，增幅达 5.8%。
- 2010 年军费开支下降的只有一个地区：欧洲军费开支实际降幅达到 2.8%。军费开支下降的次地区为中亚和南亚。
- 2010 年，全球金融危机和经济衰退对军费开支的影响开始显现，表现为若干地区的军费增幅下降以及军费数额减少。

2009 年军费开支前 15 位国家中除两个国家外都增加了军费开支，而与此形成对照的是，2010 年有 8 个国家减少了军费开支。印度、韩国、俄国和英国至少是暂时性地逆转了其军费持续增加的趋势，而法国、德国、意大利和土耳其保持了其军费持续下降的趋势。美国和中国军费开支增额仍然可观，但增幅较之近年有所下降。这些现象表明全球经济衰退的延迟效应已开始显现，虽然没有导致世界军费开支总额大幅削减，但至少暂缓了军费开支快速增长的趋势，各国或忙于应付财政赤字，或忙于调整开支以适应经济增长率的下滑。但澳大利亚、巴西、加拿大和沙特阿拉伯继续维持了其军费开支增长趋势，大幅增加了军费，日本军费小有上升，呈现出与以往不同趋势。

主要军费大国军费开支占国内生产总值（GDP）比例，即军事负担，彼此区别较大。如日本仅占 GDP 的 1%，沙特阿拉伯则达到 10.4%。但 15 个军费大国中，军事负担超出 2.6%的全球平均水平的国家仅有四个——韩国、俄罗斯、沙特阿拉伯和美国。

SIPRI 依据市场汇率将各国军费开支数据折合成美元，并据此列出军费大国排名次序。这些汇率取决于国际交易中的货币供应和需求，并不能精确反映各国价格水平差异。另一种可供选择的方法是基于 GDP 的购买力平价（PPP）汇率，这种方法可衡量各国 GDP 的实际购买力，从而能更好地反映各国的价格差异。表 4A.1 在最右一栏列出了按估算的购买力平价汇率折算的各国军费开支数据。

尽管无论按市场汇率还是按购买力平价汇率进行数据折算，进入军费开支前 15 位的国家仍维持不变，但情况将有所不同。[1] 如按购买力平价汇率折算，美国和中国仍然占据前两位，但美国与中国军费开支的相对比例将从 5.9∶1 降至 3.3∶1。排名美、中之后的三大军费开支国将是印度、俄罗斯和沙特阿拉伯。总的来看，如采用购买力平价汇率进行数据折算，发展中国家和经济转型国家的军费开支一般会处于相对较高水平。

---

〔1〕 几乎可以肯定的是，如果按购买力平价汇率（PPP）计算，伊朗将取代澳大利亚跻身世界军费开支前 15 位国家行列，但我们未能获得伊朗 2010 年的军费开支数据。

表 4A.1　2010 年军费排名前 15 位国家

军费开支数据以当前美元价格和汇率统计。排序以按市场汇率对各国军费开支进行折算的结果为依据。同时列出按购买力平价汇率折算的各国军费开支数据。

排序	国家	开支（10 亿美元，按市场汇率）	2001—2010 年变化（%）	占 GDP 比重（%，估算）[a]	占世界比例（%）	开支（10 亿美元，按购买力平价汇率）[b]
1	美国	698	*81.3*	*4.8*	*43*	698
2	中国	[119]	*189*	*[2.1]*	*[7.3]*	[210]
3	英国	59.6	*21.9*	*2.7*	*3.7*	57.6
4	法国	59.3	*3.3*	*2.3*	*3.6*	49.8
5	俄罗斯	[58.7]	*82.4*	*[4.0]*	*[3.6]*	[88.2]
前 5 名之和		**995**			***61***	
6	日本	54.5	*−1.7*	*1.0*	*3.3*	43.6
7	沙特阿拉伯[c]	45.2	*63.0*	*10.4*	*2.8*	64.6
8	德国	[45.2]	*−2.7*	*[1.3]*	*[2.8]*	[40.0]
9	印度	41.3	*54.3*	*2.7*	*2.5*	116
10	意大利	[37.0]	*−5.8*	*[1.8]*	*[2.3]*	[32.2]
前 10 名之和		**1218**			***75***	
11	巴西	33.5	*29.6*	*1.6*	*2.1*	36.2
12	韩国	27.6	*45.2*	*2.8*	*1.7*	40.8
13	澳大利亚	24.0	*48.9*	*2.0*	*1.5*	17.3
14	加拿大	[22.8]	*51.8*	*[1.5]*	*[1.4]*	[19.4]
15	土耳其	[17.5]	*−12.2*	*[2.4]*	*[1.1]*	[23.9]
前 15 名之和		**1344**			***82***	
世界总计		**1630**	***50.3***	***2.6***	***100***	

[] ＝估计值；GDP＝国内生产总值。

a“军费开支占 GDP 比重”一栏系根据国际货币基金组织《世界经济展望》（2010 年 10 月刊）所估算的 2010 年各国 GDP 数据计算得出。

b 按购买力平价汇率换算的军费开支数据，系根据国际货币基金组织在《世界经济展望》中所预测的 2010 年各国分别按购买力平价汇率计算和按市场汇率计算的 GDP 数据的比值估算得出。即，以市场汇率折算的军费开支数据，乘以该比值就得到以购买力平价汇率折算的军费数据。

c 沙特阿拉伯的数据包括用于公共秩序和安全方面的开支，估算可能偏高。

资料来源：SIPRI 军费开支数据库，网址〈http：//www. sipri. org/databases/milex/〉；国际货币基金组织，《世界经济展望》数据库，2010 年 10 月，网址〈http：/www. inf. org/external/pubs/ft/weo/2010/02/weodata/index. aspx〉。

方框 4A. 2　2010 年非洲军费开支趋势

- 2010 年非洲军费开支总计约 301 亿美元（其中北非地区为 106 亿美元，撒哈拉以南非洲为 195 亿美元）。
- 2010 年非洲军费开支相对 2009 年实际增加了 5.2%（其中北非地区增长 5.67%，撒哈拉以南非洲增长 4.9%），相对 2001 年增加了 64%（其中北非地区增长 69%，撒哈拉以南非洲增长 61%）。
- 非洲军费开支前 5 位国家中的 4 个（阿尔及利亚、安哥拉、摩洛哥、尼日利亚）是非洲军费增长的主要来源，而排名第 5 的南非军费开支实际有所下降。
- 安哥拉实际增幅为 19%（6.09 亿美元，以 2009 年美元价格计），对非洲军费开支趋势的影响最大。其增长影响被乍得部分冲抵，由于石油收入锐减，2008 年以来乍得军费开支大幅减少。
- 阿尔及利亚、安哥拉和尼日利亚军费开支增长，乍得军费开支减少，最主要的影响因素是这些国家石油和天然气收入。

注：由于一些国家的数据不可得，因此非洲及其次地区 2010 年军费开支的估算数据具有不确定性。

方框 4A. 3　2010 年美洲军费开支趋势

- 2010 年美洲军费开支总计约 7910 亿美元（其中中美洲和加勒比海地区为 65 亿美元，北美地区为 7210 亿美元，南美地区为 633 亿美元）。
- 2010 年美洲军费开支相对 2009 年实际增加了 3.0%（其中中美洲和加勒比海地区增长 1.9%，北美地区增长 2.8%，南美地区增长 5.8%），相对 2001 年增加了 76%（其中中美洲和加勒比海地区增长 28%，北美地区增长 80%，南美地区增长 42%）。
- 南美地区实际增额为 30 亿美元，主要源于巴西军费开支的增长，该国增幅达 9. 3%（24 亿美元，以 2009 年美元价格计）。

- 但从可获数据看，南美 10 国中有 7 国大幅增加军费开支。相对增幅最大的为巴拉圭（16%）和秘鲁（16%）。
- 与 2009 年情况相同，该地区军费开支降幅最大的仍是委内瑞拉，达 27%。玻利维亚和乌拉圭也减少了军费开支。

方框 4A.4　2010 年亚洲和大洋洲军费开支趋势

- 2010 年亚洲和大洋洲军费开支总计约 3170 亿美元（其中中亚和南亚地区为 521 亿美元，东亚地区为 2110 亿美元，大洋洲地区为 257 亿美元，东南亚地区为 287 亿美元）。
- 2010 年亚洲和大洋洲军费开支相对 2009 年实际增加了 1.4%（其中中亚和南亚地区减少 2.2%，东亚地区增长 2.1%，大洋洲地区增长 4.2%，东南亚地区增长 0.7%），相对 2001 年增加了 64%（其中中亚和南亚地区增长 50%，东亚地区增长 70%，大洋洲地区增长 46%，东南亚地区增长 60%）。
- 2010 年亚洲和大洋洲地区及其次地区的军费开支增幅较之往年有了显著下降，其中中亚和南亚地区出现了 10 年来的首次负增长。2010 年绝对增幅最大的是中国（42 亿美元，以 2009 年美元价格计）和印度尼西亚（13 亿美元）。绝对降幅最大的是印度（10 亿美元）。
- 相对增幅最大的是印度尼西亚（28%）、蒙古（26%）、菲律宾（12%）和孟加拉国（11%）。降幅最大的是东帝汶（51%）、斯里兰卡（14%）和泰国（12%）。

方框 4A.5　2010 年欧洲军费开支趋势

- 欧洲 2010 年的军费开支总计约 3820 亿美元（东欧为 655 亿美元，西欧和中欧为 3160 亿美元）。
- 2010 年开支比 2009 年实际下降 2.8%（东欧下降 1.3%，西欧和中欧下降 3.0%），但比 2001 年增长 11.9%（东欧增长 88%，西欧和中欧增长 4.1%）。
- 这种下降表明，全球金融和经济危机开始对欧洲军费开支产生影响。

- 在大部分军费大国（例如世界前15位中的一些国家）对军费进行小幅削减的同时，许多较小的中欧和东欧国家的军费大幅下降。这些国家是：保加利亚（28%），拉脱维亚（26%），格鲁吉亚（25%），摩尔多瓦（24%）和爱沙尼亚（23%）。阿尔巴尼亚、希腊、匈牙利、立陶宛和斯洛伐克也都下降了10%以上。
- 2011年及之后年份，西欧和中欧国家的军费有望还会作进一步削减，虽然一些军费大国的减支幅度可能依然相对较小。

方框 4A.6　2010年中东军费开支趋势

- 2010年中东军费开支总计约1110亿美元。
- 2010年开支比2009年实际增长2.5%，比2001年增长35%。
- 2001年以来的军费增长大多发生在2002—2007年间，此后的开支变化不大。
- 2010年绝对增长最大的国家是沙特阿拉伯（16亿美元，2009年价格），相对增长最大的国家是伊拉克（12%）和黎巴嫩（9.7%）。军费开支下降最大的国家是阿曼（−9.8%）。
- 2009年和2010年中东军费的估算数存在着很大的不确定性，因为有些国家的数据缺失。
- 缺失2009年和2010年数据的最重要国家是伊朗。据媒体报道，伊朗武装部队的预算增加了20%，达到90万亿里亚尔（90亿美元），其革命卫队的预算达58万亿里亚尔（58亿美元）。但是SIPRI无法核实这些数字，也无法用从其他资料来源获得的以前数据进行比较。

比起市场汇率，购买力平价汇率更适用于一般价格计算，能较好体现各国军费开支转用于购买其他商品和服务的能力。但就衡量各国可购买的军用商品和服务数量，如先进武器技术而言，购买力平价汇率并不比市场汇率更优。例如，在采用市场购买力平价汇率的情况下，印度的军费开支将是英国或法国的两倍，但很少有分析家会由此认为，印度所购军事资源的价值能够两倍于上述两个老牌欧洲大国。实际上，无论采用哪种汇率进行折算，所得出的军费开支数据都不能直接反映实际军事能力，因为军事能力依赖于多种因素，如价格、工业效率、军队编成和条令，以及技术消化能力等。此外，由于购买力平价汇率只是估算汇率，相对于市场汇率，其可信度要差。出于这些考虑，尽管市场汇率存在局限性，但SIPRI还是基于市场汇率将各国军费开支折算成美元，因为市场汇率方法最为简便，也更适用于客观比较各国开支水平。[2]

三、估算中国的军费开支

在估算中国军费开支的过程中，SIPRI除考虑中国官方公布的国防预算外，还力求考虑众多其他来源的经费。这包括由中国其他中央部委提供的资金（其中一些可从公开渠道获得，另一些则不能）、由地方政府提供的资金，以及人民解放军（PLA）通过内部渠道获得的资金。

《SIPRI年鉴1999》曾刊载过王绍光在其一项研究中使用的估算中国军费开支的方法，SIPRI此次仍基于该方法估算中国的军费开支数据。[3] SIPRI基本沿用王绍光的估算方法，根据公开发行的《中国金融年鉴》和《中国统计年鉴》数据，对中国1997年至2010年的军费开支予以了重新估算。这样，我们以往对中国军费总开支中若干统计项目的估计数据或者得以被真实数据所替代，或者得以被更优的估计数据所替代。但是，以往采用的估算方法，也就是总开支中所包括的项目，以及在真实数据不可得的情况下对若干统计项目进行数据估算的方法，并未改变。

这一做法，尤其是系统性地将中国地方政府提供给解放军的资金纳入统计范围，并对中国预算外研究、发展、技术和评估（RDT&E）费用进行修订，使SIPRI的中国军费开支估算数据得到小幅但具有重要意义的完善。

未包括在中国官方公布的国防预算内，但被SIPRI纳入统计范

---

〔2〕 关于国际间比较和货币转换以及采用购买力平价汇率（PPP）所涉及的问题，请参阅M. 沃德撰写的“国际军费比较：采用购买力平价的问题和挑战”，《SIPRI年鉴2006》。

〔3〕 S. 王，“1989—1998年中国军费开支”，《SIPRI年鉴1999》。

围的项目有 7 项：[4]

1. 中央和地方政府用于准军事性质的人民武装警察部队（PAP）的支出。2008 年及以前年份，采用中国官方公布的数据；2009 年和 2010 年，基于中国官方公布的国防预算增幅进行估算。

2. 民政部用于军人复员、退役的支出。估算方法同项目 1。

3. 军工企业补贴。王绍光利用中国官方公布的“生产企业亏损补贴”数据进行估算，这些补贴现在不再分列，因而对于本项目，我们基于军工企业在中国工业补贴总盘子所占固定份额进行估算，并依据前三个年度的平均下降比例，估算 2009 年和 2010 年的数据。

4. 由非军方部委额外提供的军事研究、发展、技术和评估费用（RDT&D）。我们根据中国相关通用研发（R&D）和科学技术预算项目增长率进行估算，这也是王绍光采用的方法；在中国调整报表系统的情况下，我们利用最近年度的变化率进行估算。2009 年和 2010 年的数据，则根据国防预算变化率进行估算。

5. 额外追加的军事建设支出。本项目为估算值，我们沿用了王绍光的估算方法。2006 年及以前年份，按基建预算的 4%统计；2006 年后中国不再公布基建支出数据，故根据中国军方预算增幅进行估算。

6. 中国武器进口开支。估算方法未变，我们假设中国武器进口开销、武器出口所得变化与中国的武器进出口活动变化保持了一致比率，并采用 SIPRI 趋势指数对其予以衡量（TIV）。[5]

7. 尚归属军队企业的获利。估算方法未变，我们认为解放军的商业活动所得从 1999 年开始稳步下降，这是因为中国执行了一项政策，将商业活动从军队剥离。

对于最近大多数年份，SIPRI 估算得出的中国军费总开支较之中国官方公布的国防预算数据，要高出 50%稍多一点。根据 SIPRI 估算，中国当前用于研发的开支相当高，在军费支出总盘子中所占比例

---

〔4〕 以往我们还将解放军武器出口获利统计在内，这部分收入仅占中国总军费开支的很小比例。但这种做法可能导致双重计算的风险，因为武器出口收入可能被用于诸如武器进口等项目的开销。鉴此，我们不再将该项目列入统计范畴。这算得上是我们与王绍光在方法上的一项重要区别。

〔5〕 TIV 的定义可参见本年鉴附录 6A。

与美国接近，较之欧洲主要武器生产国要高出很多。原因在于，中国近年来研发（R&D）经费大幅增加，增幅甚至高于中国经济总体增长率或国防预算增长率。

虽然有关中国军费开支若干统计项目的更多细节已可公开获得（例如人民武装警察部队预算），但一些其他项目细节——最重要的莫过于研发开支——仍难以获得，这使得当前只能对其进行经验推测。基于公开可得的中文资料进行进一步研究，将有助于改善估计，但由于中国政府未能进一步提高透明度，因此当前不可能得到完整、准确的数据。

四、军费开支数据表

表 4A.2 按地理分区、国际组织和收入组列出 2001 年至 2010 年军费数据，并列出了每年的世界人均军费开支，以及世界总军费开支占全球国内生产总值（GDP）的比例。表 4A.3 列出了 2001 年至 2010 年各国（地区）当地货币和时价的军费数据。表 4A.4 列出了 2001 年至 2010 年各国（地区）按 2009 年美元固定价格和汇率换算的军费数据，以及按美元时价换算的 2010 年军费数据。表 4A.5 列出了 2001 年至 2009 年各国（地区）军费占其国内生产总值（GDP）的比例。表 4A.5 后附有注释和各种常用符号的说明。

我们采用市场汇率将各国军费开支数据换算为美元固定价格。由于本版《SIPRI 年鉴》改将 2009 年作为换算美元固定价格的基准年，因此表 4A.4 中的数据与《SIPRI 年鉴 2010》的数据相比有很大不同，后者是将 2008 年作为换算美元固定价格的基准年的。换算美元固定价格基准年的改变，导致了两方面的影响：一是在大多数情况下，基于后一基准年份换算所得的数据较之基于前一基准年份换算所得数据要高，因为 2008 年至 2009 年产生了通货膨胀。二是 2008 年至 2009 年汇率发生了显著变化，此期间美元总体升值。这使得本币对美元贬值的国家的军费开支折算成固定价格美元后，数字相对缩水。与此相反的是，2010 年美元相对世界大多数货币贬值，这又导致了表 4A.2 和表 4A.4 最右一栏中以美元时价换算的 2010 年军费数据，比起用 2009 年固定美元价格换算的同一年度数据普遍要高出不少。表 4A.2 中的世界军费开支一项也涉及此情况。

表格中，以当地货币时价表示的数据系按财政年度列出，其他数据按日历年列出。表 4A.3 对那些财政年度与日历年度不重合的国家予以了标注说明。以当地货币时价表示的数据，其财政年度是以“开始”的日历年表示的。例如，从 2008 年 7 月 1 日至 2009 年 6 月 30 日的财政年度，那么以当地货币表示的数据在表中列为 2008 年。但美国的情况例外，表格中美国某财政年度的数据，起算日期是上个日历年的 10 月 1 日。2001 年至 2010 年，一些国家变更了财政年度的划分方法。我们对于这些情况予以了脚注说明。

由于系列数据不断修订和更新，不同版本的《SIPRI 年鉴》中的军费数据不应混合使用。最近几年的情况尤其如此，前一版本所列预算拨款数据，在后一版本中往往被实际开支数据所取代。在某些情况下，由于获得了更好的数据，导致整个系列的数据均被修订。如果作为估算依据的全球经济统计数据进行了大幅修正，也会导致 SIPRI 修改美元固定价格系列数据。SIPRI 军费数据库包含有大多数国家自 1988 年以来前后一致的系列数据，可从网址〈http://www.sipri.org/databases/milex/〉上找到。鉴于 SIPRI 对许多国家自 1988 年起的数据进行了重大修订，《SIPRI 年鉴》先前版本中发布的 1950—1987 年的数据，未必可与 1987 年之后的数据混合使用。

数据的用途

军费数据的主要用途是提供一种简便直观的方法，以衡量军方所占用的各种资源规模。军费是对“投入”的一种衡量，它同诸如军事能力或军事安全这样的军事活动“产出”没有直接关系。军费的长期趋势及其突变可能是军事产出变动的征兆，但是在做出这类诠释的时候必须慎重。

具体表格的用途如下。以当地货币时价表示的国家军费数据（表 4A.3）是所有其他表格的原始数据。提供这些数据是为了有助于提高透明度，并能够对政府来源资料和其他来源所报告的数据进行比较。提供以美元固定价格计算的数据是为了可以对各国（表 4A.4）和各地理分区、国际组织、收入组及世界军费总额（表 4A.2）不同时期的情况加以比较。提供最近一年（本版年鉴中为 2010 年）以美元时价计算的数据是为了进行跨国（表 4A.4）和跨地区（表 4A.2）

的国际间比较。美元时价数据也有利于同通常以美元时价表示的其他经济指标进行比较。军费占国内生产总值的比例（表 4A. 5），显示一个国家的资源中有多大比例被用于军事活动，是军费开支给经济所造成负担的指标，也称为“国防负担”或“军事负担”。

数据的覆盖范围

表 4A. 2—4A. 5 中的军费开支数据涵盖 165 个国家，时间跨度为 10 年（2001 年至 2010 年）。我们根据地理分区、国际组织和国家收入组（按人均国民收入分类）三个组别计算军费总额数据。表 4A. 2 的注释说明了每个组别各包含哪些国家。

军费的定义

SIPRI 所采用的指导性军费定义包括涉及下列主体和活动的各项支出：(1) 武装部队，包括维和部队；(2) 国防部门和从事国防项目的其他政府机构；(3) 准军事部队（断定是为军事行动而进行训练和装备的人员）；(4) 军事空间活动。这些支出包括涉及以下各项的经常项目支出和资本项目支出：(1) 用于军事人员和文职人员的开支，包括军事人员的退休金和职员的社会福利费用；(2) 活动和维持费；(3) 采购费；(4) 军事研发费；(5) 军事援助支出（包括于援助国的军费内）。民防开支以及因先前军事活动而发生的当前支出，如退伍军人福利、复员、军转民和销毁武器的费用，不计算在内。虽然这种定义可以作为准则，然而在实践中由于数据的局限性往往难以坚持。

数据的局限性

军费数据主要有三种局限性：可靠性、有效性和可比性。

影响数据可靠性的主要因素包括：官方公布的军费数据涵盖范围不够全面，缺乏有关军费的详细资料，以及缺乏实际军费（非预算军费）数据。很多国家的官方数据仅包含部分军费。某些重要的项目经费可能被掩藏在非军事预算项目下，或者甚至可能完全由政府预算外资金支持。许多预算外及非预算机制都被在实际操作中使用。[6]

数据有效性取决于其使用目的。由于开支数据是对财政投入的一

〔6〕关于此类机制的综述，可参阅 D. 亨德里克森与 N. 鲍尔合写的《预算外军费及收入：捐助国的问题和政策视角》，冲突、安全和发展研究组（CSDG）不定期论文第 1 号（国王学院，大学伦敦，2002 年 1 月）。

种衡量，其最有效的用途是作为用于军事目的而消耗的各种经济资源的指标。由于同样的原因，它们作为军事实力或军事能力指标的效用是有限的。尽管军费确实对军事能力有影响，诸多其他因素，如人员与装备之间的平衡，军事装备的技术水平、保养和维修状况，以及武装部队所处的整体安全环境等对军事能力也都有影响。

数据的可比性受到两种不同因素的限制：数据的不同覆盖范围（或定义）和货币换算方法。国与国之间以及同一国家不同时期有关军费的官方数据涵盖范围有着很大的不同。就换算到统一货币而言，正如第二部分讨论的那样，所采用的汇率对国家间的比较有着很大的影响。这是在进行经济数据的国际间比较时面临的一个普遍性问题，并不是军费所特有的。然而，由于军费的国际间比较往往是一个敏感的问题，重要的是应当牢记对国家间军费比较的诠释在很大程度上受到所选择汇率的影响。[7]

统计方法

SIPRI 数据基于公开来源，反映了各国政府提供的官方数据。然而，官方数据并不总是符合 SIPRI 的军费定义，也不是总能根据这个定义来重新计算数据，因为这需要有关官方国防预算和预算外及非预算军费项目所包含内容的详细情况。在很多情况下，SIPRI 只限于使用由各国政府提供的数据，而不考虑定义。经常出现的情况是有多个系列的数据可用，在这种情况下，SIPRI 选择最符合 SIPRI 军费定义的系列数据。尽管如此，首要的是为各个国家选定统一的时间序列，以实现一个时期数据的连贯性，而不是依据通用定义调整个别年度的数字。此外，在特定情况下必须作出估算。

估算

对军费数据进行估算，绝大多数出于以下缘由：官方数据涵盖范围严重偏离 SIPRI 的定义，或是缺乏完整一致的时间序列。对于前

〔7〕 要对各组军费数据中涉及的概念性问题和不确定性原因作全面了解，可参阅 M. 布若斯卡撰写的“世界军费”；K. 哈特利和 T. 桑德勒：《国防经济手册》，第一卷（北荷兰出版社，阿姆斯特丹，1995 年）；N. 鲍尔：“衡量第三世界的安全开支：研究纪要”，《世界发展》，第 12 卷，第 2 号（1984 年 2 月）。关于非洲国家，可参见 W. 奥米图根：《非洲军费数据：喀麦隆、埃塞俄比亚、加纳、肯尼亚、尼日利亚及乌干达调查》，SIPRI 研究报告第 17 号（牛津大学出版社：牛津，2003 年）。

一种情况，我们通过分析官方政府主要预算和开支账目进行估算。这种最全面的估算应用于中国和俄罗斯，这在以往版本《SIPRI 年鉴》中有详细介绍。[8] 对于后一种情况，即只有不完整的时间序列时，我们从时间序列中挑选出最符合 SIPRI 定义的数据，将其作为相应年份的数据，然后利用已有的年份数据，结合年度开支变化的百分比，估算出缺失年份的数据，以实现一个时期数据的连贯性。

所有估算均以官方数据或经验证的公开来源数据为基础。因此，对于不发布任何官方数据的国家，我们未予以估算，也没有列出这些国家的任何数据。

SIPRI 的估算数据在表格中加方括号表示。当数据的不确定度超出 SIPRI 可控范围时，则使用圆括号表示。例如，数据所依据的资料来源的可靠性难以确定时，以及经济数据不确定导致以美元固定价格表示的数据或该数据占 GDP 比重不明确时，使用圆括号。

最近几年的数据包括两种类型适用于所有国家的估算。首先，最近年份数据属正式预算、预算概算或概算修正的，其中大部分会在以后年度加以订正。其次，表 4A. 4 中用于时间序列中最后一个年度的消胀指数或者是根据一年中部分时间估算得出的，或者是由国际货币基金组织（IMF）提供的。除非这些估算中包含特殊的不确定性，它们一般不加括号。

由于并非所有年度都能获得所有国家的数据，因此表 4A. 2 中的全球总额和按地理分区、国际组织和收入组统计的合计额均属估算数据。如某个国家在时间序列开始或结尾年度的数据缺失，则假设该国数据的变化率等同于其所属地区的平均变化率，并据此估算其缺失年度的数据。如某个国家在时间序列中间年度的数据缺失，则假设该国从时间序列开始至结束过程中，数据是平稳变化的，然后据此估算其缺失年度的数据。在无法作出任何估算的情况下，则不将这些国家纳入总额统计。

---

〔8〕 J. 库帕，“1987—1997 年苏联及俄罗斯联邦的军费”，《SIPRI 年鉴 1998：军备、裁军和国际安全》（牛津大学出版社，牛津，1998 年）；S. 王（参见注释〔3〕）。有关中国的情况亦可参阅本附录第三部分。

计算

表 4A.3 提供各国原始数据，以当地货币当前价格的形式体现。与较早版本的 SIPRI 年鉴按日历年列出数据的做法不同，表 4A.3 的数据是按财政年度列出的。这种做的好处是，方便将 SIPRI 的数据与原始文件来源的数据，如国家预算数据，进行较为直观的对比。

表 4A.4 和表 4A.5 提供以美元固定价格表示的数据，并列出数据占 GDP 的比重，数据按日历年列出。这就有必要将那些财政年度与日历年度不重合的国家的数据转换成日历年数据。转换过程中，我们假设所涉及的国家在整个财政年度是均衡开支的。表 4A.3 根据各国的国内消费者物价指数（CPI）和全年平均市场汇率，将以当地货币表示的数据按固定价格和汇率换算成美元。换算过程中，将采用消费者物价指数用作消胀指数，意味着 SIPRI 年鉴中以美元固定价格表示的各国军费开支趋势，可体现出各国购买具有国家代表性的一篮子民用消费品购买力的实际变化。[9]

资料来源

军费数据的资料来源，按优先顺序排列如下：(1) 第一手来源，即由各国政府在其官方出版物或者问卷答复中所提供的官方数据资料；(2) 引用原始资料的第二手来源；(3) 其他第二手来源。

第一类来源包括国家预算文件、国防白皮书、财政统计材料，以及各国对 SIPRI 调查问卷的答复，调查问卷每年发往列入 SIPRI 军费数据库国家的财政部、国防部、中央银行和国家统计部门（参见附录 4B）。各国政府对联合国所发的有关军费的调查问卷所作答复，以及一些国家向欧洲安全与合作组织的调查问卷自行提供的答复，也属第一类来源资料。

第二类来源包括国际统计资料，如北大西洋公约组织（NATO）和国际货币基金组织（IMF）的统计资料。按照惯例，16 个 1999 年前加入北约的国家的数据取自多个北约来源所公布的军费统计数据。北约 2005 年采用了新的定义，使得某些北约国家最近几年的数据必须依靠其他资料来源。许多发展中国家的数据取自 IMF 的《政府金

---

[9] 如果目的在于衡量军费对应军事人员、军用商品和服务数量的购买力，采用军事专用消胀指数更为恰当。然而，大多数国家的军事专用消胀指数均无从获得。

融统计年鉴》，其中含有大部分 IMF 成员国的国防统计资料，以及取自 IMF 职员编写的国家报告。这类资料来源还包括准确提供所用原始资料出处的其他组织的出版物，如经济学家情报组织的《国家报告》。

第三类来源包括一些专业期刊和报纸。

经济数据的主要来源是 IMF 的多个出版物：《国际金融统计年鉴》、《世界经济展望》，以及由 IMF 职员编写的国家报告。

表 4A.2　2001—2010 年军费开支情况(按地区、国际组织和收入组分类)

数据单位为 10 亿美元(按 2001—2010 年汇率,并换算为 2009 年美元固定价格),最右边标有 * 的一列数据为按 2010 年美元时价换算值(单位为 10 亿美元)。由于四舍五入,各项相加不一定与总数相符。

	2001	2002	2003	2004	2005	2006	2007	2008	2009	2010	2010*
世界总计	**1044**	**1107**	**1177**	**1243**	**1294**	**1334**	**1381**	**1457**	**1549**	**1569**	**1630**
美国	379	425	484	528	553	562	576	619	669	687	698
其余国家	665	682	693	715	741	772	805	838	880	881	932
地理分区											
非　洲	17.4	18.4	18.3	20.5	21.4	22.3	(23.2)	(25.6)	(27.1)	(28.5)	(30.1)
北非	6.2	6.3	6.5	7.1	7.3	7.4	8.0	9.4	(10.0)	(10.6)	(10.6)
撒哈拉以南非洲	11.2	12.1	11.8	13.5	14.0	14.9	(15.2)	(16.2)	(17.1)	(17.9)	(19.5)
美洲	436	482	537	583	613	626	644	692	746	768	791
中美和加勒比地区	4.6	4.5	4.3	4.0	4.3	4.6	5.1	5.3	5.8	5.9	6.5
北美	392	439	498	542	568	577	593	637	688	707	721
南美	38.7	38.3	35.1	37.4	41.1	44.3	46.2	49.4	51.8	54.8	63.3
亚洲和大洋洲	177	186	195	205	216	229	246	260	286	290	317
中亚和南亚	29.8	29.9	30.7	34.9	36.7	37.3	38.6	41.8	45.8	44.8	52.1
东亚	117	123	128	134	142	153	165	175	195	199	211

	2001	2002	2003	2004	2005	2006	2007	2008	2009	2010	2010*
大洋洲	14.5	15.0	15.3	15.9	16.4	17.3	18.4	19.0	20.4	21.2	25.7
东南亚	16.1	18.1	20.2	19.9	20.6	21.1	24.3	24.5	25.5	25.7	28.7
欧洲	336	347	351	353	354	361	367	378	387	376	382
东欧	31.4	34.8	37.2	39.0	43.1	48.1	53.1	58.5	59.8	59.1	65.5
西欧和中欧	305	312	314	314	311	313	314	320	327	317	316
中东	78.2	73.7	76.2	80.9	89.5	95.9	101	101	(103)	(106)	(111)
国际组织											
非盟	19.1	20.5	20.5	22.5	23.2	24.2	(25.1)	(26.9)	(28.0)	(29.2)	(31.4)
阿盟	61.8	58.7	60.5	66.2	72.0	76.5	84.5	90.0	93.1	95.5	100.0
东盟	16.1	18.1	20.2	19.9	20.6	21.1	24.3	24.5	25.5	25.7	28.7
独联体	32.2	35.7	38.3	40.1	44.5	49.6	55.1	60.5	61.8	60.6	67.2
集安组织	..	33.1	35.3	36.8	40.4	44.5	48.7	53.7	56.0	55.4	61.6
东非共同体	0.9	0.9	0.9	0.9	1.0	1.0	1.2	1.2	1.2	(1.3)	(1.3)
西非经共体	1.9	2.4	1.9	1.9	1.8	1.9	2.1	2.6	2.7	3.0	3.2
欧盟	257	262	266	282	280	282	288	292	298	288	285
海湾合作委员会	46.0	42.2	43.1	47.1	52.7	57.6	64.5	65.9	69.2	70.5	73.5

	2001	2002	2003	2004	2005	2006	2007	2008	2009	2010	2010*
北约	669	724	784	835	858	870	886	936	996	1 005	1 018
北约欧洲国家	277	285	286	293	290	293	293	299	308	298	297
经合组织	776	831	893	937	962	975	993	1044	1107	1119	1166
石油输出国组织	62.7	57.4	60.2	67.3	75.8	82.7	89.1	94.8	97.2	95.1	99.2
欧安组织	729	787	850	896	923	940	962	1017	1077	1086	1106
南共体	5.6	5.8	6.4	6.5	7.5	8.0	7.6	7.7	8.6	9.2	10.1
上海合作组织	69.0	78.6	84.6	91.5	102	116	132	145	165	169	180
南美国家联盟	..	..	..	..	..	..	..	49.4	51.8	54.8	63.3
收入组											
低收入国家	7.1	7.4	7.5	7.6	7.9	8.4	9.6	9.8	10.0	10.1	10.4
中低收入国家	102	108	116	128	141	155	169	182	203	209	226
中高收入国家	112	116	114	117	125	134	140	150	156	158	177
高收入国家	824	876	940	990	1020	1036	1063	1115	1180	1192	1219
世界人均军费开支(美元)	**121**	**127**	**145**	**161**	**172**	**182**	**200**	**222**	**227**	**236**	
世界军事负担(以当前价格计算,占全球GDP的比重%)	***2.3***	***2.4***	***2.4***	***2.4***	***2.4***	***2.4***	***2.4***	***2.4***	***2.7***	***2.6***	

( ) 中的数据是在现有数据不足地区数据总和 90%的情况下得出的；.. 表明现有数据不足地区总和的 60%。

注释：表 4A. 2 中的世界和地区总额、国际组织和收入组的总额是基于表 4A. 4 中的数据估算出来的。当某个国家某些年度的军费开支数据缺失时，我们对其予以估算，并假设该国军费开支的变动率与该国所属地区的变动率一致。对于那些无法对其做出估算的国家，我们不将其计入总数。未被表 4A. 2 计入军费开支总数的国家包括：古巴、赤道几内亚、圭亚那、海地、朝鲜、缅甸、索马里、特立尼达和多巴哥、津巴布韦。

地区和收入组总计，涵盖了该类所属国家所有年份的数据。国际组织总计，只包含数据可得年份的数据。表 4A. 1 中的地区和次地区划分标准与表 4A. 3—表 4A. 5 一致。

国际组织

非盟（AU）：包括非洲地区除摩洛哥、埃及外的所有国家（参见表 4A. 3—4A. 5）。SIPRI 军费开支数据库未包括的非盟成员：科摩罗、圣多美与普林西比、撒哈拉阿拉伯民主共和国（西撒哈拉）。

阿盟（League of Arab States）：阿尔及利亚、巴林、吉布提、埃及、伊拉克、约旦、科威特、黎巴嫩、利比亚、毛里塔尼亚、摩洛哥、阿曼、卡塔尔、沙特、索马里、苏丹、叙利亚、突尼斯、阿联酋、也门。SIPRI 军费开支数据库未包括的阿盟成员：科摩罗、巴勒斯坦。

东盟（ASEAN）：地处东南亚次地区，除东帝汶外的所有其他国家。

独联体（CIS）：亚美尼亚、阿塞拜疆、白俄罗斯、格鲁吉亚（—2008）、哈萨克斯坦、吉尔吉斯斯坦、摩尔多瓦、俄罗斯、塔吉克斯坦、土库曼斯坦、乌克兰、乌兹别克斯坦。

集团安全条约组织（CSTO）：亚美尼亚（2002—）、白俄罗斯（2002—）、哈萨克斯坦（2002—）、吉尔吉斯斯坦（2002—）、俄罗斯（2002—）、塔吉克斯坦（2002—）、乌兹别克斯坦（2006—）。

东非共同体（EAC）：布隆迪（2007—）、肯尼亚、卢旺达（2007—）、坦桑尼亚、乌干达。

西非国家经济共同体（ECOWAS）：贝宁、喀麦隆、科特迪瓦、冈比亚、加纳、几内亚、几内亚比绍、利比里亚、尼日尔、尼日利亚、塞内加尔、塞拉利昂、多哥。

欧盟（EU）：奥地利、比利时、保加利亚（2007—）、塞浦路斯（2004—）、捷克共和国（2004—）、丹麦、爱沙尼亚（2004—）、芬兰、法国、德国、希腊、匈牙利（2004—）、爱尔兰、意大利、拉脱维亚（2004—）、立陶宛（2004—）、卢森堡、马耳他（2004—）、荷兰、波兰（2004—）、葡萄牙、罗马尼亚（2007—）、斯洛伐克（2004—）、斯洛文尼亚（2004）、西班牙、瑞典、英国。

海湾合作委员会（GCC）：巴林、科威特、阿曼、卡塔尔、沙特、阿联酋。

北约（NATO）：阿尔巴尼亚（2009—）、比利时、保加利亚（2004—）、加拿大、克罗地亚（2009—）、捷克共和国、丹麦、爱沙尼亚

(2004—)、法国、德国、希腊、匈牙利、冰岛、意大利、拉脱维亚（2004—）、立陶宛（2004—）、卢森堡、荷兰、挪威、波兰、葡萄牙、罗马尼亚（2004—）、斯洛伐克（2004—）、斯洛文尼亚（2004—）、西班牙、土耳其、英国、美国。欧洲外的北约国家：美国、加拿大。

经合组织（OECD）：澳大利亚、奥地利、比利时、加拿大、智利（2010—）、捷克共和国、丹麦、爱沙尼亚（2010—）、芬兰、法国、德国、希腊、匈牙利、冰岛、爱尔兰、以色列（2010—）、意大利、日本、韩国、卢森堡、墨西哥、荷兰、新西兰、挪威、波兰、葡萄牙、斯洛伐克、斯洛文尼亚（2010—）、西班牙、瑞典、瑞士、土耳其、英国、美国。

石油输出国组织（OPEC）：阿尔及利亚、安哥拉（2007—）、厄瓜多尔（2007—）、印度尼西亚（—2008）、伊朗、伊拉克、科威特、利比亚、尼日利亚、卡塔尔、沙特、阿联酋、委内瑞拉。

欧安组织（OSCE）：阿尔巴尼亚、亚美尼亚、奥地利、阿塞拜疆、白俄罗斯、比利时、波黑、保加利亚、加拿大、克罗地亚、塞浦路斯、捷克共和国、丹麦、爱沙尼亚、芬兰、法国、格鲁吉亚、德国、希腊、匈牙利、冰岛、爱尔兰、意大利、哈萨克斯坦、吉尔吉斯斯坦、拉脱维亚、立陶宛、卢森堡、前南马其顿共和国、马耳他、摩尔多瓦、黑山（2006—）、荷兰、挪威、波兰、葡萄牙、罗马尼亚、俄罗斯、塞尔维亚、斯洛伐克、斯洛文尼亚、西班牙、瑞典、瑞士、塔吉克斯坦、土耳其、土库曼斯坦、英国、乌克兰、美国、乌兹别克斯坦。

上海合作组织（SCO）：中国、哈萨克斯坦、吉尔吉斯斯坦、俄罗斯、塔吉克斯坦、乌兹别克斯坦。

南部非洲发展共同体（SADC）：安哥拉、博茨瓦纳、刚果民主共和国、莱索托、马达加斯加、马拉维、毛里求斯、莫桑比克、纳米比亚、塞舌尔（2001—2003，2008—）、南非、斯威士兰、赞比亚。

南美国家联盟（UNASUR，2008—）：南美次地区所有国家。SIPRI 军费开支数据库未包括的南美国家联盟成员：苏里南。

收入组

国家收入组划分依据是世界银行计算的 2008 年度人均国民收入（GNI）数据，载于《2010 年世界发展报告：发展和气候变化》（世界银行，华盛顿特区，2009 年）。

低收入国家（2008 年人均国民收入为 975 美元及以下水平）：阿富汗、孟加拉国、贝宁、布基纳法索、布隆迪、柬埔寨、中非共和国、乍得、刚果民主共和国、厄立特里亚、埃塞俄比亚、冈比亚、加纳、几内亚、几内亚比绍、海地、肯尼亚、朝鲜、吉尔吉斯斯坦、老挝、利比里亚、马达加斯加、马拉维、马里、毛里塔尼亚、莫桑比克、缅甸、尼泊尔、尼日尔、卢旺达、塞内加尔、塞拉利昂、索马里、塔吉克斯坦、坦桑尼亚、多哥、乌干达、乌兹别克斯坦、越南、也门、赞比亚、津巴布韦

中低收入国家（2008 年人均国民收入介于 976 美元至 3855 美元之间）：阿尔巴尼亚、安哥拉、亚美尼亚、阿塞拜疆、伯利兹、玻利维亚、喀麦隆、佛得角、中国、刚果共和国、科特迪瓦、吉布提、厄瓜多尔、埃及、萨尔瓦多、格鲁吉亚、危地马拉、圭亚那、洪都拉斯、印度、印

度尼西亚、伊朗、伊拉克、约旦、莱索托、摩尔多瓦、蒙古、摩洛哥、尼加拉瓜、尼日利亚、巴基斯坦、巴布亚新几内亚、巴拉圭、菲律宾、斯里兰卡、苏丹、斯威士兰、叙利亚、泰国、东帝汶、突尼斯、土库曼斯坦、乌克兰。

中高收入国家（2003 年人均国民收入介于 3856 美元至 11905 美元之间）：阿尔及利亚、阿根廷、白俄罗斯、波黑、博茨瓦纳、巴西、保加利亚、智利、哥伦比亚、哥斯达黎加、古巴、多米尼加共和国、斐济、加蓬、牙买加、哈萨克斯坦、拉脱维亚、黎巴嫩、利比亚、立陶宛、前南马其顿共和国、马来西亚、毛里求斯、墨西哥、黑山、纳米比亚、巴拿马、秘鲁、波兰、罗马尼亚、俄罗斯、塞尔维亚、塞舌尔、南非、土耳其、乌拉圭、委内瑞拉。

高收入国家（2008 年人均国民收入达到 11906 美元及以上水平）：澳大利亚、奥地利、巴林、比利时、文莱、加拿大、克罗地亚、塞浦路斯、捷克共和国、丹麦、赤道几内亚、爱沙尼亚、芬兰、法国、德国、希腊、匈牙利、冰岛、爱尔兰、以色列、意大利、日本、韩国、科威特、卢森堡、马耳他、荷兰、新西兰、挪威、阿曼、葡萄牙、塔卡尔、沙特、新加坡、斯洛伐克、斯洛文尼亚、西班牙、瑞典、瑞士、中国台湾（地区）、特立尼达和多巴哥、阿联酋、英国、美国。

人均军事开支和军事负担

人均军事开支数据的估算基于联合国人口活动基金会（UNFPA）估计的世界人口数据，可参见各版《全球人口状况》（UNFPA，纽约，2001—2010）。

军事负担数据的估算基于世界货币基金组织（IMF）“全球经济展望数据库”（2010 年 10 月）所给出的世界国内生产总值数据，网址〈http：//www. imf. org/external/pubs/ft/weo/2010/02/weodata/index. asp〉。其中 2010 年的世界国内生产总值为预测值。

表 4A.3　2001—2010 年国家军费开支（当地货币）

数据以当地货币时价计算，除特别注明外，年份为公历年。国家按地区及次地区分组。

国家	货币	2001	2002	2003	2004	2005	2006	2007	2008	2009	2010
非洲											
北非											
阿尔及利亚[1]	（百万）第纳尔	161505	167380	170764	201930	214320	224767	273415	334044	383621	421866
利比亚‡¶[2]	（百万）第纳尔	496	575	700	894	904	807	807	1346	..	..
摩洛哥	（百万）迪拉姆	16619	16254	17418	17182	18006	18775	19730	22824	24615	26605
突尼斯	（百万）第纳尔	483	491	525	554	608	662	629	716	718	772
撒哈拉以南非洲											
安哥拉‖[3]	（十亿）宽扎	8.9	19.1	50.0	68.3	119	158	156	182	251	343
贝宁	（百万）非洲法郎	9612	18122	20077	22072	[24677]	[25601]	..	[30330]	..	..
博茨瓦纳[a]	（百万）普拉	1305	1451	1503	1464	1556	1686	[2031]	[2380]	[2673]	[2700]
布基纳法索†	（百万）非洲法郎	22259	24666	25571	30289	33649	37081	45616	55089	51740	65631
布隆迪	（十亿）法郎	44.2	41.8	47.0	49.4	53.6	46.0	50.1	52.0	..	..
喀麦隆§	（十亿）非洲法郎	99.0	52.0	110	117	118	134	142	155	162	175
佛得角	（百万）埃斯库多	572	530	565	573	614	614	640	646	682	713
中非共和国‡[4]	（百万）非洲法郎	..	7445	8729	7979	8121	..	9160	14111	16995	25549

国家	货币	2001	2002	2003	2004	2005	2006	2007	2008	2009	2010
乍得[5]	（十亿）非洲法郎	22.5	23.9	23.8	26.7	29.3	..	186	274	206	112
刚果共和国[§]	（百万）非洲法郎	28374	35035	38728	40050	41954	44070	50849	63420	..	66168
刚果民主共和国[6]	（百万）法郎	..	..	31908	54983	78292	96045	106046	89486	99100	166400
科特迪瓦[7]	（十亿）非洲法郎	..	..	124	132	132	140	155	165	..	..
吉布提	（百万）法郎	4629	5909	7422	6639	7970	[8800]	6135	6447	..	..
赤道几内亚	（百万）非洲法郎	..	..	..	..	..	..	..	..	..	..
厄立特里亚	（百万）纳克法	1884	2104	2520	..	..	..	..	..	..	..
埃塞俄比亚[b]	（百万）比尔	2610	2341	2452	2920	3009	3005	3453	4000	4000	4581
加蓬[8]	（十亿）非洲法郎	66.0	66.0	63.0	65.0	60.0	58.0	(9.0)	..	..	62.0
冈比亚[‡]	（百万）达拉西	38.5	45.0	57.0	58.0	85.3	78.2	113	..	..	..
加纳[‖9]	（百万）塞地	23.2	29.3	46.2	50.7	58.2	69.4	118	120	159	179
几内亚[10]	（十亿）法郎	171	194	167	182	..	..	..	..	..	..
几内亚比绍[‖11]	（百万）非洲法郎	4533	4435	4362	..	6391	..	..	..	..	..
肯尼亚[b]	（百万）先令	16258	17430	19921	21219	26652	27540	39062	41209	48520	46968
莱索托[a]	（百万）马洛蒂	199	209	207	202	218	245	292	190	452	..
利比里亚[b]	（百万）元	..	..	104	401	321	126	220	518	336	..
马达加斯加[‖12]	（十亿）阿里亚里	85.7	78.9	89.8	102	108	116	154	176	139	119

国家	货币	2001	2002	2003	2004	2005	2006	2007	2008	2009	2010
马拉维[a]	（百万）克瓦查	988	1186	1309	2752	4452	[5525]	[5923]	..	..	..
马里[13]	（十亿）非洲法郎	43.8	45.8	51.6	54.5	63.2	68.9	75.6	77.3	[82.3]	[87.2]
毛里塔尼亚[14]	（十亿）乌吉亚	13.3	9.9	16.4	18.6	17.7	22.0	..	29.4	30.1	..
毛里求斯[b]	（百万）卢比	270	299	308	293	349	337	392	481	..	..
莫桑比克‖	（百万）梅蒂卡尔	1048	1267	1422	1753	1436	1459	1773	2034	2320	..
纳米比亚[a15]	（百万）元	905	935	994	1107	1260	1382	1683	2372	2593	3015
尼日尔	（十亿）非洲法郎	18.2	14.4	14.3	16.7	17.3	..	..	24.0	..	23.4
尼日利亚	（十亿）奈拉	63.5	108	75.9	85.0	88.5	99.9	122	192	224	292
卢旺达[16]	（十亿）法郎	25.2	24.3	24.3	23.8	25.1	30.1	30.4	37.0/	64.2	47.1
塞内加尔§¶	（百万）非洲法郎	50500	51829	56293	56819	65619	77678	92407	97116	98111	98838
塞舌尔	（百万）卢比	64.8	64.1	66.1	87.6	81.0	79.3	102	80.9	103	87.2
塞拉利昂	（百万）利昂	59408	56955	66841	62026	68056	[83686]	[87998]	[133080]	..	..
索马里	先令	..	..	..	..	..	..	..	..	..	..
南非[a]	（百万）兰特	[16548]	[19571]	[21254]	21326	24880	25102	26746	29556	33235	32922
苏丹‡[17]	（百万）磅	1004	1276	1039	3200	2838	3338	..	..	..	..
斯威士兰‡[a18]	（百万）埃马兰吉尼	168	202	255	283	410	392	451	[584]	[942]	[895]
坦桑尼亚[b]	（十亿）先令	147	125	135	143	172	197	217	247	326	..

国家	货币	2001	2002	2003	2004	2005	2006	2007	2008	2009	2010
多哥	（百万）非洲法郎	..	..	16757	16757	17532	..	..	25529	..	..
乌干达[b]	（十亿）先令	244	267	331	379	393	407	549	[696]	[583]	[583]
赞比亚	（十亿）克瓦查	..	..	..	[490]	626	747	596	1120	1068	1326
津巴布韦‖[19]	（百万)元/(百万)美元	15.8	37.3	136	1300	2942	(26604)	..	..	..	98.3
美洲											
中美和加勒比地区											
伯利兹[a]	（百万）元	15.3	15.8	17.6	19.4	22.1	25.4	28.2	40.5	31.6	30.4
哥斯达黎加[20]	（百万）科郎	—	—	—	—	—	—	—	—	—	—
古巴[21]	（百万）比索	..	..	1259	1303	1640	1695	1876	2004	2083	..
多米尼加共和国	（百万）比索	[5882]	[6980]	[5625]	6435	8305	8477	9153	11629	11587	12326
萨尔瓦多[22]	（百万）美元	109	109	106	106	109	116	122	117	138	135
危地马拉	（百万）格查尔	1546	1239	1245	813	768	993	1043	1259	1192	1368
海地[a]	（千）古德	—	—	—	—	—	—	—	—	—	—
洪都拉斯[23]	（百万）伦皮拉	[907]	[1261]	[1291]	[1304]	[1410]	1485	2210	3886	4102	4657
牙买加[a]	（百万）元	2212	2936	3244	3368	3804	5100	6005	10677	9896	8992
墨西哥	（百万）比索	[33074]	[33578]	[35014]	35314	39467	44496	52235	54977	64348	68411
尼加拉瓜[24]	（百万）科多巴	377	502	548	530	574	662	727	809	851	948

国家	货币	2001	2002	2003	2004	2005	2006	2007	2008	2009	2010
巴拿马	（百万）巴波亚	—	—	—	—	—	—	—	—	—	—
北美											
加拿大[a]	（百万）元	13191	13379	14143	14951	16001	17066	19255	21100	22712	[23733]
美国[25]	（百万）美元	312743	356720	415223	464676	503353	527660	556961	621138	668604	698281
南美											
阿根廷	（百万）比索	3182	3413	3988	4285	4935	5643	7109	8769	11063	[13030]
玻利维亚[26]	（百万）玻利维亚诺	1218	1219	1394	1414	1438	1517	1832	2455	2433	2262
巴西	（百万）雷亚尔	25557	28224	25829	28608	33080	35686	39887	44841	51382	59006
智利[§ 27]	（十亿）比索	1615	1765	1842	2158	2397	2742	2939	3109	3185	3525
哥伦比亚[28]	（十亿）比索	7448	8191	10203	10656	11548	12722	14439	17307	18567	20341
厄瓜多尔	（百万）美元	384	505	739	710	954	950	1310	1548	1915	2191
圭亚那	（百万）元	. .	. .	. .	. .	. .	. .	. .	. .	. .	. .
巴拉圭[† 29]	（十亿）瓜拉尼	270	288	294	364	347	431	476	577	626	761
秘鲁[30]	（百万）新索尔	3187	2982	3092	3397	3820	4011	3918	4057	5157	6091
乌拉圭	（百万）比索	4384	4333	4967	5261	5696	6168	6812	8397	11344	11806
委内瑞拉[‖ 31]	（百万）玻利瓦尔	1383	1244	1588	2740	4292	6436	6377	9286	9173	8604
亚洲和大洋洲											

国家	货币	2001	2002	2003	2004	2005	2006	2007	2008	2009	2010
中亚和南亚											
阿富汗[32]	（百万）阿富汗尼	..	..	[5622]	[5404]	5544	6358	11506	11471	12783	..
孟加拉[b]	（百万）塔卡	34020	34190	38110	41150	44860	53980	59510	62600	78750	91750
印度[a33]	（十亿）卢比	703	722	774	964	1025	1091	1182	1475	1820	1911
哈萨克斯坦	（十亿）坚戈	32.5	37.7	47.5	58.0	78.6	100	167	185	188	[194]
吉尔吉斯斯坦[34]	（百万）索姆	1734	2055	2408	2688	3105	3606	4807	6423	7147	..
尼泊尔[b]¶	（百万）卢比	5882	7420	8255	10996	11745	11136	11389	14712	17811	18291
巴基斯坦‡[35]	（十亿）卢比	182	195	220	244	281	292	327	376	448	514
斯里兰卡[36]	（十亿）卢比	[60.3]	[54.7]	[52.3]	62.7	64.7	82.2	117	164	170	156
塔吉克斯坦	（百万）索莫尼	29.6	70.7	107	134	..	..	..	..	..	..
土库曼斯坦	（十亿）马纳特	..	..	..	..	..	..	..	..	..	..
乌兹别克斯坦[37]	（十亿）苏姆	41.1	44.5	53.0	..	..	..	..	..	..	..
东亚											
中国[38]	（十亿）元	[227]	[262]	[288]	[331]	[379]	[452]	[546]	[638]	[752]	[808]
日本[a]†[39]	（十亿）日元	4955	4956	4953	4893	4870	4812	4746	4769	4774	4790
朝鲜[40]	（十亿）元	(3.2)	(3.3)	(50.8)	(54.4)	(64.5)	(67.1)	(68.5)	(71.3)	(76.3)	(82.6)
韩国[41]	（十亿）元	[16708]	[17642]	[18884]	[20421]	22694	24039	25765	28733	31121	31876

国家	货币	2001	2002	2003	2004	2005	2006	2007	2008	2009	2010
蒙古	（百万）图格里克	25384	28071	27899	32891	35914	46232	66200	66614	54088	74443
中国台湾（地区）	（十亿）元	248	225	238	253	248	235	256	282	298	286
大洋洲											
澳大利亚[b]	（百万）元	14514	14739	15873	16748	17921	19899	21179	23249	25372	26896
斐济†[42]	（百万）元	74.7	67.6	70.7	81.1	72.9	93.6	122	85.4	98.2	..
新西兰[b]	（百万）元	1403	1419	1518	1528	1645	1807	1875	2083	2201	2254
巴布亚新几内亚[43]	（百万）基那	85.5	66.3	68.8	78.7	94.2	93.7	112	100	109	116
东南亚											
文莱[44]	（百万）元	390	405/	530/	308	449	472	492	[482]	[482]	[485]
柬埔寨	（十亿）瑞尔	280	265	270	272	289	328	[388]	[513]	[790]	..
印度尼西亚	（十亿）卢比	10673	19418	26974	29466	[31814]	[36540]	[46756]	[47883]	[48853]	[65525]
老挝	（十亿）基普	(112)	(115)	(115)	(121)	(125)	(135)	(140)	(150)	(157)	..
马来西亚	（百万）林吉特	7351	8504	10950	10728	11817	11981	13649	14717	13679	11682
缅甸[a45]	（十亿）缅元	64.0	76.1	..	..	..	..	..	..	..	..
菲律宾	（百万）比索	35977	38907	44440	43847	47634	51527	62188	61965	62967	73354
新加坡[a]	（百万）元	7820	8204	8238	8620	9252	9268	10009	10726	11447	11455
泰国	（十亿）铢	76.4	77.2	79.9	74.1	78.1	85.1	115	142	168	154

国家	货币	2001	2002	2003	2004	2005	2006	2007	2008	2009	2010
东帝汶[46]	（百万）美元	..	..	..	6.6	9.8	24.4/	[11.5] /	23.7	38.0	19.9
越南	（十亿）盾	..	..	13058	14409	16278	20577	28735	34848	40981	44400
欧洲											
东欧											
亚美尼亚†[47]	（十亿）德拉姆	36.8	36.8	44.3	52.3	64.4	78.3	95.8	121	131	[158]
阿塞拜疆‖	（百万）马纳特	[123]	[136]	[173]	[224]	288	641	812	1321	1184	1206
白俄罗斯	（十亿）卢布	247	366	475	679	975	1355	1603	1886	1886	2174
格鲁吉亚†[48]	（百万）拉里	[49.4]	74.6	91.5	135	388	720	1556	1625	1008	810
摩尔多瓦†¶[49]	（百万）列伊	76.7	94.7	115	116	151	216	276	383	277	227
俄罗斯[50]	（十亿）卢布	[365]	[470]	[568]	[656]	[806]	[967]	[1144]	[1448]	[1693]	[1782]
乌克兰§	（百万）格里夫那	5848	6266	7615	8963	12328	15082	20685	25341	[26077]	[29445]
西欧和中欧											
阿尔巴尼亚§¶[51]	（百万）列克	7638	8220	9279	10373	11000	13831	17619	21450	23633	19749
奥地利	（百万）欧元	[1999]	1999	2111	2158	2160	2105	2557	2558	2401	2524
比利时	（百万）欧元	3393	3344	3434	3433	3400	3434	3773	4293	4048	3959
波黑†¶[52]	（百万）马克	..	501	351	315	273	278	279	311	341	335
保加利亚†[53]	（百万）列弗	[887]	[947]	[986]	1025	1101	1171	1475	1388	1355	1006

国家	货币	2001	2002	2003	2004	2005	2006	2007	2008	2009	2010
克罗地亚[54]	（百万）库纳	[5251]	[5775]	[4757]	4250	4323	4959	5251	6396	5966	5663
塞浦路斯†‖	（百万）欧元	[360]	[253]	[255]	271	302	304	295	310	339	376
捷克共和国[55]	（百万）克朗	44978	48924	53194	52481	58445	55358	54949	49827	51824	48867
丹麦	（百万）克朗	21017	21269	21075	21441	20800	23173	22731	24410	23252	25160
爱沙尼亚[56]	（百万）克朗	1640	2028	2376	2581	3346	3928	5079	5409	4917	3894
芬兰	（百万）欧元	1653	1712	2006	2131	2206	2281	2203	2468	2591	2709
法国[57]	（百万）欧元	37187	38681	40684	42690	42545	43457	44273	45063	48146	44788
德国	（百万）欧元	30648	31168	31060	30610	30600	30365	31090	32824	34166	[34090]
希腊	（百万）欧元	[4948]	5030	4462	5048	5652	6064	6235	7219	7612	[7062]
匈牙利	（十亿）福林	272	280	314	311	319	297	326	321	299	[281]
冰岛†	（百万）克朗	—	—	—	—	—	—	—	688	1227	..
爱尔兰	（百万）欧元	858	862	855	887	921	949	1003	1081	1019	965
意大利[58]	（百万）欧元	24592	25887	26795	27476	26959	26631	[26275]	[28156]	[27578]	[27914]
拉脱维亚	（百万）拉特	54.6	91.0	108	124	154	206	247	280	184	134
立陶宛	（百万）立特	860	908	1077	[1139]	[1150]	[1292]	[1495]	[1741]	1380	1196
卢森堡	（百万）欧元	179	163	176	189	196	197	209	..	..	..
前南马其顿共和国[59]	（百万）戴纳	15397	6841	6292	6683	6259	6149	7272	7229	7000	6511

国家	货币	2001	2002	2003	2004	2005	2006	2007	2008	2009	2010
马耳他[†‖]	（百万）欧元	28.4	28.7	30.0	32.5	42.3	35.3	35.8	38.3	42.6	43.0
黑山	（百万）欧元	..	..	..	..	..	42.3	39.9	48.6	39.5	40.4
荷兰	（百万）欧元	6929	7149	7404	7552	7693	8145	8388	8448	8733	8461
挪威	（百万）克朗	26669	32461	31985	32945	31471	32142	34439	35932	38960	[40675]
波兰[60]	（百万）兹罗提	14864	15407	16141	17479	19078	20541	23774	[22190]	[24701]	[26847]
葡萄牙	（百万）欧元	2598	2765	2755	2996	3248	3242	3190	3285	3463	[3805]
罗马尼亚[‖]	（百万）列伊	2864	3491	4151	4994	5757	6324	6358	7558	6785	7001
塞尔维亚[61]	（百万）第纳尔	33060	43695	42070	43154	41996	47342	56792	63295	63626	65917
斯洛伐克[†‖]	（百万）欧元	632	662	762	762	848	898	929	994	877	734
斯洛文尼亚[‖]	（百万）欧元	275	328	360	396	413	485	506	566	571	578
西班牙	（百万）欧元	7972	8414	8587	9132	9508	11506	12219	12756	12196	11596
瑞典	（百万）克朗	42639	42401	42903	40527	41240	41150	43163	39710	38751	[40664]
瑞士[†¶62]	（百万）法郎	4664	4493	4404	4357	4339	4174	4231	4439	4414	4813
土耳其[‖]	（百万）里拉	8844	13641	15426	15568	16232	19260	18333	22297	[25268]	[26313]
英国[a63]	（百万）镑	24874	26991	29338	29524	30603	31454	33486	36431	37425	38954
中东											
巴林[64]	（百万）第纳尔	126	150	175	180	183	203	222	248	287	279

国家	货币	2001	2002	2003	2004	2005	2006	2007	2008	2009	2010
埃及[b]	（百万）镑	[12148]	13333	14563	14804	15933	17922	19350	21718	22831	25396
伊朗[a]¶[65]	（十亿）里亚尔	26831	19648	33998	45893	65208	78611	70460	(58135)	..	..
伊拉克§[66]	（十亿）第纳尔	..	..	..	(892)	(1649)	(2117)	(2437)	(6352)	(4863)	(5734)
以色列¶	（百万）谢克尔	41788	48957	46351	44060	45739	49546	48965	49754	48649	[52485]
约旦	（百万）第纳尔	375	370	434	416	428	497	732	952	997	[1016]
科威特[a]	（百万）第纳尔	784	882	950	1039	1020	1059	1219	1195	[1266]	[1341]
黎巴嫩	（十亿）镑	1445	1368	1392	1439	[1451]	[1521]	[1737]	1763	2150	[2461]
阿曼‡[67]	（百万）里亚尔	933	958	1010	1144	1404	1550	1663	1775	1726	1615
卡塔尔[68]	（百万）里亚尔	..	3324	3428	3374	3901	4610	6391	9234	..	..
沙特§[69]	（百万）里亚尔	78850	69382	70303	78414	95146	110779	132922	143336	154772	169667
叙利亚[70]	（百万）镑	53381	55332	67117	70209	75720	74924	82742	86827	101464	108907
阿联酋[71]	（百万）迪拉姆	[24062]	[22775]	[24645]	[27951]	[27626]	[30551]	[36443]	[49294]	[57929]	[58987]
也门	（十亿）里亚尔	91.1	130	148	136	156	162	209	239	..	..

注： 注释见表 5A.5 后面

表 4A.4　2001—2010 年国家军费开支（按固定美元）和 2010 年国家军费开支（现值美元）

数值单位为百万美元（2001—2009 的数据按 2009 年美元固定价格及汇率）。最右列（标有 *）为 2010 年美元时价（单位百万美元）。美国的数据按财政年列出，其余国家数据按日历年列出。国家按地区和次地区分组。

国家	2001	2002	2003	2004	2005	2006	2007	2008	2009	2010	2010*
非洲											
北非											
阿尔及利亚[1]	2914	2978	2914	3314	3470	3557	4173	4862	5281	5586	5668
利比亚‡¶[2]	427	549	683	892	879	773	728	1100	..	..	..
摩洛哥	2426	2309	2446	2377	2467	2490	2565	2861	3055	3256	3162
突尼斯	469	464	483	491	529	551	507	550	532	548	539
撒哈拉以南非洲											
安哥拉‖[3]	1272	1304	1722	1639	2322	2728	2393	2479	3165	3774	3729
贝宁	26.1	48.0	52.4	57.1	[60.6]	[60.6]	..	[65.6]	..	..	..
博茨瓦纳	342	365	352	325	312	301	[331]	[346]	[363]	[352]	[396]
布基纳法索†	60.4	65.5	66.5	79.1	82.6	89.0	110	120	110	140	132
布隆迪	73.7	70.7	73.7	69.9	66.8	55.8	56.1	46.9	..	..	..
喀麦隆§	235	255	273	291	287	312	327	339	343	368	354
佛得角	8.7	7.9	8.3	8.6	9.2	8.7	8.7	8.2	8.6	8.8	8.6

国家	2001	2002	2003	2004	2005	2006	2007	2008	2009	2010	2010*
中非共和国‡[4]	..	20.2	22.7	21.2	21.0	..	21.9	30.9	36.0	52.9	51.6
乍得[5]	60.0	60.6	61.4	72.7	73.9	..	479	638	436	242	226
刚果共和国§	81.2	96.0	107	108	110	108	121	141	..	133	134
刚果民主共和国[6]	..	..	113	187	219	238	225	162	122	163	184
科特迪瓦[7]	..	..	310	327	313	324	353	353	..	..	..
吉布提	35.1	44.6	54.9	47.6	55.5	[59.2]	39.3	36.9	..	..	..
赤道几内亚	..	..	..	..	..	..	..	..	..	..	..
厄立特里亚	502	480	469	..	..	..	..	..	..	..	..
埃塞俄比亚[b]	715	588	484	525	519	469	429	343	340	338	297
加蓬[8]	165	165	154	159	141	138	(134)	..	..	134	125
冈比亚‡	2.6	2.8	3.0	2.7	3.8	3.4	4.6	..	..	..	..
加纳‖[9]	52.9	58.3	72.5	70.7	70.5	75.8	116	102	113	115	126
几内亚[10]	126	139	108	99.9	..	..	..	..	..	..	..
几内亚比绍‖[11]	11.6	10.9	11.2	..	15.7	..	..	..	..	..	..
肯尼亚	474	510	515	508	536	530	594	567	580	594	603
莱索托	50.1	38.3	36.1	33.6	34.3	36.1	39.3	27.3	45.6	..	..
利比里亚	..	..	1.1	4.2	10.3	4.8	3.9	3.9	7.2	..	..

国家	2001	2002	2003	2004	2005	2006	2007	2008	2009	2010	2010*
马达加斯加‖[12]	98.4	78.1	90.0	89.7	80.4	77.5	93.4	98.3	71.0	55.7	56.9
马拉维	15.2	16.4	16.9	28.4	41.4	[47.4]	[48.6]	..	..	..	..
马里[13]	114	113	129	141	154	165	179	167	[174]	[183]	[176]
毛里塔尼亚[14]	85.4	61.1	96.9	99.6	84.4	98.7	..	114	115	..	..
毛里求斯	13.3	13.6	13.9	13.2	13.4	13.1	12.8	14.0	..	..	..
莫桑比克‖	87.0	90.1	89.1	97.6	74.6	66.9	75.2	78.2	86.3	..	..
纳米比亚[15]	168	168	166	175	194	204	228	282	300	329	397
尼日尔	48.9	37.7	38.0	44.3	42.6	..	..	53.1	..	49.2	47.2
尼日利亚	1056	1594	981	956	844	879	1021	1435	1504	1724	1952
卢旺达[16]	90.0	84.8	79.2	69.1	66.8	73.6	68.2	71.9	75.3	77.2	77.1
塞内加尔§¶	126	127	138	138	157	182	205	204	208	207	200
塞舌尔	9.8	9.7	9.6	12.3	11.3	11.1	13.5	7.8	7.5	6.6	7.2
塞拉利昂	25.4	24.4	28.5	26.0	28.4	[34.6]	[32.6]	[42.9]	..	..	..
索马里	..	..	..	..	..	..	..	..	..	..	..
南非	[3068]	[3300]	[3451]	3482	3791	3782	3713	3647	3813	3735	4507
苏丹‡[17]	882	1021	781	2220	1815	1991	..	..	..	..	..
斯威士兰‡[18]	36.5	37.2	43.3	47.8	62.6	62.3	62.6	[69.7]	[101]	[102]	[124]

国家	2001	2002	2003	2004	2005	2006	2007	2008	2009	2010	2010*
坦桑尼亚	173	169	154	157	169	185	194	197	217	..	..
多哥	..	..	43.5	43.3	42.5	..	..	55.1	..	..	..
乌干达	206	221	238	272	272	263	296	[346]	[315]	[276]	[268]
赞比亚	..	..	..	[177]	191	209	151	252	212	243	276
津巴布韦‖ [19]	120	118	92.4	196	132	(107)	..	..	.. ‖ |	93.8	98.3
美洲											
中美和加勒比地区											
伯利兹	9.4	9.6	10.3	11.0	12.0	13.2	14.5	18.5	16.9	14.9	15.3
哥斯达黎加[20]	—	—	—	—	—	—	—	—	—	—	—
古巴[21]	..	..	1360	1407	1771	1830	2026	2164	2249	..	..
多米尼加共和国	[443]	[499]	[316]	239	295	280	285	327	322	322	334
萨尔瓦多[22]	145	143	136	130	128	131	131	119	138	133	135
危地马拉	327	242	231	140	122	149	147	157	146	161	170
海地	—	—	—	—	—	—	—	—	—	—	—
洪都拉斯[23]	[86.9]	[112]	[107]	[99.6]	[99.0]	98.8	137	217	217	235	246
牙买加	60.9	73.5	76.6	71.0	68.2	81.2	89.8	121	115	95.2	106
墨西哥	[3490]	[3373]	[3364]	3241	3483	3789	4279	4284	4762	4859	5414

国家	2001	2002	2003	2004	2005	2006	2007	2008	2009	2010	2010*
尼加拉瓜[24]	36.3	46.6	48.3	43.0	42.5	44.9	44.4	41.2	41.8	44.1	44.4
巴拿马	—	—	—	—	—	—	—	—	—	—	—
北美											
加拿大	13280	13350	13595	14110	14730	15415	16806	18111	19518	[20164]	[22788]
美国[25]	378925	425471	484255	527799	552966	561555	576294	618940	668604	687105	698281
南美											
阿根廷	1953	1664	1714	1764	1853	1910	2211	2512	2982	[3179]	[3344]
玻利维亚[26]	266	264	292	284	274	277	307	361	347	314	322
巴西	21679	22079	17614	18301	19802	20504	22114	23528	25704	28096	33538
智利§ [27]	3763	4013	4074	4723	5090	5633	5781	5626	5679	6198	6909
哥伦比亚[28]	5347	5530	6429	6340	6541	6909	7430	8323	8569	9191	10717
厄瓜多尔	589	689	934	873	1146	1108	1493	1628	1915	2116	2191
圭亚那	..	..	..	..	..	..	..	..	..	..	..
巴拉圭† [29]	102	98.9	88.4	105	93.6	106	108	119	126	146	160
秘鲁[30]	1291	1206	1222	1296	1434	1476	1416	1387	1712	1992	2156
乌拉圭	401	348	334	324	335	341	349	398	503	491	589
委内瑞拉‖ [31]	3329	2445	2380	3374	4558	6014	5020	5562	4273	3106	3328

国家	2001	2002	2003	2004	2005	2006	2007	2008	2009	2010	2010*
亚洲和大洋洲											
中亚和南亚											
阿富汗[32]	..	..	[153]	[156]	142	154	226	198	250	..	..
孟加拉	841	816	818	822	833	897	944	932	1024	1137	1224
印度[33]	22557	22487	22989	26679	28196	28365	28765	32106	35819	34816	41284
哈萨克斯坦	432	473	560	640	806	944	1420	1349	1272	[1227]	[1317]
吉尔吉斯斯坦[34]	71.5	82.9	94.4	101	112	123	149	160	167	..	..
尼泊尔¶	106	141	157	187	207	194	180	188	210	207	247
巴基斯坦‡[35]	4108	4414	4714	4911	5101	5160	5182	4888	5039	5160	5646
斯里兰卡[36]	[1186]	[981]	[883]	983	910	1051	1287	1474	1480	1280	1379
塔吉克斯坦	17.1	36.4	47.2	55.4	..	..	..	..	..	..	..
土库曼斯坦	..	..	..	..	..	..	..	..	..	..	..
乌兹别克斯坦[37]	77.2	65.7	70.1	..	..	..	..	..	..	..	..
东亚											
中国[38]	[39500]	[45900]	[49800]	[55200]	[62100]	[72900]	[84100]	[92700]	[110100]	[114300]	[119400]
日本†[39]	52314	52844	52954	52470	52270	51616	50905	50221	51008	51420	54527
朝鲜[40]	..	..	..	..	..	..	..	..	..	..	..

国家	2001	2002	2003	2004	2005	2006	2007	2008	2009	2010	2010*
韩国[41]	[16711]	[17171]	[17755]	[18535]	20047	20778	21717	23138	24372	24270	27591
蒙古	34.8	38.1	36.1	39.3	38.0	46.6	61.2	49.2	37.6	47.4	54.9
中国台湾（地区）	8146	7424	7864	8230	7870	7419	7946	8470	9008	8535	9078
大洋洲											
澳大利亚	13301	13870	14123	14705	15222	16038	17023	17643	18963	19799	23972
斐济†[42]	50.5	45.4	45.6	50.9	44.7	56.0	69.4	45.2	50.2	..	..
新西兰	1104	1062	1086	1102	1114	1172	1227	1263	1339	1358	1605
巴布亚新几内亚[43]	50.5	35.1	31.8	35.6	41.8	40.6	48.2	38.9	39.4	39.1	42.5
东南亚											
文莱[44]	280	297	310	245	297	334	345	[336]	[331]	[327]	[355]
柬埔寨	111	101	102	99.1	99.1	106	[116]	[123]	[191]	..	..
印度尼西亚	2025	3293	4291	4412	[4313]	[4380]	[5271]	[4903]	[4702]	[6009]	[7208]
老挝	(23.9)	(22.2)	(19.2)	(18.2)	(17.6)	(17.8)	(17.7)	(17.6)	(18.4)	..	..
马来西亚	2513	2855	3640	3513	3758	3678	4107	4199	3881	3259	3626
缅甸[45]	..	..	..	..	..	..	..	..	..	..	..
菲律宾	1130	1187	1310	1220	1231	1254	1472	1342	1321	1486	1626
新加坡	5995	6320	6382	6503	6908	6966	7236	7293	7743	7651	8399

国家	2001	2002	2003	2004	2005	2006	2007	2008	2009	2010	2010*
泰国	2747	2755	2802	2528	2547	2654	3498	4115	4907	4336	4846
东帝汶[46]	..	..	..	4.2	10.4	20.7	[26.1]	23.8	38.0	18.6	19.9
越南	..	..	1369	1402	1462	1721	2219	2186	2401	2410	2385
欧洲											
东欧											
亚美尼亚†[47]	140	138	159	175	215	254	297	345	359	[404]	[422]
阿塞拜疆‖	[291]	[313]	[391]	[474]	554	1138	1237	1666	1473	1421	1502
白俄罗斯	318	330	334	404	526	683	745	764	676	726	730
格鲁吉亚†[48]	[50.0]	71.5	83.7	117	310	527	1043	990	604	452	454
摩尔多瓦†¶[49]	14.6	17.1	18.6	16.6	19.4	24.6	28.0	34.4	24.9	19.0	18.3
俄罗斯[50]	[28833]	[32035]	[34080]	[35454]	[38669]	[42317]	[45908]	[50937]	[53330]	[52586]	[58668]
乌克兰§	1760	1871	2162	2334	2826	3170	3853	3770	[3347]	[3442]	[3711]
西欧和中欧											
阿尔巴尼亚§¶[51]	102	101	114	124	129	158	196	231	249	201	190
奥地利	[3216]	3160	3291	3297	3226	3098	3683	3570	3334	3446	3343
比利时	5527	5359	5417	5304	5111	5071	5472	5959	5622	5382	5244
波黑†¶[52]	01	428	298	267	223	215	212	220	242	232	227

国家	2001	2002	2003	2004	2005	2006	2007	2008	2009	2010	2010*
保加利亚†[53]	[1022]	[1031]	[1051]	1027	1050	1042	1210	1014	963	698	681
克罗地亚[54]	[1250]	[1352]	[1094]	958	943	1048	1079	1239	1129	1060	1030
塞浦路斯†‖	[619]	[423]	[410]	426	462	454	430	432	471	510	497
捷克共和国[55]	2855	3051	3314	3180	3477	3212	3098	2641	2719	2529	2558
丹麦	4586	4530	4396	4421	4213	4606	4442	4614	4337	4588	4472
爱沙尼亚[56]	201	240	278	293	365	410	498	480	437	336	330
芬兰	2576	2627	3050	3234	3320	3380	3184	3428	3599	3718	3588
法国[57]	59308	60525	62364	64076	62724	63059	63272	62642	66869	61285	59322
德国	48170	48306	47646	46183	45460	44411	44454	45730	47453	[46848]	[45152]
希腊	[8794]	8626	7390	8125	8786	9135	9128	10148	10572	[9369]	[9354]
匈牙利	2032	1981	2129	1971	1951	1749	1782	1656	1476	[1323]	[1350]
冰岛†	—	—	—	—	—	—	—	6.2	9.9	..	..
爱尔兰	1464	1405	1347	1368	1386	1374	1384	1434	1415	1354	1279
意大利[58]	40553	41661	41999	42137	40539	39226	[38006]	[39408]	[38303]	[38198]	[36972]
拉脱维亚	180	294	339	366	426	536	584	572	364	268	253
立陶宛	453	465	514	[492]	[532]	[579]	[632]	[661]	504	427	412
卢森堡	296	264	279	293	297	291	301	..	..	..	..

国家	2001	2002	2003	2004	2005	2006	2007	2008	2009	2010	2010*
前南马其顿共和国[59]	418	181	165	173	162	154	176	163	159	145	140
马耳他†‖	47.9	47.3	48.8	51.6	65.0	52.8	52.9	54.2	59.1	58.8	57.0
黑山	..	..	..	..	..	68.7	62.2	69.8	54.9	55.8	53.5
荷兰	11137	11125	11283	11370	11388	11922	12082	11873	12129	11604	11207
挪威	4908	5897	5670	5813	5469	5459	5807	5838	6196	[6322]	[6729]
波兰[60]	5804	5904	6137	6416	6859	7303	8256	[7385]	[7917]	[8380]	[8902]
葡萄牙	4341	4463	4306	4574	4848	4710	4508	4525	4810	[5213]	[5040]
罗马尼亚‖	2059	2048	2112	2271	2403	2476	2375	2617	2225	2164	2202
塞尔维亚[61]	1197	1324	1161	1072	899	907	1022	1009	941	920	848
斯洛伐克†‖	1242	1258	1335	1240	1344	1363	1371	1403	1218	1010	972
斯洛文尼亚‖	520	577	601	637	650	744	749	793	792	788	766
西班牙	13814	14145	14010	14461	14565	17027	17591	17646	16939	15803	15359
瑞典	6250	6084	6040	5684	5758	5668	5817	5174	5063	[5248]	[5641]
瑞士†¶[62]	4595	4398	4283	4204	4138	3939	3964	4060	4057	4392	4615
土耳其‖	17803	18942	17096	15602	14770	15859	13880	15285	[16302]	[15634]	[17509]
英国[a63]	47112	49977	52765	52541	52579	52475	53122	55291	57907	57424	59598
中东											

国家	2001	2002	2003	2004	2005	2006	2007	2008	2009	2010	2010*
巴林[64]	398	475	546	550	544	592	627	677	762	731	742
埃及[b]	[4169]	4360	4567	4321	4313	4413	4444	4139	4017	3914	4290
伊朗¶[65]	8552	6162	7503	9228	11444	12743	10473	(7044)	..	..	..
伊拉克§[66]	..	..	..	(2089)	(2820)	(2362)	(2078)	(5277)	(4156)	(4663)	(4901)
以色列¶	12656	14037	13194	12594	12903	13687	13458	13074	12373	[13001]	[14036]
约旦	747	724	835	775	770	843	1177	1331	1404	[1363]	[1430]
科威特	3839	3962	4269	4595	4447	4419	4707	4336	[4334]	[4411]	[4612]
黎巴嫩	1228	1142	1148	1167	[1185]	[1177]	[1292]	1184	1426	[1564]	[1633]
阿曼‡[67]	3169	3263	3433	3860	4652	4975	5040	4799	4489	4047	4200
卡塔尔[68]	..	1511	1524	1404	1492	1577	1922	2413	..	..	..
沙特§[69]	26322	23109	23279	25879	31183	35522	40919	40159	41273	42917	45245
叙利亚[70]	1850	1920	2201	2205	2218	1994	2120	1922	2182	2236	2346
阿联酋[71]	[10703]	[9844]	[10329]	[11153]	[10380]	[10504]	[11275]	[13585]	[15774]	[15749]	[16062]
也门	1037	1313	1355	1105	1136	1063	1271	1222	..	..	..

注：注释见表 4A. 5 后面。

表 4A.5　2001—2009 年国家军费占国民生产总值的比例

国家按地区和次地区分组。

国家	2001	2002	2003	2004	2005	2006	2007	2008	2009
非洲									
北非									
阿尔及利亚[1]	3.8	3.7	3.3	3.3	2.8	2.6	2.9	3.0	3.8
利比亚‡¶[2]	2.7	2.2	1.9	1.9	1.4	1.0	0.9	1.2	..
摩洛哥	3.9	3.6	3.7	3.4	3.4	3.3	3.2	3.3	3.4
突尼斯	1.7	1.6	1.6	1.6	1.6	1.6	1.4	1.4	1.3
撒哈拉以南非洲									
安哥拉‖[3]	4.5	3.8	4.8	4.1	4.5	4.4	3.4	2.9	4.2
贝宁	0.5	0.9	0.9	1.0	[1.0]	[1.0]	..	[1.0]	..
博茨瓦纳	3.8	3.8	3.8	3.4	3.1	2.8	[2.7]	[2.7]	[3.0]
布基纳法索†	1.1	1.1	1.0	1.1	1.1	1.2	1.3	1.4	1.2
布隆迪	8.0	7.2	7.3	6.6	6.2	4.9	4.7	3.8	..
喀麦隆§	1.3	1.3	1.4	1.4	1.3	1.4	1.5	1.5	1.6
佛得角	0.8	0.7	0.7	0.7	0.7	0.6	0.6	0.5	0.5
中非共和国‡[4]	..	1.1	1.3	1.2	1.1	..	1.1	1.6	1.8

国家	2001	2002	2003	2004	2005	2006	2007	2008	2009
乍得[5]	1.8	1.7	1.5	1.1	0.9	..	5.5	7.1	6.2
刚果共和国[§]	1.4	1.7	1.9	1.7	1.3	1.1	1.4	1.1	..
刚果民主共和国[6]	..	..	1.4	2.1	2.3	2.4	2.0	1.4	1.0
科特迪瓦[7]	..	..	1.5	1.5	1.4	1.5	1.5	1.5	..
吉布提	4.5	5.6	6.7	5.6	6.3	[6.4]	4.1	3.7	..
赤道几内亚	..	..	..	..	..	..	..	..	..
厄立特里亚	22.1	20.7	20.9	..	..	..	..	..	..
埃塞俄比亚	4.4	3.4	2.8	2.5	2.3	1.7	1.3	1.1	1.0
加蓬[8]	1.9	2.0	1.8	1.7	1.3	1.1	(1.0)	..	..
冈比亚[‡]	0.9	1.0	1.1	0.4	0.5	0.4	0.6	..	..
加纳[‖9]	0.6	0.6	0.7	0.6	0.6	0.6	0.8	0.7	0.7
几内亚[10]	2.9	3.1	2.4	2.2	..	..	..	..	..
几内亚比绍[‖11]	3.1	3.2	1.6	..	2.1	..	..	..	..
肯尼亚	1.5	1.6	1.6	1.6	1.7	1.6	1.8	1.9	2.0
莱索托	3.4	3.0	2.9	2.6	2.5	2.5	2.5	1.6	2.8
利比里亚	..	..	0.2	0.7	1.5	0.6	0.5	0.5	0.8
马达加斯加[‖12]	1.4	1.3	1.3	1.2	1.1	1.0	1.1	1.1	0.8

国家	2001	2002	2003	2004	2005	2006	2007	2008	2009
马拉维	0.7	0.6	0.5	0.8	1.2	[1.2]	[1.2]	..	..
马里[13]	2.0	2.1	2.1	2.1	2.2	2.2	2.2	2.0	[1.9]
毛里塔尼亚[14]	4.6	3.2	4.9	4.9	3.7	3.0	..	3.4	3.8
毛里求斯	0.2	0.2	0.2	0.2	0.2	0.2	0.2	0.2	..
莫桑比克‖	1.2	1.3	1.3	1.4	0.9	0.8	0.8	0.8	0.9
纳米比亚[15]	2.2	2.8	2.9	2.9	3.1	2.9	3.0	3.4	3.7
尼日尔	1.3	1.0	0.9	1.1	1.0	..	..	1.0	..
尼日利亚	1.3	1.5	0.9	0.7	0.6	0.5	0.6	0.8	0.9
卢旺达[16]	3.4	3.0	2.4	2.0	1.7	1.8	1.5	1.4	1.4
塞内加尔§¶	1.4	1.4	1.4	1.3	1.4	1.6	1.7	1.6	1.6
塞舌尔	1.8	1.7	1.7	2.3	2.1	1.9	1.9	1.2	1.2
塞拉利昂	3.7	2.9	2.9	2.1	2.0	[2.1]	[1.9]	[2.4]	..
索马里	..	..	..	..	..	..	..	..	..
南非	[1.6]	[1.6]	[1.7]	1.5	1.5	1.4	1.3	1.3	1.3
苏丹‡[17]	2.5	2.7	1.9	4.7	3.3	3.4	..	..	..
斯威士兰‡[18]	1.4	1.5	1.7	1.7	2.1	2.0	1.9	[2.2]	[3.1]
坦桑尼亚	1.6	1.4	1.2	1.1	1.1	1.2	1.1	1.1	1.1

国家	2001	2002	2003	2004	2005	2006	2007	2008	2009
多哥	..	..	1.6	1.5	1.5	..	..	1.7	..
乌干达	2.4	2.4	2.3	2.3	2.2	2.0	2.0	[2.2]	[1.8]
赞比亚	..	..	..	[1.9]	2.0	1.9	1.3	2.0	1.7
津巴布韦‖[19]	2.2	2.2	2.5	5.5	2.3	(2.1)	..	..	.. |
美洲									
中美和加勒比地区									
伯利兹	0.9	0.8	0.9	0.9	1.0	1.0	1.1	1.4	1.2
哥斯达黎加[20]	—	—	—	—	—	—	—	—	—
古巴[21]	..	..	..	..	..	..	..	..	..
多米尼加共和国	[1.4]	[1.5]	[0.9]	0.7	0.8	0.7	0.7	0.7	0.7
萨尔瓦多[22]	0.8	0.8	0.7	0.7	0.6	0.6	0.6	0.5	0.7
危地马拉	0.9	0.8	0.7	0.4	0.4	0.4	0.4	0.4	0.4
海地	—	—	—	—	—	—	—	—	—
洪都拉斯[23]	[0.8]	[1.0]	[0.9]	[0.8]	[0.8]	0.7	0.9	1.5	1.5
牙买加	0.5	0.6	0.6	0.5	0.5	0.6	0.7	0.9	0.9
墨西哥	[0.6]	[0.5]	[0.5]	0.4	0.4	0.4	0.5	0.5	0.5
尼加拉瓜[24]	0.7	0.8	0.9	0.7	0.7	0.7	0.7	0.7	0.7

国家	2001	2002	2003	2004	2005	2006	2007	2008	2009
巴拿马	—	—	—	—	—	—	—	—	—
北美									
加拿大	1.2	1.2	1.1	1.1	1.1	1.2	1.2	1.3	1.5
美国[25]	3.1	3.4	3.8	4.0	4.0	3.9	4.0	4.3	4.7
南美									
阿根廷	1.2	1.1	1.1	1.0	0.9	0.9	0.9	0.8	1.0
玻利维亚[26]	2.3	2.2	2.3	2.0	1.9	1.7	1.8	2.0	2.0
巴西	2.0	1.9	1.5	1.5	1.5	1.5	1.5	1.5	1.6
智利[§ 27]	3.7	3.8	3.6	3.7	3.6	3.5	3.4	3.5	3.5
哥伦比亚[28]	3.5	3.5	3.9	3.6	3.4	3.3	3.3	3.6	3.7
厄瓜多尔	1.8	2.0	2.6	2.2	2.6	2.3	2.9	2.8	3.4
圭亚那	..	..	..	..	..	..	..	..	..
巴拉圭[† 29]	1.0	1.0	0.8	0.9	0.8	0.8	0.8	0.8	0.9
秘鲁[30]	1.7	1.5	1.5	1.4	1.5	1.3	1.2	1.1	1.4
乌拉圭	1.8	1.7	1.6	1.4	1.3	1.3	1.2	1.3	1.6
委内瑞拉[‖ 31]	1.6	1.2	1.2	1.3	1.4	1.6	1.3	1.4	1.3
亚洲和大洋洲									

国家	2001	2002	2003	2004	2005	2006	2007	2008	2009
中亚和南亚									
阿富汗[32]	..	..	[2.2]	[2.1]	1.7	1.6	2.2	1.9	1.8
孟加拉	1.2	1.1	1.1	1.1	1.0	1.0	1.0	1.0	1.0
印度[33]	3.0	2.9	2.8	2.8	2.7	2.5	2.3	2.5	2.8
哈萨克斯坦	1.0	1.1	1.1	1.0	1.0	1.0	1.3	1.1	1.2
吉尔吉斯斯坦[34]	2.3	2.7	2.9	2.8	3.1	3.2	3.4	3.4	3.6
尼泊尔¶	1.1	1.4	1.6	1.9	2.2	2.2	1.9	1.8	2.0
巴基斯坦‡[35]	3.8	3.9	3.7	3.6	3.4	3.3	3.0	2.8	2.8
斯里兰卡[36]	[4.3]	[3.3]	[2.9]	3.0	2.6	2.8	3.3	3.7	3.5
塔吉克斯坦	1.2	2.1	2.2	2.2	..	..	..	..	..
土库曼斯坦	..	..	..	..	..	..	..	..	..
乌兹别克斯坦[37]	0.8	0.6	0.5	..	..	..	..	..	..
东亚									
中国[38]	[2.1]	[2.2]	[2.1]	[2.1]	[2.0]	[2.0]	[2.1]	[2.0]	[2.2]
日本†[39]	1.0	1.0	1.0	1.0	1.0	1.0	0.9	0.9	1.0
朝鲜[40]	..	..	..	..	..	..	..	..	..
韩国[41]	[2.6]	[2.4]	[2.5]	[2.5]	2.6	2.6	2.6	2.8	2.9

国家	2001	2002	2003	2004	2005	2006	2007	2008	2009
蒙古	1.9	1.9	1.6	1.5	1.3	1.2	1.4	1.2	1.0
中国台湾（地区）	2.5	2.2	2.2	2.2	2.1	1.9	2.0	2.2	2.4
大洋洲									
澳大利亚	1.9	1.9	1.8	1.8	1.8	1.8	1.8	1.8	1.9
斐济†[42]	2.0	1.7	1.6	1.7	1.4	1.7	2.2	1.5	1.7
新西兰	1.2	1.1	1.1	1.0	1.0	1.1	1.1	1.1	1.2
巴布亚新几内亚[43]	0.8	0.6	0.5	0.6	0.6	0.5	0.6	0.4	0.5
东南亚									
文莱[44]	5.2	5.3	3.7	2.5	2.6	2.6	2.6	[2.4]	[3.1]
柬埔寨	1.8	1.6	1.5	1.3	1.1	1.1	[1.1]	[1.1]	[1.8]
印度尼西亚	0.6	1.1	1.3	1.3	[1.1]	[1.1]	[1.2]	[1.0]	[0.9]
老挝	(0.7)	(0.6)	(0.6)	(0.5)	(0.4)	(0.4)	(0.4)	(0.3)	(0.3)
马来西亚	2.1	2.2	2.6	2.3	2.3	2.1	2.1	2.0	2.0
缅甸[45]	1.8	1.3	..	..	..	..	..	..	..
菲律宾	1.0	1.0	1.0	0.9	0.9	0.9	0.9	0.8	0.8
新加坡	5.0	5.1	5.1	4.6	4.4	4.0	3.7	3.9	4.3
泰国	1.5	1.4	1.3	1.1	1.1	1.1	1.3	1.6	1.9

国家	2001	2002	2003	2004	2005	2006	2007	2008	2009
东帝汶[46]	..	..	..	1.1	2.5	5.2	[6.6]	5.3	6.8
越南	..	..	2.1	2.0	1.9	2.1	2.5	2.3	2.5
欧洲									
东欧									
亚美尼亚†[47]	3.1	2.7	2.7	2.7	2.9	2.9	3.0	3.4	4.2
阿塞拜疆‖	[2.3]	[2.2]	[2.4]	[2.6]	2.3	3.4	2.9	3.3	3.4
白俄罗斯	1.4	1.4	1.3	1.4	1.5	1.7	1.6	1.5	1.4
格鲁吉亚†[48]	[0.7]	1.0	1.1	1.4	3.3	5.2	9.2	8.5	5.6
摩尔多瓦†¶[49]	0.4	0.4	0.4	0.4	0.4	0.5	0.5	0.6	0.5
俄罗斯[50]	[4.1]	[4.4]	[4.3]	[3.8]	[3.7]	[3.6]	[3.5]	[3.5]	[4.3]
乌克兰§	2.9	2.8	2.8	2.6	2.8	2.8	2.9	2.7	[2.9]
西欧和中欧									
阿尔巴尼亚§¶[51]	1.3	1.3	1.3	1.4	1.4	1.6	1.8	2.0	2.1
奥地利	[0.9]	0.9	0.9	0.9	0.9	0.8	0.9	0.9	0.9
比利时	1.3	1.2	1.2	1.2	1.1	1.1	1.1	1.2	1.2
波黑†¶[52]	..	3.9	2.4	1.9	1.5	1.3	1.1	1.1	1.3
保加利亚†[53]	[3.0]	[2.9]	[2.8]	2.6	2.6	2.4	2.6	2.1	2.0

国家	2001	2002	2003	2004	2005	2006	2007	2008	2009
克罗地亚[54]	[2.8]	[2.8]	[2.1]	1.7	1.6	1.7	1.7	1.9	1.8
塞浦路斯† ‖	[3.4]	[2.3]	[2.2]	2.1	2.2	2.1	1.9	1.8	2.0
捷克共和国[55]	1.9	2.0	2.1	1.9	2.0	1.7	1.6	1.4	1.4
丹麦	1.6	1.5	1.5	1.5	1.3	1.4	1.3	1.4	1.4
爱沙尼亚[56]	1.5	1.7	1.7	1.7	1.9	1.9	2.1	2.2	2.3
芬兰	1.2	1.2	1.4	1.4	1.4	1.4	1.2	1.3	1.5
法国[57]	2.5	2.5	2.5	2.6	2.5	2.4	2.3	2.3	2.5
德国	1.4	1.5	1.4	1.4	1.4	1.3	1.3	1.3	1.4
希腊	[3.4]	3.2	2.6	2.7	2.9	2.9	2.8	3.0	3.2
匈牙利	1.8	1.6	1.7	1.5	1.4	1.2	1.3	1.2	1.1
冰岛†	—	—	—	—	—	—	—	0.0	0.1
爱尔兰	0.7	0.7	0.6	0.6	0.6	0.5	0.5	0.6	0.6
意大利[58]	2.0	2.0	2.0	2.0	1.9	1.8	[1.7]	[1.8]	[1.8]
拉脱维亚	1.0	1.6	1.7	1.7	1.7	1.8	1.7	1.7	1.4
立陶宛	1.8	1.7	1.7	[1.5]	[1.4]	[1.4]	[1.4]	[1.4]	1.4
卢森堡	0.8	0.7	0.7	0.7	0.6	0.6	0.6	..	..
前南马其顿共和国[59]	6.6	2.8	2.5	2.5	2.2	2.0	2.1	1.8	1.7

国家	2001	2002	2003	2004	2005	2006	2007	2008	2009
马耳他†‖	0.7	0.7	0.7	0.7	0.9	0.7	0.7	0.7	0.7
黑山	..	..	..	..	..	2.0	1.5	1.6	1.3
荷兰	1.5	1.5	1.6	1.5	1.5	1.5	1.5	1.4	1.5
挪威	1.7	2.1	2.0	1.9	1.6	1.5	1.5	1.4	1.6
波兰[60]	1.9	1.9	1.9	1.9	1.9	1.9	2.0	[1.7]	[1.8]
葡萄牙	1.9	2.0	1.9	2.0	2.1	2.0	1.9	1.9	2.1
罗马尼亚‖	2.4	2.3	2.1	2.0	2.0	1.8	1.5	1.5	1.4
塞尔维亚[61]	4.3	4.5	3.7	3.1	2.5	2.4	2.5	2.3	2.3
斯洛伐克†‖	1.9	1.8	1.9	1.7	1.7	1.6	1.5	1.5	1.4
斯洛文尼亚‖	1.3	1.4	1.4	1.5	1.4	1.6	1.5	1.5	1.6
西班牙	1.2	1.2	1.1	1.1	1.0	1.2	1.2	1.2	1.1
瑞典	1.8	1.7	1.7	1.5	1.5	1.4	1.4	1.2	1.2
瑞士†¶[62]	1.1	1.0	1.0	1.0	0.9	0.9	0.8	0.8	0.8
土耳其‖	3.7	3.9	3.4	2.8	2.5	2.5	2.2	2.3	[2.7]

国家	2001	2002	2003	2004	2005	2006	2007	2008	2009
英国[63]	2.4	2.5	2.5	2.5	2.4	2.4	2.3	2.5	2.7
中东									
巴林[64]	4.2	4.7	4.8	4.3	3.6	3.4	3.2	3.0	3.7
埃及	[3.3]	3.4	3.3	3.0	2.9	2.7	2.5	2.3	2.1
伊朗¶[65]	3.9	2.3	2.7	2.9	3.3	3.4	2.5	(1.8)	..
伊拉克§[66]	..	..	..	(1.9)	(2.6)	(2.7)	(2.9)	(5.3)	(5.4)
以色列¶	8.1	9.1	8.6	7.7	7.6	7.6	7.1	6.9	6.3
约旦	5.9	5.4	6.0	5.1	4.8	4.8	6.1	6.3	6.1
科威特	7.7	7.4	6.5	5.8	4.3	3.6	3.6	3.0	[4.4]
黎巴嫩	5.4	4.7	4.6	4.4	[4.4]	[4.5]	[4.6]	3.9	4.1
阿曼‡[67]	12.5	12.4	12.2	12.1	11.8	11.0	10.3	7.7	9.7
卡塔尔[68]	..	4.7	4.0	2.9	2.5	2.1	2.2	2.3	..
沙特§[69]	11.5	9.8	8.7	8.4	8.0	8.3	9.2	8.0	11.2
叙利亚[70]	5.5	5.4	6.3	5.6	5.1	4.4	4.1	3.8	4.0

国家	2001	2002	2003	2004	2005	2006	2007	2008	2009
阿联酋[71]	[9.8]	[8.6]	[7.9]	[7.4]	[5.6]	[5.1]	[5.0]	[5.5]	[7.3]
也门	4.8	6.0	6.0	4.7	4.3	3.6	4.1	3.9	..

注释：.. 表示数据不可得或不适用；—表示数值为零或可忽略不计；() 为不确定的数字；[] 为 SIPRI 估计数；| 表示多数货币变更；/ 表示财政年度变更；‖ | 表示数据序列中断。

a 表示财政年度跨度为日历年首年四月至次年三月。

b 表示财政年度跨度为日历年首年七月至次年六月。

† 表示该国军费中未包括退休、养老金。

‡ 表示该国数据仅包括经费流通性开支（即未含资本支出）。

§ 表示该国的数字仅为预算金额而非实际支出。

¶ 表示该国数据不包含准军事力量的开支。

‖ 表示该国在本时间段内更换货币或改变币值，表中所有数据已转换为最新币值。

1. 阿尔及利亚 2004—2010 年的数据为军费预算数据。2006 年 7 月，阿尔及利亚政府宣布在已有预算总数的基础上再增加 35%。但这些增加的预算中是否有一部分拨给了军队并不清楚。

2. 利比亚的数据不包括发展支出，该国 2008 年用于发展的支出高达 10 亿第纳尔。

3. 安哥拉军费预算实际落实比例起伏较大。由于安哥拉经济受战争影响很大，其经济统计数据非常不确定。

4. 中非共和国 2005 年投资支出达到 77.5 万非洲法郎。

5. 由于东部地区的冲突，乍得在 2005 年之后军费增长较大，其额外支出从石油收入增拨。该国 2006 年的数据得不到，但根据已有信息判断，2006 年的军费比 2005 年增加很多，2006 年至 2007 年的军费增幅稍小一些。

6. 刚果民主共和国的数据未纳入该国军队运营众多矿场所得的利润。

7. 科特迪瓦 2003 年的数据是预算值，而非实际开支数据。

8. 加蓬的数据未包括预算外支出，这些预算外支出来自国外石油公司在加蓬活动运作所交的税收。

9. 加纳 2001 年及 2006—2010 年的数据为获准通过的预算，非当年实际支出。

10. 几内亚的数据可能有些低估，因为据国际货币基金组织（IMF）报告，该国为军队提供了大额预算外资金。

11. 几内亚比绍 1998 年爆发了武装冲突，这使得该国防务支出显著增加，尤其是 2000 年和 2001 年。根据国际货币基金组织（IMF）的说法，该国通过银行系统信贷及本票途径增加防务支出。

12. 马达加斯加的数据包括用于宪兵和国家警察的支出。

13. 马里的数据包括防务及安全支出。

14. 毛里塔尼亚的数据只是该国军事部门的运转费用。

15. 纳米比亚 2002 年的数据包括一项数额为 7850 万纳米比亚元的追加拨款。

16. 卢旺达于 2009 年变更了财政年度设置，财政年度从一月至当年十二月制，改为七月至次年六月制。以当地货币表示的该国 2009 年数据，是 2009 年 1—6 月为期 6 个月的特殊财年数据（206 亿卢旺达法郎）和首个七月至次年六月为期的财年（2009—2010 财年）数据（436 亿卢旺达法郎）。2005 年及 2006 年的数据包括用于非盟维和行动的款项。

17. 苏丹的数据包括防务及安全支出。

18. 斯威士兰 2008—2010 年的数据，是根据该国国防、公共秩序和安全预算概算得出的，具有较大的不确定性。

19. 津巴布韦于 2009 年 4 月弃用津巴布韦元。2009 年至今主要使用美元。以当地货币表示的数据，2006 年及以前以津巴布韦元为单位，2010 年以美元为单位。由于该国通货膨胀极为严重，因此无法统计出可用的 2008 年价格数据，也无法给出单一固定价格的数据序列。故以美元固定价格表示的表 4A.4 数据，2006 年及以前的按 2005 年美元固定价格折算，2010 年的按 2009 年美元固定价格折算。两段数据序列不宜混用。因为该国通货膨胀极为严重，引用数据时务必谨慎。

20. 哥斯达黎加没有武装部队。该国用于准军事力量，边境、海上及空中警卫队的支出低于国民生产总值的 0.05%。

21. 古巴的数据包括防务和内卫开支。该国在表 4A.4 的数据并非用美元 2009 年固定价格表示，而是按官方汇率逐年转换为现值美元的，之所以这样做，是因为我们不掌握该国通货膨胀的情况。由于缺乏古巴国民生产总值的可靠数据，我们没有给出该国军费开支占国民生产总值的比重。

22. 萨尔瓦多的数据不包括地方政府支付给武装部队的养老金费用或给武装部队药剂中心的经费。如果加进上述两项，该国 2007 年的总军事支出应为 2.057 亿美元。

23. 洪都拉斯的数据不包括进口武器费用。

24. 尼加拉瓜的数据包括美国及中国台湾地区向其提供的军事援助，2002—2009 年该国接受的上述军援数额分别为：1250 万、1690 万、1360 万、1110 万，730 万、2880 万、1220 万和 1160 万科多巴。

25. 美国的所有数据均按财年给出（从当年 10 月 1 日至次年 9 月 30 日）。

26. 玻利维亚的数据包括一些民防支出。

27. 智利的数据是预算值，包括其国有铜业公司（CODELCO）直接划拨的用于军事采购的款项。由于铜价上涨，该种款项的划拨额在 2005 年至 2008 年间一直呈上升趋势，2009 年则由于铜价回落而有所减少。

28. 哥伦比亚 2002—2007 年的数据包括 25 亿比索的特别拨款，其拨款的依据是 2002 年 8 月 12 日发布的战争税法。特别拨款中的大部分已在 2002 至 2004 年花掉了。

29. 巴拉圭 2003 年的数据是修订后的预算数据，非实际支出。该国用于养老金的费用未包括在内，2007 年、2008 年、2009 年和 2010 年的此项费用总计分别为 2080 亿、2393 亿、2717 亿和 2939 亿瓜拉尼。

30. 秘鲁 2005 年以来的数据不包括该国从天然气收入中划拨给武装部队和国家警察的采购费。

31. 委内瑞拉的数据不包括用于进口武器的大量预算外开支。

32. 阿富汗的数据是用于国家军队的核心预算，外国对阿军援未包括在内。2009 年，美国对阿军援就高达 40 亿美元，16 倍于该国自身的军费开支。

33. 印度的数据包括边境安全部队、中央后备警察部队、阿萨姆步枪队和印度—西藏边境警察部队等准军事部队的开支；2007 年起，还包括边境守卫部队 SSB 的经费。但数据中不包括印度军用核活动的开支。

34. 吉尔吉斯斯坦的数据包括用于国内安全的支出，这部分占军费总额很大比例。

35. 巴基斯坦的数据为经常性支出数据。该国准军事部队——“前线军”（民间武装力量）和“巴基斯坦别动队”的支出未包括在内，该项支出在 2008 年、2009 年和 2010 年分别为 167 亿、208 亿和 314 亿卢比。2008 年、2009 年和 2010 年，巴基斯坦军费开支中用于公共部门发展计划的部分分别达到 23 亿、50 亿和 39 亿卢比。

36. 斯里兰卡 2009 年的数据包括一项数额为 330 亿卢比的战后补充拨款。

37. 依据固定美元汇率所得的乌兹别克斯坦数据，实际分析时还需要考虑其官方和非官方汇率的较大差异。

38. 中国的数据为估算的总军费支出，含官方公布的国防预算中未包括项目的估算值。本版《SIPRI 年鉴》对中国的数据进行了大幅修订。有关详情可参见本附录的第三部分。

39. 日本的 2001—2004 年、2009—2010 年的数据为批准预算额。该国数据包括冲绳特别行动委员会（SACO）的活动费用，不包括军队养老金。

40. 朝鲜的数据来源于该国官方机构报告，不包括朝鲜用于军工企业、两用技术研发费用和由军事部门承担的各种社会福利支出。由于缺乏可信的朝鲜元对美元汇率，我们没有将该国军费开支数据折算成美元。

41. 韩国的数据不包括“军事设施移址”、“美军基地移址”和“军队福利”等三项“特别支出”数据。这部分开支的累计额在 2009 年和 2010 年分别达到 4493 亿、10488 亿韩元。

42. 1998 至 2002 年，斐济年度军费开支约 3.5%用于军队养老金。

43. 巴布亚新几内亚的数据只是预算中的“经常性支出”部分。2008 年至 2010 年，该国用于“发展”的开支分别为 600 万、2510 万和 0 基那。

44. 文莱 2003 年的数据是为期 15 个月的从 2003 年 1 月至 2004 年 3 月的特殊财年的数据。该国 2002 年及以前采用 1 月至 12 月制财年，2004 年及以后采用 4 月至次年 3 月制财年。

45. 缅甸的数据没有用美元表示，因为缅币和美元存在极端变化的设定汇率。

46. 东帝汶以当地货币表示的 2007 年数据，是为期 6 个月（2007 年 7 月至 12 月）的 2007 特殊财年数据。该国以往采用的是 7 月至次年 6 月制财年，2008 年（含）后采用 1 月至 12 月制财年。我们在计算东帝汶军费开支占国内生产总值的比例时，使用的国内生产总值数据未包含该国石油和天然气收入，近年来这两项收入已高出国内生产总值数倍。

47. 如加上军队养老金，亚美尼亚的数据将增加 15%—20%。

48. 格鲁吉亚 2003 年的数据据信被低估，该国当年发生了政治动乱。

49. 如计入所有军事预算项目开支，包括军队养老金、准军事部队费用，摩尔多瓦 2005 年、2006 年和 2007 年的总军费将分别达 3.43 亿、4.57 亿和 5.3 亿列伊。

50. 有关俄罗斯军费数据来源、估算方法，可参见 J. 库珀：“1987 年至 1997 年苏联和俄罗斯联邦军费开支”，《SIPRI 年鉴 1998》。

51. 阿尔巴尼亚 2006 年之前的数据没有完全包括养老金。

52. 波黑 2005 年之后的数据是指用于波黑武装部队的数据，该部队成立于 2005 年，系由波黑联邦克罗地亚—波斯尼亚军队和斯普卡共和国的波斯尼亚塞尔维亚人军队组成。波黑 2005 年之前的数据包括波黑联邦军队和斯普卡共和国军队的支出。表中数据不包括进口武器的费用。

53. 根据北约的数据，保加利亚包括养老金在内的所有军事支出，在 2006 年、2007 年和 2008 年分别为 13.93 亿、17.12 亿和 17.49 亿列弗。

54. 克罗地亚 2006 年至 2010 年的数据，包括由该国中央政府承担的用于偿还一套军用雷达系统所欠贷款的开支。这部分款项从 2006 年至 2010 年分别达 1.478 亿、0.914 亿、0.532 亿、0.546 亿和 0.552 亿库纳。

55. 捷克共和国的数据不包括该国向阿富汗或伊拉克所提供的援助。该国 2004 年、2007 年分别向阿富汗援助了 1870 万、6.126 亿克朗，2005 年向伊拉克提供了 110 万克朗援助。

56. 爱沙尼亚在 2010 年将其边境守卫部队归入国家警察序列，这支力量不再被 SIPRI 视作准军事部队。2010 年爱沙尼亚军费支出下降，很大程度上是因为这个因素。

57. 由于法国预算体系和金融法律的变化，2006 年起，该国的数据采用新的计算方法得出。

58. 意大利的数据包括民防支出，这部分通常约占总军费的 4.5%。

59. 前南马其顿军事支出的定义，在 2006 年后有改变。边防部队从隶属国防部改为隶属内务部，原来并不在统计范围内的部分养老金，如今已被纳入统计。

60. 波兰的数据不包括由其他政府部门提供的防务支出，以及在其他国防开支名目，如“武装力量现代化基金”下支付的资金，一些追加的国防研发费用也未统计在内。2004 年至 2010 年，波兰这部分开支每年不同，大约在 2.4 亿至 6.4 亿兹罗提之间。

61. 黑山于 2006 年 6 月 3 日从塞黑独立出来。2005 年之前的塞尔维亚数据是指塞黑国家联盟（2003 年 2 月前称作南斯拉夫联盟共和国）的数据，2006 年之后的数据为塞尔维亚单独的数据。

62. 瑞士的数据未包含军队养老金和准军事部队费用，也不包括各州和地方政府的支出。1990—2006 年，瑞士各州和地方政府提供的军费大致相当于中央政府支出的 5%—8%比例。

63. 2001 年起，英国结算制度从现金制改为应记制。2001 年起，英国的数据基于该国年度防务统计所给出的“现金净额需求”得出，“现金净额需求”的定义与 2000 年前的“现金”定义有所区别。结算制度变更对英国军费支出的影响目前尚难明了。

64. 巴林的数据不包括用于国防采购的预算外支出。

65. 伊朗的数据不包括用于准军事部队，如伊斯兰革命卫队的支出。伊朗 2009 年和 2010 年的官方数据得不到，但据某媒体报道，2009 年和 2010 年，该国国防部和军队预算分别达 64 万亿和 90 万亿里亚尔，伊斯兰革命卫队的预算分别达 48.5 万亿和 58.25 万亿里亚尔。SIPRI 无法验证该报道的真实性。

66. 伊拉克的数据具有不确定性，因为表格所列的只是预算数据，其具体落实情况可能会因油价波动而有所调整，同时该国在 2007 年及以前年度还遭遇了高通胀。

67. 阿曼的数据包括国防和国内安全的支出。

68. 卡塔尔的数据包括国防和安全支出。

69. 沙特的数据包括国防和安全支出。

70. 叙利亚数据换算成美元时，依照的是2009年市场汇率：1美元合46.5叙利亚磅。叙利亚曾实行过1美元合11.225叙利亚镑的官方汇率，2009年以前的《SIPRI年鉴》均按官方汇率进行换算。2007年，叙利亚取消了官方汇率机制，改行过去非官方使用的市场汇率机制。

71. 阿联酋的军费数据具有不确定性，亦缺乏透明。有关数据来源仅限于国际货币基金组织职员编写的《国家报告》和国际货币基金组织的《政府金融统计年鉴》。《国家报告》揭示了该国两个军费开支途径：国防部和内务部的物品和服务支出（不包括军人工资、报酬和养老金）、阿布扎比联邦服务局的支出（《国家报告》认为该机构的支出主要用于国防和安全）。《政府金融统计年鉴》只给出了该国军事物品和服务支出数据。SIPRI年鉴将阿布扎比联邦服务局80%的支出，加上该国100%的军用物品和服务支出算作阿联酋的军费开支。2006—2010年的数据中，我们将军用物品和服务按固定的实际价格进行了折算。

（吴成迈　译）

附录 4B 2001—2010 年军费数据的报告

诺埃尔·凯利

一、导言

公众可获得军费信息的程度最近几年有所提高。许多国家这种透明度的增加在部分程度上是与加强民主治理和文官控制军队密切相关的。另一个因素是互联网的发展：越来越多的政府在网上提供包括军事预算在内的预算信息。然而，国家报告制度在覆盖范围、军事开支的定义以及分门别类方面有很大的不同。

本附录重点讨论两个力图建立一个共同的报告标准的国际军费数据报告制度：《联合国军费标准报告书》和 SIPRI 每年向各国政府发出的军费数据报告请求。第二部分介绍报告军费的各项制度；第三部分说明 2001—2010 年间的报告趋势。

除了这些全球性制度之外，在区域层面上已经有多项制度：欧洲安全与合作组织要求成员国每年报告其军事预算和上一年度的开支。这些信息并不公开提供。北大西洋公约组织也按照统一的定义每年报告其成员国的军费。[1]

二、报告制度

联合国的报告制度

联合国秘书长每年均通过普通照会恳请全体会员国（目前有 192

〔1〕 北大西洋公约组织："与北约防务有关的财政和经济数据"，新闻稿（2011）027，2011 年 3 月 10 日，网址：〈http：//www. nato. int/cps/en/natolive/topics _ 49198. htm〉。

个）报告其最近一个财政年度的军费。这一要求所依据的是 1980 年通过的联合国大会决议。[2] 每两年一次相继通过的大会决议一直号召会员国继续报告军费。[3]

这些年来，提出这一要求的理由有所改变。最初的目的是把报告制度作为迈向逐步削减军事预算的一个步骤。[4] 最新决议中所述理由为联合国大会“深信军事情况的透明化是建立世界各国之间信任气氛的关键要素，增进军事客观情况的流动有助于缓和国际紧张局势，因而能对预防冲突作出重大贡献”。[5]

联合国要求各会员国在每年 4 月 30 日之前报告其可以提供数据的最近一个财政年度军费。在可行的范围内，各国需尽量使用为此制定的报告书《联合国军费标准报告书》，但是也可以采用其他国际组织或区域组织为报告军费而制定的任何其他形式。[6] 在适当的情况下，一个国家还可以提交零报告，即没有任何数据的报告；这些报告通常由不保持正规武装部队的国家提交。

标准报告书为矩阵表格形式，具有用于报告合计总数以及分类数据的各个栏目，这些数据按照人员、活动与维持、采购、建筑和研发等职能划分，每项职能再细分为不同子类别，并且按照空军、陆军、海军等军种分类，最后汇总。[7] 由于据认为某些国家觉得这种矩阵表格过于复杂，同时为了鼓励更多的国家进行报告，联合国于 2002 年推出一种作为替代的简化报告表格，该表格仅要求报告各军种按照人员、活动和采购职能划分的汇总数据。

联合国裁军事务办公室负责管理这一制度。报告的数据纳入向联

〔2〕 1980 年 12 月 12 日联合国大会决议 35/142 B。

〔3〕 最近通过的此类决议是 2009 年 12 月 2 日联合国大会决议 64/22。

〔4〕 请参阅 W. 奥米图根与 E. 申斯合作撰写的“军费数据：40 年概述”，《SIPRI 年鉴 2006》，第 276—277、286、291 页。

〔5〕 联合国大会决议 64/22（同注释〔3〕）。

〔6〕 联合国大会决议 64/22（同注释〔3〕），第 1 段。

〔7〕 标准报告书转载于联合国裁军事务部，《军备透明：联合国军费标准报告书—指导方针》（联合国：纽约，[无出版年份]），第 7—8 页。

合国大会提交的年度报告。[8] 此外，裁军事务办公室定期发布文件分析向联合国报告的趋势。[9] 2010 年，一个政府专家组开始重新评估标准报告书的运作及其进一步发展（见下文）。

SIPRI 的报告制度

自 1993 年以来，SIPRI 研究所每年通过各种国家政府机关和驻外使馆向各国政府发函，请它们提供有关军费的数据。上述请求发送给 SIPRI 军费数据库中包含的大多数国家（目前共有 173 个国家）。[10] SIPRI 调查问卷是简化版的联合国报告书，其中各个栏目用于填写有关军事及文职人员、活动与维持、采购、军事建筑、军事研发和准军事部队开支以及提供和收到军事援助的数据。为了确保不同时期数据的一致性，需要提供最近 5 年的数据。报告的数据是用于编制 SIPRI 军费表格的资料来源之一。[11]

三、2001—2010 年军费报告趋势

近年来报告数量有所减少（参见表 4B. 1）。向联合国或 SIPRI 报告的国家数量从 2006 年的 85 个降至 2010 年的 67 个，反映了对 SIPRI 和联合国回复率的下降。

自推出联合国标准报告书以来，超过 124 个会员国至少提交过一

〔8〕 最近的报告是联合国大会，2010 年 7 月 12 日秘书长报告“军事的客观情况，包括军费的透明度”，联合国文件 A/65/118；2010 年 9 月 15 日联合国文件 A/65/118/Add. 1；2010 年 9 月 30 日联合国文件 A/65/118/Corr. 1；2010 年 12 月 8 日联合国文件 A/65/118/Add. 2。

〔9〕 最近的例子是联合国裁军事务办公室，《联合国军费标准报告书：1996—2007 年按国别划分的全球和地区参与模式》（联合国：纽约，[无出版年份]）。

〔10〕 SIPRI 军费数据库网址：〈http：//www. sipri. org/databases/milex/〉。2010 年，SIPRI 未向巴哈马、巴巴多斯、哥斯达黎加、海地、巴拿马、索马里或汤加发送提供军费数据的请求。此外，SIPRI 军费数据库包含 4 个目前已不再存在的国家的相关历史数据：捷克斯洛伐克、德意志民主共和国（东德），阿拉伯也门共和国（北也门）和也门民主人民共和国（南也门）。

〔11〕 参见附录 4A。

次报告。[12] 2001—2010 年期间，向联合国递交的报告数量在 2002 年最高时为 70 份；2009 年最低为合计 51 份报告（不包括递交零报告的 6 个国家）。同期，对联合国的回复率（包括零报告）为 38%，但 2009 年和 2010 年已下降到 30%—31%。2001—2010 年期间对 SIPRI 的回复率为 36%，但到 2010 年已下降到 30%。

2010 年总体报告率最高的地区是欧洲，而中东地区和非洲的报告率则最低（参见表 4B. 2）。

鉴于各国的参与是自愿的而已经较低的报告水平目前正不断下滑，似乎每年向这些机制报告并非各国政府高度优先考虑的事项。尽管军费的政治敏感性在某些情况下是首要原因，这对于大多数不报告军费的国家却无法解释得通，因为其中许多国家已经向国际金融机构提供或在网上向公众公布其军事预算。不报告军费的原因可能包括有关报告效用的不确定性、标准报告书中某些或大部分类别的不相关性以及较低的政府应对能力。[13] 一般而言，大多数从未回复标准报告书的国家往往在别处也只提供有关军事开支的基本信息（如单个总数）。[14] 同样，许多国家都曾经至少回复一次的事实也表明它们有报告军费的能力和意愿，但缺乏坚持回复的政治承诺。

被指定重新评估标准报告书运作情况的政府专家组于 2010 年 11 月开始工作，委托 SIPRI 和联合国裁军事务办公室共同准备一份联合报告。[15] 这个政府专家组是 20 世纪 80 年代初启用和初步评估标准报告书以来所进行的第一次重新评估工作的一部分。预计到 2011 年 6 月该政府专家组将提出有关如何发展标准报告书的建议，以鼓励更广泛和更一致的参与这一建立信任措施。

---

〔12〕 联合国裁军事务办公室和 SIPRI:《促进军事问题的进一步公开和透明：联合国军费标准报告书的评估》，联合国裁军事务办公室不定期文件第 20 号（联合国：纽约，2010 年 11 月），第 2 页。

〔13〕 联合国和 SIPRI（同注释〔12〕），第 1 页。

〔14〕 联合国和 SIPRI（同注释〔12〕），第 22 页。

〔15〕 联合国和 SIPRI（同注释〔12〕）。

表 4B.1　2001—2010 年向联合国和 SIPRI 报告军费情况的国家数量

	2001	2002	2003	2004	2005	2006	2007	2008	2009	2010
联合国报告制度[a]										
联合国会员国数量	189	191	191	191	191	192	192	192	192	192
向联合国递交的报告数量[b]	56	70	64	68	62	69	66	68	51	53
标准报告书	56	70	54	54	55	54	48	53	42	41
简化报告表[c]	..	..	10	14	7	15	18	15	9	12
零报告[d]	5	11	11	10	12	11	12	8	6	7
对联合国的回复率（%）[e]	32	42	39	41	39	42	41	40	30	31
SIPRI 报告制度										
SIPRI 军费数据库包含国家数量[f]	164	167	167	167	167	168	168	168	169	166
SIPRI 询问国家数量	158	158	158	159	167	165	165	165	167	162
向 SIPRI 递交的报告数量	63	61	64	62	67	60	55	53	58	50
对 SIPRI 的回复率（%）	40	39	41	39	40	36	33	32	35	31
向联合国或 SIPRI 递交的报告总数[g]	..	..	..	..	..	**85**	**78**	**78**	**68**	**67**

a 2010 年的联合国数据包括了直至 2010 年 12 月 8 日滞后提交数据的国家，然而有些国家可能在该日期之后提交了报告。

b 这些数字不包括零报告。

c 为避免重复计算，既使用了标准报告书也使用了简化报告表向联合国报告的国家计入标准报告书。

d 零报告是指没有输入任何数据而归还给联合国的调查问卷，通常由并不保持正规武装部队的国家提交。总数包括那些未包含在 SIPRI 数据库中的国家。

e 这些数字包括零报告。

f SIPRI 军费数据库不包括许多人口低于 100 万的小国。此外，总数不包括数据库中包含有有关历史数据但已不再存在的国家。

g 总数可能小于提交给联合国和 SIPRI 的报告之和，因为同一个国家可能向两个组织都提交了报告。由于改变了对联合国和 SIPRI 回复的计数方法，无法提供 2006 年之前的总数。

资料来源：2001—2010 年不同日期的联合国秘书长报告“军事的客观情况，包括军费的透明度”，网址：〈http：//www.un.org/disarmament/convarms/Milex/html/Milex_SGReports.shtml〉；提交的 SIPRI 调查问卷。

表 4B.2　2010 年向联合国和 SIPRI 报告军费数据的情况(按地区分类)

数字代表国家的数目。不包括递交联合国的零报告和未包含在 SIPRI 军费数据库中的国家的报告。没有任何未包含在 SIPRI 军费数据库中的国家向联合国发出了实质性报告。

地区/次地区[a]	回复联合国的国家			回复 SIPRI 的国家			回复 SIPRI 和联合国的国家总数[b]	回复率(%)
	询问的国家	报告数据的国家	合计	询问的国家	报告数据的国家	合计		
非洲	**50**		**2**	**49**		**5**	**6**	**12**
北非	4	—	0	4	突尼斯	1	1	25
撒哈拉以南非洲	46	布基纳法索、毛里求斯[c]	2	45[d]	布基纳法索、纳米比亚、塞舌尔、南非	4	5	11
美洲	**26**		**7**	**23**		**5**	**9**	**35**
中美洲和加勒比地区	13	萨尔瓦多[c]、墨西哥[e]	2	10[f]	危地马拉、墨西哥	2	3	23
北美洲	2	加拿大、美国	2	2	美国	1	2	100
南美洲	11	阿根廷、巴西、哥伦比亚[e]	3	11	阿根廷、玻利维亚	2	4	36
亚洲及大洋洲	**31**		**12**	**32**		**5**	**14**	**44**
中亚和南亚	11	孟加拉国[c]、哈萨克斯坦、吉尔吉斯斯坦、尼泊尔[e]	4	11	—	0	4	36
东亚[i]	5	中国[c]、日本、韩国[c]	3	6	日本、韩国、中国台湾地区[g]	3	4	67
大洋洲	4	澳大利亚、新西兰	2	4	澳大利亚	1	2	50

地区/次地区[a]	回复联合国的国家			回复 SIPRI 的国家			回复 SIPRI 和联合国的国家总数[b]	回复率（%）
	询问的国家	报告数据的国家	合计	询问的国家	报告数据的国家	合计		
东南亚	11	柬埔寨[c]、印度尼西亚[e]、泰国[c]	3	11	菲律宾	1	4	37
欧洲	44		30	44		34	36	82
中欧和西欧	37	奥地利、保加利亚、克罗地亚[e]、捷克共和国、爱沙尼亚、芬兰、法国、德国、匈牙利[c]、爱尔兰、拉脱维亚、马其顿（前南斯拉夫共和国）[e]、马耳他、荷兰、挪威、波兰、葡萄牙、罗马尼亚、塞尔维亚[e]、斯洛伐克[e]、斯洛文尼亚[e]、西班牙[e]、瑞典、瑞士、英国	25	37	奥地利、比利时、波斯尼亚和黑塞哥维那、保加利亚、克罗地亚、塞浦路斯、捷克共和国、丹麦、爱沙尼亚、芬兰、法国、德国、匈牙利、爱尔兰、拉脱维亚、马其顿（前南斯拉夫共和国）、马耳他、黑山共和国、挪威、波兰、罗马尼亚、塞尔维亚、斯洛伐克、斯洛文尼亚、西班牙、瑞典、瑞士、土耳其、英国	29	31	84
东欧	7	亚美尼亚[c]、白俄罗斯、摩尔多瓦[c]、俄罗斯、乌克兰	5	7	亚美尼亚、白俄罗斯、摩尔多瓦、俄罗斯、乌克兰	5	5	71
中东	14	以色列[c]、黎巴嫩[c]	2	14	黎巴嫩	1	2	14
总计	**165[h]**		**53[i]**	**162**		**50**	**67**	**40**

a 按照 SIPRI 军费数据库中使用的地区和次地区给国家分组。参见附录 4A。

b 总数可能小于提交给联合国和 SIPRI 的报告之和，因为同一个国家可能向两个组织都提交了报告。

c 这 12 个国家使用简化联合国报告表报告数据。

d SIPRI 军费数据库中有 46 个撒哈拉以南非洲国家，但由于缺乏具体联系方式，SIPRI 无法向索马里发送提供数据请求。

e 这 10 个国家在回复联合国的时候既使用了简化报告表，也使用了标准报告书。这些国家在本表中计入标准报告书。

f SIPRI 未向哥斯达黎加、巴拿马和海地发送提供数据请求，因为这些国家没有正规武装部队。

g SIPRI 向并非联合国会员国的中国台湾地区发送了提供数据请求。

h 此外，联合国向未包含在 SIPRI 军费数据库中的 27 个国家发送了提供数据请求。

i 此外，有 7 个联合国会员国向联合国提交了零报告：安道尔、冰岛、列支敦士登、摩纳哥、瑙鲁、萨摩亚和突尼斯。

资料来源：联合国，大会，2010 年 7 月 12 日秘书长报告“军事的客观情况，包括军费的透明度”，联合国文件 A/65/118；2010 年 9 月 15 日联合国文件 A/65/118/Add. 1；2010 年 9 月 30 日联合国文件 A/65/118/Corr. 1 和 2010 年 12 月 8 日联合国文件 A/65/118/Add. 2；提交的 SIPRI 调查问卷。

朱肖晶　译

第五章　军火生产

苏珊·T·杰克逊

第一节　导　言

尽管全球经济衰退，但全球军火工业仍然持续繁荣。军火生产巨头的军火销售额均有所增长，行业内的高额收购再次兴起。

本章的第二节将讨论军火工业在2009年和2010年的主要发展。从SIPRI军火生产公司前100强（简称“SIPRI 100强”，见附录5A）和军火工业的并购（见附录5B）中，我们可以了解到这一发展的大体情况。本章着重分析军火销售巨头和大型收购案。在“SIPRI 100强”的名单中，大部分公司都位于美国和西欧，却也不乏一些其他经济规模较小地区的公司上榜。[1]

为何有些国家不顾投资巨大和存在的困难仍致力于发展和维持本国的军火工业？本章将会揭示其中的原因。第三节论述发展本土军火生产的动机和障碍。第四至六节的案例研究将分别介绍以色列、韩国和土耳其三国的军火工业，这三个国家既是经合组织（OECD）成员国，同时也跻身于“SIPRI 100强”。通过这些案例，我们将具体分析每个国家的军火工业框架及军火生产企业的行为。这些研究还勾勒出军火工业的整体结构是如何随着环境变化而不断变化的。本章第七节将总结技术和工业基础设施、技术转移、武器出口和军事研究发展资金这些因素是如何影响和带动这三个国家的军火工业的。

---

〔1〕军火生企业国际化是指位于一个国家的公司往往属于总部设在另一个国家的公司或集团。在本章中，登记国是指公司总部所在地。

第二节 2009—2010 年军火工业的发展[2]

2008 年金融危机和随之而来的全球经济衰退并未对军火生产企业和军事服务公司造成影响，2009 年军售继续保持增长。[3] 具体而言，2009 年“SIPRI 100 强”军火生产公司（中国公司除外）的军火销售额增长了 148 亿美元，达到 4010 亿美元。2002 年至 2009 年间，“SIPRI 100 强”公司的总体军火销售额实际增长了 58%。[4]

该增长同时显示，2010 年期间，业内至少有三宗 10 亿美元以上的大型收购案得以实现，而 2009 年此类交易为零。[5] 总体来说，企业纷纷致力于填补开工不足，拓展相关领域业务或是剥离非核心业务。2010 年，对网络安全和情报公司的收购仍在继续，对军事服务公司的收购也很突出。这些收购不光在经合组织成员国的公司之间进行，个别非成员国的公司亦参与其中，例如印度和阿拉伯联合酋长国在美国和西欧的公司。

有些国家（包括土耳其）尽管总体经济缩水，但国内军火生产却有增长。其他方面的统计数也并非都是负面的。一些军火生产商加大劳动力投入，虽然另一些生产商由于武器采购重心变化或经济衰退引起民用销售减少等原因而不得不减少劳动力投入。[6]

作为军火销售增长总体趋势的典范，并继续保持最大军火销售市场的主导地位，美国 2008 至 2009 财年将武器采购的支出从 1170 亿美元增加到 1290 亿美元。2010 年，这一开支已达到 1340 亿美元。[7] 美国国防部审计长预测，至 2016 年，美国武器采购支出的增长速度

〔2〕 参见附录 5A 和 5B。

〔3〕 所有关于公司经营状况的数据（如军火销售数据等）均来自最近一年（即 2009 年）的财务报表。本节讨论的兼并和收购案均指发生在 2010 年。

〔4〕 这一趋势包括了每年的前 100 强，即涵盖了历年上榜的不同公司。详见附录 5A，表 5A.1。

〔5〕 见附录 5B 和表 5B.1。有许多交易的协议条款尚未对外公布。

〔6〕 见附录 5A 第二节。

〔7〕 美国管理和预算办公室，《美国政府 2012 财年财政预算》（政府印刷局：华盛顿，DC，2010），见表 3.2。

将超过美国总体军费增长的速度。[8] 新的国防预算计划在未来五年内削减军费开支 780 亿美元。然而，计划削减的大部分开支都是管理费用，同时高达 1000 亿美元的额外节余将被投入到军事建设上，主要用于购买新装备及翻新改造旧装备。[9] 值得注意的是，一些计划取消的武器项目将被恢复。例如，国防部的预算显示，美国海军陆战队将不再购置远程战斗机，而是转而寻求更为廉价的替代品。[10] 这些项目重心的变化可能会影响到一些私人武器生产商今后的销售额，不过美国武器采购整体规模仍将与目前的水平相近。[11]

美国国防预算的削减还影响其在其他地区的武器采购。由于美国计划削减在西欧的军费开支，法国和英国已达成防务合作协议。两国的《防务和安全合作宣言》包含了在某些武器采购方面的双边合作和军火市场的相互开放。[12] 协议特别涉及到军火工业，两国政府表示在对地攻击导弹、巡航导弹等复杂武器领域已达成 10 年战略计划，两国将“努力成为欧盟唯一的主承包商”，并同时实现高达 30％的增效节支。[13] 这项合作计划的提出紧随英国削减航母购置计划（订购的两艘航母中只有一艘将用于作战）之后。此举可能反映出两国对欧盟范围内的防务合作的悲观情绪，以及它们保护本国军火工业和维持各自实力的意愿。[14]

---

〔8〕 T. Capaccio，“五角大楼审计长说：‘在总统奥巴马削减预算的同时，军火预算仍旧增长’”，《布隆伯格商业周刊》，2010 年 7 月 6 日。

〔9〕 R. M. 盖茨，美国国防部长，《美国国防部预算和效率报告》，美国国防部，2011 年 1 月 6 日，网址：〈http：//www. defense. gov/Speeches/Speech. aspx? SpeechID=1527〉。

〔10〕 盖茨（同注释〔9〕）。

〔11〕 参见注释 8 和本卷第四章第二节内容。

〔12〕 英国国防部，“英法公布防务合作条约”。2010 年 11 月 2 日，网址：〈http：//www. mod. uk/DefenceInternet/DefenceNews/DefencePolicyAndBusiness/UkfranceDefenceCooperationTreatyAnnounced. htm〉。

〔13〕 英法 2010 首脑会议，防务和安全合作宣言，2010 年 11 月 2 日，网址：〈http：//www. number10. gov. uk/news/statements-and-articles/2010/11/〉；又见本卷第七章第四节。

〔14〕 D. Brunnstrom，“欧盟敦促防务合作，英国预算受阻”，路透社，2010 年 12 月 9 日。

第三节　军火生产的动机、障碍和能力

虽然武器可以在国际军火市场上购买，但许多小国家仍然投资发展并维持自己的军火生产能力。[15] 本节将探讨这一选择背后的动机和实施中遇到的障碍。

我们可以用“供应安全”这一抽象理论来解释为什么较小的国家要发展自己的军火工业。这种安全使他们可以免于对进口的依赖，并规避武器禁运之类的风险。[16] 此外确保供应安全意味着国家能够将对外购买武器所带来政治风险最小化，这反过来可以降低紧张局势。[17] 另一个政治原因则是由于战备仍然在国家安全政策中起着核心作用：国家领导人和民众都认为强大的军队是实现军事安全必不可少的组成因素。[18] 对于某些较小的国家，尤其是那些处于政治色彩过重地区的国家或者具有成为地区强国雄心的国家，本土的军火工业可以帮助他们建立有利于自己的权利平衡、树立威望和培养民族自豪感。在某些国家，国内生产总值（GDP）的高速增长可以刺激政府开展军事现代化计划，从而带动军火工业的发展。由于维持军火工业越来越多地依赖于本国自主研发的高尖端武器技术，一些较小的国家往往从老牌军火商那里寻求技术转让。小国发展军火工业的另一个动机是希望从中获取经济收益，但越来越多的证据表明这并不可行。[19]

---

〔15〕 J. Brauer 和 J. P. Dunne（编），《军火贸易和经济发展：理论，政策和军火贸易补偿案例》，(Routledge 出版社，伦敦，2004)。

〔16〕 K. Baek 和 C. Moon，“技术依赖，供应商控制和受援国自主战略：韩国”，K. Baek、R. McLaurin 和 C. Moon 编，《第三世界国家国防工业的困境：是供应商控制还是受援国自主?》，(Westview 出版社：Boulder，CO，1989)，第 153—83 页。

〔17〕 E. Yeo 著，“我国的国防工业的技术能力”，《指针：新加坡武装部队杂志》，卷 25，第 2 期，(1999 年 4—6 月)。

〔18〕 这一假设同样适用于多边贸易协定中的国家安全例外，如军火贸易合同中的补偿等不正常贸易条件是得到政府许可的。S. T. Jackson，“国家安全例外，全球政治经济和军事化”，K. Gouliamos 和 C. Kassimeris 编，《新军国主义时代的营销战争》，(Routledge 出版社，伦敦，预计 2011 出版)。

〔19〕 Brauer 和 Dunne 编（同注释〔15〕)。

无论出于何种动机，建立和维持本国的军火工业都会遇到许多障碍。先进的现代化军火工业是资本密集型的，需要完善的基础设施，如果没有的话，那么要建立起来是非常困难且投入巨大。[20] 由于军火工业对基础技术水平的要求随着时间的推移不断上升，目前尖端技术以及随之而来的高额成本使得许多国家难以发展相应的武器系统。这种现象反过来迫使政府参与特许生产，建立合资企业及发展合作伙伴关系。[21] 为了吸引引进的技术，这些国家不光要建设好基础设施，同时也需要拥有受过良好教育的人才。[22] 然而，技术领先的武器制造商拥有开发下一代技术的便利条件，这使得那些依靠技术转让的生产商在技术上处于更加不利地位。[23] 对于较小的国家，在其军火工业领域实现规模经济是十分具有挑战性的。这些国家的军费开支较低，因此国内的市场规模也较小。全球军火市场的寡头垄断结构增加了出口的不确定性。与此同时，含有美国技术的军事设备对第三方国家出口时受到美国武器出口管制法（AECA）和国际武器贸易条例（ITAR）的限制。[24] 虽然美国的出口许可取决于交易的具体情况，但是要求在合同及许可协议中遵照国际武器贸易条例的条款规定。[25] 近期美国和西欧在军火出口有关规则上的调整将可能在技术转让和武器获得上对其他较小型军火工业造成影响。然而这种影响的方式、程度及产生的结果目前仍难以推断。[26]

在“SIPRI 100 强”名单中，虽然美国和西欧的军火公司占大多数，但那些位于其他地区的有着高额军火销售的公司也有不少上榜。这些公司所在国家的经济体规模大多较小，从而影响到其国防采购的

〔20〕 Brauer 和 Dunne 编（同注释〔15〕）。

〔21〕 J. P. Dunne，“国防工业的前景”，欧洲变化监测中心，欧洲生活和工作条件改善基金会，2006 年 5 月，网址：〈http：//www. eurofound. europa. eu/emcc/content/source/eu06020a. htm〉。

〔22〕 Yao（同注释〔17〕）。

〔23〕 Brauer 和 Dunne 编（同注释〔15〕）。

〔24〕 Baek 和 Moon 编（同注释〔16〕），第 168 页。

〔25〕 美国国务院，2010 年国际武器贸易条例第 124 节，2010 年 4 月 1 日，网址：〈http：//www. pmddtc. state. gov/regulations _ laws/itar _ official. html〉。

〔26〕 美国出口制度的改变，见本卷第六章第二节。

过程，而这反之又会影响其军火工业的框架结构。[27] 下文中，我们将研究以色列、韩国和土耳其这三个实际案例。这三个国家均为经合组织成员国，但都不属于欧洲—大西洋地区，其军火生产公司至少有一个甚至多个跻身 2009 年“SIPRI 100 强”。[28] 与此同时，这三个国家还具有一定联系，这进一步复杂和深化了上文中的理论基础。例如，这三个国家都同美国有着密切的关联，并由此获得许多先进军事技术。此外，军民两用技术的开发和使用使得这三个国家获得了军事和经济的整体收益。这也同时帮助他们克服了军火工业中的许多障碍，例如资源基础有限（如和民用领域的人才竞争）和政治上的双边限制（如美国国内军火生产中的出口法和限制）。

以下几个小节概述了目前三个国家军火工业的大体运行环境，分别研究探讨每个国家的军火工业的所有制结构、集约化、多样化和国际化。然而，对于有些指标来说，数据通常难以得到或不够准确。每个案例研究还将介绍其构成军火工业框架所最具相关性的法律和体制因素。法律方面包含相关的法律法规，如有关的出口政策和补偿政策。体制方面则涵盖了政府机构（如武器采购和政府财政机构）和有可能影响政府制定军火工业管理的相关法律法规的私营机构（如航空航天和国防协会）。这些框架将从上文提到的动机和障碍方面来阐述，着重介绍先前的工业技术基础设施、技术转移、军火出口和军事研发经费。

第四节　以色列的军火工业

1967 年“六日战争”后，法国停止了此前对以色列的大量先进装备供应，对其实施了单方面武器禁运。这促使以色列不得不重组本土的军火工业武器，以保障以色列国防军（IDF）仍能获得被禁运的

〔27〕 S. Markowski，P. Hall 和 R. Wylie（编），《小国的国防采购和产业政策》，（Routledge 出版社，伦敦，2010 年），第 1—8 页。

〔28〕 根据其 2009 年 GDP，这些国家均被划分为小国，见 Markowski、Hall 和 Wylie（同注释〔27〕）。

先进武器的供给。[29] 由于国土面积小、地缘政治复杂、持续的边境敌对活动等原因，以色列的安全政策立足于依靠技术优势，政府在随后的几年里越来越多地寻求发展以科技为本的军火工业。[30] 在经历了20世纪80年代国内经济危机的动荡后，以色列再次加强其在国内和出口市场中最先进武器技术国的地位，并在不断变化和升级的市场中扩大自身的比较优势。[31]

促进以色列军火工业发展的因素除了有受过良好教育能够胜任技术领域工作的人才外，还有以下几点：[32] 首先，在武器研发上同以色列国防军开展密切合作，无论国防军是否承诺购买设备。[33] 其次，以色列政府重视对军事研发的投资。[34] 约9%的军费开支用于研发，相比之下，韩国的研发经费只占军费的5.4%，土耳其占1%。[35] 第三，以色列积极促进同西欧和美国发达军火工业之间的技术共享。尤其是，将自己定位为出口市场的美国促进了以色列军火业的发展。此外，美国以对外军事融资（FMF）的形式对以色列提供了显著的军事援助。18%以上的以色列国防预算来自美国的对外军事融资，该援

〔29〕 D. Dvir和A. Tishler著，“国防工业在以色列工业技术发展中的作用变化”，《国防分析》，第16卷，第一期（2000年），第33—52页。

〔30〕 Dvir和Tishler（同注释〔29〕）；D. A. Lewis，“多样化和利基市场出口：以色列国防工业在后冷战时代的重组”，A. Markusen，S. DiGiovanna和M. Leary编，《从国防到发展？关于早日实现和平红利的国际视角》，（Routledge出版社，伦敦，2003年），第121—150页；K. Kagan等，“防务结构，采购和工业：以色列”，Markowski，Hall和Wylie编，（同注释〔27〕），第228—254页。

〔31〕 Lewis（同注释〔30〕）。

〔32〕 Dvir和Tishler（同注释〔29〕）。

〔33〕 Kagan等人（同注释〔30〕）。

〔34〕 N. Gordon，“以色列的国土安全/监控行业的政治经济”，新透明工作文件3，皇后大学监测研究中心，2009年4月28日，网址：〈http://www.sscqueens.org/resources/online-reports〉；L. Sharaby，“以色列的经济增长：没有安全的成功”，《中东国际关系评论（MERIA）杂志》，卷6第3期（2002年9月）。

〔35〕 Kagan等人（注释〔30〕），第238页；“首尔增加国防研发经费”，《韩国先驱报》，2010年3月30日；土耳其的数据来自土耳其国防工业制造商协会，“土耳其国防工业1997—2009年”，2010年，网址：〈http://www.sasad.org.tr/aday-uyeler〉；同时参见本卷第四章第7节。

助的 26%可用于购买以色列制造的武器。[36] 这些都为以色列重点发展国内军火技术提供了足够的财力。

以色列军火工业构成

尽管以色列很少对外公布其军火工业的相关数据，但大家普遍认为军火工业在以色列国内生产总值中占有较高的份额。[37] 200 多家以色列军火生产企业按所有制类型可划分为三类：(1) 大型国有军火组织［以色列航空工业公司（IAI），以色列军事工业公司（IMI）和 Rafael 公司］；(2) 一个大型（Elbit 系统公司）和几个中型私有军火公司；(3) 生产线较为单一的小型私人企业。[38] 除此之外，以色列国防军的“技术和后勤司”管理着一些大型翻新和维修中心。[39]

最新证据表明，以色列的军火工业增强了其在民事安全等相关领域的实力。此外，军火工业开发的技术也被应用到其他行业。然而，这并不意味着军火生产商对国防的依赖会比以前减少。由于顶级生产商军火销售量的增加，军火销售额占军工行业总销售额的比例仍相对稳定。[40] 一些对外公布的数据显示，顶级生产商们的生产线都大同小异。但以军售占总销售额比例为衡量标准，以色列最大的四家军火生产企业 2005 年至 2009 年的平均水平分别为：IAI：62%；Elbit 系统公司和 IMI：94%；Rafael 公司：97%。[41] 这些数据和过去 10 年的平均水平几乎一致，且每年之间差异很小。由于最大的三家军火生产企业的军火销售几乎接近 100%，所以以色列的军火行业整体上并不多样化。

---

〔36〕 J. M. Sharp，《美国对以色列的外援》，美国国会研究部（CRS）向国会提交的报告，RL33222（美国国会，CRS：华盛顿，DC，2010 年 9 月 16 日）。关于是否能负担得起的争论，参见 Lewis（同注释〔30〕）。

〔37〕 Kagan 等人（同注释〔30〕）。

〔38〕 以色列国防部，国防产品出口和合作司（SIBAT），“SIBAT—出口服务中心”，网址：〈http：//www. sibat. mod. gov. il/sibatmain/sibat/about/export. htm〉。近期的合并和收购活动可能会继续下去，并可能伴随国有军火生产企业的私有化，S. T. Jackson，“军火生产”，《SIPRI 年鉴 2010》，第 251—283 页。

〔39〕 Kagan 等人（同注释〔30〕）。

〔40〕 Lewis（同注释〔30〕）。

〔41〕 数据来源于 SIPRI 军火工业数据库。

在过去的三十年中，以色列的军火出口增长十分显著，2009 年出口协议高达 75 亿美元。[42] 造成这种趋势的部分原因是以色列在尖端系统和零配件上的不断发展。[43] 由于以色列的经济规模相对较小，以色列军火生产商不断寻求国外市场。以色列军火商的军火销售总额中有 70%的出口销售。[44] 以 Elbit 系统公司为例，其 2008—2010 年的出口销售占销售总额的近 80%。[45]

在 2005—2009 年期间，从以色列接受完整武器数量最大的国家是土耳其和印度，美国则是以色列的最大供应商。[46]

以色列军火生产体系

以色列军火采购过程中的三大主角分别是国防部（MOD），以色列国防军和军火工业集团。[47] 国防军和国有军火公司主导着这个行业，大部分的采购费用都流入了国有军火公司。[48] 此外，以色列国防军和国防部的防务研究与发展局（MAFAT）在研发方面协助军火工业集团（国有公司和研究中心）。在具体情况具体分析的基础上，总参设立了一个特殊项目办公室（SPO），负责管理主要的研发或采购项目，并对有争议的军火项目进行游说。

以色列军火采购的两大主要渠道分别是以色列采购与生产局，以及国防部设在纽约和华盛顿的驻美代表处，它直接处理 FMF 投资合同以及将以色列的产品推向美国市场。[49] 由于重视军火出口，以色

---

〔42〕“以色列 2010 年的国防销售预测”，《简氏防务周刊》，2010 年 6 月 9 日，第 33 页。参见本卷附录 6B。

〔43〕Kagan 等人（同注释〔30〕），第 242 页。其他一些小国的军火工业，比如瑞典，国内军火销售额高。

〔44〕Kagan 等人（同注释〔30〕），第 242 页。

〔45〕这些是最近几年可得到的 Elbit 的出口数据，Elbit 系统有限公司，“国外私人发布者依照第 13 或 15d 条款发布的 20—F 年度和转换报告”，2008—2010 年公司年报，网址：〈http：//ir. elbitsystems. com/phoenix. zhtml? c=61849&p=irol-sec〉。

〔46〕SIPRI 武器转让数据库，网址：〈http：//www. sipri. org/databases/armstransfers/〉。

〔47〕Kagan 等人（同注释〔30〕）。

〔48〕Lewis（同注释〔30〕）。

〔49〕Kagan 等人（同注释〔30〕）；以色列国防部，“对美代表处”，网址：〈http：//www. goimod. com/departments/default2. htm〉。

列军火采购政策对支持出口起着关键作用。尤其是，国防部下设的对外军援及军品出口处（SIBAT）和军品出口管理处（API），它们同工业贸易劳工部等其他机构和政府部门共同管理军民两用项目。[50] 为了更好地把握贸易机会、建立合资企业及同外国军火企业之间的战略联盟，政府投资设立了以色列出口和国际合作协会。[51]

2010 年 6 月，由政府任命的哈拉里委员会发布了新的出口控制指南，通过国防部的各出口管制机构，授予国防部更大的权力。新规定允许国防部对以色列国防军的供应商们签发享有优惠待遇的出口许可证。这反映了军火工业在以色列国家安全观念中的重要性。[52] 人们对新规定的某些部分仍有争议，因为该规定给予了对外军援及军品出口处和军品出口管理处更多的权利，这有违美国政府的劝导。[53] 为了减少国内企业之间的竞争，以色列国防部也同样出台了新指南以鼓励企业参与国际竞争。

此外，以色列规定，在向外国公司购买售价高于 500 万美元的武器时，合同中必须包含等同于合同价值 50%的在以色列的补偿投资条款。这一规定同样适用于 5 年之内、价值高于 50 万美元的后续合同。[54] 虽然在 FMF 项目下从美国公司进行的采购可作为例外，但 2010 年涉及联合攻击战斗机项目的谈判表明，以色列将可能获得 40

---

〔50〕 E. Pincu，以色列国防部，国防出口控制局，“以色列军品出口管制”，美—以高技术论坛发言，2008 年 9 月 9 日。网址：〈http：//www. ndia. org/Divisions/Divisions/International/Page/U _ S _ _ — _ Israel _ High _ Technology _ Forum. aspx〉。

〔51〕 以色列出口与国际合作协会（IEICI），“服务”，网址：〈http：//www. export. gov. il/Eng/ _ Articles Article. asp? CategoryID=4&ArticleID=514〉。

〔52〕 N. Sikuler，“以色列航空工业公司与 Elbit 系统公司之间的不同境遇”，Ynet 新闻报，2010 年 7 月 23 日，网址：〈http：//www. ynetnews. com/articles/0，7340，L—3923979，00. html〉。

〔53〕 B. Opall-Rome，“以色列出口商反对新规定”，《国防新闻》，2010 年 10 月 11 日。

〔54〕 以色列工业贸易劳工部，“宪法法律委员会一致通过强制投标条例（强制性工业合作）5767—2006”，2003 年 3 月 14 日，网址：〈http：//www. tamas. gov. il/NR/exere/D965D740-0B33-4426-AFD5-B616AD31FE3E. htm〉；以色列工业贸易劳工部，“以色列工业合作指南”，网址：〈http：//www. moital. gov. il/NR/exeres/85C96324-328D-40FC-9E8A-78B6CC5F6E7E. htm〉。

亿美元的生产收益，这仍可被归类为补偿。[55]

第五节　韩国的军火工业

20 世纪 70 年代初期，伴随着尼克松理念的推出，美国要求其盟国自己承担防务责任。为了应对朝鲜半岛日益恶化的安全环境，韩国开始寻求发展自给自足的军火工业。[56] 原先的庞大资本投入、发达的工业基础设施和技能熟练的劳动力共同促进了这一政府主导的建设进程。然而，同以色列一样，韩国也依靠来自美国的技术转让。[57] 而且这两个国家与美国的关系带来了直接军事援助、装备和活跃的军火贸易。美军在韩国的持续存在和影响为韩国国内军火工业的发展做出了贡献，尤其是通过技术共享。这方面的发展最初表现为 20 世纪 70 年代初对美国军事装备的仿制，近几十年来已经被许可生产、合资企业以及自主设计的装备所取代。韩国军火工业使用的大部分尖端武器技术都源自于之前许可生产或进口的子系统和零部件。[58]

在过去的十年中，政府对国内采购的积极推动，加之信息技术、航空航天技术等相关领域工业能力的改进，使得韩国可以在某些领域开始依靠自主研发，并提高本土技术含量。[59] 部分是出于政府以设立专项基金的形式予以支持，因此韩国在通信与电子产、精确制导武器、航空航天、装甲车和海军舰艇方面的本土化率非常高。20 世纪 90 年代末的亚洲金融危机曾阻碍了韩国军火工业的发展，尽管当时军事舰艇、导弹部件等高成本产品的出口使得军火出口保持增长。[60]

---

〔55〕 B. Opall-Rome，"F－35 战斗机为以色列带来意外之财"，《国防新闻》，2010 年 8 月 23 日。

〔56〕 Baek 和 Moon（同注释〔16〕）；Y. Lee 和 A. Markusen，"后冷战时期的韩国国防工业"，（见注释 30），第 224—253 页。

〔57〕 Baek 和 Moon（同注释〔16〕）。

〔58〕 Lee 和 Markusen（同注释〔56〕）。

〔59〕 C. Moon 和 J. Lee，"韩国的军事和国防工业改革"，《安全挑战》，第 4 卷，第 4 期（2008 年夏），第 133—134 页。

〔60〕 S. Harris，"应对压力：韩国国防部重组及近期经济危机的影响"，《韩国国防分析》，第 12 卷，第 2 期（2000 年冬）。

在过去的十年中，韩国实行“双采购”政策，即促进了本国技术的不断提高（尤其是航空航天和电子元件的出口），又从国外购买到昂贵的技术先进的军事装备。〔61〕这一政策使得更多的公司参与到与军火生产相关的活动中去。〔62〕政府还实施了旨在增加军火工业就业和军火出口的工业政策，并期望通过军火出口来提升韩国的国际威望。〔63〕韩国一直试图增加供应商，以减轻其对美国的依赖。其中部分原因是由于美国武器出口管制法和国际武器贸易条例限制了对含有美国技术的武器出口。〔64〕韩国的造船和电子技术已经成为全球范围内同业中的主导，如今韩国正利用两大民用工业的发展，积极提高其在工业化的世界军火市场上的地位。〔65〕

韩国军火工业构成

截至 2008 年，韩国共有 91 家军火生产企业和 4000 多家军火业务的分包商。〔66〕在韩国，从事军火工业的相关工作可以代替义务兵役。〔67〕有争议的是，韩国军火工业最鲜明的特点是国民经济中的财阀主导。〔68〕

财阀是历史上得到国家的大力扶持而形成的庞大家族企业，特别是在朴正熙总统（1961—1979 年）的军事体制时期，当时总统曾大

---

〔61〕 Lee 和 Markusen（同注释〔56〕）。

〔62〕 Moon 和 Lee（同注释〔59〕）。

〔63〕 “韩国成为世界主要武器出口商之梦”，KBS 世界，2010 年 10 月 20 日，网址：〈http：//world. kbs. co. kr/english/news/news _ commentary _ detail. htm? No=20032〉。

〔64〕 M. Cho，《重组韩国国防航天工业：挑战与机遇?》，第 28 号文件（波恩国际转换中心：波恩，2003 年）。

〔65〕 D. Brewster，“印度与韩国在东亚不断发展的盟友关系”，《亚洲调查》，第 50 卷，第二期（2010 年 3/4 月）。

〔66〕 J. Paek，“韩国国防科学技术和科研政策的可取方向”，《韩国国防分析杂志》，第 22 卷，第二期（2010 年）；J. J. Suh，“结盟竞赛：韩国与美国的结盟与军备竞赛”，外交政策聚焦，2010 年 5 月 17 日，网址：〈http：//www. fpif. org/articles/allied _ to _ race _ the _ uskorea _ alliance _ and _ arms _ race〉。

〔67〕 J. Feffer，“铸犁为剑：韩国军事开支的经济影响”，韩国经济研究所，学术论文系列，第 4 卷，第二期（2009 年 2 月），网址：〈http：//www. keia. org/report. php? id=prg10068〉；豁免草案已于 1970 年颁布；参见 Beak 和 Moon（同注释〔16〕）。

〔68〕 Lee 和 Markusen（同注释〔56〕），第 230 页。

力投资造船，钢铁和电子行业。虽然财阀大多都一直是民营集团，但船舶、重型机械等民用领域一开始就和军火生产有着密切的关联。近期，韩国政府计划进一步利用在业内（尤其是全球科技产业）具有主导优势的大财阀。因此，尽管韩国的军火工业完全是私有的，包括最大五家军火公司在内的大型企业均为财阀们所有，但是韩国政府一直在背后提供强劲的支持。

所有大型的军火生产企业一般都是在母公司的支持下从事民品生产，这同时也为其军品生产带来积极影响。〔69〕 2009 年韩国五大军火生产商的销售总额占全国军火总销售的 70%。〔70〕 这种集约化现象表明，几乎是寡头财阀孕育了韩国军火市场，财阀们通常拥有可观的研发项目、掌握着优秀的人才资源同时能为子公司打入国际市场提供便利的条件。

韩国政府从不允许财阀专门从事军火生产。相反，它一直奉行鼓励多元化的政策，包括针对研发项目和两用技术的相关政策，以推动企业发展军民两用技术和扩大出口，不过一些较为专业的小型企业会更多地依赖军售。〔71〕 与此同时，民用产品技术和军用武器在研发上有着结构上的差异。民用产品技术的利润高，所以韩国的军火生产商都较为侧重这一领域。〔72〕 财阀的下属公司也相当支持这种双重性。因此，韩国军火企业在军火总销售额相对稳定的基础上有着较高的多元化生产程度，2009 年，军火销售额占公司总销售额的 8.5%，比 2002 年的 8%略为上升。〔73〕

在 2009 年，韩国军火工业的军售额高达 87.69 亿韩元（合 69 亿美元）。〔74〕 2005—2009 年，韩国武器接受量最大的两个国家是印度

---

〔69〕 Moon 和 Lee（同注释〔59〕），第 130 页。

〔70〕 SIPRI 军火工业数据库。军火销售数据来自于韩国国防部门，其中很可能包含了小部分民用销售并且遗漏了少部分商业范畴内的军用销售。韩国最大私人军火公司的相关信息参见附录 5A。

〔71〕 Lee 和 Markusen（同注释〔56〕）。

〔72〕 这一做法也一直得到韩国政府的支持。见 E. Sköns 和 B. Gill，“军火生产”，《SIPRI 年鉴 1996》，第 411—62 页。

〔73〕 SIPRI 军火工业数据库，参见注释〔70〕。

〔74〕 SIPRI 军火工业数据库。

尼西亚和土耳其；韩国最大的供应商是美国、德国和法国。[75] 2009年，韩国的军火出口总额已超过11亿美元，占军火销售总额的17.3%，相比2007年，增长了8.5亿美元。[76] 此外，由于军火工业大部分基于依赖进口技术的政府项目，韩国军火工业并不拥有生产复杂武器系统所需的大量核心技术。即使本地化程度不断提高，韩国在技术及有关部件方面，对国外来源的整体依赖程度仍然很高。

韩国军火生产体系

韩国政府在军事研发和军火工业基础建设方面扮演着重要的角色。[77] 1970年，韩国成立防务发展局（ADD），成为国家军工技术研发机构。[78] 2008年，防务发展局的年度预算为9.43亿美元，2522名雇员中有84%直接从事研发活动。[79] 然而，2009—2010年，由于政府开始鼓励私营公司进行军事研发，防务发展局的作用不断下降。结果，各公司都在重新考虑自身战略。[80]

2009年，韩国政府开始重组军火工业，取消了对指定军火生产公司的优待制度。这一制度曾保证这些公司有权参与那些旨在提高军火工业的技术水平的军火工业能力改进项目。取消这一制度有诸多原因，包括非指定公司面临进入壁垒、军火生产公司内部技术研发步伐缓慢等。[81]

韩国希望以技术转让和培训的形式进行军火贸易补偿。[82] 补偿

---

〔75〕 SIPRI 军火转让数据库（同注释〔46〕）。

〔76〕 匹克（同注释〔66〕）。

〔77〕 哈里斯（同注释〔60〕），第221页。

〔78〕 Moon 和 Lee（同注释〔59〕）。

〔79〕 创新挪威韩国，“韩国国防工业”，2008年10月，网址：〈http://www1—invanor.no1.asap-asp.net/Internasjonalisering _ fs/Utekontorer/Korea/Defense Sector Korea 2008 _ INK.pdf〉。

〔80〕 “韩国梦想成为世界主要军火出口国”（同注释〔63〕）。以公司为例，斗山集团的斗山工程机械将军火部分的资本抽取出来，投入一家完全由其控股的子公司。参见斗山DST，“关于我们：历史”，2010年，网址：〈http://www.doosan.com/doosandst/en/aboutus/history.page〉。

〔81〕 匹克（同注释〔66〕）。

〔82〕 美国会计总署（GAO），《军事出口：补偿需求继续增加》，GAO/NSIAD—96—65（美国会计总署：华盛顿特区，1996年4月），第29页。

门槛是价值1000万美元的军事采购，设定的补偿至少是合同价值的50%，但是如果是政府间项目，或者装备从单一合同商处购买时，这一比例可能会降低到30%。[83]

国防采办项目管理局（DAPA）成立于2006年，旨在简化采办程序，支持军火工业。该局2008年度预算为104亿美元（占国防预算的37%），部分直接用于军队发展。[84] 2009年该局成立了韩国贸易投资促进署（KOTRA），在促进军火出口方面为韩国公司提供帮助。[85]

韩国国防工业协会（KDIA）是一个非赢利的民间组织，主要工作是通过多种途径提高韩国军火生产商的利润。例如，该机构是美韩国防工业咨询委员会的成员，该委员会涵盖了两国在诸如技术转让等领域的军火工业合作。[86]

第六节 土耳其的军火工业

20世纪70年代，在土耳其侵入塞浦路斯（1974年），以及美国随后对其实行武器禁运之后，土耳其政府集中力量发展军火工业。[87] 20世纪80年代，为实现军事现代化，土耳其开始了与军火工业相关的政府重组，但是整个20世纪80年代和90年代严重的经济危机阻碍了这一目标的实现。从1985年开始，土耳其反复几次实施军事现代化项目，目标之一就是扩大武器采购中的国产份额。[88] 土耳其官

〔83〕 韩国国防部，国防采办项目管理局，“2009年韩国国防补偿项目指南”，网址：〈http：//www. dapa. go. kr/eng/Acquisition/e _ Offset _ Program. jsp? oscd=4>。

〔84〕 创新挪威韩国（同注释〔79〕）。

〔85〕 S. 常，“建设最好的国防”，《投资韩国期刊》，2010年12月。

〔86〕 国家国防工业协会，“美韩国防工业咨询委员会（DICC）”，网址：〈http：//www. ndia. org/Divisions/Divisions/International/Pages/US-ROK _ Defense _ Industry _ Consultative _ Committee _ （DICC）. aspx〉。

〔87〕 G. Günlük Senesen，“土耳其军火工业现代化项目概览”，《SIPRI年鉴1993》，第521—532页。

〔88〕 I. 阿克恰，《土耳其军事经济结构：现状、问题和解决方案》（土耳其经济与社会研究基金会：伊斯坦布尔，2010年）。

方给出了发展国内军火工业的三重原因：为土耳其武装部队提供能够独立使用的武器（战略目标），为土耳其武装部队提供所需要的武器（战术目标），发展国内武器装备维护能力（后勤目标）。[89] 通过这种方式，土耳其正在努力实现自给自足。像以色列和韩国一样，土耳其最终从美国获得了大量的技术，美国公司已经成为土耳其军火工业不可缺少的组成部分。[90] 土耳其与美国的关系，部分是建立在多年来美对土高水平军事援助的基础之上的。此外，土耳其正在努力将其伙伴国范围扩大到经合组织成员国，如以色列和韩国等。[91]

土耳其没有一个能够支撑高技术军火工业发展的全面的基础设施，直到最近十年才增加了对研发中心和其他基础设施项目的支持。[92] 土耳其只有一个小型的技术基地，通常情况下，购买装备要比自己建造开支更小。[93]

土耳其军火工业构成

土耳其有 10—12 家大型公司作为主承包商，还有各个专业领域的大约 100 家小型公司。[94] 军火公司由政府、土耳其武装部队基金会所有或私有。土耳其武装部队基金会拥有土耳其一些最大型的公司，包括 Aselsan（电子）和土耳其航空航天工业公司（航空），这些公司也可视为政府所有。

2009 年土耳其军火工业登记的营业额为 23 亿美元。[95] 由于能够获得的关于军火公司的数据有限，因此难以对集约化和多样化程度

---

〔89〕 安纳托利亚新闻社，“土耳其国防工业寻求运用国内潜力”，《自由每日新闻》，2010 年 5 月 5 日。

〔90〕 L. Sarıibrahimoglu，“国防工业”，A. 拜拉莫奥卢和 A. 伊塞尔编著，《土耳其年鉴 2006—2008：安全部门和民主监督》（土耳其经济与社会研究基金会：伊斯坦布尔，2010 年）。

〔91〕 2010 年，以色列国防军袭击了一支驶往加沙地带的援助船队，并杀死船上的几名土耳其人，此后土耳其与以色列关系紧张。A. 伊果齐，“在加沙船队遇袭事件后，土耳其停止了与色列关于无人机的对话”，《飞行国际》，2010 年 6 月 21 日。

〔92〕 L. 基马尔，“土耳其军火工业面临两难局面”，《今日时代》，2008 年 6 月 12 日。

〔93〕 A. 麦克格雷戈，《应对非对称战争的军火：21 世纪的土耳其军火工业》（詹姆士敦基金：华盛顿特区，2008 年 6 月）。

〔94〕 土耳其国防工业制造商协会（同注释〔35〕）。

〔95〕 土耳其国防工业制造商协会（同注释〔35〕）。

作出评估。然而，对土耳其最大两家军火生产公司的分析反映出一种高度的集约化。Aselsan 2009 年的军火销售额为 6.43 亿美元，占土耳其军火生产总额的 28%，加上土耳其航空航天工业公司约为 2.55 亿美元的军火销售额，两家公司占土耳其军火销售总额的 38.7%。[96] 根据官方估计，2009 年这两家公司占土耳其军火出口额的 24%。[97]

多样化程度因公司而异。2000—2009 年间，Aselsan 在军火销售总额中所占的份额相当稳定，在不足 80%到超过 90%的范围内变动，这一时期所占份额的平均值是 86%。土耳其航空航天工业公司所占份额变化较大，在同一时期内，变化范围从 44%到 97%，没有一个稳定的趋势。[98]

在依赖进口方面，官方统计数据显示 2009 年国内军火生产份额为 44.2%。[99] 但这一数据并不准确，因为其中包含的大多数项目至少要到 2013 年才开始启动。[100] 土耳其军火生产公司也希望参加多国项目，以便获得技术转让、国内生产和潜在的出口机会。土耳其从 2004 年开始采用新的技术生产模式，通过国际军火生产伙伴关系的模式鼓励技术转让，为国内军火生产公司提供武器设计和研发技术，以及增加出口机会。[101]

土耳其官方报道，2009 年的军火出口额为 6.69 亿美元，比 2008 年增长了 16%，2000 年以来共增长了 444%。[102] 军火出口占军火销售总额的 28.8%。2005—2009 年，土耳其军火的最大接受方是伊拉克和巴基斯坦，最大供应方是德国、以色列和美国。[103] 土耳其军火的出口量大大低于以色列，比韩国略低。

近年来，完全由公司投资进行的研发大大增加，2007—2008

〔96〕 SIPRI 军火工业数据库。

〔97〕 土耳其国防工业制造商协会（同注释〔35〕）。

〔98〕 SIPRI 军火工业数据库。

〔99〕 土耳其国防工业制造商协会（同注释〔35〕）。

〔100〕 Sarıibrahimoglu，（同注释〔90〕），第 153—156 页。

〔101〕 阿克恰（同注释〔88〕）。

〔102〕 土耳其国防工业制造商协会（同注释〔35〕）。参见本书附录 6B。

〔103〕 SIPRI 军火转让数据库（同注释〔46〕）。

年增加了 90%，2004—2008 年增加了 256%。[104] 这些数据反映出土耳其大型军火生产公司在研发方面的投资情况。例如，Aselsan 将公司的研发投资从 2001 年的 100 万美元增加到 2009 年的 4500 万美元，航空航天工业公司的投资从 100 万美元增加到 1.99 亿美元。[105]

土耳其军火生产体系

在土耳其军火生产架构中，政府扮演着最强有力的角色，土耳其国防部是政府机构中的领导部门。例如，国防部是唯一在法律上有权向生产商颁发军火生产许可证的机构，并负有控制军火出口和再出口等职责。[106] 国防部负责国防工业的副部长主管军火采办，并负责发展现代化的本土军火工业。[107] 2009 年，该官员在单一来源投标方面的权力得以扩大，成为唯一有权对已签署合同进行调整的官员。[108] 他还完全控制着国防工业支持基金，该基金持续提供的资金使其能够不受官僚机构的限制开展行动。[109]

土耳其武装部队基金会是一家由军队经营的慈善信托机构，资金来源于国家预算之外。该机构被认为是土耳其军火工业发展的重要力量，有义务使用每年收入总额的 80%（其中 65%用于土耳其武装部队的项目，35%直接投资军火工业）。

---

〔104〕 土耳其工商联合会（TOBB），《土耳其国防工业部门报告 2009》（土耳其工商联合会：安卡拉，2010 年 5 月），第 32 页。

〔105〕 SIPRI 军火工业数据库。

〔106〕 “控制工业企业生产战争和武器用车辆和装备、弹药和爆炸物”，土耳其法律第 5201 号，2004 年 6 月 29 日通过，《土耳其共和国官方公报》，2004 年 7 月 3 日。参见联合国，行动纲领执行支助系统，“土耳其：关于在一切方面预防、打击和清除小型武器和轻型武器非法贸易的联合国行动计划的国家报告”，2008 年 4 月，网址：〈http：//www.poa-iss.org/CountryProfiles/CountryProfileInfo.aspx? CoI=198&pos=1000〉。

〔107〕 国防工业副部长，“第 3238 号法律”，网址：〈http：//www.ssm.gov.tr/home/institutional/Sayfalar/law3238.aspx〉。

〔108〕 土耳其部长委员会，2009 年决议/15108，2009 年 5 月 30 日，《土耳其共和国官方公报》，2009 年 7 月 8 日。

〔109〕 国防工业副部长（同注释〔107〕）；Sarıibrahimoğlu（同注释〔90〕）。参见本书第 4 章第 7 部分。

只有金额大于或等于 1000 万美元的土耳其军火工业项目才能获得补偿。[110] 承包商必需至少交付采办合同的 50%。

国防工业制造商协会是主要的工业协会，有 100 多家成员单位，致力于协调与政府部门之间的工业活动，并更加广泛地推动行业发展。[111] 该协会也进行半官方的军火工业数据统计。

第七节 结语

尽管经济正在衰退，但是军火生产公司显示出一种适应力，甚至在 2009 年军火销售总额的基础上有所增加。在军火销售方面占据全球军火工业统治地位的北美和西欧公司是这样，一些拥有先进军火工业的小型经济体，如以色列、韩国和土耳其的公司亦是如此。

虽然发展和维持国内军火工业是一项耗资巨大且困难重重的任务，但仍有诸多因素推动着这些小型经济体军火工业的发展。供应安全，作为国内军火工业发展的特殊动力，在推动这些国家投资军火工业，生产高技术武器方面发挥着重要作用。每个国家的技术基础和工业基础设施、技术转让、武器出口和军事研发资金决定了该国军火工业的发展，并满足各国不同的愿望和要求。技术和工业基础设施的水平不同，决定了技术发展何时以及在何种程度上能够与国内军火生产相结合，以及这种结合是否会导致本土化的技术进步。通过转让获得武器技术也是国内军火工业发展的重要途径。虽然美国对技术再出口实施限制，但是大型军火采购合同要求进行补偿投资，并由此带来技术转让。相反，国内投资的军事研发允许对所获得的技术实施国家控制。另一个同样重要的动机是认为军火工业有助于提升国家威望。

尽管经济继续衰退，也尽管各国开始质疑军火采购的开支水平，

---

〔110〕 土耳其国防部，工业参与/补偿指令，2007 年 2 月 14 日，网址:〈http: //www.ssm.gov.tr/home/institutional/Sayfalar/regulation.aspx〉。

〔111〕 土耳其国防工业制造商协会（同注释〔35〕）。

但是整个军火行业在 2010 和 2011 年不太可能出现军火销售大幅下滑的情况。虽然个别项目可能被取消或延迟，但在今后一两年内，上述挑战可能不会对全球军火工业产生整体影响。

（张钰　余小玲　何毅丹　译）

附录 5A　2009 年“SIPRI 100 强”军火生产公司

苏珊·T·杰克逊[*]

一、导言

以 2009 年军火销售额大小为序，“SIPRI 100 强”列举了全世界 100 家最大的军火生产公司（不包括中国公司）。这是一套独特的数据，它可用来从主要军火生产公司及其在政治、经济大背景下进行的调整和由此带来的工业结构变化的角度分析全球军火生产的发展状况。

本附录的第二部分论述了 2009 年“SIPRI 100 强”军火生产公司的主要走向。第三部分列举了 2009 年“SIPRI 100 强”军火公司的信息，包括每家公司在 2008 年和 2009 年的销售额、2009 年的总销售额、利润和雇员数量。

* 2009 年的 SIPRI 军火工业网上参与者包括：Vincent Boulanin（École des hautes études en sciences sociales，巴黎），Gülay Günlük-Şenesen（伊斯坦布尔大学），Shinichi Kohno（三菱研究所，东京），Valerie Miranda（Istituto Affari Internazionali，罗马），Pere Ortega（Centre d'Estudis per la Pau J. M. Delàs，巴塞罗那）以及 Paek Jae Ok（韩国国防分析研究所，汉城）。

二、"SIPRI 100强"军火生产公司的走向

尽管全球经济持续衰退，但是2009年"SIPRI 100强"军火生产公司（不包括中国）的军火销售总额增长了148亿美元，达到了4007亿美元，较2008年实际增长8%。自2002年以来，"SIPRI 100强"的实际军火销售总额共增长了58%（见表5A.1）。

2008年的金融危机对个体公司造成了好坏参半的影响，但是并未抑制2009年的总体军火销售。[1]"SIPRI 100强"的军火销售总体上依然旺盛，对各国2009年军火销售总额的增长作出了贡献（见表5A.2）。尽管在2009年有些国家的经济出现衰退，但其军火工业继续得到了发展。例如，2009年土耳其（所有军火生产公司，无论大小）的军火销售总额略微增长至23亿美元，而与此同时，土耳其经济却倒退了4.7%。[2]在"SIPRI 100强"军火生产公司中，美国占据着主导地位。美国市场仍然是许多企业的目标，因为预计美国军火采购将保持稳定并在未来几年内有望增加采购资金。

2009年有些军火生产公司因某些原因削减了部分劳动力。例如，波音公司的"未来作战系统"与"地基中段防御项目"出现调整，加之其民用飞机的销售增速放缓，迫使波音公司裁员5100人。[3]其他还有一些军火生产公司的裁员则主要是因为其民用销售的下滑。比如，民用飞机需求的下滑导致德事隆公司（Tex-

---

〔1〕关于"金融危机对军火工业的影响"，详见苏珊·T. 杰克逊撰写的《SIPRI年鉴2010》中的"军火生产"一章，第265—270页。

〔2〕土耳其国防工业制造协会（SASAD），"土耳其国防工业调查"［未注明日期］，网址：〈http://www.sasad.org.tr/en/aday-uyeler/〉；"危机下的土耳其国防工业增长"，《今日扎曼》（Today's Zaman），2010年7月10日；以及《土耳其投资》的文章"经济前景"，网址：〈http://www.invest.gov.tr/en-US/turkey/factsandfigures/Pages/Economy.aspx〉。

〔3〕雇员数为公司总员工的数量，并不单指那些从事军火生产的员工数量。后者在公司的总员工数量中往往只占了较小的一部分，比如拥有大量民用业务的通用电气公司。总员工数量见表5A.4。资料来源SIPRI军火工业数据库。

tron）在 2009 年裁减了 25%的员工。[4] 2009 年军火生产公司的员工裁减并不是普遍现象，许多地区和部门的军火生产公司还增加了员工数量。不过，由于军费预算削减的那些国家改变了采购重点，导致这些国家有些军火生产公司在 2010 年进一步裁员。[5] 例如，2010 年 6 月洛克希德马丁因军火购买方（比如，美国政府）需求的变动而改变了公司的业务结构，为此裁减员工 1200 人。[6] 洛克希德马丁公司的员工总数在 2009 年已经下降了 4.1%。然而，事实上某些武器项目却是增加了，因此员工裁减未必波及到了全部的军工企业。

表 5A.1　2002—2009 年“SIPRI 100 强”军火生产公司的武器销售趋势

	2002	2003	2004	2005	2006	2007	2008	2009	2002—2009
军火销售（按当前价格和汇率计算）									
总额（十亿美元）	196	235	274	289	312	347	387	401	
增长（%）		20	17	5	8	11	12	4	105
军火销售（按不变价格和汇率计算）									
总额（十亿美元）	254	286	313	320	335	350	373	401	
增长（%）		13	9	2	5	4	7	8	58

注：该表所列数据指的是每年的“SIPRI 100 强”军火生产公司，这些公司是根据一组不断改进的数据进行排名的，因此每年的公司也有所不同。比如，该表中 2008 年的数据与表 5A.2 的数据不同。

资料来源：表 5A.4；以及 SIPRI 军火工业数据库。

---

〔4〕 德事隆财政公司，“根据 1934 年《有价证券交易法案》第 13 节或 15 节（d）制定的截止于 2010 年 1 月 2 日的年度财政报表 10—K”（美国有价证券交易委员会：华盛顿特区，2010 年 2 月 25 日）。

〔5〕 详见本卷第 4 章第 2 节。

〔6〕 D. Hedgpeth，“因五角大楼的工作减缓，洛克希德马丁裁员 1200 人”，《华盛顿邮报》，2010 年 6 月 7 日。

表 5A.2　“SIPRI 100 强”军火生产公司所占地区和国家的武器销售份额（2009 年与 2008 年对比）

军火销售额的单位是 10 亿美元，按当前价格和汇率计算。由于四舍五入，各项数据相加会与总数不同。此外由于缺乏可靠与精确的数据，中国公司并未包括在内。

公司数量	地区/国家[a]	武器销售额（10 亿美元）		2008—2009 年销售额的变化（%）		占 2009 年 100 强销售总额的比例（%）
		2009 年	2008 年[b]	面额[c]	实际[d]	
46	**北美**	**247.2**	**230.8**	**7**	**8**	**61.7**
45	美国	246.5	230.2	7	7	61.5
1	加拿大	0.7	0.7	4	12	0.2
33	**西欧**	**120.3**	**121.3**	**−1**	**10**	**30.0**
11	英国	50.3	49.7	1	20	12.5
6	法国	23.0	22.4	3	8	5.7
1	跨欧洲[e]	15.9	17.9	−11	−6	4.0
4	意大利	15.5	15.2	2	6	3.9
5	德国	7.6	8.0	−5	0	1.09
2	西班牙	2.9	2.9	1	7	0.7
1	瑞典	2.6	3.0	−12	2	0.7
1	挪威	1.1	0.7	47	61	0.3
1	瑞士	0.7	0.8	−4	−3	0.2
1	芬兰	0.7	0.7	−1	4	0.2

公司数量	地区/国家[a]	武器销售额（10 亿美元）		2008—2009 年销售额的变化（%）		占 2009 年 100 强销售总额的比例（%）
		2009 年	2008 年[b]	面额[c]	实际[d]	
6	**东欧**	**9.2**	**10.3**	**−11**	**2**	**2.3**
6	俄罗斯[f]	9.2	10.3	−11	2	2.3
10	**其他 OECD 国家**	**15.5**	**15.5**	**0**	**0**	**3.9**
4	日本[g]	6.6	7.0	−5	−13	1.7
3	以色列	6.3	6.3	0	6	1.6
2	韩国	1.9	1.8	8	22	0.5
1	土耳其	0.6	0.5	31	46	0.2
5	**其他非 OECD 国家**	**8.5**	**8.0**	**5**	**7**	**2.1**
3	印度[h]	4.5	4.2	8	8	1.1
1	科威特	2.5	2.6	−3	0	0.6
1	新加坡	1.5	1.3	12	16	0.4
100	**总计**	**400.7**	**385.9**	**4**	**8**	**100**

注：OECD 为"经济合作发展组织"

a 国家或地区的数字指的是总部在该国家或地区的"SIPRI 100 强"军火生产公司的销售总额，包括国外分公司的销售额。数字并不反映这些公司在本国或本地区所实际生产的武器销售额。

b 2008 年的军火销售数字属于 2009 年的"SIPRI 100 强"军火生产公司，而不是 2008 年的 100 强。

c 这一组数据是以当前美元价格计算 2007—2008 年军火销售额的变化。

d 这一组数据是以 2009 年固定美元价格计算 2007—2008 年军火销售额的变化。

e 被归为“跨欧洲”的公司是 EADS 公司。

f 俄罗斯的军火销售额包括联合航空公司子公司在 2009 年上报的 2008 年军火销售额。

g 日本公司的数据来源于日本防务省签订的合同。

h 印度的数据包括对印度工厂的粗略估算。

资料来源： 表 5A. 4

2009 年一家科威特的军事服务公司 Agility 首次跻身 100 强行列（排名第 34 位）。[7] 此外，尽管俄罗斯政府继续大量投资本国军工业，但是一些俄大型军火生产公司的销售总额却出现显著下滑。在下面的部分将对位列 2009 年 100 强的军事服务公司和俄罗斯军火生产公司予以更细致的分析。

军事服务公司

2009 年“SIPRI 100 强”军火生产公司中有 20 家被归为军事服务公司。这些军事服务项目包括各式各样的保障工作，例如保养与维修（MRO）、高技术用户定制软件、情报服务与培训、军事安全及后勤。[8] 总体上这些军事服务公司的军火销售在 2009 年继续保持增长，这反映出军事机构将一些传统任务外包的趋势。但有一家公司是个例外——美国 KBR 公司——随着美国在伊拉克的撤军，其收入出现下滑。[9]

科威特的 Agility 公司业绩也出现了轻微下滑，减至 25 亿美元。在 2006 年以前曾是一家公共仓储公司，

---

〔7〕 如果 SIPRI 在 2008 年就获得了准确的数据，那么 Agility 公司应该在《SIPRI 年鉴 2010》中位列 2008 年“SIPRI 100 强”的第 30 名。SIPRI 使用的数据是在不断被修订和更新的。参见本章第三节。

〔8〕 S. 珀洛—弗里曼，E. 申斯，“私人军事服务业”，《SIPRI 和平与安全视野》，2008 年第 1 期，2008 年 9 月，网址：〈http://books.sipri.org/product_info?c_product_id=361〉；以及杰克逊（同注释〔1〕）。

〔9〕 KBR 公司，“根据 1934 年《有价证券交易法案》第 13 节或 15 节（d）制定的截止于 2009 年 12 月 31 日的年度财政报表 10—K”（美国有价证券交易委员会：华盛顿特区，2010 年 2 月 25 日）。

Agility 公司一直为驻伊拉克、约旦和科威特的美军提供军事服务。[10] 然而，该公司与美军的合作并非一帆风顺。2009 年 11 月，美国司法部门指控 Agility 诈骗美军长达 41 个月、涉案金额高达 85 亿美元。[11] 尔后 Agility 寻求庭外和解，曾与美国政府展开谈判，但目前谈判已经中断。2011 年 1 月，美国再度指控该公司涉嫌欺诈 98 亿美元。[12] 尽管 Agility 对此予以否认，但美国政府已不再向该公司提供新的合同。[13]

在 100 强内，其他一些主营业务不是军事服务的公司因其军事服务收入的增加，也创造了不菲的销售额。例如，通用电气公司在其军用发动机及相关服务方面增加了收入。[14] 雅各布工程集团则因研究、开发试验工程并向美军提供技术服务而增加了军火销售额。[15] 赛锋（Safran）57%的销售额增长来自于其服务部门，而康斯博（Kcngsberg）则扩大了其售后服务业务。[16] 诺斯罗普—格鲁曼在其信息系统和技术服务方

---

〔10〕 P. Chatterjee，《哈利伯顿（Halliburton）的军队：一家颇富盛名的德州石油公司如何改变美国人的作战方式》（国家图书：纽约，2009 年）

〔11〕 M. Bigg，"美国连续控告科威特 Agility 公司涉嫌欺诈"，路透社，2010 年 4 月 12 日。

〔12〕 M. Bigg，"美国对科威特 Agility 公司提出新的欺诈指控"，路透社，2011 年 1 月 7 日。

〔13〕 Agility，"Agility（PWC）就美国司法部提交'服务与挑战'做公开声明"，新闻稿，2010 年 6 月 21 日，网址：〈http://www.agilitylogistics.com/PressReleases/Pages/PWCStatementonDOJFiling.aspx〉。

〔14〕 通用电力（GE），"2009 年年度报告：再安排、再设想、再考虑、研究、关系、责任及重新开始"（GE：Fairfield，CT，2010），第 35 页。

〔15〕 雅各布工程集团，"根据 1934 年《有价证券交易法案》第 13 节或 15 节（d）制定的截止于 2009 年 10 月 2 日的年度财政报表 10—K"（美国有价证券交易委员会：华盛顿特区，2009 年 12 月 20 日），第 38 页。

〔16〕 Kongsberg Gruppen，2009 年 Kongsberg 年度报告（Kongsberg：Kongsberg，2010），第 5 页；以及 Safran，"Safran 报道：2009 年全年营业收入毛利润达 6.7%"，新闻稿，2010 年 2 月 25 日，网址：〈http://safran-group.com/site-safran-en/press-media/pressreleases/2010—698/article/safran-reports-solid-full-year?10315〉。

面、波音在其培训系统和服务方面的收入均大幅增长。[17]

俄罗斯公司

在 2009 年“SIPRI 100 强”军火生产公司中有 6 家来自俄罗斯。一些军工企业因近来俄罗斯军火工业的重组而合并。例如伊尔库特、米格、苏霍伊三家合并成为“联合航空公司”（UAC），而后者在 2009 年的“SIPRI 100 强”中位列第 29 名。俄罗斯另外一家合并而来的新公司“联合引擎公司”（UEC）也在 2009 年跻身“SIPRI 100 强”，位列第 90 名。

为振兴本国的军工业，俄罗斯政府 2009 年继续大力采购本土军火：投入约 9700 亿卢布（约合 330 亿美元）并提供诸如信贷担保在内的其他扶持措施。[18] 在未来 3 年里（2011—2013 年），俄政府计划投入 3293 亿卢布（约合 104 亿美元）用于发展本国军火工业。[19] 然而在 2009 年俄罗斯最大的几个军火生产公司销售额出现下滑。与 2008 年相比，仅 Almaz-Antei 一家的销售额下滑就超过了 10 亿美元，其排名也从 2008 年的第 18 位下跌至第 23 位。

---

〔17〕 诺斯罗普·格鲁曼，“根据 1934 年《有价证券交易法案》第 13 节或 15 节（d）制定的截止于 2009 年 12 月 31 日的年度财政报表 10—K”（美国有价证券交易委员会：华盛顿特区，2010 年 2 月 9 日），第 36 页；波音公司，“根据 1934 年〈有价证券交易法案〉第 13 节或 15 节（d）制定的截止于 2009 年 12 月 31 日的年度财政报表 10—K”（美国有价证券交易委员会：华盛顿特区，2010 年 2 月 8 日），第 34 页。

〔18〕 杰克逊（同注释〔1〕），第 268—269 页；以及“2009 年俄罗斯向国防工业拨款大约 330 亿美元”，Interfax，2009 年 11 月 18 日。

〔19〕 “俄联邦政府为发展军工业中心将在今后三年内拨款 3293 亿卢布”，Gazeta. ru，2010 年 8 月 20 日，网址：〈http：//www. gazeta. ru/news/business/2010/08/20/n _ 1536520. shtml〉。

表 5A.3 2008—2009 年“SIPRI 100 强”公司中俄罗斯公司军火销售额的变化（以美元和卢布计）

下表数据按当前的美元价格及汇率计算。表中所列的俄罗斯公司均为 2008 年及 2009 年的“SIPRI 100 强”。

2009 年排名	公司名称	销售额（百万美元）		销售额（百万卢布）		2008—2009 年销售额的变化（%）	
		2009	2008	2009	2008	面额（以美元为单位）	实际（以卢布为单位）
23	Almaz-Antei	3260	4340	103370	107900	−25.0	−14.2
S	Sukhoi	1440	2040	45660	50760	−29.6	−19.4
S	Irkut	1060	1150	33680	28630	−7.8	5.4
66	TRV Corp.	910	1170	28860	28980	−22.0	−10.8
73	Vertolety Rossii	810	850	25780	21040	−4.7	9.8
76	Uralvagonzavod	800	640	25390	16000	24.3	42.1

资料来源： SIPRI 军火工业数据库

在 SIPRI 所列的表（见表 5A.2）中，其数据以美元为单位并给出每年的销售金额的变化，这样能方便对不同国家的军火生产公司进行比较。[20] 但是在以美元为单位计算时，汇率的变化会导致结果的不准确性，所以以当地流通货币为单位的计算方式能更为精确地反映出一个国家军火工业的发展（尤其是当该国家的军

[20] 计算方法详见本章第三节。

火内销远大于其出口时）。

当以卢布为单位计算俄罗斯军火生产公司年与年之间的销售变化额时，下降幅度减小了、增长幅度加大了（见表 5A.3）。有两家公司还出现了以美元为单位计算 2009 年销售金额同比下滑、以卢布为单位计算 2009 年实际销售额却同比增长的情况。在俄罗斯军火生产公司国内销售额增长的情况下，以卢布为单位计算其实际销售额将更精确地反映俄军火工业的发展趋势。〔21〕

三、2009 年“SIPRI 100 强”军火生产公司

表 5A.4 以 2009 年军火销售额大小为序，列举了全世界 100 家最大的军火生产公司（2009 年“SIPRI100 强”）的资料（不包括中国）。“SIPRI100 强”军火生产公司占了全球军事产品和服务（特别是高技术系统和服务）的大部分销售额。由于缺乏类似的财政数据，“SIPRI100 强”未能覆盖所有的国家。然而，除了少数几个国家外，被省略的国家的军火生产规模都相对较小。如果有准确的数据，中国的军火生产公司几乎可以肯定能跻身“SIPRI100 强”（很有可能是前 50 强）。不过，对除中国外的“SIPRI100 强”军火生产公司的分析足以捕捉全球军火工业的主要走向。

数据选择的标准和来源

“SIPRI100 强”所列举的军火公司既包括国有公司也包括私有公司，但是不包括武装部队负责制造和维护的部门。表中只列入了军工产品和服务领域从事制造和维护的部门，并未列入控股或投资公司。其他国家的公司如果有足够的数据，也会被列举在较靠后的末端。

〔21〕 详见本卷第六章第二节。

有关世界军火工业的军火销售和其他财务、雇员等公开可得的数据资料很有限。表5A.4列出的数据取自以下资料：公司年度报告和国际互联网站、SIPRI问卷调查、在报纸商业版、军事杂志和国际互联网军事专栏发布的公司新闻。此外还参考了公司发布的信息、市场报告、政府公布的主承包合同和国家概览。当从以上这些资料来源仍无法获得数据时，SIPRI就进行估算。资料的范围和涵盖区域很大程度上是由能否获得资料决定的。

SIPRI所用的数据都在不断地被修订和更新，因此严格意义上无法对SIPRI年鉴不同年份的版本进行比较。此外，覆盖范围也会因为获取数据的问题而每年都不尽相同。结果就是，这里所使用的2008年“SIPRI 100强”的数据就和《SIPRI年鉴2010》里的不同，虽然各版年鉴使用的不同国家和时间的数据已是尽可能地做到一致。

定义

SIPRI把军火销售定义为军工产品的销售和对军事雇主提供的服务，包括国内采办和出口。军工产品和服务专指用于军事目的和与之相关的技术。军工产品和服务指专门用于军事的设备，不包括一般用途产品，例如石油、电力、办公计算机、制服和靴子等。军事服务也指专门用于军事的服务，包括技术服务，例如信息技术、维护、保养和检修、作战支持，与武装力量军事行动相关的服务，例如情报、训练、后勤和设备管理，以及冲突地区的武装护卫。军事服务不包括和平时期纯粹为民用提供的服务，例如卫生保健、清洁和给养、交通，但包括为作战部署的军队所提供的服务。[22]

军火销售的定义只能作为指导原则，很难应用于实践。由于没有普遍公认的军火销售的标准定义，因此也没有其他更好的选择。表5A.4中的军火销售数据通常只反映每个公司总销售额中的军用部分，因此公司

〔22〕关于“军事服务”活动的更详细的分类，参见珀洛—费里曼和申斯（同注释〔8〕）。

之间军火销售额的可比性是有限的。

销售总额、利润和雇员数量是整个公司的数据，不单是军工生产部门的。所有数据都是把国内外子公司合并后的数据。利润是公司的税后所得。雇员数量为年终时的人数，除非某些公司公布年均人数。所有数据均为公司年度报告公布的财政年度数据。

计算

军火销售额有时是 SIPRI 估算出来的。某些情况下，SIPRI 使用军工部门的销售总额，虽然该部门可能会有一些未指明的民品销售收入。当某公司未公布军工部门或类似实体的销售数据时，SIPRI 在某些情况下会按照合同中的数据、公司当前的军火生产计划和公司负责人对媒体或在某些报告中给出的数据进行估算。

军火销售额通常被粗略地视为军火生产年产值。这对大多数公司来说是可行的，但造船公司例外，因为船舶的生产周期长、生产量少，公司的年度产值和年度销售额有很大差别。如果某些造船公司提供年产值的估算值，SIPRI 就使用这些数据。

收集到的所有数据都是按当地货币和当前价格表现的。对于当地货币与美元之间的换算，SIPRI 使用国际货币基金组织（IMF）的市场汇率（《国际金融统计》中所载）年度平均值来进行。表 5A. 4 中的数据按美元的当前价格给出。对于不同年度这些数据的差异难以作出解释，因为按美元价值表现的差异由几个因素决定：军火销售额的差异、通货膨胀率、按当地货币进行的销售、汇率的波动等。国际军火市场的销售通常以美元来进行计算。汇率波动对按美元价值计算没有影响，但会影响以当地货币计算的价值。如果美元贬值，以当地货币计算的公司的收入就会减少，而且大多数情况下公司原材料供应以当地货币支付，对公司的利润产生消极影响。因为同样的原因，按美元不变价格计算也难以解释。在不知道国内采购和对外出口所占军火销售额相对比例的情况下，想说明军火销售数据的实际含义是不可能的。在使用这类数据时，须持谨慎态度。这对分析汇率波动幅度大的国家来说，尤其重要。

表 5A.4 2009 年“SIPRI 100 强”军火生产公司（不包括中国）[a]

表中的销售额和利润以百万美元为单位、点（..）表明该项数据无法获取、缩略语将在表后予以说明。

排名[b]		公司[c]	国家	军火销售部门	军火销售额		2009 年总销售额	2009 年军火销售额占总销售额的百分比	2009 年利润	2009 年雇员
2009	2008				2009	2008				
1	2	洛克希德·马丁	美国	Ac El Mi Sp	33430	29880	45189	74	3024	140000
2	1	BAE 系统	英国	A Ac El MV Mi SA/A Sh	33250	32420	34914	95	−70	98000
3	3	波音公司	美国	Ac El Mi Sp	32300	29200	68281	47	1312	157100
4	4	诺斯罗普·格鲁曼	美国	Ac El Mi Ser Sh Sp	27000	26090	33755	80	1686	120700
5	5	通用动力	美国	A El MV SA/A Sh	25590	22780	31981	80	2394	91700
6	6	雷声	美国	El Mi	23080	21030	24881	93	1976	75000
S	S	BAE 系统公司（BAE 系统，英国）	美国	A El MV SA/A	19280	19970	19276	100	1836	48020
7	7	EADS	跨欧洲	Ac El Mi Sp	15930	17900	59475	27	−1060	119510
8	8	芬麦卡尼卡	意大利	A Ac El MV Mi SA/A	13280	13240	25244	53	997	73060
9	9	L3 通信	美国	El Ser	13010	12160	15615	83	901	67000
10	11	联合技术	美国	Ac El Eng	11110	9980	52920	21	4179	206700
11	10	泰利斯	法国	A El MV Mi SA/A Sh	10200	10760	17890	57	178	64290
12	12	SAIC	美国	Ser Comp（MV）	8030	7350	10846	74	497	46200

排名[b]		公司[c]	国家	军火销售部门	军火销售额		2009年总销售额	2009年军火销售额占总销售额的百分比	2009年利润	2009年雇员
2009	2008				2009	2008				
13	14	计算机科学公司	美国	Ser	6050	5710	16128	37	834	94000
14	15	霍尼韦尔	美国	El	5380	5310	30908	17	2153	122000
15	13	KBRd	美国	Ser	4990	5730	12105	41	290	51000
16	25	SAFRAN	法国	El	4740	3020	14511	33	522	54870
17	16	ITT 公司	美国	El	4730	5170	10905	43	637	40200
18	22	通用电气	美国	Eng El	4700	3650	156783	3	19339	300000
19	17	劳斯莱斯	英国	Eng	4140	4720	15745	26	3453	38500
S	S	Sikorsky（联合技术）	美国	Ac	3980	3060	6318	63	..	..
S	S	普拉特 & 惠特尼（联合技术）	美国	Eng	3940	3550	12577	31	..	36000
20	19	AM 通用 e	美国	MV	3720	4040	..	..	..	..
S	S	MBDA（BAE 系统，英国/EADS，跨欧洲/芬麦卡尼卡，意大利）	跨欧洲	Mi	3610	3950	3611	100	330	9750
21	23	泰克斯顿	美国	Ac El Eng MV	3570	3420	10500	34	−31	32000
22	21	DCNS	法国	Sh	3340	3660	3342	100	179	12200

排名[b]		公司[c]	国家	军火销售部门	军火销售额		2009 年总销售额	2009 年军火销售额占总销售额的百分比	2009 年利润	2009 年雇员
2009	2008				2009	2008				
23	18	金刚石—安泰 f	俄罗斯	Mi	3260	4340	3659	89	..	90410
S	S	欧洲直升机公司（EADS，跨欧洲）	法国	Ac	3050	3610	6347	48	..	..
S	S	CASA（EADS，跨欧洲）	西班牙	Ac	2900	2510	3152	92	−268	6350
24	28	阿联特技术系统公司	美国	SA/A	2810	2680	4808	59	279	18000
25	24	三菱重工 g	日本	Ac MV Mi Sh	2810	3040	31430	9	151	67670
26	20	导航星	美国	MV	2800	3900	11569	24	320	17900
S	S	Agusta Westland（芬麦卡尼卡）	意大利	Ac	2800	2370	4833	58	285	10340
27	27	URS公司	美国	El	2770	2680	9249	30	269	45000
28	37	奥斯卡什公司	美国	MV	2770	2070	5295	52	−1099	12300
29	—	联合航空公司[f]	俄罗斯	Ac	2710	..	3592	75	−656	97500
30	32	艾尔比特系统	以色列	El	2700	2520	2832	95	215	11240
31	26	萨博	瑞典	Ac El Mi	2640	3000	3220	82	91	13160
32	29	莱茵金属	德国	A El MV SA/A	2640	2660	4750	55	−72	19770

排名[b]		公司[c]	国家	军火销售部门	军火销售额		2009 年总销售额	2009 年军火销售额占总销售额的百分比	2009 年利润	2009 年雇员
2009	2008				2009	2008				
33	33	洛克韦尔—柯林斯	美国	El	2580	2370	4470	58	594	19300
34	30	Agility	科威特	Ser	2480	2560	5922	42	543	32000
S	S	EADS 阿斯蒂姆（EADS，跨欧洲）	法国	Sp	2400	2200	6665	36	..	15000
35	47	达因国际公司 h	美国	Ser	2300	1860	3585	64	111	22300
36	44	科巴姆	英国	Comp（Ac El）	2260	1910	2929	77	290	11540
37	40	CEA	法国	Oth	2160	2010	5515	39	350	15720
38	42	斯科	英国	Ser	2110	1950	6184	34	203	70000
39	48	CACI 国际	美国	Ser	2080	1810	2730	76	95	12400
40	34	以色列航空工业公司	以色列	Ac El Mi	2030	2230	2900	70	61	17000
41	39	巴布考克国际集团	英国	Ser Sh Oth	2010	2020	2952	68	169	16640
42	49	古德里奇	美国	Comp（Ac）	2010	1770	6686	30	597	24000
43	46	纳瓦迪亚	西班牙	Sh	1980	1880	2197	90	—115	5520
44	53	三菱电气[g]	日本	El Mi	1950	1510	35837	5	1008	109570
45	45	印度航空	印度	Ac Mi	1950	1910	2169	90	359	34100
46	51	美泰科技国际告诉	美国	Ser	1920	1760	2020	95	112	8000

排名[b]		公司[c]	国家	军火销售部门	军火销售额		2009 年总销售额	2009 年军火销售额占总销售额的百分比	2009 年利润	2009 年雇员
2009	2008				2009	2008				
47	41	哈里斯	美国	El	1900	1980	5005	38	38	15400
S	S	阿林尼亚航空公司（芬麦卡尼卡）	意大利	Ac	1810	1820	2713	67	161	8970
48	35	奎奈蒂克	英国	Ser	1770	2170	2535	70	−99	13080
S	S	MBDA 法国（MBDA，跨欧洲）	法国	Mi	1740	2130	1740	100	117	4330
49	55	印度军火工业[i]	印度	A SA/A	1700	1380	2124	80	..	101450
50	43	克劳斯—马菲魏格曼[j]	德国	MV	1630	1950	1715	95	211	3150
51	31	Hewlett-Packard	美国	Ser	1580	2540	114552	1	7660	304000
52	52	拉法尔	以色列	Ac Mi SA/A Oth	1570	1530	1600	98	112	6000
53	50	蒂森克虏伯	德国	Sh	1550	1760	56338	3	−2601	187500
54	57	新科工程（淡马锡控股）	新加坡	AC El MV SA/A Sh	1450	1280	3813	38	305	21010
S	38	苏霍伊（联合航空公司）[f]	俄罗斯	Ac	1440	2040	1547	93	8	28000
55	36	达索航空集团	法国	Ac	1360	2100	4751	67	438	11650
56	58	VT 集团	英国	Ser Sh	1240	1210	1950	64	328	..

排名[b]		公司[c]	国家	军火销售部门	军火销售额		2009 年总销售额	2009 年军火销售额占总销售额的百分比	2009 年利润	2009 年雇员
2009	2008				2009	2008				
57	69	耐科斯特	法国	A MV SA/A	1230	850	1232	100	196	2690
S	S	泰利斯防空（泰利斯，法国）	英国	Mi	1210	1200	1212	100	115	. .
58	62	三星	韩国	A El MV Sh	1170	1010	172382	1	13833	275000
59	54	川崎重工[g]	日本	Ac Eng Mi Sh	1110	1480	12541	9	−14	32300
60	61	GKN	英国	Comp（Ac）	1110	1070	6578	17	−53	38200
61	73	肖氏集团[k]	美国	Ser	1100	800	7230	15	15	28000
S	S	BAE 系统澳大利亚（BAE 系统，英国）	澳大利亚	Ac Comp（El）Sh	1090	1090	1092	100	. .	6100
62	77	康斯堡·格鲁彭	挪威	El Mi SA/A	1090	740	2197	50	132	5420
63	65	迪尔	德国	Mi SA/A	1070	940	3063	35	30	12210
S	60	伊尔库公司（联合航空公司）[f]	俄罗斯	Ac	1060	1150	1160	91	52	12780
64	56	部队防护	美国	MV	980	1330	980	100	29	1170
65	63	Indra	西班牙	El	940	1000	3490	27	272	26180
S	S	三星技术（三星）	韩国	A El Eng MV	930	750	2070	45	221	6070

排名[b]		公司[c]	国家	军火销售部门	军火销售额		2009 年总销售额	2009 年军火销售额占总销售额的百分比	2009 年利润	2009 年雇员
2009	2008				2009	2008				
66	80	穆格	美国	Comp（El Mi）	920	720	1840	50	85	10010
67	59	TRV 公司[f]	俄罗斯	Mi	910	1170	988	92	65	23320
68	85	雅各布工程集团[l]	美国	Ser	880	670	11467	8	400	53200
69	68	精密卡斯特帕特公司	美国	Comp（Ac）	880	890	5487	16	923	18100
S	S	泰利斯荷兰（泰利斯，法国）	荷兰	El	880	770	880	100	56	..
70	67	巴拉特电子	印度	El	870	900	961	90	154	11770
71	87	芬卡提厄里	意大利	Sh	860	670	4540	19	−89	10530
72	72	VSE 公司	美国	Ser	840	830	1015	83	24	2530
73	70	Vertolety Rossii（OPK Oboronprom）[f]	俄罗斯	Ac	810	850	1817	45	173	37930
S	S	Selex 通信（芬麦卡尼卡）	意大利	Comp（El Oth）	810	900	1015	80	9	4280
74	78	超声电子	英国	El	810	730	1014	80	122	4160
75	71	麦格基特	英国	Comp（Ac）	810	830	1793	45	217	7200
76	90	Uralvagonzavod[f]	俄罗斯	MV	800	640	1143	70	−226	30490

排名[b]		公司[c]	国家	军火销售部门	军火销售额		2009 年总销售额	2009 年军火销售额占总销售额的百分比	2009 年利润	2009 年雇员
2009	2008				2009	2008				
S	—	米格（联合航空公司）[f]	俄罗斯	Ac	780	..	783	99	−332	11590
S	S	Selex 伽利略（芬麦卡尼卡）[m]	意大利	El	770	730	886	87	40	2770
77	64	NEC[g]	日本	El	770	950	38294	2	122	142360
78	76	SRA 国际	美国	El	760	750	1541	50	58	6980
79	88	柯蒂斯—赖特公司	美国	Comp（Ac Sh）	760	660	1810	42	95	7600
80	93	加莫瑞集团	英国	SA/A	750	620	785	96	109	3350
81	74	LIG Nexl	韩国	El	750	770	757	99	32	2490
82	79	MTU 航空公司	德国	Eng	740	730	3626	20	196	7670
83	91	阿里安科学与技术	美国	Ser	740	640	802	92	−17	3380
84	75	RUAG	瑞士	A AC Eng SA/A	730	760	1558	47	−98	7530
85	82	泰利达因技术	美国	El	730	680	1765	41	113	8100
86	95	库比克公司	美国	Ser	710	610	1017	70	56	7300
87	83	CAE	加拿大	El	710	680	1335	53	126	7000
88	—	Fluorn	美国	Ser	710	430	21990	3	684	36150
89	89	MITREo	美国	Ser	700	650	1263	56	..	7180

排名[b]		公司[c]	国家	军火销售部门	军火销售额		2009 年总销售额	2009 年军火销售额占总销售额的百分比	2009 年利润	2009 年雇员
2009	2008				2009	2008				
90	—	联合引擎公司[f]	俄罗斯	Eng	680	..	2279	30	−250	73730
91	92	Avio（Cinven，英国）	意大利	Eng	670	630	2364	28	54	5230
92	86	帕特利亚	芬兰	Ac MV SA/A	660	670	749	88	24	3410
93	84	菲亚特 p	意大利	MV	650	680	69586	1	−1178	190010
S	S	依维柯（菲亚特）	意大利	MV	650	680	9976	7	−125	24920
94	—	Aselsan	土耳其	El	640	490	670	96	119	3730
95	97	沃特飞机制造工业（卡莱尔集团）	美国	Ac	640	610	1900	34	..	5900
96	81	ARINC（卡莱尔集团）[q]	美国	Ser	640	700	1000	64	..	3200
97	98	艾斯特林技术	美国	Comp（A Ac SA/A Sh）	640	590	1425	45	120	8900
98	100	阿拉斯加楚加奇公司 r	美国	Ser	630	570	1000	63	..	6600
S	S	泰利斯澳大利亚（泰利斯，法国）	澳大利亚	A El MV Mi SA/A Sh	630	630	826	76	..	3410
S	S	MBDA 意大利（MBDA，跨欧洲）	意大利	Mi	610	540	612	100	14	1250

排名[b]		公司[c]	国家	军火销售部门	军火销售额		2009 年总销售额	2009 年军火销售额占总销售额的百分比	2009 年利润	2009 年雇员
2009	2008				2009	2008				
99	99	Aerospace 公司	美国	Ser	610	590	840	70	..	4000
100	—	AAR 公司	美国	Comp（Ac）Ser	610	510	1424	43	79	5930

缩略语索引：A=火炮；Ac=飞机；El=电子设备；Eng=发动机；Mi=导弹；MV=军用车辆；SA/A=轻武器/弹药；Sh=舰船；Sp=航空；Oth=其他；Comp（...）=部件、服务或任何小于括号内标明的最终系统的产品，只适用于不生产任何最终系统的公司。

a 尽管一些中国军火生产企业很大，足以排在“SIPRI 100 强”军火公司之内，但是由于缺乏具有可比性且非常准确的数据，因此还不能将这些公司列入其中。另外，其他国家，如哈萨克斯坦和乌克兰，也有大型的公司，如果能获得相关的数据也可能出现在“SIPRI 100 强”军火生产公司榜上，但这并不那么确定。

b 根据 2009 年的军火销售额对公司进行排名。用 S 标记的公司为子公司。破折号（—）表示该公司没被列入 2008 年的“SIPRI 100 强”军火生产公司内。公司名称和组织结构以 2009 年 12 月 31 日时为准。后续变化的有关信息标注在这些注释内。由于数据的不断更新，2008 年的排名可能与《SIPRI 年鉴 2010》中公布的排名有所不同。大多数情况下，这是因为公司自己提供的数据有变化，有时则是因为改进了估算值。重大修订将在下面的注释中说明。

c 对于控股公司或投资公司的下属公司，在其后的圆括号中标注了其母公司及所属国家名称。

d KBR 的军火销售数据是基于 LOGCAP III 的支付款和英国国防部的合同支付额估算的。

e 可公开获得的 AM 通用公司的财务数据很有限。SIPRI 对军火销售额数据的估算是基于两年内美国国防部授予的大宗合同额的平均值。

f 这是第 8 年把俄罗斯公司列入“SIPRI 100 强”军火生产公司的名单中。也许还有其他的俄罗斯公司也应该被列入，但是我们没有获得足够的数据。俄罗斯公司的数据来源于莫斯科战略与技术分析中心（CAST）。

作为两家新的俄罗斯国有大型集团公司，联合航空公司（UAC）和联合引擎公司（UEC），今年是第一年把它们的军火销售额（包括母公司及其子公司）作为一个整体上报。而往年它们的每家子公司的报表都是分开的，甚至有些就根本没有上报。今年已将伊尔库特（IrKut）、米格（MiG）以及苏霍伊（Sukhoi）作为联合航空公司的子公司。同时，联合引擎公司的报表也涵盖了子公司在内的所有的军火销售额。这里虽然 Vertolety Rossii 作为一家母公司，但是实际上它仍是 OPK Oboronprom 的子公司。关于俄罗斯军火生产工业合并的更多详细信息，可参见

S. 杰克逊撰写的“军火生产”，《SIPRI年鉴2010》，第261—262页；以及S. Perlo-Freeman等人撰写的“2007年‘SIPRI100强’军火生产公司”，《SIPRI年鉴2009》，第286—287页。

g 日本公司军火销售额一栏的数据表示军方授予的新合同，而不是军火销售额。

h 达因公司的军火销售数据是指来自美国国防部的收入，这个数据可能有所低估，因为有些与美国国务院签署的安全合同可能应属军事商业活动，根据SIPRI的定义，这些收入应列入“军火销售额”中。2010年，Veritas Capital将其所持的达因公司股份售于Cerberus Capital Management。

i 印度军火工业的所有数据都属估算的。

j 克劳斯—马菲魏格曼公司的军火销售数据是基于公司非军事销售额而进行的估算。

k SIPRI对肖氏公司的军火销售额数据的估算是基于两年内美国国防部授予的主要合同额的平均值。

l SIPRI对雅各布工程集团的军火销售额数据的估算是基于三年内美国国防部授予的主要合同额的平均值。

m Selex伽利略即原先的伽利略航空。

n Fluor公司的军火销售数据是基于美国国防部LOGCAP IV的合同支付额估算的。

o SIPRI对MITRE的军火销售额数据的估算是基于五年内美国国防部授予的主要合同额的平均值。

p 菲亚特的军火销售额是指其依维柯卡车和商业车辆部的军火销售额，该部门销售一些军用车辆。

q SIPRI对ARINC的军火销售额数据的估算是基于三年内美国国防部授予的主要合同额的平均值。

r SIPRI对阿拉斯加楚加奇的军火销售额数据的估算是基于两年年内美国国防部授予的主要合同额的平均值。

（吴翔　译）

附录 5B 2010 年主要军火工业的并购情况

文森特·布拉宁

一、导言

2010 年军火工业重现了大型合并和收购的情况。2009 年没有出现价值超过 10 亿美元的交易（“大宗交易”），但在 2010 年有三起。2010 年，军火生产商收购网络安全、情报与军事服务公司的势头在继续。除经济合作与发展组织（OECD）主要工业化国家内部和国家之间的收购外，非经合组织国家，如印度和阿联酋的公司也在美国和西欧进行了几次引人注目的收购。

本附录回顾了 2010 年军火工业重大的合并与收购活动。第二部分阐述了经合组织成员国公司的并购情况，第三部分阐述了非经合组织成员国公司的并购情况。

二、经合组织国家公司的并购情况

表 5B.1 列出了经合组织国家公司完成的主要军火工业并购的情况。大型军火生产公司推动了美国和西欧的合并与收购活动。有些公司收购较小的公司，以期填补生产线上的空白或让公司新股东发展某些特殊能力；另一些公司实施并购是为了进入新兴市场；还有一些公司卖出是为了摆脱某些非核心的资产。下面几起并购可以反映出这三种趋势：哈里斯收购全球连接服务，发展在远程和恶劣环境中的卫星通信服务能力；波音收购防御系统公司，该公司是正在兴起的网络安全与情报市场的服务供应商；霍尼韦尔向荷兰森萨塔技术公司出售旗

下的民用车载传感器业务。[1]

在经合组织内部的军火工业交易中，公布交易额大于或等于 1 亿美元的交易大部分发生在美国，且主要在美国公司之间进行。2010 年最大的交易是价值 13.3 亿英镑（20 亿美元）的英国巴布考克国际集团对 VT 集团的收购。VT 与巴布考克合并后的年收入有望达到大约 30 亿英镑（45 亿美元）。[2] 巴布考克此举主要是为了进入美国市场，因为 2009 年 VT 在美业务收入占其收入总额的 28%。[3] 除这起并购外，没有其他导致美国和西欧最大型军火工业公司进一步合并的重要交易——其他交易全都是对较小型公司的收购。当前的活动可能显示出军火工业正在进行重组，通过对诸如网络安全公司或生物测定解决方案供应商的战略收购扩大传统的军火市场。

像近几年一样，以色列公司 2010 年继续在以色列和美国实施并购战略。对高技术领域——如指挥、控制、通信、计算机、情报、监测和侦察（C^4ISR）以及空间——的并购成为重心，反映出一种更加普遍的趋势。吉莱特卫星网络收购了基地位于美国的浪潮集团，使吉莱特公司能更加便利地与美国国防部签订合同。[4] 埃尔比特系统购买了米卡罗的 4 个与 C^4ISR 相关的子公司，并将空间维护和服务公司 M7 宇航并入其美国子公司——美国埃尔比特系统。[5] 埃尔比特系统还通过收购巴西两家防务电子公司 Ares Aerospacial e Defesa

〔1〕 K. 瓦格斯塔夫—史密斯，“哈里斯通过卫星通信并购提升能力”，《简氏国防工业》，2010 年 11 月 9 日；G. 安德森，“波音公司继续 C^4ISR 和网络安全方面的收购”，《简氏国防工业》，2010 年 7 月 20 日；霍尼韦尔，“霍尼韦尔与森萨塔技术就出售车载传感器达成协议”，《新闻发布》，2010 年 10 月 8 日，网址：〈http://www51.honeywell.com/honeywell/news-events/press-releases-details/10.28.10SensataTechnologies.html〉。

〔2〕 G. 安德森，“VT 董事会接受巴布考克的收购价”，《简氏国防工业》，2010 年 3 月 24 日。

〔3〕 参见附录 5A；“巴布考克国际集团公开有限公司被建议收购 VT 集团公开有限公司”，2010 年 3 月 23 日，网址：〈http://investor.babcock.co.uk/publication.aspx〉，第 5 页。关于公司战略参见 G. 安德森，“英国公平贸易办公室允许巴布考克接管 VT 集团”，《简氏国防工业》，2010 年 6 月 25 日。

〔4〕 P. 塞尔登，“吉莱特耗资 1.3 亿美元收购浪潮，寻求扩大政府业务”，《空间新闻》，2010 年 10 月 13 日。

〔5〕 M. 拜尔，“埃尔比特购买 M7，扩大在美市场份额”，《简氏国防工业》，2010 年 12 月 15 日。

和 Periscopio Equipamentos Optronicos，扩大在南美的市场。[6]

保安工业的并购

2009 年凸显的这一趋势得以延续，预期保安服务和产品需求将增长，2010 年军火生产公司继续进行更广泛的保安工业收购。[7] 收购内容多种多样，包括销售给政府机构（如执法机构、情报机构和军队）或私营公司的警报系统、电子准入控制和生物测定、监视和安全咨询产品。

2010 年大量的合并和收购是对网络安全和情报服务公司的并购。[8] 在美国、英国等国，提供这些服务的市场被列为投入的重点。[9] 主要的军火生产公司（或他们的子公司），如波音、EADS、BAE 系统和雷声随之完成了收购。[10] 其他公司，如法国公司赛峰和美国公司 SAIC，实施了自己的战略，在 2010 年收购了本国生产生物测定或爆炸探测系统的保安公司。[11]

特别值得注意的是，西欧和加拿大军火公司在美国的最大规模收购大部分是对保安公司的收购。在 L—1 将情报服务单元出售给英国 BAE 系统后不久，赛峰收购了 L—1 身份解决方案，同时加拿大 CGI 集团收购了史丹利。[12] 2010 年，美国私募股权机构塞伯拉斯资本管理购买了基地位于美国的服务公司达因。[13]

---

〔6〕 G. 安德森，"埃尔比特的收购增强了其在巴西市场的份额"，《简氏国防工业》，2010 年 12 月 31 日。

〔7〕 S. T. 杰克逊，"军火生产"，《SIPRI 年鉴：2010》，第 264 页。

〔8〕 M. 赛瑟，"国防承包商发起攻势"，《华盛顿邮报》，2010 年 9 月 26 日。

〔9〕 美国国防部（DOD），《四年一度防务评审报告》（国防部：华盛顿特区，2010 年 2 月）；英国政府《在不确定的时代保护英国的安全利益：战略防务与安全审议》（文书局：伦敦，2010 年 10 月）。

〔10〕 D. 西莎拉曼，"军火制造商将重点从制造炸弹转向网络"，路透社，2010 年 9 月 10 日。

〔11〕 2009 年，赛峰收购摩托罗拉的生物测定单元，进入美国身份识别市场。杰克逊（同注释〔7〕）。

〔12〕 G. 安德森，"赛峰赢得以 10 亿美元收购 L-1 身份解决方案的角逐"，《简氏国防工业》，2010 年 9 月 20 日；G. 安德森，"BAE 系统获得 L—1 的政府咨询业务"，《简氏国防工业》，2010 年 9 月 20 日；G. 安德森，"BAE 完成对大西洋海事的收购"，《简氏国防工业》，2010 年 7 月 14 日。

〔13〕 "塞伯拉斯以 15 亿美元收购达因"，《纽约时报》，2010 年 4 月 12 日。

三、非经合组织国家公司的并购情况

2010 年，非经合组织国家公司进行的几起并购引人注目，因为它们反映出一些公司旨在挑战那些老牌军火生产公司。为了扩大在欧洲的市场，总部位于阿联酋的 MAR 收购了蒂森克努伯船舶系统的各种资产，包括汉堡布洛姆福斯造船厂和蒂森克努伯希腊造船厂。[14] 印度的马亨德拉以 4.63 亿美元收购了韩国军车生产企业双龙汽车。[15] 另一家印度公司塔塔先进系统购买了基地位于印度的 HBL ELTA 航空电子系统 74%的股份，成为一家与以色列航空工业公司（IAI）合资的企业，以色列航空工业公司通过其子公司 ELTA 系统拥有其余 26%的股份。[16]

尽管与军火生产没有直接关系，中国的中航国际以 1.86 亿美元从泰利达因技术收购了美国的商用航空航天生产企业大陆发动机公司。[17] 中航国际进行了第二次国际收购，成为中国发展两用能力、获取西方技术、占领国际市场特别是北美市场份额的国家大战略的一部分。[18] 这也标志着泰利达因将重心转移到其核心业务。[19]

〔14〕 R. 派迪伯恩，"蒂森克努伯对造船业的影响降低"，《国际预报》，2010 年 10 月 11 日。

〔15〕 J. 格莱维特，"马亨德拉同意收购双龙大部分股份"，《简氏国防工业》，2010 年 11 月 26 日。

〔16〕 V. 拉古凡什，"塔塔收购 HBL ELTA 航空电子大部分股份"，《防务新闻》，2010 年 11 月 26 日。

〔17〕 J. 格莱维特，"中国中航国际达成在美国的第二次收购"，《简氏国防工业》，2010 年 12 月 15 日。

〔18〕 格莱维特（同注释〔17〕）；J. 格莱维特，"中国的'十二五'规划计划将国防工业推向国际舞台"，《简氏国防工业》，2010 年 12 月 23 日。

〔19〕 泰利达因技术，"泰利达因技术同意向中航国际出售泰利达因大陆发动机公司"，《新闻发布》，2010 年 12 月 14 日，网址：〈http://www.teledyne.com/news/tdy_12142010.asp〉。

表 5B.1 2010 年经合组织军火工业的主要并购情况

表中列出了 2010 年 1 月 1 日—12 月 31 日间经济合作与发展组织（OECD）成员国宣布或完成的军火工业主要并购情况。虽然表中没有列出所有的并购情况，但是给出了具有重要战略意义和经济上值得注意的并购的总体概况。表中数字按当前价格计算，单位为百万美元。

买方公司(国家)/子公司(国家)[a]	被并购的公司(国家)	卖方公司(国家)[b]	交易价格(百万美元)[c]	收入或雇员人数[d]
北美地区（除特别指明的公司外全为美国公司）				
塞伯拉斯资本管理*	达因	公开上市[e]	1500	22500 名雇员
荃峰集团	沃特飞机工业	凯雷集团	1440	6000 名雇员
立德资产*	企业整合集团	洛克希德·马丁	815	6.26 亿美元
波音	防御系统公司	公开上市	775	1063 名雇员
哈里斯公司	冠岩通信	ASRY 合伙	525	3.59 亿美元
立德资产*	CPI 国际	公开上市	525	3.33 亿美元
雷神	应用信号技术	公开上市	490	2.03 亿美元
美高森美	阿尔卡特	公开上市	430	4600 万美元
哈里斯公司	全球连接服务	斯伦伯格信息解决方案	398	1.7 亿美元
AECOM 技术公司	麦克耐尔技术	立德资产*	355	1500 名雇员
泰利达因技术	DALSA（加拿大）	公开上市	351	1000 名雇员
B/E 宇航	TSI 集团	阿灵顿资本合伙*	310	1.55 亿美元
FLIR 系统	ICx 技术	韦克斯福德资产	268	1.68 亿美元
怀尔	CAS	ITT 公司	235	1100 名雇员
L—3 通信	英思特技术	私有	210	2.9 亿美元
AAR 公司	全球飞行服务	Xe 服务	200	1.75 亿美元
活力工业	托德造船公司	公开上市	130	800 名雇员
美高森美公司	怀特电子设计公司	公开上市	100	1600 万美元
美泰科技国际	MTCSC 有限公司	私有	75	8300 万美元

买方公司(国家)/子公司(国家)[a]	被并购的公司(国家)	卖方公司(国家)[b]	交易价格(百万美元)[c]	收入或雇员人数[d]
霍努克斯—德夫泰克(加拿大)	飞鹰工具和机械	私有	34	3800 万美元
泰克斯顿系统	米勒沃克斯	私有	..	2800 万美元
荃峰集团	结构科技	私有	..	2500 万美元
L—3 通信	机载技术	私有	..	2000 万美元
CACI 国际	系统元件	私有	..	1600 万美元
沃特防务系统	品质表现	私有	..	920 万美元
国家技术系统	机电解决方案	私有	..	750 万美元
罗克韦尔—柯林斯	蓝脊仿真	私有	..	250—500 万美元
轨道科学	航天器研发与制造公司	通用动力	..	325 名雇员
波音	CDM 技术	私有	..	130 名雇员
泰利达因技术/泰利达因科学与成像	最佳光学系统	私有	..	25 名雇员
泰克斯顿系统	起重机无线监控解决方案	私有	..	25 名雇员
跨大西洋：西欧并购北美地区的公司				
BAE 系统(英国)	大西洋海事(美国)	J. F. 雷曼 & 公司(美国)	352	1000 名雇员
史密斯集团(英国)/史密斯互联(英国)	互联装置(美国)	麦顿合伙*[f]	185	5.3 亿美元
BAE 系统(英国)	OASYS 技术(美国)	私有	55	65 名雇员
科巴姆(英国)	锐视野(美国)	私有	48	40 名雇员
凯姆瑞集团(英国)	梅卡美国(美国)	联合防御集团(美国)	59[g]	3200 万美元

买方公司(国家)/子公司(国家)[a]	被并购的公司(国家)	卖方公司(国家)[b]	交易价格(百万美元)[c]	收入或雇员人数[d]
赛峰（法国）/拉比纳尔（美国）	哈佛定制生产（美国）	私有	..	800 名雇员
巴布考克国际（英国）/VT 集团（美国）	长青无人系统（美国）	长青国际航空（美国）	..	30 名雇员
跨大西洋：北美并购西欧地区的公司				
泰利达因技术（美国）	因特莱克（英国）	公开上市	52	5900 万美元
柯蒂斯—赖特公司（美国）	专业电子服务（英国）	公开上市	22	900 万美元
西欧内部并购				
巴布考克国际（英国）	VT 集团（英国）	公开上市	2000	19.5 亿美元
劳斯莱斯（英国）	ODIM（挪威）	公开上市	236	3.4 亿美元
莱茵金属（德国）	斯拉姆德光电（挪威）	公开上市	92	9900 万美元
凯姆瑞集团（英国）	罗克·曼勒研究（英国）	西门子（德国）	88	400 名雇员
凯姆瑞集团（英国）	梅卡 SA（比利时）	联合防务集团（美国）	59[g]	1.22 亿美元
英德拉系统（西班牙）	英德拉宇航（西班牙）49%的股权[h]	泰利斯阿莱尼亚宇航（法国）	50	9700 万美元
惠灵汉姆（英国）*[i]	曼洛伊系统（英国）	公开上市	5	1800 万美元
超级电子（英国）	埃克斯泰科综合系统（英国）	私有	5	50 名雇员
泰利斯（法国）	SESO（法国）	私有	..	1600 万美元
DCNS（法国）	原理（法国）33%的股份[j]	私有	..	1800 万美元

买方公司(国家)/子公司(国家)[a]	被并购的公司(国家)	卖方公司(国家)[b]	交易价格(百万美元)[c]	收入或雇员人数[d]
EADS（跨欧洲）/阿斯特里姆（法国）	耶拿光电（德国）	耶拿（德国）	..	4200 万美元
莱茵金属（德国）	SEI（意大利）	EPC 集团（法国）	..	2000 万美元
其他				
吉莱特卫星网络（以色列）	浪潮公司（美国）	私有	130	7000 万美元
埃尔比特系统（以色列）	塞马、索尔塔姆系统和 ITL 光电（以色列）87.85%的股份[k]	米卡罗（以色列）	87	..
埃尔比特系统（以色列）/埃尔比特系统美国（美国）	M7 宇航（美国）	私有	85	500 名雇员
米卡罗（以色列）	米卡罗（以色列）19%的股份[k]	埃尔比特系统（以色列）	18	2.4 亿美元[l]
奥斯特（澳大利亚）	澳大利亚技术信息（澳大利亚）	公开上市	..	500 万美元

* 表示投资公司

a 这类案例中并购是由子公司完成，而不是由母公司直接完成，故列出子公司的名字。

b“公开上市”指的是公司的股份在本国证券交易市场公开交易，没有单个主要股东。“私有”指公司由一个或多个私人股东拥有，股份不在任何市场上交易。

c 如果交易价格不是以美元计算，那么采用并购交易当月国际货币基金的平均交易汇率进行货币转换。公司有时不公布交易额。

d 如果知道，就列出被并购公司的年收入（2009 年的实际收入，或者是 2010 或 2011 年的预期收入）。如果收入不以美元计算，那么采用那一年国际货币基金的平均交易汇率进行货币转换。如果不知道被并购公司的年收入，那就列出所知的被并购公司的雇员人数。在各地区分类中，并购首先按照交易规模的顺序排列，其次按照被并购公司收入的顺序排列。如果只知道雇员人数，那么就根据对被并购公司可能的收入范围的保守估计列出并购情况。

e 立德资产拥有达因 34.9%的股份。

f 互联装置在 2007 年被麦顿合伙领导下的一个集团购买。该集团旗下的其他公司分别是奎尔维斯特美国、麦迪逊资本基金和汉考克资本管理。

g 5900 万美元是凯姆瑞集团并购梅格 SA（比利时）和梅格美国（美国）两家公司的综合交易额。联合防务集团因出售其大部分资产于 2010 年 10 月 1 日解散。

h 英德拉已经拥有英德拉宇航 51%的股份。

i 反收购的结果是惠灵汉姆改名为曼洛伊公开上市有限公司，并在伦敦交易所另类投资市场发行股票。

j 原理公司被 DCNS、2 名经营者和原理公司管理团队收购。

k 埃尔比特耗资 8700 万美元从米卡罗收购了塞马（100%的股份）、索尔塔姆系统（100%的股份）和 ITL 光电（87.85%的股份）。这三家子公司是米卡罗集团的主要运营单位。ITL 光电的年收入为 5800 万美元。

同时，米卡罗的股东购买了米卡罗 19%的股份，这些股份曾在 2009 年被埃尔比特收购。

l 该数据是米卡罗 2008 年公布的集团收入。

（何毅丹　译）

第六章 国际武器转让

保尔·霍尔托姆 马克·布罗姆利

皮埃特·D·魏泽曼 西蒙·T·魏泽曼

第一节 导言

2006—2010 年与 2001—2005 年相比，国际武器转让量增长了 24%（见图 6.1）。[1] 2006—2010 年五个最大的武器供应国依次是美国、俄罗斯、德国、法国和英国——占整个主要常规武器出口量的 75%，2001—2005 年这一数字为 80%（见表 6.1）。美国的武器生产商和欧洲主要武器供应国预料其政府将调低原定的国内采购计划，因而出口作为其收入来源的重要性增加了。本章第二节论述了美国和俄罗斯这两个最大的武器供应国 2010 年的重要动向。

2006—2010 年主要的武器输入地在亚洲和大洋洲（占整个主要常规武器进口的 43%），其次是欧洲（21%），中东（17%），美洲（12%）和非洲（7%）。印度占所有主要常规武器进口的 9%，是 2006—2010 年最大的武器接受国，将中国推至第二位，占 6%，其后依次是韩国（6%），巴基斯坦（5%）和希腊（4%）。第三节讨论印

〔1〕 SIPRI 有关武器转让的数据指的是实际交付的主要常规武器。SIPRI 使用趋势指示值（TIV）以便与其他常规武器的交付数据进行比较并确定总的趋势。趋势指示值只显示国际武器转让量而非实际金额。鉴于每一年的转让都在变动，这里以 5 年平均变化值为基准，以便对主要常规武器的转让作较稳定的衡量。对趋势指示值的描述及计算方法见附录 6A 和 SIPRI 武器转让项目网页：〈http：//www.sipri.org/databases/armstransfers/background〉。

度位次的变化，对印度的技术转让以及对印度及其邻国巴基斯坦武器转让的总体情况。

对存在武装冲突地区的武器出口从没有停止过。欧盟成员国试图用防止冲突的一般标准和国际人道主义法保证其武器出口决定的连贯性。然而，在 2008—2009 年以色列对加沙地带采取军事行动前后，欧盟成员国在向以色列提供武器的问题上出现了分歧；2008 年 8 月南奥塞梯冲突前后，欧盟在向格鲁吉亚和俄罗斯提供武器的问题上也出现了分歧。这些将在第四节予以探讨，第五节是简单的结语。

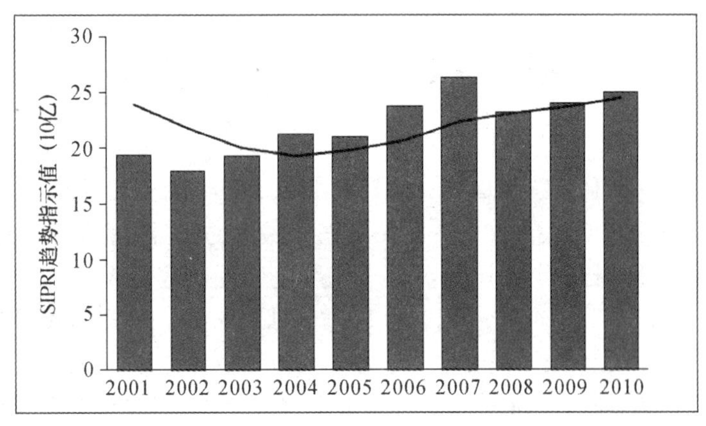

图 6.1 2001—2010 年主要常规武器转让的趋势

注：竖柱表示每年的总额，曲线表示 5 年期的平均变动值。5 年平均变动值标定在每 5 年期的最后一年。见附录 6A 对 SIPRI 趋势指示值的解释。

资料来源：SIPRI 武器转让数据库，截至 2011 年 2 月 14 日，网址：〈http://www.sipri.org/databases/armstransfers/〉。

附录 6A 解释了 SIPRI 数据收集的方法，并提供了 2006—2010 年所有接受国和供应国主要常规武器转让的数据。附录 6B 提供了 2000—2009 年官方的订单、出口许可证和武器出口金额。[2] 附录 6C 介绍了武器转让领域现有国际透明机制的状况。除非特别标注，本章

〔2〕 SIPRI 趋势指示值不反映武器出口的金额或全球武器贸易等额金额。

所用的交付和合同信息来自 SIPRI 武器转让数据库。[3]

表 6.1　2006—2010 年五个最大的主要常规武器供应国及其主要接受国

供应国	占全球武器转让份额（%）	主要接受国（占供应国转让份额，%）		
		第一	第二	第三
美国	30	韩国（14）	澳大利亚（9）	阿联酋（8）
俄罗斯	23	印度（33）	中国（23）	阿尔及利亚（13）
德国	11	希腊（15）	南非（11）	土耳其（10）
法国	7	新加坡（23）	阿联酋（16）	希腊（12）
英国	4	美国（23）	沙特（19）	印度（13）

资料来源：SIPRI 武器转让数据库，网址：〈http：//www.sipri.org/databases/armstransfers〉。

第二节　主要武器供应国：美国和俄罗斯

美国和俄罗斯自冷战结束以来一直是具有主导地位的武器出口国。其 2010 年的实际转让及武器出口政策的重大变化论述如下。

美国

美国是 2006—2010 年最大的主要常规武器出口国，占全球武器转让的 30%。亚洲和大洋洲占美国对外主要常规武器转让的 44%，其后是中东（28%）和欧洲（19%）。美国对其东亚和中东盟国的武

〔3〕 SIPRI 武器转让数据库，网址：〈http：//www.sipri.org/databases/armstransfers〉。该数据库涵盖了从 1950 年到 2010 年的各种武器转让的数据，2006—2011 年的数据和 2010 年的数据也是本章大部分数据的基础，来自“2010 年主要常规武器登记册”和“2006—2010 年常规武器转让登记册”，见网址：〈http：//www.sipri.org/databases/armstransfers/recent_trends〉。本章所依据的数据截至 2011 年 2 月 14 日。由于 SIPRI 武器转让库每年都会更新，因此本章的数字可能与以前各版《SIPRI 年鉴》有出入。

器转让与这些国家分别感到的来自朝鲜、伊朗的威胁以及美国的总体利益有关。[4] 最近这些年，向这些地区的盟国提供更先进武器系统的决定被合理化了，理由是这能够使这些国家更效地满足自身安全需求，进而减少美国在海外的驻军。[5]

2006—2011 年美国五大武器接受国中 3 个在亚洲和大洋洲：韩国（14%），澳大利亚（9%）和日本（6%）。这些国家在这一时期从美国接受了海军装备和各种军用飞机。它们还接受了美国部件，用于装备本国生产的驱逐舰和护卫舰。2008 年与韩国达成的 F-15K 交易自 2010 年起开始交货。美国还同时交付了首批 5 艘（总共 8 艘）P—3CK 反潜和海上监视飞机。这些转让的重要意义因 2009 年 11 月以来朝韩双方在争议海域一连串的冲突而更加凸显了。[6]

2006—2010 年美国武器在中东地区的主要目的地有：阿拉伯联合酋长国（占美国武器出口的 8%）、以色列（7%）和埃及（4%）。在这一时期，美国对中东地区的武器出口包括防空系统和大量的作战飞机。2010 年 10 月，美国宣布拟向沙特转让一揽子武器和军事装备，具体包括：84 架 F-15S 战斗机、66 架 AH-64D 和 36 架 AH-6S 战斗直升机、对沙特 70 架 F-15S 战机进行现代化改造以及各种导弹和制导炸弹。美国国防部将拟议的军售计划提交国会，作为美在 15—20 年内“加强地区安全和沙特防务能力工作的一部分”。美国政府试图低调处理这笔军售表明，这一交易很大程度上与对伊朗的关切有关。[7] 白宫还宣称，与以色列就此进行了讨论，以领导人并不反对。尽管美国国会批准了该计划，有 198 名议员致信国防部长罗伯特·盖茨和国务卿希拉里·克林顿，要求解释这项军售的政策目标、

---

〔4〕 关于美国军售与外交和安全政策，参见安全援助管理防务研究所（DISAM）：“安全援助的管理”，第 30 版（DISAM：Wright-Patterson 空军基地，俄亥俄，2011 年 1 月），第二章。

〔5〕 M. Kimes：“美国最火的出口：武器”，CNN，2011 年 2 月 11 日，网址：〈http：//money. cnn. com/2011/02/10/news/international/america _ exports _ weapons _ full. fortune/index. htm〉。

〔6〕 例如，军内外联合调查组（JIG）：韩国“天安”号沉船事件调查结果（韩国国防部）首尔，2010 年 5 月 20 日。

〔7〕 美国国务院，关于暂停军售的吹风会，《特别吹风会简报》，2010 年 10 月 20 日，网址：〈http：//www. state. gov/t/pm/rls/rm/149749. htm〉。

要应对的威胁以及沙特是否是一个可以依赖的盟国。[8] 盖茨和希拉里回应道，该交易与长期的安全关系有关，并能提高沙特防御恐怖分子和地区威胁的能力。[9]

波兰和英国在2006—2010年间占据了美国对欧武器出口的最大份额，分别占美国整个武器出口额的5%和4%。美国向参与阿富汗和伊拉克使命的欧洲盟国出售、或提供贷款和捐赠部分主要常规武器。向英国交付的装甲车、运输和电子侦察飞机、制导炸弹和无人飞机（UAV）与英国在阿富汗的行动直接相关。波兰接受了装甲车和无人机用于阿富汗的行动，意大利则接受了无人机。

2010年英国政府宣布，它从美国仅接受了一个型号的F-35联合攻击机（JSF），确认了早先外界对英国将取消采购短距起飞和垂直降落的F-35B的猜测。[10] 2010年初有报道说，英国国防部计划采购的F-35的数量将从140架降至70架，但2010年5月新上任的英国政府到年底也没有宣布拟购买F-35的数量。[11] 英国决定放弃对F-35B的兴趣也确信影响意大利对短距起飞和垂直降落飞机延伸型号的兴趣。[12] 荷兰计划采购的85架F-35仍在审议之中，有可能削减订购数量，甚至会取消，转而寻求欧洲机型。[13]

---

〔8〕美国国会："国防部部长盖茨就向沙特出售武器一事致国务卿希拉里．克林顿的函"，2010年11月10日，网址：〈http：//www.fas.org/blog/secrecy/2010/11/saudi_arms_deal.html〉；M. Sugrue："与沙特的军售交易取得进展"，《今日军控》，第40卷第10期（2010年12月）。

〔9〕罗伯特·盖茨和希拉里·克林顿："致众议院外交事务委员会主席赫华德·L·伯曼的函" 2010年11月16日，网址：〈http：//www.fas.org/blog/secrecy/2010/11/saudi_arms_deal.html〉。

〔10〕英国国防部："在不确定时代确保英国的安全：战略防御与安全评估"，Cm 7948，（文书局：诺威治，2010年10月），第24页。

〔11〕R. Norton-Taylor："国防部在拯救飞机项目的同时削减喷气战机订单"，《卫报》，2010年1月12日。

〔12〕T. Kington："意大利拖延JSF STOVL计划，考虑裁减数量"，《防务新闻》，2010年12月8日。

〔13〕13 R. Van der Kloor："马克·鲁特首相：JSF不是唯一的选项"，Elsevier，2010年12月3日；"议会想购买较少的JSF"，AD，2010年10月10日。

对美国武器出口全面审议后提出的第一批建议已于 2010 年公布。美国政府建议对美国出口控制制度做出四项重要改革：(a) 改变控制清单；(b) 单一的出口许可签发机构；(c) 建立出口执法协调中心；(d) 计划在 2011 年用同样的信息技术系统将国防部和国务院联系在一起，以改进许可证申请审查的效率。〔14〕 这些改革的提出旨在解决现行制度无法完成“防止有害出口，促进良性出口”的重要任务，也无法满足美国亲密盟国的需求。〔15〕 2010 年 8 月，美国总统奥巴马将拟议的改革与“加强美国制造业和技术部门的竞争力”联系在一起，作为增加美国出口，创造就业岗位努力的一部分。〔16〕

俄罗斯

俄罗斯占 2006—2010 年国际武器转让总量的 23%。亚洲占俄罗斯主要常规武器出口的 67%，其次是非洲（14%）、美洲（8%）和中东（8%）。印度是俄罗斯武器的最大接受国（见第三节）。中国是这一时期俄罗斯的第二大武器接受国，主要因为有 2006—2007 年间的交付。

2010 年，俄罗斯议会开始修订联邦军技合作法律，要求俄罗斯

〔14〕 美国国防部：“国防部长罗伯特·盖茨关于涉及国家安全商务活动的发言（出口控制改革）”，华盛顿，DC，2010 年 4 月 20 日，网址：〈http：//www. defense. gov/speeches/speech. aspx? speechid=1453〉；白宫：“总统出口改革倡议情况资料”，2010 年 4 月 20 日，网址：〈http：//www. whitehouse. gov/the-pressoffice/fact-sheet-presidents-export-control-reform-initiative〉；白宫：“奥巴马总统为新的出口控制制度确立基础，以加强国家安全和提高美国关键制造业和技术部门竞争力”，2010 年 8 月 30 日，网址：〈http：//www. whitehouse. gov/the-press-office/2010/08/30/president-obama-lays-foundation-a-new-export-control-system-strengthen-n〉；白宫：“奥巴马总统宣布实施美国新出口控制制度的第一个步骤”，2010 年 12 月 9 日，网址：〈http：//www. whitehouse. gov/the-press-office/2010/12/09/president-obama-announces-first-steps-toward-implementation-new-us-expor〉。

〔15〕 国防部（同注释〔14〕）。

〔16〕 白宫：“总统在商务部年度出口控制更新会议上的讲话录像”，2010 年 8 月 30 日，网址：〈http：//www. whitehouse. gov/the-press-office/2010/08/30/video-remarks-president-department-commerce-annual-export-controls-updat〉。

武器接受国尊重俄罗斯的知识产权。[17] 俄政府、公司和媒体继续对中国仿制其武器系统表达忧虑，但关切的重点已转到对于中国逐渐成为国际市场竞争者这一方面。2010 年 7 月的两件事情说明了这一点。[18] 第一件事，俄罗斯政府启动了一项研究，题目是“中国武器与装备制造商的出口战略与策略：成功现象与关键的竞争优势”，以便更好地理解在武器出口方面来自中国的竞争。[19] 第二件事，米格和苏霍伊飞机设计局的老总米哈伊尔·波戈申致信负责管理俄罗斯武器贸易的俄罗斯出口公司，称他不愿看到俄罗斯再与中国签订转让 RD－93 飞机引擎的大型合同，因为中国的歼－17 战机与俄罗斯出口的米格－29 战机形成竞争。[20] 比如，俄罗斯试图向埃及出售米格－29，而中国和巴基斯坦则提出与埃及共同生产歼－17。[21] 歼－17 与 2010 年初斯里兰卡的订单也形成了竞争关系，当时俄罗斯已经同意向斯里兰卡提供 3 亿美元的购机贷款。[22] 2009 年底，在同中国歼－17 和歼－10 飞机的直接竞争中，俄罗斯赢得了缅甸 20 架米格－29 的订单。俄罗斯还向缅甸提供了米－24 和米－2 直升机。尽管担心中国

---

〔17〕 政府主管委员会（关于俄罗斯与外国进行军事技术合作联邦法修正案草案），《新闻简报》，2010 年 9 月 9 日，网直一：〈http://government.ru/docs/12096/〉；关于将联邦法律项目提交俄罗斯国家杜马事宜，2010 年 10 月 5 日政府令第 1672 号，网址：〈http://government.ru/gov/results/12484/〉；俄罗斯国家杜马（2010 年 11 月 24 日全会之后），2010 年 11 月 24 日，网址：〈http://www.duma.gov.ru/news/273/60499/?sphrase_id=41787〉。

〔18〕 P. Holtom、M. Bromley 和 P. D. Wezeman：“国际武器转让”，《SIPRI 年鉴 2008》，第 299—300 页；S. T. Wezeman、M. Bromley 和 P. D. Wezeman：“国际武器转让”，《SIPRI 年鉴 2009》，第 309—310 页；E. Sozaev-Guryev：“抄袭者的武器，对俄罗斯经济安全的威胁”，《今日俄罗斯》，2010 年 2 月 9 日；“俄罗斯和中国处理非法武器生产问题”，俄新社，2010 年 11 月 16 日，网址：〈http://en.rian.ru/world/20101116/161357132.html〉。

〔19〕 I. Azar：（无耻的东邻），Gazeta.ru，2010 年 7 月 8 日，网址.〈http://www gazeta.ru/politics/2010/07/08_a_3396043.shtml〉。

〔20〕 “俄罗斯的代表作米格和苏霍伊战机与中国的克隆品进行竞争”，《真理报》，2010 年 7 月 6 日。

〔21〕 Azar（同注释〔19〕）。

〔22〕 “斯里兰卡可能会选择俄罗斯战机”，Vzglayd，2010 年 10 月 23 日；“俄罗斯为斯里兰卡提供 3 亿美元装备采购贷款”，俄新社，2010 年 2 月 5 日，网址：〈http://en.rian.ru/business/20100205/157784169.html〉。

的仿制和竞争，俄罗斯仍维持着与中国的武器转让关系。2010 年末，俄中两国达成了交付更多 JF－17 用 RD－93 引擎的合同。据报道，两国讨论了多个项目订单的前景，包括 2017 年转让苏－35 战机、S－400 防空系统以及伊尔－476 大型运输机等。[23]

俄罗斯与伊朗和叙利亚在 2010 年的武器交易备受关注，也极具争议。对叙利亚，俄罗斯国防部员和俄罗斯出口公司的官员在转让米格－29、米格－31 战机以及 Yakhont 反舰导弹问题上相互矛盾。[24] 对伊朗，俄罗斯总统梅德韦杰夫决定将 S—300 系统纳入执行联合国对伊武器禁运的范围之内，导致伊朗国防部长艾哈迈德·维希迪（Ahmad Vahidi）称俄罗斯“是靠不住的”。[25] 俄罗斯分析人士也担心，该决定影响俄罗斯作为“可靠”供应国的信誉，也影响俄罗斯对其他遭受武器供应国限制的国家转让武器的意愿。[26]

2010 年有猜测认为，原打算出售给伊朗的 S-300 防空系统将提供给阿塞拜疆，或委内瑞拉。[27] 近几年，阿尔及利亚、白俄罗斯、利比亚和哈萨克斯坦要么也提交了订单，要么已同俄讨论过采购事

---

〔23〕“俄罗斯准备向中国出售苏－35 战机”，俄新社，2010 年 11 月 16 日，网址：〈http：//en. rian. ru/mlitary _ news/20101116/161359301. html〉；“俄罗斯拟再向中国出售 RD—93 喷气发动机”，俄新社，2010 年 11 月 16 日，网址：〈http：//en. rian. ru/mlitary _ news/20101116/161360534. html〉；A. Nikolskiy：“中国没有复制任何东西”，Vedomosti，2010 年 11 月 23 日。

〔24〕“俄罗斯信守向叙利亚出售 P—800 反舰导弹承诺”，俄新社，2010 年 9 月 17 日，网址：〈http：//en. rian. ru/mlitary _ news/20100917/160619506. html〉；“俄罗斯武器公司拒绝 Yakhont 导弹转让合同”，俄新社，2010 年 10 月 28 日，网址：〈http：//en. rian. ru/mlitary _ news/20101028/161116508. html〉；“官员称，俄罗斯向叙利亚出售军机和防空系统”，法新社，2010 年 5 月 14 日；“俄罗斯武器出口商否决对向叙利亚转让米格－31 战机合同”，俄新社，2010 年 10 月 27 日，网址：〈http：//en. rian. ru/mlitary _ news/20101027/161102905. html〉。

〔25〕“伊朗防长：俄罗斯是靠不住的”，Press. tv，2010 年 9 月 26 日，网址：〈http：//www. presstv. ir/detail/144103. html〉。关于对叙利亚的禁运，见本卷附录 11A。

〔26〕“俄罗斯返还伊朗购买 S—300 反导系统预付款 1. 668 亿美元”，俄新社 2010 年 10 月 7 日，网址：〈http：//en. rian. ru/russia/20101007/160869597. html? id=〉；“伊朗导弹交易案使俄罗斯形象受到玷污”，法新社，2010 年 10 月 8 日。

〔27〕A. Nikolskiy：“不选择伊朗，选择巴库”，Vedomosti，2010 年 7 月 29 日。

宜。2010年末，亚美尼亚首次披露，该国从俄罗斯采购了S-300系统。[28] 这是近几年对亚美尼亚鲜为人知的主要常规武器转让。俄罗斯还在2006—2010年向阿塞拜疆提供了坦克和装甲车，而且正在洽谈其他装备的转让问题。阿塞拜疆在2006—2010年的武器进口额比2001—2005年高出323%。在阿塞拜疆寻求国外援助发展其本国军工产业的同时，白俄罗斯、以色列和乌克兰向阿塞拜疆转让了大量的坦克、装甲车、飞机和火炮。这些军火采购是在阿塞拜疆在那戈尔诺卡拉巴赫地区问题上不断向亚美尼亚发出战争言论的背景下进行的。[29]

2010年2月，俄罗斯总理普京称，俄罗斯的武器出口对俄罗斯的经济和外交目标都很重要。[30] 2010年11月初，普京对俄罗斯出口公司发挥的作用表示祝贺。从2000年到2010年俄罗斯的武器出口增加了150%，出口收入的增加使得财政增长，也有利于军工产业的自身发展。[31] 2010年11月，俄罗斯联合船舶公司对俄罗斯出口公司的垄断整套武器系统出口谈判的地位提出了挑战，要求获得同样的谈判权利。[32] 联合船舶公司的这项要求被否决，就像2006年否绝刚刚组建的联合飞机公司一样。[33]

---

〔28〕 E. Danielyan："亚美尼亚展示先进的空防系统"，Eurasia Daily Monitor，2011年1月19日。

〔29〕 国际危机小组（ICG）："亚美尼亚和阿塞拜疆：防止战争"，《国际危机小组欧洲简报》第16期（ICG：布鲁塞尔，2010年2月8日）。

〔30〕 俄联邦总理，"普京总理会见工业与贸易部长维克多·克里斯登科和联邦军事技术合作事务负责人米哈伊尔·迪米特里耶夫"，2010年2月15日，网址：〈http：//premier. gov. ru/eng/events/news/9412/〉。

〔31〕 俄联邦总理，"普京总理在公司10周年会上会见俄罗斯军品出口公司经理"，2010年11月3日，网址：〈http：//premier. gov. ru/eng/events/news/12844/〉。

〔32〕（海军司令），《生意人报》，2010年11月19日。21家企业可以独立地与非俄罗斯客户签订维修、升级等内容的合同，包括联合船舶公司的一些子公司。联邦军事技术合作事务部，（俄罗斯的军事技术合作项目），2010年2月25日，网址：〈http：//www. fsvts. gov. ru/materials/025409B812D3364FC32576E8003D068C. html〉。

〔33〕 "俄罗斯最大船舶制造商争取武器出口地位"，俄新社，2010年11月19日，网址：〈http：//en. rian. ru/mlitary _ news/20101119/161403037. html〉。

第三节　对印度和巴基斯坦的武器转让

印度和巴基斯坦属于世界上最大的主要武器进口国之列。2006—2010 年，印度成为全球最大的武器进口国，占全球主要常规武器进口量的 9%，巴基斯坦位于全球第四位，占全球主要常规武器进口量的 5%。印度在 2006—2010 年的主要常规武器进口量比 2001—2005 年高出 21%，而巴基斯坦则增长了 128%。从尚未交付的订货数据以及计划采购的情况看，两国在未来几年内仍将是主要的武器进口国。两国均拥有大量过时的武器库存，比如印度官员就强调，最近和即将进行的采购意在替换这些武器。〔34〕然而，采购模式也反映出两国均在采购先进的远程武器，为各自的武装力量增加了新的能力。本节讨论印度和巴基斯坦近来和计划进行的武器采购及其与两国国内因素、次区域（主要是印度和巴基斯坦之间）和区域冲突、紧张和目标之间的关系。〔35〕

两国的防务政策都缺乏官方阐释性文件。然而，印巴两国政府和军方领导人的大量言论表明，两国内部和外部的安全问题影响着两国的防务政策。防务问题在当地媒体上也有讨论，常常有增加武器采购的情绪。印巴冲突依然是两国采购武器种类和数量的决定性因素。在 2008 年 11 月孟买遭受恐怖分子袭击后，印度的武器采购尤其如此。印度指责巴基斯坦应对此次恐怖袭击事件负责。〔36〕

国内的冲突（其中有些与印巴冲突有关）也是武器采购的重要动

---

〔34〕 印度认为 70%的武器现已过时。B. Majumdar：“报道称，印度军事装备有一半已经过时”，路透社，2010 年 1 月 13 日，网址：〈http://in.reuters.com/article/2010/01/13/idINIndia—45355320100113〉；G. Vanetsov：“俄罗斯没有离开印度市场的打算”，“俄罗斯之声”，2010 年 10 月 7 日，网址：〈http://english.ruvr.ru/2010/10/07/24601050.html〉。

〔35〕 还有其他明显的动因，如军事、武器工业和不同政治集团或个人的利益等，但这里暂不讨论。

〔36〕 印度国防部：2009—2010 年度报告（国防部，新德里，2010），第 8 页；S. Thapliya：“印度的外交政策：一团乱麻 62 载”，《印度防务评论》第 24 卷第 4 期（10/12，2009）。

因。与中国的紧张关系也被看作是印度采购的重要动因，当然还有印度对于作为地区乃至全球领导者的欲望。[37]

多年来，两国尝试发展本国的军事工业以满足本国大部分的武器出口，但并不成功。印度军工部门仅能满足本国武器需要的 30%，尽管印度投入很大，力图实现数十年来确定的目标——至少满足本国武器需求的 70%。[38] 由于国内冲突的增加，巴基斯坦较小的军工业连向政府军提供弹药都面临困难。[39] 因此，两国都高度依赖外国的供应。比如，巴基斯坦 2001—2010 年所有投入服役的战斗机、坦克和主要军舰都源于国外。同样，印度同期投入服役的所有战斗机、75%的坦克和 27%的主要舰只也是进口的。两国似乎将继续高度依赖武器进口来满足其武器采购计划。

印度

1991 年以来，印度的主要武器供应国一直是俄罗斯。这种情况在 2006—2010 年依然如此，俄罗斯对印占印度武器转让总量的 82%，英国虽然处于第二位，但只占 6%。1990 年代中期以来，以色列进入对印主要供应国的行列，占印度 2006—2010 年武器进口量的 3%。

印度作为武器出口市场的价值激增，也使其拥有了讨价还价的砝码，可以规定购买条件，也可以给与供应国经济上的好处，使之按照

〔37〕 Thapliyal（同注释〔36〕）；D. S. Rajan：“中国是如何看待印度的新防务学说的”，Rediff. com，2010 年 1 月 7 日，〈http：//news. rediff. com/column/2010/jan/07/how-china-views-indias-new-defencedoctrine. htm〉；“印度的新防务政策将带来 1000 亿美元商机”，路透社，2009 年 10 月 30 日，〈http：//in. reuters. com/article/2009/10/30/idINIndia—43557720091030〉；本卷第 4 章第五节。

〔38〕 G. Arthur：“竞争激烈的亚洲防务市场”，《亚洲军事评论》，第 17 卷第 9 期（2009 年 11 月），第 30 页；J. Grevatt：“印度防务部门面临一年的不安”，《简氏防务周刊》，2010 年 12 月 8 日，第 16 页；J. Joseph：“告别外国武器？”《印度时报》，2010 年 8 月 1 日；印度国防部，“军工生产政策”，2011 年 1 月 1 日，网址：〈http：//mod. nic. in/dpm/DPP-POL. pdf〉；V. K. Bhatia：“观点”，SP’s Aviation，2011 年 1 月，第 7 页；网址：〈http：//spsaviation. net/archive. asp？ year=2011〉。

〔39〕 J. Grevatt：“Muhammad Ijaz Hussain Awan 少将访谈”，《简氏防务周刊》，2010 年 5 月 26 日，第 34 页。

印度的需求进行合作。[40] 这样，外国政府和武器供应商常常同意印度十分苛刻的采购程序，包括要求直接补偿和技术转让等。[41] 印度可以作为反恐的战略盟友，也可以“平衡”中国日益增长的军力。这样的想法（主要来自美国）也是对印出售先进武器的原因。[42]

印度长期存在着国内冲突，主要集中在克什米尔地区，这也是印巴冲突的根源。2010 年，印度政府与毛主义者纳萨尔叛军之间在印度东部广大地区的冲突升级。[43] 纳萨尔被认为是印度国家安全的严重威胁，印政府计划部署 5 万人的军队对付纳萨尔叛军。对付纳萨尔叛军的军队和准军事部队也需要武器装备来武装。此类采购包括装甲车、直升机、无人飞机，这些主要靠从国外采购。[44] 印度数十亿美元资金的一部分计划用于采购步枪、夜视系统和其他单兵装备（如头盔、防弹背心、制服、无线电设备等），这也与国内冲突有关，且主要依靠从国外采购。[45] 作为数十亿美元维持国内安全投入的一部分，印度从以色列定购了机载雷达系统，从瑞典定购了海上监视系统。[46] 印度还计划从德国和其他国家定购海上巡逻机，从以色列定购“苍

〔40〕 C. Drew 和 H. Timmons：“富裕和忧虑，印度是一个丰厚的市场”，《纽约时报》，2010 年 11 月 4 日；J. Grevatt：“俄罗斯试图稳固与印度的防务联系”，《简氏防务周刊》，2010 年 10 月 20 日，第 24 页；J. Thottam 和 N. Bhowmick：“对军火业来说印度市场炙手可热”《时代》，2010 年 2 月 19 日。

〔41〕 Drew 和 Timmons（同注释〔40〕）；A. K. Mehta：“单靠增加防务预算是不够的”，《论坛报》（The Tribune），2010 年 10 月 13 日；N. Mathews：“买方市场：印度的防务需求拉动防务出口”，《国际防务技术》2010 年 4 月，第 44 页；S. Dutta：“与美国艰难的讨价还价”，《电讯报》（加尔各答），2010 年 10 月 20 日。

〔42〕 Drew 和 Timmons（同注释〔40〕），C. Rajghatta：“山姆大叔的沃尔玛（War-Mart，战争超市）”，《印度时报》2010 年 2 月 7 日。

〔43〕 见本卷附件 C。

〔44〕 R. Bedi：“印度军队杯拖进毛主义者的泥沼”，《简氏防务周刊》2010 年 6 月 30 日，第 12 页。

〔45〕 N. Mathews：“缓慢的前行：印度军队追求能力，尽管计划拖延”，《国际防务技术》，2010 年 6 月第 30 页；R. Bedi：“印度拟将 INSAS 作为主要小武器现代化的一部分”，2010 年 6 月，《简氏国际防务评论》，2010 年 4 月，第 14 页。

〔46〕 Saab：“Saab 争得印度海岸监视系统的订单”，《新闻简报》2010 年 11 月 24 日，网址：〈http：//www. saabgroup. com/About-Saab/Newsroom/Press-releases—News/2010—11/Saab-receivesorder-for-coastal-surveillance-system-in-India/〉；印度国防部（同注释〔36〕）；“印度计划利用以色列间谍卫星进行海岸监视”，《亚洲年代》（Asian Age），2011 年 1 月 16 日。

鹭”无人机和侦查卫星。[47]

印度大量的主要常规武器进口与它所认为的外部威胁即巴基斯坦和中国密切相关。比如采购海军武器，官方为此举辩护的说法是为了对抗巴基斯坦海军的现代化和中国在印度洋的野心。[48] 飞机、防空和反导系统是 2006—2010 年的优先采购事项，印度主要常规武器进口的 71%是飞机。2006—2010 年，印度从俄罗斯采购了 114 架苏-30MKI 和 10 架米格- 29 战机，从英国采购了 20 架美洲虎战机，从以色列采购了 2 架预警机。2010 年末，一项 20 亿美元对 51 架印度幻影—2000 战机进行现代化改造的合同已接近签署。[49] 第一批本国设计的 Tejas 战机虽严重延期，但已于 2010 年服役。另外还有一些采购，如以色列雷达和美国的飞机引擎等也已敲定。[50]

海军的主要订单被安排在 2011 年，最主要的是 126 架飞机和 6 艘潜艇，价值都接近 20 亿美元。[51] 2010 年 12 月，印度还与俄罗斯签了 10 个月的开发第五代战机的“初级设计”协议，拟耗资 250—300 亿美元，从 2019 年开始购买 200—200 架。[52] 自 2001 年以来，印度这个世界上最大的坦克进口国从俄罗斯定购了多达 1300 辆的 T—90S 坦克，2006—2010 年至少交付了 206 辆。这些坦克，以及计

---

〔47〕 印度国防部（同注释〔36〕）；“印度计划利用以色列间谍卫星进行海岸监视”，（同注释〔46〕）。

〔48〕 印度国防部（同注释〔36〕）。

〔49〕 A. Rothman：“《论坛报》称，达索公司将赢得幻影现代化改造合同”，Bloomberg，2010 年 12 月 3 日。网址：〈http：//www. bloomberg. com/news/2010－12－03/dassault-to-win-mirage-modernization-contracttribune-says. html〉。

〔50〕 C. Hoyle：“印度选择通用的 F414 装配 Tejas MkII 战斗机”，《国际飞行》，2010 年 10 月 1 日；Bhatia（同注释〔38〕）和 M. Pubby：“以色列欧盟竞逐为 Tejas 合作开发雷达”，《印度快讯》（Indian Express），2010 年 7 月 14 日。

〔51〕 J. Grevatt：“Project-75 India 潜艇项目走全球路线”，《简氏防务周刊》，2010 年 9 月 15 日，第 16 页。

〔52〕 S. T. Wezeman：“2005—2009 战斗机的国际转让”，SIPRI 事实材料，2010 年 11 月，网址：〈http：//books. sipri. org/product _ info? c _ product _ id＝414〉。官方说法是联合开发项目，只是在最后采用了俄罗斯人设计，并采纳了布拉莫斯（BrahMos）反舰导的合作模式。“印度和俄罗斯签署 FGFA 联合开发协议”，《印度展望》，2010 年 12 月 21 日；R. Bedi：“印度勾画出空军现代化计划蓝图”，《简氏国际防务评论》，2010 年 12 月，第 5 页；R. Pandit：“印度空军 10 年内将拥有低五代喷气战斗机”，《印度时报》，2010 年 12 月 20 日。

划从德国、俄罗斯及美国定购的反坦克导弹和尚未确定来源的2000—3600门155毫米火炮，均显示印度继续把巴基斯坦作为主要的威胁。[53] 鉴于2010年中印边境的紧张局势，印度国防部长安东尼（A. K. Antony）和参谋总部甚至声称要准备与中、巴展开两线作战，并决定建立若干个师在边境区域驻防，从新加坡或美国采购145门155毫米火炮。[54]

印度要成为在印度洋和周边地区具有广泛利益的地区大国，其武器采购支撑着这一雄心。[55] 印度即将从俄罗斯购得的阿库拉（Akula）核潜艇和戈尔什科夫航母，2007年采购了美国退役两栖攻击舰。兵力投送能力也将因印度生产的3艘航空母舰的服役而而得到进一步加强。印度的航母生产得到了一家意大利公司的技术协助。[56] 2010年，俄罗斯交付了第一批定购的45架米格-29战斗机，这些战机将装备在航母上。其他飞机如E-2D预警机以及航母用装备将从美国购买。美国已经表示愿意提供上述装备。[57] 从美国采购P—8I反潜飞机以及计划采购10C-17远程运输机足以表明印度的大国雄心是认真的。

---

〔53〕 R. Pandit："印度将从美国订购大批量Javelin反坦克导弹"，《印度时报》，2010年8月17日；R. Bedi："印度将购买Javelin反坦克导弹来应对迟延交货问题"，《简氏防务周刊》，2010年8月25日，第14页；"印度寻求第三代反坦克导弹系统"，《简氏导弹与火箭》，2010年10月，第5—6页；R. Bedi："印度军队转而期待榴弹炮试验能够顺利开始"，《简氏防务周刊》，2010年2月24日，第7页。

〔54〕 A. Shukla："中国边境地区现在又多了一个空军基地"，《商业标准》（Business Standard）2010年10月2日；"巴中军事能力迅速提高"，《经济时报》，2010年10月7日；R. Bedi："印度拟开始M777'确认'试验"，《简氏防务周刊》，2010年5月19日，第16页；R. Datta："军方说，要准备两线作战"，《先锋》（The Pioneer）2010年6月29日，G. Kanwal："未来武装冲突的全面军事学说"，《印度全球事务评论》，2010年9月；V. Raghuvanshi："印度权衡两线作战的能力"，《防务新闻》，2010年10月25日。

〔55〕 P. Das："中国和印度在海上——力量消长"，《商务标准》，2010年1月31日。

〔56〕 R. Bedi："印度启动隐形护卫舰计划"，《简氏防务周刊》，2010年4月28日，第32页；S. Saunders编：《简氏战舰2010—2011》（HIS全球有限公司：结论，2010），第328页。

〔57〕 N. Mathews："从岸上到舰上："印度考虑陆基型E—2D鹰眼"，《国际防务技术》，2009年10月，第35页；G. Luthra："美国澄清向印度出售鹰眼E—2D飞机"，《印度斯坦时报》2009年9月13日。

巴基斯坦

中国和美国是 2006—2010 年巴基斯坦最大的主要武器供应国，接近巴基斯坦武器进口量的 40%；法国和瑞典各占 6%。

巴基斯坦对武器供应国的选择与其资金缺乏有密切的联系。美国给巴基斯坦武器大部分是以赠予和援助的形式提供的。自 2001 年以来，美国向巴基斯坦提供了 21 亿美元的援助，未来五年，还计划提供 20 亿美元的军援。[58] 美国还将一些剩余的武器捐给巴基斯坦。中国向巴基斯坦出售武器，部分是国有的武器生产公司以“软性贷款”的形式出现的。比如，巴基斯坦的第一批 42 架 JF-17 战斗机就得到了 8 亿美元的信贷，2010 年通过信贷购买武器的案例还有 36 架 J—10 战斗机等项目的采购。[59] 巴基斯坦因洪灾造成的经济损失对其武器购买计划产生了影响，但有报道称，中国为巴基斯坦提供了优惠的资助条件，因为它想在对印关系中维持巴基斯坦的战略地位。[60]

和印度一样，内部和外部安全问题影响着巴基斯坦的防务战略。2010 年有报道称，巴基斯坦三军情报局将“伊斯兰武装分子”列为巴基斯坦最大的威胁，这是自 1947 年以来首次没有把印度列在威胁之首。巴基斯坦动用 10 万部队对付伊斯兰武装分子。[61] 尽管美国国内对于支持一个不稳定的政府是否明智表示怀疑，还认为向一个与侵犯人权有牵连的军队提供武器缺乏道义，但美国仍是巴对付国内冲突

---

〔58〕 K. A. Kronstadt：“直接公开的美国援助和对巴基斯坦的军事补偿”，2002—2011 财年，为“美国国会研究部”而作，2011 年 1 月 4 日，网址：〈http：//www. fas. org/sgp/crs/row/pakaid. pdf；K. DeYoung〉：“白宫要求给巴基斯坦更多援助”，《华盛顿邮报》，2010 年 10 月 23 日。

〔59〕 J. Grevatt：“中国促成对巴基斯坦的教练机一揽子交易”，《简氏防务周刊》，2010 年 6 月 2 日，第 19 页。

〔60〕 F. Bokhari：“中国放松对巴基斯坦军售条件”，《简氏防务周刊》2010 年 10 月 6 日，第 7 页。

〔61〕 T. Wright 和 S. Gorman：“巴基斯坦称武装分子的威胁超过印度”，《华尔街日报》，2010 年 8 月 17 日；Grevatt（同注释〔39〕）。

最主要的武器供应国。[62] 然而，美国认为巴基斯坦是阿富汗战争成功的关键，因此感到应该向巴基斯坦提供与位于巴边境一侧的塔利班及其支持者作战的手段。[63] 2006—2010 年美国对巴基斯坦的武器转让包括数十架美国退役的作战和运输直升机以及数百辆装甲运兵车。此外还有进一步采购直升机的计划。[64]

尽管巴基斯坦的三军情报局做出了上述评估，大部分巴基斯坦的主要武器计划与采购还是主要或只是用于国防的。2006—2010 年美国转让的许多武器都属于这类用途，如：32 架 F－16 战斗机、5 架 P-3 反潜机以及 AIM－120 空对空导弹。[65] 中国无疑是 1965 年印巴战争之后巴基斯坦理想和可靠的武器供应国，也是巴基斯坦在印巴局势紧张的情况下最重要的武器来源。普遍认为，中国的武器供应部分是为了维持巴基斯坦的战略地位以便对印度形成牵制。[66] 2006—2010 年，中国对巴基斯坦的武器转让包括 3 艘 F－22P 护卫舰、25 架 JF－17 战斗机以及 160 辆 MBT—2000（另被称为 Al Khalid）坦克。[67] 另外，巴基斯坦已经向中国定购了更多的护卫舰、约 300 架 JF－17 战斗机、400 辆坦克和 4 架空中预警机。报道称，购买 36 架歼- 10B 战斗机的谈判已接近结束，并将在 2010 年底签署合同。[68]

---

〔62〕 几支巴基斯坦武装部队被指责在与塔利班的冲突中侵犯人权，其他部队及相关团体被排除在接受 2010 年美援之外。DeYoung（同注释〔58〕）；Y. Musharbash："采访恐怖主义研究专家 Bruce Riedel：巴基斯坦的政变是'一个真实的可能'"，《明镜周刊》，2010 年 11 月 12 日。

〔63〕 R. F. Grimmett：美国队巴基斯坦的军售，国会研究部研究提交国会的报告 RS22757（美国国会：华盛顿，DC，2009 年 2 月 6 日）。

〔64〕 S. Shahzad："巴基斯坦也许为价格而战"，《亚洲时报在线》，2010 年 6 月 22 日，网址：〈http：//www. atimes. com/atimes/South _ Asia/LF22Df01. html〉。

〔65〕 Kronstadt（同注释〔63〕），第 59—61 页。

〔66〕 J. Grevatt："中国制造"，《简氏防务周刊》，2010 年 9 月 15 日，第 27 页；Bokhari（同注释〔60〕）；"巴基斯坦以中国取代美国作为其主要的武器供应国"，《国家》伊斯兰堡，2011 年 3 月 28 日。

〔67〕 前印度东部海军司令部司令认为更可能采购护卫舰，并不是因为与巴基斯坦的紧张关系，而是为了声望。M. Alam："印度海军的扩张"，巴基斯坦智库，2010 年 5 月 15 日，网址：〈http：//pakistanthinktank. org/islam/item/594—expansionof-the-indian-navy〉。

〔68〕 "巴基斯坦以中国取代美国作为其主要的武器供应国"（同注释〔66〕）。

同样在 2010 年，可能采购至少三艘中国潜艇的问题已开始洽谈。[69]中国与巴基斯坦的密切联系体现在中国向巴基斯坦提供某些最先进的武器上，如制导炸弹、远程空对地导弹以及 JF－17 战斗机和空中预警机上的瞄准和电子战系统，其中有些武器相当先进，甚至中国自己的军队也刚刚列装。[70] 中国与巴基斯坦维持良好关系也与中国希望以巴基斯坦为基地进入印度洋和阿拉伯海有关。尽管这一基地还有待建立，一份中巴关于“进一步推动海洋安全合作”的协议已于 2010 年末中国总理访巴期间达成。[71]

巴基斯坦也从其他几个国家获得武器以满足其应对它所认为的来自印度的威胁。这些武器包括 2009—2010 年瑞典交付的 4 架 Saab—2000 空中预警机、乌克兰交付的 2 架伊尔－78 运输机（共订购 4 架），以及 2010 年巴西交付的反雷达导弹和意大利交付的第一套 Spada－2000 地对空导弹系统（共订购 10 套）。法国在 2008 年向巴交付了一艘 Agosta－90 潜艇。作为与欧洲供应国之间为数不多的大笔交易之一，法国将负责对两艘购于 1999 年 2003 年的 Agosta 潜艇作空气独立推进系统的现代化改造。[72]

第四节　欧盟对存在冲突国家的出口

七个欧盟成员国——德国、法国、英国、荷兰、西班牙、意大利和瑞典是 2006—2010 年排名前 10 位的主要常规武器供应国。27 个

〔69〕 F. Bokhari：“中国和巴基斯坦开始洽谈潜艇采购问题”，《简氏防务周刊》，2010 年 6 月 16 日，第 14 页；“巴基斯坦海军总参谋长海军上将 Noman Bashir”，《亚洲防务学报》，2010 年 12 月，第 11 页。

〔70〕 D. Richardson．“巴基斯坦计划在 2010 年底试射 SD—10A”，《简氏导弹与火箭》，2010 年 9 月，第 2 页。

〔71〕 M. Lohdi：“巩固伙伴关系”，《卡里基时报》（Khaleej Times），201012 月 29 日；F. Bokhari：“巴基斯坦为 JF－17‘雷电’战斗机建造雷达”，《简氏防务周刊》，2011 年 1 月 5 日，第 12 页。

〔72〕 DCNS：“Agosta：为巴基斯坦量身定做的技术转让”，《宣传册》（Brochure），2010 年 10 月，网址：〈http：//en. dcnsgroup. com/wp-content/uploads/2010/10/Agosta-SSK. pdf〉。

欧盟成员国合在一起占全球武器出口的 34%。作为一个国家集团，2006—2010 年欧盟武器转让的最大接受地区是欧洲（41%），其他依次是亚洲和大洋洲（28%）以及中东（9%）。欧盟有两个机制可以影响成员国武器出口的决策：欧盟武器禁运和欧盟有关控制军事技术和装备出口共同准则的“共同立场”。[73] “欧盟共同立场”要求成员国在评估武器出口许可申请时，适用八项在诸如人权、防止冲突以及经济发展等问题上的标准。此外还包括了一系列有关信息交换和磋商等旨在协调欧盟成员国如何解释标准的操作性条款。尽管属于具有法律约束力的文件，“欧盟共同立场”仍将出口许可的批准和否决权留给成员国自己。

“欧盟共同立场”的显著特征是尊重国际“战争法”，防止国家间和国家内部的武装冲突。第 2 项标准要求成员国对存在着被用于从事“严重违反国际人道法”活动的“明显风险”的转让物项，拒发出口许可。[74] 标准的用语反映了全球已在这一领域建立起规范，在其他若干有关国际武器转让控制的最佳实践范本文件中也使用了同样的表述。[75] 第 3 条和第 4 条标准要求成员国对“有可能引发或延长武装冲突或加剧现有紧张局势”，或“接受国明显可能将转让的军事技术用来……攻击另一个国家”的转让物项拒发出口许可。这两条标准所用的文字反映了 20 世纪 90 年代初在防止“破坏稳定”的转让方面所进行的讨论。同第 2 条标准一样，许多有关国际武器转让控制的最佳

〔73〕“欧盟共同立场”确定于 2008 年 12 月，以取代 1998 年 6 月达成、仅具有政治约束力的《欧盟武器出口行为准则》。2008 年 12 月的《欧盟理事会共同立场》（2008/944/CFSP）规定了关于军事技术和装备出口的共同规则，《欧盟官方公报》，L335，2008 年 12 月 13 日，第 99—103 页；欧盟理事会：《欧盟武器出口行为准则》，8675/2/98 Rev. 2，布鲁塞尔，1998 年 6 月 5 日。另见 S. Bauer 和 I. Mićić：“对有关国际安全的转让的控制”，2010 年 SIPRI 年鉴，第 459—486 页。关于武器禁运，参见本卷附录 11A。

〔74〕关于 1949 年《日内瓦公约》的概要及其 1977 年议定书，即国际人道法的基础，见本卷附件。

〔75〕见“国际红十字委员会（IRC）：“武器转让的决策：适用国际人道法的标准”（ICRC：日内瓦，2007 年 6 月），第 4 页。

实践范本文件中也使用了同样的表述。[76]

本节探讨 2006—2010 年欧盟成员国在控制对几个存在武装冲突的国家的武器出口时是如何应用第 2、第 3 和第 4 条标准的。这些案例研究探讨了影响某些国家武器出口决策的一些因素，这些因素也限制了欧盟在这一领域进行政策协调的努力。

对以色列的武器转让

2006 年 7 月，以色列对黎巴嫩境内的目标发起了一系列攻击，然后又出动 3 万人的部队展开大规模的地面入侵。以色列的攻击遭到黎巴嫩真主党的越界袭击，其中两名以色列士兵遭到绑架，三名以色列士兵遭杀，冲突造成了 1000 名黎巴嫩平民伤亡。[77] 2008 年 12 月，以色列对加沙地带的目标发起“铸铅行动”。2006—2010 年，以色列还对加沙地带和约旦河西岸的目标展开空袭，指责这些地方鼓励和从事恐怖活动。[78] 冲突期间，以色列受到了违反国际人道法的谴责。[79]

有若干欧盟成员对于向以色列出口武器保持克制政策。然而，虽然有些国家维持着一概禁止所有转让的政策（如比利时），其他国家

---

〔76〕 J. Goldbla：奥斯陆国际和平研究所和 SIPRI，军备控制：谈判协定的新指南（Sage 出版物，伦敦，2002）第 241—246 页；欧洲安全合作组织（OSCE），安全合作论坛：关于常规武器转让的的原则，1993 年 11 月 25 日，DOC. FSC/3/96；《瓦森纳协议》，对可能破坏稳定的常规武器增加进行客观分析和建议的要素，1998 年 12 月 3 日，网址：〈http：//www. wassenaar. org/〉。

〔77〕 见 S. Lindberg 和 N. Melvin，“主要武装冲突”，《SIPRI 年鉴 2007》，第 66—72 页；联合国人权理事会根据 S—2/1 号决议提交的“黎巴嫩问题调查委员会报告”，2006 年 11 月 23 日，第 3 页。

〔78〕 “以色列空袭加沙致使局势紧张”，BBC 新闻，2010 年 12 月，网址：〈http：//www. bbc. co. uk/news/world-middle-east-12047908〉。

〔79〕 联合国人权理事会“黎巴嫩和以色列调查团”，A/HRC/2/72006 年 10 月 2 日；联合国人权理事会：“联合国加沙冲突事实调查使团报告”（金石头报告），A/HRC/12/48，2009 年 9 月 25 日。

则对许可申请采取个案处理的办法（如英国）。[80] 2005—2009 年，欧盟成员国共拒绝 114 宗对以色列的军事装备出口许可申请。最常援引的拒绝理由是第 2、3、4 条标准。[81] 在某些情况下，欧盟成员国还拒绝军事装备过境和转运至以色列。[82]

不过，许多欧盟成员国的确批准了对以色列的大量武器装备出口许可。2005—2009 年，欧盟成员国批准的对以色列军事装备出口许可价值为 7.479 亿美元。绝大部分许可涵盖部件、子系统和弹药。已有的数据显示，欧盟各国的出口许可实践可能缺乏协调。例如，2008 年欧盟成员国共发放价值 1610 万欧元出口以色列“地面车辆和部件”的转让许可，其中 880 万欧元的出口许可是德国发放的。同年，欧盟成员国还否决了 6 宗对以色列的同类军事装备出口许可。[83] 德国是 2006—2010 年欧盟成员国中唯一同意向以色列转让主要常规武器的国家。2006 年，德国与以色列签订了价值 10 亿欧元的 2 艘海豚潜艇交易，由德国负担 33%的费用，将于 2011—2012 年期间交付。报道称，价值 12 亿欧元的另外一艘海豚潜艇和两艘 MWKOA 护卫舰的

---

〔80〕 比利时联邦外事、外贸和国际合作部：“对以色列的武器出口：与区域国家协商”，布鲁塞尔，2009 年 2 月 9 日，网址：〈http://diplomatie.belgium.be/en/newsroom/news/press_releases/foreign_affairs/2009/february/ni_090209_wapenexport_isra_l.jsp〉；英国下院武器出口控制委员会：“对以色列的武器出口”，外交部国务大臣 Rt. Hon. Ivan Lewis MP 备忘录，2009 年 7 月 22 日，网址：〈http://www.parliament.the-stationery-office.co.uk/pa/cm200910/cmselect/cmquad/memo/arms_exp/caec02.htm〉。

〔81〕 参见根据欧盟理事会共同立场（2008/944/CFSP）第 8 条第 2 项所发布的各种年度报告，网址：〈http://www.consilium.europa.eu/showPage.aspx?id=1484&lang=en〉。在本文撰写期间，只能得到欧盟成员国 2009 年末的武器出口数据。

〔82〕 爱尔兰外长 D. Ahern：“书面答案：武器贸易”，Dáil Eireann Debate，第 626 卷，第 2 期（2006 年 10 月 25 日）；美国驻都柏林大使馆：“对美国军事转让正在出现的限制”，发给国务院的电报 Cable to US DUBLIN1020 第 6 号，2006 年 9 月 5 日，网址：〈http://wikileaks.ch/cable/2006/09/06DUBLIN1020.html〉；大赦国际：“外部对以色列和加沙的武器供应使冲突火上浇油”，2009 年 2 月，网址：〈http://www.amnesty.org/en/library/info/MDE15/012/2009/en〉，第 31 页；O. Nassauer：“货船无法卸载”，《每日镜报》，2009 年 1 月 23 日。

〔83〕 然而，官方关于欧盟成员国武器出口的数据难以解释，因为它们采集和报告数据的方法各异，也缺乏细节。比如对以色列武器出口的许可发放可能被列入为试验或展览的目的而临时出口或者属于以色列的一个大的武器系统的部件，然后再向他国出口。

谈判在2010年遇到了困难，因为德国提出了与此前的海豚潜艇交易不同的融资条件。[84]

若干欧盟成员国还向美国出口子系统或部件，然后美国又将这些系统和部件集成到出口以色列的武器中。例如，德国向美国提供MTU引擎散件，然后由美国组装运到以色列，而以色列则将其装配到Merkava—4坦克上。此外，德国、爱尔兰、荷兰和英国的公司为美国制造、出口以色列的阿帕奇攻击直升机和F-16战斗机提供子系统和部件。[85] 阿帕奇攻击直升机、F-16战斗机和Merkava-4坦克都被用于对黎巴嫩和加沙地带的军事行动中。

如何处理再集成和再出口问题，特别是涉及以色列和美国这种情况，是欧盟成员国争论的一个议题。[86] 2005年，转让问题被纳入欧盟武器出口行为准则的用户指南当中。对于这种情况，用户指南称，“成员国应全面应用行为准则”。然而，成员国还应考虑一系列其他因素，包括“它们与该国防务与安全关系的重要性”。[87] 欧盟成员国显然渴望与美国保持技术、经济和政治上的联系。如果欧盟成员国因担心出口项目的对最终目的地不符合其国家出口标准而否决对美国的武器出口许可，这样的合作将受到威胁。

对格鲁吉亚和俄罗斯的武器转让

1991年苏联解散后，格鲁吉亚政府与俄罗斯支持的阿布哈兹和南奥塞梯分裂主义分子之间长期交火，有时甚至发展成为激烈的武装

---

〔84〕 B. Opall-Rome：“以色列潜艇交易落空，致使采赐计划泡汤”，《防务新闻》，2010年7月19日，第6页。

〔85〕 大赦国际：“欧盟武器出口破坏全球安全”（伦敦，2004），第41、42页；O. Nassauer和C. Steinmetz：“透视德国制造：部件，被遗忘的武器出口”（柏林跨大西洋信息中心和Oxfam Deutschland，柏林2005），第20—21页；D. Miliband：英国外交部国务大臣谈“以色列（英国战略出口控制）”，大臣书面声明，下院，《Hansard》，2009年4月21日。

〔86〕 K. Colijn和P. Rusman，：“荷兰”，I. Anthony编辑，SIPRI，武器出口法规（牛津大学出版社，1991）第112页；M. Bromle和S. Baue：“欧盟武器出口行为准则促进年度报告”，SIPRI政策文献第8期（SIPRI：斯德哥尔摩，2004年11月），第15页。

〔87〕 欧盟理事会共同立场2008/944/CFSP用户指南界定了规范军事技术和装备出口控制的规则，9241/09，2009年4月29日，网址：〈http：//register. consilium. europa. eu/pdf/en/09/st09/st09241. en09. pdf〉。

冲突。2004 年萨卡什维利当选格鲁吉亚总统后紧张关系持续加剧。萨卡什维利努力重建格鲁吉亚对阿布哈兹和南奥塞梯的控制，导致格鲁吉亚军事开支和武器采购大幅增加。〔88〕一系列紧张升级事件之后，2008 年 8 月 7—8 日夜爆发了武装冲突，格鲁吉亚军队攻击了南奥塞梯的斯钦瓦里（Tskhinvali）地区。俄罗斯军队给南奥塞梯以迅速的支持，导致了所谓“五日战争”。〔89〕冲突发生后，欧盟事实调查团称，格鲁吉亚最初对斯钦瓦里的进攻和俄罗斯将军事行动延伸至格鲁吉亚领土均构成对国际法的违反。〔90〕格鲁吉亚和俄罗斯均被指责在冲突期间进行了不分青红皂白的攻击，包括对平民地区使用集束弹药，违反了国际人道法。〔91〕

2005—2009 年，欧盟国家否决了 77 项对格鲁吉亚的武器出口申请。〔92〕第 3 和第 4 条标准最常被成员国援引作为拒绝的理由。官方的数据没有显示究竟是哪个国家做出了否决的决定。然而有证据表明，在 2008 年的冲突发生前，欧盟成员国中的西欧成员国与中欧成员国在对格鲁吉亚出口武器问题上出现分歧，这在很大程度上折射出欧盟内部在对格和对俄关系上的分歧。中欧成员国更愿意批评俄罗斯支持格鲁吉亚，而西欧国家如德国和意大利则“相当谨慎”。〔93〕根据官方的数据，2005—2009 年欧盟成员国批准了价值 4.364 亿欧元

---

〔88〕“萨卡什维利威胁要用武力阻止国家的分裂”，《国民的格鲁吉亚》（Civil Georgia），2004 年 4 月 24 日，网址：〈http：//www.civil.ge/eng/article.php? id=6765〉。另见“第比利斯警告对阿布哈兹军事化零容忍”，《国民的格鲁吉亚》，2008 年 3 月 7 日，网址：〈http：//www.civil.ge/eng/article.php? id=17292〉。国防开支从 2004 年的 1.17 亿（占国内生产总值 GDP 的 1.4%）上升至 2008 年的 16.25 亿（占 GDP 的 8.5%）。见本卷附录 4A；SIPRI 军事开支数据库，网址：〈http：//www.sipri.org/databases/milex/〉。数字按 2009 年不变美元价格计算。

〔89〕格鲁吉亚冲突独立国际事实真相调查委员会（IIFFMCG，布鲁塞尔，2009 年 9 月）；E. Stepanova：“武装冲突的趋势：对平民单方面实施暴力”，《SIPRI 年鉴 2009》，第 39—68 页。

〔90〕“格鲁吉亚冲突独立国际真相调查委员会”（同注释〔89〕）I，第 23—24 页。

〔91〕“人权观察”（HRW）：“死亡的实践：俄罗斯和格鲁吉亚在 2008 年 8 月的冲突中使用集束弹药”（HRW，纽约，2009 年 4 月）。

〔92〕根据理事会共同立场 2008/944/CFSP 第 8 条第 2 款所做《年度报告》（同注释〔81〕）。

〔93〕“国际危机小组”（ICG）：“格鲁吉亚和俄罗斯在阿塞拜疆问题上的冲突”，《ICG 欧洲报告》第 193 号，（ICG：第比利斯/布鲁塞尔，2008 年 6 月 5 日），第 16—17 页。

（译注：原文€ 436.4 b，疑为€ 436.4 m 之误）对格鲁吉亚的武器出口许可；保加利亚批准了 3.082 亿欧元的出口许可，捷克批准了 0.573 亿欧元的武器出口许可。2007 年，德国认为格鲁吉亚不是欧盟和北约成员，国内尚有武装冲突，为此阻止赫克勒尔（Heckler）和考赫（Koch）公司向格鲁吉亚出口 230 支 G—36 步枪。〔94〕

欧盟内部西欧成员国与中欧成员国的态度差异同样在对俄罗斯出口军事装备问题上表现出来。2005—2009 年，欧盟成员国拒绝了 66 宗对俄出口武器装备申请。最常被援引作为拒绝理由的是第 7 条标准，即武器装备有可能落入他人之手。然而，对拒发出口许可证的第 4 条标准的第一次援引是在 2008 年，2009 年被援引了 5 次。与此同时，若干西欧国家意识到俄罗斯是一个潜在的市场。2010 年 12 月，法国同意向俄罗斯出售两艘可以运载直升机、坦克和部队的密史脱拉（Mistral）两栖登陆舰，另有两艘可选择在俄罗斯进行许可生产。〔95〕同月，意大利向俄罗斯提供了 10 辆依维柯试验用轻型多用途车，且有可能在俄罗斯进行 2500 辆的许可生产。〔96〕拉脱维亚和立陶宛均对拟向俄罗斯出售两栖登陆舰一事表示忧虑，立陶宛国防部长尤克涅维钦（Rasa Juknevičienė）称，该项转让将违反欧盟有关标准的“共同立场”。〔97〕虽然大部分关切与第 5 条标准——其中提到了武器转让可能对友邦和盟国防务和安全利益的影响——的执行有关，但第 4 条标准的适用问题也常被提及。

第五节　结语

国际武器转让量继续稳定增长，最大的供应国和接受国的构成近

---

〔94〕 J. Kucera：“格鲁吉亚在西方遭遇阻力”，《简氏防务周刊》，2007 年 6 月 13 日，第 21 页。

〔95〕 俄罗斯总统办公室：“与法国总统的电话交谈”，《新闻》，2010 年 12 月 24 日，网址：〈http：//eng. kremlin. ru/news/1521〉；法新社：“二龙山将为法国战舰支付近 20 亿美元”，《防务新闻》2010 年 12 月 30 日。

〔96〕 T. Kington：“意大利装甲车将在二郎山制造”，《防务新闻》，2010 年 12 月 6 日。

〔97〕 A. Rettman：“法国战舰交易撕开欧盟和北约伤口”，《欧盟观察家》（EUobserver）2010 年 2 月 11 日，网址：〈http：//euobserver. com/9/29459〉。

些年来没有发生重大变化。美国和俄罗斯仍占 2006—2010 年全球武器出口量的一半以上，其中亚洲的一些国家是它们武器的主要接受国。经济和外交政策的考虑对于武器出口的决定也发挥了重要影响。

印度和巴基斯坦位居 2006—2010 年全球同期武器进口国的前五名，而印度是这一时期全球最大的武器进口国。虽然两国进口了大量的武器来应对外部的安全威胁，对巴基斯坦来说，当前最紧迫的问题是国内的安全挑战，而这也是印度的担心所在。印度是武器供应国争取 10 亿美元大订单的争夺对象，特别是在战斗机和潜艇方面，而巴基斯坦则大部分依靠美国的军事援助和中国的优惠贷款来实现武器采购。印巴两国在未来几年仍可能是主要的武器接受国。

出口仍是欧洲武器制造商的主要收入来源。尽管欧盟成员国已经有了一个协调武器出口的框架，武器出口的决策仍然是单个国家的事。这导致了一种局面，即欧盟成员国对欧盟武器出口标准的“共同立场”进行不同的解释，某些目的地对于有些欧盟成员国来说可以成为出口对象，而对另一些成员国来说则不然。最近几年，欧盟成员国之间对于防止冲突的标准出现了解释上的分歧，特别是在对待以色列、格鲁吉亚和俄罗斯问题上。成员国的阵营分界并不是恒定的，但大部分与他们同特定国家之间长期的武器贸易和安全关系以及更广泛的国家经济和安全利益有关。

（翟玉成　译）

附录6A　2006—2010年主要常规武器的供应方和接受方

SIPRI武器转让项目

一、导言

SIPRI武器转让项目负责维护SIPRI武器转让数据库，该数据库囊括了1950年以来向国家、国际组织和非国家武装集团转让主要常规武器的资料。[1] SIPRI将数据库中每种武器或子系统用趋势指示值（TIV）表现出来，然后将根据指定年份中的趋势指示值和交付的武器系统或子系统的数量计算出从上述各种实体转入、转出，及相互转让的数量。趋势指示值并不代表武器转让的金额，而是转让量的一个指示值。因此趋势指示值不应被直接应用。趋势指示值最适合作为原始数据，计算一段时期内国际武器转让的趋势、供应方和接受方在全球武器转让中所占的百分比以及向某些特定国家提供的武器量或这些特定国家向外转让的武器量。

该数据涵盖了自1950年至最近的日历年整年的数据，数据收集和分析是一个连续的过程。随着新数据的获得，数据库中的数据均作了更新。[2]

第二节概述了军火转让数据的资料来源及方法。表6A.1和6A.2分别介绍了2006—2010年主要常规武器所有接受方和供应方的SIPRI趋势指示值。表6A.3介绍了2006—2010年间主要常规武器

〔1〕 SIPRI武器转让数据库，参见网址：〈http：//www.sipri.org/databases/armstransfers/〉。

〔2〕 因此，各版SIPRI年鉴或其他SIPRI出版物的数据不能合用或相互比较。需要2006年之前的趋势指示值数据的读者可通过网址：〈http：//www.sipri.org/〉联系SIPRI军火转让项目。

10 个最大接受方的 SIPRI 趋势指示值。表 6A.4 介绍了 2006—2010 年间主要常规武器 10 个最大供应方的 SIPRI 趋势指示值。

2010 年统计方法的修订

2010 年，数据库的涉及范围扩展到加油机上使用的空中燃料补给系统，其条件是该系统的转让并不是由加油机的供应方所供应的。近年来空中燃料补给系统应用广泛，且在技术方面具有重要性，影响到军事学说和军力倍增效应。

“舰船”类涉及的范围得到扩展，包括小于 100 吨的技术先进且具有军事重要性的快速巡逻艇。我们以质量而不是尺寸来划归这类舰船，速度（公里/小时）乘以尺寸（满载吨位）所得结果大于等于 3500 的舰船也囊括在内。

对涉及范围的修订适用于本数据库涵盖的所有时期，即可追溯至 1950 年。

二、武器转让数据的资料来源及统计方法

资料来源

军火转让项目收集的数据来源广泛：报纸和其他期刊杂志、年度参考书、专题著作、国家和国际官方文献、工业部门信息、博克及其他网络出版物。所有这些来源所采用的共同标准是公开材料，即公开发表、公众可以获得的材料。

然而，这类公开资料无法反映世界武器转让的全面情况。公开出版的报告往往只能提供部分信息，而且这些报告之间经常存在实质性的差异。因此公开渠道获得的信息不足以跟踪所有武器和其他军事装备，SIPRI 只涵盖了所定义的所谓“主要常规武器”。在武器的订购和交付日期、订购和交付的确切数量（甚至类型）以及供应方或接受方的身份，可能并不总是明白清晰的。因此，在编撰 SIPRI 武器转让数据库过程中，进行判断和多方面估计是非常重要的。所有的数据资料和估算都收录在 SIPRI 数据库中。估算是保守的。

选择标准

SIPRI 采用“武器转让”一词，而不是“武器贸易”或“武器销售”。SIPRI 不仅涵盖包括许可证生产的武器销售，而且还涵盖其他

形式的武器供给，包括援助和捐赠。如果借用或租借期大于等于三个月，那么借用或租借的武器也将算作转让。借用或租借期限的延长不能算作新的转让。不能将借用或租借期满归还的武器算作向原供应方的转让。

转让的武器必须是指定给另一国的武装力量、准军事力量或情报机构。向武装冲突中的非国家行为体提供武器，或非国家行为体向外转让武器，被表示为向武装的非国家行为体个体交付或由武装的非国家行为体个体供应武器，并分别被列入“接受方”或“供应方”类别中。向国际组织提供武器，或国际组织向外转让武器也按相同方式列入和分类。如果交货得到确认，但不能完全确定交货的供应方或接受方，则该转让就登记为供应方“不详”或接受方“不详”。只有当两个或两个以上国家合作生产的武器达成转让协议，而且不清楚由哪一个国家交付时，供应方标定为“多国供应商”。术语“多国供应商”在数据库中仅在转让交易的交货并未发生时使用。一旦交货，基本就可以确定哪个合作国家进行了最终装配，便将该国登记为供应方。

包括在SIPRI数据库中的武器转让数据必须是供应方自愿转让的。这包括武器的非法转让——没有得到供应方或接受方政府的有效授权——但不包括缴获的武器或通过叛逃者得到的武器。最后，武器必须用于军事目的。那些主要用于政府其他部门，但由武装部队登记和操作的系统，如飞机和民用空运服务，则不列入。此外，只为技术性或武器采办评估目的供应的武器也不予列入。

一般而言，SIPRI武器转让数据库试图掌握国家间关系，并以此作为政府做出转让决定的依据。在确定供应方时，有时会遇见这样的情况，即需要在供应方（在其领土上发生转让）和系统或设计的原始国家之间进行抉择。举例而言，许多中国制造的装甲车使用的是德国设计且经许可在中国生产的发动机。在数据库中，装甲车登记为来自中国，但是发动机则登记为来自德国。同样，如果一个系统通过第三方供应给最终用户，或者该项供应由第三方安排（代理），那么该第三方不被视同为供应方或接受方——即使第三方拥有暂时的合法所有权。举例而言，美国从俄罗斯购买直升飞机给阿富汗武装力量，且交付前在美国进行改造，这仍将视同为俄罗斯向阿富汗的交付。

涵盖的范围：主要常规武器

SIPRI 仅涵盖它所认定的“主要常规武器”，界定如下：

1. **飞机**：所有固定翼飞机和直升机，包括最小载重 20 千克的无人驾驶的侦察/监视飞机。不包括微型飞机，有动力、无动力滑翔机和靶机。

2. **装甲车**：所有具有整体装甲保护的车辆，包括所有类型的坦克、反坦克装甲车、装甲车、装甲运兵车、装甲支援车和步兵战车。只有携带非常轻型装甲保护的车辆（例如：具有完整但轻型装甲保护驾驶室的卡车）不包括在内。

3. **火炮**：口径等于或大于 100 毫米的舰炮、固定机关炮、自行火炮、牵引火炮、榴弹炮、多管火箭筒和迫击炮。

4. **传感器**：（1）预警范围至少在 25 公里以上的所有陆基、空基和舰载的主动（雷达）和被动（如光电）监视系统，不包括导航和气象雷达；（2）所有火控雷达，不包括测距雷达；（3）用于舰艇和直升机的反潜作战和反舰声纳系统。如果传感器安装于作战平台（车辆、飞机或舰船），登记表只标示该传感器与作战平台来自不同的供货方。

5. **防空系统**：（1）所有陆基地对空导弹（SAM）系统；（2）所有口径大于 40 毫米的防空炮，或组合口径大于等于 70 毫米的多管炮，这包括装甲底盘和无装甲底盘的自行系统。

6. **导弹**：（1）所有有动力的装载常规弹头的制导导弹和鱼雷；（2）所有有制导但无动力的炮弹和炸弹。不包括无制导的火箭、自由落体航空炸弹、反潜火箭和靶机。

7. **舰船**：（1）所有标准吨位等于或大于 100 吨的舰船；（2）所有装备了口径等于或大于 100 毫米火炮、鱼雷或导弹的舰船；（3）所有小于 100 吨且最大速度（公里/小时）乘以满载吨位所得结果大于等于 3500 的舰船。不包括大部分观测船、拖船和某些运输船。

8. **发动机**：（1）军用飞机引擎，例如具有作战能力的飞机、大型军用运输机和支援飞机，包括直升飞机上的引擎。（2）军舰的发动机，如快速攻击艇、轻型巡洋舰、护卫舰、驱逐舰、巡洋舰、航空母舰和潜艇上的发动机；（3）大多数装甲车的发动机——输出功率通常在 200 马力以上的发动机。如果发动机安装于作战平台（车辆、飞机或舰船），登记表上则只标示与作战平台来自不同供货方的发动机。

9. **其他**：(1) 所有装甲车辆用的安装口径大于20毫米的炮或安装制导性反坦克导弹的炮塔。(2) 所有舰艇用的安装口径大于57毫米炮的炮塔。(3) 所有舰艇用的安装组合口径大于等于57毫米多管炮的炮塔。如果武器安装于作战平台（车辆或舰船），登记表上则只标示与作战平台来自不同供货方的武器系统。(4) 加油机上使用的空中燃料补给系统，且该系统的转让并不是由加油机的供应方所供应的。

所列出的统计数据仅指这9类武器的转让，不包括其他军事装备的转让，例如小武器和轻武器、卡车、口径小于100毫米的火炮、弹药、支援设备和部件，以及服务或技术转让。

三、SIPRI趋势指示值

SIPRI的武器转让评估系统被设计为一个趋势衡量机制，它可以衡量主要武器总的流量及其地域分布的变化情况。SIPRI趋势指示值图表所显示的趋势只是基于相关图表和数据所涵盖年份或时段的实际交货量，而不是基于某年份签订的订货量。

在趋势指示值系统中，类似的武器具有类似的指示值，因此趋势指示值能够同时反映被转让武器的数量和质量——换句话说，它描绘的是军事资源的转让。SIPRI趋势指示值并不反映转让武器的贸易额（或支付的金额）。这里有三方面的原因：一是在很多情况下无法获得武器转让金额的可靠数据；二是即便知道武器转让金额，也几乎都是交易的总额，这一总额不仅包括武器本身，也包括与这些武器相关的项目（如：备件、装备或弹药）和辅助系统（如：特种车辆），以及与武装部队装备一体化相关的项目（如改变现有武器系统所需的训练、软件）；三是即使知道武器转让的金额，往往也不知道此项转让的财务安排的重要细节（例如：信用或租借条件和折扣情况）。〔3〕

衡量武器转让的军事意义需要专注于作为军事资源的武器的价

〔3〕根据目前可以从大多数武器出口国获得的财务统计数据，有可能提供一个有关经济要素的非常粗略的看法，但是大多数统计数据缺乏足够的细节。这些数据可在SIPRI武器转让项目网站上获得，参见网址：〈http://www.sipri.org/research/armaments/transfers/〉。同样可参见附录6B。

值。另外，假定这些价值大致反映武器的军事能力，也可以通过考察武器转让的实际货币金额来实现。然而，上述问题仍然存在（例如，一件非常昂贵的武器可能是作为援助无偿转让，因此不能在财务统计中得到反映，但这却是一项重要的军事资源转让)。SIPRI 的解决办法是建立一套体系，对军事资源进行衡量包括评估这种转让武器的技术参数。对武器的目的和武器性能进行评估，并赋予一个价值指数，这些价值指数反映了这种武器相对于其他武器的军事资源价值。这一点可以通过给予某些武器一个固定的指数来建立一些基准或参考点来实现，形成指数的核心，所有其他武器都与这些核心武器进行比较。

简言之，计算单个武器的 SIPRI 趋势指示指数的过程如下：对有些武器类型，可以在公开资料中找到其实际平均采购单价，这里假定这种实际价格大致反映了这一系统的军事资源价值。例如，一架价格为 1000 万美元的战斗机，其军事资源价值可以被认定为是以 500 万美元购买的战斗机的军事资源价值的两倍；1 亿美元购买的潜艇，其军事资源价值可以被认为是 1000 万美元购买的战斗机的 10 倍。具有真实价值的武器被用作进行评估的核心武器。价格不详的武器都要与核心武器进行比较，这种比较通过以下步骤进行：

1. 把目标武器的种类与核心武器的种类相比较。对于价格不详的武器种类，如果找不到与这种武器类型相当的核心武器，则选择最为相近的核心武器种类进行比较。

2. 衡量武器大小和性能的标准指标（重量、速度、射程和载荷)，则与武器种类相同的核心武器相比较。例如，15000 千克的作战飞机可以与重量相当的作战飞机相比较。

3. 其他特性，如电子器件的类型、加载或卸载装置、发动机、履带或车轮、军事装备和材料都要进行比较。

4. 要与同一时期的核心武器进行比较。

对于按“二手货”交付的武器，则以新武器价格的 40% 来确定其标准价格。如果武器在交付前，供货方对其进行了重要翻修或重大改造（其军事资源价值因此而增大)，其标准价格则按照新武器价格的 66% 确定。实际上，不同的二手武器的军事资源价值差别可能很大，这取决于武器使用后的状况以及在使用期间对武器进行改造的情况。在某些情况下，二手武器现代化的程度已经足以媲美新武器，且可以体现新武器的全部价值。

SIPRI的趋势指示值不考虑武器使用的条件（例如：1架F-16战斗机由一支各方面协调的、训练有素和高度一体化的武装部队使用，其军事价值要比这架飞机被某个没有这样的武装部队的国家使用要高得多；同样资源但效果却很不同）。SIPRI的趋势指示值还假定核心武器的价格是实价，而且不包括那些即使是官方计划的一部分而实际上与武器本身没有必然关联的费用。例如，表面上属于某项武器计划的资金实际上可能与备选的附加装置和装备有关，或者也将包括在其他计划中的基础技术开发（不计入成本）有关。实际上，政府可能用这笔钱以高于武器实际价值的价格进行支付，以此对军工企业进行补贴，保持企业的正常运营。

如果生产和交付子系统（如传感器和发动机）的供货方与装载这些子系统的作战平台的供货方不同，那么在计算作战平台的趋势指示值时将减去这些部件的价值。这些部件的趋势指示值将标示为与作战平台来自不同的供货方。

表 6A.1　2006—2010 年主要常规武器接受方

本表包括所有在 2006—2010 年 5 年间进口主要常规武器的国家和非国家行为体，以 2006—2010 年间累计进口额为序排列。进口量一栏内的数字为 SIPRI 趋势指示值（TIV）。因四舍五入关系，表中数字和百分比可能存在无法契合的情况。右边一栏显示的是 2006—2010 年间各接受国在全球武器进口量中所占的份额。

排名		接受方	进口量（TIV，单位：千）						2006—2010 年所占百分比
2006—2010	2005—2009[a]		2006	2007	2008	2009	2010	2006—2010	
1	2	印度	1287	2185	1794	2537	3337	11139	9
2	1	中国	2860	1693	1618	993	559	7724	6
3	3	韩国	1745	1839	1802	886	1131	7403	6
4	10	巴基斯坦	275	637	1028	1106	2580	5626	5
5	5	希腊	603	1808	559	1266	703	4939	4
6	4	阿拉伯联合酋长国	2049	953	744	560	493	4801	4
7	7	新加坡	67	384	1178	1695	1078	4402	4
8	9	阿尔及利亚	304	471	1424	1121	791	4112	3
9	14	澳大利亚	680	628	384	684	1677	4054	3
10	8	美国	551	752	871	929	893	3995	3
11	13	马来西亚	401	570	541	1577	411	3500	3
12	12	智利	1121	780	525	374	434	3206	3
13	6	以色列	1142	859	653	148	43	2845	2

排名		接受方	进口量（TIV，单位：千）						2006—2010 年所占百分比
2006—2010	2005—2009[a]		2006	2007	2008	2009	2010	2006—2010	
14	11	土耳其	452	614	579	663	468	2776	2
15	20	委内瑞拉	383	785	743	344	365	2619	2
16	15	埃及	774	692	250	174	681	2572	2
17	21	英国	337	729	547	386	518	2517	2
18	18	挪威	522	552	611	593	205	2482	2
19	17	日本	445	552	634	382	369	2381	2
20	19	波兰	443	987	599	156	142	2328	2
21	16	南非	680	847	466	134	183	2309	2
22	23	沙特阿拉伯	185	191	217	721	787	2101	2
23	29	葡萄牙	222	60	149	414	941	1786	1
24	24	伊拉克	282	257	367	388	464	1758	1
25	22	西班牙	291	332	375	275	313	1587	1
26	26	印度尼西亚	59	571	240	461	198	1529	1
27	28	加拿大	107	432	428	93	373	1434	1
28	27	意大利	423	515	173	79	85	1275	1
29	30	巴西	197	211	200	165	314	1086	1

排名		接受方	进口量（TIV，单位：千）						2006—2010 年所占百分比
2006—2010	2005—2009[a]		2006	2007	2008	2009	2010	2006—2010	
30	31	伊朗	423	331	78	77	88	997	1
31	42	阿富汗	3	41	152	344	407	947	1
32	25	中国台湾地区	578	12	11	130	143	874	1
33	38	哥伦比亚	54	218	112	312	172	868	1
34	33	奥地利	2	305	220	330	5	862	1
35	34	荷兰	78	251	145	217	162	852	1
36	32	德国	406	76	101	129	101	813	1
37	41	越南	44	2	166	66	515	793	1
38	39	约旦	48	186	161	237	114	746	1
39	48	叙利亚	70	—	253	167	167	657	1
40	43	阿塞拜疆	148	210	29	143	62	592	0
41	46	北约	116	—	—	420	—	536	0
42	50	比利时	21	170	200	90	30	511	0
43	47	芬兰	123	115	156	43	72	508	0
44	49	匈牙利	265	205	5	4	18	496	0
45	40	阿曼	285	4	66	93	36	483	0

排名		接受方	进口量（TIV，单位：千）						2006—2010 年所占百分比
2006—2010	2005—2009[a]		2006	2007	2008	2009	2010	2006—2010	
46	35	秘鲁	193	172	2	41	60	467	0
47	44	丹麦	122	174	49	98	16	458	0
48	51	格鲁吉亚	98	175	94	34	—	401	0
49	36	罗马尼亚	61	88	68	60	109	385	0
50	67	尼日利亚	14	57	20	81	189	360	0
51	59	厄瓜多尔	17	2	140	69	116	344	0
52	57	孟加拉	214	73	13	—	45	344	0
53	52	保加利亚	22	47	124	129	17	339	0
54	63	法国	60	69	8	78	120	336	0
55	56	科威特	—	279	5	18	17	319	0
56	69	墨西哥	69	5	—	57	188	319	0
57	55	瑞典	126	58	44	46	35	310	0
58	58	卡塔尔	—	—	—	285	20	305	0
59	54	苏丹	66	33	106	76	14	295	0
60	61	摩洛哥	44	29	46	37	138	294	0
61	53	瑞士	82	114	16	34	34	280	0

排名		接受方	进口量（TIV，单位：千）						2006—2010 年所占百分比
2006—2010	2005—2009[a]		2006	2007	2008	2009	2010	2006—2010	
62	45	也门	57	151	39	5	7	258	0
63	60	白俄罗斯	254	—	—	3	—	257	0
64	62	哈萨克斯坦	41	82	25	38	57	243	0
65	71	新西兰	5	81	2	48	71	207	0
66	64	泰国	45	8	13	51	83	199	0
67	78	立陶宛	45	4	26	26	81	182	0
68	66	巴林	63	26	20	—	71	179	0
69	37	捷克共和国	52	17	21	6	73	169	0
70	72	乍得	9	18	79	35	17	158	0
71	70	纳米比亚	72	6	66	14	—	158	0
72	73	缅甸	27	7	36	1	76	147	0
73	68	斯里兰卡	40	31	64	—	—5	140	0
74	75	拉脱维亚	11	49	44	12	15	131	0
75	80	俄罗斯	5	100	—	7	19	130	0
76	77	克罗地亚	—	14	99	4	10	127	0
77	81	乌拉圭	8	3	65	10	36	121	0

排名		接受方	进口量（TIV，单位：千）						2006—2010年所占百分比
2006—2010	2005—2009[a]		2006	2007	2008	2009	2010	2006—2010	
78	74	爱沙尼亚	6	19	38	44	1	107	0
79	95	黎巴嫩	—	5	1	40	60	106	0
80	84	刚果民主共和国	17	—	18	45	25	105	0
81	85	柬埔寨	12	60	—	4	28	104	0
82	79	赤道几内亚	—	28	41	30	—	98	0
83	86	阿根廷	9	24	23	16	17	90	0
84	118	斯洛文尼亚	2	2	—	7	73	85	0
85	83	南苏丹共和国	—	37	44	1	—	82	0
86	97	文莱	2	—	—	40	40	82	0
87	125	肯尼亚	—	8	—	—	73	81	0
88	76	安哥拉	7	25	29	20	—	80	0
89	101	亚美尼亚	—	1	—	36	36	74	0
90	104	黎巴嫩真主党[b]	9	—	—	25	25	59	0
91	89	菲律宾	20	16	10	1	8	57	0
92	82	阿尔巴尼亚	—	5	13	25	13	55	0
93	91	爱尔兰	11	18	21	1	1	51	0

排名		接受方	进口量（TIV，单位：千）						2006—2010 年所占百分比
2006—2010	2005—2009[a]		2006	2007	2008	2009	2010	2006—2010	
94	129	特立尼达和多巴哥	—	6	—	—	45	51	0
95	93	加蓬	17	17	17	—	—	50	0
96	111	土库曼斯坦	—	—	—	20	29	49	0
97	119	多米尼加共和国	—	—	—	10	33	43	0
98	92	塞内加尔	8	19	6	4	4	41	0
99	99	卢旺达	3	15	7	13	—	38	0
100	90	塞浦路斯	26	12	—	—	—	38	0
101	100	巴巴多斯	—	13	13	13	—	38	0
102	108	蒙古	—	—	14	11	13	37	0
103	103	赞比亚	30	5	—	—	—	35	0
104	98	乌干达	5	—	5	22	1	33	0
105	102	老挝	—	—	7	26	—	33	0
106	96	牙买加	13	15	2	—	—	30	0
107	94	津巴布韦	25	—	—	—	—	25	0
108	109	加纳	0	16	—	6	—	22	0
109	112	塔吉克斯坦	13	7	—	—	—	20	0

排名		接受方	进口量（TIV，单位：千）						2006—2010 年所占百分比
2006—2010	2005—2009[a]		2006	2007	2008	2009	2010	2006—2010	
110	121	博茨瓦纳	—	—	—	10	10	20	0
111	155	东帝汶	—	—	—	—	20	20	0
112	106	坦桑尼亚	10	0	—	9	—	20	0
113	115	巴勒斯坦权力机构	—	2	—	14	4	19	0
114	113	玻利维亚	8	2	3	5	1	19	0
115	110	朝鲜	5	5	5	5	1	19	0
116	105	马里	—	8	2	9	—	19	0
117	116	马尔代夫	15	—	—	—	4	19	0
118	120	利比亚	2	2	—	7	7	18	0
119	88	非洲联盟	9	—	7	—	—	16	0
120	123	斯洛伐克	—	1	0	5	8	14	0
121	153	塞尔维亚	—	—	—	—	14	14	0
122	128	喀麦隆	2	—	1	—	9	11	0
123	134	卢森堡	—	—	—	5	5	10	0
124	122	塞拉利昂	10	—	—	—	—	10	0
125	124	中非共和国	9	—	0	—	—	10	0

排名		接受方	进口量（TIV，单位：千）						2006—2010 年所占百分比
2006—2010	2005—2009[a]		2006	2007	2008	2009	2010	2006—2010	
126	126	尼日尔	—	—	7	1	—	8	0
127	65	突尼斯	2	—	3	—	2	7	0
128	107	布基纳法索	1	4	—	2	—	6	0
129	130	科摩罗	—	—	6	—	—	6	0
130	133	巴拿马	—	—	—	5	—	5	0
131	156	毛里塔尼亚	—	—	—	—	4	4	0
132	136	萨尔瓦多	—	—	4	—	—	4	0
133	87	厄立特里亚	—	4	—	—	—	4	0
134	137	贝宁	—	2	—	1	0	4	0
135	145	巴拉圭	—	—	—	—	3	3	0
136	138	联合国	1	1	0	—	—	2	0
137	139	马拉维	—	—	2	—	—	2	0
138	132	刚果	0	0	—	1	—	2	0
139	135	吉尔吉斯斯坦	2	—	—	—	—	2	0
140	140	佛得角	—	—	—	2	—	2	0
141	141	布隆迪	—	—	—	2	—	2	0

排名		接受方	进口量（TIV，单位：千）						2006—2010 年所占百分比
2006—2010	2005—2009[a]		2006	2007	2008	2009	2010	2006—2010	
142	143	巴哈马群岛	—	1	1	1	—	1	0
143	131	尼泊尔	—	—	1	—	—	1	0
144	144	莱索托	1	—	—	—	—	1	0
145	154	多哥	—	—	—	—	1	1	0
146	146	洪都拉斯	—	—	0	—	—	0	0
147	147	危地马拉	—	—	0	—	—	0	0
148	148	圭亚那	—	—	0	—	—	0	0
149	152	莫桑比克	—	—	—	—	0	0	0
150	142	几内亚	—	0	—	—	—	0	0
151	149	UIC/索马里[b]	0	—	—	—	—	0	0
152	150	马其顿	0	—	—	—	—	0	0
		不明接受方[c]	—	—	6	—	5	11	0
总计			**23787**	**26384**	**23236**	**24020**	**24987**	**122415**	**100**

“0”表示小于等于 0.5。

注：SIPRI 的武器转让数据系指实际交付的主要常规武器。为便于在交付的不同武器数据之间进行比较，并得出总体趋势，SIPRI 引入趋势指示值的概念。该数值仅表示国际武器转让量，而非此类转让的发生金额。因此，该数值与经济统计中的国内生产总值或进出口值之间并无可比性。趋势指示值的计算方法在本附录第二节中有所描述。

a　2005—2009 年间接受方的排名次序因这些年来对数字的不断修改而与已经出版的《SIPRI 年鉴 2010》中的内容有所差别。

b　这是指交付给非国家行为体或叛乱集团的武器。UIC 表示伊斯兰法庭联盟。

c　一个或多个不明接受方。

资料来源：SIPRI 武器转让数据库，网址：〈http：//www.sipri.org/databases/armstransfers/〉。

表 6A. 2　2006—2010 年主要常规武器供应方

本表包括所有在 2006—2010 年 5 年间出口主要常规武器的国家和非国家行为体，以 2006—2010 年 5 年间累计出口额为序排列。出口量一栏内的数字为 SIPRI 趋势指示值（TIV）。因四舍五入关系，表中数字和百分比可能存在无法契合的情况。右边一栏显示的是 2006—2010 年间各供应国在全球武器出口量中所占的份额。

排名		接受方	出口量（TIV，单位：千）						2006—2010 年所占百分比
2006—2010	2005—2009[a]		2006	2007	2008	2009	2010	2006—2010	
1	1	美国	7453	8003	6288	6658	8641	37043	30
2	2	俄罗斯	5095	5426	5953	5575	6039	28088	23
3	3	德国	2567	3194	2500	2432	2340	13033	11
4	4	法国	1643	2432	1994	1865	834	8768	7
5	5	英国	855	1018	982	1022	1054	4931	4
6	6	荷兰	1187	1326	530	545	503	4091	3
7	8	中国	597	430	586	1000	1423	4035	3
8	7	西班牙	843	590	610	998	513	3554	3
9	9	意大利	502	684	417	514	627	2744	2
10	12	瑞典	432	366	454	383	806	2441	2
11	11	以色列	299	438	281	807	472	2297	2
12	10	乌克兰	553	728	330	320	201	2132	2
13	13	瑞士	284	301	482	255	137	1460	1

排名		接受方	出口量（TIV，单位：千）						2006—2010 年所占百分比
2006—2010	2005—2009[a]		2006	2007	2008	2009	2010	2006—2010	
14	14	加拿大	226	334	227	169	258	1214	1
15	16	南非	137	153	164	165	80	699	1
16	17	韩国	94	220	80	163	95	652	1
17	18	波兰	253	162	76	81	8	580	0
18	15	比利时	58	18	228	242	7	554	0
19	20	挪威	17	55	107	128	141	449	0
20	23	巴西	44	47	92	36	179	398	0
21	19	白俄罗斯	35	6	225	42	—	308	0
22	21	芬兰	97	30	67	41	34	268	0
23	22	土耳其	61	37	65	46	31	239	0
24	24	奥地利	62	100	18	24	33	236	0
25	27	黑山	71	109	—	—	14	193	0
26	30	澳大利亚	5	1	6	54	119	184	0
27	35	乌兹别克斯坦	—	—	—	90	90	180	0
28	32	约旦	—	13	12	60	88	172	0
29	28	智利	—	—	133	—	—	133	0

排名		接受方	出口量（TIV，单位：千）						2006—2010年所占百分比
2006—2010	2005—2009[a]		2006	2007	2008	2009	2010	2006—2010	
30	29	葡萄牙	—	—	87	46	0	133	0
31	25	捷克	42	31	34	21	3	131	0
32	26	利比亚	18	10	18	32	28	105	0
33	33	伊朗	92	—	2	5	5	103	0
34	31	印度	33	21	11	22	4	90	0
35	39	新加坡	—	—	—	46	27	74	0
36	36	摩尔多瓦	3	19	29	20	—	71	0
37	61	沙特阿拉伯	—	—	—	—	58	58	0
38	42	丹麦	9	6	15	14	11	54	0
39	45	叙利亚	3	—	—	25	25	53	0
40	46	阿联酋	12	3	—	—	37	52	0
41	38	委内瑞拉	7	—	3	40	—	50	0
42	41	塞尔维亚	4	4	36	1	5	50	0
43	40	罗马尼亚	8	32	—	4	—	44	0
44	44	斯洛伐克	7	18	8	—	—	33	0
45	34	保加利亚	5	9	3	14	—	30	0

排　名		接受方	出口量（TIV，单位：千）						2006—2010 年所占百分比
2006—2010	2005—2009[a]		2006	2007	2008	2009	2010	2006—2010	
46	43	希腊	23	—	—	—	—	23	0
47	49	吉尔吉斯斯坦	—	—	14	—	—	14	0
48	50	哈萨克斯坦	12	—	—	—	—	12	0
49	51	越南	12	—	—	—	—	12	0
50	48	印度尼西亚	8	—	—	—	—	8	0
51	37	匈牙利	—	6	—	—	—	6	0
52	52	卡塔尔	6	—	—	—	—	6	0
53	53	爱尔兰	—	—	1	4	—	5	0
54	54	菲律宾	—	4	—	—	—	4	0
55	47	巴基斯坦	4	—	—	—	—	4	0
56	55	阿根廷	2	—	—	—	—	2	0
57	58	卢森堡	—	0	—	—	—	0	0
58	59	哥斯达黎加	—	—	0	—	—	0	0
59	60	马来西亚	—	—	—	0	—	0	0
60	56	阿曼	—	—	—	—	—	0	0
61	57	新西兰	—	—	—	—	—	0	0

排名		接受方	出口量（TIV，单位：千）						2006—2010 年所占百分比
2006—2010	2005—2009[a]		2006	2007	2008	2009	2010	2006—2010	
		不明供应方[b]	7	1	69	13	20	109	0
总　计			**23787**	**26384**	**23236**	**24020**	**24987**	**122415**	**100**

“0” 表示小于等于 0.5。

注： SIPRI 的武器转让数据系指实际交付的主要常规武器。为便于在交付的不同武器数据之间进行比较，并得出总体趋势，SIPRI 引入趋势指示值的概念。该数值仅表示国际武器转让量，而非此类转让的发生金额。因此，该数值与经济统计中的国内生产总值或进出口值之间并无可比性。趋势指示值的计算方法在本附录第二节中有所描述。

a 2005—2009 年间供应方的排名次序因这些年来对数字的不断修改而与已经出版的《SIPRI 年鉴 2010》中的内容有所差别。

b 一个或多个不明供应方。

资料来源： SIPRI 武器转让数据库，网址：URL〈http：//www. sipri. org/databases/armstransfers/〉。

表 6A.3　2006—2010 年主要常规武器 10 个最大的接受方及其供应方

表中数字表示在每个接受方的进口总量中，各个供应方所占的百分比份额。只有在这 10 个最大接受方的任意一方的进口总量中所占份额大于或等于 1%的供应方才被列入本表。较小的供应方被一起列入“其他”一栏中。因四舍五入关系，表中数字可能存在无法契合的情况。

供应国	接受国									
	印度	中国	韩国	巴基斯坦	希腊	阿联酋	新加坡	阿尔及利亚	澳大利亚	美国
澳大利亚	—	—	—	—	—	—	1	—	..	—
巴西	—	—	—	<0.5	1	—	—	—	—	—
加拿大	—	—	<0.5	—	—	<0.5	<0.5	<0.5	—	18
中国	—	..	—	38	—	—	—	2	—	—
法国	1	5	9	6	21	29	45	2	10	5
德国	2	1	16	2	39	2	7	—	8	9
以色列	3	—	—	—	—	—	4	—	2	2
意大利	<0.5	—	<0.5	1	3	1	2	<0.5	—	2
韩国	—	—	..	—	—	—	—	—	1	—
利比亚	—	—	—	1	—	1	—	—	—	—
荷兰	<0.5	—	1	—	2	—	—	—	—	—
挪威	—	—	—	—	—	—	—	—	<0.5	9

供应国	接受国									
	印度	中国	韩国	巴基斯坦	希腊	阿联酋	新加坡	阿尔及利亚	澳大利亚	美国
波兰	3	—	—	—	—	—	—	—	—	<0.5
罗马尼亚	—	—	—	—	—	1	—	—	—	—
俄罗斯	82	84	2	1	—	5	—	92	—	—
南非	—	—	—	—	—	<0.5	—	<0.5	—	9
西班牙	—	—	—	—	—	—	—	1	<0.5	5
瑞典	—	—	1	6	3	1	2	—	—	<0.5
瑞士	—	4	—	3	—	—	2	—	—	12
土耳其	—	—	—	1	—	—	—	—	—	—
乌克兰	—	3	—	2	—	—	—	<0.5	—	—
英国	6	3	—	—	1	—	—	1	—	28
美国	2	—	71	39	29	59	36	<0.5	80	..
乌兹别克斯坦	2	—	—	—	—	—	—	—	—	—
其他	—	—	—	—	—	1	<0.5	—	—	<0.5

表 6A. 4　2006—2010 年主要常规武器 10 个最大的供应方及其目的地（按地区分类）

表中数字表示在对每个接受地区的出口总量中，各个供应方所占的百分比。因四舍五入关系，表中数字可能存在无法契合的情况。每个地区和次区域中各个国家的情况参见本书第 23 页。

接受地区	供应方									
	美国	俄罗斯	德国	法国	英国	荷兰	中国	意大利	西班牙	瑞典
非洲	**1**	**14**	**11**	**3**	**6**	**<0.5**	**13**	**7**	**2**	**17**
北非	<0.5	14	—	2	1	—	2	2	1	—
撒哈拉以南非洲	<0.5	1	11	1	5	<0.5	11	5	1	17
美洲	**7**	**8**	**9**	**6**	**33**	**26**	**8**	**25**	**31**	**1**
南美	3	8	6	4	10	22	8	21	22	<0.5
亚洲和大洋洲	**44**	**67**	**25**	**51**	**23**	**19**	**65**	**18**	**9**	**22**
中亚	<0.5	1	—	—	—	—	—	—	—	—
东亚和东南亚	27	32	21	41	10	17	4	11	9	7
大洋洲	9	—	3	5	—	2	—	<0.5	—	<0.5

接受地区	供应方									
	美国	俄罗斯	德国	法国	英国	荷兰	中国	意大利	西班牙	瑞典
南亚	8	33	2	5	13	1	61	7	—	14
欧洲	**19**	**2**	**43**	**20**	**15**	**48**	**—**	**38**	**57**	**58**
欧盟	18	1	42	18	12	46	—	37	9	57
中东	**28**	**8**	**11**	**19**	**22**	**7**	**14**	**13**	**<0.5**	**2**
其他	**1**	**<0.5**	**—**	**—**	**—**	**—**	**—**	**—**	**—**	**<0.5**

表 6A. 3 和表 6A. 4 注：“—”表示零或忽略不计；“<0. 5”表示介于 0 与 0. 5 之间。

表 6A. 3 和表 6A. 4 资料来源：SIPRI 武器转让数据库，网址：〈http：//www. sipri. org/databases/armstransfers/〉。

（曹靖　译）

附录 6B 2000—2009 年各国武器出口额

马克·布罗姆利

表 6B.1 提供的是关于 2000—2009 年间武器贸易额的官方数据。表中所列国家都是那些在 10 年中至少有 6 年提供了“武器出口额”、“武器出口许可额”或“武器出口协议额”官方数据的国家，并且平均交易额都超过 1000 万美元。在任何情况下，“涵盖的统计数据”遵从获取数据的官方出版物所用的语言。每个国家所涵盖的内容有所不同。不过，“武器出口”通常指实际出口额；“武器出口许可额”一般指由国家出口许可权威部门签署的武器出口许可交易额；而“武器出口协议额”是指签署武器出口协议的交易额。表中不同国家给出的武器出口数据没有可比性，这些数据可能是基于不同定义及不同方法获取的。

前些年，SIPRI 提供了一份全球武器贸易总额估算表。但是，由于属于最大的出口方之一的以色列和英国（基于官方公布的贸易额）并没有公布 2008 和 2009 年的武器出口贸易额数据，因此不能得出近年来的全球武器贸易总额估算表。与前些年不同，以色列没有公布 2007、2008 和 2009 年实际出口武器的贸易额数据，仅能从以色列政府“已签订的合同”[1] 中获得的官方数据。先前英国曾公布过其实际武器出口贸易额的数据，但是 2008 和 2009 年并没有公布，仅能基于“出口订单”获得英国政府的官方数据。2008 年 11 月，英国政府宣布由于“继续公布可靠的统计数据具有技术难度”，因此不再依据

〔1〕 奥珀尔·罗姆·B.，“世界第三大武器供应方以色列：国防部”，《防务新闻》，2009 年 10 月 5 日，第 6 页。

实际武器出口额公布数据。[2]

最近几年，有人对美国政府的武器出口贸易额官方数据的准确性提出质疑。美国出口军事装备主要有两种途径：由国防部负责的政府对政府的对外军售（FMS）项目，以及由国务院负责的直接商业销售（DCS）项目。[3] 对外军售项目涉及的武器出口授权和转让的数据每年都要接受审查。[4] 最终数据收录进国防部的报告，作为美国国会研究部提交报告中评估美国武器出口贸易额的根据。[5] 然而，直接商业销售体系却没有相应的系统。直接商业销售体系涉及的武器出口授权和转让的数据是公开的，但是人们普遍认为它所涵盖的美国武器出口贸易额是不精确的。[6] 尤其是有些转让被计算了两次，以及常常将美国向驻外部队的转运计算在内。[7]

2010 年，美国审计总署（GAO）对对外军售和直接商业销售项目中的可用武器出口数据进行了分析，旨在获得更精准的美国武器出口贸易额数据。[8] 该研究得出了 2005—2009 年关于美国武器出口的新数据，指出 2008 年美国武器出口额达 19.43 万亿美元（译注：原文中使用的单位似有误，疑为 194.3 亿美元）、2009 年达 22.15 万亿

---

〔2〕 英国国防部，《停止英国国防统计中的国防出口转运统计和国防就业统计》，2008 年 11 月 14 日，网址：〈http：//www.mod.uk/DefenceInternet/DefenceNews/DefencePolicyAndBusiness/CessationOfDefenceExport DeliveryAndDefenceEmploymentStatisticsInUkDefenceStatistics.htm〉。

〔3〕 斯托尔·R 和施罗德·M，“美国出口管制”，《SIPRI 年鉴 2005》，第 720—740 页。

〔4〕 格里梅特·R·F，《向发展中国家转运的常规武器：2002—2009》，《国会研究服务（CRS）报告：41403 号》（美国国会：华盛顿 DC，2010 年 9 月 10 日），第 18 页。

〔5〕 美国国防安全合作局（DSCA），“美国的对外军售、对外军事建设销售和军事援助（截至 2009 年 9 月 30 日）”，网址：〈http：//www.dsca.osd.mil/programs/biz-ops/factsbook/default.htm〉，以及格里梅特（注 4）。

〔6〕 美国国务院，国防贸易控制局，国务院根据《援外法》第 655 节撰写的报告：《2008 财年直接商业销售授权》（国务院：华盛顿 DC）。直接商业销售体系下的武器出口数据局限性参见格里梅特（注 4），第 18 页。

〔7〕 美国审计总署（GAO），《波斯湾：为了美国的外交政策和国家安全目标，美国机构需要对许可数据进行改进和对武器转运的文件进行审计，GAO—10—918》，（审计总署：华盛顿 DC，2010 年 9 月）。

〔8〕 美国审计总署（GAO），《防务出口：关于需要改进的出口物项和服务，GAO—10—952》，（审计总署：华盛顿 DC，2010 年 9 月）。

美元（译注：疑为 221.5 亿美元）。审计总署在报告中建议国务院通过对直接商业销售项目采取措施来改善武器出口数据的质量，并建议美国政府发布一份将对外军售和直接商业销售项目合并的武器出口报告。[9] 美国国务院回应称，它不相信“作额外的报告将有助于额外资源的交付或分配”。[10] 如今，美国政府正在着手对其军事装备转让的管制体制进行重大审议，这也许会导致对所有武器出口都具权限的单一许可证机构的产生和其他变革。[11] 这些变革将有助于提升美国武器出口贸易额数据的整体水平，但可能需要花费几年时间来全面贯彻这些变革。[12]

---

〔9〕 美国审计总署（同注释〔8〕）。

〔10〕 美国审计总署（同注释〔8〕），附录Ⅱ。

〔11〕 白宫，《总统出口管制改革法案情况说明书》，2010 年 4 月 20 日，网址：〈http：//www. whitehouse. gov/the-press-office/fact-sheet-presidents-export-control-reform-initiative〉；白宫，新闻秘书办公室，《美国总统行政令一输出执法协调中心》，2010 年 11 月 9 日，网址：〈http：//www. whitehouse. gov/the-press-office/2010/11/09/executiveorder-export-coordination-enforcement-center〉；同样参见第六章第二节。

〔12〕 美国审计总署（同注释〔8〕），附录Ⅱ，第 18 页。

表 6B.1　依据国家政府和工业部门统计的 2000—2009 年各国武器出口额

表中数据按照 2009 年的美元不变价格计算，以百万美元为单位。按照报告年份的市场汇率和美国消费价格指数（CPI）转换为 2009 年美元不变价格。表中所列年份是日历年份，否则会另有注明。

国家	2000	2001	2002	2003	2004	2005	2006	2007	2008	2009	数据涵盖内容
澳地利	..	..	49	153	6	154	194	176	307	483	武器出口额
	646	419	263	324	23	350	409	1953	1381	3125	武器出口许可额
比利时	894	921	1286	877	767	350	1174	1275	1949	1531	武器出口许可额
波黑	..	..	..	..	49	87	67	54	85	65	武器出口许可额
巴西	223	351	199	57	324	313	375	166	38	99	武器出口额
加拿大	401	463	515	603	562	292	338	..	..	..	武器出口额[a]
捷克	100	65	86	109	127	120	124	246	277	243	武器出口额
	..	..	..	140	175	165	243	676	309	542	武器出口许可额
丹麦	..	83	127	105	144	120	174	278	238	2607	武器出口许可额
芬兰	27	43	61	64	59	141	71	106	136	121	武器出口额
	27	40	66	134	463	60	115	81	492	260	武器出口许可额
法国	3144	3433	4973	5653	10044	5211	5383	6429	4631	5175	武器出口额

国家	2000	2001	2002	2003	2004	2005	2006	2007	2008	2009	数据涵盖内容
	3027	4382	4215	5553	4768	5620	7671	8015	9610	11339	武器出口许可额
德国	781	398	357	1755	1592	2227	1834	1577	2082	1860	武器出口额[b]
	3263	3995	3657	6402	5369	5760	5592	5194	8448	7004	武器出口许可额
希腊	24	55	59	147	21	40	118	46	70	315	武器出口许可额
匈牙利	21	11	8	14	13	16	21	24	22	24	武器出口额
	..	..	..	64	56	44	83	136	174	315	武器出口许可额
印度	..	..	27	89	87	67	91	89	159	..	武器出口额[c]
爱尔兰	36	59	40	46	38	41	61	47	45	63	武器出口许可额
以色列	2198	2423	2385	2741	2953	2856	3193	..	..	..	武器出口额
	3103	3052	4799	3499	4203	3845	5215	5794	6304	7500	武器出口协议额
意大利	693	601	547	829	677	1135	1295	1794	2594	3063	武器出口额
韩国	69	242	167	280	477	286	266	873	1026	1625	武器出口额
荷兰	479	706	505	1515	880	1605	1502	1238	1836	1958	武器出口许可额
挪威	150	216	343	498	340	419	484	565	688	762	武器出口额

国家	2000	2001	2002	2003	2004	2005	2006	2007	2008	2009	数据涵盖内容
波兰	50	61	95	241	371	396	367	406	537	1932	武器出口许可额
葡萄牙	15	12	7	33	17	10	1	..	104	22	武器出口额
	25	21	7	41	24	16	1	38	111	39	武器出口许可额
罗马尼亚	47	30	52	80	48	51	106	87	121	136	武器出口额
俄罗斯	4585	4489	5749	6531	6565	6730	6917	7657	8320	8600	武器出口额
斯洛伐克	..	..	..	..	28	29	43	52	55	61	武器出口额
	55	113	37	50	92	68	85	105	104	149	武器出口许可额
南非	249	244	290	478	481	..	456	587	711	922	武器出口许可额
西班牙	158	250	309	504	573	572	1128	1321	1363	1871	武器出口额
	..	370	635	351	621	1680	1730	2777	3687	4435	武器出口许可额
瑞典	594	359	421	934	1127	1268	1496	1470	1920	1772	武器出口额
	631	2804	720	1301	1003	2227	2168	1046	1452	1451	武器出口许可额
瑞士	158	185	213	328	367	228	338	401	664	669	武器出口额
土耳其	153	162	296	386	223	370	375	435	574	669	武器出口额

国家	2000	2001	2002	2003	2004	2005	2006	2007	2008	2009	数据涵盖内容
英国	3244	2674	1684	1889	2893	2778	2659	4286	..	..	武器出口额
	8929	7256	9011	9296	9454	7968	10823	19981	7981	11294	武器出口协议额
	..	3370	3589	5909	4196	4120	3183	1858	3599	4808	武器出口许可额
美国	16028	11072	11622	12648	13198	12939	13143	12756	11913	14383	武器出口额
	21770	13740	15403	16884	14391	14032	16980	25233	37054	22610	武器出口协议额

注：本表所涉及国家都在 10 年中至少有 6 年提供了“武器出口额”、“武器出口合同签订额”、“武器出口订单额”或“武器出口许可额”的官方贸易数据，且平均交易额都超过 1000 万美元。因基于不同的定义和统计方法，本表所涉及不同国家的武器出口数据并无可比性。

a 这些数据不包括向美国的出口。

b 这些数据只包括德国国家立法机构定义的“作战武器”的出口数据。

c 印度的数据的年周期是 4 月 1 日至次年 3 月 31 日。

资料来源：本表数据基于公开资料或直接与政府部门或官方工业体联系获得。欲获得所有资料和所有可获得的武器出口额数据可登网址：〈http：//www. sipri. org/research/armaments/transfers/measuring/financial _ values〉。

（曹靖　译）

附录 6C 武器转让的透明度

马克·布罗姆利　保尔·霍尔托姆*

一、导言

关于武器转让的官方和可公开获得的资料对于评估各国武器出口和采购政策是很重要的。然而，公布出售和购买武器的信息对几乎所有国家而言都是敏感问题。本附录对国际、地区和国家的正式报告机制最近的进展进行了分析。这些报告机制的目的是为了全面或部分地提高国际武器转让公开信息的质量和数量。

第二部分描述了向联合国常规武器登记册进行申报的趋势及各国对联合国常规武器登记册中新增加一类关于轻小武器国际转让的意见。第三部分描述了编写国家及地区武器出口报告方面的新发展，特别关注提交报告的及时性问题。

关于在政府间交流的有关武器转让的机密信息，例如欧安组织、西非国家经济共同体及瓦森纳安排内部交流的信息，则不涉及。国际武器贸易相关信息的另一来源是联合国商品贸易统计局数据库的海关数据。〔1〕该数据库并非为增加国际武器转让的公开信息数量的目的而设计的一项工具。

---

* 海宁网站协助收集了本附录数据。

〔1〕 挪威小武器转让倡议搜集并核对了联合国商品贸易统计局数据库的海关数据，于是推出了小武器出口的年度登记记录，网址，〈http：//www.prio.no/NI-SAT/Small-Arms-Trade-Database/〉。

二、联合国常规武器登记册

联合国常规武器登记册是武器转让主要的官方透明国际制度。它成立于 1991 年，要求联合国所有成员国报告七大类常规武器的进出口信息，包括（a）作战坦克、（b）装甲战车、（c）大口径火炮系统、（d）战斗机、（e）攻击直升机、（f）战舰、（g）导弹及导弹发射器，还邀请成员国提交关于购买国内生产的主要常规武器及持有情况的信息，以及国际转让轻小武器的信息。

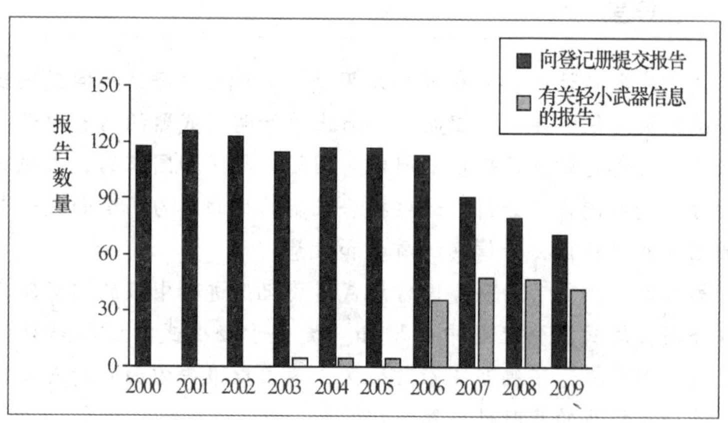

图 6C.1　2000—2009 年向联合国常规武器登记册提交报告的国家数

资料来源：联合国常规武器登记册在线数据库，网址：〈http：//disarmament. org/un _ register. nsf〉。

截至 2010 年 12 月 31 日，只有 72 个国家向登记册提交了 2009 年武器转让报告，其中 30 个国家提交了“零报告”（见表 6C. 1 和表 6C. 1）。[2] 这甚至少于最低有 80 个国家报告的 2008 年。法国是 2010 年十大常规武器供应商中唯一未向登记册提交报告的国家。

---

〔2〕 相比较，截至 2009 年 12 月 31 日、2008 年 12 月 31 日、2007 年 12 月 31 日，分别有 79、90、112 个国家向登记册提交报告。

2010 年，43 个国家提交了国际转让轻小武器的信息，包括 6 个“零报告”。科摩罗、马其顿、圣马力诺、塞尔维亚、西班牙、泰国六国首次提交轻小武器转让报告。〔3〕 2004—2010 年间，共有 75 个国家提交轻小武器至少转让过一次的信息。2009 年阿尔巴尼亚向阿富汗国家安全力量转让弹药的腐败案件曝光。在此背景下，阿尔巴尼亚 2010 年提交国际转让轻小武器弹药信息报告，成为提交此类报告的首个国家。〔4〕

2010 年 1 月，联大通过决议要求成员国向联合国秘书长提交对制度继续运行情况及将轻小武器作为独立报告种类纳入制度可能性的意见。〔5〕 7 个国家，即哥伦比亚、以色列、日本、毛里求斯、墨西哥、新加坡和瑞士于 2010 年提交了它们的相关意见。〔6〕 哥伦比亚、日本、毛里求斯、墨西哥及瑞士均支持以适当方式将轻小武器纳入登记册。日本、毛里求斯和瑞士强调，轻小武器问题在许多国家和地区，较之登记册涵盖的现有七大类武器更加重要。轻小武器转让报告的缺失成为登记册无法照顾次撒哈拉非洲地区安全关切的首要因素。在当地，轻小武器在动乱和冲突中起了显著作用。〔7〕 墨西哥认为，上述信息对帮助打击轻小武器流入非法市场，防止轻小武器不负责任转让方面的作用，不言而喻。〔8〕

---

〔3〕 第 64/54 号联大决议，2010 年 1 月 12 日。

〔4〕 更多信息，参见本书第一章第四节。

〔5〕 第 64/53 号联大决议，(同注释〔3〕)。

〔6〕 联大，常规武器登记册，联合国秘书长报告，A/65/133，2010 年 7 月 15 日。

〔7〕 联大，“常规武器登记册的继续运行和进一步发展”，A/58/274，2003 年 8 月 13 日；联大，联合国常规武器登记册运行和下一步发展报告，A/61/261，2006 年 8 月 15 日，第 51 段；联合国裁军办，“西非国家武器装备透明地区研讨会”，2009 年 8 月，网址：〈http://www.un.org/disarmament/homepage/ODAPublications/ODAUpdate/2009/Aug/index.html〉。

〔8〕 联合国 (同注释〔6〕)，第 132 页。

表 6C.1 2005—2009 年向联合国常规武器登记册提交的报告数（按地区分类）

年份是指提交报告所涵盖的年份。数字是提交的报告数。括号内是“零报告”的数字。

地区	2005	2006	2007	2008	2009
非洲	16（14）	15（12）	8（7）	4（3）	4（3）
美洲	23（19）	22（16）	13（6）	15（9）	10（2）
亚洲及大洋洲	28（18）	27（18）	21（12）	19（7）	17（9）
欧洲	46（18）	47（15）	46（13）	40（10）	39（15）
中东	4（2）	2（1）	3（1）	2（1）	2（1）
合计	117（71）	113（62）	91（39）	80（30）	72（30）

资料来源：联合国常规武器登记册在线数据库，网址：〈http：//disarmament. un. org/un _ register. nsf〉。

以色列并未明确支持将轻小武器作为单独种类纳入登记册，但表示支持“尽可能提高登记册有效性和普遍性的一切努力”，同时它还呼吁特别关注“武器和弹药，如便携式防空导弹系统（MANPADS）、短程火箭和简易爆炸装置的非法贸易”。以色列尚未向登记册提交其国际转让轻小武器相关信息。[9]

新加坡是唯一明确反对将轻小武器种类引入登记册的国家，认为这将加重成员国负担而给登记册普遍性带来负面影响。新加坡因此建议“如成员国认为报告轻小武器信息对其重要”应继续使用轻小武器转让标准报表。[10]

三、关于武器出口的国家和地区报告

自 20 世纪 90 年代初以来，越来越多的政府开始公布关于武器出口的国家报告。[11] 截至 2011 年 1 月，34 个国家自 1990 年以来至少

〔9〕 联合国（同注释〔6〕），第 38 页。

〔10〕 联合国（同注释〔6〕），第 132 页。

〔11〕 所公布报告清单见 SIPRI 网页：〈http：//www. sipri. org/research/arments/transfers/transparency/national _ reports〉。

发布过 1 份国家报告，30 个国家从 2008 年以来开始这么做。这 30 个国家中，24 个国家报告了授予武器出口许可的信息，23 个国家报告了实际武器出口的信息（见下表 6C.4）。

2010 年，克罗地亚和匈牙利发布了首份武器进出口国家报告，克罗地亚报告提供了武器进出口许可证的金额，并按武器的目的国和来源国及出口管制清单予以细分。〔12〕匈牙利除报告了武器进口金额并按物品的来源，或军事清单种类予以细分外，还报告了武器出口许可的财务价值并按目的地和军事清单种类予以细分。〔13〕

近年来，欧洲国家，特别是欧盟成员国在提交武器出口国家报告方面大踏步迈进。根据欧盟军事技术和设备出口管理共同规则，出口武器设备的成员国应提交武器出口国家报告。〔14〕7 个欧盟国家，即塞浦路斯、希腊、拉脱维亚、立陶宛、卢森堡、马耳他及波兰〔15〕在 2010 年 12 月 31 日前未发布国家报告。爱尔兰以前曾发布过武器出口的国家报告，但可查到的最新信息仅涵盖 1998 年 1 月的武器进出口许可证情况。〔16〕

尽管提交武器出口国家报告的国家数量正在上升，但近几年，部分报告的某些方面较其此前报告不够具体。例如，捷克和法国的首份报告分别报告了 2003 年和 1998 年的转让情况，其中包含的出口许可拒签情况比最近几次报告要多。

另外一个限制武器出口透明的因素是公布报告的时效性。大多数国家武器出口报告旨在帮助公众和议会监督、讨论国家落实武器出口规定的情况。为更好地服务这一功能，应更及时地提交报告，这样在

---

〔12〕 克罗地亚经济、劳工及企业部（MELE），军事物品及非军事致命物品国家报告（MELE：萨格勒布）。

〔13〕 匈牙利贸易许可办公室（HTLO），军事工业及出口控制局，匈牙利武器出口控制国家报告（HTLO：布达佩斯，2010 年）。

〔14〕 欧盟理事会，理事会共同规则 2008/944/CFSP，2008 年 12 月 8 日，就欧盟军事技术和设备出口管理做出规定，L335，2008 年 12 月 13 日。见欧盟理事会，欧盟武器设备出口行为准则用户手册，布鲁塞尔，16133/1/04，rev. 1，2004 年 12 月 23 日，第 22 页。

〔15〕 2011 年 2 月，波兰发布第一份国家报告。

〔16〕 根据爱尔兰武器出口国家立法，须编写武器出口国家报告。2008 年，出口控制法案，爱尔兰 2008 年第一条法案，2008 年 5 月 5 日生效，网址：〈http：//www. irishstatutebook. ie/2008/en/act/pub/0001/，第 9 条〉。

相关讨论中，信息才不会过时。

表 6C.2　2009 年各国武器出口年度报告的及时程度

时间段指报告内容的截止时间与发布时间之间的间隔。并非所有报告的时间段数据均可查到。各国可提交更为及时报告，如每月、每季度或半年报告。

少于 3 个月	超过 3 个月	超过 6 个月	超过 9 个月	超过 12 个月
南非	弗兰德斯（比利时）	捷克	阿尔巴尼亚	奥地利
瑞典	波黑	法国	克罗地亚	芬兰
瑞士	意大利	乌克兰	丹麦	葡萄牙
	荷兰		德国	
	挪威		匈牙利	
	英国		罗马尼亚	
			美国	

不同国家的国家报告时效性差别较大（见表 6C.2）。奥地利、芬兰、葡萄牙最新国家年度报告的发布时间比报告内容的截止时间超出 12 个月。相比较，南非、瑞典和瑞士最新国家年度报告的发布时间与报告内容的截止时间相差不到三个月。影响各国及时提交国家报告能力的因素有多种因素。例如，一些国家，国家报告在公布前需要得到议会批准，这减缓了向公众发布报告的过程。

除了年度报告，荷兰、瑞典和比利时属弗兰德斯还就其武器出口情况提交月度报告。罗马尼亚和英国发布季度报告。比利时、比利时属弗兰德斯及布鲁塞尔提交双年度报告。这些报告的时间跨度越短，其数据有效性越强，其总体透明水平越高。然而，在某些情况下，报告发布时间与报告所涵盖的时段相比，还存在显著延迟。

欧盟共同规则要求欧盟成员国就其武器出口许可证金额、实际出口金额及拒发武器出口许可证情况交换信息。上述数据汇编成公开可用的年度报告。2011 年 1 月，欧盟公布第 12 次年度报告，涵盖 2009 年武器转让情况。欧盟 27 国均向该报告提交了信息，其中 17 国按要求提交了所有种类信息——第 11 次年度报告中，19 国按要求提交了所有类别的信息（见表 6C.3）。〔17〕 近年来，欧盟强调要缩短报告发布时间与报告截止时间的时间差。〔18〕 然而，第 12 次年度报告是至今以来最为延迟的报告：它的发布时间较其内容的截止时间迟滞了超过 12 个月。

表 6C.3 2003—2009 年向欧盟武器出口年度报告提供信息的情况

年度报告	年份	提供国数量	提供全套数据国家数[a]	提供全套数据国家所占比例（%）
第 12 次	2009	27	17	63
第 11 次	2008	27	19	70
第 10 次	2007	27	16	59
第 9 次	2006	25	16	64
第 8 次	2005	25	17	68
第 7 次	2004	25	13	52
第 6 次	2003	22[b]	6	27

a 全套数据指包含了武器出口许可证金额及年度出口金额，并按照目的地及“欧盟通用军事清单”予以细分。

b 第 6 次年度报告包含的信息是 2003 年出口许可证及出口量情况，2004 年 5 月加入欧盟的 10 个成员国无提交义务。但欧盟邀请其在有相关信息的情况下提交，其中 7 个国家提交了报告。

资料来源：欧盟理事会，欧盟年度报告，网址：〈http：//www. consilium. europa. eu/showPage. aspx? id=1484〉。

---

〔17〕 欧盟理事会，第 12 次年度报告系根据欧盟理事会共同立场文件 2008/944/CFSP 提交，该文件规定了军事技术和设备出口管理共同规则，《欧盟官方文件》，C9，2011 年 1 月 13 日。所有 12 份年度报告均可在此查阅，网址：〈http：//www. consilium. europa. eu/showPage. aspx? id=1484〉。

〔18〕 欧盟理事会，第 11 次年度报告系根据欧盟理事会共同立场文件 2008/944/CFSP 提交，该文件规定了军事技术和设备出口管理共同规则，《欧盟官方文件》，C265，2009 年 11 月 6 日，第 4 页。

表 6C.4 2008—2010 年参加国际、地区和国家报告机制的国家

×表示成员国在 2008—2010 年间至少发布或提交一次报告。

国家	联合国常规武器登记册		国家报告			
	进口或出口	轻小武器	出口许可证[b]	武器出口[c]	拒发许可证[d]	中介许可证[e]
阿尔巴尼亚	×（无）	×		×		
安道尔	×（无）					
安提瓜和巴布达	×（无）	×（无）				
阿根廷	×	×（无）				
亚美尼亚	×（无）	×				
澳大利亚	×	×				
奥地利*†	×		×	×		
阿塞拜疆	×					
孟加拉国	×	×				
白俄罗斯[f]	×					
比利时*	×	×	×[g]			
伯利兹	×（无）					
不丹	×（无）					
玻利维亚	×（无）	×				
波黑	×	×	×		×	
巴西	×					
文莱	×（无）	×				
保加利亚*†	×	×	×	×		
布隆迪	×（无）					
柬埔寨	×					
加拿大	×	×		×		
智利	×	×				
中国	×					
哥伦比亚	×	×	X[g]			
科摩罗	×（无）	×（无）				
哥斯达黎加	×（无）					

国家	联合国常规武器登记册		国家报告			
	进口或出口	轻小武器	出口许可证[b]	武器出口[c]	拒发许可证[d]	中介许可证[e]
克罗地亚	×	×	×			
塞浦路斯*†	×	×（无）				
捷克共和国*†	×	×	×	×	×	
丹麦*	×	×	×		×	
吉布提	×（无）					
萨尔瓦多	×（无）	×（无）				
爱沙尼亚*†	×		×			
斐济	×（无）	×（无）				
芬兰*†	×		×	×		
法国*	×	×	×	×		
格鲁吉亚	×	×				
德国*	×	×	×	×	×	×
加纳	×（无）	×（无）				
希腊*†	×	×				
格林纳达	×（无）					
危地马拉	×（无）					
匈牙利*†	×	×	×	×		
冰岛	×（无）					
印度	×					
印度尼西亚	×	×				
爱尔兰*†	×	×				
以色列	×					
意大利*	×	×	×	×		
日本	×	×[h]				
约旦	×					
哈萨克斯坦	×	×				
肯尼亚	×（无）					
韩国	×	×				

国家	联合国常规武器登记册		国家报告			
	进口或出口	轻小武器	出口许可证[b]	武器出口[c]	拒发许可证[d]	中介许可证[e]
吉尔吉斯斯坦	×（无）					
老挝	×（无）					
拉脱维亚*†	×	×				
黎巴嫩	×（无）	×（无）				
列支敦士登	×（无）	×				
立陶宛*†	×	×				
卢森堡*†	×（无）	×				
前南马其顿	×（无）	×				
马来西亚	×					
马尔代夫	×（无）					
马耳他*†	×（无）	×（无）				
毛里求斯	×（无）					
墨西哥	×	×				
摩尔多瓦	×（无）	×				
摩纳哥	×（无）					
蒙古	×（无）					
黑山	×	×	×	×		×
纳米比亚	×（无）					
瑙鲁	×（无）					
荷兰*†	×	×	×	*	×	
新西兰	×	×				
挪威	×	×		×		
巴基斯坦	×					
帕劳	×（无）					
巴拿马	×（无）	×				
秘鲁	×	×				
菲律宾	×（无）	×				
波兰*	×	×				

国家	联合国常规武器登记册		国家报告			
	进口或出口	轻小武器	出口许可证[b]	武器出口[c]	拒发许可证[d]	中介许可证[e]
葡萄牙*†	×	×	×	×		
罗马尼亚*†	×	×	×	×	×	×
俄罗斯	×					
圣文森特和格林纳丁斯	×（无）	×				
萨摩亚	×（无）					
圣马力诺	×（无）	×				
塞尔维亚	×	×	×	×	×	
塞舌尔	×（无）					
新加坡	×					
斯洛伐克*†	×	×	×	×	×	
斯洛文尼亚*†	×	×	×	×		
所罗门群岛	×（无）					
南非	×			×		
西班牙*†	×	×	×	×	×	
苏里南	×（无）					
斯威士兰	×（无）	×（无）				
瑞典*	×	×[i]	×	×	×	×
瑞士	×	×		×		
塔吉克斯坦	×（无）					
泰国	×	×				
多哥	×（无）	×（无）				
突尼斯	×（无）					
土耳其	×	×				
乌克兰	×	×		×		
英国*	×	×	×		×	×
美国	×		×	×		
越南	×（无）					

国家	联合国常规武器登记册		国家报告			
	进口或出口	轻小武器	出口许可证[b]	武器出口[c]	拒发许可证[d]	中介许可证[e]
共计 110 个国家	109 (**47 无**)	66 (**11 无**)	24	23	11	5

a 欧盟 27 个成员国标注为*，其每年通过发布欧盟年度报告，公布武器出口情况。其中，标注为†的 19 个国家，提供了全套数据，即包含了武器出口许可证金额及年度出口金额，并按照目的地及“欧盟通用军事清单”予以细分。

b 一国在提供武器出口许可证信息时，如将出口许可证目的地列出，则在表中将其标注出来。

c 一国在提供武器出口信息时，如武器出口目的地列出，则在表中将其标注出来。

d 一国在提供拒发出口许可证信息时，如将拒发目的地列出，则在表中将其标注出来。

e 一国在提供武器中介许可证信息时，如将中介许可证目的地列出，则在表中将其标注出来。

f 2009 年 5 月，白俄罗斯发布《2008 年武器出口控制和武器出口报告》，但该报告并未提供颁发及拒发武器出口许可证等信息。

g 自 2003 年初，比利时三个地区的政府（布鲁塞尔、弗拉芒和瓦隆尼亚）开始承担提交出口许可证的义务。较比利时国家报告，每个地区提交的武器出口报告均包含更多信息。

h 日本向登记册提交了 2008、2009、2010 年政府采购其本国生产的轻小武器的背景情况。

i 瑞典未提交轻小武器的进出口数量，只提交了武器系统种类、源自地和目的地。

资料来源： 联合国常规武器登记册数据库，网址：〈http://disarmament.un.org/un_register.nsf〉；国家报告，网址：〈http://www.sipri.org/research/armaments/transfers/transparency/national_reports〉。

（孔君　译）

第七章　世界核力量

香农・N・基尔　维达利・费琴科
巴拉特・高伯拉斯瓦米　汉斯・M・克里斯滕森

第一节　导言

2011 年初，8 个国家拥有约 20500 枚核武器，其中 5000 多枚是部署的和准备使用的（见表 7.1）。近 2000 枚核武器保持高度作战戒备状态。

所有 5 个法律上承认的核武器国家，即 1968 年《不扩散核武器条约》（NPT）所界定——中国、法国、俄罗斯、英国和美国——似乎决心继续保持核大国地位，正在或将要使其核力量现代化。[1] 同时，俄罗斯和美国在 2010 年《关于进一步削减和限制进攻性战略武器的措施的条约》（新 START）中已承诺进一步削减其战略核力量，新 START 条约是失效的 1991 年《关于削减和限制进攻性战略武器条约》（START）的后续条约。2010 年 4 月签署的新 START 条约取代了 2002 年《削减进攻性战略武器条约》（SORT）。[2] 本章的第二和第三节分别阐述了美国和俄罗斯部署的核力量的构成。其他 3 个核武器国家的核武库是相当小的，但是它们正在部署新型核武器或已宣布打算这样做。第四至第六节分别提供了有关英国、法国和中国运

〔1〕 根据 NPT 条约，只有在 1967 年 1 月 1 日之前制造和爆炸核装置的国家才被承认是核武器国家。关于 NPT 条约的概要和其他详细内容，参见本卷附件 A。

〔2〕 关于 START 条约、SORT 条约和新 START 条约的概要和其他详细内容，参见本卷附件 A。

载工具和弹头库的数据。

关于 3 个《不扩散核武器条约》非缔约国印度、巴基斯坦和以色列核武库的部署状态和核能力的可靠信息是很难找到的。在缺少官方声明的情况下，所获信息往往是矛盾的或不正确的。印度和巴基斯坦正在扩大其核打击能力，而以色列似乎正在观望伊朗局势如何发展。第七至第九节分别提供了有关印度、巴基斯坦和以色列核武库的信息。第十节阐述了朝鲜的核武器能力。第十一节给出了一个简短的结论。

附录 7A 包括全球裂变材料高浓铀和分离钚库存和生产表，高浓铀和分离钚是用于核武器的原材料。

这里给出的数字是基于公开信息的估计数，包含一些不确定性，如表的注释中所反映的那样。

表 7.1　2011 年 1 月世界核力量（部署弹头的数量）

所有数字都是大约数

国家	第一次核试验年份	部署的弹头[a]	其他的弹头[b]	总数
美国	1945	2150[c]	6350	～8500[d]
俄罗斯	1949	～2427[e]	8570[f]	～11000[g]
英国	1952	160	65	225
法国	1960	290	10	～300
中国	1964	..	200[h]	～240
印度	1974	..	80—100[h]	80—100
巴基斯坦	1998	..	90—110[h]	90—110
以色列	..	..	～80[h]	～80
朝鲜	2006	..		?[i]
总计		**～5027**	**～15500**	**～20530**

[a]“部署的”是指安在导弹上的弹头或放在存有现役力量的基地的弹头。

[b]这些是储备的、等待拆卸的或在它们变为实战部署之前需要一些准备（例如组装或放在发射架上）的弹头。

[c]这个数字包括约 200 枚部署在欧洲的非战略（战术）核武器。此外，约 300 枚非战略核武器储存在美国，另外的 260 枚将要退役。

[d]美国国防部的核武库约有 5000 个弹头。另外的约 3500 个退役弹头计划到 2022 年拆除。

[e]这表示比《SIPRI 年鉴 2010》公布的数字有所减少，反映了俄罗斯政府 2010 年的声明，即所有非战略（战术）核武器是储存的和未部署的。

[f]这个数字包括由短程的海军、空军和空防力量使用的 5400 枚非战略核武器。

[g]俄罗斯的核武库约有 8000 个核弹头。另外的约 3000 个退役弹头等待拆卸。

[h]中国、印度、巴基斯坦和以色列的核武库不被认为是完全部署的。

[I]朝鲜在 2006 年和 2009 年进行了核试验爆炸，但没有任何公开的信息证实它拥有实战的核武器。

第二节　美国核力量

据估计，截至 2011 年 1 月，美国保持一个约 2150 个实战部署的核弹头的核武库，包括约 1950 个战略和 200 个非战略弹头（见表 7.2）。除了这个实战部署的武库外，约 2850 个弹头是备用的，整个武库约有 5000 个弹头。〔3〕另外的 3500 个退役弹头正在等待拆卸。

与《SIPRI 年鉴 2010》给出的估计相比，这个力量水平略微地有所下降。〔4〕这个变化反映了洲际弹道导弹（ICBM）上的弹头进一步有限地退出部署状态和战斧式海射巡航导弹（SLCM）上的弹头撤出现役武库。

《核态势审议》报告和新 START 条约

《核态势审议》（NPR）报告的发布和新 START 条约的签署及随

---

〔3〕 H. M. 克里斯滕森和 R. S. 诺里斯，“2011 年美国核力量”，《原子科学家公报》，第 67 卷，第 2 期（2011 年 3 月和 4 月）。5000 个弹头的武库估计随后被美国国家安全顾问托马斯·多尼隆证实。托马斯·多尼隆，主题演讲，2011 年卡耐基国际核政策会议，华盛顿特区，2011 年 3 月 29 日，网址：〈http：//www.carnegieendowment.org/events/？fa=viewSubEvent&id=43486〉。

〔4〕 S. N. 基尔等，“世界核力量”，《SIPRI 年鉴 2010》，第 333—370 页。

后的争论成为 2010 年的焦点。[5] 由于美国总统贝拉克·奥巴马打算在 2009 年 12 月 START 条约失效之前完成新 START 条约，所以《核态势审议》报告审议过程的首要事项是评估由新 START 条约设定的力量水平所产生的影响。[6] 该分析报告很快决定保留陆基、海基和空基三位一体的战略核力量，并反对对该力量结构进行重大修改。

《核态势审议》报告和新 START 条约都是在 2010 年 4 月完成的，确定了今后 5—10 年美国核态势的方向。2010 年《核态势审议》报告是第一个明确地把消除所有核武器的最终目标的承诺纳入其中的审议报告。《核态势审议》报告还第一次在美国核态势中把不扩散大规模杀伤性武器（WMD）提高到同核武器政策本身一样的重要高度。

总的来说，《核态势审议》报告和新 START 条约将导致部署的战略弹头和运载工具的数量的适度削减。然而，《核态势审议》报告并未兑现奥巴马在 2009 年布拉格演讲中所作的承诺，即降低核武器在美国国家安全战略中的作用以停止冷战思维。[7] 相反，《核态势审议》报告重申了核武器对美国国家安全的重要性，并建议保留三位一体的远程进攻性核力量，保持目前几百枚弹道导弹的高度戒备状态，保留大量核弹头作为备用以便一旦需要增加部署的力量，以及进行运载工具和弹头的现代化和建设新的弹头生产厂。它目前还拒绝接受不首先使用政策，继续制定针对非核武装对手的核打击计划。

新 START 条约没有对战略力量进行任何分项限制（sub-limits）。因此，假若战略力量在部署的弹头以及部署和非部署的运载工具方面仍然受到总体限制的话，那么对《核态势审议》报告所建议的

---

〔5〕 美国国防部，《核态势审议》报告（国防部：华盛顿特区，2010 年 4 月），第 7 页；新 START 条约（同注释〔2〕）。关于新 START 条约和 NPR 的官方资料来源和背景材料，参见美国国务院，“新 START 条约”，网址：〈http://www.state.gov/t/avc/newstart/〉；美国国防部，《核态势审议》报告，网址：〈http://www.defense.gov/npr/〉。

〔6〕 美国国防部，“《核态势审议》2010：《核态势审议》报告、军控和威慑”，情况简报，2009 年 8 月 6 日，第 2 页。

〔7〕 白宫，“美国总统贝拉克·奥巴马的演讲，哈德卡尼广场，布拉格，捷克共和国”，2009 年 4 月 5 日，网址：〈http://www.whitehouse.gov/the-press-office/remarks-president-barack-obama-prague-delivered〉。

核力量必须如何构成则没有任何限制。《核态势审议》报告决定美国将保留下列核力量结构：（1）420 枚部署的洲际弹道导弹，每枚携带一个单弹头，另外的几百枚处于备用状态以用于上载；（2）14 艘核动力弹道导弹潜艇（SSBN），到二十一世纪头十年结束可能减到 12 艘，装载 240 枚部署的潜射弹道导弹（SLBM），每枚导弹携带多个核弹头，另外的几百枚处于备用状态以用于上载；（3）60 架携带重力炸弹和巡航导弹的有核能力的重型轰炸机，每架飞机被算作携带一个单弹头，但几百个弹头处于备用状态以用于上载。

如有命令要增加部署的核弹头的数量，潜射弹道导弹和重型轰炸机将是备用弹头的主要上载平台。美国国防部是否将决定退役另外的 20 枚洲际弹道导弹或 20 架轰炸机以满足新 START 条约对部署的运载工具的限制，尚不清楚。如果美国要保留所有 60 架轰炸机，其最大力量载荷为 1136 枚核武器，按照新 START 条约每架轰炸机只被算作携带 1 枚核武器，美国总的力量水平 2626 个弹头仍将只被算作 1550 个。

核武器生产综合体

在《核态势审议》报告和新 START 条约批约听证会期间所作的陈述中，奥巴马政府宣布美国打算在可预见的未来保留一个大规模的核武器综合体。在今后十年，国防部“在核运载系统上将投资一千多亿美元以保持现有的能力和使一些战略系统现代化”。[8] 同样，政府在 2011 财年为国家核安全管理局（NNSA）的核武器活动增加了 10%的预算要求，在 2012 财年又增加了 8.4%。在今后十年，国家核安全管理局在维护核弹头和生产设施以及使其现代化上将花费 920 多亿美元。[9] 所有现有的弹头都将进行延寿计划和装配新的、改进的或重大改造的部件。3 个具有年产 80 个弹头能力的核武器生产设施将要建造：在田纳西州橡树岭的铀加工设施；在新墨西哥州洛

〔8〕 美国参议院，对外关系委员会，《新 START 条约》，条约文件编号 111—5（美国政府印刷局：华盛顿特区，2010 年 12 月），第 87 页。

〔9〕 美国国防部和美国国家核安全管理局，“2010 年 11 月对 2010 财年国防授权法案第 1251 节报告的更新：新 START 条约框架和核力量结构计划”，2010 年 11 月，第 1、2、9 页。

斯·阿拉莫斯的化学和冶金研究替代设施（CMRR）和在密苏里州堪萨斯城的堪萨斯厂。这些建设项目到 2030 年估计将花费 1800 亿美元。[10]

除了维护、拆卸现有弹头和生产现有弹头的改造型，新设施将具有为替换弹头每年生产 80 个钚芯的能力。这个能力要比每年损失在核炸药包非核试验上的弹头的数量约大十倍。根据《核态势审议》报告，新增加的能力将使“实质性”削减核武库成为可能。报告称：

> 通过对我们老化的核武器支持设施进行现代化和对人力资本的投资，我们可以实质性削减我们留作预防技术和地缘政治突变的库存核武器的数量，加快我们威慑不再需要的核武器的拆卸，提高我们对国外核武器活动的了解。[11]

核作战和组织机构

2010 年，美国继续坚持其战略战争计划——“OPLAN（作战计划）8010—08 战略威慑与全球打击”作战计划，战略司令部（STRATCOM）在 2010 年 11 月进行了“全球雷霆”核演习以检验洲际弹道导弹、潜射弹道导弹、远程轰炸机、加油机以及指控与控制系统的作战准备情况。近年来，战略司令部已把“全球雷霆”从一个指挥所演习扩大到包括力量形成和快速作战的一个全面的核运用演习。[12]

在 2010 年 9 月 30 日掌控所有以前分别由美国航天司令部和空军作战司令部管理的洲际弹道导弹和重型轰炸机后，空军全球打击司令部获得了全面的作战能力。[13] 把美国空军战略核资产集中控制在一

---

〔10〕 H. M. 克里斯滕森，“核计划显示削减和大规模投资”，美国科学家联合会战略安全博客，美国科学家联合会，2010 年 7 月 12 日，网址：〈http://www.fas.org/blog/ssp/2010/07/stockpileplan.php〉。

〔11〕 美国国防部（同注释〔5〕），第 7 页。

〔12〕 H. M. 克里斯滕森，“奥巴马与核战计划”，美国科学家联合会战略安全博客，美国科学家联合会，2010 年 2 月 25 日，网址：〈http://www.fas.org/blog/ssp/2010/02/warplan.php〉。

〔13〕 洲际弹道导弹在 2009 年 12 月 1 日移交，轰炸机在 2010 年 2 月 1 日移交。

个单一司令部（美国空军27年来建立的第一个全新司令部）之下是对发生在2007年北达科他州迈诺特空军基地的一次严重事故所作的反应，事故的原因是6枚携带核弹头的巡航导弹被错误地装在一架“B—52H”飞机上，并被运到路易斯安那州巴克斯代尔空军基地。[14]

陆基弹道导弹

《核态势审议》报告决定，美国在新START条约下将保留400—420枚洲际弹道导弹。这个力量目前由450枚导弹组成，它们携带500个弹头。在今后几年，那些仍然携带多弹头的导弹每枚将被卸载至携带一个单弹头。然而，洲际弹道导弹力量的分导式多弹头再入飞行器能力将继续保持，以保留如果需要就能上载几百个备用弹头的选择余地。

最后一个“W62”弹头在2010年8月11日已被拆卸，只留下“W78”和“W87”弹头装在洲际弹道导弹上。[15] 170千吨的“W62”弹头已被更具威力的300千吨的“W87/MK—21”再入飞行器取代，“W87/MK—21”扩大了“民兵3”洲际弹道导弹力量打击目标的范围。

花费几十亿美元将“民兵3”导弹服役寿命延长到2030年的现代化计划正在进行。《核态势审议》报告决定，为替代导弹设想一套部署选择方案的初步研究将在2011—2012年开始。这将包括探索以能够提高生存能力和进一步减少任何引发立即发射的因素为基础的洲际弹道导弹的新模式。这项评估将是国防部目前洲际弹道导弹力量的可能的替代品研究的一部分。[16] 2014年，国防部将提早为后续计划提出具体建议。[17]

“民兵3”导弹在2010年进行了两次飞行试验，与2009年的次

---

〔14〕美国国防部，国防科学委员会，核武器确信性常设工作组，“关于非授权运转核武器的报告”，2008年2月。

〔15〕美国国家核安全管理局，“能源部长宣布完成了W62的拆卸计划”，新闻稿，2010年8月12日，网址：〈http：//unsa. energy. gov/mediaroon/pressreleases/chupantex081210〉。

〔16〕美国国防部（同注释〔5〕），第23、27页。

〔17〕美国国防部和美国国家核安全管理局（同注释〔9〕）。

数是一样的。

弹道导弹潜艇

所有 14 艘美国海军“俄亥俄”级核动力弹道导弹潜艇都携带“D5”导弹。12 艘现役核动力弹道导弹潜艇共装载 288 枚“D5”潜射弹道导弹，其中每枚导弹据估计携带 4 个弹头，这些导弹共携带约 1152 个弹头。[18] 由于 8 艘核动力弹道导弹潜艇以太平洋为基地和 6 艘以大西洋为基地以及与冷战时期相等的巡逻率，美国核动力弹道导弹潜艇在太平洋的巡逻率现在超过了 60%，而在 20 世纪 80 年代平均只有 15%。核动力弹道导弹潜艇力量由两支舰队组成：一支是在乔治亚州金斯湾海军潜艇基地的第 10 潜艇大队，另一支是在华盛顿州班戈附近的吉塞普海军潜艇基地的第 9 潜艇大队。

美国海军正在计划用 12 艘下一代核动力弹道导弹潜艇（被称为 SSBNX）替代“俄亥俄”级潜艇。新潜艇将在 2019 年开始建造，并在 2026 年下水。下一代核动力弹道导弹潜艇将从两艘“俄亥俄”级核动力弹道导弹潜艇 2029 年前退役时起开始服役。新级别潜艇将装载 16 枚潜射弹道导弹，以便使更多的潜艇置于未来的军控协议之下和提供更大的作战灵活性。新的下一代核动力弹道导弹潜艇项目预计将花费 600—800 亿美元。

美国政府在 2010 年又采购了 24 枚改进的“D5”潜射弹道导弹，到 2012 年将共采购 108 枚导弹，花费 40 多亿美元。第一枚改进的“D5（D5LE）”导弹计划在 2010 年部署，将装备“俄亥俄”级核动力弹道导弹潜艇直到 2042 年潜艇服役寿命结束。“W76—1/Mk—4A”弹头的部署正在进行，到 2018 年约 1200 个弹头将被翻新。“W76—1/Mk—4A”弹头安装了一个新的在设置爆高时更具灵活性的引信，“使“W76”弹头能够利用“D5”导弹的更高精确度”和把更多的目标包括硬目标纳入射程。[19]

---

〔18〕 另外的两艘核动力弹道导弹潜艇在任何给定的时间都在进行检修，其携带的 48 枚导弹和 192 个弹头不包括在总数里。

〔19〕 美国能源部，国防项目办公室，《武库维护和管理计划：第一个年度更新》，根据美国信息自由法案部分内容被解密和公布（能源部：华盛顿特区，1997 年 10 月），第 1—14 页。

战略轰炸机

美国空军拥有20架“B—2”轰炸机和93架“B—52H”轰炸机，其中94架（18架“B—2”轰炸机和76架“B—52H”轰炸机）是有核能力的。然而，只有60架（16架“B—2”轰炸机和44架“B—52H”轰炸机）被认为担负核任务。

据估计，约有200个核弹头部署在三个基地的轰炸机上。这些包括飞机发射的“B61—7”、“B61—11”（只装在“B—2”轰炸机上）和“B83—1”重力炸弹，以及空射巡航导弹（ALCM）携带的“W80—1”弹头（只装在“B—52H”轰炸机上）。另外的几百枚炸弹和巡航导弹被储存起来，如果需要能重新返回基地。

美国空军打算保留担负核和常规任务的“B—52H”轰炸机至少到2035年。一项远程打击研究将在2011年初完成，以确定未来替代轰炸机的选择方案，并为替代轰炸机拨款大约17亿美元。美国空军还打算用先进远程防区外（LRSO）核巡航导弹替换在2030年期满的空射巡航导弹。这项研究将继续进行到2013年，其目标是在2025年前后开始低速初始生产。〔20〕

非战略核武器

截至2011年1月，美国保留约760个非战略核弹头。这包括近200个部署在欧洲的“B61”重力炸弹、300个储存在美国的备用炸弹、约260个用于“战斧式”对地攻击巡航导弹（TLAM/N）的弹头。

“B61”炸弹部署在5个北约欧洲成员国的6个空军基地：比利时、德国、意大利、荷兰和土耳其。〔21〕大约有一半的炸弹被指定由

〔20〕美国国防部和美国国家核安全管理局（同注释〔9〕），第11—12页。

〔21〕在2009年9月北约《核态势审议》吹风会上，美国国防部负责政策的副部长詹姆斯·米勒谈到“180个北约次战略弹头”。他可能指的是列在美国的欧洲部署授权计划中的武器的数量。该计划允许授权的弹头数量偏差±10%。美国北约理事会代表团，“美国国防部负责政策的副部长米勒与盟国磋商《核态势审议》报告”，电报（USNATO000378），2009年9月4日，网址：〈http://www.hedgehogs.net/pg/newsfeeds/hhwebadmin/item/6728052/us-embassy-cables-us-targets-terrorists-with-conventional-warheads-fittedto-nuclear-weapons〉，第17段。

美国“F－15E”和“F－16”飞机投掷。使用美国核武器担负核打击任务的北约无核武器国家的飞机有：比利时、荷兰和土耳其的“F－16”飞机以及德国和意大利的“旋风式”战斗机。

《核态势审议》报告决定使一部分的“F－35”联合攻击战斗机(Block IV)具有核能力，但没有明确说明将在欧洲部署核武器。“F－35”战斗机将装载新的“B61－12”炸弹，该炸弹是“B61－3/4/10”和“B61－7”的改进型。《核态势审议》报告还决定退役“战斧式”对地攻击巡航导弹。

核弹头现代化

美国所有类型的剩余核弹头大规模延寿和现代化计划已为今后几十年做好了安排。《核态势审议》报告决定，美国“将不发展新型核弹头”，但将考虑“全范围”的延寿计划选择方案，包括“翻新现有的弹头，再利用来自不同弹头的核部件，以及替换核部件”。〔22〕这是为了不恢复现场核试验和遵守1996年《全面禁止核试验条约》(CTBT)。《核态势审议》报告还决定，任何延寿计划“将只使用基于以前经过试验的设计的核部件，将不支持新的军事能力”。〔23〕然而，这将取决于如何界定“新的”军事能力，因为例如安装一个新的引爆、引信和点火装置能够大大地改变一个弹头的军事能力。〔24〕

表7.2　2011年1月美国核力量

型号	名称	部署数量	首次部署年份	射程(公里)[a]	弹头×当量	弹头
战略力量						**～1950**
轰炸机[b]		*113/60*				*300*

---

〔22〕美国国防部(同注释〔5〕)，第xiv页。

〔23〕美国国防部(同注释〔5〕)，第xiv页。

〔24〕H. M. 克里斯滕森，“小引信——大效果”，美国科学家联合会战略安全博客，美国科学家联合会，2007年3月14日，网址：〈http://www.fas.org/blog/ssp/2007/03/small_fuze_—_big_effect.php〉。

型号	名称	部署数量	首次部署年份	射程(公里)[a]	弹头×当量	弹头
B—52H	Stratofortress	93/44	1961	16000	空射巡航导弹 5—150 千吨	200[c]
B—2	Spirit	20/16	1994	11000	B61—7，—11，B83—1 炸弹	100[d]
洲际弹道导弹		*450*				*500*[e]
LGM—30G	民兵 III					
	MK—12A	250	1979	13000	1—3×335 千吨	200
	MK—21 SERV	200	2006	13000	1×300 千吨	300
核动力弹道导弹潜艇/潜射弹道导弹[f]		*288*				*1152*
UGM—133A	三叉戟 II (D5)[g]					
	MK—4	..	1992	>7400	4×100 千吨	568
	MK—4A	..	2008	>7400	4×100 千吨	200
	MK—5	..	1990	>7400	4×475 千吨	384
非战略力量						**200**
B61—3，—4 炸弹		..	1979	..	0.3—170 千吨	200[h]
战斧式潜射巡航导弹		(0)	1984	2500	1×5—150 千吨	(0)[i]
部署的弹头总数						**~2150**[j]

..＝没有可用或适用的数据；()＝不确定的数字；ALCM＝空射巡航导弹；ICBM＝洲际弹道导弹；kt＝千吨；SERV＝安全加强型再入飞行器；SLBM＝潜射弹道导弹；SLCM＝海射巡航导弹；SSBN＝核动力弹道导弹潜艇。

a 飞机的航程只用于说明的目的；真正的作战航程根据飞行轨迹和武器载荷将有所

不同。

b 就轰炸机而言，在“部署数量”栏中的第一个数字是轰炸机的总数，包括那些训练、试验和储备的飞机。第二个数字是执行主要任务的飞机的数量，也就是执行核和常规战时任务的作战飞机的数量。

c 空射巡航导弹的总数已削减到 528 枚，其中约 200 枚是部署的。根据新 START 条约，每架核轰炸机只被算作携带一枚核武器，尽管更多的核武器可能储存在轰炸机基地。

d 现役重力炸弹仅供“B—2A”轰炸机使用。“B—52H”可能也投掷炸弹，但是其核任务被认为是依靠空射巡航导弹，因为该轰炸机不能穿透现代空防系统。

e 2010 年《核态势审议》报告决定在不久的将来使每枚洲际弹道导弹卸载至携带一个单弹头，还决定保留上载能力以便如果需要能使该力量的 W78 部分重新多弹头化。

f 额外的两艘核动力弹道导弹潜艇在任何给定的时间都在进行检修，其携带的 48 枚导弹和 192 个弹头不包括在总数里。

g 尽管根据 START 条约规定每枚“D5”导弹被算作携带 8 个弹头，但是据估计美国海军已经卸载每枚导弹平均携带 4 个弹头，以满足 SORT 条约所规定的弹头上限。“W76—1”弹头在 2008 年 10 月开始交付。

h 自 2001 年，部署在欧洲的“B61”炸弹的数量已单方面削减了近三分之二，从 480 个削减到约 180 个。另外的弹头是备用的。

[I]“战斧式”对地攻击巡航导弹依照 2010 年《核态势审议》报告正在退役。

[j]包括另外的约 2850 个备用弹头，整个武库约有 5000 个弹头。另有约 3500 个弹头等待拆卸，整个武库约有 8500 个弹头。还有约 15000 个钚芯储藏在得克萨斯州的潘特克斯工厂。

资料来源：美国国防部，各种预算报告和新闻稿；美国能源部，各种预算报告和计划；美国国防部，根据信息自由法案所获得的各种档案文件；美国空军、美国海军和美国能源部，个人通信；“核笔记本”，《原子科学家公报》，各期；作者的评估。

第三节 俄罗斯核力量

据估计，截至 2011 年 1 月，俄罗斯拥有 2427 个实战部署的核弹头（见表 7.3）。这个数字下调了《SIPRI 年鉴 2010》所给的数字，以反映俄罗斯政府 2010 年的声明，即所有非战略核武器都为库存，较老的洲际弹道导弹已退役。

按照军控条约的承诺和作为威慑态势从“充分多余”向“最低足够”理论转变的一部分，俄罗斯继续削减其战略核力量。2009 年 5 月批准的俄罗斯《国家安全战略》声称，它将以最具成本效益的方式与美国进攻性战略武器保持数量上的平衡。[25]

2010 年 2 月 5 日，俄罗斯总统德米特里·梅德韦杰夫批准了俄罗斯最新的军事学说。[26] 通过对核武器使用实行更加严格的标准，该学说略微降低了核武器在俄罗斯国家安全政策中的作用。[27] 根据新的学说，俄罗斯宣布如果“国家生存受到威胁”，它有权使用核武器以对大规模杀伤性武器攻击和常规武器攻击作出反应。2000 年采用的军事学说允许在国家安全危急情况下使用核武器。[28] 2010 年军事学说确定俄罗斯的军事任务是维持“战略稳定性和在足够水平上的核威慑能力”，并把“足够”一词解释为“一种在任何情况下都能给侵略者造成‘预定’的损失的能力”。[29]

根据资深军事专家所说，俄罗斯的战略核力量能够确保“最低足够”威慑，但需要质量上的改进以提高其确保进行第二次打击的生存能力和穿透导弹防御的能力。[30] 按照这些标准，俄罗斯已把发展和部署公路机动的分导式多弹头洲际弹道导弹和新型潜射弹道导弹作为优先事项。

战略轰炸机

俄罗斯战略空军部队包括两个重型轰炸机师，拥有 13 架“图—160”、31 架“图—95MS16”和 32 架“图—95MS6”飞机。俄罗斯继续检修和改进所有的战略轰炸机和延长其服役寿命。[31] 一架“图

---

〔25〕“到 2020 年俄罗斯联邦国家安全战略”，第 537 号总统令，2009 年 5 月 12 日，网址：〈http：//www. scrf. gov. ru/documents/99. html〉。

〔26〕俄罗斯总统，“俄罗斯联邦军事学说”，2010 年 2 月 5 日，网址：〈http：//news. kremlin. ru/ref _ notes/461〉。

〔27〕N. Sokov，“新的 2010 年俄罗斯军事学说：核的方面”，詹姆斯·马丁不扩散研究中心，2010 年 2 月 5 日，网址：〈http：//cns. miis. edu/stories/100205 _ russian _ nuclear _ doctrine. htm〉。

〔28〕俄罗斯总统（同注释〔26〕）；N. Sokov（同注释〔27〕）。

〔29〕俄罗斯总统（同注释〔26〕）。

〔30〕S. Umnov，“俄罗斯的战略核力量：加强弹道导弹防御穿透能力”，《军工信使》，2006 年 3 月 8—14 日；V. Esin，“美国：追求全球导弹防御”，《军工信使》，2010 年 8 月 25—31 日。

〔31〕L. Kramnik，“俄罗斯空军的未来如何?”，俄新社，2010 年 12 月 3 日，网址：〈http：//en. rian. ru/analysis/20101203/161617495. html〉。

—160”轰炸机在 2010 年 6 月完成检修。[32] 俄罗斯非战略空军部队包括 4 个“图—22M3”轰炸机师。

陆基弹道导弹

俄罗斯战略火箭军（SRF）由 3 个导弹集团军组成，到 2016 年 1 月 1 日 3 个导弹集团军将被减到 2 个。[33]

截至 2011 年 1 月，俄罗斯有约 50 枚“RS—20V”重型洲际弹道导弹处于战斗值班状态。[34] 俄罗斯有一个正在进行的导弹延寿计划，并已宣布计划使它们一直服役到 2026 年。[35] 发展新的重型洲际弹道导弹替代“RS—20V”的问题在 2010 年在俄罗斯继续进行着讨论。[36]

俄罗斯部署约 120 枚“白杨 RS—12M”洲际弹道导弹，与 2010 年初相比减少了近 30 枚。[37] “RS—12M”是三级、固体燃料、公路机动的洲际弹道导弹，携带一个单弹头，在 1985 年开始服役。[38] “RS—12M”系统正在进行延寿计划。[39] 作为这项计划的一部分，

---

〔32〕“喀山航空生产联合体（KAPO）把翻新的导弹载体‘图—160’移交空军”，《生意人报》（喀山），2010 年 8 月 28 日。

〔33〕 D. C. Isby，“俄罗斯战略火箭军计划进行结构调整”，《简氏导弹与火箭》，第 13 卷，第 2 期（2009 年 2 月）。

〔34〕 R. S. 诺里斯和 H. M. 克里斯滕森，“核笔记本：2010 年俄罗斯核力量”，《原子科学家公报》，第 66 卷，第 1 期（2010 年 1 月），第 76 页；D. Lennox（编辑），《简氏战略武器系统》，第 53 期（简氏信息集团有限公司：科尔斯登，2010 年），第 167 页。北约名称在表 7.3 中给出。

〔35〕“军事委员会”，俄罗斯回声电台，2010 年 12 月 18 日，网址：〈http://echo.msk.ru/programs/voensovet/734274—echo/〉；“俄罗斯让‘撒旦’弹道导弹一直服役到 2016 年”，俄新社，2010 年 12 月 17 日，网址：〈http://en.rian.ru/military_news/20101217/161824781.html〉。

〔36〕 D. C. Isby，“俄罗斯重型洲际弹道导弹还没有任何进展”，《简氏导弹与火箭》，第 14 卷，第 12 期（2010 年 12 月），第 14 页；“到 2020 年俄罗斯发展新的重型洲际弹道导弹”，俄新社，2010 年 12 月 20 日，网址：〈http://en.rian.ru/russia/20101220/161856876.html〉。

〔37〕 诺里斯和克里斯滕森（同注释〔34〕），第 76 页。

〔38〕 Lennox（同注释〔34〕），第 160—162 页。

〔39〕 D. C. Isby，“机动的‘白杨—M’导弹的生产停止”，《简氏导弹与火箭》，第 13 卷，第 6 期（2009 年 6 月），第 6 页。

“RS—12M”导弹在2010年成功地进行了两次试射。[40]

“RS—12 白杨—M”导弹已发展了公路机动（“RS-12M1”）和井基（“RS-12M2”）两种类型。[41] 截至2011年1月，俄罗斯被认为有18枚“RS-12M1”导弹和51枚“RS-12M2”导弹在服役。

2010年，俄罗斯开始部署“RS-24”导弹，该导弹是“RS-12M1”的改进型，携带3个分导式多弹头再入飞行器。[42] 2009年12月START条约的失效使现有的单弹头导弹添加分导式多弹头再入飞行器能力成为可能。截至2011年1月，俄罗斯据称已部署6枚“RS-24”导弹。[43]

2010年11月，俄罗斯军方官员证实俄罗斯将放弃生产“RS-12M1”导弹，转而支持生产“RS-24”导弹，而且战略火箭军司令宣布“‘白杨—M’机动导弹系统今后将不提供给战略火箭军”。[44] 然而，井基的“RS-12M2”导弹的部署似乎仍在继续，并计划在2011年部署4枚，在2012年再部署4枚。[45]

“RS-12M2”和“RS-24”导弹预计将成为战略火箭军的支柱。战略火箭军表示，到2016年“白杨—M”和“RS-24”系统在洲际弹道导弹力量中至少占80%。[46] 为实现这一目标，俄罗斯将不得不退役许多“RS-20V”、“RS-18”和“RS-12M”导弹和将“RS-24”导弹的生产和部署从目前每年6—10枚增加到至少14枚。

---

〔40〕“俄罗斯对‘白杨’弹道导弹进行例行试验”，俄新社，2010年10月28日，网址：〈http://en.rian.ru/military_news/20101028/161117451.html〉；“‘白杨’击中哈萨克斯坦靶场的目标”，俄新社，2010年12月5日，网址：〈http://en.rian.ru/military_news/20101205/161640678.html〉。

〔41〕 Lennox（同注释〔36〕），第158—159页。

〔42〕 D. C. Isby，“‘RS-24’进行第三次成功的飞行试验”，《简氏导弹与火箭》，第13卷，第1期（2009年1月），第3页；A. Petrova，“导弹越好，导弹团越少”，Vzglyad，2010年12月17日，网址：〈http://www.vz.ru/society/2010/12/17/455639.html〉。

〔43〕 Petrova（同注释〔42〕）。

〔44〕“俄罗斯导弹部队用多弹头的‘RS-24’替代‘白杨—M’”，俄新社，2010年11月30日，网址：〈http://en.rian.ru/military_news/20101130/161558446.html〉。

〔45〕 Petrova（同注释〔42〕）。

〔46〕“俄罗斯导弹部队用多弹头的‘RS-24’替代‘白杨—M’”（同注释〔44〕）。

弹道导弹潜艇和海射弹道导弹

截至 2011 年 1 月，俄罗斯海军共有 11 艘核动力弹道导弹潜艇，比 2010 年初的 12 艘有所减少，原因是有 1 艘“德尔塔 3”级（“667BDR 卡尔马计划”）潜艇退役。剩余的 4 艘“德尔塔 3”级潜艇配给太平洋舰队，每艘潜艇装载 16 枚“RSM-50”潜射弹道导弹。[47] 6 艘“德尔塔 4”级（“667BDRM 德尔芬计划”）潜艇配给北方舰队。这些潜艇中的 5 艘已接受过延长 10 年服役寿命的检修，包括安装新改进的“RSM-54 轻舟”导弹。俄罗斯还使 1 艘“941 阿库拉计划”（“台风”级）潜艇保持服役状态，用作试验平台。[48] 2010 年，俄罗斯成功地进行了四次目前已部署的“RSM-50”和“RSM-54”潜射弹道导弹的水下试射。[49]

俄罗斯正在建造 3 艘新级别（“955 博尔雷计划”）的核动力弹道导弹潜艇。这个级别的第一艘潜艇“尤里·多尔戈鲁基”号在 2010 年进行了多次成功的海上试验。[50] 俄罗斯宣布计划建造 8 艘这个级别的核动力弹道导弹潜艇，每艘设计装载 16 枚“RSM-56 布拉瓦”导弹。[51]

2010 年，三级、固体燃料的“布拉瓦”潜射弹道导弹的发展不顺，继续受到俄罗斯媒体和高级官员的关注。一旦装在“955 计划”核动力弹道导弹潜艇上，“布拉瓦”导弹可能补充并最终取代“德尔塔 3/RSM-54”系统。在 2010 年间，“布拉瓦”导弹于 10 月 7 日和

---

〔47〕“核潜艇‘泽廖诺格勒’号将被拆卸”，泽廖诺格勒信息网站，2010 年 7 月 23 日，网址：〈http：//www. netall. ru/gnn/130/573/462840. html〉。

〔48〕“俄罗斯打算把‘台风’级核潜艇一直保留到 2019 年——海军”，俄新社，2010 年 5 月 7 日，网址：〈http：//en. rian. ru/military _ news/20100507/158917310. html〉。

〔49〕“俄罗斯成功地试射了两枚潜射弹道导弹”，俄新社，2010 年 10 月 28 日，网址：〈http：//en. rian. ru/military _ news/20101028/161118380. html〉；俄罗斯国防部，信息与公共关系局，“俄罗斯国防部信息与公共关系局的消息”，2010 年 8 月 7 日，网址：〈http：//www. mil. ru/info/1069/details/index. shtml? id=75168〉。

〔50〕D. C. Isby，“‘尤里·多尔戈鲁基’号完成更多的海上试航”，《简氏导弹与火箭》，第 14 卷，第 9 期（2010 年 9 月），第 5 页。

〔51〕“在 2007-2015 年国家装备计划框架内，拟给俄罗斯海军引入 8 艘‘博尔雷’级核动力弹道导弹潜艇”，武器—塔斯社，2010 年 3 月 19 日，网址：〈http：armstass. su/?page=article&aid=82203&cid=25〉。

29 日成功地进行了试射。[52]“布拉瓦”导弹以前 12 次试射中的 7 次是不成功的。[53] 这使“布拉瓦”导弹试射的总数达到 14 次，还有另外的两次弹出试验（也就是从潜艇上射出导弹的机械装置的试验）。定于 2010 年 12 月从“尤里·多尔戈鲁基”号潜艇进行的试射被推迟到 2011 年年中。[54]

非战略核武器

俄罗斯政府在 2010 年表示，它已削减了 75％的非战略（战术）核武库。[55] 这样做是为了执行两个有关非战略核武器的不具有法律约束力的单边倡议，这两个倡议是在 1991—1992 年与美国的类似倡议一同提出的。[56] 这个数字超过了俄罗斯官方在 2007 年宣布的削减 60％，它可能表示俄罗斯拆除了额外的武器。[57]

关于俄罗斯非战略核武库的规模和地点具有相当大的不确定性，原因是它一直高度保密和缺乏透明。对 1991 年苏联的非战略核武库规模的估计约为 15000 至 21700 枚。[58] 利用俄罗斯政府公布的自

---

〔52〕“俄罗斯的‘布拉瓦’导弹在试射中击中目标”，俄新社，2010 年 10 月 7 日，网址：〈http：//en. rian. ru/russia/20101007/160865732. html〉；“俄罗斯成功地试射了‘布拉瓦’弹道导弹”，俄新社，2010 年 10 月 29 日，网址：〈http：//en. rian. ru/russia/20101029/161125380. html〉。

〔53〕“‘布拉瓦’导弹的试验史”，俄罗斯战略核力量，2010 年 10 月 29 日，网址：〈http：//russianforces. org/navy/slbms/bulav. shtml〉；“‘布拉瓦’导弹：试射史”，俄新社，2010 年 10 月 29 日，网址：〈http：//en. rian. ru/infographics/20101029/161128116. html〉。

〔54〕T. Grove，“俄罗斯把‘布拉瓦’导弹试验推迟到 2011 年——机构”，路透社，2010 年 12 月 15 日，网址：〈http：//in. reuters. com/article/idINIndia-53585920101215〉。

〔55〕俄罗斯联邦代表团，“俄罗斯联邦在核裁军领域所采取的切实步骤”，声明，2010 年《不扩散核武器条约》缔约国审议大会，纽约，2010 年 5 月 3—28 日，第 8 页。

〔56〕R. Fieldhouse，“核武器发展与单边削减倡议”，《SIPRI 年鉴 1992》，第 72—73、89—92 页。

〔57〕“俄罗斯决心保留战术核武器来应对潜在的侵略者”，《真理报》，2007 年 10 月 31 日。

〔58〕关于估计的范围，参见 R. S. Norris 和 W. M. Arkin，“核笔记本：苏联核武库的估计（1991 年 7 月）”，《原子科学家公报》，第 47 卷，第 6 期（1991 年 7 月和 8 月），第 48 页；A. Arbatov，“深度削减和降低戒备状态：俄罗斯的观点”，H. A. Feiveson，《核转折点：深度削减和降低核武器戒备状态》（布鲁金斯学会出版社：华盛顿特区，1999 年），第 320 页。

1991 年削减了约 75%的数据进行计算，现在非战略核武器的数量大概是 3700—5400 个弹头。这个数字大致符合在 2009 年 9 月北约《核态势审议》吹风会上所使用的“3000—5000 多个弹头”的范围。[59]

然而，这些弹头数目大大超过了俄罗斯剩余的具有核能力的海、空力量和空防发射平台所载的最低弹头能力，这个能力估计是 2080 个弹头。剩余的 1600—3300 枚非战略核武器中的大部分可能退役和等待拆卸。

2010 年，出现了有关所谓的俄罗斯在北约领土附近部署非战略核武器的新断言和媒体报道。俄罗斯官员对此予以否认。[60]

表 7.3　2011 年 1 月俄罗斯核力量

类型/俄罗斯名称（北约名称）	部署数量	首次部署年份	射程（公里）[a]	弹头载荷	弹头数量
战略进攻力量					**~2427**
轰炸机	*76*				*844*[b]
图—95MS6（熊式—H6）	32	1981	6500—10500	6×AS-15A 空射巡航导弹，炸弹	192
图—95MS16（熊式—H16）	31	1981	6500—10500	16×AS-15A 空射巡航导弹，炸弹	496
图—160（海盗旗）	13	1987	10500—13200	12×AS-15B 空射巡航导弹或 AS-16 短程空射导弹，炸弹	156
洲际弹道导弹	*~295*				*~1007*
RS-20V（SS-18 撒旦）	~50	1992	11000—15000	10×500—800 千吨	500

〔59〕 美国北约理事会代表团（同注释〔21〕）。

〔60〕 A. Emtous 和 J. Weisman，“俄罗斯的导弹引起美国的担忧”，《华尔街日报》，2010 年 11 月 30 日；“立陶宛声称俄罗斯在边境附近部署弹头”，法新社，2011 年 2 月 8 日；“立陶宛要求限制俄罗斯在加里宁格勒附近部署战术核武器”，Vzglyad，2011 年 2 月 8 日。

类型/俄罗斯名称（北约名称）	部署数量	首次部署年份	射程（公里）[a]	弹头载荷	弹头数量
RS-18（SS-19 匕首）	～50	1980	10000	6×400 千吨	～300
RS-12M 白杨（SS-25 镰刀）	～120	1985	10500	1×800 千吨	～120
RS-12M2 白杨－M（SS-27）	～51	1997	10500	1×800 千吨	～51
RS-12M1 白杨－M（SS-27）	18	2006	10500	1×（800）千吨	18
RS-24（SS-27 Mod 2）	6	2010	10500	3×（400 千吨）	18
潜射弹道导弹	*160*				*576*
RSM-50Volna（SS-N-18M1 黄貂鱼）	64	1978	6500	3×50 千吨	192
RSM-54 蓝天（SS-N-23 小船）	96	1986/2007	9000	4×100 千吨	384
RSM-56 布拉瓦（SS-NX-32）	0	（2011）	8050＋	6×（100 千吨）	0
战略防御力量					
反弹道导弹[c]	*～2068*				*（～700）*
53T6（SH-08 Gazelle）	68	1986	..	1×10 千吨	68
S-300（SA-10/20 Grumble）	1900	1980	..	低千吨	（～600）
S-400 Trium（SA-21 Growler）	～100	2007	..	..	..
非战略力量					**（～1380）***
陆基非战略轰炸机[d]	*682*				*（～800）**

类型/俄罗斯名称（北约名称）	部署数量	首次部署年份	射程（公里）[a]	弹头载荷	弹头数量
图—22M（逆火式）	116	1974	..	2×AS-4 空对地导弹，炸弹	
苏—24（Fencer）	550	1974	..	2×炸弹	
苏—34（Fullback）	16	2006			
海军非战略攻击机	*147*				*(～200)* *
图—22M（逆火式）	56	1974	..	2×AS-4 空对地导弹，炸弹	
苏—24（Fencer）	47	1974	..	2×炸弹	
Be-12（Mail）/ Il—38（May）	44	1967/68	..	1×深水炸弹	
地射武器[e]					
短程弹道导弹	?			1×?	(?) *
潜射巡航导弹					*(～220*)*
SS-N-9，SS-N-12，SS-N-19，SS-N-21，SS-N-22					
反潜战武器和地对空导弹					*(～160)* *
SS-N-15/16，SA-N-1/3/6，深水炸弹，鱼雷[f]					
防御和非战略武器总数					**(～2080)** *
部署的弹头总数					**～2427** [g]

..＝没有可用或适用的数据；()＝不确定的数字；ABM＝反弹道导弹；ALCM＝空射巡航导弹；ASM＝空对地导弹；ASW＝反潜战武器；ICBM＝洲际弹道导弹；kt＝千吨；NATO＝北大西洋公约组织；SAM＝地对空导弹；SLBM＝潜射弹道导弹；SLCM＝海射巡航导弹；SRAM＝进攻性短程导弹。

* 根据俄罗斯政府所说，所有非战略核弹头都是储存的，不计入总的部署弹头。除了表中所列的非战略核力量的额定载荷，另外的1600—3300个弹头据估计是备用的或等待拆

卸的，非战略弹头总数为 3700—5400 个。

a 飞机的航程只用于说明的目的；真正的作战航程根据飞行轨迹和武器载重将有所不同。

b 轰炸机武器未被部署在飞机上。据估计，大部分武器已被移到储存设施，只有几百枚武器现在在轰炸机基地。

c“51T6”（SH-11 Gorgon）不再是实战部署的。“S-300P（SA-10 Grumble）”、“S-300V（SA-12A Gladiator、SA-12B Giant）”和“S-400”可能具有某种对抗一些弹道导弹的能力。1900 枚部署的“S-300”中，只有三分之一被认为具有核能力。

d 这些数字假设只有一半的陆基攻击机担负核任务。

e 根据北约国际军事参谋部所说，俄罗斯在 2009 年 8—9 月举行的“西方”和“拉多加”演习包括“导弹发射，其中一些可能模拟了战术核武器的使用”。美国驻北约代表伊沃·达尔德大使：“北约—俄罗斯：北大西洋理事会讨论俄罗斯的军事演习”，给 SIPDIS 的电报（USNATO546），2009 年 11 月 23 日，网址：〈http：//www. aftenposten. no/spesial/wikilea ksdokumenter/article4028273. ece〉。

f 水面舰艇据估计没有装配核鱼雷。

g 除了 2427 个部署的战略弹头和 3700—5400 个储存的非战略弹头，另外的 3170—4870 个战略弹头据估计是备用的或等待拆卸的，整个武库约有 11000 个弹头。

资料来源：俄罗斯国防部，新闻稿；美国国务院，START 条约谅解备忘录，1990 年—2009 年 7 月；美国空军，国家航空航天情报中心（NASIC），《弹道和巡航导弹威胁》（国家航空航天情报中心：赖特—帕特森空军基地，俄亥俄州，2009 年 6 月）；世界新闻连线，国家技术信息服务局（NTIS），美国商务部，各期；俄罗斯新闻媒体；俄罗斯战略核力量，网址：〈http：//www. russian forces. org/〉；国际战略研究所，《2010 年军事力量对比》（劳特利奇出版社：伦敦，2010 年）；T. B. Cochran 等，《核武器数据手册第四卷：苏联核武器》（哈柏和罗出版公司：纽约，1989 年）；《简氏战略武器系统》，各期：《会议录》，美国海军研究所，各期；“核笔记本”，《原子科学家公报》，各期；作者的评估。

第四节 英国核力量

英国的核威慑力量仅由海基部分组成：4 艘“前卫”级“三叉戟”核动力弹道导弹潜艇、“三叉戟 2（D5）”潜射弹道导弹及相关的弹头、支持性基础设施（见表 7.4）。在“资产混合拥有”的体系下，英国从美国海军租借潜射弹道导弹。“D5”导弹从乔治亚州金斯湾美国海军“三叉戟”工厂的武库里随机抽取，并装载在英国的潜艇上。然后，潜艇开往位于阿盖尔郡 Coulport 的皇家海军军备仓库，在那里导弹与弹头安装在一起，弹头是由位于伯克郡奥尔德玛斯顿的原子武器研究机构（AWE）设计和制造的。英国拥有约 160 个实战部署的核弹头，用于“三叉戟”核动力弹道导弹潜艇。[61]

每艘“前卫”级核动力弹道导弹潜艇装载 16 枚“三叉戟 2 (D5)”导弹，共携带 48 个弹头。据认为，许多“D5”导弹只携带一个而不是三个弹头，弹头的爆炸当量也可能减小了。[62] 弹头载荷的灵活性反映了英国国防部在 1998 年所做的决定：赋予“三叉戟”舰队“次级战略”或有限打击作用以提高英国威慑的可靠性。[63]

在被称为“连续的海上威慑”态势下，一艘英国核动力弹道导弹潜艇在任何时候都在巡逻。[64] 第二和第三艘核动力弹道导弹潜艇能够迅速地下海巡逻，但是英国的武库没有足够的同时装备第四艘潜艇的导弹。自冷战结束以来，巡逻中的核动力弹道导弹潜艇一直保持在降低了的戒备水平上，导弹不瞄准目标，且“接到命令开火”需要数天。

“前卫”级核动力弹道导弹潜艇将自 2024 年结束其服役寿命。[65] 皇家海军计划更新“三叉戟”系统，其方法是通过用新级别的核动力弹道导弹潜艇替代现有的潜艇，用美国正在发展的改进的“三叉戟 2 D5LE”潜射弹道导弹装备这些潜艇。

2010 年 10 月，英国国防部公布了新的《战略防务与安全审议》报告，它是自 1997 年以来的第一份报告，重申了政府发展基于目前

---

〔61〕 英国首相办公室，“关于核能与不扩散的演讲”，伦敦，2009 年 3 月 17 日，网址：〈http：//www. numver10. gov. uk/page18631〉。

〔62〕 M. Quinlan，“英国核武器的未来：形成争论”，《国际事务》，第 82 卷，第 4 期(2006 年 7 月)，第 627—637 页；英国下议院，防务委员会，《英国战略核威慑的未来：战略背景》，HC986，2005—2006 年会议的第八份报告（文书局：诺里奇，2006 年 6 月 20 日)，书面证据，附录 A，第 26 段；M. Bilton，“俯冲轰炸机”，《星期日泰晤士报》，2008 年 1 月 20 日。

〔63〕 英国国防部，《战略防务评估》，Cm3999（文书局：诺里奇，1998 年 7 月)，第 63 段。2002 年的一份附录把核武器的作用扩大到包括威慑“令人忧虑的国家的领导人和恐怖组织”。英国国防部，《战略防务评估：一个新篇章》，Cm5566，第 1 卷（文书局：诺里奇，2002 年 7 月)，第 21 段。

〔64〕 英国国防部和英国外交和联邦事务部，《英国核威慑的未来》，Cm6994（文书局：诺里奇，2006 年)，第 27 页。

〔65〕 该级别的主力舰英国皇家海军“前卫”号在 1994 年服役。最初的 25 年服役寿命已被延长到 30 年。

"三叉戟"系统的潜基核威慑力的承诺。[66] 作为一项节省开支的措施，新的潜艇将有一个较小的导弹舱，安装 12 个发射管而不是"前卫"级潜艇所安装的 16 个。在正常情况下，只有 8 个发射管将被启用。每艘潜艇所携带的核弹头的最大数量将从 48 个减到 40 个，这表示在每枚导弹上将需要部署 5 个弹头。[67]

在公布审议的结果时，英国首相戴维·卡梅伦说，鉴于目前的预算危机，政府将推迟对潜艇的详细采购计划、设计和数量作出"正式"决定，直到下届大选后的"大约 2016 年"。[68] 这意味着第一艘新一代核动力弹道导弹潜艇直到 2028 年或 2029 年才可能服役，这个时间是第一艘"前卫"级潜艇预定在 2024 年退役后的 4—5 年。依照政府的可靠地保持"连续的海上威慑"态势的承诺，"前卫"级潜艇的服役寿命将被延长。英国国防大臣利亚姆·福克斯估计，"前卫"级潜艇维持到 2028 年的额外费用是 12—14 亿英镑（18—21 亿美元）。[69]"三叉戟"替代计划估计要花费 200 亿英镑（300 亿美元）。据 2010 年 7 月宣布，这项计划将从国防部的核心预算而不是从财政部的储备基金中支付。[70]

2010 年《战略防务与安全审议》报告透露，实战部署的核弹头库将从约 160 个削减到不足 120 个。同样，核武库的总体规模，包括非部署的武器，到 21 世纪 20 年代中期将从目前的 225 个弹头削减到不足 180 个。[71] 审议报告指出，关于是否翻新或替换装在"D5"潜射弹道导弹上的核弹头，政府将推迟作出决定直到下届议会任期；目

---

〔66〕英国国防部，《确保英国在一个不确定的时代的安全：战略防务与安全审议》"，Cm7948（文书局：诺里奇，2010 年 10 月），第 3.8 段，第 38 页。

〔67〕英国国防部（同注释〔66〕），第 3.11 段，第 38 页。

〔68〕N. Watt，"戴维·卡梅伦推迟'三叉戟'替代计划"，《卫报》，2010 年 10 月 19 日。

〔69〕英国下议院，"对问题的口头回答，防务：'三叉戟'替代计划"，《英国议会议事录》，2010 年 11 月 8 日，第一栏。

〔70〕S. Rayment，"'三叉戟'法案令武装力量震惊"，《每日电讯报》，2010 年 7 月 31 日。

〔71〕英国国防部（同注释〔66〕），第 3.8 段，第 38 页；R. Norton-Taylor，"威廉·黑格透露，英国的核武库是 225 个弹头"，《卫报》，2010 年 5 月 26 日。

前的弹头可能至少服役到 21 世纪 30 年代后期。[72] 这个推迟决定在今后十年将延缓花费所估计的 5 亿英镑（7.5 亿美元）。同时，英国的潜射弹道导弹似乎被指定使用“W76-1/MK-4A”弹头——目前正在美国生产的改进型以替代部署在美国潜射弹道导弹上的“W76/MK-4”弹头。根据英国和美国国防部官员所说，改进的武器增加了军事能力。[73]

英国—法国核合作协议

2010 年 11 月 2 日，英国首相戴维·卡梅伦和法国总统尼古拉·萨科齐签署了有关防务和有关核合作的双边条约。[74] 核协议考虑建立“联合的闪光照像／流体力学设施”（在法国建一个，在英国建一个），进行核武器部件的计算机模拟实验，以便在没有核武器爆炸试验情况下确保其核武器的安全性和可靠性。[75] 一个核模拟中心将在法国的瓦尔杜克建立，并从 2014 年开始启用。瓦尔杜克实验室将得到位于奥尔德玛斯顿的联合技术发展中心的支持，这将使法国和英国科学家能够模拟核材料和核技术的性能，以确保其核武库的“长期有效性、安全性和安保性”。[76] 官员们强调，在该协议下两国将继续保持独立的核威慑力量。

---

〔72〕 英国国防部（同注释〔66〕），第 3.9 段，第 39 页。

〔73〕 H. M. 克里斯滕森，“英国的潜艇获得改进的美国核弹头”，美国科学家联合会战略安全博客，美国科学家联合会，2011 年 4 月 1 日，网址：〈http：//www.fas.org/blog/ssp/2011/04/britishw76—1.php〉；R. Norton-Taylor，“试验表明，用美国的解保装置‘三叉戟’更有效”，《卫报》，2011 年 4 月 6 日。

〔74〕 2010 年英法峰会，关于防务与安全合作的声明，2010 年 11 月 2 日，网址：〈http：//www.number10.gov.uk/news/statement-and-articles/2010/11/〉。

〔75〕《英法关于建立联合的闪光照像／流体力学设施的条约》，2010 年 11 月 2 日签署，Cm7975（文书局：诺里奇，2010 年 11 月 10 日）。

〔76〕 2010 年英法峰会（同注释〔74〕）。

表 7.4　2011 年 1 月英国核力量

类型	名称	部署数量	首次部署年份	射程（公里）[a]	弹头×载荷	武库的弹头数量
潜射弹道导弹						
D-5	三叉戟 II	48	1994	〉7400	1-3×100 千吨	225 [b]

[a]射程只用于说明的目的；真正的作战射程根据飞行轨迹和武器载重将有所不同。

[b]不到 160 个弹头是实战部署的，约 144 个弹头装配在 4 艘中的 3 艘核动力弹道导弹潜艇上的 48 枚导弹上。只有一艘潜艇在任何时候都在巡逻，携带 48 个弹头。2010 年，英国决定将把实战部署的弹头的数量削减到最多 120 个，其中 40 个在任何给定的时间都在巡逻。

资料来源：英国国防部，白皮书、新闻稿和网站，网址：〈http：//www.mod.uk/〉；英国下议院，《议会辩论》（英国议会议事录），各期；R.S. 诺里斯等，《核武器数据手册第五卷：英国、法国和中国的核武器》（Westview 出版公司：博尔德，科罗拉多州，1994 年），第 9 页；“核笔记本”，《原子科学家公报》，各期；作者的评估。

第五节　法国核力量

法国核力量由飞机和核动力弹道导弹潜艇组成，共携带约 300 个弹头（见表 7.5）。2008 年的防务与国家安全白皮书包括了有关法国核力量的重要阐述。法国将继续依靠“严格足够的原则”（与“最低威慑”政策一致）以确保其安全和法国核武库的“作战可靠性”，这依赖于“持久的潜艇巡逻和空中能力”。[77]

2010 年 9 月，新的“凯旋”级核动力弹道导弹潜艇“可畏”号开始服役，加入了由 3 艘同一级别的先前服役的核动力弹道导弹潜艇组成的舰队——“凯旋”号、“鲁莽”号和“警戒”号。[78]“可畏”

〔77〕法国政府，《防务与国家安全白皮书》（奥迪勒·雅各布出版社：巴黎，2008 年 6 月）。英文译本：法国政府，《防务与国家安全白皮书》（奥迪勒·雅各布出版社：纽约，2008 年），第 161—163 页。

〔78〕法国海军，“‘可畏’号交付海军”，新闻稿，2010 年 10 月 4 日，网址：〈http：//www.defense.gouv.fr/marine/actu-marine/le-terrible-livre-a-la-marine〉。

号潜艇装载 16 枚“M51. 1”潜射弹道导弹。“M51. 1”是三级、固体燃料的导弹，具有约 6000—8000 公里的最大射程，携带 6 个“TN-75”弹头。在服役前，“可畏”号潜艇于 2010 年 1 月 27 日和 7 月 10 日成功地试射了“M51. 1”潜射弹道导弹。其他 3 艘“凯旋”级核动力弹道导弹潜艇到 2017 年将被改装携带“M51. 1”导弹。〔79〕“警戒”号潜艇的升级改造已在 2010 年 7 月开始。〔80〕“M51. 1”导弹的改进型“M51. 2”设计携带新型海基核弹头（TNO），并在 2015 年后替代“M51. 1”。〔81〕

到 2010 年底，法国核力量的空基部分由具有核能力的两个陆基和一个海基飞机中队组成，包括“幻影”和“阵风”战斗机。〔82〕2018 年，四分之三的利穆赞战斗机中队的“幻影 2000N”飞机将被“阵风”飞机取代。这种飞机既可以携带中程空对地导弹（ASMP）又可以携带改进的中程空对地导弹（ASMP-A）。法国共生产 90 枚中程空对地导弹，以及供其所用的 80 个 300 千吨的“TN81”弹头。改进的巡航导弹“ASMP-A”目前正被引入所有三个中队。“ASMP-A”导弹携带新型空基核弹头（TNA），该弹头是一种新的热核弹头，据报道具有可选择的 20 千吨、90 千吨和 300 千吨当量。〔83〕剩余的“ASMP-A”导弹的交付和“ASMP”导弹的退役将在 2011 年完成。〔84〕

法国仍致力于维持其核武器综合体，包括研究和发展能力。2010

---

〔79〕 D. Richardson，“法国在作战状态下试验‘M51’潜射弹道导弹”，《简氏导弹与火箭》，第 14 卷，第 9 期（2010 年 9 月），第 6 页；D. Richardson，“‘M51’潜射弹道导弹进行第四次飞行试验”，《简氏导弹与火箭》，第 14 卷，第 3 期（2010 年 3 月），第 3 页。

〔80〕 法国参议院，“代表外交事务、国防与武装力量委员会提交的关于 2011 年财政法案的意见，第 5 卷，国防：装备武装力量”，no. 112（法国参议院：巴黎，2009 年 11 月 19 日），第 1 章，第 II 节。

〔81〕 Lennox（同注释〔34〕），第 47 页。

〔82〕 法国参议院，“代表外交事务、国防与武装力量委员会提交的关于 2011 年财政法案的意见，第 5 卷，国防：装备武装力量”，no. 102（法国参议院：巴黎，2010 年 11 月 18 日），第 2 章，第 I. C 节；法国参议院（同注释〔80〕）；法国空军，“实战部署：阵风/改进的中程空对地导弹”，新闻稿，2010 年 7 月 13 日，网址：〈http://www.defense.gouv.fr/air/actus-air/refale-asmp-a〉。

〔83〕 Lennox（同注释〔34〕），第 44 页。

〔84〕 法国参议院（同注释〔80〕），第 2 章，第 I. C 节。

年，它与英国签署了在核武器安全和安保以及武库认证等领域技术合作和秘密信息交换的协议（见上面第四节）。

表 7.5　2011 年 1 月法国核力量

类型	部署数量	首次部署年份	射程（公里）[a]	弹头×载荷	武库的弹头数量
陆基飞机[b]					
幻影 2000N	～20	1988	2750	1×300 千吨新型空基核弹头	50
阵风 F3	～20	2010—2011	2000	1×300 千吨新型空基核弹头	～20
航母飞机[b]					
阵风 MK3	～10	2010—2011	2000	1×300 千吨新型空基核弹头	～10
潜射弹道导弹[c]					
M45	32	1996	6000 [d]	4—6×100 千吨 TN-75 弹头	160 [e]
M51.1	16	2010—2011	6000	4—6×100 千吨 TN-75 弹头	80
M51.2	0	(2015)	6000	4—6×新型海基核弹头	0
总数					**～300** [f]

()＝不确定的数字；kt＝千吨；TNA＝空基核弹头；TNO＝海基核弹头。

[a]飞机的航程只用于说明的目的；真正的作战航程根据飞行轨迹和武器载重将有所不同。

[b]少数上一代中程空对地导弹可能服役到 2011 年，待全部被改进的中程空对地导弹所替代的时候。

[c]法国在 20 世纪 90 年代中期变为 4 艘核动力弹道导弹潜艇的态势，这意味着拥有足够装备 3 艘现役核动力弹道导弹潜艇的潜射弹道导弹，第四艘潜艇在检修。

[d]“M45” 导弹的射程在 2001 年法国国民议会国防委员会报告中被列为只有 4000 公里。

[e]始于 “警戒” 号潜艇的该型导弹的改进并不影响其弹头，弹头将回装在新的 M51.1 导弹上。

[f]法国没有储备的弹头，但可能有少量的备份弹头，整个武库有约 300 个弹头。

资料来源： 尼古拉·萨科齐，法国总统，关于防务与国家安全的演讲，凡尔赛宫，2008 年 6 月 17 日，网址：〈http：//www. elysee. fr/president/les-dossiers/defense/live _ blanc/paris-17-juin-2008/livre-blanc-sur-la-defense-et-la-securite. 6651. html〉；尼古拉·萨科齐，法国总统，"'可畏'号核动力弹道导弹核潜艇下水仪式"，演讲，瑟堡，2008 年 3 月 21 日，网址：〈http：//pastel. diplomatie. gouv. fr/editiorial/actual/ael12/bulletin. gb. asp? liste =20080321. gb. html〉；法国国防部网站，各种出版物，网址：〈http：//www. defense. gouv. fr/〉；法国国民议会，各种国防法案；R. S. 诺里斯等，《核武器数据手册第五卷：英国、法国和中国的核武器》，(Westview 出版公司：博尔德，科罗拉多州，1994 年)，第 10 页；《空军动态》，各期；《航空周刊与空间技术》，各期；"核笔记本"，《原子科学家公报》，各期；作者的评估。

第六节　中国核力量

据估计，中国拥有一个约 200 枚核武器的武库，主要由弹道导弹和飞机发射（见表 7. 6）。另外的弹头可能是储备的，整个武库约有 240 个弹头。

没有任何可靠的报道说，中国核武库的规模在近几年发生了巨大的变化。然而，中国一直在增加中程和远程导弹发射系统的数量，作为其旨在发展更具生存能力的力量和更具灵活性的核报复选择的长期现代化计划的一部分。根据美国空军 2009 年发布的一份报告，中国拥有世界上"最积极和多样化的弹道导弹发展计划"，并且"正在扩大其弹道导弹力量的规模和种类"。[85]

2011 年 3 月，中国政府发布了最新版的两年一次的国防白皮书。[86] 新的白皮书重申了中国不首先使用核武器政策的承诺和将其核能力限制在国家安全所需的最低水平的意愿。然而，该白皮书没有提供有关国家核力量的能力和作战状态的信息。2008 年的白皮书描述了中国核力量在危机时如何逐步地提高戒备水平以威慑对手和准备

〔85〕 美国空军，国家航空航天情报中心，《弹道和巡航导弹威胁》（国家航空航天情报中心：赖特—帕特森空军基地，俄亥俄州，2009 年 3 月），第 3 页。

〔86〕 中国国务院，《2010 年中国的国防》（中华人民共和国国务院新闻办公室：北京，2011 年 3 月）。

进行报复性的核反击。[87]

中国的陆基弹道导弹由人民解放军第二炮兵掌管。根据美国国防部年度发布的数据，2010 年中国的核导弹库由老化的液体燃料的"东风-3A"中远程弹道导弹和较现代化的公路机动的固体燃料的"东风-21"中程弹道导弹组成，担负"地区威慑任务"。[88] 此外，中国拥有两种较老的洲际弹道导弹：井基、液体燃料的"东风-5A"导弹和较小的液体燃料的"东风-4"导弹。第二炮兵正在部署现代化的机动洲际弹道导弹系统，目的是通过使这种武器在更大区域使用来提高中国导弹力量的生存能力。[89] 这包括在 2006 年首次部署的公路机动、固体燃料的"东风-31"导弹以及射程更远（超过 11200 公里）型"东风-31A"导弹。

中国在发展海基核威慑力量方面遇到了困难。它仅建造了 1 艘装载 12 枚中远程固体燃料、单弹头的"巨浪—1"潜射弹道导弹的"092 型"（"夏"级）核动力弹道导弹潜艇。该潜艇从未进行过威慑巡逻，不被认为完全服役。中国目前正在建造和部署"094 型"（"晋"级）核动力弹道导弹潜艇。据报道，截至 2010 年，3 艘潜艇或处于服役状态或处于建造和装备的不同阶段。美国国防部估计，中国最终可能部署 5 艘"094 型"核动力弹道导弹潜艇。[90] 有报道说，1 艘潜艇已部署在中国南海海南岛榆林附近的新基地。[91]

每艘"晋"级核动力弹道导弹潜艇将携带 12 枚三级、固体燃料

---

〔87〕 中国国务院，《2008 年中国的国防》（中华人民共和国国务院新闻办公室：北京，2009 年 1 月）；H. M. 克里斯滕森，"中国国防白皮书描述了核升级"，美国科学家联合会战略安全博客，美国科学家联合会，2009 年 1 月 23 日，网址：〈http://www.fas.org/blog/ssp/2009/01/chinapaper.php〉。

〔88〕 美国国防部，《2010 年中华人民共和国军事与安全发展》，提交国会的年度报告（国防部：华盛顿特区，2010 年 3 月，第 66 页。尽管中国有其自己的界定导弹射程的体系（见表 7.6），但是这里使用的是美国国防部的定义：短程＝〈1100 公里；中程＝1100－2750 公里；中远程＝2750－5500 公里；洲际射程＝〉5500 公里。

〔89〕 美国国防部（同注释〔88〕），第 34 页。

〔90〕 美国国防部（同注释〔88〕），第 2—3 页。

〔91〕 H. M. 克里斯滕森，"新的中国核动力弹道导弹潜艇部署到海南岛"，2008 年 4 月 24 日，美国科学家联合会战略安全博客，美国科学家联合会，网址：〈http://www.fas.org/blog/ssp/2008/04/new-chinese-ssbn-deploys-to-hainan-island-naval-base.php〉。

的“巨浪—2”潜射弹道导弹，该导弹是“东风－31”洲际弹道导弹的海基型。“巨浪—2”导弹有约 7200 公里的射程。该导弹被认为携带一个单弹头。〔92〕根据美国国防部所说，“巨浪—2”导弹遇到了技术上的困难，在最后一轮飞行试验中几次失败，该系统何时开始服役尚不清楚。〔93〕

据认为，中国拥有一个小的由飞机投掷的核炸弹库。尽管人民解放军空军不被认为拥有其主要任务是投掷炸弹的单位，但是一份解密的 1993 年的美国报告估计，“一些单位可能作为一项应急任务负责核发射”。〔94〕最可能担负核任务的飞机是老化的“轰－6”轰炸机和可能较现代化的战斗轰炸机。中国还在发展地射的对地攻击巡航导弹的空射型“DH-10”（也被称为“CJ-10”），该导弹可能由“轰－6”飞机发射。美国空军把“DH-10”导弹的能力说成是“常规的或核的”，同一名称被用于其他的双能力巡航导弹。〔95〕然而，中国是否已给空射或地射巡航导弹分派了核任务尚不确定。

表 7.6　2011 年 1 月中国核力量

类型/中国名称（美国名称）	部署数量	首次部署年份	射程（公里）[a]	弹头载荷	弹头数量
陆基导弹[b]	～130				～130
东风-3A（CSS-2）	～12	1971	3100[c]	1×3.3 百万吨	～12
东风－4（CSS－3）	～12	1980	5500	1×3.3 百万吨	～12
东风-5A（CSS-4）	20	1981	13000	1×4—5 百万吨	20
东风-21（CSS-5）	60	1991	2100[d]	1×200—300 千吨	60

〔92〕美国国防部（同注释〔88〕），第 34 页。

〔93〕美国国防部（同注释〔88〕），第 34 页；“中国水下试射的导弹击中自己的潜艇”，《自由时报》（台湾），2010 年 1 月 25 日，网址：〈http：//www.libertytimes.com.tw/2010/new/jan/25/today-p8.htm〉。

〔94〕美国国家安全委员会，“向国会提交的有关中国、印度和巴基斯坦核和弹道导弹计划的报告”，1993 年 7 月 28 日，根据美国信息自由法案由美国科学家联合会获得，网址：〈http：//fas.org/irp/threat/930728-wmd.htm〉。

〔95〕美国空军（同注释〔85〕），第 29 页。

类型/中国名称（美国名称）	部署数量	首次部署年份	射程（公里）[a]	弹头载荷	弹头数量
东风-31（CSS-10 Mod 1）	<10	2006	>7200	1×..	<10
东风-31A（CSS-10 Mod 2）	<15	2007	>11200	1×..	<15
潜射弹道导弹	*(36)*				*(36)*
巨浪一1（CSS-N-3）	(12)	1986	>1770	1×200—300 千吨	(12)
巨浪-2（CSS-NX-14）	(24)	(2011)	>7200	1×..	(24)
飞机[e]	*>20*				*(40)*
轰一6（B-6）	20	1965	3100	1×炸弹	(20)
攻击机（..）	..	1972—..	..	1×炸弹	(20)
巡航导弹	*150—350*				..
DH-10	150—350	2007	>1500	1×..	..[f]
总数					**（~240）**[g]

..＝没有可用或适用的数据；（）＝不确定的数字；kt＝千吨；Mt＝百万吨；SLBM＝潜射弹道导弹。

[a]飞机的航程只用于说明的目的；真正的作战航程将有所不同。

[b]中国把导弹射程界定为：短程是<1000 公里；中程是 1000—3000 公里；远程是 3000—8000 公里；洲际射程是>8000 公里。

[c]“东风-3A”导弹的射程也许比通常报道的远。

[d]“东风-21A”（CSS-5 Mod 2）改进型被认为具有 2500 公里的射程。

[e]飞机的数字仅指具有核能力的飞机。

[f]“DH-10”是否具有核能力尚不清楚，但是美国空军情报机构把这种武器列为“常规的或核的”，与俄罗斯的具有核能力的 AS-4 一样。

[g]另外的弹头被认为是储备的，以装备未来的“东风-31”、“东风-31A”和“巨浪-2”导弹。整个武库被认为由约 240 个弹头组成。

资料来源：美国国防部，《中华人民共和国军事力量》，每年；美国空军，国家航空航天情报中心（NASIC），各种文件；美国中央情报局，各种文件；H. M. 克里斯滕森，R. S. 诺里斯和 M. G. 麦克金兹，《中国的核力量与美国的核战计划》（美国科学家联合会

和自然资源保护委员会：华盛顿特区，2006 年 11 月)；R. S. 诺里斯等，《核武器数据手册第五卷：英国、法国和中国的核武器》(Westview 出版公司：博尔德，科罗拉多州，1994 年)；“核笔记本”，《原子科学家公报》，各期；谷歌地球；作者的评估。

第七节　印度核力量

据估计，印度拥有一个 80—100 枚核武器的武库。这个估计是基于对印度武器级钚的产量和对现役核武器系统的数量的计算。

印度的核武器被认为是钚弹。据估计，截至 2010 年，印度武器级钚的库存是在 0.36 吨和 0.64 吨之间。[96] 钚是由位于孟买附近的运行了 50 年的 40 兆瓦（热）钚生产反应堆（CIRUS）和运行了 25 年的 100 兆瓦（热）Dhruva 反应堆生产的，CIRUS 反应堆在 2010 年底关闭。据估计，Dhruva 反应堆每年能生产 11—18 公斤武器级钚，足够制造 2—6 枚核武器，这要取决于武器设计和制造技能。[97] 印度似乎把对未来的武器级钚的需要建立在快中子增殖反应堆的生产上。一座 1250 兆瓦（热）原型快中子增殖反应堆在卡尔帕卡姆快要建成，其中还有一个未接受国际原子能机构保障监督的后处理厂。该反应堆最近出现了拖延，但在 75%的运行能力的情况下它每年可能会生产约 140 公斤武器级钚，足够制造 28—35 枚核武器。[98]

此外，据估计，印度有约 1.0—1.6 吨浓缩到 93%的铀－235。[99] 浓缩是在 Rattehalli 稀有材料厂的铀离心机厂进行的，以生产高浓铀用作海军反应堆燃料。[100]

印度的弹头通常不被认为是与其发射系统装配在一起的，而是分

〔96〕 参见附录 7A，表 7A. 2。

〔97〕 国际裂变材料小组（IPFM)，《2010 年全球裂变材料报告：核算生产和库存的记录》(国际裂变材料小组：普林斯顿，新泽西州，2010 年 12 月)，第 100 页。

〔98〕 T. Cochran，《快中子增殖反应堆计划：历史和现状》(国际裂变材料小组：普林斯顿，新泽西州，2010 年 2 月)，第 41、45 页。

〔99〕 参见附录 7A，表 7A. 1。

〔100〕 国际裂变材料小组（同注释〔97〕)，第 123—124 页。还参见附录 7A，表 7A. 3。

开存放在储藏库里。[101]

攻击机

飞机构成了印度核打击能力的最成熟部分（见表 7.7）。据报道，印度空军已对用来投掷核重力炸弹的“幻影 2000H 神雷”多用途飞机进行了认证。此外，据认为，4 个印度空军“美洲虎”战斗机中队中的一些飞机可能担负核发射任务。[102]

陆基导弹

印度陆基导弹库由“大地（Prithvi）”和“烈火（Agni）”导弹系列组成。“大地-1”（SS-150）是单级、液体燃料、公路机动的短程弹道导弹，能将 1000 公斤的弹头发射到 150 公里的最大射程。据普遍认为，许多“大地-1”导弹已被改进担负核任务。“大地-1”导弹在 1988 年进行了第一次试验，并在 1994 年服役。[103]“大地-2”和“大地-3”短程弹道导弹是“大地-1”的改进型，但它们不被认为担负核发射任务。

近几年，“大地”导弹的核任务在很大程度上已被“烈火”导弹系列取代。“烈火”导弹由印度国防研究与发展组织（DRDO）研发，作为其问题频现的综合导弹发展计划的一部分。[104]“烈火-1”是单级、固体燃料的导弹，能将 1000 公斤的弹头发射到约 700—800 公里的最大距离。2010 年 11 月 25 日，印度陆军成功地试射了 1 枚“烈火-1”导弹。[105]“烈火-2”是两级、固体燃料的导弹，能将同样的有效载荷发射到 2000 公里的最大射程。国防研究与发展组织一直在发

---

〔101〕 R. S. 诺里斯和 H. M. 克里斯滕森，“2010 年印度的核力量”，《原子科学家公报》，第 66 卷，第 5 期（2010 年 9 月和 10 月），第 76—81 页。

〔102〕 P. V. Naik，“印度空军以发展各种能力为目标，空军副参谋长 V. P. 奈克上将在战机技术和推进系统的专题演讲中说”，《印度战略》，2008 年 10 月。

〔103〕 Z. Mian、A. H. Nayyar 和 M. V. Ramana，“使‘大地’导弹落地：印度‘大地’导弹的能力和潜在效果”，《科学与全球安全》，第 7 卷，第 3 期（1998 年）。

〔104〕 B. Verma，“国防研究与发展组织如何使印度军事受挫”，“雷迪夫”新闻网，2008 年 1 月 25 日，网址：〈http：//www. rediff. com/news/2008/jan/15guest. htm〉。

〔105〕 H. K. Rout，“印度试射具有核能力的‘烈火-1’导弹”，《印度时报》，2010 年 11 月 25 日。

展“烈火-2”导弹的改进型，它被称为“超级烈火-2”（有时也被称为“烈火-2＋”），具有 2500 公里的射程，并采用了几项技术革新，包括改进的推进器和阶段分离系统。该导弹在 2010 年 12 月 10 日进行的首次飞行试验是不成功的。[106] 此外，国防研究与发展组织继续发展“烈火-3”导弹，该导弹是两级、固体燃料的导弹，能将 1500 公斤的有效载荷发射到 3000-3500 公里的射程。“烈火-3”导弹在 2010 年 2 月 7 日成功地进行了第三次飞行试验，随后，国防研究与发展组织官员宣布该导弹准备服役。[107]

海基导弹

国防研究与发展组织已经试验了水下导弹发射系统的组件，并且正在发展能从使用充气增压器的水下潜艇发射的两级弹道导弹。[108] 印度国防部的声明已把这种导弹命名为“K-15”，尽管其他资料来源已把它称作“萨加里卡”（海洋）计划。[109] 这种新的具有核能力的导弹能把 500 公斤的有效载荷发射到 700 公里的距离。据报道，国防研究与发展组织正在发展被称为“K-4”的更大的潜射弹道导弹，可能具有 3500 公里的射程。[110] 这两种导弹预计将最终部署在国产的核动力弹道导弹潜艇上，该潜艇是印度长期实施的“先进技术舰艇（ATV）”计划的产物。第一艘潜艇“歼敌者”号（INS Arihant）在 2009 年下水，可能到 2012 年开始服役。[111]

印度还在继续发展“丹努什”导弹，它是“大地-2”导弹的海军

---

〔106〕 T. S. Subramanian 和 Y. Mallikarjun，“‘烈火-2’首次发射失败”，《印度教徒报》，2010 年 12 月 11 日。

〔107〕 “具有核能力的‘烈火-3’导弹试射”，《印度时报》，2010 年 2 月 7 日；“‘烈火-3’通过试验，全部开始交付武装部队”，《印度快报》，2010 年 2 月 8 日。

〔108〕 T. S. Subramanian，“国防研究与发展组织计划再进行一次‘K-15’导弹的发射”，《印度教徒报》，2011 年 1 月 28 日。

〔109〕 2006 年，印度国防部说：“没有任何命名为‘萨加里卡’的导弹项目”。印度国防部，“研制和试验导弹”，新闻稿，2006 年 8 月 2 日，网址：〈http：//pib. nic. in/release/rel _ print _ page1. asp? relid＝19395〉。

〔110〕 S. Unnithan，“秘密的‘K’导弹家族”，《今日印度》，2010 年 11 月 20 日。

〔111〕 R. Pandit，“在一年里印度将拥有核三位一体：海军参谋长”，《印度时报》，2010 年 12 月 3 日。

型，从安装在水面舰船上的稳定平台发射。据报道，它能将 500 公斤的弹头发射到 350 公里的最大射程，被设计成能打击海基和岸基目标。

表 7.7　2011 年 1 月印度核力量

类型	射程（公里）[a]	有效载荷（公斤）	状况
飞机			
幻影 2000H 神雷	1850	6300	据报道已经过投掷核重力炸弹的验证
美洲虎 IS Shamsher	1400	4760	四个空军中队的某些飞机可能担负核发射任务
陆基弹道导弹[b]			
大地-1 (P-1)	150	800	1994 年开始服役；被普遍认为担负核发射任务；部署不足 50 个发射器；最近的试验飞行是在 2009 年 4 月 15 日进行的
烈火-1[c]	>700	1000	印度陆军最近的实战试验是在 2010 年 11 月 25 日进行的；部署给印度陆军 334 导弹团
烈火-2	>2000	1000	印度陆军最近的实战试射是在 2010 年 5 月 17 日进行的；可能很快实战部署
超级烈火-2	>2500	1000	2010 年 12 月 10 日的试射失败；状况不知
烈火-3	>3000	1500	正在发展；试射三次，最近的试射是在 2010 年 2 月 7 日进行的；可能在 2011 年服役
烈火-4	—5000	..	正在发展；可能在 2011 年试射
海基弹道导弹			
丹努什	350	500	2011 年 3 月 11 日试射，正在服役

类型	射程（公里）[a]	有效载荷（公斤）	状况
K-15[d]	700	500—600	正在发展；2008年2月26日从水下浮筒试射；可能在2012年从“歼敌者”号潜艇上试射

..＝没有可用或适用的数据。

[a]飞机的航程只用于说明的目的；真正的作战航程根据飞行轨迹和武器载重将有所不同。为达到最大射程，导弹的有效载荷可能要减少。

[b]印度也已开始研制1000公里射程的亚音速巡航导弹，它被称为“无畏”巡航导弹，可能具有核能力。

[c]最初的“烈火-1”，现在被称为“烈火”，是1996年结束的技术演示弹计划。印度国防部把“烈火-1”称作“A1”。

[d]“K-15”与美国情报部门所描述的“萨加里卡”可能是同一导弹。根据未证实的印度媒体报道，“K-15”的陆基型被称为“苏里亚”，在2008年11月12日首次试射。

资料来源：印度国防部，年度报告和新闻稿；国际战略研究所，《2010年军事力量对比》（罗德里奇出版社：伦敦，2010年）；美国空军，国家航空航天情报中心（NASIC），《弹道和巡航导弹威胁》（国家航空航天情报中心：赖特—帕特森空军基地，俄亥俄州，2009年6月）；印度新闻媒体报道；“核笔记本”，《原子科学家公报》，各期；作者的评估。

第八节　巴基斯坦核力量

据估计，巴基斯坦拥有90—110枚核武器，它们由飞机和弹道导弹发射（见表7.8）。这表明比《SIPRI年鉴2010》给出的数字有所增加，反映了对巴基斯坦军用钚生产能力和发射平台的估计的修改。

巴基斯坦目前的核武库被认为使用高浓铀，但是有证据证明，巴基斯坦正在朝着基于钚的武库发展。使用钚的弹头可能比使用高浓铀的弹头更轻和更小，以达到同样的威力。这种弹头可以安装在更小的导弹上，其中可能包括巡航导弹，或使已部署的弹道导弹具有更远的射程。

据估计，截至2010年，巴基斯坦拥有2.2—3.0吨90%的高浓铀，目前每年生产120—180公斤高浓铀，足够制造10—15个弹头。浓缩被认为是在位于卡胡塔和格德瓦尔的铀离心厂进行的。据估计，截至2010年，巴基斯坦已累积了80—120公斤分离的武器级钚。[112]巴基斯坦正在扩大位于旁遮普省胡沙布的核综合体的钚生产能力。巴基斯坦第一座40—50兆瓦（热）钚生产反应堆“胡沙布-1”每年生产5.7—11.5公斤钚（取决于运行效率），足够制造1—3枚核武器（取决于武器设计和制造技能）。[113] 第二座钚生产反应堆“胡沙布-2”似乎具有同样的设计和功率。它可能在2009年底或2010年已经开始运行。[114] “胡沙布-2”可能在2011年生产出第一批武器级钚。位于胡沙布地区的第三座反应堆的建造工作在2006年已经开始，而且卫星图像显示第四座反应堆的建造工作也已开始。[115] 中国可能帮助建造第四座反应堆的传言似乎已毫无根据。[116] 当这两座新的反应堆开始全面运行时，巴基斯坦每年武器级钚的生产能力最后可能翻倍。加上每年的高浓铀生产，这可能会提高巴基斯坦裂变材料的年产量，相当于每年生产13—27枚核武器。然而，这将取决于该国是否具有足够的对乏燃料进行后处理的能力。[117]

攻击机

在执行核武器发射任务中，巴基斯坦空军最可能使用美国生产的“F-16”战斗机。巴基斯坦空军还使用约156架“幻影3”和“幻影5”飞机，其中后者也可能担负核任务。

巴基斯坦正在发展被称作“雷电”（Hatf-8）的空射巡航导弹，它将有350公里的射程。“雷电”导弹在2007年8月和2008年5月

---

〔112〕 参见附录7A，表7A.1—7A.3。

〔113〕 国际裂变材料小组（同注释〔97〕），第132页。

〔114〕 P. Brannan，“从第二座‘胡沙布’反应堆冷却塔冒出的蒸汽：巴基斯坦可能已开始运行第二座反应堆”，科学与国际安全研究所报告，2010年3月24日，网址：〈http：//isis-online.org/isis-reports/category/pakistan/〉。

〔115〕 D. Albright和P. Brannan，“巴基斯坦在胡沙布核设施似乎正在建造第四座军用反应堆”，科学与国际安全研究所报告，2010年2月11日，网址：〈http：//isis-online.org/isis-reports/category/pakistan/〉。

〔116〕 M. Hibbs，“中国帮助建造胡沙布-4?”，Arms Control Wonk，2011年2月22日，网址：〈http：//hibbs.armscontrolwonk.com/archive/162/chinese-help-on-khushab〉。

〔117〕 D. Albright和P. Brannan，“商业卫星图像显示巴基斯坦正在建造第二座更大规模的钚生产反应堆：会使南亚大大增强核武库吗?”，科学与国际安全研究所报告，2006年7月24日，网址：〈http：//isis-online.org/isis-reports/category/pakistan/〉。

从“幻影 3”飞机进行了试射。[118] 这种导弹被认为具有核能力。

陆基导弹

巴基斯坦拥有两种被认为担负核发射任务的陆基短程弹道导弹。“加纳维”（Hatf-3）是单级、固体燃料、公路机动的导弹，在 2004 年开始服役。“沙欣”（Hatf-4）是固体燃料的导弹，在 2003 年开始服役。这两种导弹的最近试射是在 2010 年 5 月 8 日进行的。[119]

“高里 1”（Hatf-5）是巴基斯坦唯一的中程弹道导弹。它是单级、液体燃料、公路机动的导弹，具有超过 1200 公里的射程。1 枚“高里 1”导弹在 2010 年 12 月 20 日由陆军战略力量司令部的战略导弹大队成功地进行了试射。[120] “沙欣 2”（Hatf-6）是两级、固体燃料、公路机动的导弹，具有 2500 公里的射程。它已发展了十多年，可能很快开始实战部署。

巴基斯坦正在继续发展“巴布尔”（Hatf-7）地射巡航导弹。2011 年 2 月 10 日，它在核巡航导弹的系列飞行试验中进行了最近一次试射。[121] 巴基斯坦计划发展空射型和海射型。

表 7.8　2011 年 1 月巴基斯坦核力量

类型	射程（公里）[a]	有效载荷（公斤）	状况
飞机			
F-16A/B	1600	4500	32 架，部署在三个空军中队；是最可能担负核发射任务的飞机

[118] I. A. Khan，“巡航导弹从空中平台发射”，《黎明报》，2008 年 5 月 9 日。

[119] 巴基斯坦三军公共关系办公室，新闻稿（no. PR186/2010-ISPR），2010 年 5 月 8 日，网址：〈http：//www. ispr. gov. pk/front/main. asp? o=t-pree _ release&date=2010/5/8〉。

[120] 法新社，“巴基斯坦成功地试射‘Hataf-5’导弹：巴基斯坦三军公共关系办公室”，《黎明报》，2010 年 12 月 20 日。

[121] 根据官方新闻稿，“巴布尔”巡航导弹具有 600 公里的射程。巴基斯坦三军公共关系办公室，新闻稿（no. PR40/2011-ISPR），2011 年 2 月 10 日，网址：〈http：//www. ispr. gov. pk/front/main. asp? o=t-pree _ release&id=1666〉。

类型	射程（公里）[a]	有效载荷（公斤）	状况
陆基弹道导弹			
加纳维（Hatf-3）	～400	500	2004年交付巴基斯坦陆军开始服役；部署不足50个发射架；最近的试射是在2010年5月8日进行的；被认为是1990年代从中国获得的“M-11”导弹的复制型
沙欣1（Hatf-4）	＞450[b]	750—1000	2003年交付巴基斯坦陆军开始服役；部署不足50个发射架；最近的试射是在2010年5月8日进行的
沙欣2（Hatf-6）	2500	（～1000）	最初两次陆军实战准备发射是在2008年4月19和21日进行的；预计很快开始实战部署
高里1（Hatf-5）	＞1200	700—1000	2003年交付巴基斯坦陆军开始服役；部署不足50个发射架；最近的试射是在2010年12月20日进行的
巡航导弹			
巴布尔（Hatf-7）	600—700[c]	..	正在发展；2011年2月10日试射；海射型和空射型也在发展
雷电（Hatf-8）	350	..	正在发展；空射；最初两次试射是在2007年8月25日和2008年5月8日进行的

..＝没有可用或适用的数据；（）＝不确定的数字。

[a]飞机的航程只用于说明的目的；真正的作战航程根据飞行轨迹和武器载重将有所不同。为达到最大射程，导弹的有效载荷可能要减少。

[b]一些巴基斯坦消息灵通人士说，“沙欣1”具有超过600公里的射程。

[c]自2006年以来，飞行试验的射程已从500公里向上增加，目标现在是1000公里。

资料来源：美国空军，国家航空航天情报中心，《弹道和巡航导弹威胁》（国家航空航天情报中心：赖特—帕特森空军基地，俄亥俄州，2009年6月）；美国中央情报局，“提交国会的有关获取大规模杀伤性武器和先进常规武器相关技术的非密报告，2002年1月1日至6月30日”，2003年4月，网址：〈http：//www.cia.gov/library/reports/archived-reports-1/〉；美国国家情报委员会，“到2015年外国导弹发展和弹道导弹威胁”（非密摘要），2001年12月，网址：〈http：//www.dni.gov/nic/special_missilethreat2001.html〉；国际战略研究所，《2006年—2007年军事力量对比》（罗德里奇出版社：伦敦，2007年）；“核笔记本”，《原子科学家公报》，各期；作者的评估。

第九节　以色列核力量

以色列继续坚持其长期奉行的核模糊政策：它既不正式肯定也不正式否定它拥有核武器。[122] 2010 年 5 月，一家英国报纸发表了它所称的 20 世纪 70 年代以来的南非秘密文件，据称透露了以色列提议向南非政府出售核武器。[123] 以色列官员否认曾经作出这样的提议。

以色列核武库的规模尚不知晓，但据普遍认为，以色列已生产了足够制造 100—200 个弹头的钚。根据一项估计，截至 2010 年，以色列拥有 0.8 吨武器级钚。[124] 在这些钚中，只有一部分钚可能已被用来生产了武器。据这里的估计，以色列拥有约 80 枚完整的核武器，其中 50 枚是由弹道导弹发射的弹头，剩余的是由飞机投掷的炸弹（见表 7.9）。2010 年，继续有媒体猜测，以色列可能已为其舰队发展了基于美国制造的“鱼叉”导弹的具有核能力的海射巡航导弹（SLCM），这支舰队由 3 艘从德国购买的 800 型“海豚”级柴油动力潜艇组成。[125] 以色列已经否认这些报道。[126]

---

〔122〕 关于这项政策在以色列国家安全决策中的作用，参见 A. Cohen，“以色列”，H. Born，B. Gill 和 H. Hanggi（编辑），“SIPRI，《管控核武器：核武器的文官控制和民主问责》(牛津大学出版社：牛津，2010 年)。

〔123〕 C. McGreal，“据透露：以色列如何提议向南非出售核武器”，《卫报》，2010 年 5 月 24 日。

〔124〕 参见附录 7A，表 7A. 2。

〔125〕 D. Williams，“海军上将引起以色列‘核潜艇’问题”，路透社，2010 年 9 月 22 日；U. Mahnaimi，“以色列在伊朗附近海域安放核导弹潜艇”，《泰晤士报》，2010 年 5 月 30 日。

〔126〕 A. Ben-David，“以色列又订购两艘‘海豚’级潜艇”，《简氏防务周刊》，2006 年 8 月 30 日，第 5 页；D. Williams，“以色列的潜艇驶向苏伊士运河，表示可达伊朗”，路透社，2009 年 7 月 3 日。

表 7.9　2011 年 1 月以色列核力量

类型	射程（公里）[a]	有效载荷（公斤）	状况
飞机[b]			
F-16A/B/C/D/I 猎鹰	1600	5400	武库有 205 架；一些被认为已进行了核武器发射的认证
弹道导弹[c]			
杰里科 2	1500—1800	750—1000	约 50 枚导弹；1990 年首次部署；2001 年 6 月 27 日试射
杰里科 3	>4000	1000—1300	2008 年 1 月 17 日试射；状况不详

[a] 飞机的航程只用于说明的目的；真正的作战航程将有所不同。为达到最大射程，导弹的有效载荷可能要减少。

[b] 以色列 25 架“F-15I”飞机中的一些飞机可能也担负远程核发射任务。

[c] “沙维特”空间发射器，如果改为弹道导弹，能将 775 公斤的有效载荷发射到 4000 公里的距离。

资料来源：A. Cohen，《最糟糕的保密工作：以色列与核武器交易》（克伦比亚大学出版社：纽约，2010 年）；A. Cohen 和 W. Burr，“以色列跨过核门槛”，《原子科学家公报》，第 62 卷，第 3 期（2006 年 5 月和 6 月）；A. Cohen，《以色列与核武器》（哥伦比亚大学出版社：纽约，1998 年）；D. Albright，F. Berkhout 和 W. Walker，SIPRI，《1996 年钚和高浓铀：世界总量、能力和政策》（牛津大学出版社：牛津，1997 年）；《简氏战略武器系统》，各期；S. Fetter，“以色列的弹道导弹能力”，《物理学与社会》，第 19 卷，第 3 期（1990 年 7 月）—要获得更新的分析，参见未发表的“弹道导弹入门”，网址：〈http://www.publicpolicy.umd.edu/Fetter/Publications〉；“核笔记本”，《原子科学家公报》，各期；作者的评估。

第十节　朝鲜军事核能力

通过 2006 年 10 月（估计当量小于 1 千吨）和 2009 年 5 月（估计当量约 2—3 千吨）的地下核试验爆炸，朝鲜显示了军事核能力。[127] 在

---

〔127〕 J. R. Clapper，美国国家情报总监，“美国情报界全球威胁评估”，记录归档的声明，美国参议院，情报特别委员会，2011 年 2 月 16 日，网址：〈http://dni.gov/testimonies.htm〉，第 6 页。还参见 V. Fedchenko，“2009 年朝鲜的核试验爆炸”，SIPRI 情况简报，2009 年 12 月，网址：〈http://books.sipri.org/product_infor?c_product_id=397〉；V. Fedchenko，“1945—2009 年核爆炸”，《SIPRI 年鉴 2010》，第 371—373 页。

这两次试验中，爆炸的估计当量比其他国家进行的首次核试验的当量低得多。美国情报机构认为 2006 年的试验是失败的，2009 年的试验“显然比 2006 年的试验成功得多”。[128] 它还估计朝鲜具有生产核武器的能力，虽然目前还不清楚朝鲜是否已经这样做了。[129] 有相当多的猜测说，朝鲜可能已从国外获得了武器设计的帮助。[130]

据估计，截至 2010 年，朝鲜已生产和分离了 24—42 公斤钚。假设每枚武器使用 5 公斤钚，这将足够制造 8 枚核武器。[131] 关于朝鲜从平安北道的宁边 5 兆瓦石墨慢化反应堆的乏燃料中分离的钚的数量和因此朝鲜可能生产的弹头的数量一直是争论的主题。朝鲜在 2009 年宣布，它已恢复对宁边反应堆的剩余燃料棒的后处理。[132] 2010 年，商业卫星图像显示在宁边地区有新的建设和挖掘活动，尽管活动的目的还不清楚。[133]

美国长期以来一直怀疑朝鲜从事一项未申报的铀浓缩计划，旨在生产用于核武器的高浓铀。2009 年，朝鲜发表许多声明承认，它正

---

〔128〕 D. C. Blair，美国国家情报总监，“美国情报界年度威胁评估”，记录归档的声明，美国众议院，情报常设特别委员会，2010 年 2 月 3 日，网址：〈http：//dni. gov/testimonies _ 2010. htm〉，第 14 页。

〔129〕 Clapper（同注释〔127〕）。关于朝鲜是否具有制造可能用于实战军事能力的全功能核武器所需的设计和工程技能，在非政府分析家中仍有疑惑。

〔130〕 B. Li，“对朝鲜获取核武器的另一种观点”，《原子科学家公报》，第 66 卷，第 3 期（2010 年 5 月和 6 月），第 38 页；J. Pollack，“朝鲜自己的核弹设计”，Arms Control Wonk，2010 年 5 月 6 日，网址：〈http：//pollack. armscontrolwonk. com/archive/2718/north-koreas-indigenous-bomb-design〉。

〔131〕 一些报告表示，朝鲜在其武器设计方面可能已使用了少量的钚。参见“朝鲜的钚数量各不相同”，《朝鲜日报》，2008 年 6 月 30 日；A. Fifield，“叛逃者说朝鲜‘拥有一吨爆炸当量的核弹，”《金融时报》，2005 年 7 月 20 日。

〔132〕 朝中社，“外务省发言人谈到乏燃料棒的后处理”，2009 年 4 月 25 日，网址：〈http：//www. kcna. co. jp/item/2009/200904/news25/20090425—20ee. html〉。

〔133〕 D. Albright 和 P. Brannan，“朝鲜在被毁的冷却塔地区正在建造什么？它值得关注”，科学与国际安全研究所报告，2010 年 9 月 30 日，网址：〈http：//isis-online. org/isis-reports/category/korean-peninsula/〉。

在进行一项为未来核动力反应堆生产燃料的浓缩计划。[134] 美国国家情报总监詹姆斯·克拉珀在 2011 年 2 月重申，朝鲜“在过去一直进行铀浓缩活动，我们估计是为核武器目的”。[135] 2010 年 11 月，朝鲜向一个美国科学家代表团展示了新的铀浓缩设施，该设施位于宁边的一个前燃料棒制造厂。[136] 科学家们被告知，该设施“装有 6 个级联的 2000 台离心机”；它建于 2009 年 4 月至 2010 年 11 月之间；它正在生产平均浓度为 3.5%的铀，用于民用轻水反应堆计划。到访的科学家之一报告说，该设施比他预料的更先进，尽管他无法证实其离心机是否已开始运行。[137] 美国官员认为，如果该国其他地方没有未申报的核设施和核活动网络，该厂不可能在给出的时间框架内建成。[138] 2011 年初，由联合国安理会的一个专家组编写的一份秘密报告同样认为，朝鲜可能拥有另外的与核有关的设施。[139]

第十一节　结语

2010 年，为达到由 SORT 条约设定的弹头限额，俄罗斯和美国继续削减其部署的进攻性战略核力量。根据 2010 年达成的新 START 条约，这两个国家将进一步适度地削减该力量。新条约不限制俄罗斯和美国的非战略和非部署的核弹头库。

尽管在 2010 年出现了核军控和核裁军努力的势头不断增长的迹

〔134〕 参见朝中社，“朝鲜外务省宣布了针对联合国安理会‘1874 号决议’的强硬对抗措施”，2009 年 6 月 13 日，网址：〈http://www.kcna.co.jp/item/2009/200906/news13/20090613—10ee.html〉；朝中社，“朝鲜常驻代表给联合国安理会主席发的信”，2009 年 9 月 4 日，网址：〈http://www.kcna.co.jp/item/2009/200909/news04/20090904—04ee.html〉。

〔135〕 Clapper（同注释〔127〕），第 14 页。

〔136〕 S. S. Hecker，“我在朝鲜发现了什么”，《外交事务》，2010 年 12 月 9 日，第 4 页。

〔137〕 Hecker（同注释〔136〕），第 4 页。

〔138〕 D. E. Sanger 和 W. J. Broad，“美国认为朝鲜有更多的核设施”，《纽约时报》，2010 年 12 月 14 日。

〔139〕 C. Harlan，“联合国报告表明朝鲜有秘密的核设施”，《华盛顿邮报》，2011 年 2 月 1 日。

象，但是所有法律上承认的核武器国家似乎决心今后无限期地保留其核武库，并正在使其核力量现代化或已宣布了这样做的计划。美国《核态势审议》报告重申了目前核力量态势对美国国家安全的重要性，并建议使核武器生产综合体现代化。法国和英国签署了关于技术合作的双边协议，以确保其核武器的长期安全性和可靠性。中国正在部署新一代陆基和海基核力量。

在事实上的核武器国家中，印度和巴基斯坦继续扩大其核打击能力，而以色列似乎正在观望伊朗核计划如何发展。关于朝鲜的核武器能力仍有相当大的不确定性。

（田景梅译）

附录 7A 2010 年全球裂变材料库存与生产

亚历山大·格拉泽 齐亚·米安*

能够为进行爆炸裂变连锁反应的材料是一切类型的核爆炸所必不可少的，从第一代裂变武器到先进热核武器都是这样。这些裂变材料最为常见的是高浓铀（HEU）和几乎任何同位素组合的钚。本附录详细列出目前全球高浓铀（见表 7A.1）和分离钚（见表 7A.2）库存量，包括用在武器中的，以及这些材料的目前生产能力的详细情况（分别见表 7A.3 和表 7A.4）。各表中的信息依据国际裂变材料研究小组编写的《2010 年全球裂变材料报告》所做的最新估算。[1]

高浓铀和钚的生产都起始于天然铀。[2] 天然铀包含几乎全部非连锁反应同位素铀－238，其中约 0.7%是铀－235，但是铀－235 的浓度可以通过浓缩进一步提高——主要用气体离心机。浓缩到 20%以下的铀－235（只要达到 3－5%），又称低浓铀（LEU），适用于电力反应堆。浓缩到至少 20%的铀－235，又称高浓铀，则一般被视为已达到用来制造武器的最低浓度。但是为了使核爆炸材料的质量最小化，武器级铀的浓度通常要使铀－235 达到 90%以上。

核反应堆中钚的产生是通过使铀－238 经中子辐照而来，然后经过化学方式在后处理过程中分离出来。钚有多种同位素组合，大部分都可以用于武器生产。核武器设计者喜欢采用的组合大都是钚－239，因为它在放射性衰变中排放的中子和伽马射线比率相对较

〔1〕

〔2〕

低，产生的热量也较低。武器级钚通常含有90%的同位素钚—239。从核反应堆中分离出来的乏燃料中的钚（称为反应堆级钚）含有50%—60%浓度钚—239，可用于武器生产，甚至用在第一代核武器设计中。

1968年的《不扩散核武器条约》的核武器缔约国——中国、法国、俄罗斯、英国和美国——都既生产高浓铀也生产钚。印度、以色列和朝鲜主要生产钚，巴基斯坦主要生产高浓铀。有民用核工业的所有国家都具有一定的裂变材料生产能力。

表7A.1 2010年全球高浓缩铀库存

国家	全国库存量（单位：吨）[a]	生产状况	说　明
中国	16±4	1987—1989年停产	
法国[b]	31±6	1996年停产	包括4.9吨已申报民用高浓铀
印度[c]	1.3±0.3	还在生产	
以色列[d]	0.3	—	
巴基斯坦	2.6±0.4	还在生产	
俄罗斯[e]	670±120	1987—1988年停产	包括50吨假定将用于海军和其他研究反应堆燃料；不包括准备稀释的104吨
英国[f]	21.2（申报量）	1962年停产	包括1.4吨申报的民用高浓铀
美国[g]	510（申报量）	1992年停产	包括130吨海军反应堆燃料备用和20吨其他高浓铀反应堆燃料；不包括准备稀释或作为废料处理的104吨
无核武器国家[h]	～20		
总量	**～1270**[i]		**不包括准备稀释的208吨**

a 这种材料大部分是90%—93%浓度的铀235，通常被认为是武器用的。重要的例外在需要的地方注明。俄罗斯截至2010年年底稀释的过剩武器用高浓铀和美国截至2010年年初稀释的过剩武器用高浓铀已分别计算在内。（稀释就是减低铀235的浓度。）

b 法国 2009 年年底向国际原子能机构（IAEA）申报的民用高浓铀为 4.9 吨；这里假定 93%浓度的高浓铀为武器级，即使有些材料经过了辐射。这一估算中的不确定性只适用于 26 吨军用库存，而不适用于已申报的 4.9 吨库存。

c 据认为，印度仍在生产高浓铀（相当于 30%—45%的浓度），用作海军反应堆燃料。高浓铀的估算浓度达到 30%。

d 以色列可能在 1965 年或之前就从美国秘密获取了约 300 公斤武器级高浓铀。

e 截至 2010 年 9 月，俄罗斯稀释了 400 吨武器级高浓铀。这里列出的俄罗斯留作海军反应堆用的高浓铀库存量是根据作者对俄罗斯舰队的规模估算出来的。

f 截至 2002 年 3 月 31 日，该数包括 21.9 吨高浓铀，未标出年均浓缩量。到 2008 年年底，英国向 IAEA 共申报 1.4 吨民用高浓铀。

g 美国的高浓铀储量以实际吨数标出，而不按相当 93%浓度算出。截至 1996 年 9 月 30 日，美国的高浓铀库存总量是 741 吨，其中 620 吨是铀 235。迄今，美国表示准备将稀释 233 吨高浓铀。截至 2010 年年中，美国共稀释了 131 吨这种材料。不过这些高浓铀中的武器级铀即使有也是微乎其微。至少 100 吨是经过辐射的海军反应堆燃料。

h 国际原子能机构 2009 年的年度报告列入全面保障监督的较大存量有 246.5 吨，这相当于 6.15 吨铀 235。为了标示这批材料，大部分是研究堆燃料，其浓度难以估算，假设总共有 20 吨高浓铀，其中大约一半在哈萨克斯坦，浓度约 20%。

i 该总量以最接近 5 吨取其整数。

资料来源：国际裂变材料研究小组（IPFM），《2010 年全球裂变材料报告》（IPFM：普林斯顿，新泽西州，2010 年），表 1.2，第 12 页；以色列：H. Myers，“以色列第一批裂变材料的实际来源”，《今日军控》第 37 卷，第 8 期（2007 年 10 月），第 56 页，2004 年 5 月 13 日；另参见 V. Gilinsky 和 R. J. Mattson，‘Revisiting the NUMEC Affairs”，《原子科学家学报》第 66 卷，第 2 期（2010 年 3/4 月）；俄罗斯：美国铀浓缩公司，“从百万吨到数兆瓦”，网址：〈http：//www. usec. com/〉；英国：英国国防部，“英国军用高浓铀的历史性说明”，2006 年 3 月，网址：〈http：//www. mod. uk/DefenceInternet/AboutDefence/CorporatePublications/HealthandSafetyPublications/DepletedUranium/〉；国际原子能机构（IAEA），“从英国收到的关于其钚管理政策的通信，INFCIRC/549/Add. 8/12，2009 年 9 月 15 日；美国：美国能源部（DOE），“高浓铀的收支情况：关于美国自 1945 年至 1996 年 9 月 30 日高浓铀的生产、购买和使用情况的报告”（能源部，华盛顿特区，2001 年）；R. George 和 D. Tousley，能源部，“美国高浓铀的处置”，在核能研究所关于核燃料供应问题研讨会上的发言，华盛顿特区，2006 年 1 月 24 日；R. George，“美国高浓铀处理计划”，在核材料管理研究所第 50 届年会上的发言，Tucson，亚利桑那州，2009 年 7 月 13—19 日；G. A. Person，“高浓铀的商业性稀释：防扩散成功之举!”，核材料管理研究所第 51 届年会，巴尔的摩，马里兰州，2010 年 7 月 13 日；无核武器国家：IAEA，《2008 年年度报告》，（IAEA：维也纳，2009 年），表 A4。

表 7A.2 2010 年全球分离钚库存

国家	军用钚储量截至 2010 年（单位：吨）	军用钚生产状况	民用钚储量截至 2010 年，除非另注明（单位：吨）
中国	1.8±0.8	1991 年停产	0
法国	6±1.0	1992 年停产	55.9（不包括外国在法国储存的 28.3）
德国	0		9.5 储存在法国、德国和英国
印度[a]	0.5±0.14	还在生产	3.7（包括 3.5 不列入全面保障监督）
以色列[b]	0.8±0.13	还在生产	0
日本	0		46.1（包括储存在法国和英国的 36.1）
朝鲜[c]	0.034	2009 年恢复生产	0
巴基斯坦[d]	0.1±0.02	还在生产	0
俄罗斯[e]	128±8（其中 34 为申报过剩量）	1997 年实际停产	47.7
英国[f]	7.6（4.4 为申报过剩量）	1995 年停产	85.3（包括在国外的 0.9，但不包括外国在英国的 27.7）
美国[g]	92（53.9 为申报过剩量）	1988 年停产	0
总量	**约为 237（92 为申报过剩量）**		**约 248**

a 印度 CIRUS 和 Dhruva 两个反应堆武器级钚生产一直持续到 2010 年年末 CIRUS 反应堆关闭。作为 2005 年《印美民用核合作倡议》的一部分，印度军用部门中包括从印度乏动力反应堆燃料分离出来的大量钚。虽然此处标为用于增值反应堆燃料是民用的，但这些钚未置于 2009 年 2 月 2 日印度政府与国际原子能机构签署“专门针对印度”的保障协定监督之下。

b 据认为，以色列仍在运行 Dimona 钚生产堆，但可能主要用于氚（tritium）的生产。

c 据报道，朝鲜在 2008 年 6 月申报的钚库存量是 31 公斤，2006 年和 2009 年进行核试验后于 2009 年恢复生产，增加 8—10 公斤库存。

d 据估计，巴基斯坦的 Khushab-1 反应堆每年约生产 10 公斤武器级钚。该处另有三个钚生产堆正在建造。

e 俄罗斯在其关于《IAEA 第 INFCIRC/549 号文件》声明中，未包括宣布的过剩钚储量。

f 英国申报的民用钚库存是 85.3 吨（不包括 27.7 吨外国储存在英国的钚）。这显然包括 4.4 吨宣布的过剩军用钚。但是，由于这 4.4 吨不受国际原子能机构监督保障，因此根据此估计这部分仍然列为军用钚库存，不列入民用钚库存。1995 年，英国宣布已停止武器用的裂变材料生产；这是位于 Aldermaston 的英国原子武器研制中心从 Sellafield 后处理厂获取钚的最后一年。

g 在其关于《IAEA 第 INFCIRC/549 号文件》声明中，美国宣布 53.9 吨钚材料是过剩军用储存。

资料来源：国际裂变材料研究小组（IPFM），《20010 年全球裂变材料报告》（IPFM：普林斯顿，新泽西州，2010 年），图 1.6，第 19 页；美国能源部，“美国从核武库中拆卸 9 公吨钚”，新闻发布稿，2007 年 9 月 17 日，网址：〈http：//www. energy. gov/nationalsecurity/5500. htm〉；《民用库存（除印度外）》：各国根据国际原子能机构（IAEA）《第 INFCIRC/549 号》文件向机构所作的申报，网址：〈http：//www. iaea. org/Publications/Documents/〉；朝鲜：G. Kessler，“朝鲜给美国的信件先于其核申报”，《华盛顿邮报》，2008 年 7 月 2 日；俄罗斯：《美利坚合众国政府和俄罗斯联邦政府关于确定为不再需要为防务目的钚的管理和处理及相关合作协定》（简称《俄美钚管理与处理协定》，两国于 2000 年 8 月 29 日和 9 月 1 日先后签署，网址：〈http：//state. gov/documents/organization/18557. pdf〉。

表 7A.3　全球主要铀浓缩设施和能力（截至 2010 年 12 月）

国家	设施名称或所在地	类别	状况	浓缩程序[a]	浓缩能力（单位：千 SWU/年）[b]
阿根廷	Pilcaniyeu	民用	恢复运行	GD	20—3000
巴西	Resende 浓缩厂	民用	在建	GC	120
中国	兰州 2	民用	运行中	GC	500
	兰州（新建）	民用	运行中	GC	500
	Shaanxi	民用	行中	GC	500—1000
法国	Eurodif	民用	运行中	GD	10800
	Georges Besse Ⅱ	民用	在建	GC	7500—11000
德国	Urenco Gronau[c]	民用	运行中	GC	2200—4500
印度	Rattehalli	军用	运行中	GC	15—30

国家	设施名称或所在地	类别	状况	浓缩程序[a]	浓缩能力（单位：千 SWU/年）[b]
伊朗	Natanz	民用	在建	GC	120
	Qom	民用	在建	GC	5—10
日本	Rokkasho[d]	民用	已关闭	GC	<1050
荷兰	Urenco Almelo	民用	运行中	GC	3800
朝鲜	宁边	?	?	GC	?[e]
巴基斯坦	Gadwal	军用	运行中	GC	?
	Kahuta	军用	运行中	GC	20—30
俄罗斯	Angarsk	民用	运行中	GC	2200—5000
	Novouralsk	民用	运行中	GC	13300
	Seversk	民用	运行中	GC	3800
	Zelenogorsk	民用	运行中	GC	7900
英国	Capenhurst	民用	运行中	GC	5000
美国	Areva Eagle Rock	民用	已规划	GC	3300—6600
	Paducah	民用	即将关闭	GD	11300
	Piketon，Ohio	民用	在建	GC	3800
	Urenco Eunice	民用	运行中	GC	5900

a 气体分离（GC）是目前用于提高铀中的铀 235 分馏的主要同位素分离技术，但是少许设施仍在使用气体扩散（GD）。

b SWU/yr 是每年分离工作单位的缩写：一个 SWU 是计算浓缩设施中把一定含量的铀 235 分离成高低两种浓度铀 235 所需要的工作量。

c 正在扩建中。

d Rokkasho 离心机厂于 2010 年 12 月关闭；计划在得到新离心技术后恢复生产。

e 关于朝鲜的宁边设施，参见第 7 章第 10 节。

资料来源： 浓缩能力数据是根据国际原子能机构的“综合核燃料循环信息系统”（INFCIS），网址：〈http：//www-nfcis. iaea. org/〉；国际裂变材料研究小组（IPFM），《2010 年全球裂变材料报告》（IPFM：普林斯顿，新泽西州，2010 年）；和公民核信息中心（CNIC），“铀浓缩厂成了一个巨大的垃圾堆”，《东京核信息》第 140 期（2011 年 1/2 月刊），第 3—4 页。

表 7A.4 全球主要钚后处理设施（截至 2010 年 12 月）

除了标出外，所有设施均处理轻水堆燃料

国家	设施名称或所在地	类别	状况	设计能力（单位：tHM/年）[a]
中国	兰州中试厂	民用	开始运行	50—100
法国	La Hague UP 2	民用	运行中	1000
	La Hague UP 3	民用	运行中	1000
印度[b]	Kalpakkam（重水堆燃料）	两用	运行中	100
	Tarapur（重水堆燃料）	两用	运行中	100
	Trombay（重水堆燃料）	军用	运行中	50
以色列	Dimona（重水堆燃料）	军用	运行中	40—100
日本	JNC Tokai	民用	暂时关闭	200
	Rokkasho	民用	开始运行	800
巴基斯坦	Chashma	军用	在建	50—100
	Nilore（重水堆燃料）	军用	运行中	20—40
俄罗斯	Mayak RT-1，Ozersk（过去称为 Chelyabinsk-65）	民用	运行中	200—400
	Seversk（过去称为 Tomsk7）	军用	即将关闭	6000
	Zheleznogorsk（过去称为 Krasnoyarsk-26）	军用	即将关闭	3500
英国	BNFL B205 Magnox	民用	即将关闭	1500
	BNFL Thorp，Sellafield	民用	暂时关闭	1200
美国	H-canyon，Savannah River Site	民用	运行中	15

a 设计能力系指该后处理厂按设计要求处理的最高乏燃料量，以每年重金属铀吨位测算（tHM/yr），tHM 是这种情况下乏燃料中重金属铀的量。实际产量往往是设计产能中很小一部分。例如，俄罗斯 RT-I 的厂后处理能力每年从未超过 130 tHM，而法国由于其与外国的合同不能续签，不久后将每年只能处理 850 tHM。轻水堆燃料中含有 1%的钚，重

水堆和石墨堆燃料中含有约 0.4%的钚。

b 根据 2005 年签订的《印美核合作倡议》，印度决定它的所有后处理厂不受国际原子能机构监督保障核查。

资料来源：设计能力的数据系根据国际原子能机构的“综合核燃料循环信息系统（INFCIS），网址：〈http：//www-nficis. iaea. org/〉；国际裂变材料研究小组（IPFM），〈2010 年全球裂变材料报告〉（IPFM：普林斯顿，新泽西州，2010）。

（叶如安　译）

第三部分

2010年的不扩散、军控与裁军

第八章 核军备控制与不扩散

香农·N·基尔

第一节 导 言

2010年春，国际社会为推动核裁军和不扩散而进行的努力呈现出新的势头。4月，俄罗斯与美国签署了《进一步削减和限制进攻性战略武器条约》(新 START 条约)，规定进一步可核查地削减双方部署的进攻性战略核力量。同月，美国举行了齐集各国国家和政府首脑的峰会，目的是支持为降低核恐怖主义风险和加强全世界核材料与设施安全的措施。另外，5月召开五年一度的1968年《不扩散核武器条约》(《核不扩散条约》，NPT）审议大会第八次会议上，各成员国重申该条约是全球不扩散机制主要的法律和规制基础。审议大会一致通过了成果文件，其中包括了旨在发展条约原则和目标的实质性建议。

但2010年在解决伊朗和朝鲜民主主义共和国（DPRK 或称朝鲜）核计划长期争端方面进展甚微，这两个问题继续引起国际社会对核武器扩散的关切。年内朝鲜自曝其建设的一座之前未申报的铀浓缩厂，国际社会的关切因此进一步上升。

本章回顾了2010年核军备控制、裁军和防扩散领域的上述动向及其他进展。第二节阐述了俄罗斯和美国就新 START 条约进行谈判的结果，并分析了新条约的主要限额和规定。第三节概述了美国发起的在华盛顿特区举行的核安全峰会的情况，并指出若干核安全领域的相关进展。第四节阐述了2010年 NPT 条约审议大会的议程和结果，集中讨论了会议中的几个主要争议问题。第五节分析了在遏制伊朗敏感核燃料循环活动的法律手段和所谓法外手段有所加强的背景下，为解决国际上对伊朗核计划的关切而开展的新的外交努力。第六节阐述了朝鲜核武器计划新的进展以及依然存在的核计划问题上的外交僵局。第七节是结语。

第二节 俄美战略核军控

2010 年，俄罗斯和美国签署了新的削减战略武器条约，以替代 1991 年的《第一阶段削减战略武器条约》（START 条约）。[1] 由于 START 条约的全面核查机制是俄美监督彼此战略核力量的主要手段，因此替换 2009 年 12 月 5 日到期的 START 条约对两国来说都至关重要。该机制也用于核查 2002 年《削减进攻性战略武器条约》（SORT）规定的进一步裁减的核力量，因为 SORT 条约本身没有核查条款。[2] 俄美高级别官员担心，如果不再遵守 START 条约的核查条款，俄美彼此战略力量的透明度会大打折扣。[3] 在更大意义上，新条约的签署被视为建设性地“重启”俄美关系的重要一步，特别是在美国。[4]

新 START 条约谈判

俄罗斯和美国为签署替代 START 条约的新条约，自 2009 年 5 月起在日内瓦进行正式谈判。[5] 截至 2009 年年底，双方共举行了八轮会谈。在会谈中出现了若干实质性分歧。[6] 其中最严重的分歧集

〔1〕 START 条约的内容概要及其他详细内容，见本卷附录 A。

〔2〕 SORT 条约的内容概要及其他详细内容，见本卷附录 A。

〔3〕 例如，参见 R. Gottemoeller，“新 START 条约：通过 21 世纪的核查手段来实现安全”，《今日军控》，第 40 卷，第 7 期（2010 年 9 月）。

〔4〕 F. Weir，“奥巴马提出的美俄关系重启取决于参议院是否批准 START 条约”，《基督教科学箴言报》，2010 年 11 月 15 日。

〔5〕 美方代表团的团长是负责军控、核查和守约事务的助理国务卿罗斯·高特莫勒。俄方代表团的团长是俄罗斯外交部安全和裁军司司长阿纳托利·安托诺夫。

〔6〕 见 S. N. Kile，“核军备控制与不扩散”，《SIPRI 年鉴 2010》，第 383—384 页。

中于武器限额以及改变 START 条约的计数规则的提议（即，特定运载工具携带特定数量弹头的计数规则）。双方在战略导弹飞行测试遥测数据交换相关核查程序以及监督新的机动导弹系统制造方面也存在分歧。另外，俄罗斯长期以来担心美国在欧洲的导弹防御计划并坚持将条约与限制美导弹防御计划挂钩，也造成了谈判的复杂化。

由于在 START 条约到期前未能达成一致，双方于 2010 年 1 月 20 日在日内瓦重启谈判。俄美官员表示，双方已接近解决核查和监督问题的现有分歧。〔7〕 然而，俄罗斯对美国宣布其欧洲导弹防御部署调整的担忧，造成了最后阶段谈判的复杂化。〔8〕 据报道，在俄罗斯总统梅德韦杰夫和美国总统奥巴马就导弹防御问题多次通话后，双方于 3 月 26 日宣布已达成一致。〔9〕 2010 年 4 月 8 日，奥巴马和梅德韦杰夫在布拉格举行的签字仪式上正式签署了新 START 条约。〔10〕

新 START 条约的限额和核查规定

新 START 条约由三个具有法律约束力的部分组成：第一部分是导言和正文，确立条约的基本条款和任务；第二部分是长篇的议定书，定义条约中的术语并制定遵守规定和监督遵守情况的程序；第三部分是议定书的三个技术性附件，详细说明特定的检查、通报和核查条款。〔11〕 除非被新条约替代，该条约的有效期为 10 年；签约方可将条约有效期延长，延期不得超过 5 年。条约设立了双边磋商委员会（BCC），作为条约遵守和执行的机构，除非另经同意，委员会每年至

---

〔7〕 C. Sweeney，“俄罗斯期待与美国即刻达成核协议”，路透社，2010 年 1 月 22 日。

〔8〕 “美国计划 2015 年前在罗马尼亚部署导弹拦截器”，Global Security Newswire，2010 年 2 月 9 日，网址：〈http：//www. globalsecuritynewswire. org/gsn/nw _ 20100209 _ 4015. php〉；P. Baker，“与俄罗斯签署武器协定的道路迂回曲折”，《纽约时报》，2010 年 3 月 26 日。

〔9〕 “美俄宣布达成削减核武器协议”，BBC 新闻，2010 年 3 月 26 日，网址：〈http：//news. bbc. co. uk/2/hi/8589385. stm〉；Baker（同注释〔8〕）。

〔10〕 俄罗斯总统，“俄美已签署削减和限制进攻性战略武器条约”，2010 年 4 月 8 日，网址：〈http：//eng. kremlin. ru/news/271〉。

〔11〕 新 START 条约的正文、议定书和三个技术性附件，见美国国务院公共事务局，网址：〈http：//www. state. gov/t/avc/newstart/c39903. htm〉。另参见本卷附录 A。

少应召开两次会议。

表 8.1　俄美各项削减核武器条约的限额

条约	签署日/生效日	条约规定的核弹头总数	战略核运载工具总数[a]	期满日
START Ⅰ	1991.7.31/1994.12.5[b]	6000	1600	2009.12.5
START Ⅱ	1993.1.3/…[c]	3000—3500	无[d]	..
SORT	2002.5.24/2003.6.1	1700—2200	无	2012.12.31
新 START 条约	2010.4.8/2011.2.5	1500	800[e]	生效之日起10 年内有效

注：SORT 为《削减进攻性战略武器条约》（莫斯科条约）；START 为《削减战略武器条约》。

a 战略核运载工具包括洲际弹道导弹（ICBMs）、潜射弹道导弹（SLBMs）和远程轰炸机。

b 1992 年 5 月，白俄罗斯、哈萨克斯坦、乌克兰与俄美签订了《里斯本议定书》，由此，这五国成为了《第一阶段削减战略武器条约》缔约国。

c《第二阶段削减战略武器条约》一直未生效。

d《第二阶段削减战略武器条约》本将禁止在洲际弹道导弹上装载多弹头分导重返大气层运载工具（MIRVs），并将双方的潜射弹道导弹总数限制在 1700—1750 枚，但未实现。

e 现役部署不超过 700 枚。

资料来源：附录 A。

条约的主要限额

新 START 条约对俄美进攻性战略核武器的限额主要包括以下三个方面。[12] 第一，双方部署在战略导弹和轰炸机上的核弹头按规定不得超过 1550 枚。这比 SORT 条约规定的 2200 枚的限额减少了约 30%，比原 START 条约规定的 6000 枚弹头的限额减少了近 75%（见表格 8.1）。第二，新 START 条约规定双方部署和非部署

〔12〕 条约于 2011 年 2 月 5 日生效后 7 年内，双方应达到限额标准。

的洲际弹道导弹（ICBMs）和潜射弹道导弹（SLBMs）运载工具以及部署和非部署的可配备核武器的远程"重型"轰炸机数量上限为800。非部署运载系统包括训练和测试用运载工具，以及正在检修中的已移除导弹的轰炸机和潜艇。第三，在运载工具的总限额内，双方部署的洲际弹道导弹、潜射弹道导弹和重型轰炸机数量上限为700。〔13〕

在就上述限额进行谈判的过程中，俄罗斯和美国各自的立场反映出冷战后两国战略核力量组成上的差异。美国核力量拥有较多的运载工具，每件运载工具携带的弹头数量较少，而俄罗斯核力量拥有的运载工具较少，每件运载工具上部署的弹头数量较多。因此，俄罗斯寻求大幅度降低运载工具的限额——降至500件——以限制美在导弹"上载"能力（即，迅速将库存的核弹头重新部署到洲际弹道导弹和潜射弹道导弹上的能力）方面对俄具有的相当大的优势。〔14〕美国则在主张限制部署弹头的同时，坚持运载工具的限额应足够高，目的是维持其当前海、陆、空"三位一体"的战略力量结构。

起初，俄罗斯还试图在新START条约中加入禁止美国在战略弹道导弹上部署常规武器的规定，该部署是美战略司令部"全球打击"计划的一部分。〔15〕双方商定，条约限额适用于美国装配常规弹药而非核弹药的洲际弹道导弹和潜射弹道导弹。〔16〕

尽管导弹防御部署是条约谈判过程中最有争议的问题之一，新

---

〔13〕白宫新闻秘书办公室，"新START条约的主要情况"，2010年3月26日，网址：〈http：//www. whitehouse. gov/the-press-office/key-facts-about-new-start-treaty〉。

〔14〕与俄罗斯被迫销毁老化或即将废弃的战略导弹运载系统不同，美国通过拆除洲际弹道导弹和潜射弹道导弹携带的弹头放入库存的方式来达到START条约对部署的战略弹头的限制要求。参见A. Pikayev，"新START条约：俄罗斯的初步想法"，蒙特雷国际问题研究所詹姆斯·马丁防核扩散研究中心，2010年4月7日，网址：〈http：//cns. miis. edu/stories/100407 _ start _ pikayev. htm〉。

〔15〕见本卷第七章第二节。

〔16〕A. Woolf，"新START条约：主要限额和重要规定"，国会研究部（CRS）向国会提交的R41219号报告（美国国会：华盛顿特区，2010年12月23日），第18页。

START 条约却并未对此问题加以约束或限制。[17] 两国在条约导言中以不具约束力的行文承认，“进攻性战略武器和防御性战略武器之间存在相互联系”，“随着战略核武器的削减，这种相互联系的重要性将提升”。在美国的坚持下，导言还指出，“当前的防御性战略武器不损害双方进攻性战略武器的可行性和有效性”。在签署新 START 条约时，俄罗斯和美国都各自发表了单边声明，阐述本国对新条约与导弹防御之间关系的立场。尽管声明并不造成任何一方承担新的义务，但指出了之后主导两国国内批约讨论的立场。

弹头计数规则

新 START 条约包含了计算条约限额允许的部署战略弹头数量的详细规定和规则。新条约改变了原 START 条约使用的“计数规则”，原规则认为，每件洲际弹道导弹和潜射弹道导弹都携带特定数量的弹头——大多数情况下相当于进行导弹测试时使用的重返大气层运载工具的最大数量——没有考虑到单个的导弹是否会携带少于此数量的弹头。与此相反，新 START 条约规定，双方将计算部署洲际弹道导弹和潜射弹道导弹上实际部署的重返大气层运载工具数量。

针对重型轰炸机，新 START 条约延续了原条约的计算方法，将每架飞机计入特定数量的弹头。但新条约规定，每架部署轰炸机不论装配了核巡航导弹还是核重力炸弹，都被计为只携带了一个核弹头，即使该飞机有能力携带远超于此数的武器荷载。[18] 对于上述计数规则，谈判人员给出的理由是，由于轰炸机的飞行时间长，其构成的威胁与能够实施奇袭的洲际弹道导弹和潜射弹道导弹无法相比。[19] 一些非政府专家指出，对轰炸机的计数规则存在漏洞，使双方部署的弹

〔17〕 为解决对“突破范围”问题的关切，条约禁止双方将洲际弹道导弹和潜射弹道导弹的运载工具转用为导弹防御拦截器的运载工具，逆向的转换同样禁止。白宫（同注释〔13〕)。

〔18〕 原 START 条约将每架美国和苏联/俄罗斯重型轰炸机携带的弹头数量分别计为 10 枚和 8 枚。美国 B-52 轰炸机能够携带多达 20 枚核巡航导弹。

〔19〕 S. Pifer，“新 START 条约：美国安全的福音”，《今日军控》，第 40 卷，第 4 期 (2010 年 5 月)。美官员表示，采取此计数规则的原因是，俄罗斯不允许进行必要的现场核查来检查其轰炸机基地的武器库。

头数量能够远远超过条约的统计量。[20]

核查和监督条款

新 START 条约的核查和监督机制建立在一个巨大的数据库之上，该数据库确定了条约限制项目的数量、类型和位置。核查和监督机制规定利用通报、核查和展示来确认数据库中的信息。除此之外，条约要求双方在所有导弹及其相关运载工具和轰炸机上设置所谓的唯一标识码（一种字符串标签）。一旦洲际弹道导弹、潜射弹道导弹或重型轰炸机移动位置或变更状态，在给对方的通报中都需要标明唯一标识码。条约设定了允许核查人员在核查过程中确认唯一标志码的程序。条约还允许俄罗斯和美国继续使用本国技术手段来收集对方的战略力量数量、类型和特征方面的资料。[21]

新 START 条约的核查和监督条款已经被大幅度地简化，目的是降低执行成本、减少核查过程中产生的操作负担。原条约中列入了九种不同的核查方式，而新条约中只有两类核查方式。[22] 第一类核查针对洲际弹道导弹、潜射弹道导弹和重型轰炸机的基地，每一方对对方的核查每年可达 10 次。此类核查有两个目的：第一，确保基地部署和非部署的运载工具、导弹和轰炸机数量和类型方面申报数据的准确性；第二，确保部署的洲际弹道导弹和潜射弹道导弹携带的弹头数量以及重型轰炸机携带的核武器数量与条约数据库中的信息一致。后一个目的体现出了新 START 条约弹头计数规则上的变化。[23] 第二类核查针对放置非部署运载工具和导弹的其他设施，核查次数每年可达 8 次。核查的主要目的是检查非部署洲际弹道导弹和潜射弹道导弹

---

〔20〕 I. Oelrich 和 H. Kristensen，“新 START 条约降低了战略弹头的限额而不是数量”，公共利益报告，美国科学家联合会，2010 年 6 月 22 日，网址：〈http：//www. fas. org/blog/pir/2010/06/22/new-start-treaty/〉。

〔21〕 忧思科学家联盟，“新 START 条约的核查”，Fact sheet，2010 年 7 月 13 日，网址：〈http：//www. ucsusa. org/nuclear _ weapons _ and _ global _ security/nuclear _ weapons/technical _ issues/verification-of-new-start. html〉；Woolf（同注释〔16〕），第 13—15 页。

〔22〕 忧思科学家联盟（同注释〔21〕）。

〔23〕 议定书明确了允许核查人员在指定进行核查的某一基地对单个洲际弹道导弹和潜射弹道导弹携带的重返大气层运载工具实际数量进行计数的相关程序。新 START 条约议定书（同注释〔11〕），第五部分，第 7 节。

的运载工具以及库存导弹在数量和类型方面的申报资料，以确保之前申报的设施“未被用作与条约规定不一致的用途”。[24] 由于新条约规定的核查总次数减少，单次核查的内容就变得更为全面——在某些情况下，收集数据的工作就需要在原 START 条约下进行两次核查才能完成。

新 START 条约谈判必须解决涉及核查和监督条款的两个主要分歧。第一个分歧在于俄罗斯最初不愿保留 START 条约关于公布并交换所有战略导弹飞行测试数据的规定。据报道，俄罗斯拒绝保留 START 条约禁止对遥测数据加密的规定，因为俄计划引进新一代战略导弹，而美国则无此类计划。[25] 双方最终同意交换导弹飞行测试的遥测数据——每年交换 5 次——作为确保透明度和建立互信的手段，即使并不需要该数据来监督新 START 条约任何特别限制的遵守情况。[26] 第二个分歧涉及 START 条约监视机动洲际弹道导弹的条款。在新条约中，双方将采用改进后的程序，根据新程序，机动导弹将用唯一标识码来进行追踪并在导弹基地接受与其他系统一样的核查。双方还同意采用便于美借助本国技术手段，主要是卫星，来监视俄罗斯新机动导弹的方法。[27]

俄美的批约进程

2010 年 5 月 13 日，奥巴马总统将新 START 条约交与参议院，以听取其意见并寻求批准。在后来举行的委员会听证会上，在职的和前任的政府官员与高级军官一起，推动两党合作以批准条约。[28] 共和党参议员在很大程度上避免了对该条约完全反对，但对条约可能对美弹道导弹防御计划以及维持美核武库获得足够资金支持所产生的潜在影响表示关切。这些参议员还批评条约未能处理非战略武器问题，

---

〔24〕 新 START 条约（同注释〔11〕），第六条第 3 款。

〔25〕 T. Z. Collina，“START 条约受阻；谈判还在继续”，《今日军控》，第 40 卷，第 1 期（2010 年 1/2 月号）。

〔26〕 Pifer（同注释〔19〕）。

〔27〕 Pifer（同注释〔19〕）。

〔28〕 T. Collina，“参议院开始就新 START 条约召开听证会”，《今日军控》，第 40 卷，第 5 期（2010 年 6 月）。

也没有写入解决此问题的时间表。[29]

条约的批准进程充斥着两党政治的剑拔弩张，能否在年底前获得预期的支持票还有很大的不确定性。9 月 16 日，美参议院对外关系委员会投票批准了一项包含了诸多共和党委员所提条件的决议。[30] 在参议院的最后讨论中，民主党领袖接受了批准决议草案的两份修正案。这两份不具约束力的修正案提出了参议院对条约内容的理解，但没有直接改变条约行文。其中一份修正案强调了美国寻求有限导弹防御计划的任务。决议包含有如下行文：除了禁止将洲际弹道导弹和潜射弹道导弹运载工具转作导弹防御用途，新 START 条约不得对导弹防御部署设置任何限制。第二份修正案确认，美国意图继续维持核武器生产能力并实现现代化。[31] 在一次集体投票中，奥巴马总统承诺增拨 41 亿美元资助美国核武器生产联合体，此后，参议院于 2010 年 12 月 22 日以 71 票对 26 票批准通过了新 START 条约。[32]

美参议院投票批准条约后，俄罗斯国家杜马和联邦委员会开始重新考虑批准条约的决议草案。[33] 俄决议草案中有几条规定将执行新 START 条约削减核武器的规定与限制美国导弹防御部署挂钩。写入这些规定很大程度上是对美参议院提出的新 START 条约在任何情况下都不得限制美导弹防御发展的反应。尽管并不争取禁止导弹防御，俄的决议仍强调进攻性战略力量和防御性战略力量之间的联系，提出如美部署“会极大损害俄联邦战略核力量效能”的导弹防御系统，俄

〔29〕 N. Sokov 和 M. Pomper，“批准新 START 条约：喜忧参半的成功”，蒙特雷国际问题研究所詹姆斯·马丁防核扩散研究中心，2010 年 12 月 22 日，网址：〈http://cns.miis.edu/stories/101222_new_start_ratified.htm〉；Collina（同注释〔28〕）。

〔30〕 S. Cornwell，“参议院小组同意了与俄签署的新裁军条约”，路透社，2010 年 9 月 16 日。

〔31〕 美参议院提出建议并同意批准的决议文本，网址：〈http://www.state.gov/t/avc/rls/153910.htm〉。

〔32〕 “奥巴马向参议院投票支持与俄罗斯的核条约表示致意”，BBC 新闻，2010 年 12 月 23 日，网址：〈http://www.bbc.co.uk/news/world-us-canada-12056024〉。

〔33〕 2010 年 7 月 8 日，杜马国际事务委员会已投票提出批准新 START 条约的建议，但在美参议院对条约提出诸多修正案之后，杜马撤回了批约建议。“俄议会取消批准 START 条约”，俄 RT 电视台，2010 年 11 月 4 日，网址：〈http://rt.com/politics/start-treaty-ratification-duma/〉。

将退出新 START 条约。[34] 对于相关问题，如某些类型的遥测数据可能有助于美提高拦截俄战略导弹和弹头的能力，决议将限制俄交换这些数据。[35] 杜马批准法案还包含了两个关于未来核力量现代化计划和未来核武器削减先决条件的补充声明。2011 年 1 月 25 日，在三读也是最后一读后，国家杜马以 350 票对 96 票批准了新 START 条约。[36] 第二天，条约在联邦委员会获得一致通过。[37]

新 START 条约于 2011 年 2 月 5 日生效时，俄罗斯外长拉夫罗夫与美国国务卿克林顿在德国慕尼黑参加国际安全会议期间交换了批准文件。[38]

新 START 条约之后：后续步骤

新 START 条约的事宜完成后，俄罗斯和美国之间关于下一步双边军备控制重点和时间安排的分歧有所增加。2011 年 2 月 3 日，奥巴马总统通知参议院，依据共和党参议员在批准决议中加入的一条规定，政府下一步的军备控制目标是在一年内与俄开始就限制非战略（战术）核武器库存问题进行谈判。[39] 美官员强调，应对战术核武器问题需要与北约（NATO）盟友密切协作，并深化与俄罗斯在一系列安全问题上的接触。[40] 但俄罗斯对此反应冷淡，至少近期没有兴趣

〔34〕 N. Sokov，“俄罗斯批准新 START 条约：表面上的一帆风顺掩盖了隐藏的戏剧化情节和真相”，詹姆斯·马丁防核扩散研究中心，2011 年 1 月 25 日，网址：〈http://cns. miis. edu/stories/110125 _ russia _ new _ start _ ratification. htm〉。

〔35〕 Sokov（同注释〔34〕）。俄一直以来特别不情愿公开其计划部署的可操纵重返火箭（RVs）的遥测飞行数据。

〔36〕 “国家杜马批准新 START 条约”，《莫斯科时报》，2011 年 1 月 26 日。

〔37〕 “俄议会上院批准美俄裁军协定”，俄罗斯新闻社，2011 年 1 月 26 日，网址：〈http://rianovosti. com/russia/20110126/162309121. html〉。

〔38〕 美国国国务院发言人办公室，“新 START 条约生效”，Fact sheet，2011 年 2 月 5 日，网址：〈http://www. state. gov/r/pa/prs/ps/2011/02/156037. htm〉。条约生效后，为进行数据交换、通报及核查的多个准备步骤随之启动。

〔39〕 “建议和批准的决议”（同注释〔31〕），第 12 段第（i）条。

〔40〕 J. Benitez，“美国与北约盟友协商削减战术核武器”，NATO Source，大西洋理事会，2011 年 2 月 17 日，网址：〈http://www. acus. org/natosource/us-consults-nato-alliesreducing-tactical-nuclear-weapons〉。2010 年 11 月的里斯本峰会批准了北约战略新概念，北约成员国同意继续讨论防御和威慑在北约战略中的作用，包括其核态势。北大西洋公约组织，“积极接触，现代防御：北大西洋公约组织成员国防御和安全方面的战略概念”，2010 年 11 月 19 日，里斯本，网址：〈http://www. nato. int/strategic-concept/〉。

就限制非战略核武器进行谈判。[41]

同时，俄罗斯和美国都不愿继续开展进一步的战略核武器削减。拉夫罗夫警告说，“在讨论任何核裁军领域进一步举措之前，必须先履行新 START 条约”。[42] 其他俄官员响应拉夫罗夫的说法，称进一步削减核武器应与其他影响战略稳定方面问题的进展情况挂钩。影响战略稳定的其他问题包括限制非部署弹头、导弹防御、远程常规打击武器和外空武器。[43] 美高级官员强调，新的谈判需要拓展军备控制议程，以使其涵盖诸多难题。[44] 另外，在饱受争议的《2010 核态势评估》出台后，据报道，美政府不愿考虑需要改变其三位一体核力量结构的进一步的武器削减。[45]

第三节 加强核安全的国际合作

4 月 12—13 日，奥巴马总统在华盛顿特区召开了核安全峰会。全球 47 位领导人参加了会议，其中包括 38 位国家或政府首脑。[46] 此次核安全峰会是美国领导下的、雄心勃勃的防范恐怖主义国际合作行动的一部分。2009 年，奥巴马在布拉格的讲话中将核恐怖主义定

---

〔41〕“俄罗斯称与美国讨论战术核武器问题为时尚早”，俄罗斯新闻社，2011 年 1 月 29 日，网址：〈http：//rianovosti. com/mlitary _ news/20110129/162362622. html〉；Sokov（同注释〔34〕）。

〔42〕引自 W. Pincus，“冷战问题仍是美俄谈判的内容”，《华盛顿邮报》，2011 年 1 月 17 日。

〔43〕Sokov 和 Pomper（同注释〔29〕）。

〔44〕D. Dombey，“进一步核裁军的道路遍布障碍”，《金融时报》，2010 年 12 月 23 日。回顾此问题见本卷第七章第二节。

〔45〕S. Pifer，“签署新 START 条约后该做什么？”，《今日军控》，第 20 卷，第 10 期（2010 年 12 月）。另参见本卷第七章第二节。

〔46〕白宫新闻秘书办公室，“华盛顿核安全峰会公报”，2010 年 4 月 13 日，网址：〈http：//www. whitehouse. gov/the-press-office/communiqu-washingtonnuclear-security-summit〉。对峰会的评论，参见 E. Turpen，“全球防范：将重点转向核安全”，政策分析简报，斯坦利基金会，2010 年 11 月，网址：〈http：//www. stanleyfoundation. org/resources. cfm？ id=434〉。

义为“对全球安全最直接、最严峻的威胁”。[47]

为期两天的会议结束时，与会的国家和国际组织通过了最后公报。[48] 公报强调“各国需承担维护所有核材料有效安全的基本责任”，并为在此问题上进行国际合作提出了一系列主要目标。公报重申，参与各方支持现有的旨在保护核材料库存、处理和运输安全的条约和机制，同时明确赞成奥巴马总统在布拉格演讲中提出的在今后四年时间内确保世界所有易失散核材料安全的目标。同时，对于实施民用核能计划国家的关切，公报号召“执行强有力的核安全措施，但不侵犯各国为和平目的发展和利用核能的权利”。

为实现公报提出的目标，峰会各参与方通过了一项工作计划。[49] 除其他措施外，工作计划敦促各国批准《核材料实物保护公约》的修正案，以为签字国保护本国核设施和核材料提供法律要件，并加强在追回被盗材料方面的合作。[50] 工作计划还强调了联合国安理会第 1540 号决议和 2005 年《制止核恐怖主义行为国际公约》的重要性。[51] 该工作计划还总体上表示支持：将使用高浓铀（HEU）的民用设施改造为使用非武器用材料，研究新型低浓铀（LEU）燃料，侦查手段和核取证技术，发展优先考虑核安全的企业和机构文化，执法机构和海关官员之间通过联合行动来提高核侦查能力。[52]

核安全峰会并未达成新的联合倡议。但在峰会上，29 个国家为了加强核安全、打击非法贩卖核材料，宣布了批准或执行一系列现有

---

〔47〕 白宫新闻秘书办公室，“奥巴马总统在捷克布拉格城堡广场的讲话”，2009 年 4 月 5 日，网址：〈http：//www. whitehouse. gov/the _ press _ office/Remarks-By-President-Barack-Obama-In-Prague-As-Delivered/〉。

〔48〕 白宫（同注释〔46〕）。

〔49〕 白宫新闻秘书办公室，“核安全峰会工作计划”，2010 年 4 月 13 日，网址：〈 http：//www. whitehouse. gov/the-press-office/nuclear-security-work-plan-reference-document〉。

〔50〕 关于修正案的简介，参见 S. N. Kile，“核军备控制与不扩散”，《SIPRI 年鉴 2006》，第 636—637 页；参见本卷附录 A。

〔51〕 联合国安理会第 1540 号决议，2004 年 4 月 28 日；《制止核恐怖主义行为国际公约》，2005 年 4 月 13 日通过，2005 年 9 月 14 日起开放签署，2007 年 7 月 7 日生效，《联合国条约集》，第 2445 卷（2007 年）。

〔52〕 白宫（同注释〔39〕）；Turpen（同注释〔46〕），第 2—3 页。

公约、协定和措施的步骤。〔53〕其中包括几个国家（如哈萨克斯坦、墨西哥、乌克兰和越南）承诺的将使用高浓铀燃料的研究堆改造为使用低浓铀燃料研究堆，并将其领土内的高浓铀销毁或移走。〔54〕在峰会召开前的一个月，格鲁吉亚披露，该国截获了一伙试图在黑市上出售 18 克高浓铀的走私分子。此次事件提高了上述措施的紧迫性。〔55〕另外，几个国家宣布，计划通过成立中心来发展、促进核安全领域的最佳举措。

下一届核安全峰会计划于 2012 年在韩国召开。在此期间，参会国家的代表将定期召开会议，以评估执行工作计划的进展情况。

俄美钚处置协定

2010 年 4 月 13 日，在核安全峰会期间举行的签字仪式上，俄罗斯外长拉夫罗夫和美国国务卿克林顿签署了《钚处置议定书》，以更新 2000 年的《俄美钚管理和处置协定》（PMDA）。〔56〕此事件被誉为加强核安全、促使核武器裁减不可逆转的进一步措施。

修改后的协定规定，双方将把至少 34 吨所申报的超出防御需要的武器级钚转化为铀钚混合氧化物（MOX）燃料，通过在核电反应堆中对氧化物燃料进行照射处理来发电。议定书对实施《钚管理和处置协定》至关重要，因为由于技术、法律和经济上的问题，2000 年

〔53〕白宫新闻秘书办公室，“核安全峰会上各国所作承诺的重点内容”，2010 年 4 月 13 日，网址：〈http：//www.whitehouse.gov/the-press-office/highlights-national-commitments-made-nss〉。

〔54〕白宫（同注释〔53〕）。

〔55〕“格鲁吉亚对高浓铀走私计划提起诉讼”，Global Security Newswire，2010 年 4 月 29 日，网址：〈http：//www.globalsecuritynewswire.org/gsn/nw_20100429_1185.php〉；T. Esslemont，“格鲁吉亚挫败走私武器级铀的企图”，BBC 新闻，2010 年 11 月 8 日，网址：〈http：//www.bbc.co.uk/news/world-europe-11709416〉。

〔56〕《俄美关于管理和处置已指定不再用于防卫目的的钚及相关合作的协定》，签署于 2000 年 8 月 29 日和 9 月 1 日；该协议的议定书签署于 2010 年 4 月 13 日，网址：〈http：//www.state.gov/t/isn/trty/〉。另参见美国务院发言人办公室，“2000 年钚管理和处置协定”，Fact sheet，2010 年 4 月 13 日，网址：〈http：//www.state.gov/r/pa/prs/ps/2010/04/140097.htm〉。

拟定的俄罗斯的处置方法被证明是不可行的。[57] 该议定书还强化了“监视、核查双方处置活动及其最终产物的权利、责任、原则和措施”，以确保材料不会被用于制造核武器。[58] 两国计划在建成必要的设施后，于 2018 年以前启动处置活动。[59] 他们还请求国际原子能机构（IAEA）使用有待讨论的特定的核查条款来协助监督执行过程。[60]

第四节 2010 年 NPT 条约审议大会

2010 年 5 月 3—28 日，2010 年 NPT 条约审议大会在纽约联合国总部举行。[61] 来自 172 个 NPT 条约缔约国的代表参加了会议，菲律宾大使利夫兰·卡瓦克图兰任会议主席。[62] 会议的氛围是友好而总体上具有建设性的，与 2005 年的审议大会形成鲜明对比。[63]

主要问题及成果

会议第一周针对 NPT 条约的执行及条约原则和目标的推广进行了一般性讨论。90 多个缔约国，或以国家身份或作为国家组织的成员，进行了有准备的发言，提出了诸多已长期存在的问题。这些问题

---

〔57〕 该议定书批准了 2007 年达成的一项协定，允许俄罗斯用快中子反应堆（BN-600 和 BN-800）而非最初提出的轻水反应堆处置钚。D. Horner，“俄美签订钚处置协定”，《今日军控》，第 40 卷，第 4 期（2010 年 5 月）。

〔58〕 美国务院（同注释〔56〕）。这些还包括了减少使用快中子反应堆造成潜在扩散问题的措施。

〔59〕 俄罗斯政府将投入 25 亿美元执行修改后的协定。美国将向俄罗斯提供多达 4 亿美元的资助。Horner（同注释〔57〕）。

〔60〕 “美俄请求 IAEA 监督钚处置”，Trust & Verify，第 130 期（2010 年 7/9 月刊），第 8 页。

〔61〕 1968 年《不扩散核武器条约》（《核不扩散条约》）的概要及其他详细内容，见本卷附录 A。

〔62〕 2010 年 NPT 条约审议大会，“背景资料”，网址：〈http：//www.un.org/en/conf/npt/2010/background.shtml〉。

〔63〕 关于 2005 年审议大会的概述，见 Kile（同注释〔50〕），第 608—618 页。

包括：使1996年《全面禁止核试验条约》（CTBT）生效，[64] 就签署禁止生产用于制造武器的裂变材料的全球条约开始谈判，增加核武器库存和生产综合体透明度，扩大NPT条约成员的普遍性，在中东建立无核武器区，签署消极安全保证方面的全球条约，即五个法定承认的核武器国家（NWS）——中国、法国、俄罗斯、英国和美国——在法律约束下承诺不对签署NPT条约的无核武器国家（NNWS）使用或威胁使用核武器。[65] 美国务卿克林顿在开幕会议上表态积极，宣布美国将采取措施执行非洲和东南亚无核武器区条约的议定书。[66] 作为增加透明度的姿态，克林顿还第一次公开透露，美国核武库中实战部署弹头的数量为5113枚。[67]

审议大会的实质性工作于会议第二周开始。根据之前审议大会的经验，条约秘书处设立了三个主要委员会（MCs）：第一主要委员会负责核裁军问题；第二主要委员会负责不扩散问题，包括保障监督和地区问题；第三主要委员会负责核安全及和平利用核能问题。[68] 缔约国批准在每个主要委员会下设立一个单独的辅助机构，并分配了有待讨论的议题。[69] 第一主要委员会下属的辅助机构处理裁军实践步骤，包括安全保证。第二主要委员会下属的辅助机构处理地区问题，包括与在中东地区建立无大规模杀伤性武器区的相关问题。第三主要委员会下属的辅助机构考虑"条约的其他条款"，包括如何应对缔约国退出NPT条约的情况。

---

〔64〕 CTBT条约的概要及其他详细内容，见本卷附录A。

〔65〕 NPT条约第4条规定，只有在1967年1月1日之前制造并引爆核装置的国家才被承认为核武器国家。

〔66〕 关于1996年建立非洲无核武器区的佩林达巴条约和1995年建立东南亚无核武器区的曼谷条约的概要，见本卷附录A。

〔67〕 美国国务院发言人办公室，"克林顿国务卿在NPT条约审议大会上的发言"，2010年5月3日，网址：〈http://www.america.gov/st/texttrans-english/2010/May/20100504083001bpuh7.084292e-02.html〉。另参见本卷第七章第二节。

〔68〕 主要委员会的架构与NPT条约的三大支柱相吻合。第一主要委员会的主席是Boniface Chidyausiku（津巴布韦），第二主要委员会的主席是Volodymyr Yelchenko（乌克兰），第三主要委员会的主席是Takeshi Nakane（日本）。

〔69〕 R. Johnson，"NPT条约审议大会召开第三天：五常国发言和3个辅助机构"，Acronym Institute，2010年5月5日，网址：〈http://acronyminstitute.wordpress.com/2010/05/05/day-3-interim/〉。

第一主要委员会中的讨论大多集中在 2000 年审议大会通过的一套核裁军实践步骤上，尽管这些步骤只是部分地得到执行。[70] 这些步骤包括：更深入且不可逆转地削减现存核武库，使剩余军用裂变材料接受国际监控，降低高度戒备中的战略核武器的实战状态，就对战术核武器具有法律约束力的限制进行谈判，降低核武器在国家安全政策中的地位和重要性，还敦促核武器国家“宣布暂停升级和开发新型核武器或开发核武器新用途”。[71]

讨论值得注意的一点是不结盟运动（NAM）阵营的无核武器国家再次要求会议同意就核武器公约问题进行谈判。[72] 公约将禁止发展、获取、拥有或使用核武器。不结盟运动国家坚持，应在明确规定的时间期限内履行此公约。[73] 核武器国家，除中国表达了部分不同意见外，都反对为实现核裁军设定严格期限的提议，并拒绝接受缔结核武器公约的建议。[74] 由于这些国家反对，会议的成果文件中没有提出核裁军的具体日期，但仍写入了核武器国家应承担“加快核裁军步伐”义务的内容。[75]

在第二主要委员会，由于其他会议上取得了突破性的外交进展（见下面第五部分），关于伊朗核计划的争论并未引起太多关注。讨论反而主要集中在 IAEA 1997 年《附加议定书模板》的地位、核

〔70〕 见 J. Simpson，“2000 年 NPT 条约审议大会”，《SIPRI 年鉴 2001》，第 494—497 页。

〔71〕 埃及常驻日内瓦联合国代表希沙姆·巴德尔大使代表新议程联盟所作发言，第一主要委员会，NPT 条约 2010 年审议大会，2010 年 5 月 7 日，网址：〈http：//www.un.org/en/conf/npt/2010/statements/statements_day_04may.shtml〉。

〔72〕 关于不结盟运动的简介及成员国名单，见本卷附录 B。

〔73〕 “消除核武器行动计划的主要内容”，不结盟运动组织 NPT 条约缔约国提交的工作文件，2010 年 4 月 28 日，NPT/CONF.2010/WP.47，网址：〈http：//www.un.org/en/conf/npt/2010/workingpapers.shtml〉。埃及提交的工作文件列出了包括三个阶段性步骤的时间表，目标是在 2025 年之前完成核裁军。

〔74〕 法国带头表示，有时限的裁军框架是不现实的，必须考虑到现行的“政治和战略条件”。法国常驻裁军谈判会议代表埃里克·达能大使的发言，第一主要委员会第一次会议的摘要记录，NPT/CONF.2010/MC.I/SR.1，2010 年 5 月 7 日，网址：〈http：//www.un.org/en/conf/npt/2010/maincommittees.shtml〉。

〔75〕 P. Crail，“NPT 条约缔约国就中东会议达成一致”，《今日军控》，第 40 卷，第 5 期（2010 年 6 月）。

出口控制和管制协定、核供应国集团（NSG）于2008年批准的美印民用核合作倡议等问题上。委员会行动计划草案的行文引起较大争议，该行动计划草案由核武器国家和西方的无核武器国家提出，要求一国获得核材料和技术供应的条件是先有一份已生效的附加议定书。这遭到部分不结盟运动国家的反对，认为这种做法将损害NPT条约第六条赋予他们的为和平目的发展核能的“不可剥夺”的权利。

在其他议题中，第三主要委员会的讨论特别关注了建立核燃料供应保证机制的提议，以及更大范围内的管理核燃料循环的多边安排。作为西方的无核武器国家，瑞典重申了实现多边核燃料保证的需要，并强调了IAEA在该领域的任务。[76] 尽管没有直接拒绝这些倡议，不结盟运动国家强调依据“不歧视原则”的重要性以及要尊重条约赋予缔约国的合法权利。[77]

在第三主要委员会辅助机构，针对为使退出NPT条约更加困难、成本更高而提出的措施出现了不同意见。鉴于朝鲜开创了先例，美国和其他西方国家试图要求选择退出条约的国家必须返还其作为条约缔约国时所获得的所有核相关材料及技术，并对其退出之前任何违反了NPT条约的行为负责。其他国家，包括伊朗、利比亚和叙利亚，反对上述措施，认为这等于是对NPT条约第10条进行了重新解释；另外还出现了很多其他观点。[78] 结果是，成果文件重申了一国退出NPT条约的权利，同时注明“很多国家”对退出可能引发的后

---

〔76〕 瑞典代表团的发言，第三主要委员会，NPT条约审议大会，2010年5月11日，网址：〈http：//www. swedenabroad. com/Page _ _ _ _107139. aspx〉。

〔77〕 埃及常驻联合国代表马吉德·阿卜杜拉齐兹大使代表不结盟运动组织缔约国的发言，第三主要委员会，2010年NPT条约审议大会，2010年5月10日，网址：〈http：//www. reachingcriticalwill. org/legal/npt/revcon2010/statements/10May _ MCIII _ NAM. pdf〉。

〔78〕 M. Singelee，“NPT条约审议大会召开第13天：第三主要委员会关于核能、安全、安保和机制问题的摘要”，Acronym Institute，2010年5月17日，网址：〈http：//acronyminstitute. wordpress. com/2010/05/17/day-13-committee-iii/〉。

果持有各种具体意见。[79]

中东无大规模杀伤性武器区

会议上最具争议的问题之一是 1995 年审议及条约期限延长会议所批准的中东问题决议的执行问题。[80] 该决议要求“中东所有国家采取切实措施”建立可有效验证的无大规模杀伤性武器及其运载系统的区域，还要求所有 NPT 条约缔约国“加强合作、尽最大努力确保地区各方尽早建立”该区域。[81]

第二主要委员会附属机构针对很多国家认为自 1995 年起就受到冷遇的决议执行情况的讨论，集中在埃及提出的 2012 年“启动”地区会议的提议上。受阿拉伯联盟国家支持，埃及坚持会议应该有谈判授权，并建立常设委员会来监督建立中东无大规模杀伤性武器区的进展。[82] 与此相反，美国认为在当前的安全背景下，谈判授权时机尚不成熟，会议应该只限于讨论建立这一区域所采用的模式。对是否应指派能进行磋商并为地区会议承担筹备任务的特使或“协调人”，也存在不同意见。[83]

在成果文件中，缔约国认可了一种执行 1995 年决议的方式，从而绕过了提议会议授权引发的争议。成果文件要求联合国秘书长及决议的共同发起方（俄罗斯、英国和美国）在 2012 年召开会议，“在地区国家自愿接受条款的基础上，在核武器国家的全力支持和接触下，邀请参与中东无核武器及其他大规模杀伤性武器区的所有中东国家参

〔79〕 2010 年 NPT 条约审议大会，成果文件，NPT/CONF. 2010/50（Vol. I），2010 年 5 月 28 日，网址：〈http：//www. un. org/en/conf/npt/2010/confdocs. shtml〉，第 119—121 段。

〔80〕 1995 年 NPT 条约审议大会，“关于中东问题的决议”，NPT/CONF. 1995/32 (Part I)，附录，1995 年 5 月 11 日，网址：〈http：//www. un. org/Depts/ddar/nptconf/2142. htm〉。该决议与“加强审议程序”和“核裁军原则和目标”两项决议一起获得通过，后两项决议与缔约国一致同意无限期延长 NPT 条约有关。见 J. Simpson，“审议及扩大会议后的核不扩散机制”，《SIPRI 年鉴 1996》，第 561—573 页。

〔81〕 1995 年 NPT 条约审议大会（同注释〔80〕）。

〔82〕 阿拉伯联盟成员国名单，见本卷附录 B。

〔83〕 R. Johnson，“NPT 条约审议大会进入最后一周：高风险、裁军和中东”，Acronym Institute，2010 年 5 月 23 日，网址：〈http：//acronyminstitute. wordpress. com/2010/05/24/final-week/〉；也见 Crail（同注释〔75〕）。

加”此次会议。〔84〕另外，与会各方将任命协调人，协调人将与地区国家进行磋商并筹备会议，以此支持1995年决议的执行。协调人还将协助执行地区参与国同意的尚未明确的后续步骤。〔85〕

通过成果文件

5月25日，审议大会接近结束，卡瓦克图兰主席拿出了各主要委员会及其附属机构主席提交的大量报告基础上形成的成果文件草案。文件草案分为两个部分：一部分回顾NPT条约三大支柱的执行进程，另一部分提出了前瞻性的工作计划。众多无核武器国家批评该草案弱化了第一主要委员会及其附属机构报告中关于核裁军问题的行文。相反，核武器国家抱怨草案文本中的裁军方式要求过高。〔86〕另外，针对不扩散和和平利用核能问题的相关条款也出现了分歧意见。一些阿拉伯国家还抱怨2012年召开中东无大规模杀伤性武器区会议的提议无法压以色列加入会议，因为以色列不是NPT条约的缔约国。〔87〕

5月27日，会议预定结束的前一天，卡瓦克图兰主席拿出了修改后的草案文本。为了推动成果文件获得一致通过，卡瓦克图兰在会上将回顾部分作为他个人对条约执行情况讨论的思考意见提出。第二部分包含的行动计划提出了64个步骤，并根据条约的三大支柱将这些步骤进行分组，作为下个五年周期中评估进程的标准。卡瓦克图兰称，草案文本“可能无法完全满足很多人”，但“鉴于问题的复杂性，已经是能够达到的最好水平了”。〔88〕

卡瓦克图兰对行文的保留意见，即重申“以色列加入NPT条约的重要性”以及“将所有核设施置于IAEA的监督保障之下”，造成

---

〔84〕 2010年NPT条约审议大会（同注释〔79〕），第六部分，第7段第（a）。

〔85〕 2010年NPT条约审议大会（同注释〔79〕），第六部分，第7段第（b）。

〔86〕“国际核大会未能就裁军达成一致”，Global Security Newswire，2010年5月25日，网址：〈http：//gsn. nti. org/gsn/nw _ 20100525 _ 6450. php〉。

〔87〕 Crail（同注释〔75〕）。

〔88〕 引自R. Johnson，“NPT条约审议大会进行第24天：未来是希望还是失败?”，Acronym Institute，2010年5月28日，网址：〈http：//acronyminstitute. wordpress. com/2010/05/28/day-24/〉。

成果文件批准的复杂化。[89] 尽管美国反对，但鉴于埃及领导的阿拉伯联盟的坚持，上述行文在成果文件中得以保留。最后，为了不妨碍达成一致，美国代表团同意接受文件提到以色列。[90] 5月28日，缔约国一致通过了成果文件。[91]

2010 年审议大会评估

成果文件获得一致通过被普遍认为是审议大会的成功收尾。尽管会议开始时的期望值就很高，但一直都无法确定缔约国是否愿意或是否能够在执行和遵守条约这样复杂的议题上取得一致。

但同时，会议结果也凸显了缔约国在 NPT 条约本质及其面临主要挑战问题上长期存在的意见分歧。缔约国无法就加强监督保障和出口控制等重要问题上取得进展，而这两个问题的目的是确保民用核能计划不被转作军事用途。在使退出 NPT 条约更为困难或推动核燃料循环多边措施的问题上，同样没能取得进展。一些无核武器国家抵制这些措施，仍强调在执行条约不扩散和裁军义务时需要更为“平衡”。不结盟运动成员国认为，核武器国家未能在履行条约第六条规定的核裁军义务方面取得足够进展，对此格外不满。他们认为这对 NPT 条约可行性构成的威胁与所谓的横向扩散一样严重。

第五节　伊朗和核扩散关切

2010 年开年曾出现解决联合国安理会关于伊朗核计划外交僵局的希望。[92] 但伊朗继续违抗联合国安理会提出的立即停止所有

---

〔89〕 2010 年 NPT 条约审议大会（同注释〔79〕），第四部分，第 5 段。

〔90〕 一位美高级官员在讲话中指责“决议单独提出以色列”而没有提到伊朗，而伊朗才是“长期违反 NPT 条约和联合国安理会决议的国家”。白宫新闻秘书办公室，“安全顾问就 NPT 条约审议大会发表的讲话”，2010 年 5 月 28 日，网址：〈http://www.whitehouse.gov/the-press-office/statement-nationalsecurity-advisor-general-james-l-jones-non-proliferation-treaty-〉。

〔91〕 N. MacFarquhar，“189 个国家重申禁止核武器的目标”，《纽约时报》，2010 年 5 月 28 日。

〔92〕 S. N. Kile，“核军备控制与不扩散”，《SIPRI 年鉴 2008》，第 340 页。

铀浓缩计划相关活动及重水反应堆建设的要求。[93] 安理会要求伊朗采取诸多行动，特别是批准并执行全面保障监督协议的附加议定书，因为IAEA理事会认为，伊朗要恢复对其核计划具有完全和平性质的国际信心，必须做到这一点，但伊朗仍继续抵制安理会的要求。[94]

提议中的核燃料交换协议

2010年的外交努力重提了有争议的燃料交换协议，该协议是在2009年10月伊朗和“五常+1国家”（安理会的五个常任理事国——中国、法国、俄罗斯、英国和美国再加上德国）的谈判中提出的。[95] 提议协议中的要求伊朗将其申报的大部分低浓铀库存运出国外，以加工成供德黑兰研究反应堆（TRR）使用的燃料。[96] 然而，2009年年底该协议就告吹了，因为伊朗宣布不愿在为德黑兰研究反应堆提供的燃料运抵该国之前将低浓铀运往国外。[97]

2010年5月17日，燃料交换协议死灰复燃。巴西、伊朗和土耳其外长发表联合宣言，提出了一项伊朗在IAEA的监督下将其一半的低浓铀库存运往土耳其，以从第三国换取供其德黑兰研究反应堆使用的燃料的计划。[98] 协议条款与之前2009年伊朗和“五常+1国家”

---

〔93〕 联合国安理会第1696号决议，2006年7月31日；第1737号决议，2006年12月23日；第1747号决议，2007年3月24日；第1803号决议，2008年3月3日；第1835号决议，2008年9月27日。

〔94〕 IAEA理事会，“伊朗伊斯兰共和国执行NPT全面保障监督协议的情况”，理事会决议，GOV/2006/14，2006年2月4日。

〔95〕 关于核交换协议，见Kile（同注释〔6〕），第388—389页。

〔96〕 德黑兰研究反应堆（TRR）被用作生产医用同位素，自1993年开始运行至今一直使用阿根廷的燃料。该反应堆使用的燃料是提纯到19.7%的铀－235。伊朗不具备生产德黑兰研究反应堆所需规格燃料棒的能力。

〔97〕 伊朗转而考虑在其领土内的波斯湾基什岛进行“同步交换”。P. Hafezi，“伊朗拒绝将铀运往国外”，路透社，2009年11月18日。

〔98〕 土耳其外长，“土耳其、伊朗和巴西三国外长发表的联合宣言”，2010年5月17日，网址：〈http：//www. mfa. gov. tr/17 _ 05 _ 2010-joint-declaration-of-theministers-of-foreign-affairs-of-turkey _ -iran-and-brazil _ . en. mfa〉。

达成协议的类似。[99] 然而，美国国务卿克林顿随即批评该计划是伊朗为避免联合国安理会进一步行动采取的“显而易见的计谋”。[100] 之后，伊朗原子能组织（AEOI）的反应使情况变得更为复杂，该组织宣布将不会停止生产 20%浓度铀－235 的浓缩活动。[101] 协议宣布后的第二天，“五常国家”向安理会提交了一份加急决议草案，要求对伊朗施加额外的惩罚措施。[102]

2010 年 6 月 9 日，安理会通过了第 1929 号决议，对伊朗实施第四轮制裁。[103] 12 个成员国对此决议投了赞成票；巴西和土耳其——作为安理会的临时成员国——投了反对票，并抱怨五常国家未给他们足够的时间与伊朗达成燃料交换协议。[104] 尽管美国对巴西和土耳其的倡议表示欢迎，但认为两国所提协议并未解决伊朗核计划的“基本关切”。伊朗则强烈谴责安理会的行动，并威胁将限制与 IAEA 的合作。[105]

尽管受到新的制裁，伊朗并未像其之前所威胁的那样取消燃料交换提议，并表示仍可能与“五常＋1”国家保持接触。[106] 同时，伊朗

---

〔99〕“伊朗、土耳其和巴西达成核协议”，《德黑兰时报》，2010 年 5 月 18 日。法国、英国和美国指出，与 2009 年 10 月的协议相比，修改后的协议运走的伊朗低浓铀库存比例较小，因此降低了新条约作为建立互信措施的价值。P. Crail，“巴西、土耳其作为伊朗燃料交换的中间人”，《今日军控》，第 40 卷，第 5 期（2010 年 6 月）。

〔100〕“克林顿称伊朗核燃料交换提议是‘计谋’”，CBS News，2011 年 5 月 25 日，网址：〈http://www.cbsnews.com/stories/2010/05/25/world/main6517434.shtml〉。

〔101〕“伊朗称将继续生产达 20%浓度的浓缩铀”，路透社，2010 年 5 月 17 日。2010 年 2 月 8 日，伊朗通知 IAEA，该国将开始在纳坦兹附近的燃料浓缩中试厂进行铀浓缩，以生产浓度达 20%的铀－235。

〔102〕“巴西和土耳其要求联合国推迟针对伊朗制裁进行投票”，BBC 新闻，2010 年 5 月 19 日，网址：〈http://www.bbc.co.uk/news/10126252〉。

〔103〕联合国安理会第 1929 号决议，2010 年 6 月 9 日。关于制裁内容，见本卷附录 11A。

〔104〕联合国新闻部，“安理会增加对伊朗制裁”，Press Release SC/9948，2010 年 6 月 9 日，网址：〈http://www.un.org/News/Press/docs/2010/sc9948.doc.htm〉。

〔105〕“德黑兰谴责安理会制裁决议”，迈赫尔通讯社，2010 年 6 月 11 日，网址：〈http://www.mehrnews.com/en/newsdetail.aspx?NewsID=1098885〉。6 月 21 日，伊朗宣布已禁止两名 IAEA 核查人员再次入境，理由是这两人对伊朗的核活动提交了“虚假报告”。“在核争议中，伊朗禁止两名联合国核查人员入境”，路透社，2010 年 6 月 21 日。

〔106〕“伊朗‘准备好与五常＋1 国家进行对话’”，Press TV，2010 年 6 月 13 日，网址：〈http://www.presstv.ir/detail.aspx?id=130120§ionid=351020104〉。

原子能组织继续在纳坦兹生产20%浓度的浓缩铀，声称已拥有为德黑兰研究反应堆生产燃料的技术能力。2010年8月，IAEA报告称，伊朗已开始运行位于纳坦兹的浓缩离心机的第二套级联，以生产20%的浓缩铀。[107]

随着本年度接近尾声，又出现了旨在打破伊朗核计划僵局的新的外交努力。12月6—7日，伊朗和"五常+1"国家在日内瓦举行会谈，距离上次召开此类会议已有一年多时间。各方宣布同意将在土耳其的支持下，于2011年1月在伊斯坦布尔再次举行会谈，但并未明确任何会谈讨论的议题。[108]

IAEA总干事关于伊朗核计划的报告

2010年，新任IAEA总干事天野之弥向IAEA理事会提交了三份报告，阐述了该机构核查伊朗执行监督保障协议方面的进展以及伊朗遵守联合国安理会相关决议的情况。三份报告都认为，机构在继续对伊朗境内未转移的申报的核材料进行核查时，伊朗并未给予必要的合作让机构确认其境内所有核材料都用于和平活动。报告还指出，IAEA仍无法在调查可能具有军事性质的伊朗核活动方面取得实质性进展，因为伊朗未向组织提供要求的信息也不提供接触相关人员和文件的渠道。天野之弥报告的口气更为强硬，被广泛看作是IAEA处理伊朗核问题的方式与其前任总干事巴拉迪相比正在发生变化。[109]

2010年11月23日，天野之弥又向IAEA理事会提交了一份关于伊朗核活动情况的报告。[110] 报告指出，伊朗的铀浓缩计划仍面临技术难题，安装在纳坦兹商业规模铀燃料浓缩厂（FEP）的离心机中

---

[107] V. Oleksyn，"IAEA报告伊朗启动浓缩设备"，美联社，2010年8月9日，网址：〈http://abcnews.go.com/Technology/wireStory?id=11359906〉。

[108] "欧盟高级代表阿什顿2010年12月6—7日在日内瓦与伊朗会谈后代表'欧盟三国+3'发表的讲话"，布鲁塞尔，2010年12月7日，网址：〈http://www.consilium.europa.eu/uedocs/cms_data/docs/pressdata/EN/foraff/118263.pdf〉。

[109] J. Borger，"联合国核查机构总干事称，伊朗可能正在制造核弹头"，《卫报》，2010年2月18日。

[110] IAEA理事会，"伊朗伊斯兰共和国执行NPT全面保障监督协议和安理会决议相关规定的情况"，总干事向IAEA理事会的报告，GOV/2010/62，2010年11月23日。

有相当数量并未运行。伊朗告诉机构核查人员，由于某些未明确说明的技术原因，铀燃料浓缩厂的浓缩操作在 11 月中期停止了一周。伊朗使用纳坦兹 164 台离心机级联中的 28 台恢复了浓缩活动，比该月先前运行的级联少了一台。〔111〕

天野之弥的报告加大了对伊朗由于受计算机病毒影响，其第一代气体离心机（IR-1）出现高故障率的猜测。此种名为“震网”的计算机病毒专门攻击核电站里来自外国的控制设备。〔112〕 据称，“震网”计算机编码是以色列在美国的协助下，使用与纳坦兹铀浓缩设备同样设计的离心机开发出来的。〔113〕 11 月 29 日，伊朗总统内贾德承认，一种计算机病毒已“造成伊朗少数离心机出现问题”。〔114〕 之前有伊朗官员确认，“震网”病毒感染了布什尔核电站的员工计算机，但称并未影响主系统。〔115〕

开发病毒似乎已成为旨在延缓伊朗核计划的破坏活动和秘密行动的一部分。〔116〕 以色列和美国官员否认与此有关，但表示此次行动为通过外交努力解决问题赢得了更多时间，并由此降低了对伊朗核设施实施军事打击的可能性。〔117〕

---

〔111〕 IAEA，GOV/2010/62（同注释〔110〕），第 2 页。

〔112〕 D. Albright、P. Brannan 和 C. Walrond，“初步估计，‘震网’摧毁了纳坦兹铀浓缩厂的 1000 台离心机”，《科学和国际安全研究所（ISIS）简报》，2010 年 12 月 22 日，网址：〈http：//isis-online. org/isis-reports/category/iran/〉。

〔113〕 W. Broad、J. Markoff 和 D. Sanger，“据称是以色列测试的‘蠕虫’病毒造成了伊朗核计划延迟”，《纽约时报》，2011 年 1 月 15 日。

〔114〕 “伊朗称其核计划受到破坏活动影响”，BBC 新闻，2010 年 11 月 29 日，网址：〈http：//www. bbc. co. uk/news/world-middle-east-11868596〉。

〔115〕 G. Keizer，“伊朗承认‘震网’蠕虫病毒感染了核反应堆的计算机”，《计算机世界》，2010 年 9 月 27 日。

〔116〕 K. Chick，“德黑兰爆炸的目标是伊朗核科学家”，《基督教科学箴言报》，2010 年 11 月 29 日。2010 年 11 月，在一起汽车炸弹袭击中，一名伊朗核科学家死亡，另一名受伤，伊朗认为是以色列制造了袭击事件。

〔117〕 E. MacAskill，“‘震网’蠕虫病毒阻止了对伊朗实施打击”，《卫报》，2011 年 1 月 18 日。

第六节　朝鲜核计划

2010 年，在重启停滞状态下的关于朝鲜核武器计划前景的六方会谈方面未取得进展。[118] 2009 年 4 月，朝鲜宣布其永久退出谈判并不再遵守任何之前签署的协议，六方会谈中止。同时，朝鲜驱逐了 IAEA 核查人员，并通知该机构，朝鲜将重启延边核武器生产设施。[119]

2010 年 1 月，朝鲜外务省表示，如能首先与美国在双边谈判中取得进展，即签署和平条约正式中止 1950—1953 年朝鲜战争，朝鲜将准备重返六方会谈。根据这一表态，重启谈判取决于美国解除所有针对朝鲜的制裁。[120] 美国拒绝接受朝鲜提出的解决步骤的先后顺序。[121] 美国重申，在讨论解除制裁或缔结和平条约之前，朝鲜必须按照 2005 年 9 月共同声明可验证地放弃其核武器计划。[122]

随着时间流逝，恢复六方会谈的前景由于几次南北军事事件的爆发而出现倒退。[123] 2010 年夏秋，中国在重启六方会谈进程问题上发挥了外交领导作用。10 月 15 日，中国外长和朝鲜高级别官员举行会谈后，中国呼吁其他各方回到谈判中来。[124] 据报道，日本和美国回

---

〔118〕 六方会谈始于 2003 年 8 月中国的一项外交倡议，目的在于解决在如何处理朝鲜可疑核武器计划上的分歧。六方为中国、日本、朝鲜、韩国、俄罗斯和美国。

〔119〕 Kile（同注释〔6〕），第 390—391 页。

〔120〕 朝鲜中央通讯社（KCNA），“朝鲜提出启动和平谈判”，2010 年 1 月 11 日，网址：〈http：//www. kcna. co. jp/item/2010/201001/news11/20100111—03ee. html〉。

〔121〕 B. Powell，“朝鲜是否准备好接受（另一个）核协议?”，《时代周刊》，2010 年 1 月 11 日。

〔122〕 在 2005 年 9 月 19 日的共同声明中，六国同意为朝鲜提供一揽子援助，以换取朝鲜承诺“放弃所有核武器及现有核计划”。“第四轮六方会谈共同声明”，中华人民共和国外交部，2005 年 9 月 19 日，网址：〈http：//www. fmprc. gov. cn/eng/zxxx/t212707. htm〉。

〔123〕 例如，见本卷附录 C。

〔124〕 “中国推动恢复朝鲜核问题谈判”，亚洲新闻网，2010 年 10 月 14 日，网址：〈http：//www. channelnewsasia. com/stories/afp _ asiapacific/view/1087100/1/. html〉。

绝了中国的倡议，坚持任何谈判都应在实质性的南北安全对话之后进行。[125]

尽管朝鲜领导层重申该国承诺最终放弃核武器计划，但没有任何迹象表明朝鲜准备恢复执行其承诺的作为 2007 年六方会谈所达成协议一部分的无核化步骤。[126] 年内，朝鲜外务省及该国官方通讯社发表的声明都强调，朝鲜因为美国的“敌对政策”才被迫保留其核威慑以进行自卫。[127] 6 月，朝鲜外务省警告说，如美国继续其军事威胁和挑衅，朝鲜将别无选择，只能“支持本国的核威慑”，包括未说明的“新开发的方式”。[128] 这导致某些人推测，朝鲜可能准备使用新的武器设计进行第三次核爆试验。[129]

2010 年 11 月，朝鲜在延边核复合体向一个由美国科学家组成代表团展示了之前未申报过的离心浓缩设施，并由此激发了针对朝鲜核计划范围和轨迹的国际关切。[130] 尽管朝鲜坚称该浓缩厂被用于来生产民用核电反应堆使用的燃料，但这一发现进一步增加了美国长期以来对朝鲜隐瞒燃料循环设施的怀疑，这种循环设施是朝鲜生产核武器用高浓铀的秘密核计划的一部分。

2010 年 12 月，朝鲜官员出乎意料地向在平壤进行非官方访问的美国前驻联合国大使比尔·理查森透露，朝鲜准备重新允许 IAEA 核查人员入境并同意他们进入延边浓缩厂检查，以证明该国并没有生产高浓铀。[131] 他们还愿意就将 1.2 万根新鲜核反应堆燃料棒出售给第三国的计划进行讨论。但美官员认为朝鲜提出的让步

---

[125] Powell（同注释〔121〕）。

[126] “朝鲜领导人金正日承诺进行核裁军”，《中国日报》，2010 年 5 月 10 日。关于 2007 年无核化协议的内容，见 Kile（同注释〔92〕），第 351—353 页。

[127] 朝鲜中央通讯社（KCNA），“朝鲜中央通讯社拒绝对朝鲜拆除核武器的要求”，2010 年 2 月 19 日，网址：〈http：//www.kcna.co.jp/item/2010/201002/news19/20100219—07ee.html〉。

[128] 朝鲜中央通讯社（KCNA），“外务省宣称以新方式支持核威慑”，2010 年 6 月 28 日，网址：〈http：//www.kcna.co.jp/item/2010/201006/news28/20100628—12ee.html〉。

[129] J. Lewis，“朝鲜核武器‘新开发的方式’?” Arms Control Wonk，2010 年 6 月 28 日，网址：〈http：//lewis.armscontrolwonk.com/archive/2782/newly-developed-way-for-nork-nukes〉。

[130] 见本卷第七章第十节。

[131] “美国特使比尔·理查森说，朝鲜‘有所进步’”，BBC 新闻，2010 年 12 月 21 日，网址：〈http：//www.bbc.co.uk/news/world-asia-pacific-12047097〉。

并非出于真诚，因此随即表示不接受，并指出由于朝鲜未能遵守其之前做出的承诺，美拒绝近期重启六方会谈。[132] 2010 年的结束和开始一样，关于朝鲜核计划的结局问题依然处于一种外交僵局，因为各种迹象表明朝鲜将在今后一段不确定的时间内仍准备坚持发展其核武器能力。

第七节　结语

2010 年，在以条约为基础的军控和裁军措施以及基于国际法应对扩散威胁的多边行动方面取得了若干显著进展。由于在双边和多边的核军控、裁军和防扩散倡议方面都取得了重要进展，这一年还出现过一个“军控春天”。

然而，随着这一年的结束，军控和裁军议程出现重大新进展的前景依然不明。议程中尚有诸多重要的未决问题，特别是启动长期搁置的禁产条约谈判以及使 CTBT 条约生效的问题。在作为 2010 年重要成果之一的俄美新 START 条约之后下一步该怎么做也出现了问题。在有些观察家看来，该条约可能是最后一个“传统性”的军控条约：即主要集中于限制和削减美俄的战略核力量。削减核武库的进一步措施需要通过拓展双边议程来解决众多不同且有难度的问题——从战术核武器和非部署弹头到与弹道导弹防御、外空武器和常规战略运载工具相关的更大范围的战略稳定问题。它还可能要求扩展核武器削减进程以吸收其他核武器国家加入——2010 年五常国家之间就举行多边谈判削减武库所进行的初步讨论预示着这一发展。

这一年取得的进展还凸显了构成全球不扩散机制主要法律和规制基础的 NPT 条约长期存在的弱点。尽管 2010 年的 NPT 条约审议大会被普遍称为是成功的，会议期间的讨论清楚地反映出各缔约国之间在 NPT 条约基本目的和目标问题上仍存在的深刻分歧——特别是在

[132] “美国拒绝与朝鲜进行核问题对话”，Global Security Newswire，2010 年 12 月 22 日，网址：〈http：//gsn. nti. org/gsn/nw _ 20101222 _ 7792. php〉。

“有核国家”和“无核国家”之间。这些分歧让人怀疑履约中出现实际进展的前景，哪怕是实现成果文件中批准的有限步骤。更重要的是，分歧意味着缔约国不仅必须应对履约和遵约方面的挑战，还要最终解决 NPT 机制规则的正当性问题。

（苏晓晖　译）

第九章　降低生化材料带来的安全威胁

约翰·哈特　彼得·克莱夫斯蒂格

第一节　导言

2010 年，各国继续在国际、地区和国家层面制定战略，预防、纠正由于可能出于敌对目的误用有毒生化材料引起的后果。《禁止生物武器公约》（1972 年）缔约国召开了 2007—2010 年会间会进程的最后几次会议（包括年度专家和政治会议），并筹备于 2011 年 12 月举行公约第七次审议大会。禁止化学武器公约组织新任总干事建立了咨询小组，审议《禁止化学武器公约》（1993 年）履约情况，重点关注如何制定 2012 年化武库存销毁结束后的公约活动。有质疑指出，一些国家没有全面履行防止生化战争的国际义务。这些质疑凸显了区别技术性违约和实质性违约的困难性，以及一种政治化了的法律讨论可能产生的后果，即怀疑其他国家的行为。

本章第二节细察了生物武器的军控裁军。第三节回顾了化学武器的军控裁军。第四节讨论了生化战的发展、使用及先前计划和活动。第五节讨论防止、应对和纠正活动。第六节提出结论。

第二节　生物武器的军控与裁军

《禁生武公约》是反对生物战的最重要的国际法律文书。2010

年，没有新成员加入公约。[1] 缔约国在 2010 年的活动主要集中在七审会上，其准备工作包括相关议题的考虑和组织，以及背景文件的草拟。

2006 年 12 月举行的《禁生武公约》第六次审议大会，同意在 2007 年至 2010 年间举行 4 次会间会，以进行讨论、增进在 4 个领域的理解，促进有效行动。[2] 2010 年举行的会间会考虑了援助和与相关组织合作的条款，以处理成员国提出的指称他国使用生武事件，包括增强国家疾病监控、发现、诊断能力和公共卫生系统的要求。[3]

专家组会于 8 月 23 日至 27 日举行，12 月 6 日至 10 日举行了缔约国大会。[4] 智利大使皮德罗·奥亚斯主持了上述两会议，会议就疾病监控和反应等实际行动问题交流了信息和看法，旨在为应对突发疾病找到共同措施，无论疾病是自然爆发还是出于事故或蓄意原因。[5]

在 2010 年会间会进程中，有更多的国家参加了建立信任措施（CBM）数据交换。截至 11 月 5 日，有 70 个国家就 CBM 提交数据。

---

〔1〕 关于《禁止化学武器公约》和《禁止生物武器公约》的概述及签约国和成员国名单见本卷附件 A。签署《禁止生物武器公约》但未批准的国家有布隆迪、中非、科特迪瓦、埃及、圭亚那、海地、利比里亚、马拉维、缅甸、尼泊尔、索马里、叙利亚和坦桑尼亚。既未签署也未批准公约的国家有安道尔、安哥拉、喀麦隆、乍得、科摩罗、吉布提、厄立特里亚、几内亚、以色列、基里巴斯、马绍尔群岛、毛里塔尼亚、密克罗尼西亚、莫桑比克、纳米比亚、瑙鲁、纽埃、萨摩亚和图瓦卢。

〔2〕 关于第六次审议大会，参见哈特和库劳，“化学和生物武器的发展和军控”，《SIPRI 年鉴 2007》，第 578—583 页。

〔3〕《禁止生物武器公约》第六次审议大会，“最后文件”，文件 BWC/CONF. VI/6，2006 年 12 月 8 日。

〔4〕 生物武器预防项目（BWPP）与核查研究、训练和信息中心（VERTIC）合作制作的每日会议工作情况。BWPP 网站，〈http：//www. bwpp. org〉，VERTIC 网站，〈http：//www. unog. ch/bwc〉和《禁止生物武器公约》网站，〈http：//www. opbw. org〉。

〔5〕 日内瓦联合国办事处，“《禁止生物武器公约》缔约国会议在日内瓦结束”，2010 年 12 月 10 日，网址：〈http：//www. unog. ch/80256EDD006B9C2E/（httpNewsByYear_en）/F786B593BEC91F17C12577F5005B029B〉。

这是1987年以来最多的一次，[6] 但仍少于成员国总数的一半。在2010年提交的数据中，有18份资料是公开的，显示23个国家拥有防控级别很高（生物安全4级）的实验室，其中15个国家的实验室全部或部分由其国防部资助，12国拥有积极生物防御项目，28国拥有实用疫苗生产设施。[7] 2009年，还有6个国家宣布了异常疾病爆发。

在12月召开的缔约国大会上，不结盟运动在其集体声明中将注意力集中在公约七审会上。[8] 它们提及根据公约第十条开展国际合作的重要性。第十条呼吁各方应以一种不妨碍经济和技术发展，不妨碍出于和平目的进行信息、材料和设备交流的方式履约。[9]

许多国家提到联合国秘书长关于指称使用生化武器的调查机制。[10] 部分原因是这一机制在20世纪80年代和90年代初期（例如1980至1988年的两伊战争时期）执行得很成功，一些成员国将其视为加强国际反对生物战机制的实际手段。俄罗斯在会间会进程中指出，这一机制只适用于调查违反《禁生武公约》或1925年日内瓦议定书的行为，从而限制了指称机制在国家层面生物战问题上的运用。[11] 俄方还建议七审会讨论对疑似生武受害国实施援助的国际法律框架问题，因为俄认为目前的框架是不够的。[12] 中国称根据第六条对违约行为调查的规定，指称使用生武事件在提交安理会后，应在

〔6〕 汉堡大学，生物军控研究小组，“20102年公开建立信任措施读者”，2010年12月，〈http://www.biological-arms-control.org/〉，第1页；又见林佐斯和汉密尔顿，“为公约七审会对建立信会措施进行全面审议而准备”，2009-2010年工作组系列报告（日内瓦论坛：日内瓦，2010年8月）。

〔7〕 汉堡大学（同注释〔6〕）第1页，3—4页。一个非政府组织对4国建立信任措施的评估，包括对巴西、德国、印度和肯尼亚生物科技和生命科学的总评，请见“2010年生物武器监控”（生物武器预防项目：柏林，2010年11月）。

〔8〕 不结盟成员国名单请见本卷附件B。

〔9〕 印度裁军大使哈米德·阿里·饶在2010年8月23日日内瓦《禁止生物武器公约》专家会议上的讲话。

〔10〕 联合国大会，“化学和细菌（生物）武器”，秘书长报告，A/44/561，附件I，1989年10月4日。

〔11〕 俄罗斯裁军大使洛西宁在2010年8月23日日内瓦《禁止生物武器公约》专家会议上的讲话，第2页。关于1925年议定书的概述和其他细节，请见本卷附件A。

〔12〕 洛西宁大使讲话（同注释〔11〕），第3页。

安理会框架内实施调查。〔13〕缔约国大会还讨论了将一个类似机制融入其他国际安排，以及当几个国家同时受生武威胁时，相互交流信息的途径等。

专家会期间，联合国裁军事务办公室陈述了秘书长指称调查机制的发展情况。2006 年，在联合国决议推动下，41 国已提名了 237 位专家和 42 个实验室。〔14〕南非表示，如首先审议指导方针的附录，愿提名专家。联合国裁军办一直在协调技术指标程序、专家和实验室名册的更新，这些要素在秘书长使用指称调查机制时可能会用到。名册和技术指标最近一次更新是 1989 年。世界卫生组织协助对调查程序草案进行了详细审议。〔15〕在专家组会上，许多国家展示了自身通过技术进步、部门结构调整和加强协调来提高国家紧急情况反应能力的活动，包括针对生武的应对措施。专家会议还将国家疾病监控和国际卫生标准联系起来。〔16〕国际组织，诸如世界卫生组织、世界动物健康组织和联合国粮农组织，介绍了它们协调以侦测可能传染人类的动物疾病的活动，包括通过全球联合早期预警与应对系统来处理各种主要动物疾病，包括人畜共患疾病。〔17〕许多国家还回顾了调查所谓生物事件的活动与经验，如英国 2008 年由进口鼓携带的炭疽芽胞杆菌引发的传染、2009 年至 2010 年受污染海洛因及 2007 年从 Pirbright 研究所意外泄漏的口足病病原体 Aphtea epizooticea 等事件。〔18〕专家组会认识到政府（包括执法机构）间协调行动和加强实验室网络的必

---

〔13〕中国代表团团长李扬参赞在 2010 年 8 月 23 日日内瓦《禁止生物武器公约》专家会议上的讲话。

〔14〕见联合国大会决议，60/288，2006 年 9 月 20 日；又见哈贾马松，“全球观察：生物调查情况”，《原子科学家通报》，第 66 卷，第 4 号（2010 年 7 月/8 月），第 73 页。

〔15〕哈贾马松（同注释〔14〕），第 74 页。

〔16〕世界卫生组织，《国际卫生规则》（2005 年），edn，（世界卫生组织，日内瓦，2008 年）。

〔17〕见全球预警和反应系统网站：〈http：//www. glews. net〉。

〔18〕健康维护机构，《人畜共患疾病网络消息》，第 3 号（2009 年 1 月）；又见瑞雷，《2006 年 7 月至 2007 年 5 月苏格兰边境地区炭疽事件的管理报告》。关于受污染海洛因问题见哈特和克莱夫斯蒂格，“降低生化材料带来的安全威胁”，《SIPRI 年鉴 2008》，第 450—51 页。关于 Aphtea epizooticea 的事故性泄露，见英国健康安全局（HSE），《2007 年 Pirbright 研究所关于生物安全潜在破坏因素的最后报告》（HSE：伦敦，2007 年 9 月 7 日）。

要性。

成员国还注意到各国在需要加强人才培训、增加（疾病监测、发现和诊断的）后勤支持和建立抽样、研究动植物及人类病原体设施方面存在着共性。此外，会议强调，需要有效的政策结构以确保各领域的迅速决策。

其他的进展还有俄罗斯于 2010 年 8 月 7 日公布了一份对美遵守军控与防扩散义务的评估报告，包括美遵守《禁生武公约》及在 1540 号决议下履行相关生物责任的情况。1540 号决议要求各国接受和通过法律，将公民、法人与发展、获取、制造、拥有、转运、贩运或使用核、生化武器及运载工具有关的行为定罪。[19] 俄宣称美削弱了《禁生武公约》在加强生武防扩散体制中的作用，并从事了令人生疑的生武防范工作，没有充分履行生武安全和安保措施，将生武防范措施从建立信任措施宣布中剔除等。俄还特别强调美应在年度建立信任措施中公开其在埃及、印尼、肯尼亚、秘鲁、泰国等国建立军事医学研究设施的情况。俄还宣称，美将生武防范研究转变成私营机构的生物恐怖主义防护研究项目，从而逃避宣布。

第三节　化学武器的军控与裁军

《禁止化学武器公约》是防止化学战的主要国际法律文书。2010 年，没有新的国家加入该公约。2 个国家签署但未批准公约，另外 5 个国家没有签署或批准公约。[20]

就缔约国履约而言，截至 11 月，185 个缔约国（占 98%）已指定或建立一个国家履约机构，除其他事宜外，它作为国家履约机构联

---

〔19〕 联合国安理会 1540 号决议，2004 年 4 月 28 日；又见俄罗斯外交部，“美国在大规模杀伤性武器防扩散和军控方面违反国际义务的事实”，2010 年 8 月 7 日，网址：〈http：//www.mid.ru/brp _ 4nsf/0/CC9C7D192F0EBC5AC325777A0057E1AE〉。履约方面的相关发展见接下来第三部分。

〔20〕 关于《禁止化学武器公约》的签约国和成员国概述和名单见本卷附件 A。尚未签署及批准公约的国家有安哥拉、埃及、朝鲜、索马里和叙利亚。以色列和缅甸已签署但未批准。

络点负责有效地联络禁化武组织以及其他国家履约机构。87 个缔约国（占 46%）已根据公约第七条通过了立法，涵盖该条款确认的国家履约措施的所有关键领域。[21] 关于促进公约普遍性的努力，禁化武组织继续与非缔约国讨论其加入公约的可能性。7 月份成为禁化武组织第 3 任总干事的土耳其大使尤祖姆居致信所有非缔约国，要求与他们进行非正式对话，以及安排技秘处访问该国讨论其加入公约问题的可能性。[22] 只有朝鲜对此婉拒回复。2009 年，一个技秘处小组访问了以色列。2010 年，埃及通知技秘处愿接受类似的访问。在 2010 年 11 月 29 日至 12 月 3 日举行的第 15 届缔约国大会上，尤祖姆居呼吁安哥拉和缅甸采取同样措施并表示已注意到“与缅甸官员的交流已表明在该国的国家选举之后，缅方可以对批准公约问题予以积极考虑。”[23]

10 月 13 日，尤祖姆居总结了公约履行情况，表示禁化武组织将“随着时间推移和化学武器库存的销毁，其占大部分比例的资源会逐步用于防扩散领域”。他谈及一些相关领域的需要，包括继续更好地关注化学工业核查的次数和频率，“更严格地”监控“化学品的转让和贸易”，以及将禁化武组织活动融入其支持履行联合国安理会第 1540 号决议和联合国全球反恐战略。[24] 禁化武组织关于恐怖主义问题工作组正在开展上述的最后一项活动，包括发展关于确保化学品设施安全的指导原则和桌面演练，以测试这些设施对非国家实体威胁的应对能力。[25]

尤祖姆居成立了一个独立咨询小组来审议公约履行情况。该小组

---

〔21〕 禁化武组织，“总干事在第十五次缔约国大会上的开幕辞”，禁化武组织文件 C-15/DG.14，2010 年 11 月 29 日，第 72—73 段。

〔22〕 尤祖姆居到 2014 年任满 4 年，并可能再连任一次。禁化武组织，“尤祖姆居大使就任新总干事”，新闻公报，2010 年 7 月 29 日，网址：〈http://www.opcw.org/news/article/ambassador-ahmet-uezumcue-assumes-office-as-new-opcw-director-general/〉。

〔23〕 禁化武组织（同注释〔21〕），第 77—79 段。

〔24〕 联合国全球反恐战略和行动计划见联合国大会决议 60/288（同注释〔14〕）。

〔25〕 “禁化武组织总干事尤祖姆居大使的发言”，2010 年 10 月 13 日，纽约，第 65 届联合国大会第一委员会（裁军与国际安全委员会），网址：〈http://www.opcw.org/news/article/opcw-director-general-meets-un-secretary-general-and-addresses-first-committee-of-the-general-assemb-6/〉，第 1—2 页。

由瑞典大使埃克斯担任主席，于 12 月 14 日至 15 日在海牙召开了首次会议并将于 2011 年 6 月向总干事提交最后报告。〔26〕该小组成员包括外交、工业、科学和技术专家，任务是协助制定一份战略远景文件，确定禁化武组织在化学武器库存销毁后的工作重心和如何平衡使用其资源。〔27〕总干事将向成员国分享该报告，“以便帮助成员国考虑影响禁化武组织未来成长的相关问题”。〔28〕

俄罗斯在数个方面指责美国未履行《禁化武公约》。俄方第一次指责指的是美参院在 1997 年加入公约时所作 21 项保留中的一项，即禁止禁化武组织视察员将采集的化学品样品移出美国外进行分析。俄方还抨击美未向禁化武组织就美军方 2003 年至 2008 年在伊拉克发现、回收和销毁的化学武器战剂和弹药“及时提供信息”。除此之外，俄还指责美没有公开美军方在伊拉克实施的任何消除化学战剂污染区的相关信息。〔29〕

10 月 11 日至 15 日，禁化武组织在突尼斯举行了第三次重要的关于提供援助和防护化学武器的现场演练（ASSISTEX 3）。11 月 22 日至 23 日，波兰政府和技秘处举行了关于如何应对恐怖主义的桌面演练。〔30〕500 多人参加了演练，包括联合国人道主义事务协调办公室（OCHA）代表。11 月 24 日至 25 日，禁化武组织举办了公约第六条关于经济和技术发展问题的研讨会。

2010 年，学术机构研究者向禁化武组织建议，应个别或集体（通过适当渠道）地考虑是否将发展、生产、储存、转让、使用装填

---

〔26〕禁化武组织（同注释〔21〕），第 101 段。

〔27〕见哈特，“《禁化武公约》的未来：向禁化武组织计划中的中间道路概念迈进”，向第 10 届国际生化战防护研讨会提交的论文，瑞典防务研究所（FOI），斯德哥尔摩，2011 年 6 月 8 日—11 日。

〔28〕小组的 14 名成员独立工作。禁化武组织，“关于禁化武组织未来优先事项的新咨询小组在海牙召开第一次会议”，新闻公报，2010 年 12 月 16 日，网址：〈http://www.opcw.org/news/article/new-advisory-panel-on-future-of-priorities-of-the-opcw-holds-first-meeting-in-the-hague/〉。

〔29〕俄罗斯外交部（同注释〔19〕）。

〔30〕禁化武组织，“‘防护包括使用化武的恐怖袭击的准备工作’桌面操演在波兰举办”，新闻公报，2010 年 11 月 26 日，网址：〈http://www.opcw.org/news/article/table-top-exercise-on-preparedness-to-prevent-terrorist-attacks-involving-chemicals-held-in-poland〉。

了控暴剂（包括邻氯苄叉缩丙二腈）的大口径弹药置于公约禁止范围之内。〔31〕 国际红十字委员会举行了一次关于失能剂对国际和平与安全形成的挑战与危险的专家会议。该委员会表示，任何在战争时事实上使用失能剂可能会引发使用化学武器，过去在战争时使用控暴剂和扰乱剂所产生的后果即是明证。〔32〕

第 15 届公约缔约国会议批准了 2011 年工作计划和预算为 6836.85 万欧元（9500 万美元），以及一份更新核准的、含操作要求和技术规格的视察设备清单。〔33〕 中国与俄罗斯举办了关于其化学武器销毁活动的图片展。伊拉克展示了萨达姆政权使用化武的情况。美连续第二年向其他代表团简述了销毁化武的情况。

化学武器销毁

截至 2010 年 9 月 30 日，各国宣布的总计 71194 吨化武试剂已有 44131 吨被证实销毁，总计 867 万件化武物项和容器中的 395 万件已销毁。截至 2010 年 11 月，共有 13 国宣布了 70 座曾用于生产化武的设施，其中 43 座已转用于和平目的。〔34〕

向禁化武组织提交化武库存宣布的国家有：阿尔巴尼亚、印度、伊拉克、韩国、利比亚、俄罗斯和美国。其中阿尔巴尼亚、印度和韩国已销毁了所有宣布化武。同时，上述所有国家的种类 3 化

〔31〕 欧米茄研究基金会，安全研究所和布拉德福德大学，“含邻氯苄叉缩丙二腈的 120 毫米弹药的生产和升级：为参加第十五次缔约国大会的国家提供的简介，2010 年 11 月 29 日”，向第十五次缔约国大会提交的论文，2010 年 11 月 29 日，海牙，网址：〈http://www.brad.ac.uk/acad/nlw/publications/CSP15pape_Crowley.pdf〉。

〔32〕 国际红十字会，《无所作为的化学机构：履行国际法》（国际红十字会：日内瓦，2010 年 10 月），第 74—75 页。

〔33〕 禁化武组织，“决定：2011 年评估范围”，禁化武组织文件 C—15/DEC。7，2010 年 12 月 2 日；又见禁化武组织，“决定：通过的符合操作要求和技术规范的核查设备清单”，禁化武组织文件 C-I/DEC。71，2010 年 11 月 30 日。

〔34〕 这 13 个国家是波斯尼亚和黑塞哥维那、中国、法国、印度、伊朗、伊拉克、日本、韩国、利比亚、俄罗斯、塞尔维亚、英国和美国。禁化武组织（同注释〔21〕），第 27 段。

武都已销毁。[35] 多年以来，美俄一直都被认为受经济和政治因素限制而无法按期销毁全部化武。禁化武组织总干事已向缔约国大会重申美俄将无法于 2012 年 4 月最后期限前销毁化武，并表示执理会将继续谨慎前行，以寻求平衡和建设性的解决方案，以保证公约作为世界唯一一个禁止化武法律文书的长期有效性。[36]

2010 年，伊拉克政府向禁化武组织提交了该国以前的化武项目回顾。[37] 伊拉克宣布在 20 世纪 90 年代初被联合国伊拉克特别委员会查封的阿尔穆泰那国家基地第 13 和 41 号仓库里存有化武试剂、弹药和化武前体。[38] 伊还宣布了 5 家过去的化武工厂和 2 处化武研发设施：1974 年至 1983 年使用的阿尔罗沙德国家实验室和 1983 年至 1990 年使用的位于阿尔穆泰那基地里的设施。[39] 在 2009 年《禁化武公约》对伊生效之前，所有化武工厂的设备都已被移走或销毁，大部分宣布的设施已遭抢掠。[40] 自 2004 年起，多国爆炸军械处理处已销毁了约 4000 枚化学爆炸及其残余物。[41]

伊希望在禁化武组织核查下销毁阿尔穆泰那基地第 13 和 41 号仓库的化武。一个咨询委员会制定了 2010 年 5 月至 8 月进行销毁的计划，得到伊政府同意。[42] 2010 年 5 月，伊表示可接待禁化武组织短

---

〔35〕 禁化武组织（同注释〔21〕），第 11 段。《禁化武公约》附件包含三个附表，附表 1 化学品包括极少用于和平目的的化学品及其前体，附表 2 和附表 3 化学品广泛用于和平目的，包括商业及其他用途。《禁化武公约》中给出了化武种类的概念，部分基于化学品所属附表，核查附件第四部分（A），第 16 段。

〔36〕 禁化武组织（同注释〔21〕），第 24—25 段。

〔37〕《禁化武公约》2009 年 2 月 12 日对伊拉克生效。伊拉克于 5 月 12 日向禁化武组织递交签字声明，并于 12 月 1 日递交补充信息。伊拉克国家监督局，“伊拉克从前的化武计划”，在英国防务科技实验室举行的第十三次化武非军事化会议上展示的幻灯片，弗来戈，2010 年 5 月 24—27 日。

〔38〕 伊拉克国家监督局（同注释〔37〕），第 25 页。该场址随着 1994 年联合国伊拉克问题特别委员会完成关于其现状的最后一份文件而由伊重新全权管控。

〔39〕 其中一座设施位于阿尔穆泰那，一座位于阿尔罗沙德，三座位于法鲁贾（法鲁贾 1 号、2 号和 3 号）。伊拉克国家监督局（同注释〔37〕），第 25、26 页。

〔40〕 伊拉克国家监督局（同注释〔37〕），第 26 页。

〔41〕 伊拉克国家监督局（同注释〔37〕），第 29 页。

〔42〕“伊拉克外交部国际组织与合作司司长穆罕默德·阿卜杜勒·阿布马买迪大使在第十五次缔约国大会上的讲话”，禁化武组织文件 C—15/NAT. 18，2010 年 11 月 30 日，第 2 页。

期核查小组，但任何长期核查活动需要伊安全形势的好转或持续的重兵警戒。[43] 伊也无法提供仓库内物品的总数，这部分原因是一些相关文件封存在纽约联合国总部档案室里，要到 2038 年或 2068 年才能公开。[44] 此外，伊已表示《禁化武公约》的部分执行规定未经伊立法机关批准。任何与评估和销毁库存物品相关的决定必须考虑在现有环境和已同意的范围内实施的可能性。[45] 禁化武组织总干事注意到尽管与伊政府官员的会谈取得了实质性进展，找到销毁化武的合适手段所不可或缺的许多问题仍需进一步考虑和澄清。[46] 特别是打开仓库的技术可行性和保障化武组织核查员安全等问题仍不确定。

伊朗指责称，美、英未宣布在伊拉克发现的化武并销毁它们，这违背了公约义务。[47] 伊朗将美、英的行动称为单边行为，并表示迄未得到美、英根据关于磋商、合作和查证的第九条条款给出的满意答复。伊朗并称禁化武组织应让 2003 年作为“志愿者联盟”成员入侵伊拉克的其他化武公约成员国解释其行为。[48] 英国坚决否认其一些做法违反了《禁化武公约》，如未向禁化武组织提交化武销毁计划，从而可能耽搁了禁化武组织派核查组赴伊核查化武销毁。[49] 英并表示其对伊拉克化武的安保和销毁工作十分突出，销毁工作在禁化武组织谈判代表无法想像的环境下开展，并已在禁化武组织内向伊朗提供

---

〔43〕 伊拉克国家监督局（同注释〔37〕），第 57 页。

〔44〕 伊拉克国家监督局（同注释〔37〕），第 63 页。联合国伊拉克问题特别委员会和联合国监核会的资料处于联合国管理局档案和记录管理部看管之下，将从 2008 年 3 月 1 日起与其他档案分开，封存 30—60 年。联合国，秘书处，“联合国监核会档案和记录”，联合国秘书长公告，ST/SGB/2009/12，2009 年 8 月 1 日。伊拉克并非一直保持着精确记录，且许多记录已被毁。

〔45〕 伊拉克国家监督局（同注释〔37〕），第 63 页。

〔46〕 禁化武组织（同注释〔21〕），第 23 段。

〔47〕 指控的全文很难找到。但这很可能是伊朗与美国在化武问题之外的紧张关系的一部分。

〔48〕 “伊朗主管法律和国际事务的副外长穆罕默德·马赫迪·阿匐扎德在第十五次缔约国大会上的讲话”，禁化武组织文件 C—15/NAT. 15，2010 年 11 月 29 日，第 3—4 页。关于伊朗的法律论述，见“伊朗伊斯兰共和国对美国和英国在伊拉克发现和销毁化武问题的观点和关切”，禁化武组织文件 C—15/NAT. 11，2010 年 11 月 30 日。

〔49〕 禁化武组织执理会一直致力于针对可能伤及核查人员或危及其生命的高风险化武销毁活动制定核查规程。“英国对要求其澄清履行第 9 条第 2 款义务事的答复”，禁化武组织文件 C-15/NAT. 11，2010 年 11 月 30 日。

了足够透明的信息。英还介绍了 2004 年 5 月，伊政府重建后，销毁化武弹药的情况：16 枚被怀疑装有沙林的 122 毫米阿尔巴拉克弹筒于 2006 年 1 月由伊政府交给英国销毁队进行销毁；2006 年 5 月，又有 5 枚弹筒转交给英方。〔50〕

2010 年 10 月，维基揭秘在其网站上公布了约 39.2 万份美政府内部文件，内容与 2003 年美英军事入侵后的伊拉克相关，其中涉及伊的生化武器的有几百份。大多数报告详述了伊生化武器的猜疑，但后来被证实是无根据的，美、英并未找到伊政府拥有即可使用的库存或项目，但记录表明叛乱者获取了一些化武（或化武残余）。2006 年 1 月记录显示叛乱武装将一种神经麻痹性化武从伊朗走私至伊拉克。根据报告，同月美英部队在巴拉德逮捕了数名化武专业人员，并且情报中还提及了另一名专家。〔51〕

2010 年 4 月，利比亚开始以试验性规模水解和中和放置在 Ruwagha 的 4.4 吨三氯化磷。三氯化磷是有机磷神经剂的前体。但利显然想将三氯化磷作为氯化剂以生产硫化芥子气。〔52〕缔约国大会还延长了利销毁种类 1 化武的中期期限。〔53〕

截至 10 月 31 日，俄罗斯已销毁了 19423 吨种类 1 化武（占总数的 48.6%）。〔54〕在戈尔内、萨拉托夫州、乌德穆尔特共和国坎姆巴卡的化武销毁工作已经完成。11 月 26 日，波切普的化武销毁设施开始工作。〔55〕俄计划于 2011 年在凯兹内尔开启化武销毁设施，并增强

---

〔50〕“英国对要求其澄清履行第 9 条第 2 款义务事的答复”，禁化武组织文件 C-15/NAT. 11，2010 年 11 月 30 日。又见“美国常驻禁化武组织代表米库拉克大使在第十五次缔约国大会上的讲话”，禁化武组织文件 C-15/NAT. 2，2010 年 11 月 29 日。

〔51〕沙克曼，“维基揭秘显示在伊拉克搜寻大规模杀伤性武器的行动仍在继续——有惊人的结果”，《连线》杂志，2010 年 10 月 23 日；又见沙克曼和阿克曼，“化武，维基揭秘从伊拉克文件中曝光的伊朗机构和大规模致命性工具”，《连线》杂志，2010 年 10 月 22 日。

〔52〕这些操作将于 2011 年重新开始并全力运行。禁化武组织（同注释〔21〕），第 14 段。

〔53〕禁化武组织，“决定：延长大阿拉伯利比亚人民社会主义民众国销毁附件 1 化武的中期期限”，禁化武组织文件 C-15/DEC. 3，2010 年 11 月 30 日。

〔54〕禁化武组织（同注释〔21〕），第 16 段。

〔55〕“俄罗斯联邦代表团团长库斯托夫在第十五次缔约国大会上的讲话”（俄文），2010 年 12 月 3 日，第 2 页。

目前在列多瓦、马拉迪科夫斯基和舒克耶运行的销毁设施的能力。

截至 2010 年 11 月 21 日，美已销毁了 86.1%的种类 1 化武，共计花费约 221 亿美元。已销毁的化武包括美全部的二元化武，96.6%的神经剂和 82.2%的化武火箭。原有的 9 个化武储存点中，有 5 个尚有余存。〔56〕在这 5 个之中，化武销毁中试厂正在肯塔基州的布鲁加斯和科罗拉多州的布罗试装，预计分别在 2014 年至 2017 年、2018 年至 2021 年运行。〔57〕

老旧、遗弃和海底倾泄化武

老旧、遗弃和海底化武持续成为环境和人类安全关切。截至 2010 年 12 月，3 个国家宣布在其领土上发现了遗弃化武，13 国宣布拥有老旧化武。〔58〕

自 2001 年起，法国将第一次世界大战时期的老旧化武集中存放在西北部麦利勒营地原核导发射掩体内。截至 2010 年，有大约 240 吨化武被集中，平均每年集中 20 吨。法正在进行一座化武销毁设施建造计划的最后步骤，军械总监估计 2015 年可以启动销毁。〔59〕

2010 年，中国和日本继续在 10 座中国城市市内及周边开展对日本二战遗弃的约 33 万枚化武的联合调查、挖掘和回收工作。中国总计确定了有 17 省约 70 处遗弃场址。目前约 4700 枚化武已被挖出，并暂存在 31 处设施中。〔60〕日弃遗化武地点纵贯中国东部地区，但大多数集中在东北。销毁工作将集中在吉林哈尔巴岭和南京。〔61〕中日将联合运行两台移动式化武销毁装置和一座固定式销毁设施。从

〔56〕 韦伯，“美国化武非军事化项目”，在第十五次缔约国大会上的展示，海牙，2010 年 12 月 1 日；又见“米库拉克大使的讲话”（同注释〔50〕），第 4 页。

〔57〕 韦伯（同注释〔56〕），第 8 页。

〔58〕 向禁化武组织宣布发现遗弃化武的有中国、意大利和巴拿马。向禁化武组织宣布有老旧化武的国家有澳大利亚、奥地利、比利时、加拿大、法国、德国、意大利、日本、马绍尔群岛、俄罗斯、斯洛文尼亚、英国和美国。遗弃化武是指 1925 年 1 月 1 日后由一国在未经另一国允许的情况下在后者领土上抛弃的化武。《禁化武公约》（同注释〔20〕），第二条，第 6 段。老旧化武指 1925 年前生产的化武或 1925 年至 1946 年间生产的、超过设计年限而无法按原方法使用的化武。《禁化武公约》（同注释〔20〕），第二条，第 5 段。关于在此未提及的国家的信息，请见往年 SIPRI 年鉴。

〔59〕 拉波特，“苏贝设施中的化武弹壳引发的恐慌”，公社，2010 年 9 月 14 日。

〔60〕 中国讨论会，第十五次缔约国大会，2010 年 11 月 29 日至 12 月 3 日，海牙。

〔61〕 中国讨论会（同注释〔60〕）。

2010年1月1日至11月25日，两国共挖掘出355枚遗弃化武。〔62〕7月30日，两台哈尔巴岭使用的试验销毁装置招标完毕，分别是一台控制引爆仓和一台热引爆仓。2010年10月12日，在南京启动了销毁工作。截至11月24日，共销毁5474枚化武（占当地储存总数的15.4%）。移动式化武销毁装置将在南京工作约12个月，总计将销毁35000枚江苏及邻近省份发掘的化武。〔63〕日遗化武包括至少27种弹药型号（霰弹筒、炮弹和炸弹），里面装填了（单一或混合）二苯氰胂、二苯氯胂、氯代甲酸三氯甲酯和氢氰酸，路易氏剂和硫化芥子气。有些弹药被倾倒在水中（例如天津）。

2010年3月，有报告显示俄罗斯军队将一些化武材料，包括神经毒剂沙林丢弃在大乌苏里雅斯克岛（黑瞎子岛）上的一座老旧基地大楼的地下室里。〔64〕

2010年6月，美国倾倒在纽约沿海的硫化芥子气伤及了捕捞船上的工人。〔65〕直至20世纪60年代，美向沿海倾倒了大量常规和化学武器弹药。〔66〕2010年，夏威夷大学和一家私人公司联合发表一份三年期研究报告。报告得出结论，倾倒的化武对夏威夷沿海的环境及人类生活并未构成威胁。〔67〕

联合国大会已通过了一项关于向海底倾倒化武的决议，呼吁开启

---

〔62〕关于在恢复和销毁操作中应急工作的准备，见国华.S和海燕.W（音），“中国：日本遗弃化武销毁过程中的医学救助”，《解放军医学杂志》，2010年6月1日，由中文翻译，公开信息中心。

〔63〕“日本常驻禁化武组织代表肥塚隆在第十五次缔约国大会上的讲话”，海牙，2010年11月29日，第4页。中国在讨论会（同注释〔60〕）上称其境内有5090枚日遗化武于11月24日之前已销毁。

〔64〕伊萨瓦，“军方遗忘了乌苏里雅斯克的一处化学仓库”（俄文），2010年3月18日。

〔65〕林德西，“官员：渔民在纽约沿海遭遇芥子气”，美联社，2010年6月7日。

〔66〕见斯皮斯、桑德斯，“CHASE处理区调查”，SIO Ref. 71—33，第MPL-U-97/71号报告，未公开（圣迭戈大学，斯克里普斯海洋地坦研究所海军自然实验室，圣迭戈，加利福尼亚州，1971年12月28日）；又见法瑞尔，“对CHASE第十处理场的第五次倾倒后调查”，未公开（海军研究实验室，华盛顿特区，1975年3月）。

〔67〕夏威夷大学马诺分校和Environet公司，《夏威夷海底军用弹药评估：瓦胡岛珍珠港以南05号地区最后研究报告》（夏威夷大学马诺分校和Environet公司，火奴鲁鲁，2010年6月）。又见夏威夷海底军用弹药评估项目，网址：〈http://www.hummaproject.com〉。

协商，以谋求更大的努力来恢复和解决倾倒弹药可能造成的特殊风险问题。〔68〕决议最初在第一委员会，即裁军与国际安全委员会提交，但接下来就被转到第二委员会，即经济和环境委员会。该决议称：(a) 认识到增强关注倾倒化武产生的环境影响的重要性；(b) 邀请联合国成员国和其他国际及地区组织共同管控上述环境问题；(c) 邀请联合国秘书长就该问题征求成员国和相关国际及地区组织意见，并向2013 年第 68 届联大提交报告。〔69〕

2010 年赫尔辛基委员会莫斯科部长会议建立了一个特别专家组以更新和审议倾倒化武信息。〔70〕除审议信息外，专家组还将对向波罗的海和瑞典 Maseskar 一处倾倒场倾倒的磷弹作出评估。

第四节 对发展和使用生化武器及其先前计划的指控

2010 年，继续出现关于对平民使用生化武器的指控，但几乎没有官方或其他权威性报告予以证实。结果之一是，公众进一步猜测欧洲海洛因被污染事件和阿富汗女子学校受毒气袭击的有关背景。

2010 年，美国国务院发表自 2005 年以来的第一份关于防扩散形势的报告。报告记录了中国、古巴、埃及、印度、伊朗、伊拉克、利比亚、朝鲜、巴基斯坦、俄罗斯和叙利亚等国的有关活动以及上述国家与《禁生武公约》的关系。至于《禁化武公约》，报告将遵约情况分成三类：(一) 缔约国回应了“有关关切并采取具体步骤履行其义务”；(二) 缔约国“继承了其先前政府的有关材料”，但迄未澄清过

〔68〕 联合国大会，“评估和增进对海底化武引起的环境效应认识的合作措施”，A/C. 2/65/L. 32/Rev. 1，2010 年 11 月 24 日。

〔69〕 联合国（同注释〔68〕）。

〔70〕 Pyhala，“赫尔辛基委员会关于波罗的海倾倒化武的行动”，在“将在波罗的海及北海地区转移海军弹药造成的环境风险最小化”大会上的幻灯片展示，新敏斯特，2010 年 11 月 16 日至 18 日，网址：〈http：//schleswig-holstein. nabu. de/themen/meeresschutz/miremar/〉。倾倒化学弹药特别工作组起止时间为 1992 年至 1995 年。见赫尔辛基委员会，“向 1995 年 3 月第 16 届赫尔辛基委员会提交的倾倒化学弹药特别工作组最后报告”，1995 年 3 月，网址：〈http：//www. helcom. fi/environment2/hazsubs/en _ GB/chemu/〉。

去有关计划和活动；（三）缔约国“参与了明显引发遵约关切的活动”。[71] 值得注意的是，报告详细介绍了美国对缔约国遵守《禁化武公约》的解释，并提供了美国采取相关立场的总体背景，包括为了更好地确定是否出现违约行为，如何最佳评估化学战动员意图等。例如，报告发现，美国根据“现有信息”不能“确认中国是否已经全面宣布或说明其有关历史活动，包括［化学武器］生产，化武战剂处理，将化武战剂向他国转让等。此外，中国并没有公布其一家制药厂氮芥泄漏事件。[72]

人权主义者指控土耳其2010年使用化武打击库尔德人。一位德国法医专家称，8个库尔德人很有可能死于“被使用化学物质”。[73] 土耳其官方回应称，这些指控是陈词滥调，无非是“库尔德工人党的反动宣传”而已。[74]

2010年5月，有报道称在阿富汗西南部的赫尔曼德省和坎大哈省，不常见的白叶枯病对当地罂粟造成严重损害，而上述两省的鸦片产量占阿富汗全国的96%。[75] 根据联合国毒品与犯罪办公室（UNODC）2010年进行的阿富汗鸦片调查，这导致了2009年以来阿富汗鸦片产量约减少48%。[76] 上述地区农民指控英美军队使用生物制剂引发白叶枯病，旨在阻断鸦片生产和贸易，而鸦片生产和贸易对于塔利班在该地区活动至关重要。据称，造成罂粟白叶枯病爆发的是一种

---

〔71〕美国国务院，核查与履约局《关于军控、防扩散和裁军领域遵约和履行承诺的报告》（美国国务院：华盛顿特区，2010年7月），第37页。

〔72〕美国国务院（同注释〔71〕），第43页。

〔73〕Steinvorth，D. 和 Musharbash，论坛，“土耳其因涉嫌对库尔德工人党使用化学武器而受到指控，“明镜”周刊，2010年8月12日。

〔74〕“土耳其官员否认“明镜”周刊关于使用化学武器的说法”，Hürriyet 日报，2010年8月13日。

〔75〕N. Arbabzadah，“木耳杀手是阿富汗罂粟种植者之谜”，“卫报”，2010年5月17日。也请参见联合国毒品和犯罪问题办事处（UNODC）和阿富汗禁毒部问题办公室，《2010年阿富汗鸦片调查结果摘要》（禁毒办：2010年9月，维也纳）。

〔76〕联合国毒品和犯罪问题办事处和阿富汗反毒品部（同注释〔75〕）。

在世界各地常见的、名为罂粟子囊菌（Pleospora Papaveracea）的真菌。[77] 但是，联合国毒品和犯罪问题办公室关于阿富汗罂粟白叶枯病问题的分析报告在 2010 年并未公布于众。

2010 年，报称阿富汗的昆都士省、喀布尔市和萨尔普勒省共发生 8 起女学生被毒气袭击的事件。[78] 当局认为上述袭击系反对女孩受教育的保守集团所为。阿富汗塔利班 1996—2001 年执政时即禁止女孩上学。可能由于设备落后，设在昆都士的阿富汗卫生部无法对死亡女学生的血液样本进行有效分析，样品被送往喀布尔作进一步分析。[79] 最终，病原体的成分并未公布。然而，一些女孩和教师称，在出现中毒症状前曾闻到一股香甜气味，这与农药“吗拉丁”（Mallatin）的气味相似。吗拉丁，一种有机磷与马拉硫磷的混合物，是阿富汗农民用来毒鸟以保护庄稼的常用农药。[80]

关于荷兰 1915 年开始的化武计划的第一份调查报告于 2010 年发表。报告表明，第一次世界大战期间，荷兰派出有关技术考察团到法国（如在一战期间在法国观摩化武战地测试）和比利时。荷兰还参加了法国 20 世纪 50 年代在阿尔及利亚的伯宁—奥义尼地区进行的化武

---

〔77〕 B. A. 贝利等，“Dendryphion 感染过程评价和由此产生的疾病造成 penicillatum 和 Pleospora papaveracea”，植物病理学，第一卷。第 90 分卷，第 7 期（2000 年 7 月），第 699—709 页；NR 奥尼尔等，“Dendryphion penicillatum Pleospora papaveracea 破坏性病原体和罂粟 mycoherbicides 方面的潜力”，植物病理学，第一卷。第 90 分卷，第 7 期（2000 年 7 月），第 691—698 页；和 B. A. 贝利等，“NEP1 蛋白枯萎增强 Pleospora papaveracea”，植物病理学罂粟生物控制，第 90 卷分卷，第 8 期（2000 年 8 月），第 812—818 页。

〔78〕 CNN 世界报道：“阿富汗处于十字路口博客：女学生中毒案件嫌犯为塔利班”，2010 年 4 月 26 日，网址：〈http：//afghanistan. blogs. cnn. com/2010/04/26/taliban-suspected-of-sickening-femalestudents/〉；M. 哈米德，“阿富汗女孩中毒，疑遭有毒气体攻击”，路透社，2010 年 4 月 25 日，J. 斯塔基，“女孩是塔利班毒气攻击的目标”，独立报，2009 年 5 月 13 日；H. Shalizi 和 M. 穆罕默德哈米德，“阿富汗女孩遭受可疑毒气攻击”，路透社，2010 年 5 月 11 日；“阿富汗女校遭到另一起毒气袭击”，阿富汗十字路口博客，CNN 世界报道，2010 年 6 月 24 日，网址：〈http：//afghanistan. blogs. cnn. com/2010/06/24/another-suspected-poisoning-at-afghan-girls-school/〉；和 J. 布恩，“塔利班毒气攻击，还是集体性歇斯底里？喀布尔另一女校混乱异常”，《卫报》，2010 年 8 月 25 日。

〔79〕 阿富汗女童上学“中毒”，半岛电视台，2010 年 4 月 26 日，网址：〈http：//english. aljazeera. net/news/asia/2010/04/201042663711279658. html〉。

〔80〕 IB 顾问公司，“时事报告：阿富汗女童上学遭化学武器攻击”，2010 年 6 月 25 日，〈http：//www. ibconsultancy. eu/wp-content/uploads/2010/06/IBC-CER1. pdf〉。

实地测试。根据该报告，迪伦地区、哈尔斯坎地区和威宜兰地区是荷兰的化武测试场，化武研究机构则设在里斯韦斯克地区。比利时的化武测试场设在艾森伯恩—佐尔塞勒地区，研究机构设在维勒沃德。报告还指出，法国的一个化武实地测试场设在穆尔么隆，研究机构设在奥博维利尔和沃特—勒—博迪。[81]

在美国，乔治华盛顿大学国家安全档案馆将一位已故的前苏共中央委员会工作人员生前收集的前苏联生物武器计划的相关材料上传到互联网。[82]

第五节　生化武器的防止、应对和纠正措施

2010 年，以加强防止、应对和纠正生化武器为目的的活动继续呈现，此类活动各不相同，但又相互联系。2 月，美国司法部结束了联邦调查局（FBI）自 2001 年 10 月开始的炭疽信件案调查，再次认定布鲁斯·埃文斯（Bruce E. Ivins）系单独作案。由此，司法部不再受其保密规定限制，方便其公开更多信息。[83] FBI 在网上发布了关于此案的 2700 多页文件资料。但在 12 月，FBI 要求国家科学院（NAS）延迟公布该院从技术角度就 FBI 关于埃文斯单独作案结论的研究报告，并请国家科学院深入研究 FBI 最近解密的 500 页文件资料后再做结论。[84] 由 15 名成员组成的国家科学院研究小组同意推迟公

〔81〕 H. Roozenbeek 和 J. Van Woensel，《瓶子里的妖怪：荷兰国防机构 1915 年至 1997 年发展化学战剂情况》，第 241 页。

〔82〕 华盛顿邮报记者戴维·E. 霍夫曼是第一个公开这些文件的人。这些文件现存放在美国加州斯坦福大学的胡佛研究所。美国国家安全档案：《撬开苏联的生物武器系统，1990 年》，2010 年 5 月 6 日，网址：〈http. //www2. gwu. edu/～nsarchiv/NSAEBB/NSAEBB315/〉；和 D. E. Hoffman，《死亡之手：冷战时期军备竞赛及其危险遗产的秘密故事》（Doubleday 出版公司，2009 年，纽约）。

〔83〕 美国司法部公共事务办公室，“司法部和联邦调查局宣布 2001 年炭疽袭击案调查正式结束”，2010 年 2 月 19 日新闻稿，网址：〈http：//www. justice. gov/opa/pr/2010/February/10-nsd-166. html〉。

〔84〕 美国联邦调查局，“Amerithrax 或炭疽调查”，网址：〈http：//www. fbi. gov/about-us/history/famous-cases/anthrax-amerithrax/amerithrax-investigation〉。

布其报告，以便全面研究有关文件资料。[85]

几个意外感染事件警示世人，需继续提高预防、应对和纠正能力，以有效处理未来潜在的生化武器威胁。2009 年 12 月 16 日，英国卫生机构称，一个来自格拉斯哥地区的海洛因吸食者死于 B 型炭疽病毒感染，其吸食的海洛因可能为感染源。[86] 2010 年 1 月—7 月，又发生了数起被污染的海洛因造成的感染和死亡病例。[87] B 型炭疽病毒可能源于土壤，而土壤因接触受污染的动物产品而带有相关病毒。这批海洛因来自阿富汗，因与作为切割剂的骨粉接触而被污染。[88]

联合国裁军事务办公室

联合国秘书长有权派出调查团，就指称使用化学或生武事件展开调查。世卫组织的全球预警与响应部门已建立起相关机制，以便向上述调查团提供包括设备共享等在内的支持。[89] 世卫组织的作用重点集中体现在："公共卫生使命和公共卫生干预措施，同时避免在政治上引发关于是否使用生武的敏感讨论。"[90]

2010 年，联合国和世界卫生组织签署了关于指称使用生化武器调查机制的谅解备忘录。联合国裁军事务办公室将此类调查的技术准

---

〔85〕 S. 谢恩，"美国联邦调查局要求专家组延迟炭疽查询报道"，《纽约时报》，2010 年 12 月 9 日。

〔86〕 BBC 新闻，2009 年 12 月 18 日，"在格拉斯哥地区的海洛因吸食者身上发现炭疽病菌"，网址：〈http：//news. bbc. co. uk/2/hi/8419113. stm〉。

〔87〕 欧洲疾病预防和控制中心（ECDC）和欧洲监测毒品和毒瘾中心（EMCDDA），"炭疽传染在英国和德国吸毒者之间爆发"，2010 年 5 月 18 日，ECDC 和 EMCDDA 发表的联合威胁评估，2010 年 5 月 19 日，网址：〈http：//www. ecdc. europa. eu/en/activities/sciadvice/Lists/ECDC Reviews/ECDC _ DispForm. aspx? ID=827〉；苏格兰健康保护署的新闻稿，"炭疽病例的最后统计现已公布"，2010 年 12 月 23 日，网址：〈http：//www. hps. scot. nhs. uk/news/SPdetail. aspx? id=370〉。

〔88〕 J. Doward 和 J. Saville，"炭疽死亡案表明了毒品吸食者的困境"，《观察家报》，2010 年 7 月 11 日；D. G. Davies 和 R. W. S. Harvey，"炭疽感染源自各国的骨粉"，《卫生期刊》，第 70 卷第三期（1972 年 9 月），第 455—457 页。

〔89〕 该权威以联合国大会第 37/98D 号决议为基础，1982 年 12 月 13 日。禁化武组织负有对使用化学武器指控进行调查的主要责任。Hjalmarsson（同注释〔14〕），第 74 页。

〔90〕 Hjalmarsson（同注释〔14〕），第 74 页。

则上传到互联网。[91] 关于阿富汗罂粟种植地遭到蓄意破坏的指控，凸显了允许透明采样和进行分析的相关性和重要性，这有助于就有关事件是否属于人为破坏做出定性。

科学研究

位于宾夕法尼亚州匹兹堡的卡耐基梅隆大学和位于里斯本的葡萄牙天主教大学的研究人员，对美国 2001 年《爱国者法》和 2002 年《生物恐怖主义防备法》进行了计量分析。[92] 上述两法案要求所有拥有、使用或运输特定名单上的生物制剂（即“特定制剂”）的美国实体，必须向美国疾病控制与预防中心或美国农业部登记备案。接触这些生物制剂的人员须通过安全风险评估，司法部有权对上述人员进行社会背景核查。具有某些类别犯罪前科的人员和美国总检察长所列的恐怖主义国家公民，禁止从事接触“特定制剂”的工作。法案还要求许多相关机构进行生物安全升级。[93] 一些人表达了此举将导致与这些病原体有关的就业受到负面影响的关切。来自上述两个大学的研究人员希望能确定：1. 特定生物制剂的研究数量是否因上述法案通过而减少；2. 上述法律是否促进了研究工作从活性特定生物制剂向无毒或亚细胞结构病原体的转变；3. 是不是越来越少的研究人员选择特定生物制剂科研工作；4. 包括国际科研合作在内的合作研究模式是否改变。

---

〔91〕 联合国裁军事务办公室，“技术准则和程序”的更新附录”，网址：〈http：//www. un. org/disarmament/WMD/Secretary-General _ Mechanism/appendicies/〉。

〔92〕“2011 年通过提供所需的适当手段以团结和加强美国拦截和阻挠恐怖主义法（美国爱国者法)”，美国公共法第 107—156 页，2001 年 10 月 26 日通过；“2002 年公共卫生安全和生物恐怖主义防备应对法”，美国公共法，第 107—188 页，2002 年 6 月 12 日通过。上述两法案可查询〈http：//www. gpo. gov/fdsys/〉。

另请参见 M. B. Dias 等人，“美国爱国者法”和“2002 年生物恐怖应对法”对美国特定生物制剂研究的影响，国家科学院院论文集。第 107 卷，第 21 期（2010 年 5 月 25 日），第 9556—9561 页。

〔93〕 有关特定生物制剂的法规包括：“拥有生物制剂和毒素，第 7CFR，第 331 部分”，“拥有、使用和转让特定生物制剂和毒素，第 9CRF，第 121 部分”，“特定生物制剂和毒素，第 42 CFR 第 73 部分”。请见美国动植物卫生检验局和疾病控制中心和预防，国家特定生物制剂注册表，“特定生物制剂和毒素”，网址：〈http：//www. selectagents. gov/Select Agents and Toxins List. html〉。

为回答这些问题，另一个研究小组检索了关于两类美国特定生物制剂“B型炭疽杆菌”和“埃博拉病毒”的已发表论文，以及不属于特定生物制剂、监控病原体“肺炎克雷伯菌”的已发表论文。调查发现，美国科学家和他国科学家共同撰写的关于埃博拉病毒的论文数量有所增加。与此同时，由于“B型炭疽杆菌”的研究并不涉及活体和致命菌类，因此相关跨国合作的研究论文的数量有所减少。他们发现，研究工作并未变得集中在数量有限的“把关机构”。但是，“特定制剂”领域的研究人员明显比监控病原体领域的研究人员出现更多的研究方向转换。按每百万美元研究经费所对应的科研论文数量计算，估计科研论文作者们在选择2—5个“特定制剂”开展研究工作的费用也有所上升。美国科研人员对特定制剂的研究工作并未停止的原因之一可能是由于生物防御领域的拨款有所增加。〔94〕

2010年12月16日，美国关于生物伦理问题研究的总统委员会（PCSBI）就生物医学和相关科学发展带来的生物伦理问题发表报告称，未发现有必要暂停合成生物学研究或就此制订新的法律法规。〔95〕报告还建议加强对生物伦理问题的认识和教育。58个国际环保团体共同签署的信函呼吁，在对相关风险和规则进行深入研究前，应暂停使用和向实验室外释放“合成生物制剂”。〔96〕在生武军控和防扩散领域，合成生物学经常被看做是一门应受到有效监督和控制的学科和技术，目的是以防止双用途的技术和物项被滥用。〔97〕合成生物学领域的领军人物，德鲁·安迪和克雷格·文特，认为PCSBI的上述报告是平衡、合理的。〔98〕

2010年，美国国防部要求一个非官方的科技问题咨询机构“贾

〔94〕 迪亚斯等人，(同注释〔92〕)。

〔95〕 总统生物伦理问题研究委员会（PCSBI），“新方向：合成生物学和新兴技术的伦理学问题（PCSBI：华盛顿特区，2010年12月）。

〔96〕 D. Vergano，“合成生物学的生物伦理学全面反应”，《今日美国》，2010年12月16日。

〔97〕 例如，请参见J. B. Tucker，“生物学和化学的重叠：对军控核查问题的影响”，《原子科学家公报》，第66卷，第6期（2010年11月/12月），第56—66页。

〔98〕 请参见克雷格文特尔研究所（the J. Craig Venter Institute）网站，〈http：//www. jcvi. org/〉；和安迪实验室（the Endy Lab）网站：〈http：//openwetware. org/wiki/Endy _ Lab〉。

森防务咨询理事会”（JASON），在全基因重组测序的成本提高、速度加快、且该技术正面向公众提供服务的大背景下，就未来十年基因重组测序技术发展所带来的影响做出评估。JASON 的任务是调研美军在此问题上面临的机遇和挑战。JASON 一直在呼吁系统收集和归档所有美国军人的 DNA 以确定“最具相关性”的各类表型。[99]

JASON 曾于 2009 年建议，美国国家生物防御法医分析中心和美国国家生物物证收集系统应提高菌株收集的力度，并整合成一个包括基因、地理及其他相关信息的数据库系统。该系统还应该对“几个有代表性的菌株”进行高保真基因测序。[100]

JASON 认为，国防部由于其人员易于辨认、总体健康良好、医疗保健记录全面，有助于开展对关联性基因的基因型和表型的纵向研究，并可与学术界和工业界合作开发个人基因组技术。这些活动将：(一）促进一些重要领域的发展进步，如预测遗传变异（基因型）和个体对疾病（表型）的易感性；（二）将表明患者对特定治疗方法的机体反应；（三）回答关于特定基因信息类型和实用性的问题；（四）使评估当前和新兴的相关技术成为可能；（五）从信息收集的角度评估疾病生物决定因素和相关技术的效果；以及（六）确定什么是处理基因组信息的最好、最安全的方式。

JASON 的结论是，个人基因组学在技术上是成熟的，但在以生物信息学解释许多复杂信息方面仍存在诸多挑战。JASON 强调，无论是作为一个重要的推动者，或是发挥有限的研究作用，国防部在发展个人基因组学方面都应发挥潜在的主导作用，深入研究个人基因组学的特殊军用价值，而民用部门对此并无多大兴趣。

另据报道，俄罗斯暗示，成立于 1992 年的莫斯科国际科学与技术中心（ISTC）将于 2014 年或 2015 年关闭。[101] ISTC 的任务是确保拥有双用途专业知识的科学家继续接受聘用，而不是在俄国内或国

---

〔99〕 JASON，“价值 100 美元的基因组：对国防部的意义”，（米特雷公司：麦克莱恩，弗吉尼亚州，2010 年 12 月），第 5 页。

〔100〕 该报告于 2010 年解密。JASON，微生物鉴识（米特雷公司：麦克莱恩，弗吉尼亚州，2010 年 12 月），第 3 页。

〔101〕 G. Brumfiel，“协同工作的帷幕正在落下”，《自然》杂志，2010 年 11 月 4 日，第 16 页。

际上从事可能支持武器计划（如生武计划）的工作。1994 年至 2009 年，加拿大、欧盟、日本和美国共向该中心提供了约 8.37 亿美元的资助。[102]

第六节 结语

科学技术的发展，如化学和生物科学相互间的重叠更加明显，对《禁生武公约》和《禁化武公约》构成重大挑战。这在未来几年内将具有很强的关联性。各国决定如何迎接这一挑战，将导致两个公约的减弱或增强，并影响到各国自身安全。

《禁生武公约》和《禁化武公约》应推进其成员国的普遍性并得到全面履行，此举将减少出现两公约违约行为的“避风港”。在推进《禁生武公约》普遍性方面缺乏进展的事实，应引起人们特别关切，因为这样的话，将不足以阻遏化学和生物恐怖主义。这也是联合国安理会 1540 号决议的有关精神。如同“ASSISTEX-3”之类的反恐演习，反映出各缔约国确保上述公约在应对非国家实体威胁方面发挥积极作用的努力。

《禁化武公约》缔约国必须清醒认识到，2012 年后的某一时候库存化武实现基本销毁后，该公约对维护国际和平与安全仍具重要作用。若非如此，将破坏公约体系日常运作的价值。确定什么样的行为构成违约，将会是一个反复出现的问题，这要求各国必须继续以积极和建设性姿态予以处理。关于使用生化武器的指控至少可分为三种主要类型：造谣、误解或真正使用。为了确保对生化武器的国际禁止，缔约国和其他感兴趣的行为体应继续考虑有关的政治和技术因素，如：对预期结果的政治倾向、它们如何与抽样的科学准度相关联以及对生化武器可能的降解产物的分析结果等。

（沈桦　译）

---

〔102〕 Brumfiel，（同注释〔101〕）。

第十章　常规军备控制与建立军事信任措施

兹希洛·拉霍夫斯基*

第一节　导　言

20 世纪末开始，有关国家对常规军备控制与裁军重新发生了兴趣并进行了对话，这种情况在 2010 年得到了继续。俄罗斯与美国的关系得到改善，其中包括控制在欧洲地区的重型武器。尽管由于俄罗斯对其公正性和合理性不满意，《1990 年欧洲常规武装力量条约》(CFE，简称《欧常裁条约》）仍然被“搁置”，但条约缔约国仍在探索打破僵局的解决办法。2010 年，“欧洲安全与合作组织”（OSCE，简称“欧安组织”）关于欧洲安全的非正式对话的“科孚进程”在军事方面仍在继续，其目的在于使军备控制与建立安全信任措施(CSBMs）重新恢复活力。这一进程取得了进展。在西巴尔干与黑海地区的次区域的军备控制的框架顺利运行，并继续成功地发展以能够适应当前缔约方与参加方的需要。

本章对 2010 年在常规军备控制领域和建立军事信任措施方面上述这些情况和其他主要进展加以评估。当前，控制常规军备的努力继续以欧洲为中心。为此，本章将着重介绍欧洲安全与合作组织的有关进展。第二节讨论与欧常裁条约有关的进展；第三节讨论加强建立信任与安全的措施，特别着重介绍欧安组织维也纳文件体系的更新情况；第四节审议与 1992 年开放天空条约有关的问题；第五节讨论涉

* 本章表述的只是作者本人的观点，并不一定代表波兰当局的立场。

及全球范围的问题；第六节提出结论。

第二节　欧洲军备控制：欧常裁条约机制

《1990 年欧洲常规武装力量条约》仍然是当今世界上最完备的常规军备控制机制。〔2〕在 1992 年至 2010 年期间，由于条约的实施，缔约国拥有的“条约限制装备”（TLE）的总量减少了 50％以上，其中包括缔约国所拥有的作战坦克、装甲人员输送车、口径 100 毫米以上的火炮、作战飞机和攻击直升机。〔3〕然而，这一条约是建立在已经过时的两大军事集团概念的基础上：即“北大西洋公约”（NATO）与现已不复存在的“华沙条约组织”的基础上。条约力求从大西洋到乌拉尔的条约实施区域内，这两大集团在主要的“条约限制装备”方面保持平衡。《1990 年欧洲常规武装力量条约》的《1999 年修改协议》较好地反映了已经变化的地缘政治和安全环境及其需求。但是，由于北约成员国和其他一些缔约国对俄罗斯在“1999 年欧洲安全与合作组织伊斯坦布尔峰会”上作出的承诺未能履行之前拒绝批准《修改协议》，所以《修改协议》一直未能生效。〔4〕迄今为止，《1990 年欧洲常规武装力量条约》及有关协议文件仍只能对俄罗斯以外的缔约国生效，因为俄罗斯单方面“中止”了对条约的执行。〔5〕此外，另外一个条约缔约国阿塞拜疆则提出条约要重新考虑国家拥有武器的最高限额，以使缔约国能“更好适应当前的安全形势”。〔6〕

欧常裁条约机制在一些次区域遭到侵蚀是一种破坏性趋势。阿塞拜疆不遵守条约规定，其拥有的坦克数量超过条约允许的最高限额近

〔2〕关于欧常裁条约的摘要及其他详细材料见本卷附件 A。

〔3〕兹希洛·拉霍夫斯基：“常规军备控制”，《SIPRI 年鉴 2010》，第 426 页。

〔4〕俄罗斯保证要减少在格鲁吉亚的军事装备，从摩尔多瓦撤出其所有部队和条约限制装备，消除其在摩尔多瓦德涅斯特河左岸的弹药和军事装备储存。关于《修改协议》摘要与其他详细材料见本卷附件 A。关于根据修改协议修改过的欧常裁条约见“常规军备控制文件”，《SIPRI 年鉴 2000》，第 627—642 页。

〔5〕关于俄罗斯对欧常裁条约的反对意见见往年 SIPRI 年鉴的常规军备控制那一章。

〔6〕兹希洛·拉霍夫斯基文章：“常规军备控制”，《SIPRI 年鉴 2008》，第 482 页。

60%，火炮近 70%。[7] 据报道，阿布哈兹和南奥塞梯的分裂主义实体的“条约限制装备”的拥有量仍在继续增加，尽管这些武器的拥有量并不包括在《欧常裁条约》所规定限制的总量之中。

新动力

2010 年初，欧洲军备控制的前景势头看好。美国政府开始对其常规军备控制议程及在欧洲的机构进行了全面审议，并任命了欧洲常规军事力量特使。2010 年 4 月，俄罗斯总统德米特里·梅德韦杰夫与美国总统贝拉克·奥巴马签署了《进一步削减与限制进攻性战略武器条约》（新核裁军条约，NEW START），这为克服欧洲安全议程上的巨大障碍又迈出了一步。[8]

2010 年 1 月末，美国国务卿希拉里·罗达姆·克林顿指出，欧常裁条约“需要我们的重视”，防止其进一步被削弱，并能满足中、东欧国家的关注。[9] 她呼吁建立一个能够应对 1990 年以来形势发展的更加现代化的安全框架，限制军事部署与强化欧洲安全的优良宗旨：领土完整，不首先使用武力，在东道国同意的情况下在其领土上驻扎军队。几天后，在专门处理履行欧常裁条约条款的联合磋商小组会议上，白俄罗斯试图重新启动缔约国“结构性”对话，重申要谈判它在 2008 年提出的关于《欧常裁条约修改协议》的临时实施与新成员国加入条约的问题，但此举没有成功。[10] 其他代表团对此建议表示没有兴趣，因为俄罗斯继续拒绝允许在其领土上进行视察，而且也没有根据条约及其相关文件的要求提供相应的数据。

与此同时，缔约国仍然在寻求其他选择办法。布鲁金斯学会专家

〔7〕 美国一个报告提到了其他国家没有遵守条约的轻微案例，其中有：亚美尼亚、阿塞拜疆、白俄罗斯、俄罗斯和乌克兰。美国国务院核查、履约与执行局文件：遵守与履行军备控制、不扩散与裁军协议与承诺（美国国务院·华盛顿哥伦比亚特区，2010 年 7 月）。

〔8〕 关于新核裁军条约摘要与其他详细材料见本卷附件 A。另见本卷第七章第二节和第三节和第八章第二节。

〔9〕 美国国务院：“希拉里国务卿关于欧洲安全前景的讲话”，军事学院，2010 年 1 月 29 日于巴黎，网址：〈http：//www.state.gov/secretary/rm/2010/01/136273.htm〉。

〔10〕 兹希洛·拉霍夫斯基与波斯特合著文章：“常规军备控制”《SIPRI 年鉴 2009》，第 445 页。

为美国国务院准备了“关于欧常裁条约机制现状及其前景”的详细分析报告。[11] 据报道，同年 3 月，俄罗斯向北约秘书长安诺斯·福格·拉斯穆森递交了一份信件，阐述其对欧常裁条约机制的立场。同时，俄罗斯还提到了应将核裁军和常规裁军与在欧洲减少对核武器依赖相联系。[12] 2010 年 5 月，美国副总统约瑟夫·R·拜登暗示要“探索”对常规武器对等进行限制。[13] 当月晚些时候，美国负责军备控制与国际安全的副国务卿艾伦·陶舍提出了美国关于增强欧洲安全的 5 项基本原则立场：(1) 军事力量的对等透明；(2) 军队部署与演习的对等限制；(3) 对来自欧洲以外地区的威胁增加关注，并增加应对的资源；(4) 更加有效的危机预防、管理与解决冲突；(5) 重申安全的不可分割原则，保证欧洲所有国家领土完整，以及保证所有国家有权选择它们的安全联盟。[14]

北约国家提出指导新谈判的框架建议

2010 年 6 月 14 日，在维也纳举行的联合磋商小组非正式会议上(此会议在联合磋商小组框架以外的范围进行)，北约国家提出了一个“为 21 世纪在欧洲加强常规武器控制及增加透明度的框架文件”的“秘密建议”。[15] 框架文件指出：由于俄罗斯对欧常裁条约执行的“中止”行动，欧洲常规军备控制机制处于崩溃的危险状态；批准《欧常裁条约修改协议》处于僵局；外国军队在未得到东道国同意的情况下仍然驻扎在那里。北约称，这个框架文件是建立在《欧常裁条

〔11〕 韦考斯基、加奈特、麦克高斯兰三人合著文章：“在欧洲条约机制内的欧洲常规军备的解决之道：华盛顿的选择方案”，布鲁金斯军备控制系列文章之二（布鲁金斯学会，华盛顿，2010 年 3 月）。

〔12〕 俄罗斯倡议与北约就欧常裁条约重开对话，塔斯社，2010 年 3 月 12 日。Dempsey 文章：“西方寻求使欧洲军备控制条约重现活力”，《纽约时报》，2010 年 4 月 30 日。

〔13〕 虽然拜登提到了限制欧洲常规军备的规模与部署地区，但他没有明确提到欧常裁条约。拜登讲话：“推进欧洲安全”。《纽约时报》，2010 年 5 月 6 日。

〔14〕 爱伦·陶舍：“我们承诺，就与俄罗斯的导弹防御合作的具体设想继续努力”，俄罗斯电讯文传，2010 年 5 月 26 日。网址：〈http://www.interfax.com/interview.asp?id=167142〉。同年 4 月，美国常规军备控制特使维多利亚·纽兰第一次向北约大使介绍了美国的意图。

〔15〕 为了回应欧安组织非北约成员参加国的请求，联合协商小组主席向他们介绍了欧常裁条约机制发展的大致情况。

约修改协议》及其他法律和政治承诺的基础上。框架文件还建议要在缔约国中实行对等透明、实施核查，相互限制并保持克制。框架文件还重申了遵守“征得东道国同意”这一原则。北约的本意是要在当年11月前批准这一框架建议，以便缔约国能在2010年年底重新履行欧常裁条约的义务。框架文件还提到要为2011年的工作打下基础。美国还建议采用“36国”模式（即要所有北约成员国，包括尚未加入《欧常裁条约》的北约成员国，以及其他非北约成员国的缔约国参加）。

俄罗斯没有立即拒绝北约的建议，承诺要对其进行认真研究。在2010年6月末举行的梅德韦杰夫与奥巴马的首脑会谈中，美、俄承诺与其他条约缔约国共同努力，加强在欧洲的常规军备控制机制并使其现代化，以适应21世纪的需要。几周后，俄罗斯表示欢迎框架建议，认为这是结束谈判进程停滞不前的一种办法。俄罗斯还提交了一份关于欧常裁条约机制现代化的立场文件，列出了需要进一步澄清和分析建议内容的10多个问题，其中包括：（1）透明、限制和克制的对等性；（2）避免突破部队人员和条约限制装备的限额；（3）俄罗斯从格鲁吉亚和摩尔多瓦撤出军队；（4）侧翼地区问题，“在确定地域”的对等限制与克制；（5）欧常裁条约非缔约国的地位；（6）建议在同意的框架文件中建立一个有待解决的问题清单。[16]

2010年下半年，由于忙于批准新核裁军条约的事情而影响了与俄罗斯在这一问题的磋商中取得成果的努力。但是许多欧洲国家表示了加入欧洲常规军备控制讨论的要求。[17]在维也纳的许多外交官认为，新核裁军条约的进展是欧常裁条约机制实现现代化的先决条

---

〔16〕“俄罗斯联邦外交部安全事务与裁军司司长、特命全权大使阿纳托利·安东诺夫在常规军备控制与欧常裁条约机制非正式会议上的讲话”，维也纳，2010年7月28日。他指出，在两大军事集团对抗沿线的侧翼地区（或第五条）与中欧一起是具有重要战略意义的地区。在苏联解体后，侧翼地区的重要作用与谈判达成协议时的情况相比，有了很大变化。

〔17〕尽管欧常裁条约不是欧安组织机制的组成部分，许多欧安组织代表仍认为，此条约的地位对欧安组织的活动有重要影响。他们希望2010年12月举行的欧安组织阿斯塔那峰会（见以后注释）能够推动将来欧常裁条约谈判。近年来，阿尔巴尼亚等参加“科孚进程”的一些非欧常裁条约缔约国已表示准备参加欧常裁条约机制。

件。[18] 由美国前国务卿梅德琳·奥尔布赖特为组长的北约“新战略概念专家小组”提交的报告中要求：新战略概念应重申北约及其成员国在欧洲常规军备控制政策中的作用，并关切地注意到欧常裁条约的进程已经处于停滞状态，现正处于“崩溃的危险”。[19] 于是，在2010 年 11 月 19—20 日在里斯本举行的首脑会议上北约国家重申它们在对等、透明与东道国同意等原则基础上对欧洲常规军备控制的承诺。[20]

当月早些时候，美国驻联合磋商小组代表团建议，就“欧洲常规军备控制现代化”建立“36 国”谈判小组，所有参加国要在平等基础上开展工作。在 11 月和 12 月的会谈中，许多缔约国对此表示了灵活与积极的态度，尽管俄罗斯一开始对此持批评态度，其他代表团也对阿尔巴尼亚、克罗地亚、爱沙尼亚、拉脱维亚、立陶宛和斯洛文尼亚的参加会带来的法律和程序问题表示质疑，而且美国的愿望是谈判应在 36 国范围内，而不是在联合磋商小组范围内进行。[21] 美国提出，在新谈判中不再使用“欧常裁条约”这一缩略语，显然是旨在避免使新协议成为旧条约机制纠纷的抵押品。美国和俄罗斯都提出了框架协议草案，许多西方代表团承认俄罗斯的案文是一个建设性的贡献。

2010 年 12 月，在哈萨克斯坦的阿斯塔那举行了欧洲安全与合作组织峰会。这是 1999 年伊斯坦布尔峰会以来的第一次峰会，会议注意到欧常裁条约“对欧洲安全与合作组织所有参加国建立稳定与可预料的安全环境作出了贡献”。同时，与会国也注意到欧常裁条约并没有完全执行，而且其修改协议也没有生效。他们承认“各方为打破僵

---

〔18〕 此信息是由接近维也纳欧常裁条约谈判的一名外交官转告作者的。

〔19〕 北约：“北约 2020：确保安全；有力的接触”，关于北约新战略概念专家组的分析与建议，2010 年 5 月 17 日。网址：〈http：//www. nato. int/cps/en/natolive/official _ texts _ 63654. htm#p2〉。关于新战略概念的工作另见 A. J. K. Bailes 与 A. Cottey 的文章：“欧洲、大西洋安全与机制：在全球变化中的再平衡。”《SIPRI 年鉴 2010》，第 159—161 页。

〔20〕 北约：“积极接触，现代防御：北大西洋条约组织成员的防务与安全战略概念”，2010 年 11 月 19 日，里斯本，网址：〈http：//www. nato. int/strategic-concept/〉。

〔21〕 许多缔约国强调，联合磋商小组是将来谈判的当然框架。他们声称，如果不然，谈判的目的和结果可能遭到质疑。

局作出了更大努力”，并表示支持为 2011 年谈判开辟道路所进行的磋商。[22] 在 2011 年秋天可能举行的欧常裁条约审议会上预料会有所突破。

作为表示诚意的一个姿态，俄罗斯向其他欧常裁条约缔约国提供了一份至 2011 年 1 月 1 日有效的关于俄罗斯拥有的条约限制装备的综合“过硬信息”。但这份信息并不完整，比如没有包括俄罗斯在其关键的侧翼南部地区的武器拥有数量。尽管俄罗斯不履行条约，北约国家仍再次提交了要求提供的信息，虽然它们表明其这样做的意愿在减少。

2011 年初，关于欧常裁条约机制现代化的问题将会与其他事情相联系，如美、俄对导弹防御的分歧，因而其势头缓慢下来。

第三节 在欧安组织区域内加强军事信任措施

在冷战后时期，建立信任与安全措施成为管控欧洲形势变化，增强成员国之间在伙伴关系、安全的再保证与增加透明度的基础上的合作关系的一种手段。因此，克服欧常裁条约危机的努力与旨在加强欧洲安全与合作组织的其他政治、军事手段，特别是建立信任与安全措施是并行不悖的。这表现在机制建设、框架协议的达成（安全合作论坛，安全对话与审议会议），以及“科孚进程”等有关方面。[23] 总的来讲，建立信任与安全措施在 2010 年的执行情况尚属满意，与过去几年情况相似。2008 年至 2009 年，由于常规军备控制出现危机，俄罗斯向其他缔约国家提供的信息量大大减少，反而增加了俄罗斯到欧洲安全与合作组织成员国去进行更多的视察与评估访问的兴趣，这些

〔22〕 欧安组织：“阿斯塔那纪念宣言：迈向安全共同体”，2010 年 12 月 3 日，网址：〈http：//www.osce.org/mc/73962〉，第 8 段。

〔23〕 “科孚进程”是指在欧安组织内正在进行的非正式讨论。讨论在 2009 年年中在科孚举行的外长会议开始，会议审议了“军备控制与建立信任与安全机制在新安全环境下增进互信的作用”。“科孚进程”涉及安全问题、威胁与挑战的诸多方面，但并没有集中讨论欧常裁条约的争论。

访问是根据维也纳文件的规定进行的。为此，自愿核查团的访问次数增加这一趋势在继续，俄罗斯在 2010 年就进行了 32 次视察和 22 次评估访问。[24]

具有政治约束力的关于建立信任与安全措施的《1999 年维也纳文件》是建立信任与安全措施的基本协议。进一步发展与更新这一文件的努力时而进展顺利，时而陷入僵局。[25] 2010 年，由于俄美关系的改善，维也纳文件的对话更加富有活力。很明显，由于这些讨论的开展以及其他因素，如 2009 年作出的审议与决定，建立信任与安全措施的努力重点转移，不再是其他建立信任和制定准则与标准的领域。[26]

更新维也纳文件

欧洲安全与合作组织成员国已经认识到，全面的、不可分割的以及合作的安全需要一个有效的、透明的和可核查的军备控制：即一个相互联系、相互增强的各部分组成网络体系。[27] 在阿斯塔那峰会前夕，许多代表团提交了建议、工作文件、草案以及其他文件，详细论述了应更好地反映变化了的安全环境的新维也纳文件的内容。2010 年，欧安组织为处理“科孚进程”与增强军事透明度举行了多次会议，其中包括在 3 月 2 日至 3 日举行的第 20 届年度执行情况评估会(AIAM)，6 月 14 日至 16 日举行的年度安全审议会以及在阿斯塔那首脑会议之前召开了三次审议分会，这些会议分别于 9 月 30 日至 10 月 8 日在华沙，10 月 18 日至 26 日在维也纳，11 月 26 日至 28 日在阿斯塔那召开。2010 年 10 月，欧洲安全与合作组织还为安全合作论坛任命了负责维也纳文件的协调员。

---

〔24〕 2010 年，俄罗斯请求和进行了数量最多的核查访问：占了所有核查访问的三分之一，以及几乎所有评估访问的一半。

〔25〕 关于《1999 年维也纳文件》的摘要与其详细材料见本卷附件 A。

〔26〕 关于 2009 年与维也纳文件有关的活动见拉霍夫斯基的文章（同注释〔2〕），第 438—439 页。

〔27〕 欧安组织部长理事会：“从温哥华到海参威，重申、审议、激活安全与合作”，文件：MC. DOC/01/09，2009 年 12 月 2 日；以及欧安组织部长理事会文件：“与安全合作论坛有关的问题”，文件：MC. DAC/16/09，2009 年 12 月 2 日。

许多参加会议的国家加入了新文件的双轨讨论：一方面是关于建立信任与加强安全进程的哲学思维；另一方面是为使维也纳文件适应当前形势需要而做出的具体改变。讨论的题目包括文件的宗旨与准则；关于文件的适用性，可持续性、成本效益措施的思考方向；以及保留原有建立信任与安全措施的必要性。制定新维也纳文件的目的是要保证有关国家的军事能力、军事活动与军事合作的透明度与可预见性；增强预防冲突与管理冲突的努力；妥善处理次区域的安全威胁；充分考虑“军事变革”（RMA）与军事现代化等变化带来的影响；应对内部安全部队与其他准军事部队的军事化问题；处理在其他国家领土上的驻军问题；以及应对其他挑战问题。

丹麦与英国建议对更新维也纳文件核心部分提出了一揽子处理的建议。文件核心部分指“关于通报某些军事活动”的第五章与关于“履约与核查”的第九章。此建议得到了其他代表团的支持。奥地利提出了“思考”的文件，其中包括：(1) 引入新的建立信任与安全措施；(2) 援助参加国履行其义务，通过核查培训，提供技术专业，执行援助机制等措施；(3) 利用现有建立信任与安全措施的机制应对新的威胁与挑战，可通过专家会议，面对面接触与网络方式进行；(4) 利用“1999 年合作安全平台”，该平台促进了在欧洲大西洋地区的国际组织之间打破等级界限，在国际组织之间开展战略对话。白俄罗斯提出了修改维也纳文件关于危机时在条约实施区视察与评估访问的条款的倡议。[28] 2010 年春天，俄罗斯提出立即采取行动更新、重新制定与扩大维也纳文件的范围。[29] 同年 5 月，安全合作论坛作出象征性姿态，同意建立一个叫做“维也纳文件增编”的程序，将“安全合作论坛”的有关决议并入《维也纳文件》，这鼓励欧洲安全与合作组

---

〔28〕 欧安组织安全合作论坛：“思考文件与决议草案”《1999 年维也纳文件》——向前迈进”。文件：FSC. DEL/13/10/Rev. 1，2010 年 2 月 19 日；欧安组织常设理事会，奥地利代表团文件：“加强与扩大建立安全信任措施（CSBMS）”，文件：PC. DEL/291/10，2010 年 4 月 22 日；以及欧安组织安全合作论坛：“白俄罗斯共和国提出的更新 1999 年维也纳文件第九章的建议。第九章的内容是履约与核查”，文件 FSC. DEL/75/10，2010 年 7 月 21 日。

〔29〕 俄罗斯在 2010 年数次修改其建议，欧安组织常设委员会：“欧安组织就军备控制与建立安全信任措施领域采取进一步行动的计划”，文件 PC. DEL/300/10，2010 年 4 月 27 日。

织各代表团对大量的篇章和项目提出了应该予以更新的建议。〔30〕参加国还同意至少每 5 年举行一次安全合作论坛特别会议，第一次会议不得迟于 2011 年举行。2010 年秋天，“安全合作论坛”的一个重要决议是要开始对《1999 年维也纳文件》的谈判，重点放在第五章和第九章，其中强调了建立定期更新机制的重要性。〔31〕2010 年，“安全合作论坛”作出了五项有关维也纳文件的决定。它还向 56 个参加国发出了公告，内容包括有关通报军事活动、访问空军基地、新型武器装备的演示、视察与评估访问等几十项建议。〔32〕美国与俄罗斯这两个主要成员国分别提交了各自的建议。俄罗斯建议将建立信任与安全措施扩大到海军活动，并向“安全合作论坛”通报一项它所进行的低于《维也纳文件》门槛限度的大型军事活动，即先前进行的一次大规模军事过境和一次多国快速反应部队的部署。〔33〕美国的建议集中

〔30〕欧安组织安全合作论坛：建立将安全合作论坛有关决定并入维也纳文件的程序，决定第 1/10 号，文件 FSC. DEC/1/10，2010 年 5 月 19 日。

〔31〕欧安组织安全合作论坛：“关于《1999 年维也纳文件》的谈判”，决定第 7/10 号，文件 FSC. DEC/7/10，2010 年 9 月 29 日。

〔32〕关于维也纳文件与有关决定见欧安组织安全合作论坛：“维也纳文件增编：在计划核查活动时应考虑国家假日”，决定第 10/10 号，FSC. DEC/10/10，2010 年 10 月 27 日。欧安组织安全合作论坛：“维也纳文件增编：演示新型主要武器及装备体系的时间安排”，决定第 11/10 号，文件 FSC. DEC/11/10，2010 年 11 月 10 日；欧安组织安全合作论坛：“维也纳文件增编：“将安全合作论坛第 1/10 号决定并入维也纳文件的第 12 章”，决定第 12/10，文件下 SC、DEC/12/10，2010 年 11 月 10 日；欧安组织安全合作论坛：“维也纳文件增编：更新在第 12 章提到的合作伙伴名单”，决定第 13/10 号，文件 FSC. DEC/13/10，2010 年 11 月 10 日；以及欧安组织安全合作论坛：“维也纳文件增编：空军基地接待访问的合格条件”，决定第 15/10 号文件，FSC. DEC/15/10，2010 年 11 月 24 日。决定及建议大纲载于安全合作论坛内部文件：“《1999 年维也纳文件》，维也纳文件增编与安全合作论坛关于第 4 章、第 9 章和第 12 章的决定以及第 1 章、第 4 章、第 5 章和第 9 章的具体建议及附件 1，截至 2010 年 11 月 24 日，文件：FSC. DEL/137/10/Rev. 1，2010 年 11 月 24 日。

〔33〕欧安组织安全合作论坛：俄罗斯联邦代表团：“维也纳文件增编中关于先前大规模军事过境的决议草案的建议，文件：FSC. DEL/133/10/Corr. 1，2010 年 11 月 16 日；欧安组织安全合作论坛：俄罗斯联邦代表团：“关于维也纳文件增编中关于重大军事活动预先通报的决议草案的建议”，文件 FSC. DEL/97/10，2010 年 9 月 24 日；欧安组织安全合作论坛：俄罗斯联邦代表团：“关于维也纳文件增编中有关通报多国快速反应部队部署的决议草案的建议”，文件：FSC. DEL/98/10/Rev. 1，2101 年 10 月 21 日；以及欧安组织安全合作论坛：俄罗斯联邦代表团：“对维也纳文件增编中关于交换海军信息的决议草案的建议”，文件：FSC. DEL/134/10，2010 年 10 月 21 日。

在透明与核查，视察次数限额、扩大视察与评估团访问的规模与组成等方面。[34] 法国的建议是要降低通报与观察的门槛。[35] 白俄罗斯、匈牙利、波兰和乌克兰等代表团也单独或与其他代表团共同提交了建议。

尽管1999年《维也纳文件》开展了相当多的活动并取得了进展，但现在仍不可能同意有一个2010年维也纳文件。不过，“阿斯塔那纪念宣言”积极评估了安全合作论坛的工作，重申军备控制机制，包括建立信任与安全措施，应该“有新的活力，不断更新与更加现代化”。[36] 更新《维也纳文件》不是一件容易的任务，预计需要几个月甚至更长时间的谈判。这一工作取得的进展将会提交给2011年12月在立陶宛首都维尔纽斯召开的欧洲安全与合作组织部长级会议。

西巴尔干与黑海次区域的军备控制

《1996年关于次区域军备控制协议》（佛罗伦萨协议）是在欧洲地区充分发挥效用的唯一的“硬”军备控制协议（与限制军备直接挂钩）。[37] 在2010年7月7—8日举行的第七届审议执行情况的会议做出了以下结论：《佛罗伦萨协议》的缔约国——波斯尼亚、黑塞哥维纳、克罗地亚、黑山与塞尔维亚等都完全履行了条约义务。自1997年10月正式削减期结束以来，协议限制的装备已自愿加以销毁。迄至2010年8月，缔约国已经拆毁或转为民用的重型武器达9721件。2011年，缔约国计划转入协议实施的第二阶段，将协议执行中的技

〔34〕 欧安组织安全合作论坛：美国代表团：“思考文件：维也纳文件中关于提高军事透明度的重点问题”，文件FSC.DEL/89/10，2010年9月21日；欧安组织安全合作论坛：美国代表团：“关于视察与评估访问团的规模决议草案的建议，文件FSC.DEL/90/10，2010年9月21日；欧安组织安全合作论坛：美国代表团：“关于视察次数限额的决议草案的建议”，文件：FSC.DEL/92/10，2010年9月21日。

〔35〕 欧安组织安全合作论坛：法国代表团：“关于维也纳文件中有关降低预先通报某些军事活动门槛的建议”，文件：FSC.DEL/107/10/Rev.1/Corr.1，2010年11月2日。

〔36〕 欧洲安全与合作组织（同注释〔21〕）。

〔37〕 有关《佛罗伦萨协议》的摘要与其他材料见本卷附件A。《佛罗伦萨协议》与《代顿和平协议》的案文见网址：〈http://www.racviac.org/documents/tr eaties-agreements.html/〉。

术职能从个人代表办公室转到缔约国国家手中。[38]

2010 年 12 月 9 日，举行了关于在黑海地区的海军领域建立信任与安全措施的文件执行情况的第八届年度磋商。会议指出了这一协议的积极成果及意义，还决定用欧洲安全与合作组织的通信网络转输与该协议有关的信息。[39]

行为准则、小武器、多余弹药及援助项目

欧安组织安全合作论坛组织的年度执行情况评估会议，讨论了欧洲安全与合作组织与建立信任与安全措施的维也纳文件一起实现稳定及准则、标准制定的措施。不过，安全合作论坛处理这些问题会更为有效，在其他论坛上对这些问题给予更多的时间与关注。近年来，安全合作论坛有选择地对一些重点问题给予了特别关注。[40]

《1994 年安全领域的政治军事行为准则》（COC）是关于欧洲安全与合作组织区域内国家合作行为与相互责任以及对其武装部队实行民主控制制定准则的文件。与其他建立信任措施（CBMs）一样，《行为准则》也面临不断变化的安全环境造成的挑战。2009 年对行为准则的更新的年度调查表是应对这些挑战所作出的重要努力。[41] 但仍有更多工作要做。2010 年欧洲安全与合作组织参加国对调查表详细制定了一份全面的参考指南，试图鼓励提高对行为准则的共同执行标准。但是它们未能在同年 12 月的阿斯塔那峰会上就案文达成一致。既然最近一次的行为准则后续会议是于 2002 年召开的，现在看来，再召开这样一次会议显得越来越有必要。

2010 年 5 月，欧洲安全与合作组织就小武器与轻武器通过了“行动计划”，以应对在欧洲安全与合作组织国家内非法武器不加控制

---

〔38〕 Periotto 准将：“向常设理事会提交的报告：关于次区域军备控制协议（《代顿和平协议》第四条，附件 1-B）的执行情况”，文件：CIO. GAL/147/010，2010 年 8 月 8 日。

〔39〕 欧安组织安全合作论坛：“罗马尼亚代表团声明”，文件 FSC. JOUR/637，2010 年 12 月 15 日。更多的有关在黑海地区建立海军信任与安全措施的 2002 年协议，见拉霍夫斯基文章：“欧洲常规军备控制”，《SIPRI 年鉴 2003》，第 709—710 页。

〔40〕 见往年 SIPRI 年鉴有关章节。

〔41〕 欧安组织安全合作论坛：“对行为准则调查表的技术更新”，第 2/09 决议，文件：FSC/DEC/2/09，2009 年 4 月 1 日。

的扩散及其日积月累的不稳定形势。[42] 这个计划的目的是改进现有措施的执行情况，审议对武器出口与对中间商的控制，加强对多余的小武器与轻武器（SALW）的储存管理、安全、销毁以及作标记与追踪等方面可能采取的新措施。

许多国家倾向于出售而不是销毁储存的常规武器（SCA），但是向不稳定国家和地区出售落后的和过期的武器会引起或使危机和冲突长期化。2010 年，由丹麦与德国率先提出，后又有一些其他国家参加的建议中指出，销毁是处理储存的常规武器的首要选择。[43] 为此，欧洲安全与合作组织参加国于 2011 年 3 月通过了一个相关决议。[44]

自 2003 年以来，安全合作论坛为欧洲安全与合作组织参加国处置多余的、不安全的与失控的小武器与轻武器以及常规弹药储存开展了援助项目。[45] 在安全合作论坛主持下，实施了 20 多个这样的项目，有的项目还得到了北约的支持。[46] 这些项目使得欧洲安全与合作组织能够发展相应的技术能力、管理能力以及立法能力，以应对由于有害武器的储存而引起的复杂风险与挑战。然而，资金的缺乏仍将影响这些援助项目的顺利执行。由于 2009 年至 2010 年期间可供使用的预算外资金大幅减少，为确保 2011 年至 2012 年期间全面执行这些项目就需要增加 2000 万欧元（2900 万美元）的资金。[47]

---

〔42〕 欧安组织安全合作论坛："欧安组织关于小武器与轻武器的行动计划"，第 2/10 号决议，文件：2/10，FSC. DEC/2/10，2010 年 5 月 26 日。同年 11 月，欧安组织参加国通过了交换有关小武器与轻武器的中间商活动的现行法规信息的决议，作为一次性交换，截至日期为 2011 年 6 月 30 日。

〔43〕 欧安组织安全合作论坛："关于销毁常规弹药的思考文件"，文件：FSC. AIAM/10/10/Rev. 1，2010 年 5 月 25 日。

〔44〕 欧安组织安全合作论坛："销毁常规弹药"，第 3/11 号决议，文件：FSC. DEC/3/11，2011 年 3 月 23 日。

〔45〕 关于近年来欧安组织的援助项目概述见往年 SIPRI 年鉴关于常规军备控制的有关章节。

〔46〕 关于 2010 年援助项目清单见欧安组织冲突预防中心材料："2010 年欧安组织小武器与轻武器及常规弹药项目的状况概要"，由安全合作论坛小武器与轻武器与储存常规武器项目协调员与冲突预防中心编写，维也纳，2011 年 1 月 10 日。关于北约援助的销毁项目见拉霍夫斯基文章（同注释〔2〕），第 441—442 页。

〔47〕 根据欧安组织的数据估计（同注释〔45〕）。

第四节 开放天空条约

鉴于欧常裁条约的中止状况和 1999 年《维也纳文件》的冻结状态，《开放天空条约》在提高军事透明度和其他建立信任与安全措施方面的重要性日益增加。[48] 2005 年举行的条约第一次审议会强调了条约机制的相关性，并指出了几个敏感问题，如飞行指标的分配，传感器的现代化，将适用范围扩大到环境保护、危机管理和冲突预防等领域，以及塞浦路斯加入条约这个难以解决的老问题。其中后一个问题使 2005 年会议无法通过一个协商一致的最后文件。[49]

2005 年 5 月，俄罗斯领空观察飞行中出现的遵约问题也干扰了《开放天空条约》的顺利执行。一个原计划由罗马尼亚和美国共同实施的越过领空飞行将会靠近阿布哈兹与格鲁吉亚边界 2.5 公里处。俄罗斯声称阿布哈兹是一个《开放天空条约》的邻近国家，而不是条约成员国，因而要求根据条约第六条第 2 款改变观察航线。该条款规定观察飞机的航线不得与条约的邻近国家但不是条约缔约国边界的距离少于 10 公里。[50] 格鲁吉亚、罗马尼亚和美国批评俄罗斯的说法侵犯了格鲁吉亚的领土完整，这不符合俄罗斯所履行的条约义务。[51] 俄罗斯拒绝了这一批评。[52]

第二次条约执行情况审议会于 2010 年 6 月 7—9 日举行。会议对条约顺利执行和条约缔约国增加，以及条约对欧洲安全与合作组织的

---

〔48〕 关于开放天空条约的案文与其他材料见本卷附件 A。

〔49〕 拉霍夫斯基文章："常规军备控制"，《SIPRI 年鉴 2006》，第 767—768 页。

〔50〕 俄罗斯是唯一承认阿布哈兹与南奥塞梯为主权国家的《开放天空条约》缔约国。开放天空条约协商委员会："俄罗斯联邦代表团向开放天空条约协商委员会提交的声明"，文件：OSCC52. JOUR/165，附件 3，2010 年 5 月 17 日。

〔51〕 开放天空条约协商委员会："罗马尼亚代表团（也代表美国）向开放天空条约协商委员会提交的声明，文件：OSCC52. JOUR/165，附件 2，2010 年 5 月 17 日。

〔52〕 这一行动与其他合作行动形成了鲜明对照，包括由格鲁吉亚、俄罗斯与英国在 2010 年 9 月 28 日举行的开放天空联合观察飞行。

目标与目的的实现所做出的贡献表示欢迎。[53] 每年都进行 100 多次视察飞行，其中许多是由多个缔约国共同实施的，已进行了近 700 次飞行。[54] 目前执行条约的突出障碍是始于 2008 年秋天的全球金融和经济危机，以及相关的财政限制，它们都对实现条约的目标产生负面影响，包括：(1) 从胶片相机到数码设备的过渡进程。数码设备能使今后的视察飞行速度更快，质量更好，成本更低廉。(2) 用新型飞机更换《开放天空条约》飞行机队的老旧飞机；(3) 不能减少现有飞机的维修费用。审议会强调，为达到上述目标需制定出战略规划，会议还讨论了开放天空机场的最低技术标准等具体问题。[55]

遥感器是开放天空条约机制中最重要的问题，“开放天空磋商委员会”(OSCC) 关于传感器的非正式工作组在制定与更新有关文件工作中发挥了关键作用。[56] 2010 年，缔约国通过了三项完善数码传感器许可证有关的决定。这些决定将允许缔约国获取数码声像传感器，并能取得许可证。[57]

审议会认为，为增强信任与安全，还需要解决条约授权范围以外的紧急情况，如自然灾害、气候与环境变化，预防冲突与危机管理、跨国安全等。为此，会议使用了“下一代条约的执行”这一新的术语。会议还认为这一问题值得在欧洲安全与合作组织内进一步讨论。

---

〔53〕 开放天空条约协商委员会：“关于《开放天空条约》执行情况的第二次审议会的最后文件”，文件：OSCC. RC/39/10，2010 年 6 月 9 日。

〔54〕 开放天空条约协商委员会：“《开放天空条约》自生效以来的观察飞行情况”，文件：OSCC. RC/15/10，2010 年 6 月 4 日。

〔55〕 捷克代表团建议的技术解决方案的费用将超过 100 万美元。第二次《开放天空条约》审议会，“开放天空机场的最低技术标准”，Gabriel Kovacs 提交的文件，文件：OSCC. RC/12/10，2010 年 6 月 7 9 日。

〔56〕 商业卫星的精度已大大提高，但大部分仍达不到开放天空条约图像要求的精度。

〔57〕 开放天空条约协商委员会 (OSCC)：“对《开放天空条约》的第 14 项决议的第一项修改，关于计算地平面以上最低高度的方法，使安装在观察飞行飞机上的每一个实时显示声像的摄影机，能够在此高度上正常运行。决定第 6/10 号，文件：OSCC. DEC/6/2010，2010 年 5 月 17 日；开放天空条约协商委员会：“开放天空条约第 17 项决议的第二项修改：记录数据、交换胶片的外数据记录的载体”，决定第 8/10 号：OSCC. DEC/8/10，2010 年 7 月 12 日。

《最后文件》含糊提到了塞浦路斯加入条约的申请。[58]

美国作为第二次审议会的主席国对以后的工作提出了如下建议：(1) 对数码传感器的许可证需作出补充决定；(2) 在今后三年内采购并认证数码传感器；(3) 确定数码数据的最佳方案并认定新的节约成本的程序；(4) 进一步解决机场的最低技术标准；(5) 在征得缔约国本国同意、由欧洲安全与合作组织与其他有关国际组织提出进行飞越领空的要求的情况下，研究制定有关飞越领空的预防冲突和危机管理程序；(6) 考虑应对环境安全与跨国安全问题的建议；(7) 与世界其他地区共享空中观察的经验。[59]

第五节　全球性问题

当前，在常规武器方面有两个占据全球议程的突出问题：《武器贸易条约》与特定常规武器对人道主义的影响。国际关注继续集中在所谓非人道武器，由于这些武器的军事用途受到质疑以及它们对人道主义和经济生活造成的危害受到了广泛谴责。限制或禁止这些武器早就被国际公众和政府所关注。许多国际协议已经规范或禁止使用"杀伤人员地雷"(APM)、"战争遗留爆炸物"(ERW) 和"集束弹药"，并寻求限制武装冲突对平民的影响。

《1981 年特定常规武器公约》(CCW) 限制或禁止使用某些被认为对战斗人员或平民具有过分伤害力或滥杀滥伤作用的常规武器。[60]禁止杀伤人员地雷的渥太华进程是在《特定常规武器公约》框架以外进行的，其结果是达成了《1997 年禁止杀伤人员地雷公约》，其目的

---

〔58〕一项由除波黑与土耳其之外的所有缔约国做出的"解释性声明"支持塞浦路斯的申请。

〔59〕开放天空条约协商委员会：美国代表团："第二次审议会，向前迈进"，文件 OSCC.DEL/8/10，2010 年 7 月 12 日。

〔60〕关于《限制或禁止使用某些可被认为对战斗人员或平民具有过分伤害力或滥杀滥伤作用的常规武器公约》(CCW，又称"非人道武器公约") 的摘要与其他材料见本卷附件 A。

是要寻求销毁这一类所有武器。[61]《2003 年特定常规武器公约第 5 号议定书》是迄今为止涵盖战争遗留爆炸物，也包括集束弹药的唯一国际法律文书。[62]“奥斯陆进程”则采用杀伤人员地雷公约这一模式，谴责集束弹药，并于 2008 年 12 月达成了独立的《集束弹药公约》(CCM)，公约已于 2010 年 8 月 1 日生效。[63]

2010 年，在特定常规武器公约框架内的讨论继续进行前一年的工作，但未取得明显成果。

武器贸易条约及其有关进展

“武器贸易条约”（ATT）的历史始于 2003 年，当时由几位诺贝尔奖得主提出了这一设想。[64] 开始时看似没有多大希望的倡议，只得到了三个政府支持。然而到了 2006 年，就有 153 个国家支持制定这样一个条约的联合国大会决议。[65] 2008 年，联合国秘书长潘基文建立了一个政府专家组（GGE）审查制定一个具有法律约束力的条约的“可行性、规模范围和参数”。

2008 年，联合国成员国同意一项决议：谈判一项武器贸易条约，其功能相当于“具有法律约束力的文书，能对常规武器转让制定尽可能高的共同国际标准”。[66] 条约将在一系列筹备机构内进行谈判，最

〔61〕 关于《禁止使用、生产、储存和转让杀伤人员地雷公约及其销毁公约》的摘要和其他详细情况见本卷附件 A。关于“渥太华进程”见拉霍夫斯基文章：“常规军备控制”，《SIPRI 年鉴 1997》，第 498—500 页，以及见拉霍夫斯基文章：“禁止杀伤人员地雷”，《SIPRI 年鉴 1998》，第 545—558 页。

〔62〕 关于战争爆炸遗留物的《特定常规武器公约第五号议定书》的摘要和其他详细情况见本卷附件 A。关于特定常规武器公约框架内的谈判见拉霍夫斯基文章（同注释〔5〕)，第 489—490 页。

〔63〕 关于《集束弹药公约》的摘要与其他材料见本卷附件 A，另见拉霍夫斯基与波斯特文章（同注释〔9〕）第 435—438 页。“奥斯陆进程”是给最终达成公约的外交活动与公众努力起的名称。2010 年 11 月，集束弹药联盟出版了《集束弹药观察》第一版，作为《地雷观察》的姐妹篇。

〔64〕 实际上，这一倡议源自第一次与第二次世界大战期间。第一次尝试是在国联，包括《1919 年的武器贸易控制公约》和《1925 年的监督国际武器、弹药与战争工具贸易公约》。这两个公约都没有生效。

〔65〕 联合国大会决议 61/89，2006 年月 12 月 18 日。

〔66〕 联合国大会决议 63/240，2008 年 12 月 24 日。

终在 2012 年的谈判会议上完成。2009 年，这一进程在“成员不限的工作组”（OEWP）和筹备委员会中继续推进。2009 年，美国国务卿克林顿宣布了美将参加这一进程的决定，这是一个重要突破，虽然美国还提出了附加条件，即条约文本必须协商一致通过。[67] 尽管人们对美国的立场仍存有疑虑，但许多国家仍然继续参加谈判。

2009 年，联合国大会决议确定，将在 2012 年举行为期一个月的会议，专门谈判武器贸易条约案文，并为这次联合国会议建立了明确的谈判授权。[68] 成员不限的工作组在 2010 年和 2011 年会期中遗留的任务实际上是作为筹备委员会制定条约案文。会议同意采用协商一致的方法作出决议。

有些国家仍然对武器贸易条约的必要性表示怀疑。然而至 2010 年，许多国家对制定一个条约规范常规武器贸易有兴趣，尽管对如何才能达到这一目标并不太明确。目前看来，联合国成员国不可能就条约的实施范围和参数达成共识，其中有条约所包涵的武器种类（许多国家倾向于 7＋1＋1 模式，即《联合国常规武器登记表》（UNROCA）所列的七类武器加上小武器与轻武器、弹药）；适用于做出武器进出口决定的标准；以及如何共享、监督与核查信息等问题。[69]

观察家认为，2010 年 7 月 12 日至 23 日在纽约举行的筹备委员会唯一的一次会议取得了一些进展，但有许多突出问题需要在 2011 年和 2012 年的会议上解决。2010 年 10 月，在美国波士顿举行的武器贸易条约研讨会的总结报告指出了三个突出问题：有必要在寻求条约普遍性的同时表示灵活性，以适应各个国家的需求；有必要利用全球、地区和国家等不同层面的现有机制，以增强国家的履约行动以及

〔67〕 美国国务院：“希拉里・克林顿国务卿：美国支持武器贸易条约”，2009 年 10 月 14 日。网址：〈http：//www. state. gov/secretary/rm/2009a/10/130573. htm〉。

〔68〕 联合国大会决议 64/48，2010 年 1 月 12 日。

〔69〕 “条约推动者对条约范围的大致设想”，武器贸易条约的法律问题，2010 年 7 月 22 日，网址：〈http：//armstradetreaty. blogspot. com/2010 _ 07 _ 01 _ archive. html〉。另见 Abramson 文章：“武器贸易条约会议取得的进展。《今日军备控制》，第 40 卷第 7 期（2010 年 9 月）。关于此问题的广泛讨论见 Holtom 与 Bromley 文章：“国际武器贸易：确定定义、措施与控制的难题“，《今日军备控制》，第 40 卷第 6 期（2010 年 7/8 月号）。

条约的普遍性；有必要使用专门的术语使规约变得更加明确无误。〔70〕

条约筹备委员会的两次会议定于 2011 年 2 月 28 日至 3 月 4 日和 7 月 11 日至 15 日举行。2012 年，将会在为期一个月的制定条约的联合国会议前再举行一次简短的程序性会议。

杀伤人员地雷

2010 年 4 月，关于禁止地雷、饵雷及其他爆炸装置的《特定常规武器公约第二号修改议定书》参加国举行了第 12 届年度会议。由于不是所有特定常规武器公约缔约国都是第二号修改议定书的参加国，所以会议讨论了公约的普遍化问题。会议还讨论了终结原来的第二号议定书的法律问题以及简易爆炸装置（LED）问题。与会者计划进一步审议与简易爆炸装置有关的事故及其预防，对这些事故及其造成的影响的理解，以及交换情报等有关事宜。

2010 年，与会者强调了修改的第二号议定书要与特定常规武器关于战争遗留爆炸物的第五号议定书的同步。《第二号修改议定书》的缔约国决定将根据这一议定书提交国家报告的最后时间与根据《第五号议定书》提交国家报告的时间同步。对遭受简易爆炸装置的受害者与战争遗留爆炸物的受害者的援助工作也将进行协调。〔71〕这些步骤的目的是同时加强这两个重要的机制。

《1997 年杀伤人员地雷公约》禁止 156 个缔约国使用、生产、储存和转让杀伤人员地雷。尽管一些生产和使用地雷的大国如中国、印度、巴基斯坦、俄罗斯和美国尚未签署这一公约，但从多方面来说，这是近年来达成的最成功的多边常规军备控制协议之一。〔72〕根据这一公约，已有 4500 万枚杀伤人员地雷被销毁，已有 86 个国家完成其库存地雷的销毁工作。只有 5 个缔约国的地雷有待销毁，其中白俄罗

〔70〕 波士顿武器贸易条约研讨会：Marschik 大使提交的总结报告"，武器贸易条约的法律问题，2010 年 10 月，网址：〈http：//www. armstradetreaty. blogspot. com/2010 _ 10 _ 01 _ archive. html〉。

〔71〕 联合国日内瓦办事处，新闻媒体稿："特定常规武器公约关于禁止地雷与爆炸装置的第二号修改议定书与关于战争遗留爆炸物的第五号议定书将更加协调步骤，并将继续集中在简易爆炸装置问题上"，2010 年 12 月 3 日。

〔72〕 最新一个加入国是帕劳，其加入的时间为 2007 年。

斯、希腊、土耳其、乌克兰这四个公约缔约国就有 1200 多万枚杀伤人员地雷有待销毁。此外，世界上还有大约 1.6 亿枚杀伤人员地雷被非公约缔约国储存。2009 年至 2010 年，缅甸仍在使用或布放杀伤人员地雷，另有六个国家的非政府武装团伙也在使用杀伤人员地雷，这些国家是：阿富汗、哥伦比亚、印度、缅甸、巴基斯坦和也门。[73]

一些国家在履行其义务时仍然遇到困难。白俄罗斯、希腊、土耳其和乌克兰都拥有巨大杀伤人员地雷储存，它们已经错过其销毁的最后期限，仍处于严重违约状态。截至 2010 年 9 月，有 22 个缔约国已经获准或正在寻求延长其 10 年清除地雷的期限。[74]

特定常规武器公约

尽管《集束弹药公约》在国际上具有很大的吸引力，但世界上许多主要生产、使用和储存集束弹药的国家仍然选择在不太严格的《特定常规武器公约》框架内就达成一项议定书继续进行对话。[75] 目前，世界上大约有 85％非规范储存的集束弹药仍不属于集束弹药公约的管理范围。许多与集束弹药谈判关系非常密切的国家，包括中国、印度、以色列、巴基斯坦、俄罗斯和美国等，都倾向于在《特定常规武器公约》的框架内处理这些武器。自 2007 年以来，集束弹药对人道主义的影响一直是特定常规武器公约政府专家组议程上的重点课题。尽管为起草新的禁止和限制使用集束弹药的“特定常规武器公约议定书”做出了许多努力，但各方仍存有相当多的分歧，比如关于集束弹药的定义和立即禁止集束弹药的转让等。[76] 特定常规武器公约正在寻求全球普遍化，2010 年又有安提瓜和巴布达、多米尼加共和国、圣文森特和格林纳丁斯这三个国家加入了公约机制。

2010 年 9 月，经过政府专家组磋商，专家组主席提交了关于集

---

〔73〕 国际禁止地雷运动：(《地雷观察 2010》：加拿大的禁雷行动，渥太华，2010 年。

〔74〕 国际禁止地雷运动（同注释〔72〕)。

〔75〕 艾布拉姆森文章：“集束弹药谈判再次延期”，《今日军备控制》，第 41 卷第 1 期，(2011 年 1/2 月号)。

〔76〕 艾布拉姆森文章（同注释〔74〕)。

束弹药的议定书草案。这有可能成为公约的第六号议定书。[77] 在2011年的特定常规武器公约第四届审议会前期，它仍将是准备工作的重点。

《特定常规武器公约关于战争遗留弹药的第五号议定书》承认未爆炸弹药和遗弃弹药引起的人道主义问题，并提出了冲突后的补救措施，以努力减少事件的发生和可能造成的损害与危险。2010 年，又有 10 个国家加入了战争遗留弹药议定书。这些国家是：比利时、巴西、中国、塞浦路斯、加蓬、洪都拉斯、意大利、巴拿马、圣文森特与格林纳丁斯、沙特阿拉伯。[78] 议定书的普遍性仍是讨论的焦点。缔约国欢迎巴西与波兰在 2010 年所采取的加入第五号议定书的实际步骤。

第六节 结语

欧洲军备控制对话继续在两个轨道上运行：一是欧常裁条约机制，二是建立安全与信任措施的维也纳文件。这两个机制都于 1999 年进行了最新修改。2010 年，参加国都努力对其进行更新。北约国家与俄罗斯努力寻求克服欧常裁条约的长期危机，与此同时，欧洲安全与合作组织的“科孚进程”继续前行，以努力增强维也纳文件的机制。可以期待，2011 年或不久以后有可能通过“维也纳文件”的新文本。《开放天空条约》第二次审议会再次重申了条约的适用性。

总之，在常规军备控制领域与建立信任与安全措施领域期待已久的“重启”已经发生了。由于俄罗斯 2007 年决定冻结与北约国家的关系，双方对已经过时的欧常裁条约机制的分歧加重，导致欧洲常规军备控制机制受损，目前这一进程已经明显放缓。北约于 2010 年 6 月建议制定一个新的框架，以增强在欧洲的常规军备控制制度及透明度，这为进行建设性对话铺平了道路。俄罗斯认识到，这一框架文件

---

〔77〕 见特定常规武器公约政府专家组：“关于集束弹药的议定书草案”，文件 CCW/GGE/2010-II/WP. 2，2010 年 9 月 6 日。

〔78〕 关于第五号议定书的参加国名单见本卷附件 A。

已尽力照顾了它的安全利益。观察家认为，2011 年秋天或之后召开的下届欧常裁条约审议会，将会为谈判给予授权，并将促进协议达成的势头。

同样，建立信任与安全措施在军事安全对话中重新获得了地位。近年来的经验促使欧洲安全与合作组织参加国做出重大努力，采用公开、透明、再保证这些有用的手段，以应对现存的或新出现的风险与挑战。目前看来，采用逐步推进的方法处理维也纳文件是可行的，但同时也需要创新，以能为维也纳文件增加新的元素和承诺来应对出现的质量上有所提高的新威胁，特别是一国内部、地区和次区域等各个层面上的威胁。欧洲安全与合作组织共同体应寻求更有效的办法以履行其承诺与义务，并在武器与技术加速现代化的今天需要“用更少的钱办更多的事”。2010 年，开放天空条约机制开始向数码传感器过渡。这些都应该取得节约成本与改进技术的结果。在南美洲，也出现了关于军事方面建立信任措施的积极进展。2010 年 5 月，在南美洲国防委员会（CDS）会议上，南美洲国家联盟（UNASUER）国防部长通过了建立信任措施的程序，包括特别执行措施及保证手段。〔79〕

在过去的十年，有许多观察家为军备控制敲响了丧钟，但目前的事态发展并非如此。2010 年，人们又看到了许多关于常规军备控制与建立信任努力的建议，这将成为今后欧洲安全与合作组织在此领域的全部工作理念的组成部分，并将在 2010 年以后坚持下去。

当前，在裁军与军备控制领域的滑坡明显得到遏制。至于这种趋势能否持续，正在进行的谈判能否顺利进行，能否促使欧洲共同体向着采取更加合作、更足够、更有效的建立安全的方式方法前进，仍要拭目以待。欧洲的军备控制不会独自发展，将更多依靠欧洲大西洋地区大国的战略利益。2010 年 12 月阿斯塔那峰会的成果有限，使在这一领域采取雄心勃勃的目标的势头缓慢下来。其他安全政策因素，包括那些与导弹防御和战术核武器有关的战略武器领域的政策因素也会

〔79〕 南美洲防务委员会：“瓜牙奎尔宣言”，2010 年 5 月 6—7 日，网址：〈http：//www. cdsunasur. org/index. php? option＝com _ content&view＝article&id＝261〉；以及南美洲防务委员会：“防务委员会制定前所未有适用于建设信任措施的程序”，2010 年 11 月 30 日。网址：〈http：//www. cdsunasur. org/en/press/news/459-cds-desarrollo-procedimiento-ineditopara-aplicar-medidas-de-confianza? layout＝default&date＝2011－03－01〉。

在 2011 年前期影响到常规军备控制的进展速度。此外，欧常裁条约对话也有难以克服的障碍，如“具有相当实力规模的作战部队”、侧翼地区问题、与高加索地区有关的难题，都需人们大胆思索，长期坚持，以及耐心谈判与长远的决策。

（蒋振西　译）

第十一章 战略性贸易控制：打击大规模杀伤性武器扩散

西比勒·鲍尔 阿伦·邓恩 伊万娜·米契奇

第一节 导 言

2010 年，国际战略性贸易控制继续在加强国际合作的道路上前进，并辅以针对国家及非国家行为体的附加强制性措施，以防止大规模杀伤性武器（简称 WMD）扩散。[1] 与此同时，国际辩论和相关活动从对出口控制的传统关注转向涵盖更大范围的活动，包括对运输、转运、融资和中介环节的控制。这种动向反映出由于大规模杀伤性武器计划采购情况发生变化，有必要更新法律观念，采取新的执法手段，以应对国家和非国家行为体获取或发展 WMD 的威胁。这一威胁的形成包含种种成分：参与采购的行为体数量增多、科学和技术进步、控制清单以外双用途物项的更易取得、采购网络的日趋复杂，以及全球贸易性质的变化。[2]

许多国家生产可用于 WMD 计划的物项，它们以有限成员国的

---

〔1〕“战略性贸易控制”一词通常定义为包括常规武器以及包括软件和技术在内的双用途物项。除非另有说明，本章节所指的是控制可用于 WMD（核、生、化武器）及其运载工具的双用途物项。

〔2〕参见 S. Bauer 和 I. Micic 的“控制与安全相关的国际转让”一文，2010 年 SIPRI 年鉴。双用途物项系指既可民用也可军用的物项。“未列入控制清单”的双用途物项系指未列入国家层面或国际层面控制清单的物项，但如果该物项拟用于 WMD 或导弹计划的目的，也可对其实施控制。

非正式集团方式在战略性贸易控制方面进行合作。本章第二节探讨这些集团组织的最新动态。

为执行联合国安理会决议和更宽泛的贸易控制准则，各国开始努力加强和扩展本国、地区及国际的能力建设和技术援助。这些努力尤其涉及第 1540 号决议，该决议对各国规定了具有约束力的义务，要求建立防止 WMD 及其运载工具扩散的国家控制制度。[3] 第三节对所做的这些工作进行分析。

设计强制性措施的目的是要改变那些被广泛认为对国际安全造成威胁的国家和非国家行为体的行为。这些措施包括联合国武器禁运，这类禁运历来是应对常规武器的供应问题，但现在也用于针对涉及国际扩散和安全关切的国家，特别是伊朗和朝鲜。另一个新动向是联合国这些制裁力图打击对扩散活动的财政支持及拦截与扩散相关的物流。第四节对这些强制性措施进行探讨。

第五节是结论部分。附录 11A 概述 2010 年多边武器禁运的执行情况，重点在常规武器方面。

第二节　机制和倡议

贸易控制机制

2010 年期间，四个不具法律约束力的非正式多边贸易控制机制继续按协商一致的原则做出各种决定，以加强战略性贸易控制。这些机制是：澳大利亚集团、导弹技术控制机制（简称 MTCR）、核供应国集团（简称 NSG）以及瓦森纳常规武器和双用途货物及技术出口控制安排。[4] 2010 年，虽然有一些加入申请待审定，但并未接纳新成员，伊拉克成为接受“海牙防止弹道导弹扩散行为准则”的第 131 个国家。[5]

---

〔3〕 联合国安理会第 1540 号决议，2004 年 4 月 28 日。

〔4〕 关于这四个机制以及桑戈尔委员会的概况和成员国名单，参见本卷附件 B。关于这些机制的以往情况，参见 SIPRI 年鉴以前版本。

〔5〕 接受该准则的全体国家名单见于本卷附件 B。

这四个机制都继续实行定期更新控制清单的做法。瓦森纳安排特别关注反恐怖主义方面的技术进展，继续致力于为出口商和许可证管理部门制订更加“用户友好型”的控制清单。〔6〕 MTCR 在 2010 年末举行全体大会，因而大会休会期间举行的技术专家会议（简称 TEM）所达成的修正案（包括修订对固液火箭发动机的控制和对二茂铁衍生物控制的说明）均未获得正式通过。〔7〕 澳大利亚集团通过了一些修正案，并接受该集团技术咨询小组提出的对新技术和新兴技术所带来的扩散风险保持警惕的建议。〔8〕 实际上所有承担控制清单更新任务的技术组都得面对与科学技术进步保持同步的挑战。

四个机制的成员国都开展这些组织的外联拓展活动。活动的范围由政策解读和提供指导扩展到更具技术性和执行力方面。比如，瓦森纳安排向非成员国介绍其控制清单的技术性修订，强调与工业界和非成员国互动的重要意义。〔9〕 MTCR 的外联活动是关于执行力的问题及颁发和拒发出口许可证的风险评估。〔10〕 澳大利亚集团突出强调与工业和学术界接触的重要性，指出“无形技术转让”（简称 ITT），即个人的专门技术转让或非实体形式的技术转让，仍然是优先课题。然而该集团 2009 年宣称拟出版的 ITT 问题外联刊物并未在 2010 年发行。〔11〕

六月份在新西兰举行的核供应国集团（NSG）2010 年度全体大会上继续审议 ITT 和最终用户控制问题的挑战。这次会议还讨论了对尚未拥有敏感核燃料循环技术（即打算用于浓缩和后处理的技术）

---

〔6〕 瓦森纳安排关于常规武器和双用途货物及技术出口控制的 2010 年全体大会公开声明，维也纳，2010 年 12 月 10 日，网址：〈http：//www.wassenaar.org/publicdocuments/index_PS_PS.html〉。

〔7〕 技术专家会议于 2010 年 6 月 9 日至 11 日在伦敦举行。美国商务部，工业与安全局，《2010 年与外交政策相关的出口控制报告》，网址：〈http：//www.bis.doc.gov/news/2011/2011_fpreport.pdf〉，p.3。

〔8〕 澳大利亚集团，“澳大利亚集团 2010 年全体大会”，2010 年 6 月 4 日，网址：〈http：//www.australiagroup.net/en/agm_june2010.html〉。

〔9〕 瓦森纳安排（同注释〔6〕）。

〔10〕 2010 年 6 月 14—15 日，MTCR 强化接触点年度会议结束后立即进行了一次外联活动。美国商务部（同注释〔7〕），第 81 页。

〔11〕 澳大利亚集团（同注释〔8〕）。

的国家转让这些技术时施加附带条件的建议。问题是难以就拟接受此类转让的国家达到哪些具体标准才合格达成一致意见。有些国家担心所提议的一些标准会限制它们将来发展民用核计划的选择权，其中特别有争议的一项提议是把与国际原子能机构（简称 IAEA）签订附加保障议定书协议作为供应条件。〔12〕NSG 成员国再次未能就这些提案达成一致，继续使该机制的一些成员国感到沮丧，〔13〕但它们承诺要“继续考虑进一步加强浓缩和后处理技术转让控制准则的途径”。〔14〕NSG 咨询小组于 2010 年 11 月 10—11 日在维也纳开会审议敏感出口的准则问题，但并无进展。〔15〕

NSG 继续就美国 2008 年带头决定免除 NSG 准则对印度的限制，从而允许印参与国际核商务活动而产生的影响进行辩论。〔16〕尤其是印度得到的豁免是 NSG 的核技术转让条件，即获取 NSG 成员国核技术者必须接受 IAEA 对其所有核活动及设施进行保障监督。〔17〕有些观察家表示关切，认为这项豁免开创了先例，为中国和巴基斯坦之间深化核合作铺平道路，从而进一步危及 NSG 声誉，使之受损。〔18〕

2010 年，中国声称将履约向巴基斯坦提供两座民用核电反应堆。〔19〕这两座堆是按照 2003 年达成的双边协议提供，中国 2004 年加入 NSG 时将此事通报了该集团。截至 2010 年底，还不清楚中国是否会明确要求按印度的豁免先例对待其与巴基斯坦的核贸易，抑或提出其执行 2003 年的交易无需经 NSG 批准，因为那时中国尚未加

〔12〕 Bauer 和 Mićić（同注释〔2〕），第 460—461 页。

〔13〕 D. Horner，“美国官员考虑结束修正 NSG 规则”，《今日军控》，第 40 卷第 9 期（2010 年 11 月）。

〔14〕 核供应国集团，新闻公报，克莱斯特彻奇，2010 年 6 月 21—25 日，网址：〈http：//www nuclearsuppliersgroup. org/Leng/05-pubblic. htm〉。

〔15〕 D. Horner，”印度看来不会很快加入 NSG”，《今日军控》，第 40 卷第 10 期（2010 年 12 月）。

〔16〕 I. Anthony 和 S. Bauer，“控制与安全相关的国际转让”。《SIPRI 年鉴 2009》。

〔17〕 与 IAEA 签署并执行保障监督协议的国家名单参见本卷附录 A。

〔18〕 M. Hibbs，‘缺口’，《外交政策》，2010 年 6 月 4 日。

〔19〕 G. Dyer，F. Bokhari 和 J. Lamont，“中国将在巴基斯坦修建反应堆”，《金融时报》，2010 年 4 月 28 日。中国按照 1991 年的协议已经向巴基斯坦提供了两座反应堆。

入 NSG。[20]

定于 2011 年在荷兰举行的 NSG 全体大会上，这个问题可能会提出，同时还会有对敏感出口准则的修订建议问题。[21] 全会还可能提及的争议问题是，印度是否应当像美国所主张的可以成为 NSG 正式成员国。

防扩散安全倡议

防扩散安全倡议（简称 PSI）自 2003 年创立以来在加强国际合作拦截前往 WMD 计划目的地的非法海上运输方面取得了一些成就，“加大了国际社会防扩散的力度”。[22] 然而重大挑战以及方法和方向问题依然存在。[23] PSI 行动专家组（简称 OEG），即 PSI 指导委员会，2010 年 11 月会议提出 PSI “正处于十字路口，面临越来越复杂的扩散形式”，需要“提出创新思想和建设性对话”。[24]

在 PSI 最初创建的那些年，它相当大程度上是军事性质：参加 OEG 的代表团经常是由成员国国防部的代表率领，演习重点是使用军事资产在公海上武力截阻嫌疑船只的“示范性拦截”。[25] 但是鉴于海洋法的制约，海上贸易的特点，以及在公海上发现和确保控制敏感扩散物项的难度，有必要使 PSI 的重点转型到较为现实的方式，即相关船只可自愿改变航向，驶往一友好港口，由海关部门搜查和扣押嫌

〔20〕 S. Miglani，“中国履行与巴基斯坦核交易：西方尴尬”，路透社，2010 年 12 月 15 日，网址：〈http：//af. reuters. com/article/energyOilNews/idAFL3E6NF08Q201012 15〉。

〔21〕 Horner（同注释〔15〕）。

〔22〕 新西兰外交和商务部（简称 MFAT），国际安全及裁军司，防扩散安全倡议（PSI）；国家反应计划范本：惠灵顿，2007 年 12 月，第 4 页。关于 PSI 概况和参与方名单参见本卷附录 B。

〔23〕 此看法是熟悉 PSI 及其活动的官员们向笔者反映的，他们是一些国家在 PSI 行动专家组当中的代表。

〔24〕 日本外交部，”防扩散倡议（PSI）行动专家组（OEG）东京会议”，2010 年 11 月 2 日，网址：〈http：//www. mofa. go. jp/announce/announce/2010/11/1102 _ 01. html〉。关于 OEG，参见新西兰外交和商务部（同注释〔22〕），第 6 页。

〔25〕 例如 2002 年对*So San* 号货轮的拦截。“飞毛腿事件引发美国道歉”，BBC 新闻，2002 年 12 月 12 日，网址：〈http：//news. bbc. co. uk/2/hi/2569687. stm〉；以及 C. Ahlström，“防扩散安全倡议：阐述拦截原则的国际法方面”，《SIPRI 年鉴：2005》。

疑物项。[26]

尽管有如此变化，2010 年进行的 PSI 演习仍然保持着相当大程度的而且常常是高调的军事形式。比如，代号为“太平洋保卫者 2010 PSI”演习就是由澳大利亚国防部作东道主，虽然这次演习由澳方海关和边防军主导，且无“军事资产”参与。[27] 美国在阿布达比主持的“先锋 2010 PSI”演习与阿拉伯联合酋长国武装部队合作进行，演习开始时是由军事装备进行拦截，而最终是以研究海关和法律问题的“桌面”作业收尾。[28]“东方奋斗 2010 PSI”演习也是用军事资产在海上拦截，并包括由跨部门官员团组研究“（拦截）涉及的法律、外交、执法、情报及财政等方面问题的“桌面”作业。[29] 行动专家组的一些成员认为，这种继续强调军事作用会分散对较为现实做法的关注，而较现实的做法可以更好地实现 PSI 宣称的目标。[30]

此外，PSI 还面临着外部的重大挑战：1982 年联合国海洋法公约（UNCLOS）不允许在公海上拦截涉嫌运输 WMD 及其运载工具的船只；[31] 联合国安理会第 1540 号决议并未明确提及 PSI；[32] 许多快速崛起的大国，其中有巴西、中国、印度和南非，以及许多处于扩

〔26〕 例如 2003 年对*BBC China* 号货轮的拦截。P. Reynolds，“追踪黑市炸弹”，BBC 新闻，2004 年 2 月 12 日，网址：〈http：//news. bbc. co. uk/2/hi/3481499. stm〉。

〔27〕 澳大利亚外交和商务部，“行动专家组地区性会议及 2010 太平洋保卫者演习”，媒体公报，2010 年 9 月 13 日，网址：〈http：//www. dfat. gov. au/media/releases/department/2010/100913. html〉。

〔28〕 美国大使馆，阿布达比，“美国大使理查德·欧尔森在美国—阿联酋防扩散倡议培训班的讲话”，2010 年 1 月 25 日，网址：〈http：//abudhabi. usembassy. gov/pr _ 01252010. html〉；及美国海军，“先锋 2010 演习开始进行”，2010 年 1 月 29 日，网址：〈http：//www. navy. mil/search/display asp? story _ id=50900〉。

〔29〕 澳大利亚外交部长 K. Rudd，及澳大利亚国防部长 S. Smith，“澳大利亚参加大韩民国的防扩散安全倡议（PSI）”，媒体公报，2010 年 10 月 13 日，网址：〈http：//www. foreignminister. gov. au/releases/2010/kr _ mr _ 101013 html〉。

〔30〕 与熟悉 PSI 及其活动的 OEG 成员国官员的通信和讨论。

〔31〕 联合国海洋法公约，1982 年 12 月 10 日开放签署，1994 年 11 月 16 日生效，《联合国条约集》，第 1833 卷（1994 年）。

〔32〕 联合国安理会第 1540 号决议（同注释〔3〕）。但第 1540 号决议的第 10 段“吁请所有国家按照本国法律授权和立法，并遵循国际法，采取合作行动，防止非法贩运核生化武器及其运载工具和相关材料”。关于第 1540 号决议，参见以下第三节和第四节。

散供应链上的战略性重要国家都未赞同 PSI。[33]

虽然 PSI 参加国关注这些挑战，而且必须克服之才能使美国总统贝拉克·奥巴马要加强 PSI 的保证得以兑现，但迄今为克服这些挑战所需要的“创新思想和建设性对话”尚未出现。[34]

第三节 能力建设工作

区域层面执行安理会第 1540 号决议

联合国安理会第 1540 号决议要求联合国成员国承担具有约束力的义务，同时授权对防扩散问题的技术援助。该决议已成为国际上讨论战略性贸易控制时的参照。[35] 2010 年期间，联合国在世界各地举办了一系列区域性和次区域性研讨会，增进对第 1540 号决议义务的了解并协助该决议的执行。[36] 这些活动提供了一个平台，可以交流执行决议和能力建设方面的经验，探讨区域层面和国家层面执行决议的方式，讨论执行方式的种种选择，因为该决议的措辞为不同的国家解读和运用留下了空间。

第 1540 号决议为各国制订和强化有关 WMD 问题的立法提供了国际法依据，特别是对双用途物项出口、运输、转运和中介的控制。2010 年，马来西亚（继新加坡之后）成为东南亚第二个就这些问题

〔33〕 在所谓的“金砖国家”——巴西、俄罗斯、印度、中国和南非——当中，只有俄罗斯赞同 PSI。

〔34〕 白宫，“贝拉克·奥巴马总统的演讲：捷克共和国，布拉格，哈若德卡尼广场”，2009 年 4 月 5 日，网址：〈http：//www.whitehouse.gov/the _ press _ office/Remarks-By-President-Barack Obama-In-Prague-As-Delivered/〉。

〔35〕 联合国安理会第 1540 号决议（同注释〔3〕）。

〔36〕 2010 年举办的活动：为东南欧地区在克罗地亚斯普利特市举行（6 月 14—17 日）；为东南亚地区，在越南河内举行（9 月 28 日—10 月 1 日）。关于此项目的所有活动清单，参见联合国安理会 1540 委员会“外联活动”，网址：〈http：//www.un.org/sc/1540/out reachevents.shtml〉。

采取全面国家级立法的国家。[37]

欧洲联盟（欧盟）通过修订其双用途物项规则，即 2009 年 8 月生效的欧共体（EC）第 428/2009 号规则以响应第 1540 号决议的要求。[38] 此项规则在整个欧盟直接适用，由 27 个成员国执行和实施。执行这些新规定当中出现的问题由两个工作组进行讨论，即共同体双用途货物工作组和双用途协调组（称为第 23 条小组）。[39]

2010 年，欧盟委员会和欧盟成员国为支持“欧盟打击大规模杀伤性武器及其运载工具扩散的新行动路线”（简称 NLA），举办了三次业内专家访问活动，讨论新规则的执行问题。[40] 这些访问活动是 2004 年专家审议的后续行动，着重于法律和许可证问题以及全面控制规定、过境和中介等方面。[41]

同时还有一项提议是通过加强国家层面和欧盟层面的信息交流及协调海关官员的培训活动来强化战略性贸易控制。欧盟委员会拟于

〔37〕 2010 年战略贸易法，2010 年 4 月 5 日批准的第 708 号马来西亚法案，政府公报（吉隆坡），2010 年 6 月 10 日。这份解释法律背景的文件特别提及第 1540 号决议。马来西亚国际贸易与工业部，“2010 年战略贸易法”［无日期］，网址：〈http://www.miti.gov.my/cms/content.jsp? id = com.tms.cms.section.Section _ 356e3af1-c0a81573-272f272f-b7977e99〉。

〔38〕 2009 年 5 月 5 日的欧共体（EC）第 428/2009 号规则就双用途物项的出口、转让、中介和运输的控制建立了集体机制，2009 年 5 月 29 日第 L134 号《欧盟官方公报》。参见 Bauer 和 Mićić（同注释〔2〕），第 462 页至第 464 页。

〔39〕 欧共体（EC）第 428/2009 号规则（同注释〔38〕），第 23 条。关于实施方面还可参见 A. Wetter 的“欧盟双用途货品出口法的实施”，第 24 号 SIPRI 研究报告（牛津大学出版社：牛津，2009 年）。

〔40〕 欧盟理事会，“理事会决定和欧盟打击大规模杀伤性武器及其运载工具扩散的新行动路线”，2008 年 12 月 17 日，17172/08，网址：〈http://register.consilium.europa.eu/pdf/en/08/st17/st17172.en08.pdf〉。2010 年 12 月，理事会延长实现 NLA 目标的期限由 2010 年年底到 2012 年年底。欧盟理事会，“欧盟打击大规模杀伤性武器及其运载工具扩散的新行动路线”：“理事会决定”，17078/10，2010 年 12 月 16 日，网址：〈http://register.consilium.europa.eu/pdf/en/10/st17/st17078.en10.pdf〉。

〔41〕 第一次是到英国访问（伦敦，2010 年 3 月 16—17 日），第二次是到比利时和丹麦（哥本哈根，3 月 18—19 日），第三次是到德国和荷兰（波恩，2010 年 11 月 8—9 日）。关于 2004 年的专家审议，参见欧盟理事会，“理事会 2004 年 12 月 13 日关于成员国在欧盟防止大规模杀伤性武器扩散的战略框架内举行双用途货物出口控制制度专家审议活动第一阶段的声明”，16069/04，2004 年 12 月 13 日，网址：〈http://www.consilium.europa.eu/uedocs/cmsUpload/st16069en04st.pdf〉。

2011 年举办一项关于欧盟出口控制的培训项目，对象是许可证审批和海关官员。[42] 对各成员国来说，有效执行和实施关于双用途问题的规定仍将是它们的关键任务。

欧盟合作措施

20 世纪 90 年代期间，欧盟曾就安全和防扩散问题提供技术援助，如侦查放射性及核材料的走私活动。不过这种援助是特定的，主要针对前苏联，并缺乏共同战略基础。[43] 2006 年，欧盟创建了“稳定工具”（IFS），通过提供财政援助在非欧盟国家当中采取能力建设措施，以应对 2003 年欧洲安全战略和与之相辅的欧盟防止 WMD 扩散战略所概述的威胁。[44] IFS 划拨了 3.2 亿欧元用于 2007—2013 年期间防扩散和降低化学、生物、放射性及核（CBRN）风险的活动。[45]

IFS 为欧盟出口控制合作计划提供资金，该计划源于欧盟通过合

---

〔42〕 欧盟理事会，“双用途货物工作组会议成果”，布鲁塞尔，5917/10，2010 年 1 月 29 日，网址：〈http：//register. consilium. europa. eu/pdf/en/10/st05/st05917. en10. pdf〉。以及欧盟委员会，贸易总司，“2011 年管理计划”（布鲁塞尔，出版局，2011 年 1 月），网址：〈http：//trade. ec. europa. eu/doclib/html/147374. htm〉，第 21 页。

〔43〕 欧盟成员国，特别是德国和英国也在化学、生物、发射性、核（简称 CBRN）问题上提供大量技术援助。战略贸易控制方面的技术援助几乎完全是在欧盟合作项目内进行。有些国家就出口控制问题提供了技术援助。美国的出口控制和相关边界安全援助项目（简称 EXBS）是最大的提供者，网址：〈http：//www. state. gov/t/isn/ecc/index. htm〉。关于国际组织和不同政府的 CBRN 问题技术援助项目在 SIPRI 年鉴的以往版本中已有过叙述。

〔44〕 建立“稳定工具”的欧洲议会第 1717/2006 号和欧盟理事会 2006 年 11 月 15 日条例（EC），《欧盟官方日志》L327，2006 年 11 月 24 日；欧盟理事会，“打击大规模杀伤性武器扩散：欧盟反对大规模杀伤性武器扩散的战略”，15708/03，2003 年 12 月 10 日，网址：〈http：//www. consilium. europa. eu/showPage. aspx？ id=718〉。

〔45〕 IFS 的总预算为 20.62 亿欧元，包括用于风险治理，预防冲突和应对灾难。在降低 CBRN 风险方面，IFS 得到“核保安合作方案（Nuclear Safety Cooperation Instrument）”和“加入前方案（Pre-accession Instrument）”的辅助，前者为 2007—2013 年时段提供 5.24 亿欧元，后者就 CBRN 问题提供一些资助。2007 年 2 月 19 日第 300（2007）号理事会条例（EURATOM）建立“核保安合作方案”，《欧盟官方日志》，L81，2007 年 3 月 22 日；及 2006 年 7 月 17 日第 1085/2006 号理事会条例（EC）建立“加入前援助方案”（Instrument for Pre-accession Assistance ，IPA），《欧盟官方日志》，L210，2006 年 7 月 31 日。

作减少威胁试点项目中的出口控制部分以及两个专门从事双用途出口技术援助的试点项目。[46] 从第一个试点项目到2010年底，合作范围从4个国家扩展到21个，并已邀请10个其他国家在2011年加入合作。与以往的试点项目一样，此计划由德国经济和出口控制联邦局（BAFA）实施并依靠欧盟成员国的专家。

2010年期间，欧盟开始把其他防扩散合作计划的范围扩展到非洲、高加索、中亚、中东和东南亚。[47] 资金分配和项目筹划以地区为基础，通过CBRN示范中心进行。这些举措的目标是打造和扩展各地区在CBRN方面的专业知识，必要时以欧盟和其他地区的专业知识作补充。通过这种概念和财政框架执行的由欧盟资助的项目，其范围、类型和问题方面均由伙伴国和各地区提出建议。[48]

联合国安理会第1540号决议把对西方制订的出口控制议程的辩论扩展为更广泛地讨论国际法对CBRN问题的要求。新出现的关注重点是发展中国家最为关切的问题，如疾病监控、危险物品管理，乃至事故和事件，而不是防扩散和恐怖主义。这一点体现在欧盟的CBRN示范中心计划当中，其宗旨是把技术援助的设计、充实和拥有权移交给伙伴国和各地区，构建、扩展并链接地区内可得到的专业知识。

第四节 强制性措施

与防扩散相关的联合国安理会决议

自联合国安理会2004年通过第1540号决议以来，两个国家—伊朗和朝鲜—是九项关于扩散问题国别决议案的对象国，其中七项决议

---

〔46〕 2004年的第一个试点项目由SIPRI在2005年和2006年期间实施。2005年和2006年的试点项目由德国经济和出口控制联邦局（BAFA）和SIPRI共同实施。参见BAFA，“双用途货物出口控制方面的援助”，网址：〈http：//www.eu-outreach.info/〉。

〔47〕 这些活动是通过欧盟成员国的专家筹备组进行筹划，他们得到所谓的“专家支持基金”资助。

〔48〕 有关CBRN示范中心的情况可见于网址：〈http：//www.cbrn-coe.eu/〉。

基于《联合国宪章》第七章。[49] 这些决议当中的两项于 2010 年通过。第 1928 号决议把专家组监督对朝鲜制裁的职权延长至 2011 年 6 月 12 日，该项制裁是朝鲜 2009 年 5 月进行第二次核试验后对其实施的。[50] 继伊朗拒绝遵守以往决议并拒不停止其铀浓缩计划后，第 1929 号决议对其实施第四轮制裁。[51]

第 1929 号决议重申，要求伊朗“中止其铀浓缩活动并和平地解决对其核计划性质的重大关切”。[52] 决议包含内容广泛的新增和扩展措施，包括：(1) 一份更新的受控双用途物项清单，并扩大对未列入双用途清单物项的控制范围，如果这些物项的最终用途是打算用于或可能用于伊朗的核或导弹计划；(2) 禁止向伊朗提供重型军事装备；(3) 禁止向与伊朗核及导弹计划相关的方面投资和提供金融服务；(4) 要求对前往和来自伊朗的货运进行检查，并对在公海上有理由相信载有用于伊朗核及导弹计划物项的船只进行检查的要求予以合作；(5) 一份列有 41 个补充实体和个人的名单，他们涉及伊朗的核或导弹活动，或与伊斯兰革命卫队、伊朗伊斯兰共和国船运公司有关联。[53]

安理会针对伊朗的四个决议——第 1737 号、1747 号、1803 号和 1929 号——所包含的制裁内容是要使伊朗采购核及导弹计划所需物

---

〔49〕 联合国安理会第 1540 号决议（同注释〔3〕），《联合国宪章》第七章授权安理会采取具有约束力的决议案，以应对联合国安理会所确认的对国际和平与安全构成的威胁。《联合国宪章》，1945 年 6 月 26 日签署，1945 年 10 月 24 日生效。网址：〈http://www.un.org/en/documents/charter/〉。

〔50〕 联合国安理会第 1928 号决议，2009 年 6 月 12 日。还可参见本卷附录 11A 第二节和第八章第六节。关于以往的决议，参见 Bauer and Mićić（同注释〔2〕）。

〔51〕 联合国安理会第 1929 号决议，2010 年 6 月 9 日。第 1929 号决议扩大第 1737 号决议（2006 年 12 月 23 日），第 1747 号决议（2007 年 3 月 24 日）和第 1803 号决议（2008 年 3 月 3 日）的范围。关于这些决议背后的防止核扩散的含义，参见 S. N. 基尔：“核军控与不扩散”，《SIPRI 年鉴 2008》，第 338—349 页。

〔52〕 联合国新闻处，“联合国称伊朗未能澄清其核野心，对其实施附加制裁”，2010 年 6 月 9 日，网址：〈http://www.un.org/apps/news/story.asp?NewsID=34970〉。

〔53〕 关于全面概述，参见澳大利亚外交和商务部的“联合国安理会对伊朗的制裁：2010 年 6 月 9 日第 1929 号决议”，[无日期]，网址：〈http://www.dfat.gov.au/un/unsc_sanctions/unscr_1929.html〉。

项加大难度，增加时间和成本。[54] 安理会希望藉此延长机会之窗，使其对伊朗核计划的关切得到和平的政治解决，但现在评估这些决议能起的的作用还为时太早。援引第七章权力的决议赋予禁令对联合国全体成员国都具有法律约束力，而且对那些原先不太愿意对伊朗扩散活动实施更严格控制的国家，无论它们是出于经济、政治或法律原因，都具有强制性。[55] 安理会决议还经常被作为要求采取行动时进行交涉的有力依据。例如美国国务院发给美国驻北京大使馆向中方对应部门递交的交涉要求称“我们认为，依据第 1737 号［决议］，要禁止向与［联合国安理会决议］指定的实体有关联的公司转让这种受控设备”。[56]

扩散性融资

扩散性融资是防扩散词汇中相对较新的一个术语。虽然金融行动特别工作组（简称 FATF）提出的暂定定义目前最具权威性，但现在尚无普遍接受的定义。FATF 的暂定定义是：

> 违反国家法律或违反适用的国际义务，提供用以制造、获取、拥有、开发、出口、转运、中介、运输、转让、储存或使用核、化学或生物武器及其运载工具及相关材料（包括技术和用于非法目的的双用途货物）的全部或部分资金或金融服务的行为。[57]

---

〔54〕 欧盟和个别一些国家，如日本和美国，在 2010 年采取措施，意欲强化和补充安理会针对伊朗的决议所规定的义务。关于欧盟方面，参见理事会 2010 年 7 月 26 日关于对伊朗采取限制措施的决定（第 2010/413/CFSP 号），《欧盟官方日志》L195，2010 年 7 月 27 日；以及 2010 年 10 月 25 日对伊朗的制约措施的第 961/2010 号理事会条例（EC），《欧盟官方日志》，L281，2010 年 10 月 27 日。

〔55〕《联合国宪章》(同注释〔49〕)，第七章，第 41—41 条。

〔56〕 美国国务院，“就位于马来西亚的电子元件有限公司事向中国提交的补充信息”，发给美国驻北京大使馆的电报，第 10STATES10900 号，2010 年 2 月 3 日，网址：〈http：//www. wikileaks. ch/cable/2010/02/10STATE 10900. html〉。

〔57〕 金融行动特别工作组（FATF），打击扩散性融资：关于政策制订和咨询的进度报告（FATF：巴黎，2010 年 2 月），第 5 页。FATF 是政府间组织，其工作是制订打击洗钱、恐怖主义和扩散性融资的政策。关于其成员国，参见本卷附录 B。

这个定义涵盖了大规模杀伤性武器扩散从发展到使用的全部活动，表明对于为扩散融资的研究已成为与出口控制分离的一个问题，这是个相对全新的做法。值得注意的是，此定义指的是为扩散融资的行为，而不涉及是否知情、有何意图或因疏忽——这些因素通常是需要刑事犯罪量刑时所要考虑的。

伴随对扩散性融资问题的深入了解，对其进行打击的措施也有所增加。实际用来控制扩散性融资的手段有四大类：（1）禁止向受制裁的实体提供金融服务；（2）冻结被制裁实体的资产；〔58〕（3）金融机构对可疑活动的举报；〔59〕（4）更充分地利用金融信息，其中的关键信息是按照第（3）项举报的活动，以支持更广泛的打击扩散的努力。

各国目前仍在就如何采取这些措施，达到什么程度的问题酝酿一个一致意见，因为不同的做法已经很明显，甚至在欧盟成员国之间也是如此，尤其是在可疑活动举报方面。〔60〕至于这些措施对打击扩散有多大效果也看法不一。不过，为扩散目的获取的每一件物项至少有两个相关联的扩散性融资行为（该物项的购买和运输），或许还有更多的行为（如信用证、保险和佣金）。因此，由于采购网络和运作模式变得越发复杂，与扩散相关的敏感物项来源更多，对扩散性融资问题予以更大关注或许有助于更加广泛的防扩散努力。

FATF 在探究扩散性融资方面发挥了主导作用。它发表了几份有影响的报告，包括 2007 年第一次发表的关于执行联合国安理会打击大规模杀伤性武器扩散决议中金融条款的指南，以及 2008 年发表的关于扩散性融资类型的报告。〔61〕扩散性融资类型报告发表后，FATF 的恐怖主义融资和洗钱问题工作组（简称 WGTM）建立了扩

〔58〕 例如，在欧盟，第 961/2010 号理事会条例（同注释〔54〕）中列有冻结资产措施。

〔59〕 关于英国在扩散性融资方面的举报办法，参见英国情报局，“打击扩散性融资举报指南”，POC/0036/09，（有组织犯罪重罪处：伦敦，2009 年 12 月）。

〔60〕 J. Walker，“扩散性融资：进一步阻断和预防的机会?”，发言，第 11 届国际出口控制会议，2010 年 6 月 8—10 日，基辅，网址：〈http：//exportcontrol. org/pastconferences/2706c. aspx〉。

〔61〕 FATF，《关于执行联合国安理会打击大规模杀伤性武器扩散决议中金融条款的指南》（FATF，巴黎，2007 年 6 月 29 日）；及 FATF，扩散性融资报告（FATF：巴黎，2008 年 6 月 18 日）。

散性融资问题小组，以“制订可用来在联合国安理会决议框架内打击扩散性融资的政策选项”。[62] 该项目小组的报告于 2010 年 2 月发表，但仍在审议中，并由恐怖主义融资和洗钱问题工作组（WGTM）在年底讨论。执行安理会决议的指导原则有可能进一步充实，在修订的 FATF 标准中或将纳入关于扩散性融资问题的“特别建议”。[63]

FATF 已表明是个相对有效的工具，可用来探索和定义扩散性融资的类别，并提出指导原则。该工作组拥有广泛的成员国，可代表世界上大部分金融中心，制订和实行可普遍接受的标准。此外，FATF 的相互评估机制可推动有效实施，基准比较和共享优质操作。该机制是一种多边的业内审议，以此监督和帮助执行 FATF 的建议。[64]

打击扩散活动情况的新发现

打击扩散活动的敏感性带来的问题是缺乏透明度和公开原始资料。只有少数国家发布年度报告，其中包含推行双用途出口控制的资料。这些资料只不过是简单地概述一些国家政府所发挥的作用和公布一些基本情况，[65] 因此难以知道各国打击扩散活动的全面范围和广度。于是，研究工作就十分依赖于与少数几个著名的历史性案例相关的公开原始资料。[66]

2010 年期间，从事公布匿名源头私密文件的组织——维基揭密开始逐步公布往来于美国大使馆和美国国务院之间的秘密外交电报。

---

〔62〕 金融行动特别工作组（FATF）（同注释〔57〕）。

〔63〕 FATF，审议标准：筹备第四轮相互评估（FATF，巴黎，2010 年 10 月），第 3 页。

〔64〕 FATF，“进行相互评估的基本原则”，［无日期］，网址：〈http：//www. fatf-gafi. org/document/34/0，3746，en

〔65〕 英国的报告大概是最全面的。英国外交和联邦事务部，“战略出口控制”，2010 年 11 月 11 日，网址：〈http：//www. fco. gov. uk/cn/publications-and-documents/publications1/annual-reports/export-controls1〉；以及英国议会，“武器出口控制委员会”，［无日期］，网址：http：//www. parliament. uk/business/committees 〈/committees-a-z/other-committees/committee-on-arms-export-controls/〉。

〔66〕 例如，A. Q. 汗，网络。最近关于该网络的著作有 D. Albright 的《出售危险：秘密核贸易如何武装美国的敌人》（自由出版社：纽约，2010）；以及 M. Fitzpatrick 的《核黑市：巴基斯坦，A. Q. 汗和扩散网络的兴起—全面评估》（国际战略研究所：伦敦，2007）。

虽然这些电报是以美国为中心的想法，但它们把外交和情报圈外人们难以看到的国际打击扩散合作和行动的力度及情况公诸于世。更多的发布可能会进一步曝光这些行动。[67]

例如有一系列电报说明自 2007 年以来与伊朗导弹计划相关的伊朗机构曾数次试图获取德国公司生产的试验设备，虽然这种设备并非具体列在出口控制清单中，但对其最终用途需要实行出口控制。[68]这些电报描绘出伊朗采购努力的运作方式：利用幌子公司、中介机构、虚假最终用户、海外子公司转口以及经第三国运送。电报还显示了德国与美国如何致力于打击此行为，包括请求采取行动，多边出口控制机制内部信息交流，让公司对威胁产生“敏感性”以及进行刑事调查。特别值得注意的是有关德国海关刑事局（Zollkriminalamt，ZKA）取得证据表明，中介机构知晓该设备的最终用途，这是判定刑事犯罪的必需证据；以及德国外交部请求美国允许公布发给 ZKA 的电报以支持其进行调查，这些突显出审查人员在确定刑事案件时所面临的挑战。[69]

其他电报展现类似的防扩散方面的国家关系和活动，涉及中国、

---

〔67〕 截至 2011 年 1 月 16 日，维基揭密已公布了拟总共发布 251287 份电报中的 2428 份。此处引用的电报采自维基揭密网站：〈http://www.wikileaks.ch/〉或〈http://213.251.145.96/〉，其中许多份在公布之前已由维基揭密编辑过。

〔68〕 美国驻柏林大使馆 2008 年 5 月 16 日发给美国国务院的第 08BERLIN643 号电：“德国要求提供关于伊朗采购某试验舱的信息”；美国驻柏林大使馆 2008 年 8 月 6 日发给美国国务院的第 08BERLIN1068 号电：“德国要求公布致德方海关刑事局（简称 ZKA）的某某件非正式文件”；美国国务院 2008 年 2 月 14 日发给美国驻柏林大使馆的第 08STATE15220 号电：“德国公司进一步策划向伊朗导弹计划出口试验舱”；美国国务院 2009 年 7 月 1 日发给美国驻柏林大使馆的第 09STATE68250 号电：“德国试验舱已被中国子公司卖给伊朗的 DIO”；以及美国国务院 2009 年 12 月 1 日发给美国驻柏林大使馆的第 09STATE122950 号电：“伊朗 SHIG 利用中间商企图从德国公司购买试验设备“。SHIG（Shahid Hemmat 工业集团）、SBIG（Shahid Bakeri 工业集团）和 DIO（国防工业组织）均为被制裁的参与伊朗导弹或核计划的实体，联合国安理会第 1737 号决议，2006 年 12 月 23 日，附件。另可参见“可疑的伊朗实体“[无日期]，网址：〈http://www.iranwatch.org/suspect/enduser-list.asp〉。

〔69〕 美国驻柏林大使馆，第 08BERLIN643 号电报（同注释〔68〕）；及美国驻柏林大使馆，第 08BERLIN1068 号电报（同注释〔68〕）。

法国、印度和西班牙一系列国家。[70] 2008 年，中国外交部军控司司长成竞业甚至被引述称美国和中国在防扩散和出口控制方面的双边合作“良好”。[71]

这种外交电报通常至少保密十年，一般长达 25 年，相关活动的细节只有在起诉的情况下才公诸于世。不过，很少有被发现的未列入清单的双用途物项出口企图（或已得逞）遭到起诉：当政府得知此类扩散企图时，往往使之造成所谓的“瓦解”结局。瓦解分成两类：(1) 警告出口商某项订单或许拟用于某种被禁止的最终用途，需要申办出口许可证；(2) 在港口或机场查出并阻止企图出口物项的出口、运送或转运。

英国看来是唯一公布有关此类活动信息的国家。在该国这两种类型瓦解工作通常是由皇家税务和海关署及边防署承办。这两个部门在 2009 年 4 月和 2010 年 3 月期间办理了 81 次未列入清单的双用途物项瓦解案，而相比之下，在 115 宗没收的战略出口和受制裁的货物当中，一多半不像是与列入清单的双用途物项相关。[72] 这些数字展现了从已建立完善出口控制制度国家进行采购的情况，也说明了未列入

〔70〕 美国国务院 2010 年 2 月 1 日发给美国驻北京大使馆的第 10STATE9939 号电报：“让中方警惕可能有向伊朗的导弹相关出口”；美国国务院第 10STATE10900 号电报（同注释〔56〕）；美国国务院 2010 年 2 月 24 日发给美国驻北京大使馆的第 10STATE16932 号电报：“伊朗 SBIG 力图从一家中国公司购买碳纤维”；美国国务院 2009 年 9 月 16 日发给美国驻巴黎大使馆的第 09STATE96222 号电报；“法国公司向中国出售红外探测器”。美国国务院 2008 年 3 月 7 日发给美国驻新德里大使馆的第 08STATE23763 号电报：“关于某某石墨案和印度的后续跟踪”；美国国务院 2009 年 5 月 26 日发给美国驻新德里大使馆的第 09STATE53356 号电报：”印度的石墨供应商又与中间商做生意用于伊朗的导弹计划”。美国国务院 2009 年 1 月 15 日发给美国驻马德里大使馆的第 09STATE4134 号电报：“西班牙金属商向叙利亚实体提供涉及扩散问题的商品”。

〔71〕 美国驻北京大使馆 2008 年 3 月 26 日发给美国国务院的第 08BEIJING1141 号电报：“Staffdel Januzzi 与外交部军控司司长讨论防扩散、伊朗和朝鲜问题”。

〔72〕 英国外交和联邦事务部以及商务、创新与技能、国际发展和防务等部门，《英国战略出口控制年度报告 2009》（文书局：伦敦，2010 年 7 月 27 日），第 8 页。英国计算没收总数时把列在英国军用品清单物项和依据欧共体 1334/2000 号条例需要出口许可证的双用途货物都包括在内。参见英国税务和海关署的《部门报告 2009》，Cm 7591，（文书局：伦敦，2009 年 7 月），第 90 页。英国军用品清单包括“安全和准军用物品”。英国商务、创新和技能部，《英国军用品清单》，2010 年 8 月，网址：〈http://www.bis.gov.uk/assets/biscore/eco/docs/control-lists/uk-military-list.pdf〉，第 5 页。

控制清单的双用途物项对 WMDH 和导弹计划的重要性。英国安全部门局（军情五处）也会就涉及扩散关切的某项货运或最终用户要求公司保持警惕。〔73〕

第五节 结语

2010 年的情况进一步增强了正在形成的共识，即虽然建立有效的许可证和出口控制制度是打击扩散的必要基础，但奏效的方式还需要采取其他行动，包括：（1）对工业界进行外联和警示予以预防；（2）通过劝阻或没收货物予以制止；（3）开展国际合作，可以是双边的合作，或通过多边机制或倡议的合作；（4）实行信息共享，既可在双边、地区进行，也可通过多边机制进行；（5）国家和国际的能力建设；（6）采取拦截来阻止涉及扩散的敏感物流；（7）盯住扩散性融资。

在这些行动之间大有相互补益的余地。譬如，PSI 可以研究 FATF 的结构和行动方面，汲取如何扩展参加国，把扩散链上关键国家吸收进来的高见；制订和采用拦截敏感货物的国际准则，为此或可发布 PSI 的“类型”报告及执行联合国安理会第 1540 号和 1929 号决议中拦截措施的指导；以及采纳业内专家审议制度，以利于能力建设和共享最佳实践。

此外，区分伙伴合作与技术援助的界限日益模糊。新型的伙伴关系正在形成，而技术援助的接受方在财政和政治上正在成为伙伴方。导致这一趋势的部分原因是人们日益认识到基于同伴合作精神的方式更为有效，因为提升了归属感和可持续性，认识到所有国家必须共同努力进行能力建设和打击扩散，认识到没有任何国家在面临挑战和迅速发展的战略贸易控制领域可以解决所有问题。

由于采购网络的运作方式已能适应对生产国直接出口双用途物项的限制，打击扩散的行动已演变为涵盖中介、运输、转运和金融各方

〔73〕 英国安全局，“打击扩散”，[无日期]，网址：〈https：//www.mi5.gov.uk/output/c ounter-proliferation.html〉。

面，这就涉及到整个供应链上的国家。于是，可能涉及或被用于扩散活动的国家和行为体数量有所增加，并因此受到国际义务和相应国内法的影响。服从战略出口控制的不再只是出口者，同时还会波及生产者、发货者、交易者、运货者、保险公司和银行，尤其是关系到联合国安理会新决议时更是如此。

（李长和　译）

附录 11A

2010 年多边武器禁运

皮埃特 · D · 魏泽曼　诺埃尔 · 凯利

一、导言

2010 年共有 29 项强制性多边武器禁运在执行，被禁运的对象总共 16 个，其中包括政府、非政府武装和一个跨国网络。在这些禁运中，12 项由联合国实施、16 项由欧盟实施、1 项由西非国家经济共同体（简称 ECOWAS）实施。[1]

2010 年期间，联合国安理会未采取新的武器禁运，不过它扩展了对伊朗的武器禁运。一项对塞拉利昂的禁运得以撤销。

欧盟实施的 16 项禁运中有 10 项是直接执行联合国的武器禁运，2 项在范围和覆盖面上有别于联合国的禁运，还有 4 项是联合国所没有的。[2] 2010 年，欧盟实施一项新禁运，执行联合国 2009 年 12 月对厄立特里亚采取的禁运，撤消执行联合国对塞拉利昂的禁运。ECOWAS 的单项禁运是 2010 年唯一由一个多边组织实施的其他禁运。

---

〔1〕 此外，一项自愿性多边禁运仍在执行：1992 年，欧洲安全与合作组织（简称 OSCE）要求所有成员国对参与 Nagoro-Karabakh 地区战斗的亚美尼亚和阿塞拜疆实行武器禁运。虽然这一要求从未取消过，但 OSCE 一些成员国自 1992 年以来已向亚美尼亚和阿塞拜疆提供了武器。欧洲安全与合作会议，高官委员会，声明，1992 年 3 月 13 日第八次会议日志附件 2。

〔2〕 两项有别于的联合国对应禁运是针对伊朗和苏丹的禁令。欧盟对伊朗禁运所涵盖的武器类别多于联合国的禁运；欧盟对苏丹的禁运覆盖其全国，而联合国禁运只针对达尔富尔地区。联合国所没有的 4 项禁运涉及中国、几内亚、缅甸和津巴布韦。欧盟执行联合国禁运的 10 项禁运列于以下表 11A。

本附录第二节详述 2010 年联合国武器禁运的情况，第三节叙述 ECOWAS 和欧盟武器禁运情况。表 11A 详细列出在 2010 年实施的所有多边武器禁运。本附录未涉及某些国家单方实施的正式和非正式武器禁运。

二、联合国武器禁运情况

2010 年 6 月，联合国安理会扩大对伊朗关于常规武器转让的制裁范围。[3] 这是对伊朗未遵守联合国以往决议所作的反应，决议要求它停止有关核后处理、重水和铀浓缩的活动。虽然已有联合国 2006 年 12 月采取的制裁，禁止向其提供与核武器运载系统相关的技术，2010 年的制裁则禁止提供联合国常规武器登记册（UNROCA）定义的重型常规武器，即作战坦克、装甲战车、大口径火炮、战斗机、攻击型直升飞机、军舰、某些导弹和导弹发射器。制裁还包括禁止提供零配件以及与供应、制造、维修或使用所列物项相关的任何帮助。由于决议使用的是 UHROCA 的定义，禁运并不涉及所有武器，[4] 特别是不禁止提供陆基地对空（萨姆，SAM）导弹系统和大部分小武器及轻武器。不过，决议要求各国在向伊朗提供非禁运的武器和相关物资方面保持克制。

武器禁运的具体措词引发了关于俄罗斯是否仍可向伊朗交付 S-300PMU-1（SA-20A）SAM 地对空导弹系统问题。此导弹系统可大大增加对伊朗核设施进行任何空袭的难度，订货于 2005 年，交货期几度推迟。俄罗斯官员发出混乱的信号，有时说认为联合国的禁运禁止交付该系统，有时又表示俄罗斯会允许生产，履行合同；[5] 最终，俄罗斯于 2010 年 9 月通过立法实施联合国对伊朗的制裁，明确禁止

〔3〕 联合国安理会第 1929 号决议，2010 年 6 月 9 日。

〔4〕 关于 UNROCA 定义细节，参见联合国，裁军事务部《联合国常规武器登记册信息册 2007》（联合国，纽约，2007），第 5—6 页。关于 UNROCA，另可参见本卷附录 6C。

〔5〕 “国防部长称向伊朗交付 S—300 事未定”，俄罗斯新闻社，2010 年 8 月 20 日，网址：〈http://en. rian. ru/mlitary _ news/20100820/160273434. html〉；和 “俄罗斯会因与伊朗的导弹合同违约而损失数十亿”，俄罗斯新闻社，2010 年 6 月 30 日。网址：〈http://en. rian. ru/russia/20100630/159641465. html〉。另可参见本卷第六章第二节。

交付 S-300 SAM 系统。[6]

2010 年 9 月，安理会撤销联合国对塞拉利昂制裁的剩余部分，该制裁最早于 1998 年实施。[7] 虽然制裁主要是针对革命联合战线（RUF）反叛集团，但也要求塞拉利昂政府对所有进口的武器和采购物资进行标记、登记并通报制裁委员会。[8] 安理会决定撤销制裁的原因是该国政府已能充分控制全部国土。

2010 年 10 月，安理会加大对苏丹达尔富尔地区制裁的力度，要求各成员国确保向苏丹其他地区出售或提供的任何武器都须附带关于最终用户的条件，书面说明这些武器不得在达尔富尔地区使用。[9] 这是对联合国专家们就达尔富尔地区军事装备多次进行观察的回应，专家们有充分理由认为，苏丹政府部队拥有的一些军事装备是 2005 年 3 月相关制裁扩展到政府军之后交付到苏丹的。这批装备包括未经证实但有可能是源于中国的弹药（见下文）和一些较清楚的案例。例如，联合国苏丹问题专家组在达尔富尔发现苏丹自 2008 年以来从白俄罗斯获得几架苏—25 战机，其使用条件是不得违反联合国的制裁。[10] 专家组进一步建议要求供应方向苏丹问题制裁委员会通报向苏丹出售的军事货物和服务，此议未被采纳。[11]

2010 年 8 月，联合国科特迪瓦行动（简称“联科行动”，UNOCI）发布其关于 2010 年 2 月在该国发生暴力示威的调查报告。[12] 报告的结论是，政府部队试图镇压示威时严重违反人权。然而，该报告建议撤销对科特迪瓦的武器禁运，允许其进口抗暴物资，“因为由于

---

〔6〕 厄洛斯总统，“关于执行联合国安理会伊朗问题第 1929 号决议的总统令”，2010 年 9 月 22 日，网址：〈http：//eng. kremlin. ru/acts/980〉。

〔7〕 联合国第 1940 号决议，2010 年 9 月 29 日。

〔8〕 联合国安理会第 1171 号决议，1998 年 6 月 5 日。另可参见安理会制裁塞拉利昂委员会网站：〈http：//www. un. org/sc/committees/1132/。

〔9〕 联合国安理会第 1945 号决议，2010 年 10 月 14 日，第 10 段。

〔10〕 联合国安理会，依照第 1591（2005）号决议所设关于苏丹的专家组报告，2010 年 9 月 20 日，第 S/2011/111 号文件的附件，2011 年 3 月 8 日，第 30—31 页。

〔11〕 联合国安理会，依照第 1591（2005）号决议所设关于苏丹的专家组第二次报告第 3 段，第 S/2006/250 号文件的附件，2006 年 4 月 19 日，第 3 页。

〔12〕 联合国科特迪瓦行动（UNOCI），人权处，Rapport sur les violations des droits de l'homme liées aux événements de février 2010（关于与 2010 年 2 月事件有关的违反人权事报告），[无日期]，网址：〈http：//www. onuci. org/spip. php? rubrique12〉。

缺少这些物资造成执法部队动用武器"。[13] 2010 年 10 月，安理会把武器禁运延长至 2011 年 4 月 30 日，但修改为允许"提供经制裁委员会事先核准的非致命性装备，仅为了让科特瓦安全部队在维持公共秩序时只使用适当和相称的武力。"[14]

联合国专家组

联合国安理会任命了几个专家组监督执行联合国的制裁。在 2010 年 6 月设立的监督执行对伊朗制裁的专家组之后，2010 年期间进行的 12 项武器禁运中仅两项没有与之关联的专家组。[15] 不过，在联合国内对这些专家组的活动并非没有争议。2010 年发生了几次联合国成员国对专家组的报告作出强烈反应，试图改动或阻挠发布报告，或难以就专家组的组成达成一致。

2010 年 5 月，监督执行联合国对朝鲜人民民主共和国（朝鲜）制裁的专家组向安理会提交其首次报告。据报道，中国和安理会另一个常任理事国反对报告中的一些内容（虽然公众不了解反对的是什么），于是推延了发布。[16] 最终中国在 2010 年 11 月份同意公开发布该报告，虽然其案文在 6 月份时即已泄露。[17]

在任命制裁伊朗专家组成员时也出现困难，因为安理会成员国之间迟迟难以达成一致。从专家组成立到联合国秘书长最终能够任命该

---

〔13〕 联合国，新闻处，"科特迪瓦：联合国调查发现 2 月抗议期间严重违反人权"，2010 年 8 月 27 日，网址：〈http：//www. un. org/apps/news/story. asp? NewsID=35751〉。

〔14〕 联合国安理会第 1946 号决议，2010 年 10 月 15 日，第 5 段。还可参见安理会关于科特迪瓦的制裁委员会网址：〈http：//www. un. org/sc/committees/1572/〉。

〔15〕 对伊拉克和黎巴嫩境内非政府武装的制裁没有专家组。新专家组是由联合国安理会第 1929 号决议设立的（同注释〔3〕）。在该专家组设立之前，制裁伊朗委员会曾发布两份所谓的执行协助通报，其中包含在地中海拦截载有伊朗军火船只两个案件的详情。联合国安理会，制裁伊朗委员会，"执行协助通报"，2009 年 7 月 24 日；以及"第 2 号执行援助通报"；*Hansa India'*，2010 年 1 月 20 日，网址：〈http：//www. un. org/sc/committees/1737/selecdocs. shtml〉。

〔16〕 Charbonneau，L.，"中国不再阻止关于朝鲜的严厉报告"：联合国使节"，路透社，2010 年 11 月 9 日，网址：〈http：//www. reuters. com/article/idUSTRE6A80SM20101109〉。

〔17〕 联合国安理会，依据第 1874（2009）号决议所设专家组报告，2010 年 5 月 12 日，第 S/2010/571 号文件附件，2010 年 11 月 5 日；及 Lewis，J.，"联合国安理会专家组关于制裁朝鲜的报告" Arms Control Wonk，2010 年 6 月 30 日，网址：〈http：//lewis. armscontrolwonk. com/archive/2784/unsc-experts-panel-on-dprk-sanctions〉。

专家组，用了 5 个月时间，其组成是中国、法国、德国、日本、尼日利亚、俄罗斯、联合王国和美国的专家，[18] 个中缘由没有公开，但法国、英国和美国曾在 2010 年 9 月对此拖延表达关切。[19]

联合国关于苏丹的专家组在其 2020 年 10 月的报告中称，在达尔富尔，包括在袭击非盟/联合国达尔富尔混合行动（简称 UNAMID）人员的现场发现了小武器弹药，其标记与中国厂商所使用的标记一致。[20] 专家组以谨慎的方式不排除中国境外的厂商可能会使用同样的标记，也未暗指中国在知道会转往达尔富尔的情况下授权转让这些弹药。但该专家组还是批评了中国没有提供这种弹药样品所需的细节。专家组还质疑中国信相苏丹政府不会把进口的军事物资转运到达尔富尔的保证，尽管专家组以前的调查曾发现该政府过去就这么干过。[21]

2010 年 10 月 20 日，制裁苏丹委员会讨论了专家组报告后，中国对报告做出强烈反应。中国外交部发言人批评该报告说调查结果欠妥，暗指专家组的工作有失客观，但未具体说明中方认为哪些调查结果有问题。[22] 10 月 4 日，安理会延续了对专家组的授权，并追加要求向苏丹出口的武器需有最终用户证明文件为条件，中国表示弃权。[23] 专家组报告拖延到 2011 年 3 月公布。

据报道，中国还强烈反对关于科特迪瓦的专家组 2010 年 12 月提交的报告。据称该报告把中国列入一些国家的名单，这些国家都没有

---

〔18〕 联合国，安理会，秘书长 2010 年 11 月 5 日致安理会主席的信函，第 S/2010/576 号文件，2010 年 11 月 8 日。

〔19〕 联合国，安理会第 6384 次会议，第 S/PV. 6384 号文件，2010 年 9 月 15 日。

〔20〕 联合国（同注释〔10〕）第 20 页。

〔21〕 联合国（同注释〔10〕）第 25 页。

〔22〕 马朝旭．，发言人，新闻发布会，中国外交部，2010 年 10 月 21 日，网址：〈http：//www. mfa. gov. cn/eng/xwfw/s2510/2511/t763466. htm〉。

〔23〕 联合国，安理会第 6401 次会议，第 S/PV. 6401 号文件，2010 年 10 月 14 日；及联合国安理会第 1945 号决议（同注释〔9〕）。另可参见联合国，安理会，“安理会关注达尔富尔暴力活动增加，通过第 1945（2010）号决议延续授权专家组监督”，2010 年 10 月 14 日，网址：〈http：//www. un. org/News/Press/docs/2010/sc10056. doc. htm〉；及 Charbonneau，L.，“中国企图回避达尔富尔弹药问题报告：使节”，路透社，2010 年 10 月 20 日，网址：〈http：//www. reuters. com/article/idUSTRE69I6L720101019〉。

就科特迪瓦境内发现的武器按要求提供完整资料。[24]

违反禁运案

2010 年期间，安理会几个制裁委员会和专家组报告称有严重违反联合国武器禁运的情况。[25]

9 月份，在意大利扣押了一个装有烈性炸药的集装箱，此集装箱来自伊朗前往叙利亚，违反了关于禁止伊朗武器出口的禁运。10 月份，在尼日利亚扣押了 13 个装有武器和弹药的集装箱，它们来自伊朗，运往身份不明的收货方。[26]

自 1992 年对索马里非政府武装力量实行武器禁运以来，违禁行为经常发生。[27] 2010 年 2 月，联合国关于索马里的监督组报告说，前一年违反联合国禁运进入索马里的小武器和轻武器主要源于也门和埃塞俄比亚。厄立特里亚曾是武装反对派集团的主要赞助方，看来已减少军事援助，而仍继续提供政治、外交，或许财政支持。[28]

2010 年期间，对运到科特迪瓦的可疑小武器和弹药继续进行调查，其中有些数量看来较大。[29] 2010 年 10 月，在美国逮捕了一个科特迪瓦上校和一个美国武器中间商，因为他们企图向科特迪瓦武装部队供应 4000 把手枪。[30]

虽然以往关于对刚果民主共和国的禁运报告曾指出有军火自邻国输入，但 2010 年关于刚果的专家组报告没有此说。该报告倒是说发

---

〔24〕 Lynch，C.，“独家报道：中国遭点名批评，转而恫吓”，Turtle Bay 博客，外交政策，2010 年 1 月 18 日，网址：〈http：//turtlebay. foreignpolicy. com/posts/2011/01/18/named _ and _ shamed _ china turns _ to _ intimidation〉。

〔25〕 专家组的报告可见于联合国安理会制裁委员会网址：〈http：//www. un. org/sc/committees/〉。

〔26〕 联合国，安理会，第 6442 次会议，第 S/PV. 6442 号文件，2010 年 12 月 10 日。

〔27〕 Wezeman，P. D.，“索马里的武器泛滥和冲突”，SIPRI 背景文件，2010 年 10 月，网址：〈http：//books. sipri. org/product _ info? c _ product _ id=416〉，第二节。

〔28〕 联合国，安理会，依据 2010 年 2 月 26 日安理会第 1853（2008）号决议所设关于索马里的监督组报告，第 S/2010/91 文件附件，2010 年 3 月 10 日，第 6 页。

〔29〕 联合国，安理会，依据 2010 年 3 月 18 日安理会第 1893（2009）号决议第 12 段所设关于科特迪瓦的专家组报告，第 S/2010/179 号文件附件，2010 年 4 月 12 日。

〔30〕 Elias，P.，“科特迪瓦军官因走私枪支被捕”，美联社，2010 年 10 月 10 日。

生过几次民主刚果武装部队军官向该国非政府武装团体之一提供武器。[31]

联合国关于民主刚果和索马里的武器禁运允许向政府军队提供武器。不过必须事先通知联合国相关的制裁委员会，而且就索马里来说不得进行转让。[32] 至于民主刚果，有些武器供应方把转让情况通知了关于民主刚果的制裁委员会，有些则没有通知。即使作了通知，信息经常有失完整或迟到。[33] 就索马里而言，向其安全部门提供的大多数援助并未得到关于索马里的制裁委员会授权。[34]

关于朝鲜的专家组虽然未发现向朝鲜的武器供应，但专家组报告说该国违反2006年实行的禁运，企图出口武器。[35] 2009年6月设立专家组之后的一年里，共有4起朝鲜武器出口案件报告给关于朝鲜的制裁委员会，其中之一发生在2010年。2010年2月，一艘来自朝鲜前往刚果共和国的船只在南非德班港口被扣押，船上装有坦克零部件和其他军事货物。但专家组称无法确定还有多少其他违法武器交易得逞而未被发现。[36] 总而言之，专家组认为朝鲜用新公司取代了联合国认定的那些从事武器出口的公司；由于朝鲜商务船队状况每况愈下以及对朝鲜船只的警惕性上升，看来朝鲜越来越依赖用外国拥有的轮船运载违禁货物；并试图用化整为零的办法掩护军火交易。[37]

三、其他多边武器禁运情况

2010年，对中国、几内亚、缅甸和津巴布韦四个国家的多边武

〔31〕 联合国，安理会，关于刚果民主共和国的专家组报告，2010年10月26日，第S/2010/596号文件附件，2010年11月29日。

〔32〕 关于利比里亚的禁运也允许以此方式在预先通知后向其政府提供，但2010年期间没有关于明显违禁的报道。

〔33〕 参见 Bromley，M. 和 Holtom，P.，“向刚果民主共和国转让武器：评估武器转让通知制度，2008—10”，SIPRI 背景文件，2010年10月，网址：〈http://books.sipri.org/product_info?c_product_id=415〉。

〔34〕 联合国（同注释〔28〕）第54页。

〔35〕 联合国（同注释〔17〕）第3页。

〔36〕 联合国（同注释〔17〕）第26页。

〔37〕 联合国（同注释〔17〕）第23、24、25页。

器禁运没有与之对应的联合国禁运。西非国家经济共同体和欧盟于2009 年 10 月对几内亚国内的暴力行为和日趋恶化的政治形势做出反应，对其实行武器禁运。2010 年期间，伴随 11 月份的选举，政治形势大为改善，但武器禁运并未解除。

津巴布韦自 2002 年以来一直是欧盟武器禁运的对象国，2009 年 2 月组成联合政府至今，被认为进步不大，尚不足以让欧盟解除对它的制裁。〔38〕

欧盟于 1989 年 6 月对发生在天安门广场的暴力镇压抗议事件作出反应而对中国实行的武器禁运，一直是欧盟内部多年来讨论的议题，2010 年依然如此。1 月份，西班牙外交部长莫拉蒂诺斯表示，西班牙拟在其担任为期 6 个月的欧盟主席国期间把解除禁运问题列入欧盟议事日程，美国的反应是极力劝说欧盟成员国不要同意撤销禁运。大多数欧盟国家据报道向美国保证说它们打算保持禁运，2010 年 6 月，西班牙任主席国期满时，莫拉蒂诺斯宣称解除禁运的条件尚未达到。〔39〕不过这个问题在 2010 年 9 月欧盟国家审议中国与欧盟关系时又进行了讨论。法国外长库希纳说法国长期以来一直赞同取消这项禁运。〔40〕据报道讨论的一份文件列举了可满足取消禁运的条件，包括改善与台湾的关系，大赦 1989 年在天安门抗议活动的被捕者。〔41〕2010 年 12 月，据报道欧盟外交事务和安全政策高级代表凯瑟琳·阿什顿主张撤销禁运，在一篇战略性文章中辩称“目前实行的武器禁运是进一步发展欧盟与中国在外交政策和安全事务方面合作的主要障碍。”〔42〕此建议未能说服主张禁运的欧盟国家改变它们的立场。〔43〕

---

〔38〕欧盟理事会，“理事会关于津巴布韦的结论”，第 2996 次外交事务理事会，布鲁塞尔，2010 年 2 月 22 日。

〔39〕Cué, C. E.，“EE UU ordenó impedir que España levantara el embargo a China”［美国命令西班牙停止撤销对华禁运］，El Pais，2010 年 12 月 14 日。

〔40〕“欧洲在对华武器禁运问题上依然看法不一”，法新社，2010 年 9 月 11 日。

〔41〕“欧洲在对华武器禁运问题上依然看法不一”（同注释〔41〕）。

〔42〕Rettman，A.，“阿什顿欧盟外交政策规划对中国采取实用立场”，欧盟观察，2010 年 12 月 17 日，网址：〈http：//euobserver.com/9/31538〉。

〔43〕Rettman，A，“尽管有巨大投资，欧盟依然维持对华武器禁运”，欧盟观察，2011 年 1 月 5 日，网址：〈http：//euobserver.com/884/31592〉。

表 11A.1　2010 年期间实行的多边武器禁运

被禁运方[1]	最早实施禁运的日期	决定或修订禁运的主要文书[2]	2010 年的变动
联合国的武器禁运			
“基地”组织、塔利班及相关个人和实体	2000 年 12 月 19 日	UNSCRs 1333、1390	
刚果民主共和国（NGF）	2003 年 7 月 28 日	UNSCRs 1493、1596、1807	2010 年 11 月 29 日由 UNSCR 第 1952 号决议延长至 2011 年 11 月 30 日
科特迪瓦[3]	2004 年 11 月 15 日	UNSCRs 1572	2010 年 10 月 15 日由 UNSCR 第 1946 号决议修订并延长至 2011 年 4 月 30 日
厄立特里亚	2009 年 12 月 23 日	UNSCR 1907	
伊朗[4]	2006 年 12 月 23 日	UNSCR 1737、1747	2010 年 6 月 9 日由 UNSCR 第 1929 号决议修订
伊拉克（NGF）	1990 年 8 月 6 日	UNSCR 661、1483、1546	
朝鲜	2006 年 7 月 15 日	UNSCRs 1695、1718、1874	
黎巴嫩（NGF）	2006 年 8 月 11 日	UNSCR 1701	
利比里亚（NGF）[5]	2003 月 12 月 22 日	UNSCRs 1521、1683、1903	2010 年 12 月 17 日由 UNSCR 第 1961 号决议延长至 2011 年 12 月 17 日

被禁运方[1]	最早实施禁运的日期	决定或修订禁运的主要文书[2]	2010 年的变动
塞拉利昂（NGF）	1997 年 10 月 8 日	UNSCRs1132、1171	2010 年 9 月 29 日由 UNSCR 第 1940 号决议撤销
索马里	1992 年 1 月 23 日	UNSCRs 733、1725	
苏丹（达尔富尔）[6]	2004 年 7 月 30 日	UNSCRs 1556、1591	2010 年 10 月 14 日由 UNSCR 第 1945 号决议修订
欧盟的武器禁运			
“基地”组织、塔利班及相关个人和实体*	1996 年 12 月 17 日	CPs96/746/CFSP、2001/154/CFSP、2002/402/CFSP	
中国	1989 年 6 月 27 日	欧洲理事会声明	
刚果民主共和国（NGF）*	1993 年 4 月 7 日	声明，CPs 2003/680/CFSP、2005/440/CFSP、2008/369/CFSP	
科特迪瓦*	2004 年 12 与 13 日	CP 2004/852/CFSP	2010 年 10 月 29 日由 CD2010/656/CFSP 修订
厄立特里亚*	2010 年 3 月 1 日	CD2010/127/CFSP	新制裁
几内亚	2009 年 10 与 27 日	CPs 2009/788/CFSP、2009/1003/CFSP	
伊朗	2007 年 2 月 27 日	CPs 2007/140/CFSP、2007/246/CFSP	

被禁运方[1]	最早实施禁运的日期	决定或修订禁运的主要文书[2]	2010 年的变动
伊拉克（NGF）*	1990 年 8 月 4 日	声明、CPs 2003/495/CFSP，2004/553/CFSP	
朝鲜*	2006 年 11 月 20 日	CPs 2006/795/CFSP、2009/573/CFSP	
黎巴嫩（NGF）*	2006 年 9 月 15 日	CP 2006/625/CFSP	
利比里亚（NGF）*	2001 年 5 月 7 日	CPs 2001/357/CFSP、2004/137/CFSP、2006/518/CFSP	2010 年 3 月 1 日由 CD2010/129/CFSP 修订
缅甸[7]	1991 年 7 月 29 日	GAC 声明；CPs 96/635/CFSP、2003/297/CFSP	2010 年 4 月 26 日由 CD2010/232/CFSP 延长至 2011 年 4 月 30 日
塞拉利昂（NGF）*	1998 年 6 月 29 日	CP 98/409/CFSP	2010 年 11 月 8 日由 CD/2010/677/CFSP 撤销
索马里（NGF）*	2002 年 12 月 10 日	CPs 2002/960/CFSP、2009/138/CFSP	2010 年 4 月 26 日由 CD2010/231/CFSP 修订
苏丹	1994 年 3 月 15 日	CPs 94/165/CFSP、2004/31/CFSP、2005/411/CFSP	
津巴布韦	2002 年 2 月 18 日	CP 2002/145/CFSP	2010 年 2 月 15 日由 CD2010/92/CFSP 延长至 2011 年 2 月 20 日

被禁运方[1]	最早实施禁运的日期	决定或修订禁运的主要文书[2]	2010 年的变动
西非国家经济共同体的武器禁运			
几内亚	2009 年 10 月 17 日	ECOWAS 声明	

* 为欧盟执行联合国的禁运；CD 为理事会决定；CP 为理事会共同立场；GAC 为总务理事会；NGF 为非政府武装；UNSCR 为联合国安理会决议。

1. 自最早实施此项制裁以来，被制裁方可能发生了变化。此处所列的被制裁方系 2010 年底状况。

2. 较早的文书可能已被后来的文书修订或撤销。

3. 联合国安理会第 1946 号决议允许“提供经制裁委员会事先核准的非致命性装备，仅为了让科特瓦安全部队在维持公共秩序时只使用适当和相称的武力”。

4. 联合国安理会第 1929 号决议把对伊朗的武器禁运由禁止提供与核武器运载系统相关的技术扩展到禁止提供联合国常规武器登记册界定的所有重型常规武器。

5. 利比里亚自 1992 年以来就被联合国为了相关但不同的目标实施武器禁运。

6. 联合国安理会第 1945 号决议加强了对苏丹的禁运，要求所有国家应确保，向苏丹出售或供应未被第 1556 号和第 1591 号决议禁止的军火和相关物资必须以有必要的最终用户证明文件为条件，以便各国确信这类出售或供应符合上述决议规定的措施（即不得用于达尔富尔地区）。

7. 欧盟及其成员国最早于 1990 年对缅甸实施武器禁运。

资料来源：联合国，“联合国安理会各制裁委员会”，网址：〈http：//www. un. org/sc/committees/〉；欧盟理事会“欧盟武器出口禁运清单”第 9045/10 号文件，2010 年 4 月 27 日。

（李长和　译）

附　件

附件 A　军控与裁军协定

南尼·博德尔

本附件罗列了与军控和裁军相关的多边和双边条约、公约、议定书和协定。除非另外注明，本附件罗列的协定及其缔约国和签约国为截至 2011 年 1 月 1 日的情况。

注释

1. 协定被划分为普遍性条约（即对所有国家开放的多边条约；第一部分)、区域性条约（即对特定区域国家开放的多边协定；第二部分）和双边条约（第三部分)。在每部分内，各项协定按其通过、签署或开放供签署日期（多边协定）或签署日期（双边协定）的顺序排列。协定生效日期及多边协定的保存人也一并列出。

2. 资料主要来自条约保存方提供的签约国和缔约方名单。2009 年 1 月 1 日后批准、加入、继承或签署协定的签约国、缔约国或成员国名单以斜体字标明。

3. 缔约方名单下面的脚注列出了有关国家就签署、批准、加入或继承某些主要条约所作的最重要保留、声明或解释性声明的实质性部分的内容。

4. 国家和组织按照批准国、加入国或继承国的顺序排列。原非自治领地在获得国家地位后，有时会申明其前殖民国家所签署的所有协定继续有效。本附件只列出那些对协定继续生效作出无争议声明或已通知协定保存方要继承协定的新国家。俄罗斯联邦继承苏联承担的国际义务。塞尔维亚继承了前塞尔维亚和黑山联邦的国际义务。

5. 除非另外注明，本附件所列的多边协定向所有国家或相关地区（或区域）内的所有国家开放签署、批准、加入或继承。本附件所列签约国或缔约方并不都是联合国会员国。由于国际社会不承认台湾地区为主权国家，它仅被列为其所批准的协定的缔约方。

6. 本附件尽可能提供精确的条约副本的获取地址（出版物和在线网址）。提供者主要是条约的保存方，与条约相关的机构或秘书处，或者是《联合国条约集》（见网址〈http：//treaties. un. org/〉）。

第一部分　普遍性条约

禁止在战争中使用窒息性、毒性或其他气体及细菌作战方法的议定书（1925 年日内瓦议定书）

1925 年 6 月 17 日在日内瓦签署，1928 年 2 月 8 日生效，由法国政府保存。

议定书宣告缔约国同意遵守禁止在战争中使用这些武器的义务。

缔约国（138 个）：阿富汗、阿尔巴尼亚、阿尔及利亚、安哥拉、安提瓜和巴布达、阿根廷、澳大利亚、奥地利、巴林、孟加拉国、巴巴多斯、比利时、贝宁、不丹、玻利维亚、巴西、保加利亚、布基纳法索、柬埔寨、喀麦隆、加拿大、佛得角、中非共和国、智利、中国、哥斯达黎加、科特迪瓦、克罗地亚、古巴、塞浦路斯、捷克共和国、丹麦、多米尼加共和国、厄瓜多尔、埃及、萨尔瓦多、赤道几内亚、爱沙尼亚、埃塞俄比亚、斐济、芬兰、法国、冈比亚、德国、加纳、希腊、格林纳达、危地马拉、几内亚比绍、梵蒂冈、匈牙利、冰岛、印度、印度尼西亚、伊朗、伊拉克、爱尔兰、以色列、意大利、牙买加、日本、约旦、肯尼亚、朝鲜、韩国、科威特、老挝、拉脱维亚、黎巴嫩、莱索托、利比里亚、利比亚、列支敦士登、立陶宛、卢森堡、马达加斯加、马拉维、马来西亚、马尔代夫、马耳他、毛里求斯、墨西哥、摩纳哥、蒙古、摩洛哥、尼泊尔、荷兰、新西兰、尼加拉瓜、尼日尔、尼日利亚、挪威、巴基斯坦、巴拿马、巴布亚新几内[1]、巴拉圭、秘鲁、菲律宾、波兰、葡萄牙、卡塔尔、罗马尼亚、俄罗斯、卢旺达、圣基茨和尼维斯、圣卢西亚、圣文森特和格林纳丁斯、沙特阿拉伯、塞内加尔、塞尔维亚和黑山、塞拉利昂、斯洛伐克、斯洛文尼亚、所罗门群岛、南非、西班牙、斯里兰卡、苏丹、斯威士兰、瑞典、瑞士、叙利亚、中国台湾地区、坦桑尼亚、泰国、多哥、汤加、特立尼达和多巴哥、突尼斯、土耳其、乌干达、英国、乌克兰、乌拉圭、美国、委内瑞拉、越南、也门。

注：加入本议定书时，有些国家有所保留，表示将对不遵守本议定书的非国家行为体、含有不遵守本议定书非国家行为体的联盟以及使用本议定书所禁止武器的违约国，保留使用化学或生物武器还击的权利。其后，特别是1972年《禁止生物武器公约》和1993年《禁止化学武器公约》后，因为保留内容和公约的义务相矛盾，许多国家撤销了保留。

除了这种“明确”保留例外，有些国家在独立后发表声明继承各自前殖民国家的议定书时，“含糊”地有所保留。例如，从法国和英国独立的国家，在英法撤销或修改其保留之前就有过这种“含糊”保留。加入（而不是继承）议定书的国家不通过此方式继承“保留”。

议定书文本：见国际红十字会和国际人道主义法，网址：〈http：//www.icrc.org/ihl.nsf/FULL/280？OpenDocument〉。

关于防止和惩治灭绝种族罪公约（种族灭绝公约）

1948年12月9日在巴黎召开的联合国大会上通过，1951年1月12日生效，由联合国秘书长保存。

根据该公约，任何意在全部或部分消灭一个民族、部族、种族或宗教团体的行为都是应按国际法进行惩治的罪行。

缔约国（141个）：阿富汗、阿尔巴尼亚*、阿尔及利亚*、安道尔、安提瓜和巴布达、阿根廷*、亚美尼亚、澳大利亚、奥地利、阿塞拜疆、巴哈马、巴林*、孟加拉国*、巴巴多斯、白俄罗斯*、比利时、伯利兹、玻利维亚、波黑、巴西、保加利亚*、布基纳法索、布隆迪、柬埔寨、加拿大、智利、中国*、哥伦比亚、科摩罗、刚果民主共和国、哥斯达黎加、科特迪瓦、克罗地亚、古巴、塞浦路斯、捷克共和国、丹麦、厄瓜多尔、埃及、萨尔瓦多、爱沙尼亚、埃塞俄比亚、斐济、芬兰、法国、加蓬、冈比亚、格鲁吉亚、德国、加纳、希腊、危地马拉、几内亚、海地、洪都拉斯、匈牙利*、冰岛、印度*、伊朗、伊拉克、爱尔兰、以色列、意大利、牙买加、约旦、哈萨克斯坦、朝鲜、韩国、科威特、吉尔吉斯斯坦、老挝、拉脱维亚、黎巴嫩、莱索托、利比里亚、利比亚、列支敦士登、立陶宛、卢森堡、前南斯拉夫马其顿共和国、马来西亚*、马尔代夫、马里、墨西哥、摩尔多瓦、摩纳哥、蒙古*、黑山*、摩洛哥*、莫桑比克、缅甸*、纳米比亚、尼泊尔、荷兰、新西兰、尼加拉瓜、尼日利亚、挪威、巴基斯坦、巴拿马、巴布亚新几内亚、巴拉圭、秘鲁、菲律宾*、波兰*、葡萄牙*、罗马尼亚*、俄罗斯*、卢旺达*、圣文森特和格林纳丁斯、沙特阿拉伯、塞内加尔、塞尔维亚*、塞舌尔、新加坡*、斯洛伐克、斯洛文尼亚、南非、西班牙*、斯里兰卡、苏丹、瑞典、瑞士、叙利亚、坦桑尼亚、多哥、汤加、特立尼达和多巴哥、突尼斯、土耳其、乌干达、英国、乌克兰*、阿拉伯联合酋长国、乌拉圭、美国*、乌兹别克斯坦、委内瑞拉*、越南*、也门*、津巴布韦。

* 批准、加入和继承时表示有所保留和/或发表声明。

签署但未批约国（1 个）：多米尼加共和国

公约文本：见联合国条约汇编，网址：〈http：//treaties. un. org/Pages/CTCTreaties. aspx? id=4〉。

关于战争时期保护平民的日内瓦第四公约

1949 年 8 月 12 日在日内瓦签署，1950 年 10 月 21 日生效，由瑞士联邦委员会保存。

公约规定了在战争地区和被占领土保护平民的原则。公约在 1949 年 4 月 21 日到 8 月 12 日召开的外交会议上制定。（同时，其他三个公约相继出台。第一公约旨在改善战地武装部队伤者、病者境遇；第二公约旨在改善海上武装部队伤者、病者及舰艇失事人员的境遇；第三公约涉及战俘待遇）。

缔约国（194 个）：阿富汗、阿尔巴尼亚*、阿尔及利亚、安道尔、安哥拉*、安提瓜和巴布达、阿根廷、亚美尼亚、澳大利亚*、奥地利、阿塞拜疆、巴哈马、巴林、孟加拉国*、巴巴多斯*、白俄罗斯、比利时、伯利兹、贝宁、不丹、玻利维亚、波黑、博茨瓦纳、巴西、文莱、保加利亚、布基纳法索、布隆迪、柬埔寨、喀麦隆、加拿大、佛得角、中非共和国、乍得、智利、中国*、哥伦比亚、科摩罗、刚果民主共和国、刚果（共和国）、库克群岛、哥斯达黎加、科特迪瓦、克罗地亚、古巴、塞浦路斯、捷克共和国*、丹麦、吉布提、多米尼克、多米尼加共和国、厄瓜多尔、埃及、萨尔瓦多、赤道几内亚、爱沙尼亚、厄立特里亚、埃塞俄比亚、斐济、芬兰、法国、加蓬、冈比亚、格鲁吉亚、德国*、加纳、希腊、格林纳达、危地马拉、几内亚、几内亚比绍*、圭亚那、海地、梵蒂冈、洪都拉斯、匈牙利、冰岛、印度、印度尼西亚、伊朗*、伊拉克、爱尔兰、以色列*、意大利、牙买加、日本、约旦、哈萨克斯坦、肯尼亚、基里巴斯、朝鲜*、韩国*、科威特*、吉尔吉斯斯坦、老挝、拉脱维亚、黎巴嫩、莱索托、利比里亚、利比亚、列支敦士登、立陶宛、卢森堡、前南斯拉夫马其顿共和国*、马达加斯加、马拉维、马来西亚、马尔代夫、马里、马耳他、马绍尔群岛、毛里塔尼亚、毛里求斯、墨西哥、密克罗尼西亚、摩尔多瓦、摩纳哥、蒙古、黑山、摩洛哥、莫桑比克、缅甸、纳米比亚、瑙鲁、尼泊尔、荷兰、新西兰*、尼加拉瓜、尼日尔、尼日利亚、挪威、阿曼、巴基斯坦*、帕劳、巴拿马、巴布亚新几内亚、巴拉圭、秘鲁、菲律宾、波兰、葡萄牙*、卡塔尔、罗马尼亚、俄罗斯*、卢旺达、圣基茨和尼维斯、圣卢西亚、圣文森特和格林纳丁斯、萨摩亚、圣马力诺、圣多美和普林西比、沙特阿拉伯、塞内加尔、塞尔维亚、塞舌尔、塞拉利昂、新加坡、斯洛伐克、斯洛文尼亚、所罗门群岛、索马里、南非、西班牙、斯里兰卡、苏丹、苏里南*、斯威士兰、瑞典、瑞士、叙利亚、塔吉克斯坦、坦桑尼亚、泰国、东帝汶、多哥、汤加、特立尼达和多巴哥、突尼斯、土耳其、土库曼斯坦、图瓦卢、乌干达、英国*、乌克兰*、阿拉伯联合酋长国、乌拉圭*、美国*、乌兹别克斯坦、瓦努阿图、委内瑞拉、越南*、也门*、赞比亚、津巴布韦。

注：1989 年，巴勒斯坦解放组织（PLO）通知公约保存方已决定遵守四项日内瓦公约和 1977 年的两个议定书。

* 批准、加入或继承时表示有所保留和/或发表声明。

公约文本：见瑞士联邦外交部网站，网址：〈http：//www.eda.admin.ch/eda/fr/home/topics/intla/intrea/chdep/warvic/gvaciv.html〉。

1949 年日内瓦公约关于保护国际性武装冲突受害者的附加议定书Ⅰ

1949 年日内瓦公约关于保护非国际性武装冲突受害者的附加议定书Ⅱ

1977 年 12 月 12 日在伯尔尼开放供签署，1978 年 12 月 7 日生效。由瑞士联邦委员会保存。

议定书确保了成员国在卷入国际性武装冲突和非国际性武装冲突中，选择作战方法和手段不是无限制的，禁止使用引起过分伤害和不必要痛苦的武器和作战方法。

议定书Ⅰ（170 和议定书Ⅱ的缔约国（165 个）： *阿富汗*、阿尔巴尼亚、阿尔及利亚*、安哥拉[1]*、安提瓜和巴布达、阿根廷*、亚美尼亚、澳大利亚*、巴哈马、奥地利*、巴林、孟加拉国、巴巴多斯、白俄罗斯*、比利时*、伯利兹、贝宁、玻利维亚*、波斯尼亚和黑塞哥维那*、博茨瓦纳、巴西*、文莱、保加利亚*、布基纳法索*、布隆迪、柬埔寨、喀麦隆、加拿大*、佛得角*、中非共和国、乍得、智利*、中国*、哥伦比亚*、科摩罗、刚果民主共和国*、刚果共和国、库克群岛*、哥斯达黎加*、科特迪瓦、克罗地亚、古巴、塞浦路斯*、捷克共和国*、丹麦*、吉布提、多米尼克、多米尼加共和国、厄瓜多尔、埃及*、萨尔瓦多*、赤道几内亚、爱沙尼亚、埃塞俄比亚、斐济、芬兰*、法国*、加蓬、冈比亚、格鲁吉亚、德国*、加纳、希腊*、格林纳达、危地马拉、几内亚*、几内亚比绍、圭亚那、海地、梵蒂冈、洪都拉斯、匈牙利*、冰岛*、*伊拉克*[1]、爱尔兰*、意大利*、牙买加、日本*、约旦、哈萨克斯坦、肯尼亚、朝鲜[1]、韩国*、科威特、吉尔吉斯斯坦、老挝*、拉脱维亚、黎巴嫩、莱索托、利比里亚、利比亚、列支敦士登*、立陶宛*、卢森堡*、前南马其顿共和国*、马达加斯加*、马拉维、马尔代夫、马里*、马耳他*、毛里塔尼亚、毛里求斯*、墨西哥[1]、密克罗尼西亚、摩尔多瓦、摩纳哥、蒙古*、黑山、莫桑比克、纳米比亚*、瑙鲁、荷兰*、新西兰*、尼加拉瓜、尼日尔、尼日利亚、挪威*、阿曼、帕劳、巴拿马*、巴拉圭*、秘鲁、菲律宾[2]、波兰*、葡萄牙*、卡塔尔*、罗马尼亚*、俄罗斯*、卢旺达*、圣基茨和尼维斯、圣卢西亚、圣文森特和格林纳丁斯、萨摩亚、圣马力诺、圣多美和普林西比、沙特阿拉伯*、塞内加尔、塞尔维亚*、塞舌尔*、塞拉利昂、斯洛伐克*、斯洛文尼亚*、所罗门群岛、南非、西班牙*、苏丹、苏里南、斯威士兰、瑞典*、瑞士*、叙利亚*[1]、塔吉克斯坦*、坦桑尼亚、东帝汶、多哥*、汤加*、特立尼达和多巴哥*、突尼斯、土库曼斯坦、乌干达、英国[1]、乌克兰*、阿拉伯联合酋长国*、乌拉圭*、乌兹别克斯坦、瓦努阿图、委内瑞拉、越南*、也门、赞比亚、津巴布韦。

*批准、加入或继承时表示有所保留和/或发表声明。

1. 只是议定书 I 的缔约国。

2. 只是议定书 II 的缔约国。

议定书文本：见瑞士联邦外交部网站，网址：〈http://www.eda.admin.ch/eda/fr/home/topics/intla/intrea/chdep/warvic.html〉。

南极条约

1959 年 12 月 1 日在华盛顿签署，1961 年 6 月 23 日生效，由美国政府保存。

条约宣布南极地区只能用于和平目的。禁止在南极地区采取任何有军事性质的措施，诸如建立军事基地和要塞，进行军事演习或任何种类武器的试验。条约禁止在南极进行任何核爆炸和抛置放射性废料。条约赋予对南极所有站点，和设施进行现场视察的权利，以确保对条约规定的遵守。

根据条约第 9 条规定，定期举行会议交换信息，就有关南极问题进行磋商，为促进本条约的宗旨和目标向有关国家政府提出举措建议。

条约须经各签字国批准，向联合国会员国，或经有资格参加本条约第九条规定的磋商会议的所有缔约国同意而邀请加入本条约的任何其他国家开放入约。对南极感兴趣，在那里从事真实的科学研究的国家，如建立科学考察站和派遣探测队，都可以成为条约协商国。

缔约国（48 个）：阿根廷+、澳大利亚+、奥地利、白俄罗斯、比利时+、巴西+、保加利亚+、加拿大、智利+、中国+、哥伦比亚、古巴、捷克共和国、丹麦、厄瓜多尔+、爱沙尼亚、芬兰+、法国+、德国+、希腊、危地马拉、匈牙利、印度+、意大利+、日本+、朝鲜、韩国+、摩纳哥、荷兰+、新西兰+、挪威+、巴布亚新几内亚、秘鲁+、波兰+、*葡萄牙*、罗马尼亚、俄罗斯+、斯洛伐克、南非+、西班牙+、瑞典+、瑞士、土耳其、英国+、乌克兰+、乌拉圭+、美国+、委内瑞拉。

+根据条约第九条有资格参加磋商会议的国家。

条约文本：见南极条约秘书处网站，网址：〈http：//www. ats. aq/e/ats _ treaty. htm〉。

《南极条约环境保护议定书》（1991 年马德里议定书）于 1998 年 1 月 14 日生效。

议定书文本：见南极条约秘书处网站，网址：〈http：//www. ats. aq/e/ats _ protocol. htm〉。

禁止在大气层、外层空间和水下进行核武器试验条约（部分禁试条约，PTBT）

1963 年 8 月 5 日三个原始缔约国在莫斯科签署，1963 年 8 月 8 日在伦敦、莫斯科和华盛顿对其他国家开放签署。条约于 1963 年 10 月 10 日生效，由英国、美国和俄罗斯三国政府保存。

条约禁止缔约方在下列地方进行任何核武器试验爆炸或任何其他核爆炸：

（一）在大气层；在它的范围以外，包括外层空间；或水下，包括领海水域或公海。

（二）在任何其他环境中，如果这种爆炸所产生的放射性尘埃出现于在其管辖或控制下进行这种爆炸的缔约方领土界限以外的地方。

缔约国（125 个）：阿富汗、安提瓜和巴布达、阿根廷、亚美尼亚、澳大利亚、奥地利、巴哈马、孟加拉国、白俄罗斯、比利时、贝宁、不丹、玻利维亚、波黑、博茨瓦纳、巴西、保加利亚、加拿大、佛得角、中非共和国、乍得、智利、哥伦比亚、刚果民主共和国、哥斯达黎加、科特迪瓦、克罗地亚、塞浦路斯、捷克共和国、丹麦、多米尼加共和国、厄瓜多尔、埃及、萨尔瓦多、赤道几内亚、斐济、芬兰、法国、加蓬、冈比亚、德国、加纳、希腊、危地马拉、几内亚比绍、洪都拉斯、匈牙利、冰岛、印度、印度尼西亚、伊朗、伊拉克、爱尔兰、以色列、意大利、牙买加、日本、约旦、肯尼亚、韩国、科威特、老挝、黎巴嫩、利比里亚、利比亚、卢森堡、马达加斯加、马拉维、马来西亚、马耳他、毛里塔尼亚、毛里求斯、墨西哥、蒙古、摩洛哥、缅甸、尼泊尔、荷兰、新西兰、尼加拉瓜、尼日尔、尼日利亚、挪威、巴基斯坦、巴拿马、巴布亚新几内亚、秘鲁、菲律宾、波兰、罗马尼亚、俄罗斯、卢旺达、萨摩亚、圣马力诺、塞内加尔、塞尔维亚、塞舌尔、塞拉利昂、新加坡、斯洛伐克、斯洛文尼亚、南非、西班牙、斯里兰卡、苏丹、苏里南、斯威士兰、瑞典、瑞士、叙利亚、中国台湾地区、坦桑尼亚、泰国、多哥、汤加、特立尼达和多巴哥、突尼斯、土耳其、乌干达、英国、乌克兰、乌拉圭、美国、委内瑞拉、也门、赞比亚。

签署但未批约国（11 个）：阿尔及利亚、布基纳法索、布隆迪、喀麦隆、埃塞俄比亚、海地、马里、巴拉圭、葡萄牙、索马里、越南。

条约文本：见联合国《条约集》第 480 卷（1963 年）。

关于各国探索和利用包括月球与其他天体在内的外层空间活动的原则条约（外空条约）

1967 年 1 月 27 日在伦敦、莫斯科、华盛顿开放签署，1967 年 10 月 10 日生效，由英国、俄罗斯和美国三国政府保存。

条约禁止在环绕地球的轨道放置任何载有核武器或任何其他种类的大规模杀伤性武器的物体，禁止以任何其他方式在天体上或外层空间安置此种武器。同时，也禁止在天体上建立军事基地、装置和要塞，或试验任何种类的武器和进行军事演习。

缔约国（108 个）：阿富汗、阿尔及利亚、安提瓜和巴布达、阿根廷、澳大利亚、奥地利、巴哈马、孟加拉国、巴巴多斯、白俄罗斯、比利时、贝宁、巴西、文莱、保加利亚、布基纳法索、加拿大、智利、中国、古巴、塞浦路斯、捷克共和国、丹麦、多米尼克、多米尼加共和国、厄瓜多尔、埃及、萨尔瓦多、赤道几内亚、斐济、芬兰、法国、德国、希腊、格林纳达、几内亚比绍、匈牙利、冰岛、印度、印度尼西亚、伊拉克、爱尔兰、以色列、意大利、牙买加、日本、哈萨克斯坦、肯尼亚、韩国、科威特、老挝、黎巴嫩、利比亚、卢森堡、马达加斯加、马里、毛里求斯、墨西哥、蒙古、黑山、摩洛哥、缅甸、尼泊尔、荷兰、新西兰、尼日尔、尼日利亚、挪威、巴基斯坦、巴布亚新几内亚、秘鲁、波兰、葡萄牙、罗马尼亚、俄罗斯、圣基茨和尼维斯、圣卢西亚岛、圣文森特岛和格林纳丁斯、圣马力诺、沙特阿拉伯、塞舌尔、塞拉利昂、新加坡、斯洛伐克、所罗门群岛、南非、西班牙、斯里兰卡、斯威士兰、瑞典、瑞士、叙利亚、中国台湾地区、泰国、多哥、汤加、突尼斯、土耳其、乌干达、英国、乌克兰、阿拉伯联合酋长国、乌拉圭、美国、委内瑞拉、越南、也门、赞比亚。

签署但未批约国（27 个）：玻利维亚、博茨瓦纳、布隆迪、喀麦隆、中非共和国、哥伦比亚、刚果民主共和国、刚果共和国、埃塞俄比亚、冈比亚、加纳、圭亚那、海地、梵蒂冈、洪都拉斯、伊朗、约旦、莱索托、卢森堡、前南斯拉夫马其顿共和国、马来西亚、尼加拉瓜、巴拿马、菲律宾、卢旺达、塞尔维亚、索马里、特立尼达和多巴哥。

条约文本：见联合国《条约集》第 610 卷（1967 年）。

不扩散核武器条约（核不扩散条约，NPT）

1968 年 7 月 1 日在伦敦、莫斯科、华盛顿开放签署，1970 年 3 月 5 日生效，由英、俄、美三国政府保存。

条约禁止核武器国家（在此条约中，界定为 1967 年 1 月 1 日以前制造并爆炸了核武器或其他核爆炸装置的国家）向任何接受者转让核武器或其他核爆炸装置，或此种武器或爆炸装置的控制权；禁止其协助、鼓励、诱导任何无核武器国家制造或以其他方法获得这种武器或装置；禁止无核武器国家从任何转让者获取此种武器；禁止无核武器国家制造或以其他方式获得核武器或其他核爆炸装置。

缔约方承诺为和平利用核能而进行设备、原料以及科技信息的交换提供便利，并确保条约的无核武器缔约方也能享有和平利用核爆炸带来的潜在好处。缔约方还承诺就早日停止核军备竞赛和进行核裁军的有效措施，以及就全面彻底裁军条约进行有诚意的谈判。

为了防止用于和平目的的核能转用于制造核武器或其他核爆炸装

置，无核武器国家承诺与国际原子能机构签定保障监督协定。附加于该协定用于强化措施的议定书范本于 1997 年通过，附加保障监督议定书由各国分别与国际原子能机构签署。

1995 年召开的不扩散核武器条约审议与延期大会决定，该条约无限期有效。

缔约国（190 个）：阿富汗$^{+}$、阿尔巴尼亚$^{+}$、阿尔及利亚$^{+}$、安道尔、安哥拉、安提瓜和巴布达$^{+}$、阿根廷$^{+}$、亚美尼亚$^{+}$、澳大利亚$^{+}$、奥地利$^{+}$、阿塞拜疆$^{+}$、巴哈马$^{+}$、巴林、孟加拉国$^{+}$、巴巴多斯$^{+}$、白俄罗斯$^{+}$、比利时$^{+}$、伯利兹$^{+}$、贝宁、不丹$^{+}$、玻利维亚$^{+}$、波黑$^{+}$、博茨瓦纳、巴西$^{+}$、文莱$^{+}$、保加利亚$^{+}$、布基纳法索$^{+}$、布隆迪、柬埔寨$^{+}$、喀麦隆$^{+}$、加拿大$^{+}$、佛得角、中非共和国、乍得、智利$^{+}$、中国$^{+}$、哥伦比亚、科摩罗、刚果民主共和国$^{+}$、刚果共和国、哥斯达黎加$^{+}$、科特迪瓦$^{+}$、克罗地亚$^{+}$、古巴$^{+}$、塞浦路斯$^{+}$、捷克共和国$^{+}$、丹麦$^{+}$、吉布提、多米尼克$^{+}$、多米尼加共和国$^{+}$、厄瓜多尔$^{+}$、埃及$^{+}$、萨尔瓦多$^{+}$、赤道几内亚、厄立特里亚、爱沙尼亚$^{+}$、埃塞俄比亚$^{+}$、斐济$^{+}$、芬兰$^{+}$、法国$^{+}$、加蓬、冈比亚$^{+}$、格鲁吉亚、德国$^{+}$、加纳$^{+}$、希腊$^{+}$、格林纳达$^{+}$、危地马拉$^{+}$、几内亚、几内亚比绍、圭亚那$^{+}$、海地、梵蒂冈$^{+}$、洪都拉斯$^{+}$、匈牙利$^{+}$、冰岛$^{+}$、印度尼西亚$^{+}$、伊朗$^{+}$、伊拉克$^{+}$、爱尔兰$^{+}$、意大利$^{+}$、牙买加$^{+}$、日本$^{+}$、约旦$^{+}$、哈萨克斯坦$^{+}$、肯尼亚、基里巴斯$^{+}$、韩国$^{+}$、科威特$^{+}$、吉尔吉斯斯坦$^{+}$、老挝$^{+}$、拉脱维亚$^{+}$、黎巴嫩$^{+}$、莱索托$^{+}$、利比里亚、利比亚$^{+}$、列支敦士登$^{+}$、立陶宛$^{+}$、卢森堡$^{+}$、前南斯拉夫马其顿共和国$^{+}$、马达加斯加$^{+}$、马拉维$^{+}$、马来西亚$^{+}$、马尔代夫$^{+}$、马里$^{+}$、马耳他$^{+}$、马绍尔群岛、毛里塔尼亚、毛里求斯$^{+}$、墨西哥$^{+}$、密克罗尼西亚、摩尔多瓦、摩纳哥$^{+}$、蒙古$^{+}$、黑山、摩洛哥$^{+}$、莫桑比克、缅甸$^{+}$、纳米比亚$^{+}$、瑙鲁$^{+}$、尼泊尔$^{+}$、荷兰$^{+}$、新西兰$^{+}$、尼加拉瓜$^{+}$、尼日尔、尼日利亚$^{+}$、挪威$^{+}$、阿曼、帕劳、巴拿马、巴布亚新几内亚$^{+}$、巴拉圭$^{+}$、秘鲁$^{+}$、菲律宾$^{+}$、波兰$^{+}$、葡萄牙$^{+}$、卡塔尔、罗马尼亚$^{+}$、俄罗斯$^{+}$、卢旺达、圣基茨和尼维斯$^{+}$、圣卢西亚$^{+}$、圣文森特和格林纳丁斯$^{+}$、萨摩亚$^{+}$、圣马力诺$^{+}$、圣多美和普林西比、沙特阿拉伯、塞内加尔$^{+}$、塞尔维亚$^{+}$、塞舌尔$^{+}$、塞拉利昂、新加坡$^{+}$、斯洛伐克$^{+}$、斯洛文尼亚$^{+}$、所罗门群岛$^{+}$、索马里、南非$^{+}$、西班牙$^{+}$、斯里兰卡$^{+}$、苏丹$^{+}$、苏里南$^{+}$、斯威士兰$^{+}$、瑞典$^{+}$、瑞士$^{+}$、叙利亚$^{+}$、中国台湾地区、塔吉克斯坦$^{+}$、坦桑尼亚$^{+}$、泰国$^{+}$、东帝汶、多哥、汤加$^{+}$、特立尼达和多巴哥$^{+}$、突尼斯$^{+}$、土耳其$^{+}$、土库曼斯坦、图瓦卢$^{+}$、乌干达、英国$^{+}$、乌克兰$^{+}$、阿拉伯联合酋长国$^{+}$、乌拉圭$^{+}$、美国$^{+}$、乌兹别克斯坦$^{+}$、瓦努阿图、委内瑞拉$^{+}$、越南$^{+}$、也门$^{+}$、赞比亚$^{+}$、津巴布韦$^{+}$。

＋根据条约要求同国际原子能机构所签保障监督协定已生效的国家，或依据条约规定，在自愿基础上签署这种协定的核武器国家。

条约文本：见国际原子能机构 1970 年 4 月 22 日 INFCIRC140 号文件，网址：〈http：//www.iaea.org/Publications/Documents/Treaties/npt.html〉。

保障监督附加议定书生效的缔约国（105 个）：阿富汗、*阿尔巴尼亚*、*安哥拉*、亚美尼亚、澳大利亚、奥地利、阿塞拜疆、孟加拉国、比利时、博茨瓦纳、保加利亚、布基纳法索、布隆迪、加拿大、中非共和国、*乍得*、智利、中国、哥伦比亚、科摩罗、刚果民主共和国、克罗地亚、古巴、塞浦路斯、捷克共和国、丹麦、*多米尼加共和国*、厄瓜多尔、萨尔瓦多、爱沙尼亚、欧洲原子能共同体、斐济、芬兰、法国、*加蓬*、格鲁吉亚、德国、加纳、希腊、危地马拉、海地、梵蒂冈、匈牙利、冰岛、印度尼西亚、爱尔兰、意大利、牙买加、日本、约旦、哈萨克斯坦、肯尼亚、韩国、科威特、拉脱维亚、*莱索托*、利比亚、立陶宛、卢森堡、前南马其顿共和国、马达加斯加、马拉维、马里、马耳他、马绍尔群岛、毛里塔尼亚、毛里求斯、摩纳哥、蒙古、荷兰、新西兰、尼加拉瓜、尼日尔、尼日利亚、挪威、帕劳、巴拿马、巴拉圭、秘鲁、*菲律宾*、波兰、葡萄牙、罗马尼亚、俄罗斯、*卢旺达*、塞舌尔、新加坡、斯洛伐克、斯洛文尼亚、南非、西班牙、*斯威士兰*、瑞典、瑞士、塔吉克斯坦、坦桑尼亚、土耳其、土库曼斯坦、乌干达、英国、乌克兰、*阿拉伯联合酋长国*、乌拉圭、美国和乌兹别克斯坦。

注：2007 年 2 月 6 日伊朗通知国际原子能机构，它不再执行其未批准的附加保障监督议定书的规定。中国台湾地区虽未签订保障监督协定，但已同意采用 1997 年保障监督议定书范本中包含的措施。

保障监督附加议定书文本：见国际原子能机构 1997 年 9 月 INF-

CIRC540 号文件（已修正），网址：〈http：//www. iaea. org/Pubilications/Factsheets/English/sg _ overview. html〉。

禁止在海床洋底及其底土安置核武器及其他大规模杀伤性武器条约（海床条约）

1971 年 2 月 11 日在伦敦、莫斯科和华盛顿开放签署，1972 年 5 月 18 日生效，由英国、俄罗斯和美国三国政府保存。

条约禁止在 12 海里（19 公里）海床区外部界限以外的海床、洋底及其底土安装或设置任何核武器和其他任何类型的大规模杀伤性武器，以及专为储存、试验或使用此种武器而设计的建筑物、发射装置或任何其他设备。

缔约国（97 个）：阿富汗、阿尔及利亚、安提瓜和巴布达、阿根廷、澳大利亚、奥地利、巴哈马、白俄罗斯、比利时、贝宁、波黑、博茨瓦纳、巴西[1]、保加利亚、加拿大[2]、佛得角、中非共和国、中国、刚果（共和国）、科特迪瓦、克罗地亚、古巴、塞浦路斯、捷克共和国、丹麦、多米尼加共和国、赤道几内亚、埃塞俄比亚、芬兰、德国、加纳、希腊、危地马拉、几内亚比绍、匈牙利、冰岛、印度[3]、伊朗、伊拉克、爱尔兰、意大利[4]、牙买加、日本、约旦、韩国、老挝、拉脱维亚、莱索托、利比亚、列支敦士登、卢森堡、马来西亚、马耳他、毛里求斯、墨西哥[5]、蒙古、黑山、摩洛哥、尼泊尔、荷兰、新西兰、尼加拉瓜、尼日尔、挪威、巴拿马、菲律宾、波兰、葡萄牙、卡塔尔、罗马尼亚、俄罗斯、卢旺达、圣基茨和尼维斯、圣文森特和格林纳丁斯、圣多美和普林西比、沙特阿拉伯、塞尔维亚[6]、塞舌尔、新加坡、斯洛伐克、斯洛文尼亚、所罗门群岛、南非、西班牙、斯威士兰、瑞典、瑞士、中国台湾地区、多哥、突尼斯、土耳其[7]、英国、乌克兰、美国、越南[8]、也门、赞比亚。

1. 巴西声明：巴西理解条约第三条第一款中“观察”一词仅指根据国际法进行同正常航海路线有关的观察。

2. 加拿大声明：不能把第一条第一款理解为任何国家有权在其国家管辖范围之外的海床、洋底及其底土安装或设置任何第一条第一款没有禁止的任何武器，也不能解释为对这片海床、洋底及其底土地区完全用于和平目的的原则构成任何限制。第一、二、三条不能被解释为表示除沿岸国以外的任何国家有任何权利在同沿岸国家相连的、在第一条提到的和第二条界定的海底地区之外的大陆架或其底土上安装或设置第一条第一款未禁止的任何武器。第三条不能被解释为容许以任何方式限制或约束沿岸国享有的同其专有主权一致的有关大陆架的权利，以及在以下方面的权利：对在同其相连的、在第一条提到的和第二条界定的海底地区之外的大陆架或其底土上安装或设置的任何武器、建筑、装置、设施或设备进行视察或实行拆除。

3. 印度加入该条约是基于以下立场：印度对与其领土相连、在其领水及其底土以外的大陆架享有充分、专属的权利。因此，不能禁止或限制印度作为一个沿岸国家行使以下方面的主权：核实、检查、拆除或销毁任何可能在其大陆架上或大陆架下安装或设置的武器、设备、建筑、装置或设施，以及采取其他可被认为必要的保护国家安全的措施。

4. 意大利声明：除其他事项以外，为达成在裁军领域进一步采取措施以防止在海床、洋底及其底土上进行军备竞赛的协议，需要根据措施的性质逐一审查其适用范围，并解决划定其范围的问题。

5. 墨西哥声明：该条约不能解释为一国有权在墨大陆架设置大规模杀伤性武器或其他任何种类的武器或军事装备。墨西哥保留核实、检查、拆除或销毁任何部署在其大陆架的武器、建筑、装置、设备或设施，包括核武器或大规模杀伤性武器的权利。

6. 1974 年，南斯拉夫大使转交给美国国务卿一份照会，称南斯拉夫政府认为对条约第三条第一款应作如下解释：一国在行使该条款规定的权利时，只要是在“有关沿岸国大陆架的海域内”进行观察，就应该提前通知该沿岸国。美国反对南斯拉夫的保留意见，认为这不符合条约的宗旨和目的。

7. 土耳其声明：缔约国不能用第二条的规定来支持与裁军无关的要求。因此，第二条不能解释为与联合国海洋法公约建立了联系。另外，海床条约的任何规定都未给缔约国权利使已被其他国际文书非军事化的地区军事化，也不能被解释为给予沿岸国或其他国家任何权利实行在非军事化领土的大陆架设置核武器或其他大规模杀伤性武器。

8. 越南声明：条约任何条款都不应被解释为可违背沿岸国对其

大陆架拥有的权利，包括采取措施维护国家安全的权利。

签署但未批约国（20 个）：玻利维亚、布隆迪、柬埔寨、喀麦隆、哥伦比亚、哥斯达黎加、冈比亚、几内亚、洪都拉斯、黎巴嫩、利比里亚、马达加斯加、马里、缅甸、巴拉圭、塞内加尔、塞拉利昂、苏丹、坦桑尼亚、乌拉圭。

条约文本：见联合国《条约集》第 955 卷（1974 年）。

禁止细菌（生物）及毒素武器的发展、生产及储存以及销毁这类武器的公约（禁止生物武器公约，BTWC）

1972 年 4 月 10 日在伦敦、莫斯科、华盛顿开放签署，1975 年 3 月 26 日生效，由英国、俄罗斯、美国三国政府保存。

公约禁止发展、生产、储存或以其他方法取得或保有在类型和数量不能证明用于预防、保护或其他和平目的的微生物剂或生物战剂或毒素，不论其来源或生产方法如何。公约还禁止将生物战剂或毒素用于敌对目的或武装冲突而设计的武器、设备或运载工具。各缔约方应最迟于本公约生效后九个月内将其所拥有的物剂、毒素、武器、设备和运载工具销毁或转用于和平目的。根据 1996 年 BTWC 审议会议的授权，一个特设小组正在讨论和审议旨在加强公约的核查措施及其他措施。

缔约国（164 个）：阿富汗、阿尔巴尼亚、阿尔及利亚、安提瓜和巴布达、阿根廷、亚美尼亚、澳大利亚、奥地利、阿塞拜疆、巴哈马、巴林、孟加拉国、巴巴多斯、白俄罗斯、比利时、伯利兹、贝宁、不丹、玻利维亚、波黑、博茨瓦纳、巴西、文莱、保加利亚、布基纳法索、柬埔寨、加拿大、佛得角、智利、中国、哥伦比亚、刚果民主共和国、刚果共和国、库克群岛、哥斯达黎加、克罗地亚、古巴、塞浦路斯、捷克共和国、丹麦、多米尼克、多米尼加共和国、厄瓜多尔、萨尔瓦多、赤道几内亚、爱沙尼亚、埃塞俄比亚、斐济、芬兰、法国、加蓬、冈比亚、格鲁吉亚、德国、加纳、希腊、格林纳达、危地马拉、几内亚比绍、梵蒂冈、洪都拉斯、匈牙利、冰岛、印度、印度尼西亚、伊朗、伊拉克、爱尔兰、意大利、牙买加、日本、约旦、哈萨克斯坦、肯尼亚、朝鲜、韩国、科威特、吉尔吉斯斯坦、老挝、拉脱维亚、黎巴嫩、莱索托、利比亚、列支敦士登、立陶宛、卢森堡、前南斯拉夫马其顿共和国、马达加斯加、马来西亚、马尔代夫、马里、马耳他、毛里求斯、墨西哥、摩尔多瓦、摩纳哥、蒙古、黑山、摩洛哥、荷兰、新西兰、尼加拉瓜、尼日尔、尼日利亚、挪威、阿曼、巴基斯坦、帕劳、巴拿马、巴布亚新几内亚、巴拉圭、秘鲁、菲律宾、波兰、葡萄牙、卡塔尔、罗马尼亚、俄罗斯、卢旺达、圣基茨和尼维斯、圣卢西亚、圣文森特和格林纳丁斯、圣马力诺、圣多美和普林西比、沙特阿拉伯、塞内加尔、塞尔维亚、塞舌尔、塞拉利昂、新加坡、斯洛伐克、斯洛文尼亚、所罗门群岛、南非、西班牙、斯里兰卡、苏丹、苏里南、斯威士兰、瑞典、瑞士*、中国台湾地区、塔吉克斯坦、泰国、东帝汶、多哥、汤加、特立尼达和多巴哥、突尼斯、土耳其、土库曼斯坦、乌干达、英国、乌克兰、阿拉伯联合酋长国、乌拉圭、美国、乌兹别克斯坦、瓦努阿图、委内瑞拉、越南、也门、赞比亚、津巴布韦。

* 批准、加入或继承时有所保留。

签署但未批约国（13 个）：布隆迪、中非共和国、科特迪瓦、埃及、圭亚那、海地、利比里亚、马拉维、缅甸、尼泊尔、索马里、叙利亚、坦桑尼亚。

条约文本：见联合国《条约集》第 1015 卷（1976 年）。

禁止为军事目的或任何其他敌对目的使用改变环境的技术的公约（禁止改变环境公约，Enmod 公约）

1977 年 5 月 18 日在日内瓦开放签署，1978 年 10 月 5 日生效，由联合国秘书长保存。

公约禁止为军事目的或其他任何敌对目的使用能造成广泛的、持久的或严重影响的改变环境的技术，作为给条约缔约方造成破坏、损害或伤害的手段。“环境改造技术”指用于以下目的的技术：通过故意改变自然进程改变地球的动态、组成和构造，包括其生物圈、岩石圈、水圈、大气层，或外层空间。通过谈判达成的但未写入公约的谅解对“广泛”、“持久”和“严重”等词作出解释。

缔约国（74 个）：阿富汗、阿尔及利亚、安提瓜和巴布达、阿根廷、亚美尼亚、澳大利亚、奥地利、孟加拉国、白俄罗斯、比利时、贝宁、巴西、保加利亚、加拿大、佛得角、智利、中国*、哥斯达黎加、古巴、塞浦路斯、捷克共和国、丹麦、多米尼克、埃及、芬兰、德国、加纳、希腊、危地马拉、*洪都拉斯*、匈牙利、印度、爱尔兰、意大利、日本、哈萨克斯坦、朝鲜、韩国*、科威特、立陶宛、老挝、马拉维、毛里求斯、蒙古、荷兰*、新西兰、尼加拉瓜、尼日尔、挪威、巴基斯坦、巴拿马、巴布亚新几内亚、波兰、罗马尼亚、俄罗斯、圣卢西亚、圣文森特和格林纳丁斯、圣多美和普林西比、斯洛伐克、斯洛文尼亚、所罗门群岛、西班牙、斯里兰卡、瑞典、瑞士、塔吉克斯坦、突尼斯、英国、乌克兰、乌拉圭、美国、乌兹别克斯坦、越南、也门。

* 批准、参加或继承时发表声明。

签署但未批约国（16 个）：玻利维亚、刚果民主共和国、埃塞俄比亚、梵蒂冈、冰岛、伊朗、伊拉克、黎巴嫩、利比里亚、卢森堡、摩洛哥、葡萄牙、塞拉利昂、叙利亚、土耳其、乌干达。

公约文本：见联合国条约汇编，网址：〈http：//treaties. un. org/Pages/CTCTreaties. aspx? id=26〉。

核材料的实物保护公约

原始公约于 1980 年 3 月 3 日在纽约和维也纳开放签署，1987 年 2 月 8 日生效，2005 年修订，由国际原子能机构总干事保存。

原始公约要求缔约国为用于和平目的的核材料的国际运输提供保护。

修订后的公约——核材料和核设施的实物保护公约——要求缔约国为用于和平目的的核设施和核材料的贮存和运输提供保护。修订后的公约将在 2/3 的原始公约缔约国批准、加入或批约后 30 天生效。

原始公约缔约国（145 个）：阿富汗、阿尔巴尼亚、阿尔及利亚*、安道尔*、安提瓜和巴布达、阿根廷*、亚美尼亚、澳大利亚、奥地利*、阿塞拜疆*、巴哈马、*巴林**、孟加拉国、白俄罗斯、比利时*、玻利维亚、波黑、博茨瓦纳、巴西、保加利亚、布基纳法索、柬埔寨、喀麦隆、加拿大、佛得角、中非共和国、智利、中国*、哥伦比亚、科摩罗、刚果民主共和国、哥斯达黎加、克罗地亚、古巴*、塞浦路斯*、捷克共和国、丹麦、吉布提、多米尼克、多米尼加共和国、厄瓜多尔、萨尔瓦多*、赤道几内亚、爱沙尼亚、欧洲原子能联营*、斐济、芬兰*、法国*、加蓬、格鲁吉亚、德国、加纳、希腊*、格林纳达、危地马拉*、几内亚、几内亚比绍、圭亚那、洪都拉斯、匈牙利、冰岛、印度*、印度尼西亚*、爱尔兰*、以色列*、意大利*、牙买加、日本、约旦*、哈萨克斯坦、肯尼亚、韩国*、科威特*、*老挝**、拉脱维亚、黎巴嫩、*莱索托**、利比亚、列支敦士登、立陶宛、卢森堡*、前南斯拉夫马其顿共和国、马达加斯加、马里、马耳他、马绍尔群岛、毛里塔尼亚、墨西哥、摩尔多瓦、摩纳哥、蒙古、黑山、摩洛哥、莫桑比克*、纳米比亚、瑙鲁、荷兰*、新西兰、尼加拉瓜、尼日尔、尼日利亚、纽埃、挪威*、阿曼*、巴基斯坦*、帕劳、巴拿马、巴拉圭、秘鲁*、菲律宾、波兰、葡萄牙*、卡塔尔*、罗马尼亚*、俄罗斯*、卢旺达、圣基茨和尼维斯、沙特阿拉伯*、塞内加尔、塞尔维亚、塞舌尔、斯洛伐克、斯洛文尼亚、南非*、西班牙*、苏丹、斯威士兰、瑞典*、瑞士*、塔吉克斯坦、坦桑尼亚、多哥、汤加、特立尼达和多巴哥、突尼斯、土耳其*、土库曼斯坦、乌干达、英国*、乌克兰、阿拉伯联合酋长国、乌拉圭、美国、乌兹别克斯坦、也门。

*在批准、加入或继承时有所保留和/或发表声明

签署但未批约国（1个）：海地。

公约文本：见国际原子能机构，1980 年 5 月 INFCIRC/274/Rev. 1 号文件，网址：〈http：//www. iaea. org/Publications/Documents/Conventions/cppnm. html〉。

提交修订后公约的批准、加入或批约的国家（45个）：阿尔及利亚、安提瓜和巴布达、澳大利亚、奥地利、*巴林*、*波黑*、保加利亚、智利、中国、克罗地亚、*捷克共和国*、*丹麦**、爱沙尼亚、斐济、加蓬、*德国*、匈牙利、印度、*印度尼西亚*、约旦、肯尼亚、*拉脱维亚*、利比亚、列支敦士登、立陶宛、*马里*、毛里塔尼亚、摩尔多瓦、*瑙鲁*、尼日尔、尼日利亚、挪威、波兰、*葡萄牙*、罗马尼亚、俄罗斯、塞舌尔、斯洛文尼亚、西班牙、瑞士、*突尼斯*、土库曼斯坦、*英国*、乌克兰、阿拉伯联合酋长国。

修订后条约文本：见国际原子能机构理事会，2005 年 9 月 6 日。网址：GOV? INF/2005/10-GC（49）/INF/6 号文件，2005 年 9 月 6 日，网址：〈http：//www. iaea. org/Publications/Documents/Conventions/cppnm. html〉。

禁止或限制使用某些可被认为具有过分杀伤力或滥杀滥伤作用的常规武器公约（特定常规武器公约，CCW）

公约及三个议定书于 1981 年 4 月 10 日在纽约开放签署，1983 年 12 月 2 日生效，由联合国秘书长保存。

公约属“总的条约”，即可根据公约以议定书形式签订具体协议。要成为缔约国必须批准三个议定书中的两个。

修订的 1981 年公约原始条款 I 于 2001 年 11 月 21 日在日内瓦开放签署。它将公约的运用范围扩大到非国际间武装冲突。修订后的公约于 2004 年 5 月 18 日生效。

议定书 I 禁止使用其主要作用是碎片伤人且碎片在人体内无法用 X 射线检测的武器。

议定书 II 禁止或限制使用地雷、饵雷和其他装置。

修订后的议定书 II 进一步限制使用地雷。它于 1998 年 12 月 3 日生效。

议定书 III 限制使用燃烧武器。

议定书Ⅳ禁止使用能使人眼永久性失明的激光武器。1998 年 7 月 30 日生效。

议定书 V 于 2006 年 11 月 12 日生效。该议定书认为需要采取普遍性措施，将战争遗留爆炸物的危害和影响减到最小。

原始公约和议定书的缔约国（114 个）：阿尔巴尼亚、*安提瓜和巴布达*、阿根廷*、澳大利亚、奥地利、孟加拉国、白俄罗斯、比利时、贝宁[1]、玻利维亚、波黑、巴西、保加利亚、布基纳法索、柬埔寨、喀麦隆、加拿大*、佛得角、智利[1]、中国*、哥伦比亚、哥斯达黎加、克罗地亚、古巴、塞浦路斯*、捷克共和国、丹麦、吉布提、*多米尼加共和国*、厄瓜多尔、萨尔瓦多、爱沙尼亚[1]、芬兰、法国*、加蓬[1]、格鲁吉亚、德国、希腊、危地马拉、几内亚比绍、梵蒂冈*、洪都拉斯、匈牙利、冰岛、印度、爱尔兰、以色列*[2]、意大利*、牙买加[1]、日本、约旦[1]、哈萨克斯坦[1]、韩国[3]、老挝、拉脱维亚、莱索托、利比里亚、列支敦士登、立陶宛[1]、卢森堡、前南斯拉夫马其顿共和国、马达加斯加、马尔代夫[1]、马里、马耳他、毛里求斯、墨西哥、摩尔多瓦、摩纳哥[3]、蒙古、黑山、摩洛哥[4]、瑙鲁、荷兰*、新西兰、尼加拉瓜[1]、尼日尔、挪威、巴基斯坦、巴拿马、巴拉圭、秘鲁[1]、菲律宾、波兰、葡萄牙、卡塔尔[1]、罗马尼亚*、俄罗斯、圣文森特和格林纳丁斯、沙特阿拉伯[1]、塞内加尔[5]、塞尔维亚、塞舌尔、塞拉利昂、斯洛伐克、斯洛文尼亚、南非、西班牙、斯里兰卡、瑞典、瑞士、塔吉克斯坦、多哥、突尼斯、土耳其*[3]、土库曼斯坦[2]、乌干达、英国*、乌克兰、阿拉伯联合酋长国[1]、乌拉圭、美国*、乌兹别克斯坦、委内瑞拉。

*批准、加入或继承时有所保留和/或发表声明。

1. 只是 1981 年议定书 I 和 III 的缔约国。

2. 只是 1981 年议定书 I 和 II 的缔约国。

3. 只是 1981 年议定书 I 的缔约国。

4. 只是 1981 年议定书 II 的缔约国。

5. 只是 1981 年议定书 III 的缔约国。

签署但未批准公约和原始议定书的国家（5 个）：阿富汗、埃及、尼日利亚、苏丹、越南。

修订后的公约和原始议定书的缔约国（75 个）：阿尔巴尼亚、阿根廷、澳大利亚、奥地利、白俄罗斯、比利时、波黑、*巴西*、保加利亚、布基纳法索、加拿大、智利、中国、哥伦比亚、哥斯达黎加、克罗地亚、古巴、捷克共和国、丹麦、*多米尼加共和国*、厄瓜多尔、萨尔瓦多、爱沙尼亚、芬兰、法国、格鲁吉亚、德国、希腊、危地马拉、几内亚比绍、梵蒂冈*、匈牙利、冰岛、印度、爱尔兰、意大利、牙买加、日本、韩国、拉脱维亚、利比里亚、列支敦士登、立陶宛、卢森堡、前南马其顿共和国、马耳他、墨西哥*、摩尔多瓦、黑山、荷兰、新西兰、尼加拉瓜、尼日尔、挪威、巴拿马、巴拉圭、秘鲁、波兰、葡萄牙、罗马尼亚、俄罗斯、塞尔维亚、塞拉利昂、斯洛伐克、斯洛文尼亚、西班牙、斯里兰卡、瑞典、瑞士、突尼斯、土耳其、英国、乌克兰、乌拉圭、美国。

修改后的议定书 II 的缔约国（96 个）：阿尔巴尼亚、阿根廷、澳大利亚、奥地利*、孟加拉国、白俄罗斯*、比利时*、玻利维亚、波黑、巴西、保加利亚、布基纳法索、柬埔寨、喀麦隆、加拿大、佛得角、智利、中国*、哥伦比亚、哥斯达尼加、克罗地亚、塞浦路斯、捷克共和国、丹麦*、*多米尼加共和国*、厄瓜多尔、萨尔瓦多、爱沙尼亚、芬兰*、法国*、*加蓬*、格鲁吉亚、德国*、希腊*、危地马拉、几内亚比绍、梵蒂冈、洪都拉斯、匈牙利*、冰岛、印度、爱尔兰*、以色列*、意大利*、牙买加、日本、约旦、韩国*、拉脱维亚、利比里亚、列支敦士登*、立陶宛、卢森堡、前南马其顿共和国、马达加斯加、马尔代夫、马里、马耳他、摩尔多瓦、摩纳哥、摩洛哥、瑙鲁、荷兰*、新西兰、尼加拉瓜、尼日尔、挪威、巴基斯坦*、巴拿马、巴拉圭、秘鲁、菲律宾、波兰、葡萄牙、罗马尼亚、俄罗斯*、*圣文森特和格林纳丁斯*、塞内加尔、塞舌尔、塞拉利昂、斯洛伐克、斯洛文尼亚、南非*、西班牙、斯里兰卡、瑞典、瑞士、塔吉克斯坦、突尼斯、土耳其、土库曼斯坦、英国*、乌克兰*、乌拉圭、美国*、委内瑞拉。

议定书IV的缔约国（100个）：阿尔巴尼亚、*安提瓜和巴布达*、阿根廷、澳大利亚*、奥地利*、孟加拉国、白俄罗斯、比利时*、玻利维亚、波黑、巴西、保加利亚、布基纳法索、柬埔寨、喀麦隆、加拿大*、佛得角、智利、中国、哥伦比亚、哥斯达黎加、克罗地亚、塞浦路斯、捷克共和国、丹麦、*多米尼加共和国*、厄瓜多尔、萨尔瓦多、爱沙尼亚、芬兰、法国、*加蓬*、格鲁吉亚、德国*、希腊*、危地马拉、几内亚比绍、梵蒂冈、洪都拉斯、匈牙利、冰岛、印度、爱尔兰*、以色列*、意大利*、牙买加、日本、哈萨克斯坦、拉脱维亚、利比里亚、列支敦士登*、立陶宛、卢森堡、前南斯拉夫马其顿共和国、马达加斯加、马尔代夫、马里、马耳他、毛里求斯、墨西哥、摩尔多瓦、蒙古、黑山、摩洛哥、瑙鲁、荷兰*、新西兰、尼加拉瓜、尼日尔、挪威、巴基斯坦、巴拿马、巴拉圭、秘鲁、菲律宾、波兰*、葡萄牙、卡塔尔、罗马尼亚、俄罗斯、*圣文森特和格林纳丁斯*、沙特阿拉伯、塞尔维亚、塞舌尔、塞拉利昂、斯洛伐克、斯洛文尼亚、南非*、西班牙、斯里兰卡、瑞典*、瑞士*、塔吉克斯坦、突尼斯、土耳其、英国*、乌克兰、乌拉圭、美国*、乌兹别克斯坦。

议定书V的缔约国（72个）：阿尔巴尼亚、澳大利亚、奥地利、白俄罗斯、*比利时*、波黑、*巴西*、保加利亚、加拿大、智利、*中国*
*、哥斯达黎加、克罗地亚、*塞浦路斯*、捷克国合国、丹麦、厄瓜多尔、萨尔瓦多、*爱沙尼亚*、芬兰、法国、*加蓬*、格鲁吉亚、德国、危

地马拉、几内亚比绍、梵蒂冈*、*洪都拉斯*、匈牙利、冰岛、印度、爱尔兰、*意大利*、牙买加、韩国、拉脱维亚、利比里亚、列支敦士登、立陶宛、卢森堡、前南斯拉夫马其顿共和国、马达加斯加、马里、马耳他、摩尔多瓦、荷兰、新西兰、尼加拉瓜、挪威、巴基斯坦、*巴拿马*、巴拉圭、秘鲁、葡萄牙、罗马尼亚、俄罗斯、*圣文森特和格林纳丁斯*、*沙特阿拉伯*、塞内加尔、塞拉利昂、斯洛伐克、斯洛文尼亚、西班牙、瑞典、瑞士、塔吉克斯坦、突尼斯、乌克兰、阿拉伯联合酋长国、乌拉圭、美国*。

*提交时有所保留和/或发表声明。

条约和议定书文本（原始和修订后）：见联合国条约汇编，网址：〈http：//treaties. un. org/Pages/CTCTreaties. aspx? id=26〉。

关于禁止发展、生产、储存和使用化学武器及销毁此种武器的公约（禁止化学武器公约，CWC）

1993 年 1 月 13 日在巴黎开放签署，1997 年 4 月 29 日生效，由联合国秘书长保存。

公约禁止发展、生产、获得、转让、储存和使用化学武器。公约的精髓由四大支柱支柱构成：针对化学武器的裁军、防扩散、援助和防护，以及化学品和平利用的国际间合作。

各缔约国承诺在 2012 年 4 月 29 日之前销毁其化学武器及其生产设施。老的或者废弃的化学武器一旦发现，比如从原来战场发现的化学武器，将继续被销毁。

缔约国（188 个）：阿富汗、阿尔巴尼亚、阿尔及利亚、安道尔、安提瓜和巴布达、阿根廷、亚美尼亚、澳大利亚、奥地利、阿塞拜疆、巴哈马、巴林、孟加拉国、巴巴多斯、白俄罗斯、比利时、伯利兹、贝宁、不丹、玻利维亚、波黑、博茨瓦纳、巴西、文莱、保加利亚、布基纳法索、布隆迪、柬埔寨、喀麦隆、加拿大、佛得角、中非共和国、乍得、智利、中国、哥伦比亚、科摩罗、刚果民主共和国、刚果共和国、库克群岛、哥斯达黎加、科特迪瓦、克罗地亚、古巴、塞浦路斯、捷克共和国、丹麦、吉布提、多米尼克、多米尼加共和国、厄瓜多尔、萨尔瓦多、赤道几内亚、厄立特里亚、爱沙尼亚、埃塞俄比亚、斐济、芬兰、法国、加蓬、冈比亚、格鲁吉亚、德国、加纳、希腊、格林纳达、危地马拉、几内亚、几内亚比绍、圭亚那、海地、梵蒂冈、洪都拉斯、匈牙利、冰岛、印度、印度尼西亚、伊朗、爱尔兰、意大利、牙买加、日本、约旦、哈萨克斯坦、肯尼亚、基里巴斯、韩国、科威特、吉尔吉斯斯坦、老挝、拉脱维亚、黎巴嫩、莱索托、利比里亚、利比亚、列支敦士登、立陶宛、卢森堡、前南斯拉夫马其顿共和国、马达加斯加、马拉维、马来西亚、马尔代夫、马里、马耳他、马绍尔群岛、毛里塔尼亚、毛里求斯、墨西哥、密克罗尼西亚、摩尔多瓦、摩纳哥、蒙古、黑山、摩洛哥、莫桑比克、纳米比亚、瑙鲁、尼泊尔、荷兰、新西兰、尼加拉瓜、尼日尔、尼日利亚、纽埃、挪威、阿曼、巴基斯坦、帕劳、巴拿马、巴布亚新几内亚、巴拉圭、秘鲁、菲律宾、波兰、葡萄牙、卡塔尔、罗马尼亚、俄罗斯、卢旺达、圣基茨和尼维斯、圣卢西亚、圣文森特和格林纳丁斯、萨摩亚、圣马力诺、圣多美和普林西比、沙特阿拉伯、塞内加尔、塞尔维亚、塞舌尔、塞拉利昂、新加坡、斯洛伐克、斯洛文尼亚、所罗门群岛、南非、西班牙、斯里兰卡、苏丹、苏里南、斯威士兰、瑞典、瑞士、塔吉克斯坦、坦桑尼亚、泰国、东帝汶、多哥、汤加、特立尼达和多巴哥、突尼斯、土耳其、土库曼斯坦、图瓦卢、乌干达、英国、乌克兰、阿拉伯联合酋长国、乌拉圭、美国、乌兹别克斯坦、瓦努阿图、委内瑞拉、越南、也门、赞比亚、津巴布韦。

签署但未批约国（2个）：以色列、缅甸。

条约文本：见联合国条约汇编，网址：〈http：//treaties. un. org/Pages/CTCTreaties. aspx? iD=26〉。

全面禁止核试验条约（CTBT）

1996年9月24日在纽约开放签署，尚未生效，由联合国秘书长保存。

条约禁止进行任何核武器试验爆炸或任何其他核爆炸，敦促各缔约国防止在自己管辖或控制的任何地方进行任何核爆炸，并避免引发、鼓励或以任何方式参与任何核武器试验爆炸或其他核爆炸。

条约将在附录所列的44个国家交存批准书180天后生效。这44个国家都拥有核能反应堆和/或核研究反应堆。

条约要生效必须得到下列44国的批准：阿尔及利亚、阿根廷、澳大利亚、奥地利、孟加拉国、比利时、巴西、保加利亚、加拿大、智利、中国*、哥伦比亚*、刚果民主共和国、埃及*、芬兰、法国、德国、匈牙利、印度*、印度尼西亚*、伊朗*、以色列*、意大利、日本、朝鲜*、韩国、墨西哥、荷兰、挪威、巴基斯坦*、秘鲁、波兰、罗马尼亚、俄罗斯、斯洛伐克、南非、西班牙、瑞典、瑞士、土耳其、英国、乌克兰、美国*、越南。

*尚未批约的国家。

已交存批准书的 153 个国家：阿富汗、阿尔巴尼亚、阿尔及利亚、安道尔、安提瓜和巴布达、阿根廷、亚美尼亚、澳大利亚、奥地利、阿塞拜疆、巴林、孟加拉国、巴巴多斯、白俄罗斯、比利时、伯利兹、贝宁、玻利维亚、波黑、博茨瓦纳、巴西、保加利亚、布基纳法索、布隆迪、柬埔寨、喀麦隆、加拿大、佛得角、*中非共和国*、智利、哥伦比亚、刚果民主共和国、库克群岛、哥斯达黎加、科特迪瓦、克罗地亚、塞浦路斯、捷克共和国、丹麦、吉布提、多米尼加共和国、厄瓜多尔、萨尔瓦多、厄立特里亚、爱沙尼亚、埃塞俄比亚、斐济、芬兰、法国、加蓬、格鲁吉亚、德国、希腊、格林纳达、圭亚那、海地、梵蒂冈、洪都拉斯、匈牙利、冰岛、爱尔兰、意大利、牙买加、日本、约旦、哈萨克斯坦、肯尼亚、基里巴斯、韩国、科威特、吉尔吉斯斯坦、老挝、拉脱维亚、黎巴嫩、莱索托、利比里亚、利比亚、列支敦士登、立陶宛、卢森堡、前南斯拉夫马其顿共和国、马达加斯加、马拉维、马来西亚、马尔代夫、马里、马耳他、马绍尔群岛、毛里塔尼亚、墨西哥、密克罗尼西亚、摩尔多瓦、摩纳哥、蒙古、黑山、摩洛哥、莫桑比克、纳米比亚、瑙鲁、荷兰、新西兰、尼加拉瓜、尼日尔、尼日利亚、挪威、阿曼、帕劳、巴拿马、巴拉圭、秘鲁、菲律宾、波兰、葡萄牙、卡塔尔、罗马尼亚、俄罗斯、卢旺达、圣基茨和尼维斯、圣卢西亚、圣文森特和格林纳丁斯、萨摩亚群岛、圣马力诺、塞内加尔、塞尔维亚、塞舌尔、塞拉利昂、新加坡、斯洛伐克、斯洛文尼亚、南非、西班牙、苏丹、苏里南、瑞典、瑞士、塔吉克斯坦、坦桑尼亚、多哥、*特立尼达和多巴哥*、突尼斯、土耳其、土库曼斯坦、乌干达、英国、乌克兰、阿拉伯联合酋长国、乌拉圭、乌兹别克斯坦、瓦努阿图、委内瑞拉、越南、赞比亚。

签署但未批约国（29 个）：安哥拉、文莱、乍得、中国、科摩罗、刚果共和国、埃及、赤道几内亚、冈比亚、加纳、危地马拉、几内亚、几内亚比绍、印度尼西亚、伊朗、伊拉克、以色列、缅甸、尼泊尔、巴布亚新几内亚、圣多美和普林西比、所罗门群岛、斯里兰卡、斯威士兰、泰国、东帝汶、美国、也门、津巴布韦。

条约文本：见联合国条约汇编，网址：〈http：//treaties. un. org/Pages/CTCTreaties. aspx? iD=26〉。

禁止使用、储存、生产和转让杀伤人员地雷及销毁此种地雷的公约（禁雷公约，APM）

1997 年 12 月 3—4 日在渥太华、1997 年 12 月 5 日在纽约开放签署，1999 年 3 月 1 日生效，由联合国秘书长保存。

公约禁用杀伤人员地雷（APMs），系指有人出现、接近或接触而爆炸并使一人或多人致残、致伤和致死的地雷。

每个缔约国承诺尽快并不晚于公约生效四年内销毁其储存的所有杀伤人员地雷。各缔约国还承诺在公约生效 10 年之内销毁部署在其管辖或控制的雷区内的杀伤人员地雷。

缔约国（156 个）：阿富汗、阿尔巴尼亚、阿尔及利亚、安道尔、安哥拉、安提瓜和巴布达、阿根廷*、澳大利亚*、奥地利*、巴哈马、孟加拉国、巴巴多斯、白俄罗斯、比利时、伯利兹、贝宁、不丹、玻利维亚、波黑、博茨瓦纳、巴西、文莱、保加利亚、布基纳法索、布隆迪、柬埔寨、喀麦隆、加拿大*、佛得角、中非共和国、乍得、智利*、哥伦比亚、科摩罗、刚果民主共和国、刚果共和国、库克群岛、哥斯达黎加、科特迪瓦、克罗地亚、塞浦路斯、捷克共和国*、丹麦、吉布提、多米尼克、多米尼加共和国、厄瓜多尔、萨尔瓦多、赤道几内亚、厄立特里亚、爱沙尼亚、埃塞俄比亚、斐济、法国、加蓬、冈比亚、德国、加纳、希腊*、格林纳达、危地马拉、几内亚、几内亚比绍、圭亚那、海地、梵蒂冈、洪都拉斯、匈牙利、冰岛、印度尼西亚、伊拉克、爱尔兰、意大利、牙买加、日本、约旦、肯尼亚、基里巴斯、科威特、拉脱维亚、莱索托、利比里亚、列支敦士敦、立陶宛*、卢森堡、前南马其顿共和国、马达加斯加、马拉维、马来西亚、马尔代夫、马里、马耳他、毛里塔尼亚、毛里求斯*、墨西哥、摩尔多瓦、摩纳哥、黑山*、莫桑比克、纳米比亚、瑙鲁、荷兰、新西兰、尼加拉瓜、尼日尔、尼日利亚、纽埃、挪威、帕劳、巴拿马、巴布亚新几内亚、巴拉圭、秘鲁、菲律宾、葡萄牙、卡塔尔、罗马尼亚、卢旺达、圣基茨和尼维斯、圣卢西亚、圣文森特和格林纳丁斯、西萨摩亚、圣马力诺、圣多美和普林西比、塞内加尔、塞尔维亚*、塞舌尔、塞拉利昂、斯洛伐克、斯洛文尼亚、所罗门群岛、南非*、西班牙、苏丹、苏里南、斯威士兰、瑞典*、瑞士*、塔吉克斯坦、坦桑尼亚、泰国、东帝汶、多哥、特立尼达和多巴哥、突尼斯、土耳其、土库曼斯坦、乌干达、英国*、乌克兰、乌拉圭、瓦努阿图、委内瑞拉、也门、赞比亚、津巴布韦。

*批准、加入或继承时有所保留。

签署但未批约国（2个）：马绍尔群岛、波兰。

公约文本：见联合国条约汇编，网址：〈http：//treaties. un. org/Pages/CTCTreaties. aspx? id=26〉。

集束弹药公约

2008年5月30日在都柏林通过，2008年12月3日在奥斯陆开放供签署，2010年8月1日生效。由联合国秘书长保存。

公约旨在禁止使用、制造、转让和储存对平民造成不可接受伤害的集束弹药；建立一个合作和援助框架来帮助受害人康复，清除受污染区域，进行降险教育和销毁所有库存集束弹。公约不适用于地雷。

缔约国（49个）：阿尔巴尼亚、*安提瓜和巴布达*、奥地利、比利时*、*波黑*、*布基纳法索*、布隆迪、*佛得角*、*智利*、*科摩罗*、克罗地亚、*丹麦*、*厄瓜多尔*、*斐济*、法国、德国、*危地马拉*、*几内亚比绍*、梵蒂冈*、爱尔兰、日本、老挝、*黎巴嫩*、*莱索托*、卢森堡、前南斯拉夫马其顿共和国、马拉维、*马里*、马耳他、墨西哥、*摩尔多瓦*、*摩纳哥*、*黑山*、新西兰、尼加拉瓜、尼日尔、挪威、*巴拿马*、*萨摩亚*、*圣文森特和格林纳丁斯*、圣马力诺、*塞舌尔*、塞拉利昂、斯洛文尼亚、西班牙、*突尼斯*、*英国*、乌拉圭、赞比亚。

*批准、加入或继承时有所保留。

签署但未批约国家（59个）：阿富汗、安哥拉、澳大利亚、贝宁、玻利维亚、博茨瓦纳、保加利亚、喀麦隆、加拿大、中非共和国、乍得、哥伦比亚、刚果民主共和国、刚果共和国、库克群岛、哥斯达黎加、科特迪瓦、塞浦路斯、捷克共和国、吉布提、多米尼加共和国、萨尔瓦多、冈比亚、加纳、几内亚、海地、洪都拉斯、匈牙利、冰岛、印度尼西亚、伊拉克、意大利、牙买加、肯尼亚、利比里亚、列支敦士登、立陶宛、马达加斯加、毛里塔尼亚、莫桑比克、纳米比亚、瑙鲁、荷兰、尼日利亚、帕劳、巴拉圭、秘鲁、菲律宾、葡萄牙、卢旺达、圣多美和普林西比、塞内加尔、索马里、南非、瑞典、瑞士、坦桑尼亚、多哥、乌干达。

公约文本：见联合国条约汇编，网址：〈http://treaties.un.org/Pages/CTCTreaties.aspx? id=26〉。

第二部分 区域性条约

拉丁美洲和加勒比地区禁止核武器条约（特拉特洛尔科条约）

原始条约于 1967 年 2 月 14 日在墨西哥联邦区开放签署，1968 年 4 月 22 日生效。1990 年、1991 年和 1992 年三次修改，由墨西哥政府保存。

条约禁止拉丁美洲和加勒比海国家通过任何方式试验、使用、制造、生产或获得，以及接受、储存、安置、部署或以任何形式拥有核武器。

缔约国应与国际原子能机构就其核活动签订保障监督协定。国际原子能机构享有进行特别视察的专有权。

条约向条约规定的拉丁美洲和加勒比地区的所有独立国家开放签署。

根据附加议定书 I，在本地区拥有领土的国家（法国、荷兰、英国和美国）承诺使这些领土适用军事非核武化法规。

根据附加议定书 II，公认的有核国家［中国、法国、俄罗斯（签署时为苏联）、英国和美国］承诺尊重拉丁美洲和加勒比海地区的军事非核武化法规，不从事违反条约的行为，也不对缔约国使用或威胁使用核武器。

原始条约的缔约国（33 个）：安提瓜和巴布达、阿根廷[1]、巴哈马、巴巴多斯[1]、伯利兹[2]、玻利维亚、巴西[1]、智利[1]、哥伦比亚[1]、哥斯达黎加[1]、古巴[1]、多米尼克、多米尼加共和国[3]、厄瓜多尔[1]、萨尔瓦多[1]、格林纳达[4]、危地马拉[1]、圭亚那[1]、海地、洪都拉斯、牙买加[1]、墨西哥[1]、尼加拉瓜、巴拿马[1]、巴拉圭[1]、秘鲁[1]、圣基茨和尼维斯、圣卢西亚、圣文森特和格林纳丁斯、苏里南[1]、特立尼达和多巴哥、乌拉圭[1]、委内瑞拉[1]。

[1]批准了 1990 年、1991 年和 1992 年修改条约的国家。

[2]仅批准了 1990 年和 1992 年修改条约的国家。

[3]仅批准了 1992 年修改条约的国家。

[4]仅批准了 1990 年修改条约的国家。

附加议定书 I 签署国（4 个）： 法国[1]、荷兰、英国[2]、美国[3]。

附加议定书 II 签署国（5 个）： 中国[4]、法国[5]、俄罗斯[6]、英国[2]、美国[7]。

1. 法国声明：议定书 I 不适用于从条约地区内的法国领土过境到达其他法国领土的情况。议定书不应限制在法国领土上的居民参加条约第一条提及的活动，也不应限制其参加与法国国防相关的活动。法国不认为条约界定的区域是根据国际法确立的区域，因此不认为条约适用于该区域。

2. 英国在签署及批准议定书 I 和 II 时，做了如下谅解声明：英国对条约的签署和批准，不能被视为以任何方式影响由英国负责而该领土位于条约界定的地理区域之内的任何领土的国际关系法律地位。如果条约的任何缔约国在某个有核武器国家支持下采取任何侵略行为，英国有权重新考虑议定书 II 对其行动的约束力范围。

3. 美国在批准议定书 I 时，发表了如下谅解声明：在是否给予本国和其他船只或飞机过境和运输货物或武器的特权方面，条约的规定并不影响议定书缔约国根据国际法所享的专有权和法律权限，也不影响缔约国根据国际法所享有的海洋自由权或通过一国领水或领水上空的自由权。美国批准议定书 II 的附加声明也适用于议定书 I。

4. 中国宣布绝不会派载有核武器的运输和交货工具穿越拉美国家的领土、领海或领空。

5. 法国声明，它认为议定书 II 第三条的规定并不对根据联合国宪章第 51 条的规定充分行使自卫权构成障碍。法国注意到拉丁美洲非核武化筹备委员会的解释，根据这一解释条约不适用于过境安排。根据国际法，是否允许过境是一国的专有权。1974 年，法国做了补充声明，指出法国对议定书 II 所承担的义务不仅适用于条约签约国，也适用于根据议定书 I 非核武器化法规生效的领土。

6. 苏联签署并批准议定书时发表了如下声明：苏联设定本条约第一条对任何核爆炸装置都有效，因此任何国家进行用于和平目的的核爆炸都构成对第一条规定义务的违反，并与其无核武器地位不相符。条约的缔约国应根据核不扩散条约第五条，并在国际原子能机构的国际程序框架内找到解决以和平为目的进行核爆炸问题的办法。苏联宣布：允许任何形式的核武器过境均同条约的宗旨不符。

如一个或多个缔约国采取任何违背其无核武器国家地位的行动，或一个或多个缔约国在某拥有核武器国家的支持下或与其一起进行侵略，苏联将视这种行动违反有关国家对条约承担的义务。在这些情况下，苏联保留重新考虑其对议定书 II 所承担义务的权利。如其他拥有核武器国家采取违反议定书所规定义务的行为，苏联还将保留重新考虑其对该议定书态度的权利。

7. 美国签署并批准议定书 II 时有如下声明和谅解：每个签约国拥有决定是否给予非缔约国过境和运输特许的专有权和法律权限。关于承诺不对缔约国使用或威胁使用核武器，美国认为，一个签约国在某核国家支持下发起武装进攻的行为是违反条约的。

原始条约文本：见联合国《条约集》第 634 卷（1968 年）。

修改条约文本：见拉丁美洲和加勒比地区禁止核武器机构网站，网址：〈 http：//www. poanal. org/opanal/Tlatelolco/P-Tlatelolco-i. htm〉。

南太平洋无核区条约（拉罗汤加条约）

1985 年 8 月 6 日在库克群岛的拉罗汤加岛开放签署，1986 年 12 月 11 日生效，由太平洋岛国论坛秘书处保存。

条约禁止缔约国在附录所述区域内外的任何地方制造或以其他方式获得任何核爆炸装置，或拥有或控制这类装置。缔约国还作出以下承诺：只有在符合国际原子能机构保障监督措施的前提下才提供核原料或设备；防止在其领土上安置或试验任何核爆炸装置；以及不向区域内的任何海域倾倒并防止倾倒放射性废料或其他放射性物质。每个缔约国保有允许外国船只或飞机停靠或过境的自由。

条约开放供太平洋岛国论坛的成员国签署。

根据议定书Ⅰ，法国、英国和美国承诺遵守条约关于禁止在位于区域内的三国负有国际责任的领土上生产、安置和试验核爆炸装置的规定。

根据议定书Ⅱ，中国、法国、俄罗斯、英国和美国承诺不对条约缔约国或议定书 1 的缔约国负有国际责任的、位于区域内的领土使用或威胁使用核爆炸装置。

根据议定书Ⅲ，中国、法国、英国、美国和俄罗斯保证不在区域内的任何地方试验任何核爆炸装置。

缔约国（13 个）：澳大利亚、库克群岛、斐济、基里巴斯、瑙鲁、新西兰、纽埃、巴布亚新几内亚、萨摩亚、所罗门群岛、汤加、图瓦卢、瓦努阿图。

议定书Ⅰ的缔约国（2 个）：法国、英国；签署但未批准国（1 个）：美国。

议定书Ⅱ的缔约国（4 个）：中国、法国[1]、俄罗斯、英国[2]；签署但未批准国（1 个）：美国。

议定书Ⅲ的缔约国（4 个）：中国、法国、俄罗斯、英国；

签署但未批准国（1 个）：美国。

1. 法国声明：议定书Ⅱ所列的消极安全保证与 1995 年 4 月 6 日裁军谈判会议声明相同。联合国安理会 1995 年 4 月 11 日 984 号决议提到该声明。

2. 英国 1997 年批准议定书Ⅱ时声明：公约的规定不影响国际法承认的船只和飞机在该地区过境或停靠港口或机场的权利。如果某一缔约国同一个核武器国家一道或联合起来对英国，领土、武装部队或盟国发动侵略或任何其他进攻，或如果某一缔约国违反了条约规定的其不扩散义务，英国将不受议定书Ⅱ中所作承诺的约束。

条约文本：见联合国《条约集》第 1445 卷（1987 年）。

欧洲常规武装力量条约（欧常裁条约，CFE）

原始条约于 1990 年 11 月 19 日在巴黎签署，1992 年 11 月 9 日生效，由荷兰政府保存。

条约为从大西洋到乌拉尔山脉区域（大西洋至乌拉尔区，ATTU 区）五个种类的受条约限制的军备（作战坦克、装甲战斗车、口径不小于 100mm 的火炮、作战飞机和攻击直升机）规定了数量上限。

条约由华约（WTO）和北约成员国在欧洲安全与合作会议（从 1995 年 1 月 1 日起更名为欧洲安全与合作组织，OSCE）的框架内谈判达成协议并签署。

1992 年《塔什干协议》由领土位于 ATTU 区域内的各前苏联共和国（爱沙尼亚、拉脱维亚和立陶宛除外）签署。1992 年签署的《奥斯陆文件》（CFE 条约缔约国非常会议最后文件）对条约作了修正，原因是苏联解体后出现了许多新国家。

缔约国（30 个）： 亚美尼亚、阿塞拜疆、白俄罗斯、比利时、保加利亚、加拿大、捷克共和国、丹麦、法国、格鲁吉亚、德国、希腊、匈牙利、冰岛、意大利、哈萨克斯坦、卢森堡、摩尔多瓦、荷兰、挪威、波兰、葡萄牙、罗马尼亚、俄罗斯[1]、斯洛伐克、西班牙、土耳其、英国、乌克兰、美国。

2007 年 7 月 14 日，俄罗斯宣布暂停执行将于 2007 年 7 月 12 日生效的《欧洲常规武装力量条约》及相关的协定。

1996 年召开的 CFE 条约首次审议会议，通过了《侧翼文件》。该文件从地理方面和数量上重新规划了侧翼区域，允许俄罗斯和乌克兰沿各自的边界少受约束情况下，部署更多受条约限制的军备。

原始（1990 年）条约文本：见欧洲安全与合作组织网站，〈http：//www. osce. org/library/14087〉。

加固条约（1993 年）文本：见荷兰外交部网站，网址：〈http：//www. minbuza. nl/en/treaties/004285〉。

侧翼文件文本：见欧洲安全与合作组织网站，网址：〈http：//www. osce. org/library/14099〉，附件 A。

关于欧洲常规武装力量员额谈判的结束文件（CFE-1A 协定）

1992 年 7 月 10 日在赫尔辛基由 CFE 条约缔约国签署，与 CFE 条约同时生效，由荷兰政府保存。

该协定具有政治约束力，规定了缔约国在 ATTU 区域内常规陆基武装部队的兵力最高限额。

协定文本：见欧洲安全与合作组织网站，网址：〈http：//www. osce. org/library/14093〉。

欧洲常规武装力量条约修改协定

1999 年 11 月 19 日由欧洲常规武装力量条约的缔约国签署，尚未生效。由荷兰政府保存。

协定以区域军力平衡代替了 CFE 条约的集团对集团的军力平衡，在条约限制的军备问上，建立了一个新的限额结构和新的军事灵活机制以及侧翼次限额，并提高了透明度。协定将 CEF 条约机制对所有欧洲国家开放。所有签约国都批准后，协定正式生效。1999 年的《最后文件》及其附件含有关于格鲁吉亚、摩尔多瓦和中欧地区有政治约束力的各项安排和从外国撤军的内容。

修改协定批准书的 3 个保存国：白俄罗斯、哈萨克斯坦、俄罗斯*[1]

*批准时有所保留和/或发表声明。

[1]2007 年 7 月 14 日，俄罗斯宣布暂停执行将于 2007 年 7 月 12 日生效的《欧洲常规武装力量条约》及相关的协定。

注：乌克兰批准了 1999 年的修改协定，但尚未将批准书递交给保存国。

协定文本：见欧洲安全与合作组织网站，网址：〈http：//www. osce. org/library/14108〉。

1999 年协定后条约修订文本：见《SIPRI 年鉴 2000》，第 627—642 页。

最后文件文本：见欧洲安全与合作组织网站，网址：〈http：//www. osce. org/library/14114〉。

开放天空条约

1992 年 3 月 24 日在赫尔辛基开放签署，2002 年 1 月 1 日生效，由加拿大和匈牙利政府保存。

条约要求缔约国允许临时通知的、非武装的观察飞行穿越其领空。条约适用范围从加拿大的温哥华向东至俄罗斯的符拉迪沃斯托克。

条约由华约组织（WTO）和北约组织（NATO）的成员国谈判达成。条约供北约成员国和前华约成员国、苏联解体后成立的国家签署（爱沙尼亚、拉脱维亚、立陶宛除外）。条约生效六个月后，欧洲安全和合作组织的任何其他国家都可以申请加入该条约。从 2002 年 7 月 1 日起，任何国家都可以加入该条约。

缔约国（34 个）： 白俄罗斯、比利时、波黑、保加利亚、加拿大、克罗地亚、捷克共和国、丹麦、爱沙尼亚、芬兰、法国、格鲁吉亚、德国、希腊、匈牙利、冰岛、意大利、拉脱维亚、立陶宛、卢森堡、荷兰、挪威、波兰、葡萄牙、罗马尼亚、俄罗斯、斯洛伐克、斯洛文尼亚、西班牙、瑞典、土耳其、英国、乌克兰、美国。

签署但未批约国（1 个）： 吉尔吉斯斯坦。

条约文本：见加拿大条约信息网站，网址：〈http：//www. treaty-accord. gc. ca/text-texte. asp? id=102747〉。

东南亚无核武器区条约（曼谷条约）

1995 年 12 月 15 日在曼谷签署，1997 年 3 月 27 日生效，由泰国政府保存。

条约禁止在本区域内外发展、制造、获得或试验核武器，并禁止在区域内或经过区域安置或运输核武器。每个缔约国自行决定是否允许外国船只和飞机停靠或过境。缔约国保证不向区域内的海域倾倒或向区域内的大气层排放任何放射性物质或废料，或在区域内陆地上抛置放射性物质。缔约国应与国际原子能机构达成协议，以为其和平利用核活动提供全面保障监督。

本区域不仅包括缔约国的领土，还包括其大陆架和专属经济区。

条约对所有所有东南亚国家开放签署。

根据条约一项议定书的规定，中国、法国、俄罗斯、英国和美国

将承诺不对

任何缔约国使用或威胁使用核武器。五国应进一步承诺不在东南亚无核区内使用核武器。议定书将在各缔约国交存批准书之时起生效。

缔约国（10个）：文莱、柬埔寨、印度尼西亚、老挝、马来西亚、缅甸、菲律宾、新加坡、泰国、越南。

议定书：无签署国，无缔约国。

条约和议定书文本：见东南亚国家联盟秘书处网站，网址：〈http：//www. aseansec. org/5181. htm〉。

非洲无核武器区条约（佩林达巴条约）

1996年4月11日在开罗签署，2009年7月15日生效，由非洲联盟秘书长保存。

条约禁止研究、发展、生产、获得、试验或安置核爆炸装置。每个缔约国有权允许外国船只和飞机停靠和过境的自由。条约还禁止对核设施的任何攻击。缔约国承诺不在区域内的任何地方倾倒或允许倾倒放射性废料和其他放射性物质。缔约国应同国际原子能机构（IAEA）就为和平利用核活动提供全面保障监督达成协议。

非洲无核区指非洲大陆、非洲联盟（AU）岛屿成员国和非洲联盟认为属于非洲的所有岛屿。

该条约向所有非洲国家开放签署。

根据议定书I，中国、法国、俄罗斯、英国和美国应承诺不对缔约国使用或威胁使用核爆炸装置。

根据议定书II，中国、法国、俄罗斯、英国和美国应承诺不在区域内任何地方试验核爆炸装置。

根据议定书III，对区域内领土负有国际责任的国家应承诺执行条约中有关这些领土的规定。本议定书向法国和西班牙开放签署。

对已提交批准书的议定书签署国，议定书将与条约同时生效。

缔约国（31个）：阿尔及利亚、贝宁、博茨瓦纳、布基纳法索、布隆迪、喀麦隆、科特迪瓦、赤道几内亚、埃塞俄比亚、加蓬、冈比亚、几内亚、肯尼亚、莱索托、利比亚、马达加斯加、马拉维、马里、毛里塔尼亚、毛里求斯、莫桑比克、尼日利亚、卢旺达、塞内加尔、南非、斯威士兰、坦桑尼亚、多哥、突尼斯、赞比亚、津巴布韦。

签署但未批约国（23个）：安哥拉、佛得角、中非共和国、乍得、科摩罗、刚果民主共和国、刚果共和国、吉布提、埃及、厄立特里亚、加纳、几内亚比绍、利比里亚、摩洛哥、纳米比亚、尼日尔、撒哈拉阿拉伯民主共和国（西撒哈拉）、圣多美和普林西比、塞舌尔、塞拉利昂、索马里、苏丹、乌干达。

议定书I批准国（3个）：中国、法国[1]、英国[2]；签署但未批准国（2个）：俄罗斯[3]、美国[4]。

议定书II批准国（3个）：中国、法国、英国[2]；签署但未批准国（2个）：俄罗斯[3]、美国[4]。

议定书III批准国（1个）：法国。

1. 法国表示：这些议定书不影响其依据联合国宪章第51条规定所享有的自卫权。法国申明，根据议定书Ⅰ第一款所作的承诺与其对《不扩散核武器条约》无核武器缔约国的消极安全保证是一致的。这种保证于1995年4月6日法国在裁谈会上的发言中，在1995年4月11日联合国安理会第984号决议中也提到了。

2. 英国表示：它不接受在未经其同意的情况下将英属印度洋领土纳入非洲无核区，也不因签署议定书Ⅰ和Ⅱ而接受有关该领土的任何法律义务。如果英国、其属地、武装部队或其他军队，其盟国或英对其作出安全承诺的国家遭受缔约国和某核武器国家以联合或联盟的形式发动或持续进行侵略或任何其他进攻，或者任何缔约国对条约规定其不扩散义务有实质性的违反，英国将不受议定书I第一款的承诺的约束。

3. 俄罗斯表示：只要查戈斯群岛上仍有核国家军事基地存在，这些岛屿就不能被视为符合条约对无核区提出的要求。俄还说，鉴于某些国家声明它们认为自己不受各议定书关于上述领土所规定义务的约束，俄不认为自己要受议定书Ⅰ关于这些领土义务的约束。就议定书I第一款，俄罗斯不会对条约缔约国使用核武器，除非条约无核武器缔约国和某核武器国家以联合或联盟的方式对俄罗斯、其领土、武装部队或其他军队，对其盟国或对由俄罗斯作出安全承诺的国家发动或持续进行侵略或任何其他武装进攻。

4. 关于议定书Ⅰ，美国表示：如果美国、其领土、武装部队或其他军队、其盟国或美对其作出安全承诺的国家遭受缔约国和某核武器国家以联合或联盟的形式发动或持续进行侵略或任何其他攻击时，美就认为这与条约缔约国的相应义务是不一致的。美国还说，无论是条约还是议定书Ⅱ的规定都不适用英国、美国或其他任何非缔约国在迪戈加西亚岛或英属印度洋的任何领地进行的活动。因此，美军在迪岛和上述地域的军事活动也不必作任何调整。

条约文本：见非洲联盟网站，网址：〈http：//www. au. int/en/content/african-nuclear-weapon-free-zone-treatypelindaba-treaty〉。

次区域军控协定（佛罗伦萨协定）

1996 年 6 月 14 日在佛罗伦萨签署并生效。

达成协定的谈判是根据 1995 年《波黑和平总框架协定》（《代顿协定》）附件 1-B 第四款在欧安组织（OSCE）主持下进行的。该协定为以下前交战国的军备数量规定了上限，所涉武器包括以下 5 个种类的重型常规武器：作战坦克、装甲战斗车、重型火炮（75 毫米及 75 毫米以上口径）、作战飞机和攻击直升机。截至 1997 年 10 月 31 日，已按协定限额完成削减。到此日为止，共有 6580 件武器，或 1996 年 6 月前拥有武器量的 46%，已经被销毁。截至 2010 年 1 月 1 日，另有 2650 件武器已自愿销毁。履约过程受到欧洲安全与合作组织主席的私人代表、联络小组（法国、德国、意大利、俄罗斯、英国和美国）的监督和帮助，也得到支持欧安组织的其他国家的协助。

2006 年，因为波黑次国家实体国防部的解体，缔约国数目从 5 个降低到 3 个。2006 年 3 月，缔约国同意对协定进行 6 处有法律约束力的修定。2007 年，由于黑山独立，缔约国上升到 4 个。

缔约国（4 个）：波黑、克罗地亚、黑山、塞尔维亚。

协定文本：见欧洲安全与合作组织波黑特派团网站，网址：〈http：//www. oscebih. org/documents/11-eng. pdf〉。

美洲国家间关于反对非法生产和走私火器、弹药、爆炸物和其他相关材料公约

1997 年 11 月 13 日在华盛顿通过，1997 年 11 月 14 日在华盛顿

开放签署。1998 年 7 月 1 日公约生效，由美洲国家组织总秘书处保存。

公约的宗旨是：预防、反对和彻底制止非法生产、走私火器、弹药、爆炸物和其他相关材料；推动和促进缔约国之间的合作、信息和经验交流。

缔约国（30 个）：安提瓜和巴布达、阿根廷*、巴哈马、巴巴多斯、伯利兹、玻利维亚、巴西、智利、哥伦比亚、哥斯达黎加、多米尼克、多米尼加共和国、厄瓜多尔、萨尔瓦多、格林纳达、危地马拉、圭亚那、海地、洪都拉斯、墨西哥、尼加拉瓜、巴拿马、巴拉圭、秘鲁、圣基茨和尼维斯、圣卢西亚、苏里南、特立尼达和多巴哥、乌拉圭、委内瑞拉。

*批准、加入或继承时有所保留。

签署但未批约国（4 个）：加拿大、牙买加、圣文森特和格林纳丁斯、美国。

公约文本：见美洲国家组织网站，网址：〈http://www.oas.org/juridico/english/treaties/a—63.html〉。

美洲国家间关于获取常规武器透明度公约

1999 年 6 月 7 日在危地马拉城通过，2002 年 11 月 21 日生效，由美洲国家组织总秘书处保存。

公约的宗旨是：为了促进美洲国家间的相互信任，通过交换关于获取常规武器的信息，有助于提高本地区在获取这类武器方面的公开性和透明度。

缔约国（13）：阿根廷、巴西、加拿大、智利、多米尼加共和国、厄瓜多尔、萨尔瓦多、危地马拉、尼加拉瓜、巴拉圭、秘鲁、乌拉圭、委内瑞拉。

签署但未批约国（8 个）：玻利维亚、哥伦比亚、哥斯达黎加、多米尼克、海地、洪都拉斯、墨西哥、美国。

公约文本：见美洲国家组织网站，网址：〈http://www.oas.org/juridico/english/treaties/a—64.html〉。

1999 年关于建立信任与安全措施的维也纳文件

欧洲安全与合作组织的成员国于 1999 年 11 月 16 日在伊斯坦布尔签署。2000 年 1 月 1 日生效。

1999 年维也纳文件是在欧洲建立信任与安全措施（CSBMs）和裁军的 1986 年斯德哥尔摩文件，以及之前的三个维也纳文件（1990 年、1992 年和 1994 年）的基础上制定的。1990 年维也纳文件要求缔约国通报军事情报、军费预算、减少危险程序、建立直接通信网，并且每年举行一次会议评估信任与安全措施的执行情况。1992 年维也纳文件和 1994 年维也纳文件扩大了范围，对军事活动、防务计划和军事交流制定了新的机制和参数。

1999 年维也纳文件提出了一些区域性措施，旨在双边、多边和地区层面上增加透明度和信任，并特别就约束措施提出了一些改进意见。

文件文本：见欧洲安全与合作组织网站，网址：〈http：//www.osce. org/fsc/41276〉。

西非国家经济共同体关于小武器、轻武器及其弹药和相关材料公约

2006 年 6 月 14 日在阿布贾由西非国家经济共同体（ECOWAS）成员国通过。2009 年 9 月 29 日生效，由西非国家经济共同体委员会主席保存。

公约要求缔约国在西非国家经济共同体范围内防止和打击小武器和轻武器过量和失衡的积聚。公约从第九个批约书递交时开始生效。

缔约国（11 个）：贝宁、布基纳法索、佛得角、*加纳*、利比里亚、马里、尼日尔、尼日利亚、塞内加尔、塞拉利昂、多哥。

签约但未批约的国家（4 个）：科特迪瓦、冈比亚、几内亚、几内亚比绍。

公约文本：见西非国家经济共同体小武器控制项目，网址：〈http：//www. ecosap. ecowas. int/〉。

中亚无核武器区条约（塞米巴拉金斯克条约）

2006年9月8日在塞米巴拉金斯克市签署，2009年3月21日生效。由吉尔吉斯斯坦政府保存。

条约及其议定书要求缔约国不再研究、发展、制造、储存或通过任何其他方式获得、拥有或控制任何核武器或核爆炸装置。

根据一项议定书的规定，中国、法国、俄罗斯、英国和美国承诺将不对任何缔约国使用或威胁使用核爆炸装置。议定书将在每个缔约国交存批准书之时起生效。

缔约国（5个）：哈萨克斯坦、吉尔吉斯斯坦、塔吉克斯坦、土库曼斯坦、乌兹别克斯坦。

议定书：无签署国，无缔约国

条约文本：见联合国裁军事务办公室，多边军备法规和裁军协定状况，网址：〈http：//disarmament. un. org/treatystatus. nsf〉。

中部非洲关于控制小武器和轻武器及其弹药以及所有能用于制造、修理和装配的零部件的公约（金沙萨公约）

2010年4月30日在金沙萨通过，2010年11月19日在布拉紫维尔开放签署，尚未生效，由联合国秘书长保存。

公约的目标是要在中部非洲防止、打击和根除小武器和轻武器（SALW，轻小武器）的非法贸易和走私，加强控制本地区轻小武器的制造、买卖、转让和使用，打击本地区由轻小武器引起的武装暴力活动，减轻人道主义苦难，以及促进缔约国之间的合作与信任。公约将在第六个国家的批准书提交保存之日的30天后生效。

签署但未批约国（8个）：*安哥拉*、*喀麦隆*、*中非共和国*、*乍得*、*刚果民主共和国*、*刚果共和国*、*加蓬*、*圣多美和普林西比*。

条约文本：见联合国条约汇编，网址：〈http：//treaties. un. org/ Pages/CTCTreaties. aspx? id=26〉。

第三部分　双边条约

美苏关于限制反弹道导弹系统条约（反导条约，ABM）

美国和苏联于 1972 年 5 月 26 日在莫斯科签署，1972 年 10 月 3 日生效。2002 年 6 月 13 日失效。

缔约方—俄罗斯和美国—保证不建立全国性反弹道导弹防御系统，限制发展和部署得到允许的战略导弹防御系统。条约禁止为防空导弹、雷达和发射架提供反战略弹道导弹的技术能力，并禁止以战略反弹道导弹（ABM）模式对其进行试验。

1974 年签署的 ABM 条约议定书从数量上进一步限制了得到允许的弹道导弹防御系统。

1997 年白俄罗斯、哈萨克斯坦、俄罗斯、乌克兰和美国签署了一份谅解备忘录，指定白俄罗斯、哈萨克斯坦和乌克兰与俄罗斯一样作为苏联的继承者，成为条约的缔约国。并签署了一组协商一致的声明，明确区别条约不允许的战略导弹防御系统和条约允许的非战略或战区导弹防御系统的技术参数。2000 年 4 月俄罗斯批准了 1997 年签署的这些协定，但由于美国拒绝批准而使这些协定未能正式生效。2001 年 12 月 13 日，美国宣布退出反导条约（ABM），2002 年 6 月 13 日退约生效。

条约和议定书文本：见美国国务院网站，网址：〈http：//www.state. gov/t/avc/trty/101888. htm〉。

美苏限制地下核武器试验条约（限当量条约，TTBT）

美国和苏联于 1974 年 7 月 3 日在莫斯科签署，1990 年 12 月 11 日生效。

缔约国—俄罗斯和美国—承诺不进行任何爆炸当量超过 15 万吨的地下核试验。1990 年新的核查议定书替代了 1974 年核查议定书。

条约和议定书文本：见联合国《条约集》第 1714 卷（1993 年）。

和平利用地下核爆炸条约（和平核爆炸条约，PNET）

苏联和美国于 1976 年 5 月 28 日在莫斯科和华盛顿签署，1990 年 12 月 11 日生效。

缔约国—俄罗斯和美国—承诺不进行任何用于和平目的、其爆炸当量超过 15 万吨的地下核试验，或任何其总当量超过 15 万吨的系列爆炸；不进行任何总当量超过 150 万吨的系列爆炸，除非其单个核爆炸根据已确立的核查程序能被识别和测量。1976 年核查议定书被 1990 年新的议定书所取代。

条约文本：见联合国《条约集》第 1714 卷（1993 年）。

销毁中短程导弹条约（中导条约，INF）

苏联和美国于 1987 年 12 月 8 日在华盛顿签署，1988 年 6 月 1 日生效。

条约要求原始缔约国—美国和苏联—到 1991 年 6 月 1 日为止销毁所有的射程为 500—5500 公里的陆基导弹（射程 1000—5500 公里为中程导弹；射程 500—1000 公里为短程导弹）及其发射装置。到 1991 年 5 月为止，共销毁了 2692 枚导弹。1994 年条约成员国扩大到包括白俄罗斯、哈萨克斯坦和乌克兰。1991 年 6 月 1 日之后的 10 年内进行了现场核查以确认履约情况；2001 年 5 月 31 日现场核查终止后，为收集相关数据，会继续使用侦察卫星。

条约文本：见美国国务院网站，网址：〈http://www.state.gov/t/avc/trty/102360.htm〉。

美苏关于削减和限制进攻性战略武器条约（START I 条约）

苏联和美国于 1991 年 7 月 31 日在莫斯科签署，1994 年 12 月 5 日生效，2009 年 12 月 3 日期满。

条约要求原始缔约国—美国和苏联—在七年内分阶段削减各自的进攻性战略核武器。条约规定了各自部署的洲际弹道导弹、潜射导弹和重型轰炸机等战略核运载工具及其携带核弹头的数量限制。在促进执行 START 条约的议定书（《1992 年里斯本议定书》，1994 年 12 月

5 日生效）中，白俄罗斯、哈萨克斯坦和乌克兰也继承了前苏联承担的条约义务。

一项后续条约，即“新 START 条约”，于 2011 年 2 月 5 日生效。

条约和议定书文本：见美国国务院网站，网址:〈http：//www. state. gov/t/avc/trty/146007. htm〉。

美苏关于进一步削减和限制进攻性战略武器条约（START Ⅱ条约）

俄罗斯和美国于 1993 年 1 月 3 日在莫斯科签署，尚未生效。

条约要求缔约国在 2003 年 1 月 1 日以前销毁各自的多弹头分导式洲际弹道导弹，并将已部署的战略核弹头的数量削减至不超过 3000——3500 枚（其中部署在潜射导弹上的核弹头不得超过 1750 枚）。1997 年 9 月 26 日，两国签署了该条约的议定书，将条约执行期限延长至 2007 年底。

美国参议院、俄罗斯杜马均批准该条约，但两国未交换批准文书，故条约从未生效。2002 年 6 月 13 日美国退出反导条约（ABM 条约）。作为回应，俄罗斯于 2002 年 6 月 14 日宣布不再受 START Ⅱ条约的约束。

条约和议定书文本：见美国国务院网站，网址:〈http：//www. state. gov/t/avc/trty/102887. htm〉。

美俄削减进攻性战略武器条约（SORT 条约、莫斯科条约）

2002 年 5 月 24 日俄罗斯和美国在莫斯科签署，2003 年 6 月 1 日生效。2011 年 2 月 5 日起不再有效。

条约要求缔约国削减各自实战部署的战略核弹头，截至 2012 年 12 月 31 日以前各自拥有的该类核弹头总数不超过 1700—2200 枚。2011 年 2 月 5 日，该条约被“新 START 条约”所取代。

条约文本：见美国参议院网站，网址:〈http：//www. state. gov/t/avc/trty/127129. htm〉。

美俄关于进一步削减和限制进攻性战略武器条约（新START条约，布拉格条约）

2010年4月8日俄罗斯和美国在布拉格签署，2011年2月5日生效。

条约要求缔约国——俄罗斯和美国——各自将下列武器数目减至（1）部署的洲际弹道导弹、潜射导弹和重型轰炸机不超过700件；（2）部署的洲际弹道导弹、潜射导弹安装的弹头数和部署的重型轰炸机携带的弹头数不超过1550枚；（3）部署的和非部署的洲际弹道导弹发射装置、潜射导弹发射装置和重型轰炸机不超过800件。截止2018年2月5日必须达到销减目标。一个双边顾问委员会将处理遵约和其他履约问题。条约的议定书包含了核查机制的问题。

条约承接《美苏关于削减和限制进攻性战略武器条约》（START I条约），并取代《美俄削减进攻性战略武器条约》（SORT条约）。除非在期满之前有后续条约所取代，该条约将在10年内有效。

条约文本：见美国国务院网站，网址：〈http://www.state.gov/t/avc/newstart/c39903.htm〉。

（琦灵 译）

附件B 国际安全合作机构

南尼·博德尔

本附件罗列了旨在促进安全、稳定、和平或军备控制的主要国际组织、政府间机构、履约机构和转让控制机制，所列的成员国或参加国为截至 2011 年 1 月 1 日的情况。

联合国会员国和联合国系统内的组织被列在前面，其他组织依字母顺序排列在后。这些组织的成员国和参加国并非都是联合国会员国。2010 年间加入或首次参加组织的国家用斜体字注明。各组织如有互联网网址，则提供于后。所提及的军备控制和裁军协议，参见本卷附件 A。

联合国（UN）

系世界范围的政府间组织。1945 年通过《联合国宪章》，联合国宣告成立，总部设在美国纽约。它的六个主要机构分别是大会、安全理事会、经济和社会理事会、托管理事会（1994 年暂停实际工作）、国际法院和秘书处。联合国大会设有 6 个主要委员会：第一委员会（裁军和国际安全委员会）处理裁军和相关国际安全问题；第四委员会（特殊政治和非殖民化委员会）处理大量问题，包括非殖民化、巴勒斯坦难民以及人权、维和、排雷、外空、公共信息、原子能放射以及和平大学。它还包括许多专门机构和自治组织。

联合国会员国（192 个）及加入时间

阿富汗，1946；阿尔巴尼亚，1955；阿尔及利亚，1962
安道尔，1993；安哥拉，1976；安提瓜和巴布达，1981
阿根廷，1945；亚美尼亚，1992；澳大利亚，1945

奥地利，1955；阿塞拜疆，1992；巴哈马，1973
巴林，1971；孟加拉国，1974；巴巴多斯，1966
白俄罗斯，1945；比利时，1945；伯利兹，1981
贝宁，1960；不丹，1971；玻利维亚，1945
波斯尼亚和黑塞哥维那，1992；博茨瓦纳，1966；巴西，1945
文莱，1984；保加利亚，1955；布基纳法索，1960
布隆迪，1962；柬埔寨，1955；喀麦隆，1960
加拿大，1945；佛得角，1975；中非共和国，1960
乍得，1960；智利，1945；中国，1945
哥伦比亚，1945；科摩罗，1975；刚果民主共和国，1960
刚果共和国，1960；哥斯达黎加，1945；科特迪瓦，1960
克罗地亚，1992；古巴，1945；塞浦路斯，1960
捷克共和国，1993；丹麦，1945；吉布提，1977
多米尼克国，1978；多米尼加共和国，1945；厄瓜多尔，1945
埃及，1945；萨尔瓦多，1945；赤道几内亚，1968
厄立特里亚，1993；爱沙尼亚，1991；埃塞俄比亚，1945
斐济，1970；芬兰，1955；法国，1945
加蓬，1960；冈比亚，1965；格鲁吉亚，1992
德国，1973；加纳，1957；希腊，1945
格林纳达，1974；危地马拉，1945；几内亚，1958
几内亚比绍，1974；圭亚那，1966；海地，1945
洪都拉斯，1945；匈牙利，1955；冰岛，1946
印度，1945；印度尼西亚，1950；伊朗，1945
伊拉克，1945；爱尔兰，1955；以色列，1949
意大利，1955；牙买加，1962；日本，1956
约旦，1955；哈萨克斯坦，1992；肯尼亚，1963
基里巴斯，1999；朝鲜民主主义人民共和国，1991
大韩民国，1991；科威特，1963；吉尔吉斯斯坦，1992
老挝，1955；拉脱维亚，1991
黎巴嫩，1945；莱索托，1966；利比里亚，1945
利比亚，1955；列支敦士登，1990；立陶宛，1991
卢森堡，1945；前南斯拉夫马其顿共和国，1993

马达加斯加，1960；马拉维，1964；马来西亚，1957
马尔代夫，1965；马里，1960；马耳他，1964；马绍尔群岛，1991
毛里塔尼亚，1961；毛里求斯，1968；墨西哥，1945
密克罗尼西亚，1991；摩尔多瓦，1992；摩纳哥，1993
蒙古，1961；黑山，2006；摩洛哥，1956；莫桑比克，1975
缅甸，1948；纳米比亚，1990；瑙鲁，1999
尼泊尔，1955；荷兰，1945；新西兰，1945；尼加拉瓜，1945
尼日尔，1960；尼日利亚，1960；挪威，1945
阿曼，1971；巴基斯坦，1947；帕劳，1994
巴拿马，1945；巴布亚新几内亚，1975；巴拉圭，1945
秘鲁，1945；菲律宾，1945；波兰，1945
葡萄牙，1955；卡塔尔，1971；罗马尼亚，1955
俄罗斯，1945；卢旺达，1962；圣基茨和尼维斯，1983
圣卢西亚，1979；圣文森特和格林纳丁斯，1980；萨摩亚，1976
圣马力诺，1992；圣多美和普林西比，1975；沙特阿拉伯，1945
塞内加尔，1960；塞尔维亚和黑山，2000；塞舌尔，1976；塞拉利昂，1961
新加坡，1965；斯洛伐克，1993；斯洛文尼亚，1992
所罗门群岛，1978；索马里，1960；南非，1945
西班牙，1955；斯里兰卡，1955；苏丹，1956
苏里南，1975；斯威士兰，1968；瑞典，1946；瑞士，2002
叙利亚，1945；塔吉克斯坦，1992；坦桑尼亚，1961
泰国，1946；东帝汶，2002；多哥，1960；汤加，1999
特立尼达和多巴哥，1962；突尼斯，1956；土耳其，1945
土库曼斯坦，1992；图瓦卢，2000；乌干达，1962；英国，1945
乌克兰，1945；阿拉伯联合酋长国，1971；乌拉圭，1945
美国，1945；乌兹别克斯坦，1992；瓦努阿图，1981
委内瑞拉，1945；越南，1977；也门，1947
赞比亚，1964；津巴布韦，1980

网址：〈http：//www. un. org〉。

联合国安全理事会

常任理事国（P5）： 中国、法国、俄国、英国、美国

非常任理事国（10 个）： 波黑*、巴西*、哥伦比亚**、加蓬*、德国**、印度**、黎巴嫩*、尼日利亚*、葡萄牙**、南非**

注： 非常任理事国由联合国大会选举产生，任期两年。

*2010—2011 年非常任理事国

**2011—2012 年非常任理事国

网址：〈http://www.un.org/sc/〉。

裁军谈判会议（CD）

系多边军备控制谈判机构，旨在成为国际社会的一个单独的多边裁军论坛。1960 年以来它曾多次扩大成员国和更名。它不是联合国机构，但向“联合国大会”报告工作。该机构设在瑞士日内瓦。

成员国（65 个）： 阿尔及利亚、阿根廷、澳大利亚、奥地利、孟加拉国、白俄罗斯、比利时、巴西、保加利亚、喀麦隆、加拿大、智利、中国、哥伦比亚、刚果民主共和国、古巴、厄瓜多尔、埃及、埃塞俄比亚、芬兰、法国、德国、匈牙利、印度、印度尼西亚、伊朗、伊拉克、爱尔兰、以色列、意大利、日本、哈萨克斯坦、肯尼亚、朝鲜、韩国、马来西亚、墨西哥、蒙古、摩洛哥、缅甸、荷兰、新西兰、尼日利亚、挪威、巴基斯坦、秘鲁、波兰、罗马尼亚、俄罗斯、塞内加尔、斯洛伐克、南非、西班牙、斯里兰卡、瑞典、瑞士、叙利亚、突尼斯、土耳其、英国、乌克兰、美国、委内瑞拉、越南、津巴布韦

网址：〈http://www.unog.ch/disarmament/〉。

国际原子能机构（IAEA）

系联合国体系内的政府间组织。机构在其《规约》于 1957 年生效后正式成立。其宗旨是促进和平利用原子能，并保证核活动不用于促进任何军事目的。根据 1968 年的《不扩散核武器条

约》和各无核区条约，无核武器国家必须接受机构的核保障监督，以表明其履行了不制造核武器的义务。总部设在奥地利首都维也纳。

成员国（151 个）：阿富汗、阿尔巴尼亚、阿尔及利亚、安哥拉、阿根廷、亚美尼亚、澳大利亚、奥地利、阿塞拜疆、巴林、孟加拉国、白俄罗斯、比利时、伯利兹、贝宁、玻利维亚、波斯尼亚和黑塞哥维那、博茨瓦纳、巴西、保加利亚、布基纳法索、布隆迪、柬埔寨、喀麦隆、加拿大、中非共和国、乍得、智利、中国、哥伦比亚、刚果民主共和国、刚果共和国、哥斯达黎加、科特迪瓦、克罗地亚、古巴、塞浦路斯、捷克共和国、丹麦、多米尼加共和国、厄瓜多尔、埃及、萨尔瓦多、厄立特里亚、爱沙尼亚、埃塞俄比亚、芬兰、法国、加蓬、格鲁吉亚、德国、加纳、希腊、危地马拉、海地、梵蒂冈、洪都拉斯、匈牙利、冰岛、印度、印度尼西亚、伊朗、伊拉克、爱尔兰、以色列、意大利、牙买加、日本、约旦、哈萨克斯坦、肯尼亚、韩国、科威特、吉尔吉斯斯坦、拉脱维亚、黎巴嫩、莱索托、利比里亚、利比亚、列支敦士登、立陶宛、卢森堡、前南斯拉夫马其顿共和国、马达加斯加、马拉维、马来西亚、马里、马耳他、马绍尔群岛、毛里塔尼亚、毛里求斯、墨西哥、摩尔多瓦、摩纳哥、蒙古、黑山、摩洛哥、莫桑比克、缅甸、纳米比亚、尼泊尔、荷兰、新西兰、尼加拉瓜、尼日尔、尼日利亚、挪威、阿曼、巴基斯坦、帕劳、巴拿马、巴拉圭、秘鲁、菲律宾、波兰、葡萄牙、卡塔尔、罗马尼亚、俄罗斯、沙特阿拉伯、塞内加尔、塞尔维亚、塞舌尔、塞拉利昂、新加坡、斯洛伐克、斯洛文尼亚、南非、西班牙、斯里兰卡、苏丹、瑞典、瑞士、叙利亚、塔吉克斯坦、坦桑尼亚、泰国、突尼斯、土耳其、乌干达、英国、乌克兰、阿拉伯联合酋长国、乌拉圭、美国、乌兹别克斯坦、委内瑞拉、越南、也门、赞比亚、津巴布韦

注：朝鲜在 1994 年 6 月以前，曾是国际原子能机构的成员国。除以上所列国家外，

佛得角、巴布亚新几内亚、卢旺达和多哥经国际原子能机构大会批准已获得成员国资格，一旦这些国家交存必需的法律文

书，将成为正式成员国。

网址：〈http：//www.iaea.org/〉。

国际法院（ICJ）

根据联合国宪章于1945年建立，是联合国的主要司法机构。其作用是对各国向其提交的争端做出裁决，并对经授权的联合国其他机关和专门机构的任何法律问题提供咨询意见。法院有15名法官，由联合国大会和安理会选举，任期9年。国际法院设在荷兰的海牙。

网址：〈http：//www.icj-dij.org/〉。

非洲联盟（AU）

2001年《非洲联盟章程》生效，“非洲联盟”正式成立，2002年非盟取代了“非洲统一组织”（OAU）。成员国资格向所有非洲国家开放。其宗旨是促进非洲团结、安全和解决冲突、民主和人权，促进非洲政治、社会和经济一体化。“和平与安全理事会”（PSC）是预防、控制和解决冲突的一个常设决策机构。非洲联盟总部设在埃塞俄比亚首都亚的斯亚贝巴。

成员国（53个）：阿尔及利亚、安哥拉、贝宁、博茨瓦纳、布基纳法索、布隆迪、喀麦隆、佛得角、中非共和国、乍得、科摩罗、刚果民主共和国、刚果共和国、科特迪瓦、吉布提、埃及、赤道几内亚、厄立特里亚、埃塞俄比亚、加蓬、冈比亚、加纳、几内亚*、几内亚比绍、肯尼亚、莱索托、利比里亚、利比亚、马达加斯加*、马拉维、马里、毛里塔尼亚*、毛里求斯、莫桑比克、纳米比亚、尼日尔*、尼日利亚、卢旺达、西撒哈拉（阿拉伯撒哈拉民主共和国，SADR）、圣多美和普林西比、塞内加尔、塞舌尔、塞拉利昂、索马里、南非、苏丹、斯威士兰、坦桑尼亚、多哥、突尼斯、乌干达、赞比亚、津巴布韦

*暂停了非盟成员国资格的国家：几内亚（2008年12月）；马达加斯加（2009年3月）；尼日尔（2010年2月）。

网址：〈http：//www.africa-union.org/〉。

亚太经济合作组织（APEC）

成立于1989年，其宗旨是推动亚太地区的开放贸易和经济繁荣。自20世纪90年代中期起，该组织越来越多地在安全和政治问题，诸如反恐、防止大规模杀伤性武器扩散和建立有效的转让控制体系等领域进行讨论。秘书处设在新加坡。

成员经济体（21个）：澳大利亚、文莱、加拿大、智利、中国、中国香港、印度尼西亚、日本、韩国、马来西亚、墨西哥、新西兰、巴布亚新几内亚、秘鲁、菲律宾、俄罗斯、新加坡、中国台湾地区、泰国、美国、越南

网址：〈http://www.apec.org/〉。

东南亚国家联盟（ASEAN）

成立于1967年，目的是促进东南亚地区的经济、社会和文化发展以及和平与安全。秘书处设在印度尼西亚首都雅加达。

成员国（10个）：文莱、柬埔寨、印度尼西亚、老挝、马来西亚、缅甸、菲律宾、新加坡、泰国、越南

网址：〈http://www.aseansec.org/〉。

东盟地区论坛（ARF）

该论坛成立于1994年，目的是处理安全问题。

参加国（27个）：东盟成员国加上澳大利亚、孟加拉国、加拿大、中国、欧盟、印度、日本、朝鲜、韩国、蒙古、新西兰、巴基斯坦、巴布亚新几内亚、俄罗斯、斯里兰卡、东帝汶、美国

网址：〈http://www.aseanregionalforum.org/〉。

东盟+3（APT）

论坛开始于亚洲经融危机产生后的1997年，1999年机制化。目的是促进成员国经济、政治和安全合作及金融稳定。

参加国（13个）：东盟成员国加上中国、日本和韩国

网址：〈http://www.aseansec.org/20182.htm〉。

东亚峰会（EAS）

东亚峰会于 2005 年开始，是一个就战略、政治和经济问题进行对话的区域论坛。目的是推动东亚地区和平、稳定和经济繁荣。年度会议的时间与东盟峰会相关连。

参加国（16 个）：东盟成员国加上澳大利亚、中国、印度、日本、韩国、新西兰

网址：〈http：//www.dfat.gov.au/asean/eas/〉。

澳大利亚集团（AG）

成立于 1985 年的国家集团。目的是通过共享扩散案件情报和分享管理策略，包括转让控制的协调，来防止与生化武器项目相关的物项和设备的有意或无意供应。

参加国（41 个）：阿根廷、澳大利亚、奥地利、比利时、保加利亚、加拿大、克罗地亚、塞浦路斯、捷克共和国、丹麦、爱沙尼亚、欧洲委员会、芬兰、法国、德国、希腊、匈牙利、冰岛、爱尔兰、意大利、日本、韩国、拉脱维亚、立陶宛、卢森堡、马耳他、荷兰、新西兰、挪威、波兰、葡萄牙、罗马尼亚、斯洛伐克、斯洛文尼亚、西班牙、瑞典、瑞士、土耳其、英国、乌克兰、美国

网址：〈http：//www.australiagroup.net/〉。

双边磋商委员会（BCC）

根据 2010 年俄美新的 START 条约成立的一个论坛，讨论履约中的相关问题。它取代 1991 年 START 条约的联合履约和视察委员会。除非缔约国有异议，委员会每年在瑞士日内瓦最少召开两次会议。它的工作是不公开的。

集体安全条约组织（CSTO）

由 1992 年《集体安全条约》的六个签署国于 2002—2003 年正式建立，其宗旨是推动成员国间的合作。该组织的一个目标是就区域内的恐怖主义和毒品走私等战略问题制订更有效的对策。该组织设在俄罗斯首都莫斯科。

成员国（7 个）： 亚美尼亚、白俄罗斯、哈萨克斯坦、吉尔吉斯斯坦、俄罗斯、塔吉克斯坦、乌兹别克斯坦

网址：〈http：//www. dkb. gov. ru/〉。

独立国家联合体（独联体，CIS）

成立于 1991 年，作为前苏联各共和国之间多边合作的框架。总部设在白俄罗斯首都明斯克。

成员国（11 个）： 亚美尼亚、阿塞拜疆、白俄罗斯、哈萨克斯坦、吉尔吉斯斯坦、摩尔多瓦、俄罗斯、塔吉克斯坦、土库曼斯坦、乌克兰、乌兹别克斯坦

网址：〈http：//www. cis. minsk. by/〉。

英联邦

1949 年成立的包括发达国家和发展中国家的组织，其目的是推动成员国内外的民主、人权，促进经济和社会的可持续发展。秘书处设在英国首都伦敦。

成员国（54 个）： 安提瓜和巴布达、澳大利亚、巴哈马、孟加拉国、巴巴多斯、伯利兹、博茨瓦纳、文莱、喀麦隆、加拿大、塞浦路斯、多米尼加、斐济*、冈比亚、加纳、格林纳达、圭亚那、印度、牙买加、肯尼亚、基里巴斯、莱索托、马拉维、马来西亚、马尔代夫、马耳他、毛里求斯、莫桑比克、纳米比亚、瑙鲁**、新西兰、尼日利亚、巴基斯坦、巴布亚新几内亚、卢旺达、圣基茨和尼维斯、圣卢西亚、圣文森特和格林纳丁斯、萨摩亚、塞舌尔、塞拉利昂、新加坡、所罗门群岛、南非、斯里兰卡、斯威士兰、坦桑尼亚，汤加、特立尼达和多巴哥、图瓦卢、乌干达、英国、瓦努阿图，赞比亚

*2009 年 9 月 1 日，斐济被暂时中止英联邦的成员国资格。

**瑙鲁是“拖延会费”的国家，因此不能得到英联邦秘书处的技术帮助，不能出席英联邦国家峰会。

网址：〈http：//www. thecommonwealth. org/〉。

中部非洲国家经济共同体（法文 CEEAC，英文 ECCAS）

成立于 1983 年，目的是在推动中部非洲地区政治对话，建立关

税联盟和制定共同政策。秘书处设在加蓬首都利伯维尔。中部非洲和平与安全理事会（COPAX）是一个为推动政治和军事共同战略，在中部非洲地区进行冲突预防、控制和解决的机制。

成员国（10 个）：安哥拉、布隆迪、喀麦隆、中非共和国、乍得、刚果民主共和国、刚果共和国、赤道几内亚、加蓬、圣多美和普林西比

网址：〈http：//www. ceeac-eccas. org/〉。

全面禁止核试验条约组织（CTBTO）

在 1996 年的《全面禁止核试验条约》生效后，该组织将开始运行解决遵守条约方面的问题，同时也是缔约国之间进行磋商与合作的一个论坛。已设立的筹委会为组织未来的工作进行准备，特别是通过建立国际监控体系，包括建立地震监测站、水声探测站、次声波监测站、放射性核素监测站，来收集数据并传回到组织的国际数据中心。秘书处设在奥地利首都维也纳。

CTBT **缔约国（182 个）：**见附件 A。

网址：〈http：//www. ctbto. org/〉。

亚洲相互协作与建立信任措施会议（亚信会议，CICA）

1992 年发起，根据 1999 年《指导亚信会议成员国间关系原则的声明》建立。亚信会议作为一个论坛促进成员国之间安全合作和建立信任措施，并推动成员国在经济、社会和文化领域的合作。

成员国（23 个）：阿富汗、阿塞拜疆、*巴林*、中国、埃及、印度、伊朗、*伊拉克*、以色列、约旦、哈萨克斯坦、韩国、吉尔吉斯斯坦、蒙古、巴基斯坦、巴勒斯坦、俄罗斯、塔吉克斯坦、泰国、土耳其、阿拉伯联合酋长国、乌兹别克斯坦、*越南*

网址：〈http：//www. ctbto. org/〉。

亚太安全合作理事会（CSCAP）

成立于 1993 年，是一个非正式的非政府组织。目的是在亚太安全事务领域通过对话和磋商，建立地区信任与安全合作。

成员委员会（21 个）：澳大利亚、文莱、柬埔寨、加拿大、中

国、CSCAP 欧洲委员会、印度、印度尼西亚、日本、朝鲜、韩国、马来西亚、蒙古、新西兰、巴布亚新几内亚、菲律宾、俄罗斯、新加坡、泰国、美国、越南

网址：〈http：//www.cscap.org/〉。

欧洲委员会（COE）

1949 年成立，委员会向所有接受法治原则及保障其公民的人权和基本自由的欧洲国家开放。委员会设在法国的斯特拉斯堡。“欧洲人权法院”和“欧洲发展银行理事会”是“欧洲委员会”的下属机构。

成员国（47 个）：阿尔巴尼亚、安道尔、亚美尼亚、奥地利、阿塞拜疆、比利时、波斯尼亚和黑塞哥维那、保加利亚、克罗地亚、塞浦路斯、捷克共和国、丹麦、爱沙尼亚、芬兰、法国、格鲁吉亚、德国、希腊、匈牙利、冰岛、爱尔兰、意大利、拉脱维亚、列支敦士登、立陶宛、卢森堡、前南斯拉夫马其顿共和国、马耳他、摩尔多瓦、摩纳哥、黑山、荷兰、挪威、波兰、葡萄牙、罗马尼亚、俄罗斯、圣马力诺、塞尔维亚、斯洛伐克、斯洛文尼亚、西班牙、瑞典、瑞士、土耳其、英国、乌克兰

网址：〈http：//www.coe.int/〉。

波罗的海国家委员会（CBSS）

1992 年成立的区域性政府间组织，目的是推动波罗的海区域内国家的合作。秘书处设在瑞典首都斯德哥尔摩。

成员国（12 个）：丹麦、爱沙尼亚、欧洲委员会、芬兰、德国、冰岛、拉脱维亚、立陶宛、挪威、波兰、俄罗斯、瑞典

网址：〈http：//www.cbss.org/〉。

西非国家经济共同体（ECOWAS）

成立于 1975 年，宗旨是促进贸易与合作，为西非的发展做出贡献。该组织于 1981 年通过了《防务事务互助议定书》。执行秘书处设在尼日利亚的拉各斯。

成员国（15 个）：贝宁、布基纳法索、佛得角、科特迪瓦*、冈

比亚、加纳、几内亚*、几内亚比绍、利比里亚、马里、尼日尔*、尼日利亚、塞内加尔、塞拉利昂、多哥

*暂停参加西非国家经济共同体活动的国家：科特迪瓦（2010年12月7日）、几内亚（2009年1月10日）、尼日尔（2009年10月21日）。

网址：〈http：//www.ecowas.int/〉。

欧洲联盟（欧盟，EU）

欧洲国家的组织，在广泛领域进行合作，包括具有人员、货物、服务和资本自由流动的单一市场，部分成员国通用的共同货币，共同外交和安全政策（CFSP）。主要机构包括：欧洲理事会、欧盟理事会、欧洲委员会和欧洲议会。“共同外交和安全政策”及“共同安全和国防政策”（CSDP）由欧盟对外事务和安全政策高级代表进行协调。2007年的《里斯本条约》促进欧盟运作方式现代化，该条约于2009年12月1日生效。欧盟总部设在比利时首都布鲁塞尔。

成员国（27个）：奥地利、比利时、保加利亚、塞浦路斯、捷克共和国、丹麦、爱沙尼亚、芬兰、法国、德国、希腊、匈牙利、爱尔兰、意大利、拉脱维亚、立陶宛、卢森堡、马耳他、荷兰、波兰、葡萄牙、罗马尼亚、斯洛伐克、斯洛文尼亚、西班牙、瑞典、英国

网址：〈http：//europa.eu/〉。

欧洲原子能联营（Euratom或EAEC）

根据1957年《建立欧洲原子能联营条约》（《欧洲原子能条约》）创立。目的是在欧盟成员国内部促进和平利用核能的发展和在成员国范围内实施多国区域性保障监督措施。“欧洲原子能联营供应局”设在卢森堡，任务是确保向欧盟成员国定期、合理地供应矿石、原始材料和特殊裂变材料。

成员国（27个）：“欧盟”成员国。

网址：〈http：//ec.europa.eu/euratom/〉。

欧洲防务局（EDA）

欧盟下属的一个局，受欧盟理事会领导。2004年建立，目

的是帮助发展欧洲的防务能力，推动欧洲军备合作，致力于建立强大的欧洲国防技术和国防工业基地。欧洲防务局的政策制定机构是一个指导委员会，由欧盟成员国国防部长和欧盟对外和安全政策高级代表组成，高级代表担任机构领导。欧洲防务局设在比利时首都布鲁塞尔。

参加的成员国（26个）：奥地利、比利时、保加利亚、塞浦路斯、捷克共和国、爱沙尼亚、芬兰、法国、德国、希腊、匈牙利、爱尔兰、意大利、拉脱维亚、立陶宛、卢森堡、马耳他、荷兰、波兰、葡萄牙、罗马尼亚、斯洛伐克、斯洛文尼亚、西班牙、瑞典、英国

网址：〈http：//eda.europa.eu/〉。

反金融洗钱特别工作小组（FATF）

政府间政策制定机构，旨在通过在国家和国际层面建立国际标准，制定和促进相关金融政策。1989年由七国集团设立，最初旨在检查和发展打击金融洗钱活动的措施。2001年它的授权扩展到包括反恐融资，2008年又扩展到包括针对大规模杀伤性武器扩散的融资。秘书处设在巴黎。

成员国（36个）：阿根廷、澳大利亚、奥地利、比利时、巴西、加拿大、中国、丹麦、欧盟委员会、芬兰、法国、德国、希腊、海湾国家合作委员会、中国香港、冰岛、印度、爱尔兰、意大利、日本、韩国、卢森堡、墨西哥、荷兰、新西兰、挪威、葡萄牙、俄罗斯、新加坡、南非、西班牙、瑞典、瑞士、土耳其、英国、美国

网址：〈http：//www.fatf-gafi.org/〉。

八国集团（G8）

八个主要工业国家组成的集团（原先为七个国家）。该集团自20世纪70年代以来举行国家元首或政府首脑级的非正式会晤。“八国集团反对大规模毁灭性武器及其材料扩散的全球伙伴关系”于2002年建立，旨在处理防扩散、裁军、反恐和核安全问题。

成员国（8个）：加拿大、法国、德国、意大利、日本、俄罗斯、英国、美国

网址：〈http：//www. g8. gc. ca/〉。

海湾国家合作委员会（GCC）

全称为海湾地区阿拉伯国家合作委员会，于 1981 年创立，目的是推动经济、金融、贸易、政府管理和立法等方面的区域一体化，促进科学和技术进步。成员国也在对外政策、军事和安全事务等领域进行合作。最高理事会是该委员会的最高权力机构。总部设在沙特阿拉伯首都利雅得。

成员国（6 个）： 巴林、科威特、阿曼、卡塔尔、沙特阿拉伯、阿拉伯联合酋长国

网址：〈http：//www. gcc-sg. org/〉。

防止弹道导弹扩散海牙行为准则（HCOC）

2002 年，由一批认同其原则、认识到防止和制止运载大规模杀伤性武器的弹道导弹系统扩散的必要性和加强多边裁军和防扩散体制的重要性的国家签署。维也纳的奥地利外交部作为该准则的秘书处。

签署国（131 个）： 阿富汗、阿尔巴尼亚、安道尔、阿根廷、亚美尼亚、澳大利亚、奥地利、阿塞拜疆、白俄罗斯、比利时、贝宁、波斯尼亚和黑塞哥维那、保加利亚、布基纳法索、布隆迪、柬埔寨、喀麦隆、加拿大、佛得角、乍得、智利、哥伦比亚、科摩罗、库克群岛、哥斯达黎加、克罗地亚、塞浦路斯、捷克共和国、丹麦、多米尼加共和国、厄瓜多尔、萨尔瓦多、厄立特里亚、爱沙尼亚、埃塞俄比亚、斐济、芬兰、法国、加蓬、冈比亚、格鲁吉亚、德国、加纳、希腊、危地马拉、几内亚、几内亚比绍、圭亚那、海地、梵蒂冈、洪都拉斯、匈牙利、冰岛、伊拉克、爱尔兰、意大利、日本、约旦、哈萨克斯坦、肯尼亚、基里巴斯、韩国、拉脱维亚、利比里亚、利比亚、列支敦士登、立陶宛、卢森堡、前南斯拉夫马其顿共和国、马达加斯加、马拉维、马尔代夫、马里、马耳他、马绍尔群岛、毛里塔尼亚、密克罗尼西亚、摩尔多瓦、摩纳哥、蒙古、黑山、摩洛哥、莫桑比克、荷兰、新西兰、尼加拉瓜、尼日尔、尼日利亚、挪威、帕劳、巴拿马、巴布亚新几内亚、巴拉圭、秘鲁、菲律宾、波兰、葡萄牙、罗马尼亚、俄罗斯、卢旺达、萨摩亚、圣马力诺、塞内加尔、塞尔维

亚、塞舌尔、塞拉利昂、斯洛伐克、斯洛文尼亚、南非、西班牙、苏丹、苏里南、瑞典、瑞士、塔吉克斯坦、坦桑尼亚、东帝汶、汤加、突尼斯、土耳其、土库曼斯坦、图瓦卢、乌干达、英国、乌克兰、乌拉圭、美国、乌兹别克斯坦、瓦努阿图、委内瑞拉、赞比亚

网址：〈http：//www. bmeia. gv. at/index. php? id＝64664&L＝1〉。

政府间发展组织（IGAD）

1986 年发起的政府间抗旱和发展组织。1996 年正式成立，目的是促进非洲之角的和平与稳定，建立冲突预防、控制和解决的机制。秘书处设在吉布提的首都吉布提市。

成员国（7 个）： 吉布提、厄立特里亚、埃塞俄比亚、肯尼亚、索马里、苏丹、乌干达

网址：〈http：//www. igad. int/〉。

非洲大湖地区国际会议组织（ICGLR）

2004 年发起，旨在促进大湖地区的和平、安全、政治和社会稳定、增长和发展。2006 年成员国通过了《大湖地区和平、稳定和发展公约》，该公约 2008 年生效。执行秘书处设在布隆迪首都布琼布拉。

成员国（11 个）： 安哥拉、布隆迪、中非共和国、刚果共和国、刚果民主共和国、肯尼亚、乌干达、卢旺达、苏丹、坦桑尼亚、赞比亚

网址：〈http：//www. icglr. org/〉。

国际刑事法院（ICC）

一个独立的、永久性的国际刑事法院，审理种族灭绝罪、战争罪和反人类罪等犯罪案件。《国际刑事法院规约》于 1998 年在罗马通过，2002 年 7 月 1 日生效。法院设在荷兰的海牙。

成员国（114 个）： 阿富汗、阿尔巴尼亚、安道尔、安提瓜和巴布达、阿根廷、澳大利亚、奥地利、*孟加拉*、巴巴多斯、比利时、伯利兹、贝宁、玻利维亚、波斯尼亚和黑塞哥维那、博茨瓦纳、巴西、

保加利亚、布基纳法索、布隆迪、柬埔寨、加拿大、中非共和国、乍得、智利、哥伦比亚、科摩罗、刚果民主共和国、刚果共和国、库克群岛、哥斯达黎加、克罗地亚、塞浦路斯、捷克共和国、丹麦、吉布提、多米尼克、多米尼加共和国、厄瓜多尔、爱沙尼亚、斐济、芬兰、法国、加蓬、冈比亚、格鲁吉亚、德国、加纳、希腊、几内亚、圭亚那、洪都拉斯、匈牙利、冰岛、爱尔兰、意大利、日本、约旦、肯尼亚、韩国、拉脱维亚、莱索托、利比里亚、列支敦士登、立陶宛、卢森堡、前南斯拉夫马其顿共和国、马达加斯加、马拉维、马里、马耳他、马绍尔群岛、毛里求斯、墨西哥、摩尔多瓦、蒙古、黑山、纳米比亚、瑙鲁、荷兰、新西兰、尼日尔、尼日利亚、挪威、巴拿马、巴拉圭、秘鲁、波兰、葡萄牙、罗马尼亚、圣基茨和尼维斯、圣卢西亚、圣文森特和格林纳丁斯、萨摩亚、圣马力诺、塞内加尔、塞尔维亚、塞舌尔、塞拉利昂、斯洛伐克、斯洛文尼亚、南非、西班牙、苏里南、瑞典、瑞士、塔吉克斯坦、坦桑尼亚、东帝汶、特立尼达和多巴哥、乌干达、英国、乌拉圭、委内瑞拉、赞比亚

网址：〈http：//www. icc-cpi. int/〉。

联合协商小组（JCG）

根据 1990 年的《欧洲常规武装力量条约》（CFE 条约）成立。通过调解在解释和履行条约方面出现的含糊之处，推动条约的履行和其宗旨的实现。设在奥地利首都维也纳。

《欧洲常规武装力量条约》缔约国（30 个）：见附件 A。

网址：〈http：//www. osce. org/jcg/〉。

阿拉伯国家联盟

亦称阿拉伯联盟，成立于 1945 年。主要目标是在阿拉伯国家之间组成更加紧密的联盟，促进政治和经济合作。1950 年，联盟成员国签署了集体防御和经济合作协定。总部设在埃及首都开罗。

成员国（22 个）：阿尔及利亚、巴林、科摩罗、吉布提、埃及、伊拉克、约旦、科威特、黎巴嫩、利比亚*、毛里塔尼亚、摩洛哥、阿曼、巴勒斯坦、卡塔尔、沙特阿拉伯、索马里、苏丹、叙利亚、突尼斯、阿拉伯联合酋长国、也门

＊2011 年 2 月 22 日利比亚暂停参加阿拉伯国家联盟的活动。

网址：〈http：//www.arableagueonline.org/〉。

导弹及其技术控制制度（MTCR）

系非正式的国家集团，协调国家出口许可的控制，以防止有能力携带大规模杀伤性武器的弹道运载系统的扩散。成员国遵循《与导弹相关的敏感物项转让的指导原则》。

伙伴国（34 个）：阿根廷、澳大利亚、奥地利、比利时、巴西、保加利亚、加拿大、捷克共和国、丹麦、芬兰、法国、德国、希腊、匈牙利、冰岛、爱尔兰、意大利、日本、韩国、卢森堡、荷兰、新西兰、挪威、波兰、葡萄牙、俄罗斯、南非、西班牙、瑞典、瑞士、土耳其、英国、乌克兰、美国

网址：〈http：//www.mtcr.info/〉。

不结盟运动（NAM）

成立于 1961 年，是不结盟国家之间在联合国内就政治、经济和军备控制问题进行磋商和协调立场的论坛。

成员国（118 个）：阿富汗、阿尔及利亚、安哥拉、安提瓜和巴布达、巴哈马、巴林、孟加拉国、巴巴多斯、白俄罗斯、伯利兹、贝宁、不丹、玻利维亚、博茨瓦纳、文莱、布基纳法索、布隆迪、柬埔寨、喀麦隆、佛得角、中非共和国、乍得、智利、哥伦比亚、科摩罗、刚果民主共和国、刚果共和国、科特迪瓦、古巴、吉布提、多米尼克、多米尼加共和国、厄瓜多尔、埃及、赤道几内亚、厄立特里亚、埃塞俄比亚、加蓬、冈比亚、加纳、格林纳达、危地马拉、几内亚、几内亚比绍、圭亚那、海地、洪都拉斯、印度、印度尼西亚、伊朗、伊拉克、牙买加、约旦、肯尼亚、朝鲜、科威特、老挝、黎巴嫩、莱索托、利比里亚、利比亚、马达加斯加、马拉维、马来西亚、马尔代夫、马里、毛里塔尼亚、毛里求斯、蒙古、摩洛哥、莫桑比克、缅甸、纳米比亚、尼泊尔、尼加拉瓜、尼日尔、尼日利亚、阿曼、巴基斯坦、巴勒斯坦、巴拿马、巴布亚新几内亚、秘鲁、菲律宾、卡塔尔、卢旺达、圣基茨和尼维斯、圣卢西亚、圣文森特和格林纳丁斯、圣多美和普林西比、沙特阿拉伯、塞内加尔、塞舌尔、塞拉

利昂、新加坡、索马里、南非、斯里兰卡、苏丹、苏里南、斯威士兰、叙利亚、坦桑尼亚、泰国、东帝汶、多哥、特立尼达和多巴哥、突尼斯、土库曼斯坦、乌干达、阿拉伯联合酋长国、乌兹别克斯坦、瓦努阿图、委内瑞拉、越南、也门、赞比亚、津巴布韦

网址：〈http：//www. namegypt. org/〉。

北大西洋公约组织（NATO）

根据《北大西洋公约》（即《华盛顿条约》）于 1949 年建立的西方防御联盟。公约第五条规定：任何一个成员国受到武装攻击时，所有成员国有义务作出反应。总部设在比利时首都布鲁塞尔。

成员国（28 个）：阿尔巴尼亚、比利时、保加利亚、加拿大、克罗地亚、捷克共和国、丹麦、爱沙尼亚、法国*、德国、希腊、匈牙利、冰岛、意大利、拉脱维亚、立陶宛、卢森堡、荷兰、挪威、波兰、葡萄牙、罗马尼亚、斯洛伐克、斯洛文尼亚、西班牙、土耳其、英国、美国

* 法国于 2009 年重新参加北约的一体化军事机构。

网址：〈http：//www. nato. int/〉。

欧洲—大西洋伙伴关系理事会（EAPC）

旨在促进北约与其“和平伙伴关系计划”的伙伴国之间对话和磋商，是双边“和平伙伴计划”项目的总的政治架构。

成员国（50 个）：北约成员国及亚美尼亚、奥地利、阿塞拜疆、白俄罗斯、波黑、芬兰、格鲁吉亚、爱尔兰、哈萨克斯坦、吉尔吉斯斯坦、前南斯拉夫马其顿共和国、马耳他、摩尔多瓦、黑山、俄罗斯、塞尔维亚、瑞典、瑞士、塔吉克斯坦、土库曼斯坦、乌克兰、乌兹别克斯坦

网址：〈http：//www. nato. int/cps/en/natolive/topics_49276. htm〉。

北约—格鲁吉亚合作委员会（NGC）

2008 年 9 月成立的为进行政治磋商和实际合作的一个论坛，旨在帮助格鲁吉亚达到加入北约的目标。

成员国（29 个）：北约成员国和格鲁吉亚

网址：〈http：//www. nato. int/cps/en/natolive/topics _52131. htm〉。

北约—俄罗斯理事会（NRC）

2002 年成立，是北约和俄罗斯就安全问题进行磋商、增加共识、开展合作、做出共同决定和采取联合行动的一个机制，重点是根据 1997 年的《北约—俄罗斯关于相互关系、合作与安全的基本文件》确定共同感兴趣的领域，以及诸如反恐、危机处理和防扩散等新领域。

参加国（29 个）：北约成员国和俄罗斯

网址：〈http：//www. nato-russia-council. info/〉。

北约—乌克兰委员会（NUC）

1997 年成立，目的是双方就政治和安全问题、预防和解决冲突、防扩散、武器出口和技术转让以及其他共同关心的问题进行磋商。

参加国（29 个）：北约成员国和乌克兰

网址：〈htttp：//www. nato. int/issues/nuc/〉。

核供应国集团（NSG）

成立于 1975 年，以前也称作“伦敦俱乐部”。该集团根据《核转让指导原则》（即《伦敦指导原则》，1978 年首次通过）和《转让核相关的两用设备、材料、软件及相关技术的指导原则》（即《华沙指导原则》）来协调核材料的国家转让控制措施。《伦敦指导原则》包含有一个材料的“触发清单”。在向任何无核武器国家出口用于和平目的的有关材料时，应根据“触发清单”启动国际原子能机构的保障监督。

参加国（46 个）：阿根廷、澳大利亚、奥地利、白俄罗斯、比利时、巴西、保加利亚、加拿大、中国、克罗地亚、塞浦路斯、捷克共和国、丹麦、爱沙尼亚、芬兰、法国、德国、希腊、匈牙利、冰岛、爱尔兰、意大利、日本、哈萨克斯坦、韩国、拉脱维亚、立陶宛、卢森堡、马耳他、荷兰、新西兰、挪威、波兰、葡萄牙、罗马尼亚、俄罗斯、斯洛伐克、斯洛文尼亚、南非、西班牙、瑞典、瑞士、土耳其、英国、乌克兰、美国

网址：〈http：//www. nuclearsuppliersgroup. org/〉。

开放天空咨询委员会（OSCC）

根据 1992 年的《开放天空条约》成立，宗旨是解决履约方面的问题。

开放天空条约缔约国（34 个）：见附件 A。

网址：〈http：//www. osce. org/oscc/〉。

军备合作联合组织（OCCAR）

1996 年由法国、德国、意大利和英国建立，2001 年起具有法人资格。目的是对特定的协作性防务军备项目进行有效且高效的管理。总部设在德国波恩。

成员国（6 个）：比利时、法国、德国、意大利、西班牙、英国

网址：〈http：//www. occar-ea. org/〉。

经济合作与发展组织（OECD）

成立于 1961 年，宗旨是通过协调成员国之间政策，促进经济发展和社会福利。总部设在法国首都巴黎。

成员国（34 个）：澳大利亚、奥地利、比利时、加拿大、*智利*、捷克共和国、丹麦、*爱沙尼亚*、芬兰、法国、德国、希腊、匈牙利、冰岛、爱尔兰、*以色列*、意大利、日本、韩国、卢森堡、墨西哥、荷兰、新西兰、挪威、波兰、葡萄牙、斯洛伐克、*斯洛文尼亚*、西班牙、瑞典、瑞士、土耳其、英国、美国

网址：〈http：//www. oecd. org/〉。

民主和经济发展组织（GUAM 古阿姆集团）

四个国家组成的集团，目的是促进稳定和加强安全。该集团历史可以追溯到 1997 年，于 2006 年正式成立。成员国通过八个工作

组来合作推动社会和经济发展，促进贸易。秘书处设在乌克兰首都基辅。

成员国（4 个）：阿塞拜疆、格鲁吉亚、摩尔多瓦、乌克兰

网址：〈http：//www. guam-organzition. org/〉。

欧洲安全与合作组织（OSCE）

1973 年发起，当时称为“欧洲安全与合作会议”（CSCE），1995 年更名为“欧洲安全与合作组织”，意在成为一个全面安全合作的主要机构，负责区域内预警、冲突预防、危机处理和后冲突期恢复。总部设在奥地利首都维也纳。它的三驾马车包括轮值主席、前任主席和后任主席。其设在维也纳的“安全合作论坛”（FSC）负责处理军备控制和建立信任与安全措施。欧洲安全与合作组织由若干机构组成，它们全部设在欧洲。

参加国（56 个）：阿尔巴尼亚、安道尔、亚美尼亚、奥地利、阿塞拜疆、白俄罗斯、比利时、波斯尼亚和黑塞哥维那、保加利亚、加拿大、克罗地亚、塞浦路斯、捷克共和国、丹麦、爱沙尼亚、芬兰、法国、格鲁吉亚、德国、希腊、梵蒂冈、匈牙利、冰岛、爱尔兰、意大利、哈萨克斯坦、吉尔吉斯斯坦、拉脱维亚、列支敦士登、立陶宛、卢森堡、前南斯拉夫马其顿共和国、马耳他、摩尔多瓦、摩纳哥、荷兰、挪威、波兰、葡萄牙、罗马尼亚、俄罗斯、圣马力诺、塞尔维亚、黑山、斯洛伐克、斯洛文尼亚、西班牙、瑞典、瑞士、塔吉克斯坦、土耳其、土库曼斯坦、英国、乌克兰、美国、乌兹别克斯坦

网址：〈http：//www. osce. org/〉。

明斯克集团

系一个支持“明斯克进程”的集团，组成一个为和平解决纳戈尔诺—卡拉巴赫地区冲突进行谈判的论坛。

成员国：亚美尼亚、阿塞拜疆、白俄罗斯、芬兰、法国*、德国、意大利、俄罗斯*、瑞典、土耳其、美国*、欧安组织三驾马车

* 三个国家的代表为该集团的共同主席。

网址：〈http：//www. osce. org/mg/〉。

禁止化学武器组织（OPCW）

根据 1993 年的《禁止化学武器公约》成立的机构，目的是监督公约履行情况和解决履约过程中产生的问题。该组织设在荷兰海牙。

《禁止化学武器公约》缔约国（188 个）：见附件 A。

网址：〈http：//www. opcw. org/〉。

美洲国家组织（OAS）

系美洲的国家集团。该组织于 1948 年通过宪章，宗旨是加强西半球的和平与安全。总秘书处设在美国首都华盛顿。

成员国（35 个）：安提瓜和巴布达、阿根廷、巴哈马、巴布达、伯利兹、玻利维亚、巴西、加拿大、智利、哥伦比亚、哥斯达黎加、古巴*、多米尼克、多米尼加共和国、厄瓜多尔、萨尔瓦多、格林那达、危地马拉、圭亚那、海地、洪都拉斯**、牙买加、墨西哥、尼加拉瓜、巴拿马、巴拉圭、秘鲁、圣基茨和尼维斯、圣卢西亚、圣文森特和格林纳丁斯、苏里南、特立尼达和多巴哥、乌拉圭、美国、委内瑞拉

*根据 2009 年 6 月 3 日决议，将古巴被排除在该组织之外的 1962 决议停止生效。根据 2009 年决议，古巴能否参加该组织“将是一项对话进程的结果”。

**2009 年 7 月 5 日洪都拉斯被暂停参加美洲国家组织活动。

网址：〈http：//www. oas. org/〉。

黑海经济合作组织（BSEC）

1992 年成立，宗旨是保障黑海地区的和平、稳定和繁荣，推动和促进经济合作与进步。常设秘书处在土耳其的伊斯坦布尔。

成员国（12 个）：阿尔巴尼亚、亚美尼亚、阿塞拜疆、保加利亚、格鲁吉亚、希腊、摩尔多瓦、罗马尼亚、俄罗斯、塞尔维亚、土耳其、乌克兰

网址：〈http：//www. bsec-organization. org/〉。

伊斯兰会议组织（OIC）

1969 年由伊斯兰国家成立。目的是促进成员国之间的合作，支持和平、安全和巴勒斯坦人民及所有穆斯林人民的斗争。秘书处设在沙特阿拉伯的吉达。

成员国（57 个）： 阿富汗、阿尔巴尼亚、阿尔及利亚、阿塞拜疆、巴林、孟加拉国、贝宁、文莱、布基纳法索、喀麦隆、乍得、科摩罗、科特迪瓦、吉布提、埃及、加蓬、冈比亚、几内亚、几内亚比绍、圭亚那、印度尼西亚、伊朗、伊拉克、约旦、哈萨克斯坦、科威特、吉尔吉斯斯坦、黎巴嫩、利比亚、马来西亚、马尔代夫、马里、毛里塔尼亚、摩洛哥、莫桑比克、尼日尔、尼日利亚、阿曼、巴基斯坦、巴勒斯坦、卡塔尔、沙特阿拉伯、塞内加尔、塞拉利昂、索马里、苏丹、苏里南、叙利亚、塔吉克斯坦、多哥、突尼斯、土耳其、土库曼斯坦、乌干达、阿拉伯联合酋长国、乌兹别克斯坦、也门

网址：〈http：//www.oic-oci.org/〉。

拉丁美洲和加勒比地区禁止核武器组织（OPANAL）

根据 1967 年的《特拉特洛尔科条约》建立。目的是与“国际原子能机构”一道解决条约执行方面的问题。该组织设在墨西哥的首都墨西哥城。

《特拉特洛尔科条约》缔约国（33 个）： 见附件 A。

网址：〈http：//www.opanal.org/〉。

太平洋岛国论坛

1971 年成立，由一些提议建立南太平洋无核区的南太平洋国家组成。该提议后来体现在 1985 年的《拉罗汤加条约》之中。论坛不仅监督该条约的履约情况，而且为一系列更广泛问题进行非正式讨论提供场所。秘书处设在斐济首都苏瓦。

成员国（16 个）： 澳大利亚、库克群岛、斐济、基里巴斯、马绍尔群岛、密克罗尼西亚、瑙鲁、新西兰、纽埃、帕劳、巴布亚新几内亚、萨摩亚、所罗门群岛、汤加、图瓦卢、瓦努阿图

网址：〈http：//www.forumsec.org〉。

防扩散安全倡议（PSI）

根据2003年美国发起的倡议，成为一个进行执法合作的多边论坛，旨在拦截和没收通过陆地、空中和海洋转运的非法大规模杀伤性武器、导弹技术和相关材料。2003年发表防扩散安全倡议拦截原则声明。该组织没有秘书处，其活动由一个行动专家组协调。

成员国（98个）：阿富汗、阿尔及利亚、安道尔、安哥拉、*安提瓜和巴布达*、阿根廷*、亚美尼亚、澳大利亚*+、奥地利、阿塞拜疆、巴哈马、巴林、白俄罗斯、比利时、伯利兹、波黑、文莱、保加利亚、柬埔寨、加拿大*、智利、*哥伦比亚*、克罗地亚+、塞浦路斯、捷克共和国+、丹麦+、吉布提+、萨尔瓦多、爱沙尼亚、斐济、芬兰、法国*+、格鲁吉亚、德国*+、希腊*、梵蒂冈、洪都拉斯、匈牙利、冰岛、伊拉克、爱尔兰、以色列、意大利*+、日本*+、约旦、哈萨克斯坦、韩国*+、吉尔吉斯斯坦、科威特、拉脱维亚、利比里亚、利比亚、列支敦士登、立陶宛+、卢森堡、前南斯拉夫马其顿共和国、马耳他、马绍尔群岛、摩尔多瓦、蒙古、黑山、摩洛哥、荷兰*+、新西兰*+、挪威*+、阿曼、巴拿马、巴布亚新几内亚、巴拉圭、菲律宾、波兰*+、葡萄牙*+、卡塔尔、罗马尼亚、俄罗斯*、*圣文森特和格林纳丁斯*、萨摩亚、圣马力诺、沙特阿拉伯、塞尔维亚、新加坡*+、斯洛伐克、斯洛文尼亚+、西班牙*+、斯里兰卡、瑞典、瑞士、塔吉克斯坦、突尼斯、土耳其*+、土库曼斯坦、乌克兰+、阿拉伯联合酋长国+、英国*+、美国*+、乌兹别克斯坦、瓦努阿图、也门

*行动专家组成员。

＋2003—2010年期间主办过PSI演习的东道国。

区域合作理事会（RCC）

由欧盟在1999年东南欧会议上发起，2008年开始组建，取代东南欧稳定公约组织。目的是推动多边合作与东南欧同欧洲及欧洲大西洋的一体化，促进区域发展，造福人民。主要集中在六个优先领域：经济和社会发展、能源和基础设施建设、司法和内政建设、安全合作、人力资源建设及议会合作。秘书处设在萨拉热窝，其联络处设在

布鲁塞尔。

成员国（46 个）：阿尔巴尼亚、奥地利、波黑、保加利亚、加拿大、欧洲委员会、欧洲发展银行理事会、克罗地亚、捷克共和国、丹麦、欧洲复兴与发展银行、欧洲投资银行、欧盟、德国、芬兰、法国、希腊、匈牙利、*国际移民组织*、爱尔兰、意大利、拉脱维亚、前南斯拉夫马其顿共和国、摩尔多瓦、黑山、北大西洋公约组织、挪威、经济合作和发展组织、欧洲安全和合作组织、波兰、罗马尼亚、塞尔维亚、斯洛伐克、斯洛文尼亚、东南欧合作倡议、西班牙、瑞典、瑞士、土耳其、英国、联合国、联合国欧洲经济委员会、联合国开发计划署、联合国科索沃临时行政机构、美国、世界银行

网址：〈http：//www.rcc.int/〉。

上海合作组织（SCO）

前身是“上海五国”，于 1996 年成立。2001 年更名为“上海合作组织”，向所有支持其宗旨的国家开放。成员国在建立信任措施、地区安全以及经济领域等方面开展合作。上海合作组织秘书处设在中国首都北京。

成员国（6 个）：中国、哈萨克斯坦、吉尔吉斯斯坦、俄罗斯、塔吉克斯坦、乌兹别克斯坦

网址：〈http：//www.sectsco.org/〉。

六方会谈：

一个就朝鲜核问题进行多边磋商的论坛。会谈在北京举行，中国担任主席国。

参加国（6 个）：中国、日本、朝鲜、韩国、俄罗斯、美国

东南欧合作倡议（SECI）

1996 年由美国在与欧盟协调后发起的一个倡议，旨在促进东南欧国家间的合作和稳定，推动其加入欧洲结构。秘书处设在欧安组织维也纳办事处。

成员国（13 个）：阿尔巴尼亚、波斯尼亚和黑塞哥维那、保加利亚、克罗地亚、希腊、匈牙利、前南斯拉夫马其顿共和国、摩尔多

瓦、黑山、罗马尼亚、塞尔维亚、斯洛文尼亚、土耳其

网址：〈http：//www. secinet. info/〉。

南部非洲发展共同体（SADC）

成立于 1992 年，宗旨是促进地区经济发展和维护主权、和平与安全、人权与民主的基本原则。其政治、国防和安全合作机构（OP-DS）的目的是推动区域内和平与安全。秘书处设在博茨瓦纳首都哈博罗内。

成员国（15 个）：安哥拉、博茨瓦纳、刚果民主共和国、莱索托、马达加斯加*、马拉维、毛里求斯、莫桑比克、纳米比亚、塞舌尔、南非、斯威士兰、坦桑尼亚、赞比亚、津巴布韦

*2009 年 3 月马达加斯加被暂停在南共体内所有机构的活动。

网址：〈http：//www. sadc. int/〉。

特别核查委员会（SVC）

根据 1987 年《销毁中短程导弹条约》成立，目的是作为一个论坛来解决履约问题及采取必要措施来提高条约的可行性和有效性。

《销毁中短程导弹条约》的缔约国（5 个）：见附件 A。

次地区磋商委员会（SRCC）

根据 1996 年的《关于南斯拉夫的次地区军控协定》（《佛罗伦萨协定》）建立，是作为成员国解决协定遵守问题的论坛。

《佛罗伦萨协定》缔约国（4 个）：见附件 A。

网址：〈httt：//www. osce. org/item/43725〉。

南美洲国家联盟（UNASUR）

系一个政府间组织，目的是加强区域一体化，在成员国内部增进政治对话，促进经济发展，协调防务问题。2008 年《宪章条约》在 2011 年 3 月 11 日生效，南美国家联盟将逐步取代安第斯共同体和南方共同市场。总部设在厄瓜多尔首都基多。

成员国（12 个）：阿根廷、玻利维亚、巴西、智利、哥伦比亚、

厄瓜多尔、圭亚那、巴拉圭、秘鲁、苏里南、乌拉圭、委内瑞拉

网址：〈http：//www.pptunasur.com/〉。

南美洲防务理事会（CDS）

2008 年 12 月由南美洲国家联盟成员国批准成立，2009 年 3 月举行第一次理事会议。理事会目标是巩固南美洲区域和平，创建区域形象和加强区域内防务合作。

成员国（12 个）：南美洲国家联盟成员国。

网址：〈http：//www.cdsunasur.org/〉。

瓦森纳安排（WA）

《关于常规武器和两用物项及技术出口控制的瓦森纳安排》于 1996 年正式成立。宗旨是防止其行为受到成员国关注的国家获取武器和可转军用的敏感两用物项和技术。秘书处设在奥地利首都维也纳。

参加国（40 个）：阿根廷、澳大利亚、奥地利、比利时、保加利亚、加拿大、克罗地亚、捷克共和国、丹麦、爱沙尼亚、芬兰、法国、德国、希腊、匈牙利、爱尔兰、意大利、日本、韩国、拉脱维亚、立陶宛、卢森堡、马耳他、荷兰、新西兰、挪威、波兰、葡萄牙、罗马尼亚、俄罗斯、斯洛伐克、斯洛文尼亚、南非、西班牙、瑞典、瑞士、土耳其、英国、乌克兰、美国

网址：〈http：//www.wassenaar.org/〉。

西欧联盟（WEU）

根据 1954 年修订后的《布鲁塞尔条约》成立，总部在比利时首都布鲁塞尔。西欧联盟涉及军事的活动（“彼得斯堡任务”）已于 2000 年转入欧盟。余下的任务包括承担集体防御、机构对话和支持军备合作。

注：2010 年 3 月 31 日，《修订后布鲁塞尔条约》缔约国决定终止条约。因此，到 2011 年 6 月，西欧联盟将结束使命。

成员国（10 个）：比利时、法国、德国、希腊、意大利、卢森堡、荷兰、葡萄牙、西班牙、英国

网址：〈http：//www. weu. int/〉。

桑戈委员会

成立于 1971—1974 年的核出口国委员会，称为桑戈委员会。这个由核供应国组成的集团，一年举行两次非正式会议，协调核材料的出口控制，即根据定期更新的触发清单，核材料出口时必须实施国际原子能机构的保障监督措施。该委员会的工作是核供应国集团的补充。

成员国（38 个）：阿根廷、澳大利亚、奥地利、*白俄罗斯*、比利时、保加利亚、加拿大、中国、克罗地亚、塞浦路斯、捷克共和国、丹麦、芬兰、法国、德国、希腊、匈牙利、爱尔兰、意大利、日本、韩国、卢森堡、荷兰、挪威、波兰、葡萄牙、罗马尼亚、俄罗斯、斯洛伐克、斯洛文尼亚、南非、西班牙、瑞典、瑞士、土耳其、英国、乌克兰、美国

网址：〈http：//www. zanggercommittee. org/〉。

（琦灵　译）

附件C 2010年大事记

南尼·博德尔

此大事记列出了2010年与军备、裁军和国际安全有关的重大事件。事件发生的日期为当地时间。关键词标在右侧一栏。缩略语的定义可在第20—23页上查找。

1月2日	英国和美国同意为也门的反恐警察部队提供资金以加大对伊斯兰激进组织的打击力度，如也门的基地组织和索马里的青年圣战者。这是继2009年12月25日发生对美国客机的未遂袭击后采取的措施。	索马里；也门；恐怖主义；英国；美国
1月11日	中国对其导弹拦截技术进行测试，声称试验属“防御性质”，不针对任何国家。	中国；导弹
1月12日	毁灭性地震袭击海地首都太子港，造成多达20万人丧生的人道主义灾难，摧毁了大部分政府建筑，包括联合国设在首都的总部。对港口、道路和其他重要基础设施造成的损害阻碍了人道主义援助的运送。随着人们越来越急需食物和水，暴力和抢劫事件蔓延，当局于1月19日宣布进入紧急状态。	海地

1月18日	阿富汗喀布尔发生有组织的自杀式袭击，塔利班武装分子对多幢政府建筑物和一家酒店发动攻击。经过几个小时的战斗，阿富汗安全部队宣布重新控制了局势。	阿富汗；恐怖主义
1月25日	绰号“化学阿里”的阿里·哈桑·马吉德在伊拉克被绞刑处决。马吉德自2007年起已四次被判处死刑，定罪理由如下：参与1986年至1989年期间导致可能多达18万库尔德平民丧生的安法尔行动；1991年海湾战争后残酷镇压什叶派起义；1999年杀害巴格达萨德尔城的什叶派穆斯林；以及1988年下令在哈拉布贾发动毒气袭击造成5000名库尔德平民死亡。	伊拉克
1月27—29日	1月27日，朝鲜和韩国军舰在有争议的朝韩海上边界附近交火。1月28日和29日，朝鲜在同一地区发射火炮。事件发生前，朝鲜于1月26日宣布其西海岸沿海部分海域为禁航区域。	朝鲜；韩国
1月28日	中国加强与以欧盟和美国为首的联合海上部队合作打击索马里沿海的海盗。中国同意共同主持“信息共享与防止冲突”机制，保护西印度洋的航运走廊免受海盗侵扰。	欧盟；中国；美国
1月29日	奥巴马政府通知美国国会计划向台湾地区出售价值64亿美元的武器，其中包括巡航导弹、导弹防御系统、直升机、猎雷舰艇和通讯设备。1月30日，中国宣布暂停中美军事和安全交流并声明将制裁向台湾出售武器的美国公司。	美国；台湾地区；中国；武器贸易

2 月 1 日	针对前往伊拉克卡尔巴拉的什叶派朝圣者的自杀式炸弹袭击造成至少 41 人死亡，100 多人受伤。	伊拉克；恐怖主义
2 月 5 日	俄罗斯宣布其至 2020 年期间的新军事学说，将北约连同在毗邻俄罗斯及其盟国的领土上部署外国军队确定为对俄罗斯的“主要军事威胁”。发展集体安全条约组织被看作是遏制和预防武装冲突的根本任务。首先使用核武器的标准变为“当国家的生存受到威胁时”。	俄罗斯；军事学说
2 月 8 日	美国和巴基斯坦特工在巴基斯坦卡拉奇抓获阿富汗塔利班的最高领导人之一毛拉·阿卜杜·加尼·巴拉达。巴基斯坦官员于 2 月 17 日证实将其抓获。	美国；巴基斯坦；塔利班
2 月 13 日	以北约为首的国际安全援助部队与阿富汗部队联手发动“摩什塔拉克行动”打击赫尔曼德省的塔利班武装分子，这是自 2001 年推翻塔利班政权以来在阿富汗展开的最大攻势。这次行动有 15，000 人参与。	北约；阿富汗
2 月 23 日	苏丹政府和达尔富尔反政府组织“正义与平等运动”的代表在卡塔尔首都多哈签署框架协议，其中包括一项停火协议和有关权力分享的协议纲要。根据该协议，应在 3 月 15 日前达成最终和平协议，尽管“正义与平等运动”称这不太可能。达尔富尔地区的另一大反政府组织“苏丹解放运动/军”一直拒绝参加乍得政府主持下的谈判。	苏丹；达尔富尔

3 月 1 日	联合国在苏丹达尔富尔地区的消息来源报告，自 2 月 22 日以来杰贝尔马拉地区有数百名平民在苏丹武装部队与“苏丹解放运动/军”反政府武装之间的战斗中丧生。苏丹政府否认曾发生任何战斗。	苏丹；达尔富尔
3 月 18 日	苏丹政府和“解放与正义运动”的代表签署框架协议，其中包括为期 3 个月的停火。“解放与正义运动”是一个由 10 个不同的达尔富尔反政府组织在 2 月份组成的联合体。这使得“苏丹解放运动/军”成为唯一与政府公开冲突的反政府组织。	苏丹；达尔富尔
3 月 26 日	俄罗斯和美国达成裁减核军备协议。《关于进一步削减和限制进攻性战略武器措施的条约》规定核弹头数量不得超过 1550 枚，部署和未部署的发射装置及装备核武器的重型轰炸机数量不得超过 800 件，部署的洲际及潜射弹道导弹不得超过 700 件。该条约将取代 1991 年签署的于 2009 年 12 月 5 日到期的《第一阶段削减战略武器条约》和 2002 年签署的《削减进攻性战略武器条约》。(另请参见 4 月 8 日)	俄罗斯；美国；核军备控制
3 月 26 日	韩国军舰“天安”号在有争议的朝韩海上边界附近沉没。韩国称朝鲜鱼雷击沉了该舰，但朝鲜否认对此负有责任。(另请参见 5 月 20 日)	韩国；朝鲜

3月28日	非政府组织“人权观察”发布报告披露证据，表明2009年12月期间乌干达反政府组织“上帝抵抗军”在刚果民主共和国东北部地区至少屠杀了321人，另外还劫持了约250人。	刚果（金）；战争罪
3月29日	莫斯科地铁系统发生的两次有组织自杀式炸弹袭击造成至少40人死亡，100多人受伤。伊斯兰车臣分离主义分子宣称对此负责。	俄罗斯；恐怖主义
3月31日	继2007年签署的《里斯本条约》于2009年12月1日正式生效后，西欧联盟正式解散并将在2011年6月底前逐步停止所有活动。《里斯本条约》第42.7条取代了确定共同防御原则的1954年修订的《布鲁塞尔条约》中的第五条规定。	西欧联盟；同盟
4月6日	自20世纪60年代以来一直与印度政府斗争的印度毛派共产党的纳萨尔派反政府武装在恰蒂斯加尔邦发动了该运动历史上最大规模的袭击，打死70—80名国家和地方警察部队人员。他们还因5月28日西孟加拉邦发生的火车相撞事件而受到谴责，该事件造成近150人遇难。	印度

4 月 6 日	美国国防部发布《2010 年核态势评估》报告。这份新的国防政策文件显著减少了美国将会使用核武器的情况；强调 1968 年签署的《不扩散核武器条约》的重要性；承诺美国不再进行核武器试验以寻求批准 1996 年通过的《全面禁止核试验条约》，并承诺不再发展新的核弹头或执行核武器方面的新军事任务或谋求新的核武器能力。	美国；核武器
4 月 7 日	继 3 月 31 日欧盟理事会做出决定后，欧盟驻索马里军事教官团正式启动。欧盟驻索马里军事教官团将与联合国和非洲联盟合作在乌干达培训 2000 名索马里士兵。	欧盟；索马里
4 月 7 日	中国和印度同意在两国总理办公室之间设立热线以改善两国关系并防止其长期存在的边界争端爆发冲突。	中国；印度；建立信任措施
4 月 8 日	美国总统贝拉克·奥巴马和俄罗斯总统德米特里·梅德韦杰夫在捷克共和国首都布拉格签署《关于进一步削减和限制进攻性战略武器措施的条约》。该条约、其议定书和议定书的技术附件须经美国参议院和俄罗斯国家杜马批准方具有法律约束力。	俄罗斯；美国；核军备控制
4 月 10 日	波兰总统莱赫·卡钦斯基以及波兰政府和军方的许多高级官员在俄罗斯斯摩棱斯克的坠机事件中遇难。	波兰

4月12日	乌克兰宣布将在2012年举行下一届核安全峰会之前将该国保有的所有高浓缩铀移出本国，在这一过程中将由美国提供技术和财政援助。乌克兰还计划将其民用核研究设施转为以无法用于核武器的低浓缩铀燃料运行。	乌克兰；铀；核裁军
4月12—13日	有48个国家参与的核安全峰会在华盛顿特区举行。无论伊朗还是朝鲜都没有被邀请参加此次峰会。峰会公报承诺与会各国将加强核安全并减少核恐怖主义威胁。公报通过峰会工作计划落实。	核安全峰会
4月13日	俄罗斯和美国签署《钚处置议定书》，决定落实双方于2000年达成的《钚管理和处置协定》，根据该协议，两国承诺以不可逆转的透明方式处置至少34吨武器级钚。这相当于制造近1.7万件核武器所需的材料。	俄罗斯；美国；钚
4月30日	安哥拉、布隆迪、喀麦隆、中非共和国、乍得、刚果共和国、刚果民主共和国、赤道几内亚、加蓬、卢旺达、圣多美和普林西比等11个国家在刚果（金）首都金沙萨举行会议，通过了《中非管制小武器和轻武器及其弹药和可用于制造、修理和组装这类武器的零部件的公约》（《金沙萨公约》）。公约于11月19日在刚果共和国首都布拉柴维尔开放签署，除布隆迪、赤道几内亚和卢旺达外的所有国家均签署了公约。	中非；小武器和轻武器；军备控制

5 月 3—28 日	1968 年签署的《不扩散核武器条约》缔约国第八次审议大会在纽约举行。会议于 5 月 28 日闭幕并一致通过成果文件，其中包含加快核裁军“具体进展”的步骤以推动核不扩散并致力于建立中东无核武器区。	不扩散核武器条约
5 月 17 日	巴西、伊朗和土耳其外长在伊朗德黑兰举行会议并签署协议，根据协议，伊朗同意把 1200 公斤低浓缩铀存放在土耳其并在“一周内”通知国际原子能机构。作为交换，伊朗将获得 120 公斤更高丰度的浓缩铀用于其德黑兰研究反应堆。	巴西；伊朗；土耳其；核燃料
5 月 20 日	对 3 月 26 日韩国军舰“天安”号沉没事件进行的国际调查报告得出结论认为是朝鲜鱼雷击沉了该舰。朝鲜继续拒绝对这起事件负责，朝鲜国防委员会发出警告称，如果实施制裁，朝鲜将以“全面战争”般的强硬措施回应。	韩国；朝鲜
5 月 27 日	美国总统贝拉克·奥巴马发布《2010 年国家安全战略》报告，目标是提升美国改善安全的能力并与美国的伙伴国一起通过共享安全伙伴计划战胜全球恐怖主义；加强美国的生物和核安全；提高情报能力和信息共享能力。	美国；国家安全
5 月 28 日	与巴基斯坦塔利班有联系的武装分子对拉合尔属于穆斯林少数教派阿玛迪派的两座清真寺发动有组织的袭击。超过 80 人丧生，100 多人受伤。	巴基斯坦；恐怖主义

5 月 28 日	联合国安理会一致通过第 1925 号决议，将联合国组织刚果民主共和国特派团的任务期限延长至 2010 年 6 月 30 日，自 2010 年 7 月 1 日起该特派团更名为联合国组织刚果民主共和国稳定特派团。决议还批准 2010 年 6 月 30 日前撤出多达 2000 人的联合国军事人员。联刚稳定团的任务期限至 2011 年 6 月 30 日。	联合国；刚果(金)；维和行动
5 月 30 日	以色列军舰在国际水域拦截以亲巴勒斯坦的“自由加沙运动”和土耳其的“人权自由及人道主义援助基金会”组织为首、由六艘货船和客轮组成的救援船队。船队原定驶往加沙地带，试图打破 3 年之久的以色列封锁。9 人在袭击中丧生；多人受伤；船上所有平民被投入以色列监狱。联合国安理会要求对事件进行公正的调查并释放被以色列关押的的平民。	以色列；军事行动
6 月 2 日	塔利班自杀式炸弹袭击者对在喀布尔举行的由部族首领和长老出席的和平支尔格会议发动攻击，阿富汗总统哈米德·卡尔扎伊在会上提出其对阿富汗的和平计划。卡尔扎伊的建议包括与温和派塔利班武装分子进行谈判以及从联合国“黑名单”中删除塔利班的名字。袭击者被打死或监禁。	阿富汗；恐怖主义

日期	事件	关键词
6 月 9 日	联合国安理会以 12 票赞成、2 票反对（巴西和土耳其投反对票，黎巴嫩弃权）通过第 1929 号决议，在历次决议的基础上就伊朗的核计划对其实施第四轮制裁。伊朗不得获取另一国家任何涉及开采铀、生产或使用核材料和核技术的商业活动的股权。另外还对伊朗实施武器禁运。	联合国；伊朗；制裁
6 月 10 日	两名波斯尼亚塞族军官武亚丁·波波维奇和留比萨·贝亚拉被荷兰海牙前南斯拉夫问题国际刑事法庭裁定在 1995 年发生在波斯尼亚和黑塞哥维那的斯雷布雷尼察的大屠杀中犯有种族灭绝罪并判处终身监禁。	前南刑庭；波斯尼亚和黑塞哥维那
6 月 11 日	1998 年《国际刑事法院罗马规约》审议大会在乌干达首都坎帕拉闭幕。会议通过的修正案包括在 1974 年联大第 3314（XXIX）号决议定义的基础上对侵略罪的定义以及国际刑事法院可对该罪行行使管辖权的条件。该修正案可在 2017 年 1 月 1 日后生效。	国际刑事法院；战争罪
6 月 11—13 日	超过 100 人在吉尔吉斯斯坦奥什发生的吉尔吉斯族与乌兹别克族之间的种族暴力骚乱中丧生。数以万计的乌兹别克人越过边境逃往乌兹别克斯坦。吉尔吉斯临时政府请求俄罗斯维和部队援助。	吉尔吉斯斯坦
6 月 14—18 日	联合国第四次审议 2001 年《从各个方面防止、打击和消除小武器和轻武器非法贸易的行动纲领》执行情况的会员国两年期会议在纽约举行。	联合国；小武器和轻武器

6月21日	继联合国安理会于6月9日通过最新一轮制裁后，伊朗禁止两名国际原子能机构核查人员入境。伊朗宣布将对制裁做出一系列回应。	联合国；国际原子能机构；伊朗；制裁
7月3日	波兰外长拉多斯瓦夫·西科尔斯基与美国国务卿希拉里·罗德姆·克林顿在波兰城市克拉科夫签署2008年导弹防御协议的修订协议，其中包括在波兰部署美国“标准—3”型导弹拦截导弹以防御来自伊朗和其他国家的潜在威胁。克林顿指出，新系统纯粹是防御性质，不会对俄罗斯构成威胁。	美国；波兰；导弹防御
7月12—23日	联合国武器贸易条约会议筹备委员会在纽约举行第一届会议。下届会议将于2011年2月举行。	联合国；武器贸易；条约
7月15日	继索马里伊斯兰激进组织青年圣战者在乌干达首都坎帕拉发动恐怖袭击造成70多人死亡后，乌干达政府于7月11日宣布计划增派2000名士兵以加强非洲联盟驻索马里特派团的力量。	乌干达；索马里；恐怖主义
7月22日	在有关2008年科索沃单方面宣布从塞尔维亚独立的合法性的咨询意见中，荷兰海牙国际法院称宣布独立的行为不违反国际法。	国际法院；科索沃；塞尔维亚
7月25日	“维基解密”组织在互联网上公布了9万多份阿富汗战争的机密美军战地报告。这些文件包含比以往报道更多的平民死亡记录，时间涵盖从2004年1月1日至2009年12月31日这段期间。	阿富汗

7 月 26 日	欧盟理事会根据联合国安理会第 1929（2010）号决议通过在贸易、金融服务、能源和运输领域对伊朗进行制裁的决议。	欧盟；伊朗；制裁
7 月 26 日	金边的柬埔寨法院特别法庭对前红色高棉领导人康克由（别名“杜赫”）进行宣判，他因民主柬埔寨政权期间（1975—1979 年）在金边 S-21 监狱犯下的罪行被判监禁 35 年。特别法庭由联合国和柬埔寨政府在 2003 年设立；这是该法庭的首次判决。	柬埔寨
8 月 1 日	继 2 月 16 日获得第 30 个缔约国批准后，2008 年达成的《集束弹药公约》正式生效。	军备控制；集束弹药
8 月 14 日	柬埔寨请东南亚国家联盟帮助调解自 2008 年起因柏威夏寺与泰国持续不断的边界冲突。自 2008 年以来有多人丧生，两国军队在 2010 年期间多次交火。	柬埔寨；泰国
8 月 19 日	在 2003 年以美国为首的多国部队入侵伊拉克 7 年后，最后一个美军作战旅撤出伊拉克。有大约 5 万美军将驻留伊拉克至 2011 年底，旨在为伊拉克武装部队提供支持和培训，同时保护美国的利益。8 月 31 日，美国总统贝拉克·奥巴马宣布美国在伊拉克的军事行动正式结束。“伊拉克自由行动”由乔治·W·布什总统在 2003 年 3 月发动。	美国；伊拉克

9 月 2 日	以色列和巴勒斯坦之间的和平谈判在华盛顿特区正式重启。以色列总理本雅明·内塔尼亚胡和巴勒斯坦国总统马哈茂德·阿巴斯同意于9月中旬在埃及的沙姆沙伊赫举行新的会议。	以色列；巴勒斯坦领土
9 月 7 日	一艘中国渔船与日本海岸警卫队船只在中国东海有争议的海域相撞。日本扣留中国渔船船长，激起中国的强烈反应。	中国；日本
9 月 9 日	联合国大会一致通过第 64/298 号决议，对欧盟愿意促进塞尔维亚和科索沃之间就后者在 2008 年单方面宣布从前者独立一事进行对话表示欢迎。决议还确认了国际法院 7 月 22 日有关宣布独立的合法性的咨询意见。	联合国；国际法院；科索沃
9 月 19 日	巴格达和费卢杰发生三起独立的自杀式炸弹袭击，造成至少 35 人死亡，100 多人受伤。自美国正式宣布结束其在伊拉克的作战行动以来的三周内，伊拉克发生了一连串袭击事件。	伊拉克；恐怖主义
9 月 20—22 日	在纽约举行的联合国千年发展目标首脑会议通过了到 2015 年实现《2000 年千年宣言》中的 8 个反贫困目标的全球行动计划并宣布了新的对妇女和儿童健康的重大承诺。	联合国
9 月 23 日	澳大利亚、加拿大、智利、德国、日本、墨西哥、荷兰、波兰、土耳其和阿拉伯联合酋长国这十个国家形成了一个新的核裁军倡议，即跨区域核不扩散和核裁军集团。	核裁军

9月23日	日本宣布中国已暂停向日本出口稀土金属。日本和西方国家认为此举是为报复9月7日扣押中国渔船船长，导致全球讨论中国的稀土金属生产垄断地位。对欧洲和美国的出口在10月中旬停止。	中国；日本
9月24日	澳大利亚、加拿大、芬兰、法国、日本、摩洛哥和荷兰在纽约召开促进1996年《全面禁止核试验条约》生效的第五次部长级会议。出席会议的72个国家发表声明，要求“尚未签署和批准《全面禁止核试验条约》的国家毫不拖延地签署和批准《全面禁止核试验条约》”。该条约还需要再有9个国家批准方能生效。	全面禁试条约
9月26日	以色列为期10个月的约旦河西岸定居点限建令到期。以色列总理本雅明·内塔尼亚胡敦促巴勒斯坦国总统马哈茂德·阿巴斯继续于9月2日开始的和谈并呼吁犹太定居者表现出克制。巴勒斯坦方面此前曾表示，如果不延长定居点建设冻结期，他们将退出和谈。	以色列；巴勒斯坦领土
9月27—30日	美国中央情报局9月份扩大其在巴基斯坦和阿富汗之间边境地区的空袭行动，使用无人驾驶飞行器对塔利班据点发动20次轰炸。北约领导的国际安全援助部队的直升机进入巴基斯坦发动空袭，造成50多名“哈卡尼网络”组织嫌疑份子和3名巴基斯坦士兵死亡，该地区的暴力事件进一步升	北约；美国；阿富汗；巴基斯坦；恐怖主义

	级。巴基斯坦谴责这些袭击“明显违背和违反了国际安全援助部队行动所依据的联合国授权”，于 10 月 1 日关闭与阿富汗的托尔哈姆边境通道并向北约提出正式抗议。	
9 月 29 日	确定“塞拉利昂政府在塞全境重新获得控制权”后，联合国安理会一致通过第 1940 号决议，解除第 1171 (1998) 号决议实施的武器禁运。	联合国；塞拉利昂；武器禁运
9 月 30 日	朝鲜和韩国在板门店非军事区举行两年来的第一次工作级别军事会谈。朝鲜提议举行此次会议主要是为了讨论两国的西部海上边界。	朝鲜；韩国
10 月 1 日	联合国人权事务高级专员署发布有关 1993 年至 2003 年期间刚果武装组织和外国军队在刚果民主共和国境内对平民犯下的“无法形容”的暴行的报告。报告指卢旺达和乌干达军队涉及严重侵犯人权和违反国际人道主义法。	联合国；刚果(金)；人权
10 月 1—4 日	在巴基斯坦的边境地区，怀疑是伊斯兰武装分子袭击了多个为北约驻阿富汗部队运送燃料的供给卡车车队，造成多人伤亡。	北约；阿富汗；巴基斯坦；恐怖主义
10 月 12 日	10 个东南亚国家联盟成员国与澳大利亚、中国、印度、日本、韩国、新西兰、俄罗斯及美国之间的首届东盟国防部长扩大会议在越南河内举行。东盟防长扩大会议机制由东盟各国防长于 5 月 10 日在一份联合声明中倡议而创建，被称为“地区安全架构中的重要组成部分”。	东盟

10月19日	伊斯兰武装分子袭击格罗兹尼的车臣议会，造成3人死亡，至少17人受伤。这次袭击表明伊斯兰反政府武装有能力打击引人瞩目的与总统拉姆赞·卡德罗夫和亲莫斯科政权相联系的目标。	俄罗斯；车臣；恐怖主义
10月19日	英国国防部自1997年以来首次提出新的《战略防务与安全评估报告》。	英国；国防
10月23日	“维基解密”组织在互联网上公布了被其称作“伊拉克战争日志”的近40万份机密美军战地报告。这些文件包含联军和伊拉克政府军有系统的屠杀、酷刑和虐待的记录，时间涵盖从2004年1月1日至2009年12月31日这段期间。美国国防部称公布这些文件将使美军面临生命危险。	伊拉克；战争罪
10月25日	欧盟委员会宣布欧盟将在希腊和土耳其之间的边界上部署一个快速干预边防队以阻止越来越多的非法移民进入欧洲。这将是欧盟首次在其外部陆地边界上部署多国武装力量。	欧盟；移民
10月29日	在英国和迪拜的货运航班上截获内有爆炸物的两批货物，分别从也门发送给美国芝加哥的犹太教堂。这些爆炸物是根据沙特情报官员提供的线索发现的。	恐怖主义
11月2日	英国首相戴维·卡梅伦和法国总统尼古拉·萨科齐在伦敦签署扩大两国间防务合作的双边条约。条约包括协议组建一支联合远征部队以及在英国的奥尔德玛斯顿和法国的瓦尔杜克进行核研发合作。	法国；英国；国防

11 月 3 日	美洲国家组织就哥斯达黎加和尼加拉瓜之间的边界争端举行听证会并派其秘书长视察该地区。哥斯达黎加指责尼加拉瓜在圣胡安河沿岸和属于哥斯达黎加领土的卡莱罗岛上部署军队。尼加拉瓜最初声称是在谷歌地图错误地标注为尼加拉瓜领土后进行了部署，但又声称有权疏浚圣胡安河以使该河流（及边界）恢复其 1858 年时的走向。11 月 12 日，美洲国家组织投票支持哥斯达黎加并呼吁尼加拉瓜撤军。	美洲国家组织；哥斯达黎加；尼加拉瓜
11 月 5 日	巴基斯坦西北部两座清真寺遭遇炸弹袭击，造成 70 多人死亡，约 100 人受伤。伊斯兰武装分子被指应对这两起袭击事件负责。	巴基斯坦；恐怖主义
11 月 9—12 日	在老挝首都万象举行的 2008 年《集束弹药公约》首次缔约国大会通过了题为“禁用集束弹药：将愿景付诸行动”的 2010 年《万象宣言》、《万象行动计划》和《工作方案》。	军备控制；集束弹药
11 月 14 日	经过 7 年的软禁，缅甸军政府释放反对派领导人昂山素季。在她获释后的首次公开讲话中，她提议为了“民族和解”与军方领导人直接会谈。昂山素季在过去 21 年中被监禁了 15 年。	缅甸
11 月 15 日	在由于示威者设置路障并袭击联合国驻海地稳定特派团维和人员而引发的冲突中，海地角和安什至少有一名示威者被联合国维和部队打死。示威者怀疑尼泊尔士兵带来了正在海地流行的霍乱疫情。	海地

11月16日	泰国向美国引渡面临恐怖主义指控的所谓俄罗斯军火商维克托·布特。布特于2008年在曼谷遭到逮捕，被指控贩卖非洲、南美洲和中东地区内战中使用的武器。俄罗斯一直试图向泰国施压迫使其释放布特。	武器贸易
11月17日	经过四个星期的审理，首名在民事法庭受审的前关塔那摩囚犯艾哈迈德·哈勒凡·盖拉尼所面临的在1998年美国驻肯尼亚和坦桑尼亚大使馆恐怖爆炸案中犯有阴谋和谋杀罪的285项指控中，仅有一项罪名成立。盖拉尼2004年在巴基斯坦被捕。	美国；恐怖主义
11月19—20日	北约在葡萄牙首都里斯本举行的2010年峰会上通过了《北大西洋公约组织成员国的国防和安全战略构想》；决定发展导弹防御能力以保护欧洲盟国的人民和领土不受弹道导弹袭击；并商定了阿富汗的“过渡战略”，据此国际安全援助部队将开始在未来18—24个月内向阿富汗军队移交安全职责而且其作战任务将在2014年前结束。	北约
11月20日	美国科学家西格弗里德·S·赫克透露说他在11月12日访问朝鲜宁边的时候亲眼目睹了一个新的秘密建成的铀浓缩设施。朝鲜声称已安装了2000台离心机并投入运行。	朝鲜；铀浓缩

11 月 20 日	北约—俄罗斯理事会在葡萄牙首都里斯本举行会议，同意讨论导弹防御系统和战区反导系统合作；扩大禁毒培训项目；以及加强反恐合作。这是该理事会自 2008 年格鲁吉亚与俄罗斯的战争以来举行的首次会议。	北约；俄罗斯；北约—俄罗斯理事会
11 月 23 日	韩国在有争议的朝韩海上边界附近水域进行军事演习期间，朝鲜向韩国海域和延坪岛发射炮弹，造成包括两名平民在内的 4 人死亡，另有多人受伤，多幢建筑物起火。韩国方面予以还击。	朝鲜；韩国
11 月 28 日	“维基解密”组织开始在互联网上公布 25 万份机密美国外交电报（“电报门”）。这些文件中有些可以追溯到 1966 年，揭示了不为人知的美国国际关系纪事。美国谴责“这种未经授权披露机密文件和敏感国家安全信息的行为”。	美国；外交政策
12 月 1 日	白俄罗斯和美国达成协议，根据该协议，白俄罗斯将在 2012 年举行下一届核安全峰会前消除其储存的全部高丰度浓缩铀，而美国将提供必要的技术和财政援助。	白俄罗斯；铀；核裁军
12 月 1—2 日	欧洲安全与合作组织在哈萨克斯坦首都阿斯塔纳举行其自 1999 年以来的第一次首脑会议。会议通过了题为“建立一个安全共同体”的《阿斯塔纳宣言》，重申包括在军控领域继续推行该组织工作的意愿。	欧安组织

12月6—7日	联合国安理会常任理事国（中国、法国、俄罗斯、英国和美国）、德国和伊朗在瑞士日内瓦举行会议，进行自2009年10月以来关于伊朗核计划的首次会谈。除了同意2011年1月在伊斯坦布尔举行新的会议之外，会谈最终没有任何成果。	联合国；德国；伊朗
12月10日	尽管中国政府强烈抗议，中国“人权倡导者”刘晓波被授予诺贝尔和平奖。	中国
12月15日	联合国安理会一致通过第1956号决议，决定于2011年6月30日终止伊拉克发展基金；第1957号决议，决定停止实施第681（1991）号决议和第707（1991）号决议规定的措施，这些措施要求伊拉克销毁所有大规模杀伤性武器和远程弹道导弹并且不得获取任何核武器；以及第1958号决议，结束石油换食品计划。	联合国；伊拉克
12月17日	在抗议食品价格上涨、贫困加剧和统治家族腐败的活动中，突尼斯西迪布吉德的一名年轻男子企图在公共场所自杀而选择自焚。他后来死亡，这一事件激起整个突尼斯针对政府的暴力示威活动。政治暴力升级，总统宰因·阿比丁·本·阿里被迫于2011年2月14日逃离该国。	突尼斯

12 月 22 日	美国参议院批准《关于进一步削减和限制进攻性战略武器措施的条约》。2011 年 1 月 26 日，俄罗斯联邦委员会（俄罗斯议会上院）批准该条约。条约于 2011 年 2 月 5 日交换批准书后生效。	俄罗斯；美国；核军备控制

（许巍　译）

作者简介

西格伦·安德烈斯多梯尔（Sigrún Andrésdóttir）（冰岛）：SIPRI研究所的“武装冲突与冲突控制项目”助理研究员。她负责管理SIPRI多边和平行动数据库。以前，她曾工作于北约驻阿富汗机构和冰岛驻维也纳使馆及冰岛常驻维也纳代表处。

西比勒·鲍尔（Sibylle Bauer）博士（德国）：SIPRI研究所的“军备控制与不扩散项目”资深研究员及该项目的“出口控制”分项负责人。之前，她系布鲁塞尔欧洲问题研究所研究员。从2005年开始，她在欧洲，以及近来也在东南亚，研究加强过境贸易、中间贸易和出口贸易控制的相关法律和执法问题，并帮助这些地区开展能力建设活动。她的著作包括SIPRI《政策报告》第8期《欧盟武器出口行为准则：改进年度报告》（2004年，与人合写）、《军火贸易》一书中的几章（Routledge，2010年）以及《从预警到早期行动？关于提高欧盟危机反应能力的争论仍在继续》（欧盟委员会，2008年，与人合写）。她自2004年以来一直为《SIPRI年鉴》撰稿。

南尼·博德尔（Nenne Bodell）（瑞典）：SIPRI研究所“图书和文件部”及“军控与裁军文件搜录项目”负责人。她自2003年以来一直为《SIPRI年鉴》撰稿。

文森特·布拉宁（Vincent Boulanin）（法国）：2008年以来在

SIPRI 研究所的“军工生产项目”当访问研究员。他目前正在巴黎的社会科学高等研究学校（EHESS）攻读政治学博士学位，研究安全领域的欧洲国防工业发展趋势。他还研究瑞典的国防工业和国防政策，并发表过相关著作。

马克·布罗姆利（Mark Bromley）（英国）：SIPRI 研究所的“武器转让项目”资深研究员，重点研究欧洲武器出口、欧洲武器出口控制和南美洲武器采购问题。之前，他在英美安全信息委员会（BASIC）担任政策分析员。他的著作包括：《欧洲安全》（2007 年 6 月）一书中的“捷克、斯洛伐克和波兰的武器出口政策欧洲化”、SIPRI《政策报告》第 21 期《欧盟武器出口行为准则对国内政策的影响：捷克、荷兰和西班牙》（2008 年 5 月）；以及在 2009 年 5 月出版的 SIPRI《政策报告》第 24 期《空运与影响稳定物资的流动》（与人合写）。他自 2004 年以来一直为《SIPRI 年鉴》撰稿。

彼得·克莱夫斯蒂格（Peter Clevestig）博士（瑞典）：SIPRI 研究所的“全球健康与安全项目”负责人。他的研究领域包括全球健康及其与安全和发展的关系、生物材料安全（实验室生物安全）、生物威胁及相关政策。他写过关于生物恐怖主义和新出现的生物技术及疾病监测等生物安全方面的许多文章和书籍中的章节。他是《生命科学实验室生物应用手册》（2009 年）的作者。他自 2008 年以来一直为《SIPRI 年鉴》撰稿。

朱利安·库珀（Julian Cooper）教授（英国）：伯明翰大学俄罗斯和东欧研究中心俄罗斯经济研究所教授。他研究俄罗斯的经济发展，重点是俄罗斯国防与安全经济。他的近作包括《现代俄罗斯安全政治》中的“安全经济”（Ashgate，2010 年）和《技术与创新管理百科全书》中的“俄罗斯联邦的国家创新制度”（Wiley，2010 年）。他在 1995 年、1997 年、2001 年、2004 年 2006 年为《SIPRI 年鉴》撰过稿。

阿伦·邓恩（Aaron Dunne）（美国）：SIPRI 研究所的“军备控

制与不扩散项目”资深研究员。以前，他是英国皇家税务与海关署反扩散部门负责人。他曾策划和落实在中东和东南亚的能力建设活动，涉及执法方面的广泛问题，包括战略贸易控制、风险管控、立法审议和个案研究等。在他从事战略贸易控制之前，他对伊朗的政治—军事事务和国内政策进行过研究、授课并发表相关著作。

维达利·费琴科（Vitaly Fedchenko）（俄罗斯）：SIPRI 研究所的“军备控制与不扩散项目”研究员，负责核安全问题和核军控与不扩散的政治、技术及教育层面。以前，他是 SIPRI 研究所的访问学者，工作于俄罗斯政策研究中心和莫斯科国际问题应用研究所。他撰写或与他人合写了多部有关核法医学、核安全与核查、以及国际核燃料循环等方面的著作，包括 SIPRI《研究报告》2007 年第 22 期《改革核出口控制：核供应国集团的未来》（与人合写）。他自 2005 年以来一直为《SIPRI 年鉴》撰稿。

安德鲁·范斯坦（Andrew Feinstein）（英国/南非）：前南非议会 ABC 委员会成员。他在对南非的军火交易腐败案的调查遭拒后主动辞职。他对此案曾写过一本畅销书《政党之后》（Jonathan，2007 年）。他的另一本书《阴影世界：全球军火贸易内幕》（Hamish，Hamilton/Farrar，Straus and Giroux）将于 2011 年 11 月出版。他在《监护人报》、《电讯报》、《新政治家》、《展望》、《明镜》周刊以及许多南非出版物发表过文章。他在 BBC、Sky、CNN 和 Al Jazeera 等电视台经常做访谈节目。他是 2010—2011 年度的“开放社会”奖学金学者，并且是设在英国的一个非政府组织“腐败观察”的两创始人之一。

季北兹（Bates Gill）博士（美国）：SIPRI 研究所第七任所长。在 2007 年 10 月加入 SIPRI 研究所之前，担任华盛顿特区战略与国际研究中心中国问题“弗里曼”讲座教授。以前，他曾任外交政策研究所高级研究员、布鲁金斯学会东北亚政策研究中心首任主任。很久以来，他一直从事国际和地区安全问题的研究和写作，专长于军备控制、不扩散、战略核关系、维和行动、军事—技术发展等问题，重点是中国和亚洲。他的近作包括《管好炸弹：核武器的民间控制和民主责任》(2010 年，与人合写)、《亚洲新的多边主义：合作，竞争，争取组成共同体》(哥伦比亚大学出版社，2009 年，与人合写)，以及《新兴的新星：中国的新安全外交》(布鲁金斯，2007 年，2010 年修正版)。

亚历山大·格拉泽 (Alexander Glaser) 博士 (德国)：美国伍德罗·威尔逊公共与国际事务学院和普林斯顿大学机械与航天工程系副教授。他还是该大学的“科学与全球安全项目”研究团队成员，并参与“裂变材料国际研究小组”(IPFM) 的工作，出版年度《全球裂变材料报告》。2001—2003 年，他是美国麻省理工学院安全研究项目的“SSRC/麦克阿瑟”奖学金研究员。2000—2001 年期间，他曾是德国联邦环境与反应堆安全部的顾问。他是《科学与全球安全》杂志的副编辑。他自 2007 年以来一直为《SIPRI 年鉴》撰稿。

巴拉特·高伯拉斯瓦米 (Bharath Gopalaswamy) 博士 (印度)：美国康奈尔大学和平与冲突研究所访问学者。以前，他是 SIPRI 研究所“军备控制与不扩散项目”研究员。他获得机械工程博士学位，专长于数字音响技术。他曾服务于印度空间研究组织的高度试验设施，并曾在欧洲航空防务和航天公司 (EADS) 的宇航部工作过。以前，他曾在美国康奈尔大学和平问题研究项目担任博士后助理，从事外交政策技术方面的研究。

约翰·哈特 (John Hart) (美国)：SIPRI 研究所“军备控制与不扩散项目”的“化学与生物战”分项资深研究员和负责人。他还是芬兰国防大学的军事学博士研究生。他的著作包括：SIPRI《化学战与生物战研究》第 17 期《俄罗斯化学武器的销毁：政治、法律和技术问题》(1998 年，与人合写)、《核、生、化战的历史字典》(Scarecrow 出版社，2007 年，与人合写)。他的近作包括《打击大规模杀伤性武器：国际不扩散政策的前景》一书中关于大规模杀伤性武器的视察和核查机制一章。他在 1997 年、1998 年以及从 2002 年以来为《SIPRI 年鉴》撰稿。

保尔·霍尔登（Paul Holden）（英国/南非）：南非的历史学家和专注腐败和管理问题的写作者。他迄今已出版过两本书，包括一部极受欢迎的关于南非军火交易历史的著作《你口袋中的军火交易》（Jonathan Ball，2008 年）。军火交易的后续研究《细节中的魔鬼》将于 2011 年出版。

保尔·霍尔托姆（Paul Holtom）博士（英国）：SIPRI 研究所的“武器转让项目”主任。以前，他曾是英国 Glamorgan 大学“边界研究中心”的研究员。他的近作包括《现代安全政策》中关于“无可报告：对联合国常规武器登记制度的食言”（2010 年 4 月）、《今日军控》中的“国际军火贸易：很难定义、衡量和控制”（2010 年 7 月/8 月号，与人合写）和 SIPRI 研究所的“和平与安全观察”2010 年第 5 期中的“欧盟武器出口报告的局限性：中亚案例”（2010 年 9 月，与人合写）。他自 2007 年以来一直为《SIPRI 年鉴》撰稿。

丹尼尔·希斯洛普（Daniel Hyslop）（澳大利亚）：“经济与和平研究所”（IEP）的研究主管，负责为该研究所委托、指导和安排研究工作，而且自己也是作者，并监督各种期刊材料的出版。在加入该研究所之前，他工作于一家政治咨询公司——澳大利亚公共服务公司，并曾是北京大学光华管理学院的研究员。

奥拉瓦莱·伊斯梅尔（Olawale Ismail）博士（尼日利亚）：SIPRI 研究所“军费与军工生产项目”研究员和 SIPRI“非洲安全与治理”分项的协调员。他在 Bradord 大学获得和平学博士学位。他曾先后在伦敦国王学院的“冲突、安全与发展小组”（CSDG）工作，并为 SIPRI 研究所的“非洲军事部门预算”项目服务。他的近作包括《利比里亚和塞拉利昂的战后政权与国家重建》（CODESRIA，2009 年，与人合写）、《西非冲突后重建及建设和平的动力：变革与安全》（北欧非洲研究所，2009 年），以及《安全对话—“‘接合点’与‘基础’的辩证法：青年、商业安全与拉各斯市区的秩序危机”》（2009 年）。

苏珊·T·杰克逊（Susan T. Jackson）博士（美国）：SIPRI 研究所“军费与军工生产项目”的“军工生产”分项负责人。她在美国亚利桑大学获得博士学位，研究国家与企业的全球竞争力及军费开支之间的关系。她发表过关于军事化与国家安全例外方面的著作。她还在土耳其居住过三年多时间，在那里负责为企业老总们编辑和翻译一种经济与政治每日要闻。

诺埃尔·凯利（Noel Kelly）（爱尔兰）：SIPRI 研究所“军费开支”、“军工生产”和“武器转让”项目的研究助理，负责这三个研究领域的电子档案以及维持 SIPRI 研究所的“军费开支”报告系统。他自 2009 年以来一直为《SIPRI 年鉴》撰稿。

香农·N·基尔（Shannon N. Kile）（美国）：SIPRI 研究所“军备控制与不扩散项目”的“核武器”分项资深研究员和负责人。他的主要研究领域是核军控和核不扩散，特别关注伊朗和朝鲜问题。他为 SIPRI 多种出版物撰写了大量文章，包括自 1995 年以来的《SIPRI 年鉴》中有关核军备控制和世界核力量及核武器技术的章节。他的近著有：主编了 SIPRI《研究报告》第 21 期《欧洲和伊朗：对不扩散的看法》（2005 年）。

吕本·德科宁（Ruben de Koning）（荷兰）：联合国关于刚果民主共和国问题的专家组成员。他在 2011 年初以前一直是研究所“武装冲突与冲突控制”项目的研究员。他的近作包括“刚果民主共和国雷区的非军事化：卡汤加省北部的事例”（SIPRI 研究所“和平与安全观察”2008 年第 2 期，2008 年 10 月）和“塞拉利昂与刚果民主共和国之间资源冲突的联系”（SIPRI 研究所“和平与安全观察”2010 年第 1 期，2010 年 1 月）。

汉斯·M·克里斯滕森（Hans M. Kristensen）（丹麦）：美国科学家联合会（FAS）“核信息项目”主任。他为许多媒体和机构在核武器问题上经常提供咨询，并与人一起负责《原子科学家公报》杂志

“核笔记本”专栏文章的撰写。其近作有:《美国核战略对全球安全的影响》一书中“美国核战略中的反扩散”一章(Dalhouse 大学外交政策研究中心,2009 年),以及《奥巴马与核战争计划》(美国科学家联合会,2010 年)。他自 2001 年以来一直为《SIPRI 年鉴》撰稿。

兹希洛·拉霍夫斯基(Zdzislaw Lachowski)博士(波兰):波兰国家安全局副局长。2010 年以前,他是 SIPRI 研究所的“欧洲—大西洋安全项目”资深研究员。他的研究领域包括欧洲军事安全、军备控制以及欧洲政治军事一体化等方面的问题。与他人合编了《变革时期的国际安全:威胁、观念和机制》(Nomos,2004 年),并撰写了 2004 年 SIPRI《研究报告》第 18 期《在新欧洲建立信任和安全措施》和 2007 年 SIPRI《政策报告》第 18 期《在欧亚地区的外国军事基地》,以及牵头撰写了《在朝鲜半岛建立信任措施的手段》(2007 年)。他自 1992 年以来一直为《SIPRI 年鉴》撰稿。

尼尔·梅文(Neil Melvin)博士(英国):SIPRI 研究所的“武装冲突与冲突控制项目”负责人。加入 SIPRI 研究所之前,他在能源组织秘书处和欧洲安全合作组织担任高级顾问,还在欧洲的许多主要政策研究机构工作过。他在冲突问题上发表过许多著作,主要是关于种族和宗教冲突。近几年他扩大了研究领域,涉及资源对冲突的影响,特别是能源对冲突的影响等问题。

齐亚·米安(Zia Mian)(巴基斯坦/英国):普林斯顿大学伍德罗·威尔逊公共与国际事务学院“科学与全球安全项目”的物理学家,领导其中的“南亚和平与安全课题”。在过去 10 年间,他重点研究巴基斯坦和印度的核武器、军备控制与裁军以及核能问题。他以前曾在世界科学家联合会、可持续发展政策研究所和伊斯兰堡卡伊德阿扎姆大学工作过。他在 2003 年及 2007 年以来曾为《SIPRI 年鉴》撰过稿。

伊万娜·米契奇(Ivana Mićić)(比利时):SIPRI 研究所“军备控制与不扩散项目”的研究员。除了研究贸易和不扩散以外,她还为东南欧设计和落实一系列能力建设活动——在地区和国家层面——以加强东南欧的贸易控制制度。他最近还开始研究撒哈拉以南非洲的相关问题。2008—2009 年，她致力于落实 SIPRI 关于增强对东南欧违反出口控制案例的调查和检举能力的项目。在加入 SIPRI 之前，她从事安全部门改革方面的研究，重点是东南欧的边界控制。2010 年她曾为《SIPRI 年鉴》撰过稿。

巴纳比·佩斯（Barnaby Pace）（英国）：专门从事军火贸易和腐败问题的自由研究员和活动分子。

萨姆·珀洛-弗里曼（Sam Perlo-Freeman）博士（英国）：SIPRI 研究所“军费与军工生产项目”资深研究员，负责跟踪全球军费开支的相关数据。以前，他曾是西英格兰大学经济系的高级讲师，主讲防务与和平经济。他的近作包括《防务与和平经济》杂志中的“发展中国家的军费需求：敌对与能力”一文（2008 年 8 月，与人合写），以及《全球军火贸易手册》中关于英国军火工业的一章（Routledge，2009 年）。他在 2003 年、2004 年、2008 年、2009 年和 2010 年曾为《SIPRI 年鉴》撰过稿。

卡米拉·斯基帕（Camilla Schippa）（意大利）：经济与和平研究所所长，负责《全球和平指数》的开发，并使围绕该指数的研究工作在国际上展开。2008 年初之前，她曾任“联合国伙伴关系办事处”的办公室主任，指导创立了联合国与企业、基金会和慈善组织之间的战略联盟关系。

伊丽莎白·申斯（Elisabeth Sköns）博士（瑞典）：SIPRI 研究所的“军费开支与军工生产项目”负责人。他目前研究的重点是非洲外部行为体的安全相关活动，并领导研究所的“非洲安全、民主化和良治”项目。她的近作包括 SIPRI“和平与安全观察”2008 年第 1 期“私营军事服务行业”（2008 年 9 月，与人合写）、《暴力、和平与冲突百科全书》中的“军火生产经济”（Elsevier，2008 年，与人合写）、《全球军火贸易》中的“军火工业综合企业”（Routledge，2010 年，与人合写），以及《全球军火贸易》中的“冷战后的美国国防工业”(Routledge，2010 年)。她自 1983 年以来一直为《SIPRI 年鉴》撰稿。

卡丽娜·索尔米拉诺(Carina Solmirano)(阿根廷)：SIPRI 研究所“军费与军工生产项目”的研究员，负责跟踪拉丁美洲、中东和南亚地区的军费开支情况。在加入 SIPRI 之前，她曾在科罗拉多州丹佛大学约瑟夫·考贝尔国际问题学院工作，并且现在还是该院的博士研究生。她还曾在阿根廷“准公共政治”非政府组织协会从事军备控制问题的研究，并担任过阿根廷参议院的顾问。

蒂埃里·塔迪(Thierry Tardy)博士(法国)：日内瓦安全政策研究中心(GCSP)的教授会成员。以前，他曾是巴黎战略研究基金会和法国军事学院的研究员。他的著书包括《危机控制、维持和平与建设和平：行为体、活动、挑战》(De Boeck，2009 年)、《全球背景下的欧洲安全：内部和外部动因》(Routledge/GCSP，2009 年，编辑)，以及《2001 年“9·11”之后的和平行动》(Routledge，2004 年，编辑)。

洛塔·特姆纳(Lotta Themnér)(瑞典)：乌普萨拉大学和平与冲突研究部的“乌普萨拉冲突数据库项目”(UCDP)的研究协调人。她已编撰了 7 卷乌普萨拉的《武装冲突国家》刊物，并撰写或与人合写了许多有关武装冲突的文章和书刊章节。她自 2005 年以来一直为《SIPRI 年鉴》撰稿。

彼得·瓦伦斯腾(Peter Wallensteen)教授(瑞典)：1985 年以来任乌普萨拉大学和平与冲突研究“哈马舍尔德”讲座教授，2006 年以来还任 Notre Dame 大学和平研究所“理查德·G·斯塔尔曼”资深研究教授。他领导乌普萨拉的“冲突数据库项目”(UCDP)和关于实施有针对性制裁的特别项目(SPITS)。他的著作包括《了解冲突的解决：战争、和平和全球体系》(Sage，第三版，将于 2011 年出版)、《国际制裁：全球体系中介于言语与战争之间》(Frank Cass，2005 年，与人合编)、《第三方在预防冲突中的作用》(Gidlunds，

2008 年）以及《中间人：让·埃利亚松调解风格》（美国和平学院出版社，2010 年，与人合写）。他自 1988 年以来一直为《SIPRI 年鉴》撰稿。

皮埃特·D·魏泽曼（Pieter D. Wezeman）（荷兰）：SIPRI 研究所的“武器转让项目”资深研究员。他在该研究所从 1994 年工作到 2003 年，于 2006 年再次加入。2003—2006 年间，他在荷兰国防部担任常规武器与核武器技术扩散方面的资深分析家。1995—2003 年间以及从 2007 年以来，他一直为《SIPRI 年鉴》撰稿。

西蒙·T·魏泽曼（Siemon T. Wezeman）（荷兰）：1992 年以来工作于 SIPRI 研究所的“武器转让项目”，任资深研究员。他的一些著作涉及武器转让的国际透明度问题，例如 SIPRI《政策报告》第 4 期《联合国常规武器登记制度前景展望》（2003 年 8 月）和与人合写的《集束武器：是必要还是为了方便?》（荷兰，Pax Christi，2005 年）等等。他从 1993 年以来一直为《SIPRI 年鉴》撰稿。

（徐家雄　译）

勘　误

《SIPRI 年鉴 2010：军备、裁军和国际安全》

第 252 页（中文版第 333 页）“表 6.1”军火销售（按不变价格和汇率）应该是：

表 6.1　“SIPRI100 强”军火公司军火销售走向，2002—2008

	2002	2003	2004	2005	2006	2007	2008	2002—2008
军火销售（按 2008 年不变价格和汇率计算）								
总额（十亿美元）	263	295	324	331	346	362	385	
增长（%）		*12*	*10*	*2*	*5*	*5*	*6*	*46*

第 478 页（中文版第 617 页）“日内瓦议定书”：萨尔瓦多应列入缔约国名单中。

《SIPRI 年鉴 2011：军备、裁军和国际安全》

本卷年鉴中的勘误将会在网址〈http：//www. sipri. org/yearbook/〉上和《SIPRI 年鉴 2012》中登出。在网址〈http：//www. sipriyearbook. org/〉上刊登的《SIPRI 年鉴 2011》网络版，一经发现有错就会立即更正。